普通高等教育"十一五"国家级规划教材
普通高等教育中医药类"十二五"规划教材
全国普通高等教育中医药类精编教材

药用动物学

(供中药类、药学类、农林牧渔类等专业用)

主　编	万德光
副主编	王淑敏
	卢　颖
	邹移海

上海科学技术出版社

图书在版编目(CIP)数据

药用动物学/万德光主编．—上海：上海科学技术出版社，2009.9(2025.1重印)
普通高等教育"十一五"国家级规划教材
普通高等教育中医药类"十二五"规划教材
全国普通高等教育中医药类精编教材
ISBN 978-7-5323-9370-1

Ⅰ．药… Ⅱ．万… Ⅲ．药用动物学-高等学校-教材 Ⅳ．Q949.95

中国版本图书馆CIP数据核字(2009)第095594号

药用动物学
主编 万德光

上海世纪出版(集团)有限公司 出版、发行
上海科学技术出版社
(上海市闵行区号景路159弄A座9F-10F)
邮政编码 201101 www.sstp.cn
上海商务联西印刷有限公司印刷
开本 787×1092 1/16 印张 26.5
字数 611千字
2009年9月第1版 2025年1月第14次印刷
ISBN 978-7-5323-9370-1/R·2521
定价：48.00元

本书如有缺页、错装或坏损等严重质量问题，请向工厂联系调换

普通高等教育"十一五"国家级规划教材
普通高等教育中医药类"十二五"规划教材
全国普通高等教育中医药类精编教材

《药用动物学》编委会名单

主　编	万德光(成都中医药大学)
副主编	（按姓氏笔画排列）
	王淑敏(长春中医药大学)
	卢　颖(北京中医药大学)
	邹移海(广州中医药大学)
编　委	（按姓氏笔画排列）
	马　伟(黑龙江中医药大学)
	王晓佳(云南中医学院)
	王祥培(贵阳中医学院)
	王梦月(上海交通大学)
	卢先明(成都中医药大学)
	李　冰(华东师范大学)
	李　锋(辽宁中医药大学)
	张　坚(天津中医药大学)
	陈幼竹(广东药学院)
	黄　真(浙江中医药大学)
	梁子宁(广西中医药大学)
特邀编写人员	（按姓氏笔画排列）
	国锦琳
	郭学军
	裴　瑾

普通高等教育"十一五"国家级规划教材
普通高等教育中医药类"十二五"规划教材
全国普通高等教育中医药类精编教材

专家指导委员会名单

(按姓氏笔画排列)

万德光	马 骥	王 华	王 键	王乃平
王之虹	王永炎	王洪琦	王绵之	王新陆
尤昭玲	邓铁涛	石学敏	匡海学	朱文锋
乔旺忠	任继学	刘红宁	刘振民	严世芸
杜 建	肖鲁伟	吴勉华	张伯礼	陆德铭
周仲瑛	项 平	祝彼得	顾 璜	唐俊琪
陶功定	梁光义	彭 勃	谢建群	翟双庆

前　言

中医教材是培养中医人才和传授医学知识的重要工具,高质量的教材是提高中医药院校教学质量的关键之一。根据教育部《关于普通高等教育教材建设与改革的意见》的精神,为了进一步提高中医教材的质量,更好地把握新世纪中医药教学内容和课程体系的改革方向,让高等中医药院校有足够的、高质量的教材可供选用,以促进中医药教育事业的发展;为了继承创新、发扬光大中国传统医学,让学生在规定的课时内,牢固掌握本门学科的基础知识和基本技能,着重培养学生的创新能力和实践能力。全国高等中医药教学管理研究会和上海科学技术出版社共同组织,全国各中医药院校积极参与,共同编写了本套供中医药院校本科生使用的"全国普通高等教育中医药类精编教材"。

"精编教材"概念的提出是基于上海科学技术出版社在组织教材编写、出版的经验,是对中医教学内容和教学方法规律探索的体会,是对中医人才培养目标的理解。本套教材是以国家教育部新版的教学大纲和国家中医药执业医师资格考试要求为依据,以上海科学技术出版社出版的以突出中医传统和特色的高等医药院校教材(五版)及反映学科发展新成果的普通高等教育中医药类"九五"规划教材(六版)为蓝本,充分吸收现有国内外各种版本中、西医教材的合理创新之处。从教材规划到编写的各个环节,层层把关,步步强化,重在提高内在质量和精编意识。既体现在精心组织,高度重视,以符合教学规律;又体现在精心编写,在"三基"、"五性"和"三特定"的教材编写原则下,确保内容精练、完整,概念准确,理论体系完整,知识点结合完备,并有创新性和实用性,以切合教学实际,结合临床实践,力求"精、新、实、廉"的特点。同时,教材编排新颖,版式紧凑,形式多样,主体层次清晰,类目与章节安排合理、有序,充分体现了清晰性、易读性及和谐性。

在本套教材策划、主编遴选、编写、审定过程中,得到了专家指导委员会各位专家的精心指导,得到了全国各中医药院校的大力支持,在此一并致谢!

一纲多本、形式多样是高等教育教材改革的重要内容之一,教材质量的高低直接影响到人才的培养,殷切希望各中医药院校师生和广大读者在使用中进行检验,并提出宝贵意见,使本套精编教材更臻完善,成为科学性更强、教学效果更好、更符合现代中医药院校教学的教材。

全国普通高等教育中医药类精编教材
编审委员会
2006年3月

编写说明

药用动物学是中药类、药学类、农林牧类各相关专业的一门专业基础课程。它是运用现代动物学及传统中药学的知识和手段,来研究有药用价值的动物的外部形态、内部构造、分类鉴定以及本草考证、活性成分、主要功效、驯化养殖、资源保护等方面规律的一门学科。

《药用动物学》第一版于1993年由上海科学技术出版社出版,作为中医药类院校的教材之一,受到广泛好评,并于1996年获国家中医药管理局颁发的优秀教材一等奖。本版《药用动物学》是按照全国普通高等教育中医药类"十一五"规划教材编写的原则要求,以第一版为底本,重新编写的。

本版《药用动物学》教材,贯彻传统与现代结合、理论与实践结合的原则,在内容上和结构上都作了较大补充、调整,强调内容应充分体现系统性、继承性、科学性、先进性和实用性,注意吸收近年来相关研究的新成果、新资料,使内容更充实、更鲜明、更准确,易于为学生所理解,如新撰写的绪论,从八个方面较详细地论述了药用动物在我国应用的历史和发展概况、药用动物学的概念和任务、药用动物学的研究方法;在每章之前都设定了"导学栏",扼要提示本章要点,为学生导读;为强调中药资源保护与持续利用的重要意义,专门增加了"药用动物资源开发利用与保护"一章;在各章的"药用动物举要"项目中,普遍都增补了"药用"内容,以体现现代研究进展情况。在结构上,将全书调整成为4篇(总论、药用无脊椎动物、药用脊椎动物、药用动物资源保护与持续利用)19章,使层次、体例更加明了、清晰。

本版"药用动物举要"选择品种的标准是:具有分类代表性的、药用历史悠久、价值大或较大的、具可再生性或利于开展人工养殖的、现代研究进展较好的,并区分为重点品种、一般品种和其他品种三类,作详略不同的论述。

本版《药用动物学》编写分工如下:第一篇总论第一章、第三章由万德光编写,第五章由万德光、国锦琳编写,第二章由王晓佳编写,第四章由梁子宁编写,第六章由张坚编写,第七章由王祥培编写,第八章由王梦月编写,第九章由王淑敏编写,第十章由黄真编写,第十一章、第十三章由李峰编写,第十二章由陈幼竹编写,第十四章由卢先明编写,第十五章由马伟编写,第十六章由卢颖编写,第十七章由李冰、邹移海、郭学军编写,第十八章由李冰、裴瑾编写,第十九章由邹移海、郭学军编写。全书参考文献及附录、附图由国锦琳编辑整理。

　　本版《药用动物学》教材在编写和统稿过程中，虽作了较大更新校正，但由于参编单位和人员较多，论述详略与体例把握方面，难免有不足之处，欢迎使用单位及读者指正，以便再版时加以改进。

《药用动物学》编委会

2009年5月

目 录

第一篇 总 论

第一章 绪论 ……………………………………………… 3
　第一节　药用动物在我国应用的历史和发展概况 ……… 3
　第二节　药用动物学的概念和任务 ……………………… 8
　第三节　药用动物的研究方法 …………………………… 8

第二章 动物体的基本结构和功能 …………………………… 10
　第一节　生命的物质基础 ………………………………… 10
　第二节　动物细胞 ………………………………………… 12
　第三节　动物的组织、器官和系统 ……………………… 19
　第四节　动物的繁殖与胚胎发育 ………………………… 30

第三章 药用动物的分类概述 ……………………………… 36
　第一节　药用动物分类 …………………………………… 36
　第二节　药用动物的分类等级 …………………………… 38
　第三节　动物的命名 ……………………………………… 40
　第四节　动物界各门的划分及其演化系统 ……………… 40

第二篇 药用无脊椎动物

第四章 原生动物门 ………………………………………… 45
　第一节　原生动物门的主要特征 ………………………… 45
　第二节　原生动物门的分类 ……………………………… 50
　第三节　原生动物门药用动物举要 ……………………… 53

第五章 海绵动物门 ……………………………………………………… 56
第一节 海绵动物门的主要特征 …………………………………… 56
第二节 海绵动物门的分类 ………………………………………… 60
第三节 海绵动物门药用动物举要 ………………………………… 62

第六章 腔肠动物门 ……………………………………………………… 64
第一节 腔肠动物门的主要特征 …………………………………… 64
第二节 腔肠动物门的分类 ………………………………………… 69
第三节 腔肠动物门药用动物举要 ………………………………… 71
　　　附：扁形动物门和线形动物门 ……………………………… 73

第七章 环节动物门 ……………………………………………………… 77
第一节 环节动物门的主要特征 …………………………………… 77
第二节 环节动物门的分类 ………………………………………… 81
　　　附：星虫纲和螠纲 …………………………………………… 83
第三节 环节动物门药用动物举要 ………………………………… 84

第八章 软体动物门 ……………………………………………………… 94
第一节 软体动物门的主要特征 …………………………………… 95
第二节 软体动物门的分类 ………………………………………… 100
第三节 软体动物门药用动物举要 ………………………………… 109

第九章 节肢动物门 ……………………………………………………… 134
第一节 节肢动物门的主要特征 …………………………………… 135
第二节 节肢动物门的分类 ………………………………………… 139
第三节 节肢动物门药用动物举要 ………………………………… 146

第十章 棘皮动物门 ……………………………………………………… 161
第一节 棘皮动物门的主要特征 …………………………………… 161
第二节 棘皮动物门的分类 ………………………………………… 166
第三节 棘皮动物门药用动物举要 ………………………………… 171

第三篇 药用脊椎动物

第十一章 脊索动物门概述 ……………………………………………… 181

第一节　脊索动物门的主要特征 …………………………………… 181
第二节　脊索动物门的分类 ……………………………………… 182

第十二章　鱼纲 …………………………………………………… 186
第一节　鱼纲的主要特征 …………………………………………… 186
第二节　鱼纲的分类 ………………………………………………… 197
第三节　鱼纲药用动物举要 ………………………………………… 205

第十三章　两栖纲 ………………………………………………… 214
第一节　两栖纲的主要特征 ………………………………………… 215
第二节　两栖纲的分类 ……………………………………………… 225
第三节　两栖纲药用动物举要 ……………………………………… 229

第十四章　爬行纲 ………………………………………………… 237
第一节　爬行纲的主要特征 ………………………………………… 237
第二节　爬行纲的分类 ……………………………………………… 244
第三节　爬行纲药用动物举要 ……………………………………… 248

第十五章　鸟纲 …………………………………………………… 258
第一节　鸟纲的主要特征 …………………………………………… 259
第二节　鸟纲的分类 ………………………………………………… 266
第三节　鸟纲药用动物举要 ………………………………………… 270

第十六章　哺乳纲 ………………………………………………… 281
第一节　哺乳纲的主要特征 ………………………………………… 282
第二节　哺乳纲的分类 ……………………………………………… 301
第三节　哺乳纲药用动物举要 ……………………………………… 313

第四篇　药用动物资源保护与持续利用

第十七章　中国药用动物的地理分布 …………………………… 335
第一节　动物的地理分布概况 ……………………………………… 335
第二节　中国药用动物的地理分布概况 …………………………… 337

第十八章　药用动物资源开发利用与保护 …………………………………… 344
第一节　药用动物资源开发与利用 ……………………… 344
第二节　药用动物资源的保护 …………………………… 352

第十九章　药用动物的驯化养殖 …………………………………………………… 357
第一节　药用动物驯化养殖的意义 ……………………… 357
第二节　我国药用动物驯化养殖的历史与现状 ………… 358
第三节　我国药用动物驯化养殖的条件与方法 ………… 360
第四节　我国药用动物 GAP 基地建设概要 …………… 370
第五节　我国药用动物驯化及规范化养殖的实例 ……… 371

参考文献 ……………………………………………………………………………… 391

索引 …………………………………………………………………………………… 395
药用动物中文名索引 ……………………………………… 395
药用动物拉丁学名索引 …………………………………… 403

第一篇

总 论

第一章 绪 论

药用动物在我国应用历史悠久、品种众多、使用广泛、疗效卓著。

药用动物学是运用动物学及中药学的知识和手段,来研究有药用价值的动物的外部形态、内部构造、分类鉴定,以及本草考证、活性成分、临床应用、驯化养殖等方面规律的一门学科。

药用动物学主要任务是整理药用动物的基原品种;寻找和扩大新药源,发掘药用动物的类同品和替代品;寻找新药和先导化合物;为药用动物的驯化、养殖提供科学的依据。

药用动物的研究方法主要有描述法、比较法、实验法和野外考察法。

学习重点:
1. 掌握药用动物学的概念和任务。
2. 熟悉药用动物在我国的应用历史和发展概况。
3. 了解药用动物的研究方法。

第一节 药用动物在我国应用的历史和发展概况

中药来源于植物、动物和矿物三大类。药用动物与药用植物一样,具有悠久的历史传统,广泛的临床应用,卓著的医疗效果,丰富的资源和潜力,良好的开拓发展前景。它是我国中医药宝库的重要组成部分。

一、药用动物应用的起源

在我国,对于中医药历来存在着"食药同源"的理念,它成为古人认识和选择药物的主要途径。人们在寻找食物充饥的过程中,逐渐认识到某些动、植物具有治病的作用,即因食而引入药,因药而引入病方。医药起源于人类的劳动实践经验,并经过长期的"文字未传"、"识识相因",不断积累、总结,到"著在篇简"、形成"本草",流传下来。

动物药与植物药是同时相伴产生的,两者都可追溯到商、周时代。成书于公元前三四世纪的《山海经》,是明确指出药物并述其治疗疾病功效的早期文献。书中收载药物124种,其中动物药66种,比植物药还多10余种,涉及的主治疾病达数十种。如指出某些鳞类,"食之"可以"已疣"、"已瘫"、"已白癣"、"已呕";某些鸟类,"食之"可以"已疥"、"已瘿"、"已风"、"已嗌痛";某些兽类,"食之"可以"善走"、"御百毒",羊脂"可以已腊"(即疗皴)。与《山海经》同时代的《周礼》,提出"五药"即"草、木、石、虫、谷"的药物概念,其中"虫"指的就是动物药。到公元2世纪,中国的首部本草经典《神农本草经》问世,共载药365种,其中动物药67种,一些著名的动物药如鹿茸、麝香、牛黄、水蛭、阿胶、地龙、僵蚕、鳖甲等,一直沿用至今,动物药的源头和地位由此奠定。

二、药用动物品种的扩展与局限

在《神农本草经》奠定了中药的基础药物品种之后,随着时代的推进和临床医疗应用的需要,药物的品种不断扩展,日益丰富,动物药的数量也不断增加。陶弘景的《本草经集注》,补充了46种动物药,使动物药达到113种。作为唐代药典的《新修本草》,又补充了动物药15种。明代李时珍著《本草纲目》,对动物药有较大扩充,收载了461种,占全书药物收载总数的24.36%,可谓集古代动物药之大成。其后,清代赵学敏著《本草纲目拾遗》,又补充《本草纲目》未载的动物药122种,使动物药的品种达到近600种。但在2 000多年的过程中,动物药的扩展远远低于植物药。动物药品种的迅速扩展,主要是在近半个世纪尤其是改革开放之后。如《中国动物药志》(1996年)收载动物药1 546味,《中华本草》(1999年)收载动物药1 047味,《动物本草》(2001年)收载动物药1 731味。《中国动物药资源》(2007年)收载药用动物32纲、454科、2 215种及亚种,是迄今记载动物药品种最多的版本。今后,动物药品种还会有新增加,但其发展的重点将会深入到现有品种的基础研究、应用研究及其持续利用的研究上。

实际上,因为药用动物的研究与应用存在滞后性,故使一些动物药不常用或很少用,甚至有名无实。常用的动物药一二百种,道地动物药材有30余种。2005年《中华人民共和国药典》(一部),收载动物药51种,仅占药材收载总数的9.25%。在一些民族药中,动物药占的比例略高,如《中华本草》的蒙、藏、维吾尔药卷,动物药分别占11.6%、12%和14%。但总体来说,药用动物的利用率还很低,有待加强。

三、药用动物入药部位的形成

药用动物的入药部位较植物药多样、复杂。虫类动物药多以全体入药,较大型和大型的药用动物则分部位入药。药用动物的入药部位,随着临床应用实践,也常常不断扩展。如鹿类药材,《本经》载入药部位2种,即鹿茸、鹿角,《新修本草》增加了鹿肉、鹿血等9种,《本草纲目》又增加了鹿脑、鹿胆等6种,加上其他本草的增补,使鹿的用药部位达到27种之多。各类药用动物的用药部位包括全体、肉、皮肤、骨骼、壳、角、血液、肝、胆、肠、胃、油脂、粪、脂、化石等,至少在40种以上。现代多按药用动物的不同入药部位分为几大类:即全体入药,如蜈蚣、全蝎、海马、白花蛇等;部分组织器官入药,如鹿茸、鸡内金、蛇胆、蛤蟆油等;分泌物入药,如麝香、蟾酥、蜂王浆、虫白蜡等;排泄物入药,如蚕砂、五灵脂、望月砂等;生理、病理产物入药,如蝉蜕、蛇蜕、牛黄、马宝、紫河车等;动物制品入药,如阿胶、鹿角胶、血余炭等。

四、药用动物临床应用的发展

药用动物也是在临床应用的实践中发展起来的。马王堆汉墓出土的《五十二病方》中,记载了242种中药,其中有动物药54种。《黄帝内经》中12个著名中药方剂中,用药25种,包括乌贼骨、雀卵、猪脂等6种动物药。张仲景的《伤寒杂病论》中使用动物药38种,创制了以动物药为主的大黄䗪虫丸、黄连阿胶汤、文蛤散、抵当丸等著名方剂,并提供了炮制、用法等方面的经验。动物药中之牛鞭、胎盘、猪肝、羊靥(动物甲状腺)、童便等,在一千多年前就开始应用于临床,载于中医药典籍。唐代孙思邈在《千金方》中,根据他的医疗实践经验,列出了127味动物药的功效与主治,并创制了大量的动物药为主的方剂,以猪肾汤、羊肉当归汤、鳖甲汤、大虻虫丸、大麝香丸、蜈蚣丸、胶艾汤、鲍鱼汤等,指导临床用药。《千金方》选用的动物药及以动物药为主的方剂,包罗了传统动物药的大部分精华,堪称动物药的经典。清代名医叶天士,以善用虫类药闻名于世,他用虫类药治疗疾病常见奇效。当代著名中医朱良春的《虫类药的应用》专著,总结了他多年使用虫类药于临床的丰富经验,分别论述了32种常用虫类药的用法与效果。他在前言说:"用蜈蚣注射液治疗皮肤癌,斑蝥素片治疗原发性肝癌,守宫治疗骨结核,蛇退治疗脑囊虫病,蟾酥用作强心、黏膜麻醉等等。这就扩大了虫类药的应用范围,丰富了这类药物的临床经验。"这是对传流动物药的良好继承与发展,值得加以推广。

五、药用动物的现代研究进展与问题

我国近现代的药用动物研究,是随着自然科学特别是生物科学、化学、药物学等的发展,以及国外生药学的兴起而逐步发展起来的。早在19世纪中叶,就有关于我国五倍子的研究报道。20世纪初,又陆续有一些虫白蜡、养蚕的研究报道。大约在1931年,建霞根据日本人木村重1929—1931年间,在我国长江一带考察药用动物的资料,写下了本草中的鳞类、介类、禽类等文章。1941年,美国人Read.B. E根据《本草纲目》,初步考证了昆虫类药材。我国的一些生药学家,从20世纪30年代起出版了一些生药学著作,如赵橘黄、叶三多、李承祜、徐国钧、楼之岑等所著的《生药学》,均已记载了一定数量的药用动物。这些著作都为我国学者进一步研究动物药奠定了良好的基础,对药用动物的发展起到了推动作用。

中华人民共和国建立后,随着中药科学技术的发展,药用动物的研究不断得到深化和完善。一些有关中药的著作,如南京药学院1960年的《药材学》,中国医学科学院药物研究所等1961年的《中药志》,以及广东、四川、湖南、广西等省区的中药志、药物志、中药材手册等,都专门记载了一部分药用动物。许多综合性的药用动物著作也相继出版,如:1976年林吕何的《广西药用动物》、1977年吉林医大第四临床学院的《东北动物药》、1978年何时新的《浙江药用动物》、1977年中国人民解放军海军后勤部的《中国药用海洋动物》、1978年中国科学院南海海洋研究所海洋生物教研室的《南海海洋药用动物》、1979—1983年中国药用动物志编写协作组的《中国药用动物志》、1988年赵肯堂的《内蒙古药用动物》、1993年万德光等的《药用动物学》、1996年高士奇的《中国动物药志》、2007年邓明鲁的《中国动物药资源》等。此外,各地学者也先后发表了许多有关药用动物的专题研究论文。因此,部分药用动物品种得以肯定,或提出一些动物药的鉴定方法,如贝类药材、哈士蟆、蛤蚧、蛇类、鹿茸、牛黄、草灵脂等药材的鉴定。

通过理化分析和药理临床的研究,在扩大药源和寻找类同品方面也取得了一定的成绩,如水牛角与犀角、狗骨与虎骨、珍珠层与珍珠、藏羚羊角与羚羊角的比较研究,以及灵猫香的培植和生产,新阿胶(猪皮胶)的应用等。在药用动物驯化、养殖方面,不少药用动物已实现人工养殖,如人工养麝活体取香,鹿的驯化和鹿茸的生产,蛤蚧、金钱白花蛇、全蝎、地鳖虫的人工养殖,河蚌的人工育珠,以及人工养熊、活体引流胆汁,以熊胆粉代替药材熊胆和体外人工培植牛黄等都已取得成功,有的并已有商品药材供给市场。

对动物药活性成分的研究,也得到了迅速的发展,如从蟾蜍中分离出 20 余种蟾毒配基,其中脂蟾毒配基兼有升压、强心、兴奋呼吸等作用;从胆汁中发现的鹅去氧胆酸、熊去氧胆酸有溶解胆结石的作用;从斑蝥等昆虫中提取的斑蝥素有抑制癌细胞分裂的作用,其半合成品与羟基斑蝥胺的作用类似,但毒性却比斑蝥素低。用于抗凝血的水蛭素、用于医治偏瘫的蝮蛇的溶栓酶、用于消除血栓的环毛蚓的蚓激酶、用于治疗癫痫的东亚钳蝎的蝎毒的抗癫痫肽等等,都被深入研究开发,获得了良好的应用。

但从总体上看,动物药的现代研究落后于植物药的现代研究。如 2005 年版《中华人民共和国药典》收载动物药 51 种,其中作出含量测定的 14 种,只占 27.5%,而该版收载的中药材及饮片总数中已有 51% 建立了含量测量。这说明《药典》中收载的动物药的现代研究,低于平均水平。此外,动物药现代研究的难度也较大,研究周期长,投入资金多,不易快出成果,往往会使一些研究者望而却步。如有研究者 1992 年即开展了对蜈蚣的中药基础研究,获得国家自然科学基金 3 次资助,用了差不多 10 年时间,写出研究报告,研究者表示还需要进一步研究,力争向开发新药方向靠近。研发者在总结报告中指出:"由于动物中药的研究起步晚、研究周期长、难度大及消耗资金多等种种因素,对动物中药的研究,还达不到植物药那么全面、系统和受重视。因此,更应当重视对动物中药的研究与开发,特别对已经在动物实验中看到有可靠苗头的研究工作,更应当重视。"这个课题组的经验体会,对动物药的研究开发是具有普遍意义的。

六、 药用动物的特点与发展前景

一般认为,动物药具有资源丰富、活性强劲、疗效显著、方便食疗的特点。

在自然界,动物的种类大约有 150 万种,比植物的种类要高出 3~4 倍。对于动物药已认识其药用价值的约有 2 000 种,还不及植物药的五分之一。世界上的昆虫约有 100 万种,被选作药用的不超过 500 种,只是微不足道的一部分。世界上的海洋占地表的 71%,生物生存的空间比陆地大 1 000 倍。据估计,有 1.5 万种海洋生物(其中软体动、腔肠动物、棘皮动物等即占 1 万种以上)对于生物医学研究是非常重要的。所以,动物药有着十分广大的自然资源,有着十分广阔的未被认识的领域,有着众多有药用价值的种类有待人们去探索开发。

动物药的活性强已为现代科学研究所证实。许多动物的器官、组织,如脑、心、肝、脾、垂体、胎盘、胆汁、血液、骨、皮等,都含有活性成分。这些活性成分,经过提取可用于临床,如人胰岛素、人生长素、α-干扰素、集落刺激因子等。在一些动物药中,经过提取,还获得了胸腺肽、肝脏多肽、甲状腺素、促肾上腺皮质激素、抑肽酶、丙种球蛋白、鹅去氧胆酸等活性成分。此外,由河豚提取的河豚毒,由蚯蚓提取的蚓激酶,由麝香提取的麝香酮,由蟾蜍和蟾酥提取的蟾蜍毒、蟾蜍素,由水蛭提取的水蛭素,由猪脑下垂体提取的黄体生成素,由猪脑垂体前叶提取的生长激素等,都是具有较强活性,可供医疗保健使用的有效成分。这方面的研究方兴未艾,有广阔的前景。

动物药的显著疗效引人注目。如麝香、鹿茸、牛黄、蟾蜍、斑蝥、全蝎、水蛭等,常常用很小的剂量就能发挥出显著的作用。常用的动物药数量不多,但配方中使用的频率却比较高。如2005年版《中华人民共和国药典》收载的564个成方制剂中,含动物药的制剂有165个,占到制剂总数的29%。动物药在清热泻火、散风解毒、祛风湿、平肝息风、活血祛瘀、补益生肌、攻毒等方面,都有广泛而卓越的疗效,是得到公认的。

动物药在中药的食疗方面有突出的价值,许多药用动物既可供药用,又可作食品。在传统的《食疗本草》中,动物类品种占大部分,包括牛、羊、猪、鸡、鸭、鳖、蛇、鱼、海参、乌贼、海蜇等。动物体由于含有对人体有益的动物蛋白质、糖类等,所以常常成为食疗的首选对象。

由于药用动物具有资源丰富、活性强劲、疗效显著、方便食疗等特点,加之动物药的研究开发比例相对较少,研究开发空间大等机遇,据世界卫生组织(WHO)在广泛征求全世界有关专家意见后,认为21世纪将是动物药研究的世纪,药用动物的研究和应用将进一步得到发展。

七、药用动物资源的保护与利用

在我国,自然资源的优势与危机并存。其中中药材包括动物药在内,由于过度的采集、捕猎,已使一些物种骤减或濒临灭绝。所以,对药用动物尤其是一些珍稀品种的保护,已是刻不容缓的事。国家已颁布了野生动物保护法和重点保护的野生动物的名录,并划定了一批重要的珍稀野生动物自然保护区。目前虎骨、豹骨、羚羊角已经被禁用,尚有部分品种也列入不同等级的保护名录。随着我国加入濒危野生动植物物种国际贸易公约,受限的药用动物还会增加。在这种情况下,动物药的开发利用都需要采取新的对策。

在合理地、适度地利用野生动物药并研究开发资源丰富的动物药新品种之外,大力发展常用的及道地动物药材,是一个有效的途径。我国对药用动物的养殖有悠久的传统和实践经验,但养殖的品种始终保持在30个品种左右,难以扩大。有些药用动物的养殖比较分散,未能形成规模,经济效益不高,如药用蛇类、蛤蚧、斑蝥、僵蚕等;有些药用动物的养殖起步较晚,只取得了一些初步经验,还难以扩大规模,如麝、穿山甲、冬虫夏草等。制约我国药用动物养殖技术的瓶颈是药用动物生物学习性基础研究的薄弱,如蛤蚧养殖过程中其扩大繁殖技术和红斑病未能攻克,对中国林蛙的喂养饲料单一导致哈蟆油品质不稳定。所以,发展动物养殖业,还有不少问题需要研究解决。

在一些珍稀动物药匮乏的情况下,寻找性效相近的代用品,也是一个补充性的途径。如体外人工培植牛黄的创制和广泛使用,用水牛角替代犀牛角,都是成功的范例。随着科学技术的进步,现代生物工程技术的采用,这方面的潜力会不断发掘出来,为扩大动物药的资源作出贡献。

八、加大动物药研究发展的力度

在中药现代化的总体战略目标中,动物药的研究发展是相对滞后的部分,因此,需要引起重视,加大投入,建立中药动物药研究创新体系,培养扩大动物药科研人才队伍,建设合作有效的科技研发平台,提高我国中药动物药的科技创新能力的整体研究水平,并组织力量攻克一批动物药技术难关,使其在若干领域取得突破性进展。为此,要努力做好一些基础性工作,如对动物药野生资源和商品药材现状的调查、对动物药应用基础的研究、对品种选育及其规范化养殖技术的研究、对生产加工技术的改进研究等。

总之,作为中药重要来源的药用动物,有着广阔的发展前景和巨大的发展潜力,需要根据动物药自身的特点,开展创新型的理论和方法研究,建立具有动物药特色的研究体系,开拓动物药研究的新局面,使动物药研究有一个大的发展,为中医药的现代化和中医药振兴作出贡献。

第二节 药用动物学的概念和任务

一、药用动物学的概念

药用动物学(pharmarceutical zoology)是运用动物学及中药学的知识和手段,来研究有药用价值的动物的外部形态、内部构造、分类鉴定,以及本草考证、活性成分、临床应用、驯化养殖等方面规律的一门学科。它的建立和发展,对于开发利用药用动物的资源,继承发展中医药学,保障人民身体健康,具有十分重要的意义。随着科学技术的发展,学科间不断相互渗透、相互促进,因此药用动物学还应结合动物学、化学、药学、分子生物学等学科研究成果,充实、丰富和继承发展及合理利用动物药。

药用动物学是中药学、药学及相关专业的一门专业基础课,并为中药鉴定学、生药学、药材学、中药商品学、中药资源学、中药化学、天然药物化学、中药药理学、药用动物的驯化、饲养学等学科提供必要的基础。因此,药用动物学在整个中医药学中也占有十分重要的地位。

二、药用动物学的任务

药用动物学的任务,可概括为以下4个方面:① 整理药用动物的基原品种,进而考察其药效,保证医疗用药的准确、安全和有效。② 利用动物间的亲缘关系,探寻基原关系相近的动物品种—成分—药效的相关性,寻找和扩大新药源,发掘药用动物的类同品和替代品。③ 寻找新药和先导化合物。动物药具有活性成分鲜明、效果好的特点,从药用动物中寻找新药或新的先导化合物是包括药用动物开发价值评价、极具潜力的。④ 为药用动物的驯化、养殖提供科学的依据,品种选择及驯化养殖所必备的动物学基础知识。药用动物人工养殖,是资源的可持续利用发展的重要途径。

第三节 药用动物的研究方法

药用动物学来源于人类的社会实践,是人类在与疾病作斗争的长期实践中所积累的宝贵经验总结。任何科学理论的产生和原理、法则的建立,都必须对相关事物进行多次的反复观察、实验和比较分析,使之有好的稳定性和重现性。只有这样才能获得有规律性和系统性的知识,并须在以后的实践中不断加以修订和补充,以适应发展变化的新情况。

药用动物学的基本研究方法概括起来主要有描述法、比较法、实验法和野外考察法。

一、描述法

该方法主要是通过认真地观察,系统记录药用动物的外部形态、内部解剖、生活习性、地理分布,以及药用价值与其他经济用途等,为有关的研究提供有价值的第一手资料。有时还必须附加图表以帮助表达,也可适当地作些文字说明。这是认识药用动物的初步方法,也是对药用动物进行研究的最基本的一种方法。还可依据目的、任务,借助显微镜和分子生物学技术深入到显微、亚显微结构以及分子水平进行观察描述。

二、比较法

通过不同药用动物的系统比较,可以发现它们的异同,从而得出一些规律性的资料,揭示动物之间的亲缘关系。如动物的各分类阶元的特征概括、品种的确定与建立,都是通过比较研究而获得的。目前研究已经从动物的宏观结构特征深入到细胞、亚显微、分子水平的比较上。如通过不同种属动物的保守区核苷酸片段的序列比较,可以有效地获得它们之间的亲缘关系。通过比较,能够进一步明确各类药用动物间各种关系,从而得出正确的结论。因此,比较法也是一种研究药用动物的重要手段和方法。

三、实验法

药用动物学与其他自然科学一样,也是一门实验科学。实验法就是在一定条件的控制下,对药用动物的各种生活现象、活性成分、药理作用以及临床应用等有关方面作进一步观察与分析。由于实验条件可以随着要求不同而变更,因此它比一般的观察更能揭示药用动物的本质,有利于药用动物的开发利用和临床应用的实践。实验法也往往和上述的描述法、比较法相互结合。通过实验研究,对于药用动物可有更深入的了解。

四、野外考察法

动物的野外考察是药用动物研究的基本方法之一。通常包括对动物品种、生态环境、习性、分布、数量考察,濒危程度的评估等,也是动物研究实验材料的获取途径。

上述方法是药用动物研究中最常采用和最基本的方法,随着现代生命科学技术的发展,还应重视采用一些现代的仪器设备和技术,如扫描电镜、计算机图像处理技术、毛细管电泳、双向电泳、大分子质谱、色谱法、光谱法、色谱与提取分离方法联用技术等,对药用动物进行观察、分析和研究。总之,不论采用什么方法,最重要的是真实、准确、规范,要求记录详明,思考精细,经分析、归纳,得出科学结论。

(万德光)

第二章 动物体的基本结构和功能

导学

约有24种元素是生命必需的,这些元素组成了生命有机体的无机物和有机物,它们在细胞内各有其独特的生理功能;动物细胞有完整的结构,有细胞膜、细胞质和细胞核,细胞质里有各种功能不同的细胞器,细胞的生长和分裂是有周期性的,细胞的分裂以有丝分裂为主,减数分裂仅发生在配子形成过程中;形态相同或类似、功能相同的细胞组成组织,主要有上皮组织、结缔组织、肌肉组织、神经组织;不同类型的组织又联合形成有一定生理功能的器官,功能上密切联系的器官又组成系统;动物繁殖分无性繁殖和有性繁殖,有性繁殖则是生物界传种接代的基本方式;胚胎发育是从雌、雄配子形成受精卵开始的,经过几个不同的发育时期,形成有3个胚层的胚胎,不同胚层的细胞分化形成动物体不同的组织、器官。

学习重点:
1. 掌握细胞、组织、器官等的结构和功能。
2. 熟悉胚胎发育的过程及胚层的分化和器官的形成。
3. 了解生命的物质基础。

第一节 生命的物质基础

五彩缤纷的生物界既多样又统一,各种生物体都有自己的形态结构,这就构成了生物界的多样性。但无论各种生物体的形态结构有多大的差异,它们的基本化学组成却是很相似的。尽管生命物质的化学组成非常复杂,但构成这些物质的基本元素和构成非生命物质的元素却是相同的。

一、元素基础

在自然界存在的107种元素中,碳、氢、氧、氮是组成生命有机体最基本、最多的元素,约占细胞总量的90%;其次是磷、硫、钙、钾、钠、氯、镁、铁;其他的还有铜、锰、锌、碘、钼、钴、硒、硼、锶、钡、氟、硅等,虽然它们在生物体内的量极微,但却是生命所不可缺少的。另外,各种元素在生物体内的比例是恒定的,这对维持正常的生理活动是必要的。

二、物质组成基础

由上述元素组成生物体的各种化合物,其中无机物主要是水和无机盐,而有机物则主要是蛋白质、脂类、核酸、糖等,维生素也是机体不可或缺的。

1. **无机物**　细胞中的无机物主要是水和无机盐,它们大部分呈游离状态,少数与有机物结合。

(1) 水：水是生物构成物质中最多的一种,也是生命活动最重要的介质。据分析,动物细胞内含有75%~85%的水,动物体代谢旺盛时含水量一般较高,不活动或休眠时则含水量较低。

水主要以游离水和结合水存在,前者在体内以自然状态的形式存在,可沿毛细管流动,易蒸发,加压可析离,是许多有机物和无机物良好的溶剂,成为良好的运输介质,如动物血液中的水；此外,水还可参与体内许多的化学反应,是细胞代谢不可缺少的。结合水则往往借水的氢原子形成的氢键,附在蛋白质分子上,是生物体的构成物,它不蒸发、不流动,也不析离。结合水与游离水可互相置换,游离水向结合水转化较多时,机体代谢强度下降,但抗寒、抗热和抗干旱能力提高,而游离水比例上升时,机体代谢活跃,生长迅速。

(2) 无机盐：无机盐多溶于水成为离子状态,两者不可分离,共同组成生物内环境的调控系统。无机盐一般含 Na^+、K^+、Ca^{2+}、Mg^{2+}、Fe^{3+} 和 Cl^-、SO_4^{2-}、HPO_4^{2-}、HCO_3^- 等,它们在维持体液的正常渗透压、酸碱度以及神经、肌肉的正常兴奋性等方面有重要的生理作用。此外,有些无机物如碳酸钙为不溶解的固体沉积物,形成机体的支持和保护性结构。

2. **有机物**　在生物体中,最具特色的是碳元素,由碳形成的有机物种类繁多,是生物体复杂的结构基础,主要有糖类、脂类、蛋白质、核酸、维生素以及激素等,这些物质在细胞内各有其独特的生理功能。

(1) 蛋白质(protein)：构成生命物质的大分子物质,也是细胞各种生命活动的基础,由氨基酸组成,氨基酸有20多种,各种不同的氨基酸按一定次序借肽键相连而形成长链的蛋白质,长链又按一定的方式盘曲折叠形成极其复杂的生物大分子,随着氨基酸在数量和排列上的多种多样,蛋白质的特性也随之千变万化,数量和结构上的细微变化,都会引起功能的改变。另外,不同的生物有不同的特有蛋白质,动物的亲缘关系越近,它们的蛋白质一级结构越相似,因此可作为种类鉴别及种类间亲缘关系的证据。蛋白质可以与糖、脂、磷酸、色素、金属离子等结合形成糖蛋白、脂蛋白、磷蛋白、色素蛋白(如血红蛋白)、金属蛋白(如铁蛋白)等。

(2) 核酸(nucleic acid)：在生命活动中起着极其重要的作用,它是控制细胞的活动中心,也是传递遗传信息的载体和工具,蛋白质的多型性和多功能都与核酸有密切关系；核酸是由若干核苷酸聚合而成的大分子,分为核糖核酸(RNA)和脱氧核糖核酸(DNA),核苷酸的种类虽不多,但可因核苷酸的数目、比例和排列次序的不同而构成各种不同的核酸。细胞质与细胞核都含有核糖核酸,而脱氧核糖核酸则是细胞核的主要成分。

(3) 糖类(carbohydrate)：基本单位由碳、氢、氧组成,化学式为 $C_x(H_2O)_y$,因其 H 与 O 的比例绝大多数为2：1,所以亦称碳水化合物,糖是由植物光合作用生成的,动物细胞只有从外界摄取,是细胞的主要能源(如葡萄糖),也是构成细胞的成分(如核糖及脱氧核糖)。

(4) 脂类(lipid)：是脂肪酸与醇(甘油、神经氨基醇、胆固醇等)形成的脂类,主要有脂肪(fat)、磷脂(phospholipids)及固醇(sterol)三大类。脂肪是一类能源,在体内完全氧化所产生的能量比同量的糖或蛋白质高1倍以上,是动物贮能的最佳形式;磷脂分子有非极性的脂肪酸部和强极性的磷酸酯部,有亲水性和向水体表面集中为膜层的倾向,这使它成为细胞膜和各种细胞器膜的基本构成物;固醇类以游离状态或同脂肪酸结合成酯存在于生物体内,主要有胆固醇、甾体激素等,固醇类是细胞表面膜的重要构成部分,又是动物激素和维生素D的合成原料。

(5) 维生素(vitamin):是生物体内含量虽小但不可缺少的小分子物质,对有机体新陈代谢的调节起着非常重要的作用。但动物本身不能合成,只能从外界获得,摄入不足则会导致各种维生素缺乏病症。

第二节 动物细胞

细胞(cell)是构成生物体结构与功能的基本单位。

一、动物细胞的一般特征和功能

细胞一般很微小,需借助显微镜才能看见,通常以微米计算,但有少数例外,如鸟卵,直径可达几厘米。细胞的形态和功能也是多样的,各种生物的细胞有特定的形态(图2-1),游离的细胞多为圆形或椭圆形,如血细胞和卵,紧密相连的细胞有扁平、方形或柱形等,有收缩功能的肌细胞多为纺锤形或纤维形,有传导功能的神经细胞则为星形,多具长短不等的突起;活细胞的形态往往是可变的,初生的细胞形状比较有规则,经过分化和发展,细胞形态趋于多样化,这与它们的功能有关,但它们在形态和功能上又有共同的特征。

动物细胞都属于真核细胞,即有完整的核和各种完备的细胞器,动物细胞与植物细胞相比,没有细胞壁、质体和巨大的液泡,却有与分裂有关的中心体。

在动物界,除了原生动物以外,绝大多数的多细胞动物的机体都是由形态各异、功能和大小皆不同的细胞构成的,但它们在机体内相互联系、密切配合,共同完成动物的如生长、发育、生殖、遗传、病理等生命活动,所以,细胞的功能包括:① 利用和转换能量来维持细胞的各种生命活动;② 具有生物合成的能力,能把小分子物质合成为生命所需的大分子物质;③ 自我复制和分裂繁殖后代。

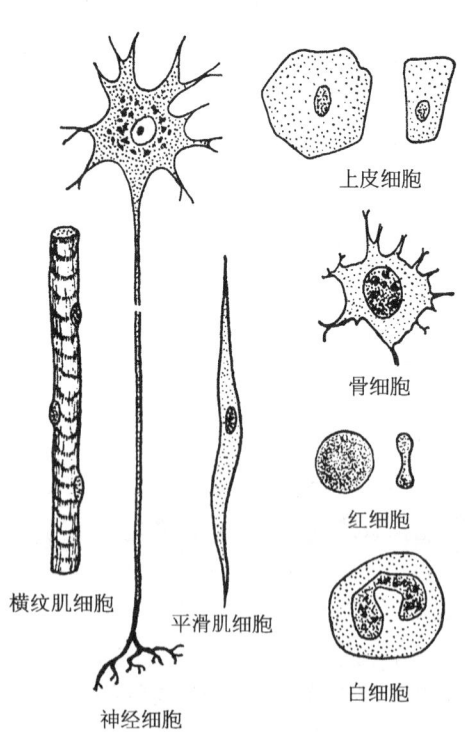

图2-1 几种动物细胞
(仿刘凌云《普通动物学》)

二、细胞的结构

细胞是一团原生质（protoplasm），由它分化出细胞膜、细胞质、细胞核和各种细胞器（图2-2）。

1. **细胞膜或质膜（cell membrane 或 plasmolemma）** 包围在细胞表面、细胞核及细胞器表面的极薄的膜，电子显微镜下可观察到膜由3层组成，称单位膜（unit membrane），厚度一般在7～10 nm，内外两层为电子密度高的致密层，主要由蛋白质分子组成，中间一层为电子密度低的透明层，由两层呈极性定向排列的磷脂分子组成，细胞生物学称这种3层式典型构造为单位膜（unit membrane），不同的蛋白质和脂类就构成了不同的膜。蛋白质以不同的深度镶嵌甚至穿越在磷脂双分子层中（图2-3）。1972年S. Jonathan Singer 和 Garth Nicolson 利用各种物理化学新技术研究膜的结构，提出了"蛋白质和磷脂镶嵌流体模型学说"，认为膜是由球形蛋白质和连续的磷脂双分子层构成的流体，整个膜不是静止的而是液态可流动的。细胞膜中的脂类包括磷脂和固醇，而蛋白质种类较多，质膜的外表层多含糖蛋白，内表层常含酶蛋白，中部穿插有功能蛋白。

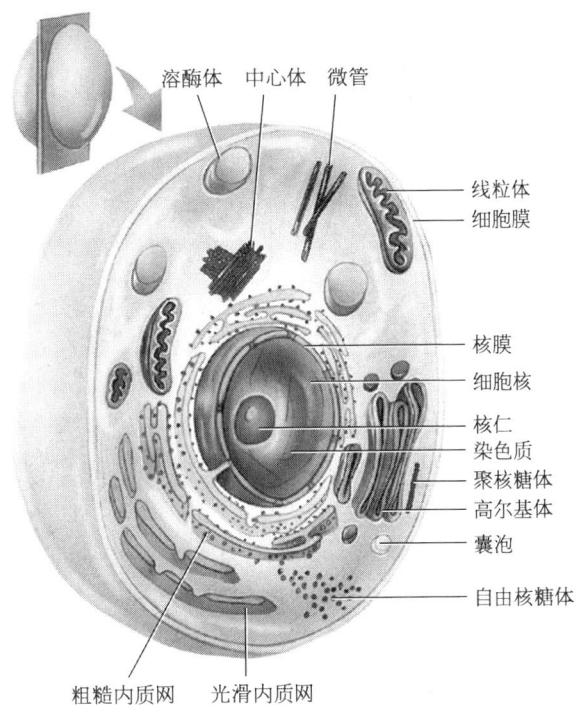

图 2-2 动物细胞模式图
（引自 Stephen A. Miller & John P. Harley）

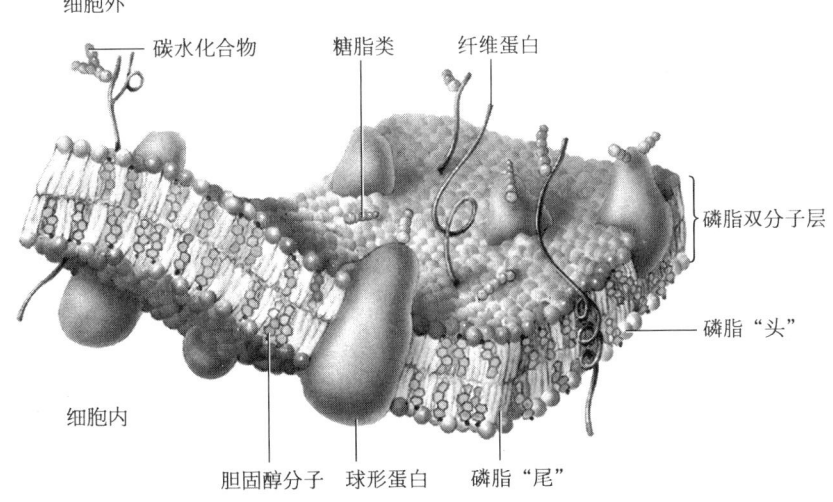

图 2-3 细胞分子结构（引自 Stephen A. Miller & John P. Harley）

除以上构造外,膜的外表面还结合着结构特殊的寡糖蛋白,它使细胞具有特异性(specificity),不同种的动物细胞有种的特异性,不同个体的细胞也有个体的特异性,这是细胞互相识别(recognition)的分子基础,实验证明,将几种不同来源的细胞混合,同源的细胞能彼此贴合,异体的细胞则互相排斥。

细胞膜有维持细胞内环境恒定的作用,通过膜有选择性地从周围环境吸收养分,并将代谢产物排出细胞外;现已有大量实验证据说明,细胞膜上的蛋白质,尤其是酶,对多种物质出、入细胞膜有很关键的作用;同时,细胞膜还有传递外界信息、细胞识别与免疫、代谢调控等功能,从而调节细胞的生命活动。

2. 细胞质(cytoplasm)　细胞膜以内、细胞核以外的实物体系,是细胞的主要部分和细胞新陈代谢的主体,又是生命活动的主要表现者。在光学显微镜下活细胞的细胞质呈半透明、均质、黏滞性较低的状态。在电镜下可观察到由细胞质分化出多种具有特定形态和功能的"细胞器官"——细胞器(organelle),动物细胞的细胞器有:

(1) 内质网(endoplasmic reticulum,简写 ER):1945 年 K. R. Porter 和 A. D. Claude 首次在电镜下发现这种膜系统是在细胞的内质中,故称之。它是由膜形成的一些小管、小囊和扁平的囊构成的膜腔系统,内质网不仅与核膜和质膜内褶部分相连,并与高尔基复合体紧密相关,成为细胞内输送物质的重要渠道。根据其形态的不同可分为粗糙内质网(rough ER)和光滑内质网(smooth ER)。

粗糙内质网(RER)的外表面附有许多核蛋白体(或称核糖体)颗粒,是合成各种分泌蛋白质的主要部位;光滑内质网(SER)则参与脂肪和胆固醇的合成、糖原和其他糖类的合成与分解,具有对脂溶性毒物的解毒功能,另外还参与细胞内的物质运输。

(2) 高尔基器(Golgi apparatus)或高尔基复合体(Golgi complex):1898 年由 Camillo Golgi 发现,也是细胞质中的一种膜腔结构(图 2-4),位于细胞核附近,由几个表面光滑、重叠在一起的大扁囊和它周围的小囊构成,与内质网相连,将内质网上核蛋白体合成的多种蛋白质进行加工、浓缩、分类和包装,成为分泌颗粒,再加上高尔基体合成的糖类物质形成糖蛋白,转运出细胞供细胞外使用。

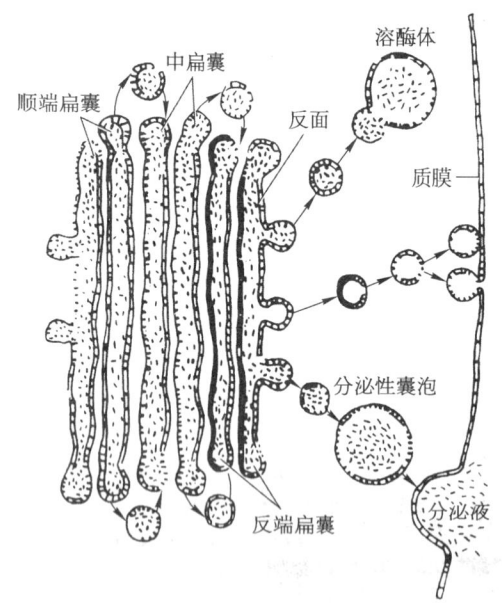

图 2-4　高尔基器示其分泌
(引自刘凌云《普通动物学》)

(3) 溶酶体(lysosomes):普遍存在于各种细胞中的一种内含各种酸性水解酶的颗粒,尤以具有吞噬功能的细胞含量最多,目前已鉴定出有 50 多种酶,特征性的是酸性磷酸酶;这些酶能把一些大分子(如蛋白质、核酸、多糖、脂类等)分解为较小的分子,供细胞内的物质合成或供线粒体的氧化需要;溶酶体还是细胞分解外源性有害物质或细胞受损、衰老时残留物自溶的结构,在清除异物保护机体,以及胚胎形成和发育等方面都有重要作用。

(4) 线粒体(mitochondria):是一些线状、小杆状或颗粒状的结构(图 2-5),普遍存在于真核细胞中,相对独立地悬浮在细胞质中,数量较多,其主要成分是蛋白质和脂类;在电镜下观察,线粒体表面由双层膜构成,内膜向内形成一些嵴,称线粒体嵴(cristae),在嵴上有丰富的酶系统,线粒体是细胞的呼吸中心,它是生物体借有氧氧化作用产生能量的一个主要机构,即能量转换中心,能将机体摄入的营养物质氧化产生能量,并通过氧化磷酸化作用将能量贮存在三磷酸腺苷(ATP)高能磷酸键上,供给细胞其他生理活动需要,因此被称为细胞的"动力工厂"。

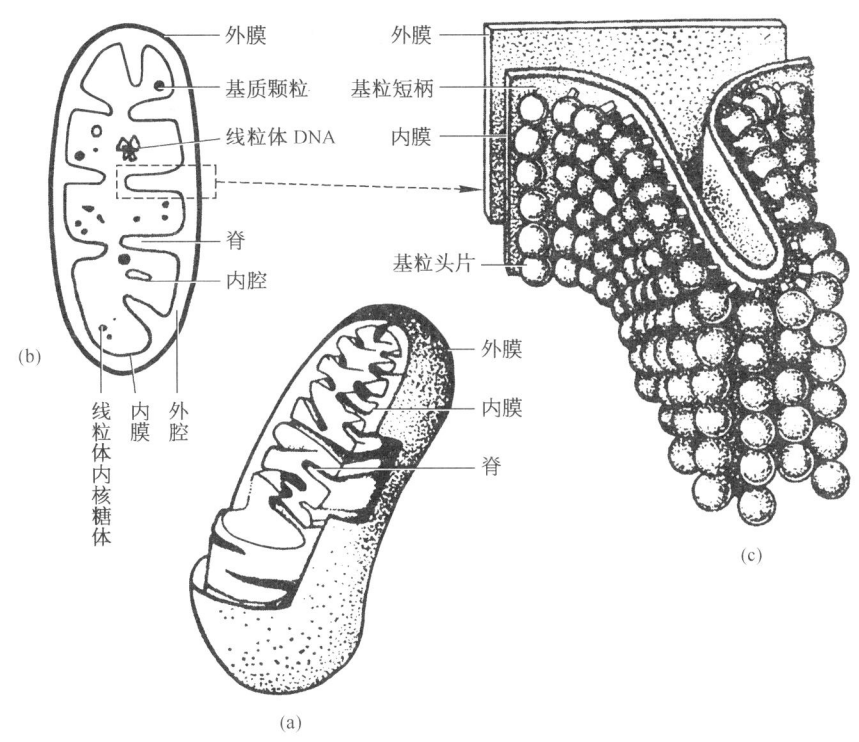

图2-5 线粒体结构(仿陈品健《动物生物学》)
(a) 线粒体立体观 (b) 线粒体纵切面 (c) 线粒体内膜和嵴上的基粒

(5) 中心粒(centriole):细胞分裂时易观察,而在分裂间期则不易见到,是位置固定、具有极性的柱状细胞器,由9组小管状的亚单位组成,每个亚单位一般由3个微管组成,排列方向与柱状体的纵轴平行,中心粒常成对且成直角出现,这种成对的中心粒称中心体(centrosome),在细胞有丝分裂时对纺锤丝的排列方向和染色体的移动方向有关。

在细胞内,除了上述结构外,还有微丝和微管等结构,它们对细胞起骨架支持作用以维持细胞形状,还参与细胞的运动,形成纺锤丝、纤毛和鞭毛的微管。

3. **细胞核(nucleus)** 细胞核是细胞的控制和信息中心,蕴藏着大量的遗传信息,控制细胞的代谢、生长、分化和繁殖;细胞核形状多样,大多数细胞只有一个核,但也有双核和多核的;真核细胞的核由核膜、核仁、核基质和染色质组成(图2-6)。

(1) 核膜(nuclear envelope):由双层膜构成,膜上有数以千计的核孔,是由内、外层的膜融合而成的,能选择性地控制内外物质的通过,允许RNA进出细胞核而不允许DNA出入细胞核,对维持核内环境的恒定有重要作用。

(2) 核仁(nucleolus):由核仁丝、颗粒和基质构成,无界膜包围核仁,核仁丝和颗粒由RNA和蛋白质结合而成,基质则由蛋白质组成,核仁的功能是合成核糖体RNA(rRNA),并能组合成核蛋白体的前体颗粒;为在核基质中进行的多种代谢过程提供戊糖、能量和酶等。

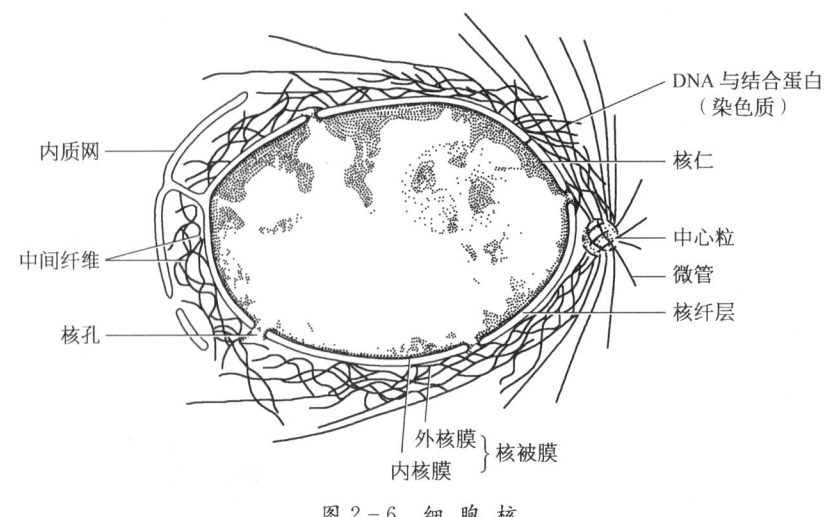

图 2-6 细胞核

（3）染色体(chromosomes)：染色质(chromatin)是一种嗜碱性的物质，因能用碱性染料染色而得名，占核的绝大部分，在细胞分裂间期，染色质呈丝状结构分散在核里，内含有大量的 DNA 和碱性组蛋白，两者结合成核蛋白(nucleoprotein)，还有少量的 RNA；在细胞的有丝分裂时，染色质高度螺旋化，盘绕折叠形成光学显微镜下可见的染色体，分裂末期又变为分散的细丝状染色质；染色体上具有大量控制遗传性状的基因，从分子水平看，基因即 DNA 片段，也就是决定某种蛋白质分子结构的 DNA 片段。现在认为，生物体各种性状的控制，都是以遗传密码(genetic code)的形似编码在核酸分子上，通过核酸复制把遗传信息(genetic information)传到后代去。

综上所述，细胞核的功能是保存遗传物质，控制生化合成和细胞代谢，决定细胞或机体的性状表现，把遗传物质从细胞或个体一代一代传下去，但它又不是孤立的起作用，而是与细胞质相互作用、相互依存而表现出细胞统一的生命过程，细胞核控制细胞质，细胞质对细胞的分化、发育和遗传也有重要的作用。

三、细胞周期

生物个体的成长，源于细胞的生长和增殖，而它的生长和分裂都有显著的周期性。细胞由一次分裂结束到下一次分裂结束之间的期限称细胞周期(cell cycle)，包括分裂间期(inter phase)和分裂期(mitotic phase)（图 2-7），细胞周期的长短因细胞种类而异，但各类细胞的周期是相对恒定的，却会受各种内外因素的影响，如环境温度、细胞营养、生理以及酸碱度、电离辐射、某些化学药品、无机离子及一些有机物等都能改变细胞周期。在细胞生长时，其体积逐渐增大，为细胞分裂提供了基础，在分裂期细胞分裂为两个子细胞。二次细胞分裂之间的时期称分裂间期，根据 DNA 的复制情况分为 DNA 合成前期即 G_1 期、DNA 合成期即 S 期、DNA 合成后期即 G_2 期，一般认为，在 G_1 期合成 DNA 复制所需要的酶、底物和

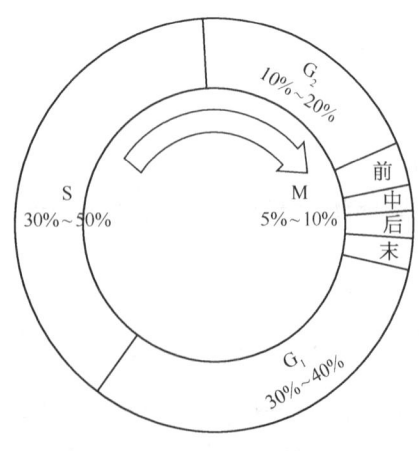

图 2-7 细胞周期
（仿刘凌云《普通动物学》）

RNA,G_2期合成纺锤体和星体所需要的微管蛋白质;一般来讲,细胞分裂间期需要的时间远较分裂期长。有些已经分化执行特殊功能的细胞常不再进行分裂,DNA 不合成,其复制准备工作被抑制,如角质细胞、红细胞、神经细胞等,这个阶段称 G_0 期,而另一些已分化的细胞则暂不分裂,当所在组织受到损伤时才分裂进行补充,如肝、肾细胞。癌细胞虽不属于分化细胞,但在密度过大、营养缺乏的条件下也可转入 G_0 期,在一定条件下又开始增殖,从而成为疾病复发的根源。

四、细胞分裂

任何动物,都是由一个细胞经过分裂、生长、分化而形成的,分裂使细胞的个数增加,是细胞增殖的基本形式,是生物生长、发育、分化和繁殖的基础。经过分裂间期的充分准备,包括物质的合成和细胞的生长,尤其是染色体的复制,为分裂创造了必要的条件,细胞分裂(cell division)有 3 种形式:

1. **无丝分裂**(amitosis) 亦称直接分裂,最简单的一种分裂方式,分裂时看不见染色体的复杂变化,核物质直接分裂为二,一般是从核仁开始,延长横裂为二,接着核延长,中间缢缩,分裂成 2 个核;同时,细胞质也随着拉长并分裂为二,结果形成 2 个子细胞。原核生物常以此方式进行裂殖,真核生物的体细胞在成熟期有时也行无丝分裂,如动物局部受伤或病变时的增殖就是直接分裂,这样可以很快地增加细胞数量和修复创伤。

2. **有丝分裂**(mitosis) 亦称间接分裂,整个过程连续而且复杂,细胞核和染色体在形态上有明显的变化,是真核细胞分裂的主要形式,分为前期、中期、后期及末期(图 2-8)。

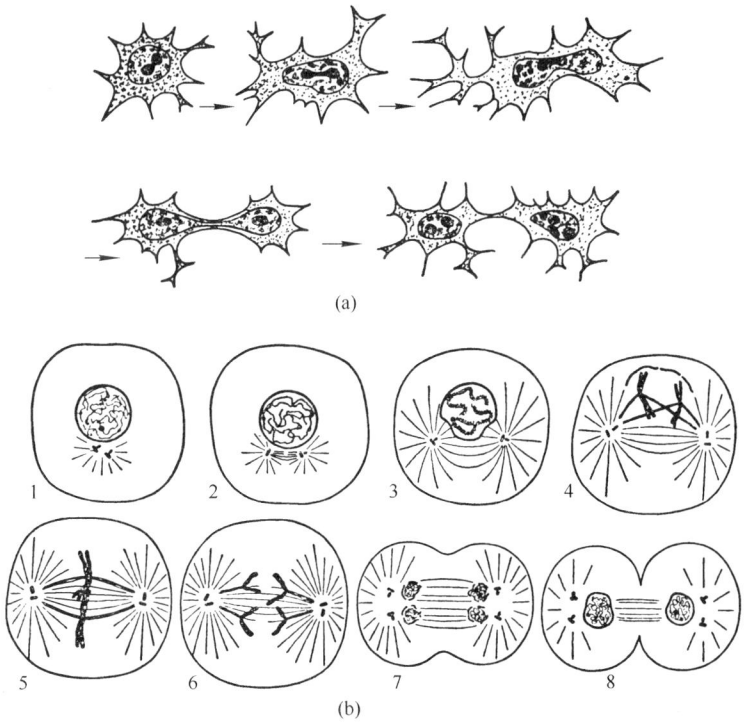

图 2-8 细 胞 分 裂

(a) 小鼠腱细胞无丝分裂 (b) 有丝分裂
1~4. 前期 5. 中期 6. 后期 7~8. 末期

（1）前期：细胞核中开始呈现出一定数目的长丝状染色体，每条由2条染色单体螺旋化细丝组成，然后螺旋化逐渐加强且缩短变粗，中心粒向两极移动，周围出现星芒状细丝，称星体，在两星体之间出现纺锤状排列的纺锤丝，称纺锤体，核膜、核仁逐渐消失，染色体向中央移动，直到排列在赤道面上。

（2）中期：从染色体到达赤道面、停止移动时开始，染色体呈辐射状排列在纺锤丝周围，此期纺锤体已达到最大限度，一些纺锤丝从纺锤体的两极分别与染色体的着丝点相连接，另一些则直接伸到两极的中心粒。此时染色体高度螺旋化，呈浓缩状，2个染色单体开始分开，即将进入下一时期。

（3）后期：2个染色单体分开向两极移动的整个过程。

（4）末期：此时两组子染色体已移至细胞的两极，开始核的重建，核膜、核仁重现，染色体浓缩状态逐渐减低，直到恢复成间期核的状态；在核重建的同时，细胞质发生分裂，在动物细胞首先是赤道区域的胞质发生缢缩，然后逐渐加强，直到分裂成2个细胞。

有丝分裂的重要生物学意义在于，通过这一过程在间期复制的双份DNA和分裂期形成的染色单体对等地分开，细胞质也对等分裂，保证了新一代两个子细胞相同的机制，也就保证了子代与亲代细胞具有相同的遗传性。这一点在胚胎细胞和分生组织的细胞尤为重要。

3. 减数分裂（meiosis） 此分裂形式是随着配子生殖而出现的，它与有丝分裂的不同点在于减数分裂进行2次连续的核分裂，细胞分裂了2次，其中染色体只分裂了一次，结果染色体数目减少一半（图2-9）。

在成熟期的最后2次分裂中，初级精母细胞（2n）经过第一次减数分裂形成次级精母细胞（n），此时染色体数目减少了一半；后者再进行第二次减数分裂产生4个精细胞（n），精细胞通过分化过程转变成精子（n）；在雌体中这些相应的阶段则是初级卵母细胞（2n）、次级卵母细胞（n）和卵（n），所不同的是每个初级卵母细胞不是产生4个有功能的卵子，而只产生一个成熟卵和

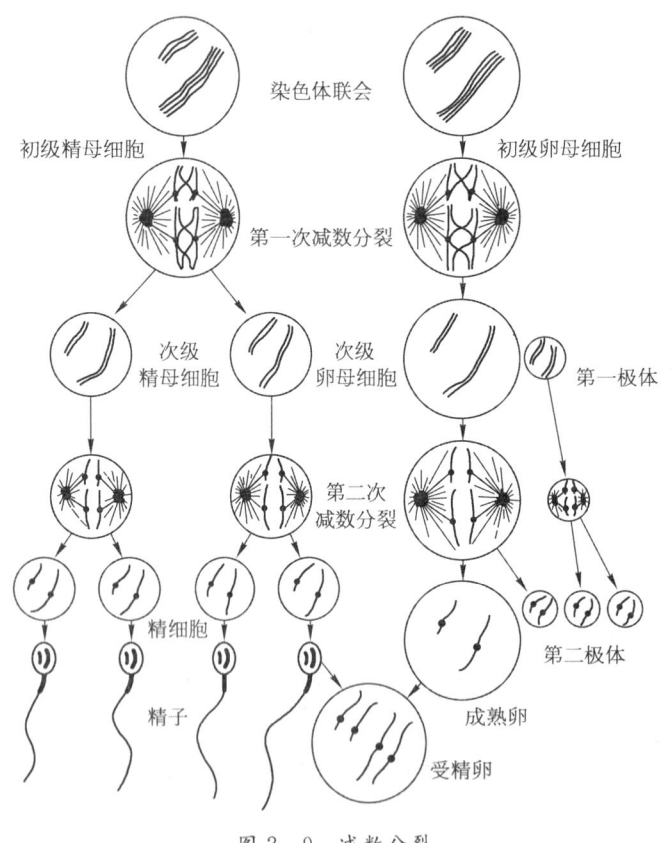

图2-9 减数分裂

另外3个不孕的极体，这种不平均的分裂使卵细胞带有足够的营养以供应将来受精卵发育的需要，而极体则失去受精发育能力，这就是卵的数量不如精子多的原因。

减数分裂对维持物种染色体数目的恒定性，对遗传物质的分配、重组都具有重要意义，让后代对外界环境具有更大的适应性，这对生物的进化发展极为重要。

第三节 动物的组织、器官和系统

一、组织

多细胞动物随着身体细胞数量的增多,不同细胞的功能也就逐渐趋于专门化,形成形态和功能都不相同的组织(tissue)。

组织是由一些形态相同或类似、功能相同的细胞群及其一定量的非细胞形态的细胞间质(intercellular substance)结合在一起的结构。间质存在于细胞之间,如基质、纤维等。

在动物体,每种组织各完成一定的功能,高等动物(或人体)有很多不同形态和不同功能的组织,通常把它们归纳起来分为4大基本组织,即上皮组织、结缔组织、肌肉组织和神经组织。

1. **上皮组织**(epithelial tissue) 由密集细胞和少量细胞间质组成(图2-10),在细胞之间又有明显的连接复合体,一般细胞密集排列呈膜状,覆盖在体表和体内各器官、管道、囊、腔的内表面及内脏器官的表面,向着外界或腔隙的一面为游离面,另一面则借着基膜(basal membrane)与深部结缔组织连接,称基底面,因其两面的结构和分化不同,使得上皮具有极性;上皮组织内多无毛细血管分布,营养是由深部结缔组织中血管通过基膜渗透来供给的,代谢产物的排出也是通过基膜渗透完成的,但上皮内有神经末梢分布。所以,上皮具有保护、吸收、排泄、分泌、呼吸、感觉等功能。

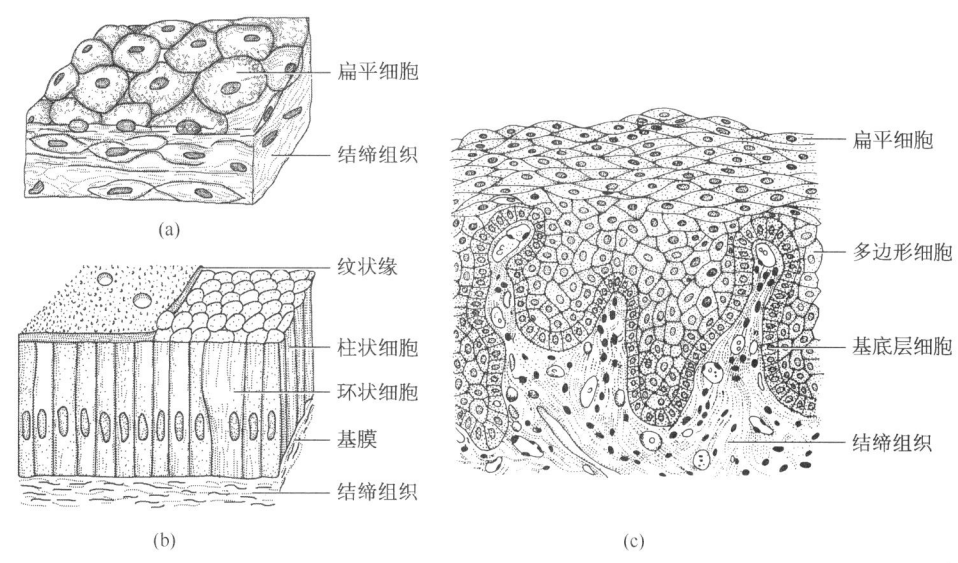

图2-10 上皮组织模式图(仿姜乃澄等《动物学》)
(a) 单层扁平上皮 (b) 单层柱状上皮 (c) 复层扁平上皮

根据分布、功能和形态结构的不同,上皮组织分为:

(1) 被覆上皮(cover epithelium):覆盖在机体内外表面的上皮组织,因所处的位置和功能的不同而有所分化。根据上皮细胞排列层次可分为单层上皮和复层上皮,以吸收、分泌为主的常为单层上皮,而起保护作用的则多为复层上皮;又各再根据细胞形态分为扁平、立方、柱状上皮;有些上皮细胞根据功能的需要形态也有所变化,如呼吸上皮具有纤毛、肾小管上皮有刷状缘等,而膀胱、肾盂、输尿管、尿道等处的上皮则属于变异上皮,充盈时只有2层,互相拉开,收缩后则互相折叠,可多达10余层。高等动物的体表上皮通常是复层的,上面的几层细胞还角质化,经常脱落,由基底层的细胞增生加以补充,它们常和下面的真皮共同构成皮肤,并且还衍生出许多结构和功能不同的衍生物。

(2) 腺上皮(glandular epithelium):分泌或排泄是上皮细胞的重要功能之一。由有分泌功能的腺细胞(gland cell)组成的上皮组织。单独的腺细胞分散在上皮中的称单胞腺,如胃黏膜上的分泌细胞;而以腺细胞为主体构成的器官称腺体或腺(gland)(图2-11);分泌物通过导管排到腺体腔或体外的称外分泌腺(exocrine gland),如乳腺、唾液腺;而分泌物不经过导管直接分泌到血液中的为内分泌腺(endocrine gland),如脑垂体、甲状腺、性腺等。

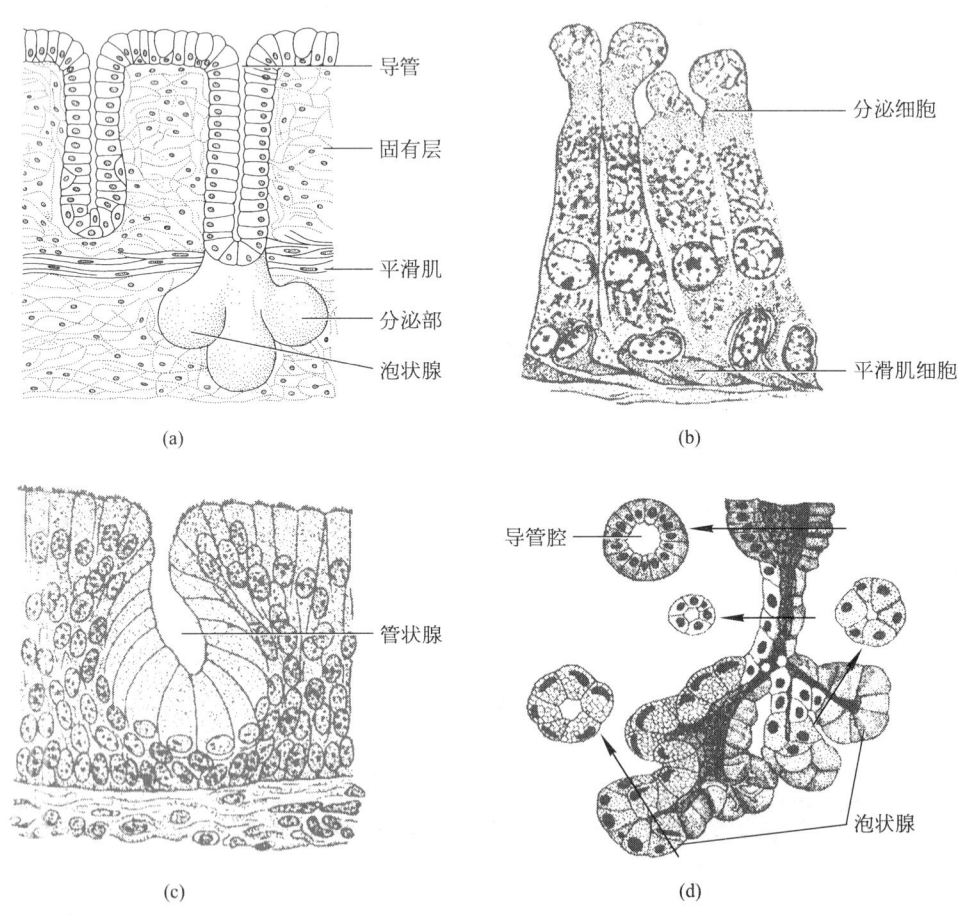

图 2-11 多细胞外分泌腺(仿姜乃澄等《动物学》)
(a) 单层柱状上皮的管状腺和泡状腺 (b) 人气味腺上皮中成熟的分泌细胞
(c) 人会厌上皮分泌黏液的管状腺 (d) 人唾液腺简图

(3) 感觉上皮(sensory epithelium):能感受各种理化刺激的上皮细胞,多为柱状,外端有感觉突起,内端有突起与神经细胞相连,如嗅上皮、味蕾、视网膜、感觉毛等。

2. 结缔组织(connective tissue) 由多种细胞和大量的细胞间质构成,细胞的种类很多,没有固定的位置,通常不形成完整的细胞层,分散在间质中,间质有液体、胶状体、固体基质和纤维,多种细胞和不同的间质就形成了多样化的组织;结缔组织广泛分布于表皮下不同组织及器官之间,脊椎动物尤发达,把全身的各种组织联系起来,又能使其中的神经、血管和淋巴管等保持一定的位置,具有连接、支持、保护、营养、修复和物质运输等功能。包括:

(1) 疏松结缔组织(loose connective tissue):又称蜂窝组织(areolar tissue),由排列疏松的纤维与分散在纤维间的多种细胞构成(图2-12),纤维和细胞埋在透明的基质中,纤维有胶原纤维和弹力纤维;细胞多种,成纤维细胞是产生纤维和基质的细胞,对伤口愈合有重要作用,巨噬细胞能吞噬侵入机体的异物、病原微生物及死细胞碎片等,浆细胞能产生抗体(免疫球蛋白),肥大细胞含多种酶,能释放或分泌多种活性物质,脂肪细胞则在动物冬眠时是很重要的能源;疏松结缔组织在动物体内分布极广,在各器官和组织之间均有,大部分分布在皮肤下面、器官间隙,起识别、保护、连接、支持、贮存能量等功能。

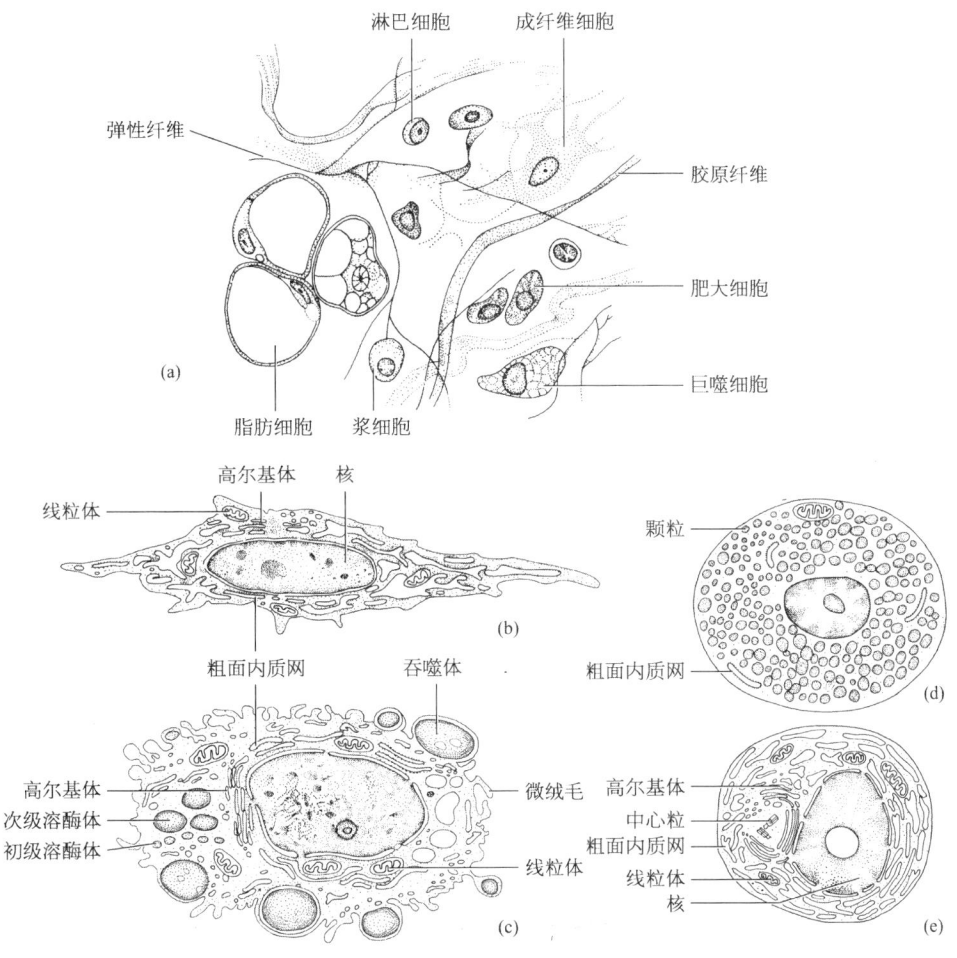

图2-12 疏松结缔组织(引自姜乃澄等《动物学》)

(a) 疏松结缔组织模式图 (b)~(e) 成纤维细胞、巨噬细胞、肥大细胞、浆细胞超微结构模式图

(2) 致密结缔组织(dense connective tissue):组成成分与疏松结缔组织基本相同,但其中

的胶原纤维粗大,数量多且排列致密,细胞的种类和数目及基质均较少(图2-13),组成皮肤的真皮、器官的被膜、韧带及大动脉的弹性膜和肌腱等,起连接、支持和保护等作用。

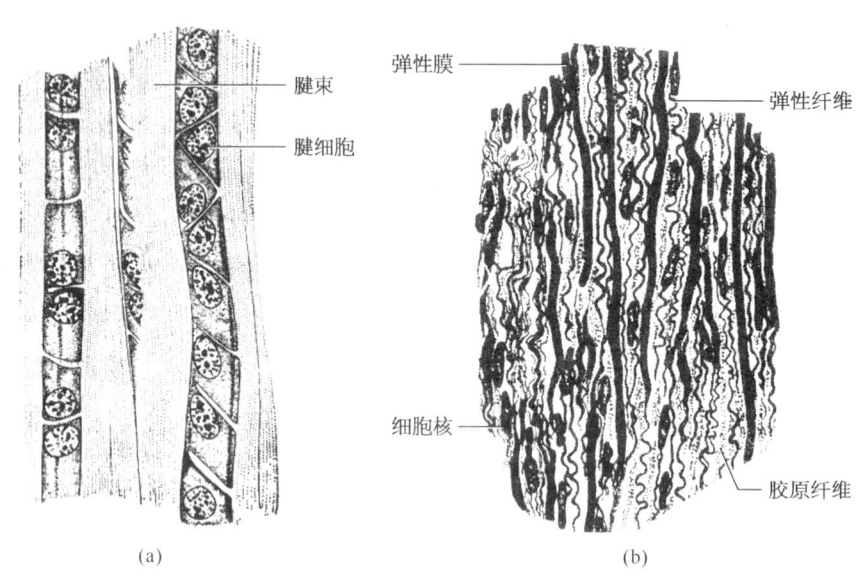

图2-13 致密结缔组织(引自姜乃澄等《动物学》)
(a) 大鼠尾部致密胶原纤维结缔组织 (b) 大动脉管壁中致密弹性纤维结缔组织

(3) 脂肪组织(adipose tissue):由大量脂肪细胞聚集而成,并被少量的疏松结缔组织分隔成许多脂肪小叶(图2-14),细胞内贮存大量脂肪,分布在许多器官和皮肤下层、网膜系膜、心外膜等处,具有支持、保护、维持体温等作用,并参与能量代谢。脂肪细胞中的脂肪在神经和内分泌的调节下,可供其他组织利用。冬眠动物有特殊的脂肪组织,以供给必需的能量。

(4) 软骨组织(cartilaginous tissue):由软骨细胞、软骨基质和纤维组成,软骨坚韧而有弹性,有较强的支持和保护作用。根据纤维的性质分为透明软骨、纤维软骨和弹性软骨,透明软骨分布最广,基质为淡蓝色透明凝胶状固体,内含少量纤细的胶原纤维,主要有关节软骨、肋软骨和气管软骨,作为机体支架的一部分;纤维软骨基质内有大量成束的胶原纤维,软骨细胞分布在纤维束间,如椎间盘、关节盂及耻骨联合等,而弹性软骨则是基质内含大量的弹力纤维,如外耳壳、会厌、鼻尖等。

(5) 骨组织(osseous tissue):脊椎动物特有,是最坚硬的结缔组织,构成机体骨骼的主要成分,具有支持、保护作用,体内的钙约99%以骨盐的成分沉积在骨内,是机体最大的钙库。

骨组织由大量钙化的细胞间质及骨细胞构成,钙化的细胞间质形成骨板,另外还含有骨蛋白和胶原纤维,使骨有一定韧性,防止易碎,骨细胞则分散在骨板内或骨板间的胞窝内,细胞有许多突起,彼此相连,胞窝发出许多放射状的细长小管,彼此沟通,成为骨小管;骨质分骨松质和骨密质(图2-15),骨表面和长骨干为骨密质,由紧密排列的骨板构成,骨板围绕血管和神经呈同心圆排列,形成哈佛系统(Harversian system)(哈佛骨板和哈佛管)(图2-16),管内有血管、神经通过,福克曼管把纵向的哈佛氏管又横向连接起来;骨表面有致密结缔组织的骨膜,其中有神经和血管,有营养骨细胞的作用;骨松质位于骨内部,由针状或片状的骨小梁组成,能忍耐很大的压力,内有许多网眼,是髓腔的延续,网眼里充满了红骨髓。

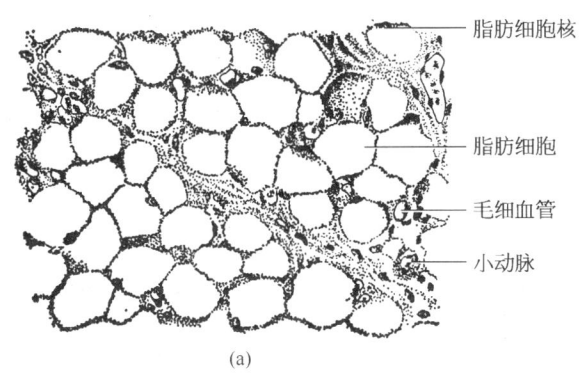

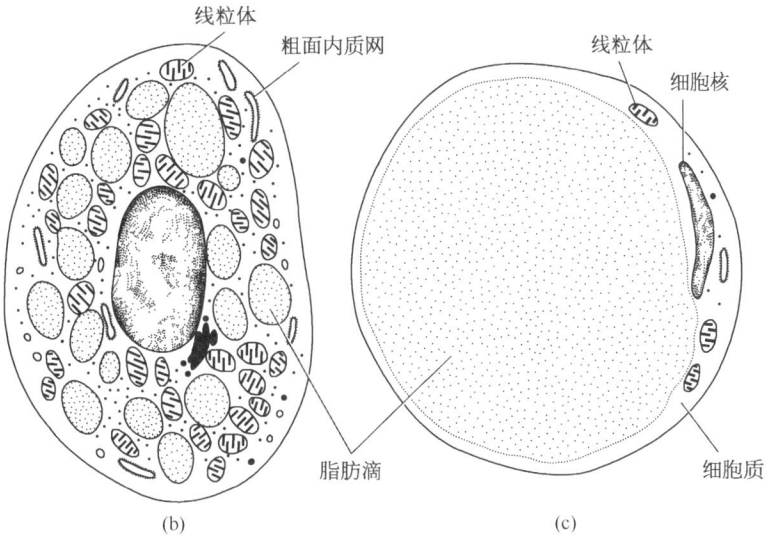

图 2-14 脂肪组织（引自姜乃澄等《动物学》）

(a) 脂肪组织模式图　(b)、(c) 分别为多泡、单泡脂肪细胞超微结构模式图

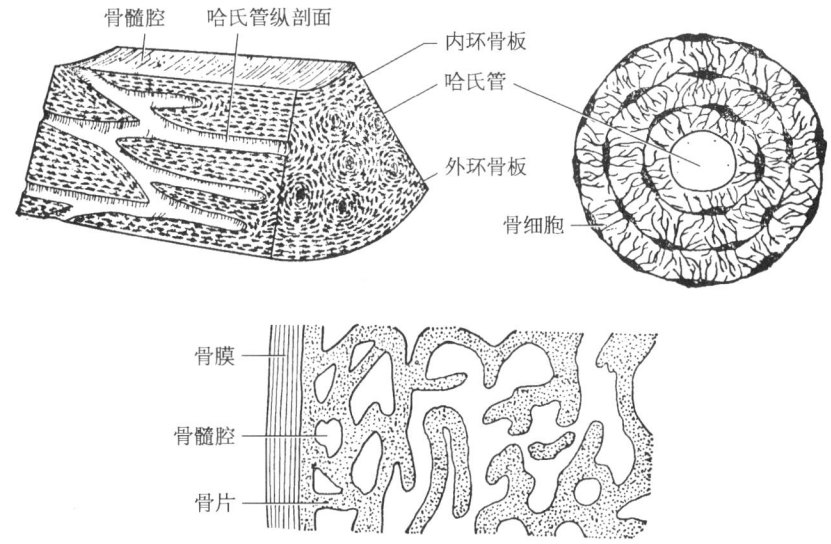

图 2-15 密质骨（上）与松质骨（下）（引自刘凌云等《普通动物学》）

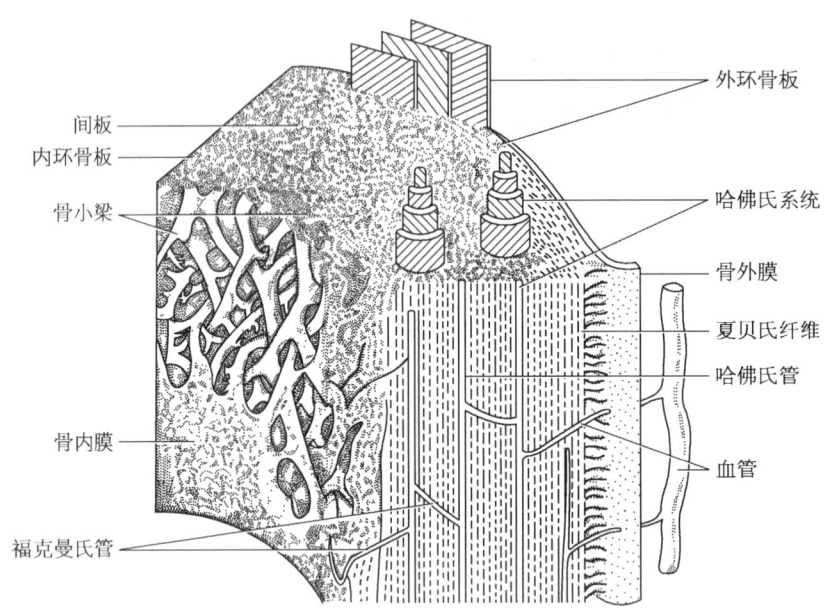

图 2-16 长骨干骨密质立体图示骨板排列(引自杨安峰等《脊椎动物比较解剖学》)

骨组织内的成骨细胞和破骨细胞在不断地生长、吸收和改造,在它所受到的主要负荷的方向上进行重建,以适应它所受到的应力变化,保证骨骼对机体的支持和保护作用。

(6) 血液(blood):特殊的、流动性的结缔组织,由各种血细胞和细胞间质即血浆(plasma)组成,血浆内含纤维蛋白原,剩下的浅黄透明的液体为血清,它相当于结缔组织的基质。血细胞有红细胞和多种白细胞、血小板等,红细胞的功能主要是携带氧气至全身各部;白细胞则与防御保护有关,可吞噬异物、细菌和坏死组织,淋巴细胞能产生抗体或免疫物质,参与机体的防御功能;血小板是一种不完整的细胞,只存在于哺乳类的血液中,参与凝血和止血过程。除此之外,血液还将营养物、激素等携带至各组织器官,并将组织器官的代谢产物运走,以延续机体的生命活动。

3. 肌肉组织(muscular tissue)　由高度特化收缩性强的肌细胞组成,肌细胞一般呈纤维状,细而长,故亦称肌纤维,其外包裹着一层肌膜,其主要功能是使肌纤维收缩和舒张,将化学能转变为机械能,与骨骼配合,参与机体各种运动,保护内脏器官。根据肌纤维的形态结构和功能特点,分为横纹肌、心肌、斜纹肌和平滑肌。

(1) 横纹肌(striated muscle):主要附着在骨骼上,也称骨骼肌(skeletal muscle),运动一般受意志支配,所以也称随意肌。肌纤维圆柱形,为多核的合胞体,细胞质内有大量纵向平行排列的肌原纤维,横切面观纤维成簇,纵切面上各肌原纤维显示有明带和暗带交替排列,邻位肌原纤维的明带和暗带常处于同一水平面上,因此整个肌细胞显示出横纹(图 2-17);明带中段有一条深色的细线,称 Z 线,暗带中段也有一段相对透明的区域称 H 带,两 Z 线间的部分称肌节(sarcomere),是肌肉收缩和舒张的最基本单位;电镜下观察,每一肌原纤维都是由 2 种肌丝组成,粗的肌球蛋白丝和细的肌动蛋白丝,横纹的出现和这两种肌丝的交替排列有关,它们间隔交替排列,且有一部分发生重叠,它们的相互滑动就引起肌肉的收缩和舒张,具体讲是肌动蛋白丝在肌球蛋白丝之间滑动所形成的,值得一提的是,两种纤维相互滑动时长度并未发生改变,只是重叠部分的增加和减少,肌肉运动产生的力,就是在重叠部分发生的。此外,肌原纤维周围包有管状和囊状系统,称内膜系统或肌管系统(sarcotubular system),它包括横管系统和纵管系统(即肌浆网 sarcoplasmic reticulum)两部分。

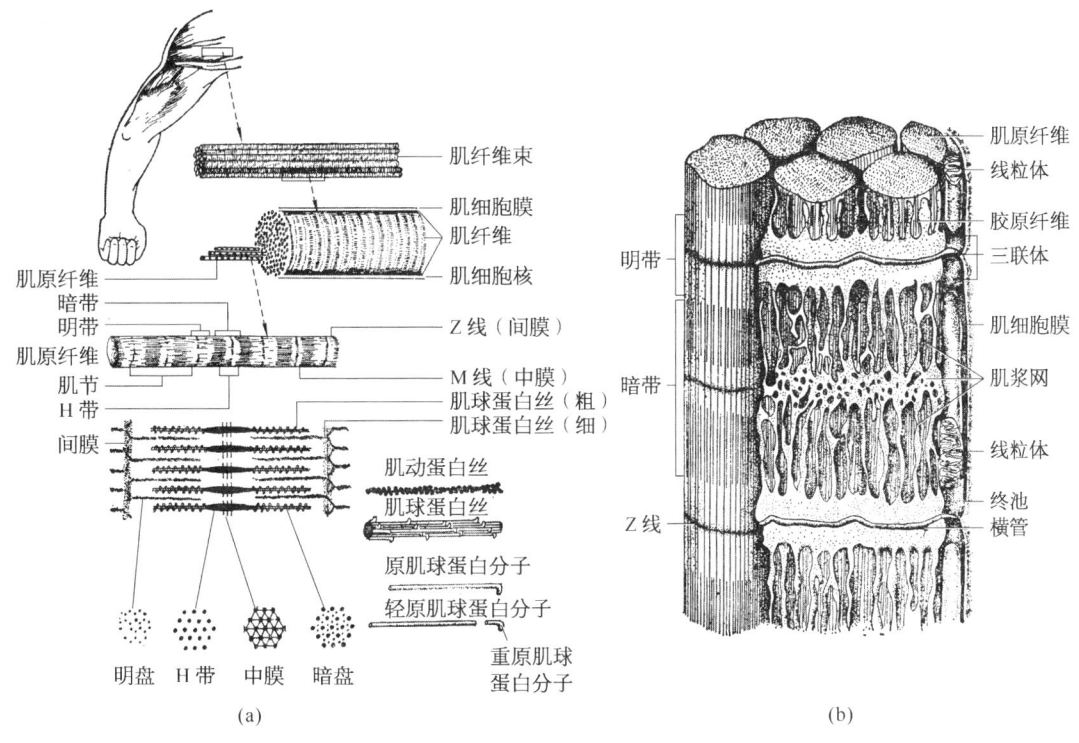

图 2-17 横 纹 肌
(a) 横纹肌逐级放大 (b) 横纹肌超微结构

脊椎动物的肌肉是人们食物中动物蛋白质的主要来源,除此之外有许多动物的肌肉还有滋补等作用。

(2) 斜纹肌(obliquely striated muscle):这种类型的肌细胞广泛存在于无脊椎动物,如腔肠动物、涡虫、线虫、环节动物、软体动物等,肌原纤维与横纹肌基本相同,只是各肌节不是排列在同一水平上,而是在细胞周围错开排列呈斜纹(图 2-18),暗带特别明显,像一个围绕细胞的暗螺旋。

(3) 心肌(cardiac muscle):仅为脊椎动物的心脏特有,不受意识支配,属不随意肌。由短柱状或有分支的心肌细胞组成,每个细胞一个核,椭圆形,位于细胞中央,肌原纤维结构与骨骼肌相似,但横纹不如骨骼肌明显和规则,其显著特点是细胞间相连处有闰盘(intercalated disc)(图 2-19),是心肌纤维之间的界限,对兴奋传导有重要作用,在该处相邻的两细胞膜凸凹相嵌,细胞膜特殊分化,紧密连接或缝隙连接。闰盘对兴奋传导有重要作用。与骨骼肌相比,心肌除有收缩性、兴奋性和传导性外,还有自动节律性。

由于心肌是在不间断地运动着的,需要不断地供给能量,所以心肌细胞比骨骼肌的线粒体多得多,还有脂滴作为能源的储备;心肌纤维内还含有能贮存氧的肌红蛋白以备血流中供氧不足时使用,因此心肌纤维显得很红。

高等动物尤其是哺乳类的心脏常作为滋补类中药。

(4) 平滑肌(smooth muscle):广泛存在于脊椎动物的各种内脏器官的管壁及皮肤,如皮

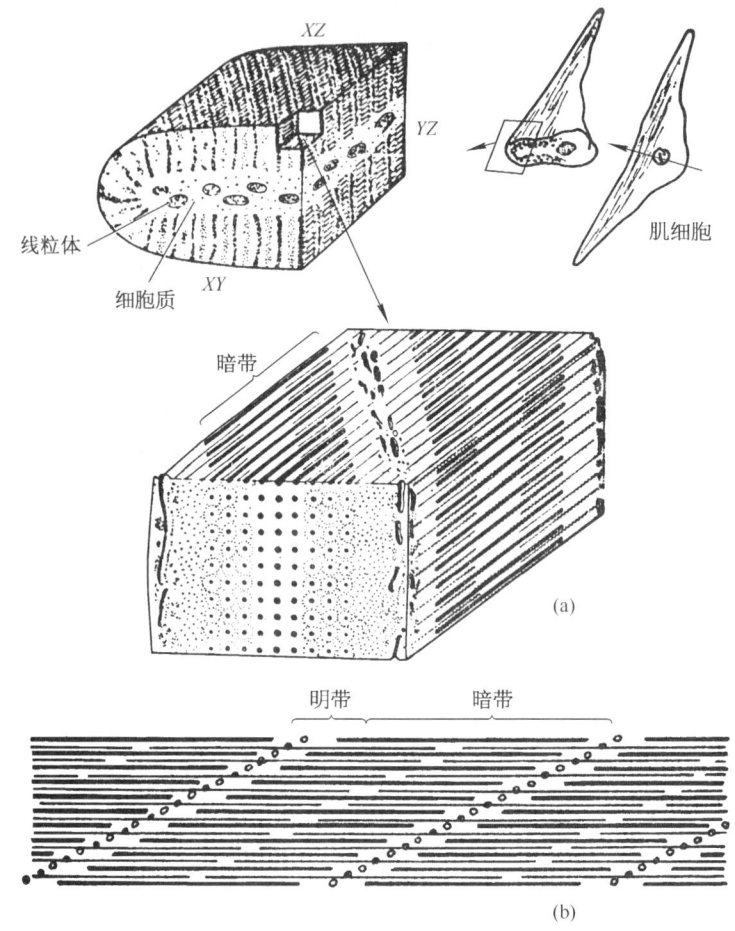

图 2-18 斜纹肌微细结构图解(仿刘凌云等《普通动物学》)
(a) 蛔虫斜纹肌 XZ 面斜纹　(b) 蚯蚓的斜纹肌,示肌丝排列呈斜纹

肤竖毛肌、瞳孔开大肌、括约肌等,活动不受意志支配,所以也是不随意肌,能作有节律、缓慢而持久的收缩。肌细胞一般呈梭形,无横纹,但偶有具 3 个或更多突起的(如外分泌腺的星形细胞),也有具分支、互相吻合形成合胞体(如膀胱与子宫肌层中的平滑肌细胞),细胞核 1 个,长椭圆形或杆形,收缩时核可扭曲成螺旋形(图 2-20);肌原纤维一般不见横纹,但在电镜下证明其超微结构与横纹肌相同仍由肌丝组成,不同点在于肌丝粗细不匀、排列无序,一般认为肌原纤维的收缩过程大抵与骨骼肌的一致。

4. 神经组织(nervous tissue)　是一种高度特化的组织,有高度发达的感受刺激和传导兴奋的能力,构成脑、脊髓和分布到身体各部分的神经,联系骨骼肌和各内脏器官以协调机体的生命活动。神经组织由神经细胞即神经元和神经胶质细胞组成,排列紧密,细胞间隙小,高等动物神经组织中有血管通过,以供应营养和氧气。

(1) 神经元(neuron):包括 1 个胞体和由它发出的若干胞突(突起)(图 2-21),胞体内有细胞核、细胞器和尼氏体,尼氏体是发达的粗面内质网和游离核蛋白体构成的,有活跃的合成蛋白质的功能;胞突有 2 种,一种是有主干及粗细分枝的树突,另一种是细而长的轴突,有的轴突外包以髓鞘称有髓神经纤维,无髓鞘者则为无髓神经纤维,轴突的长短在各种神经细胞差异

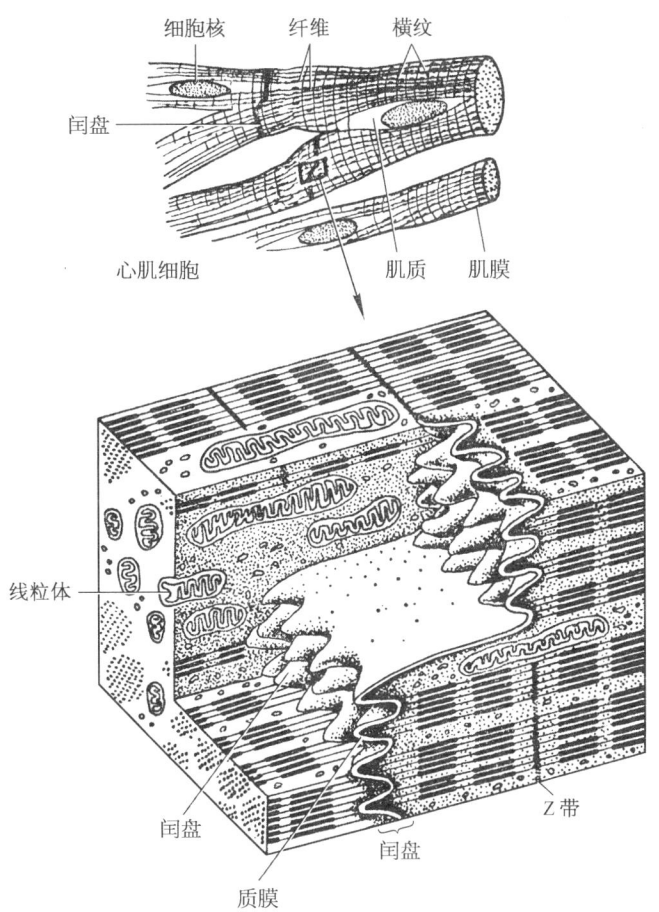

图 2-19 心肌细胞(示闰盘结构)(仿刘凌云等《普通动物学》)

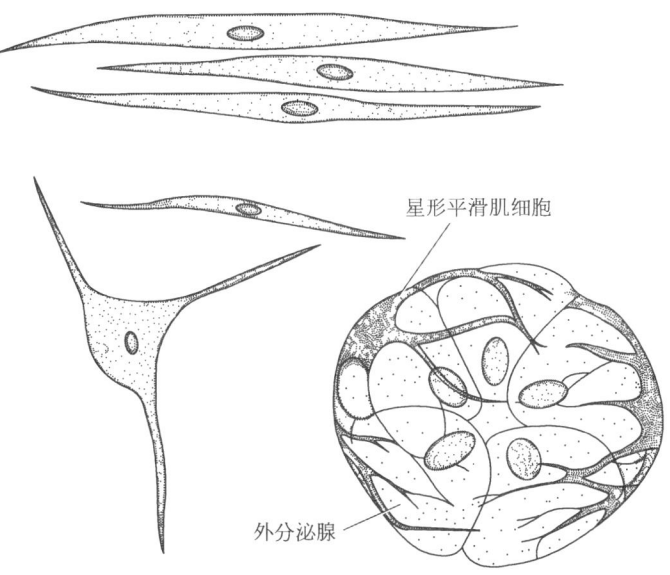

图 2-20 平滑肌(引自刘凌云等《普通动物学》)

很大;一般树突接受刺激传导冲动至胞体,而轴突则传导冲动离开胞体;通常1个神经元只有一个或没有轴突,但可有若干个树突,两者之区分在于树突部位的胞体中存在尼氏体,而轴突内没有,一般来讲,胞体越大,其轴突越长;一个神经元的树突或轴突与另一个神经元的轴突或其他感受器细胞、效应器细胞之间,并不直接发生连接,但两者非常接近,此连接点称突触,通过突触内的一种化学物质(神经递质)的传递来实现神经元之间或神经元与感受器细胞、效应器细胞之间的联系。

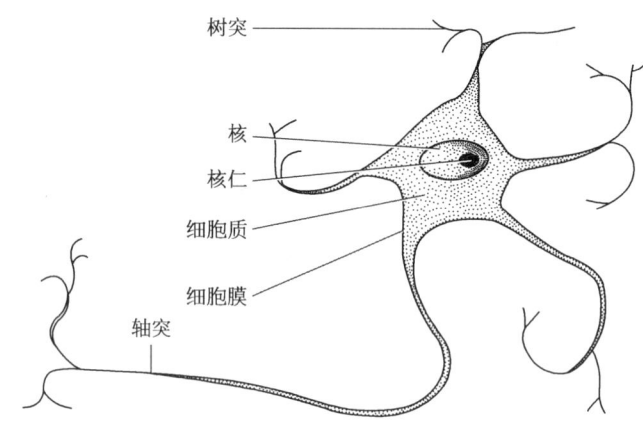

图2-21 神经元(引自 Stephen A. Miller & John P. Harley)

无脊椎动物的神经细胞集中的部位形成神经节,位于身体前端的神经节称脑,由脑及其之后的神经节以及神经纤维构成的神经链称中枢神经,连接脑和神经节的神经纤维称神经索,低等种类的神经索中也有少量神经细胞体存在;脊椎动物的神经细胞集中在脑及脊髓的灰质和神经核中,纤维形成白质,共同构成中枢,中枢之外属于外周神经系统,其神经细胞体集中在感觉神经节或自主神经节内,纤维形成脊神经及自主神经。

(2)神经胶质细胞(neuroglia cell):是神经组织中的支持细胞,分布在神经元之间,形状多样(图2-22),现已证明神经胶质细胞无传导兴奋的能力,但有支持、保护、营养、绝缘和修复等作用;神经胶质细胞广泛分布于中枢和外周神经系统,在中枢主要有星形胶质细胞(astrocyte)、少突胶质细胞(oligodendrocyte)等,外周的胶质细胞主要构成髓鞘,如施万细胞(Schwann's cell),在轴突上一个接一个地分段环绕,在每个施万细胞接触点,髓鞘凹陷并有极细微的缝隙,这个区域称郎飞结(Ranvier's node)。这种有髓神经纤维主要存在于高等无脊椎动物和脊椎动物的神经系统。

二、器官和系统

1. **器官(organ)** 所谓器官就是由几种不同类型的组织联合形成的,具有一定的形态特征,担负一定生理功能的结构。器官虽然由几种组织组成,但不是各组织的机械结合,而是相互关联、相互依存,成为有机体的一部分,不能与有机体的整体相分割,如脊椎动物的小肠由上皮、疏松结缔组织、平滑肌以及血管和神经等组成,上皮有消化吸收的作用,结缔组织有支持、联系的作用,还为血管、神经提供空间,其中由血液供给营养、经血管输送营养并输出代谢废物,平滑肌收缩使小肠蠕动,把食物向前推进,神经纤维能接受刺激、调节各组织的作用,这一切的综合才能使小肠完成消化和吸收的功能。

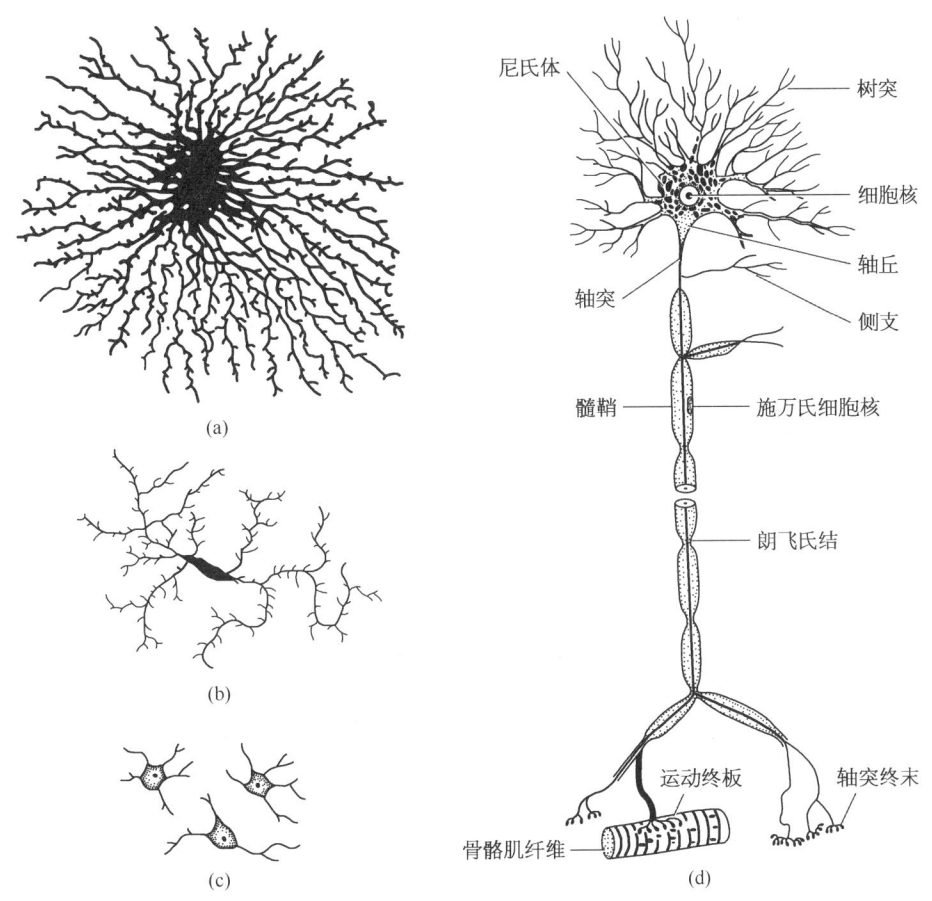

图 2-22 神经胶质细胞和有髓神经纤维模式图(引自姜乃澄等《动物学》)
(a) 纤维性星形胶质细胞　(b) 小胶质细胞　(c) 少突胶质细胞　(d) 有髓神经纤维(运动神经元)

根据形态特征,器官可分为两大类:

(1) 中空性器官:即内部有较大腔可容纳其他物质的器官,如食管、胃、肠、气管、膀胱、血管、心脏等,基本结构是内表面有一层上皮,周围是疏松结缔组织与平滑肌或心肌,肌组织夹在结缔组织之间,呈层状结构,神经、血管分布于其中。

(2) 实质性器官:内部无大腔,如肝、脾、肾、肺、肌肉等,其基本结构分两部分。① 实质:是直接参与该器官主要功能活动的部分,构成实质的细胞称实质细胞;② 间质:是不直接参与该器官主要功能活动的部分,一般是结缔组织(在神经系统是神经胶质细胞),它对实质起支持、保护、营养等作用,器官的外形常常由它们来决定,在结缔组织中有血管、淋巴管、神经等的分布,供给实质细胞营养,调节其功能活动。

2. 系统(system)　一些在功能上有密切联系的器官,联合起来完成一定的生理功能即成为系统,如消化系统就由口、咽、食管、胃、小肠、大肠、肛门及肝、胰腺等共同组成,而呼吸系统则由鼻腔、喉、气管、支气管、肺等组成。较高等的脊椎动物一般有十大系统,皮肤系统、骨骼系统、肌肉系统、消化系统、呼吸系统、循环系统、排泄系统、内分泌系统、神经系统和生殖系统,这些器官系统分别在机体内执行着不同的功能,又都在神经系统和内分泌系统的调节控制下,彼此相互联系、相互制约,只有这样,才能使整个有机体适应外界环境的变化和维持体内外环境的协调,完成整个的生命活动,使生命得以生存和延续。

第四节 动物的繁殖与胚胎发育

一、动物的繁殖

繁殖(reproduction)即生殖,是生物维持种族生命延续的手段,作为个体生命最终不免要死亡,而种族的生命则延续永存,这是由于动物有机体有繁殖后代能力的缘故。在大自然里,每一物种数量的增加和减少,即繁殖与死亡之间,存在着相对的平衡,而一旦由于自然环境发生变化或人为因素导致该平衡被打破,死亡大于繁殖,则该物种往往会面临濒危甚至灭绝的境地。不少生物学家认为,具有繁殖能力是全部生命过程的最终目的,没有繁殖也就不可能有物种的进化。

值得一提的是,随着人类科学的不断发展,人类各种社会活动对生物种群数量的变化及分布已经起了决定性的作用,毁林开荒造成的生态环境的破坏使动物栖息地的丧失和片断化,加上人类其他方面的需求,如用药的需求、对肉的需求、对动物皮毛的奢求等引起的乱捕滥猎,已造成动物野生种群数急剧下降,许多物种濒临灭绝,在这种情况下,人们就只能采取对野生动物保护的同时,进行人工驯化,逐步解决人工繁殖的问题,才可能对动物资源持续保护和利用。

动物由于进化的水平存在差异、生活环境不同,因而繁殖后代的能力是有差异的,方法也是极其多样的。归纳起来可分为无性繁殖和有性繁殖以及孤雌生殖。但无论哪种方式,它们的繁殖过程都有一基本模式:① 将环境中的原材料转变成子代或性细胞,并发育成相同构造的后代;② 从亲代传递遗传型(genotype)或密码(codon)。

1. 无性生殖(asexual reproduction) 后代产生较简单的方式,直接而且很快,只有一个亲本,并无特殊的生殖器官或生殖细胞,是亲本的直接延续;仅出现在简单的生命类型,如原生动物和低等的多细胞动物,较高等的无脊椎动物和所有的脊椎动物都不存在无性繁殖。

无性生殖的主要方式有:

(1) 裂殖(fission):一个个体直接分为两个或多个子代的繁殖方式,实际上就是细胞有丝分裂的过程。

(2) 出芽生殖(budding):由充分生长的个体生出小芽体,芽体的形态和亲体相同,内部构造也一样,与亲体分离后长成新个体,或不与亲体分离,形成群体;芽球(gemmules)是许多细胞的集团,外面围以密厚的体壁,当亲体崩解时,某个芽球长成一个新的个体。

(3) 孢子生殖:由母体产生许多子孢子(sporozoite)成熟后通过裂殖形成新个体的繁殖方式,是原生动物中孢子虫和一些低等藻类、细菌等特有的繁殖方式。

2. 有性生殖(sexual reproduction) 繁殖过程比较复杂,是生物界传种接代的基本方式,它们有两个亲本,各产生一个特殊的性细胞即配子(gametes),异性配子结合成为合子(zygote)即受精卵,是新生命的开始,有重新分化发育的潜力。由此可见,有性繁殖产生的子代组合了亲本双方的遗传基因,获得了新的变异(variation),获得变异的个体有更好适应环境的可能;有性繁殖过程中产生的合子经重新发育才形成新的子代,不是亲本的直接延续,而是经过更新的复壮,生命力比较强。高等动物都是以有性生殖来保持种族的延续和繁盛,原生动物在进行连续多代的无性繁殖后也常会进行一次有性生殖来恢复生命活力。

有性生殖通常有如下方式:

(1) 接合生殖(conjugation):此种生殖方式在动物界仅存在于原生动物的纤毛虫类,它们进行有性生殖时,并不产生配子,只是两个亲体互相紧密对接,交换它们的部分核物质,然后分开,各自再以横裂方式进行无性生殖。

(2) 配子生殖(gametic reproduction):这是绝大多数动物类群生殖的基本方式,由亲本产生的配子分为精子(sperm)和卵子(ovum),都由生殖腺(gonad)产生,产生精子的是精巢(testis),而产生卵子的是卵巢(ovary)。

有些动物,一个亲体能分别产生不同的雌配子和雄配子,我们称它们为雌雄同体(hermaphroditism),如无脊椎动物中的涡虫、蚯蚓、田螺等,但它们在一般情况下决不会自体受精,从进化的角度看,雌雄同体是比较原始的状态,后来则进化发展成为雌雄异体(gonochorism),即雌配子和雄配子分别由不同的个体的产生。

(3) 孤雌生殖(parthenogenesis):即单性生殖,卵子的发育不需要精子的参与,不受精而发育成子代的生殖方式。但只存在于少数种类,如蚜虫、水蚤等,一般在春末夏初以及环境适宜的条件时进行,到秋末或遇不良环境时,才出现有性生殖,形成周期性的世代交替现象;另外,群体的蜜蜂中,其中雄蜂是未受精的卵发育的,而受精卵孵化为工蜂,但工蜂是不育的,这对保持蜂群的稳定性有重要的适应意义。

二、 胚胎发育

发育(development)是生物体在生命周期中结构和功能从简单到复杂的变化过程,发育的实质是以机体的遗传信息为基础进行的自我构建与自我组织,并在较大程度上反映了动物界的进化关系。多细胞动物的个体发育是建立在有性生殖的基础上的,可以分为胚前发育(pre-embryonic development)、胚胎发育(embryonic development)和胚后发育(post-embryonic development)3个阶段。胚前发育是指亲本体内生殖细胞形成的阶段,胚胎发育则是由精子和卵结合形成受精卵开始,经过卵裂、囊胚、原肠胚等一系列过程,逐渐发育成成体的过程,而胚后发育是新个体生长、变态、繁殖、衰老及死亡的过程。由于动物类群的多样性,不同种类的动物,胚胎发育情况不同,但早期胚胎发育基本上是相似的。胚胎发育的过程如下:

1. **受精(fertilization)和受精卵** 分别由雌、雄性个体的生殖器官产生卵、精细胞,发育成熟后称卵子和精子,通常精子较小,能活动;卵子(图 2-23)较大,内含大量卵黄,为发育中的胚胎提供营养,根据卵黄的多少,卵可分为少黄卵(isolecithel)、中黄卵(centrolecithel)和多黄卵(telolecithel),卵黄相对多的一端称植物极(vegetative pole),另一端则细胞质较多,核也位于附近,称动物极(animal pole)。

受精是精子和卵结合为受精卵的过程,一个精子穿过卵膜,质膜融合后,最终两者的细胞核融合,各自的单倍体基因组相融合形成二倍体合子,形成受精卵。它是新个体发育的起点,由它发育成新个体。

根据不同动物的生活习性,受精可分为体外受精和体内受精两种方式,体外受精多发生在

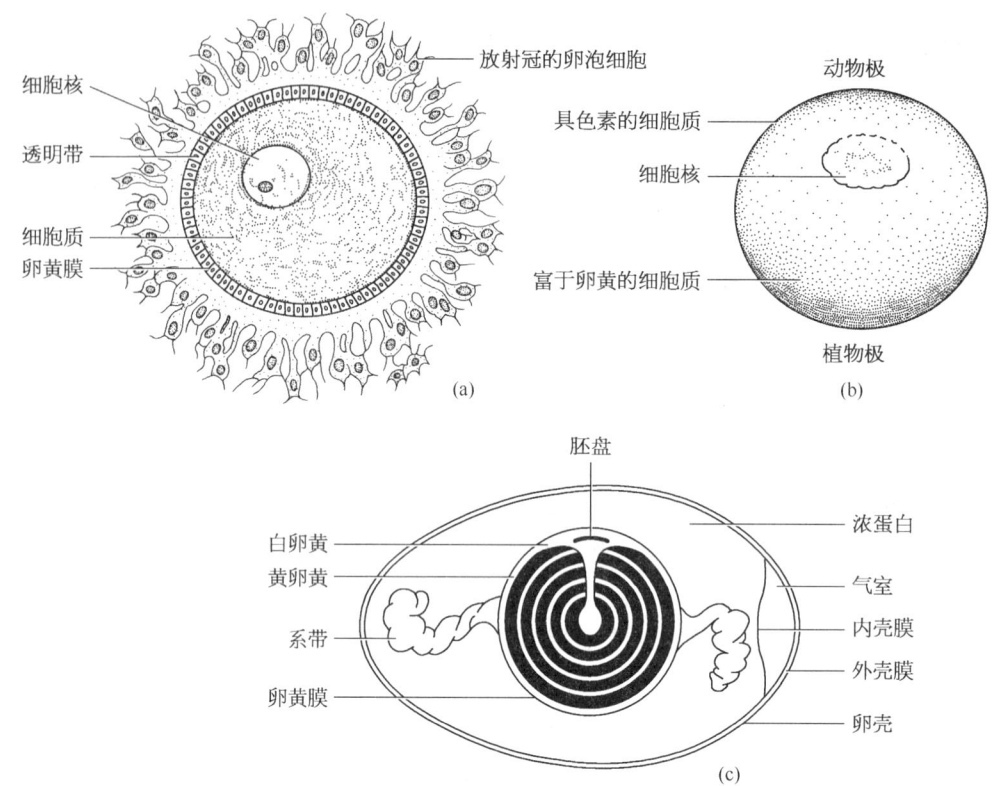

图 2-23 卵子类型(引自杨安峰等《脊椎动物比较解剖学》)
(a) 人卵　(b) 蛙卵　(c) 鸡卵

水生动物,依靠水作为媒介传送精子,两性个体同时排出卵和精子,快速完成受精过程;而体内受精则存在于陆生、寄生和少数水生动物,一般雄性都有外生殖器可直接把精液输送到雌性生殖道内与卵相遇受精。

2. 卵裂(cleavage)　受精卵形成后很快即开始细胞分裂,经过一定顺序的多次重复分裂,形成大量细胞的过程即称卵裂(图 2-24)。它与一般的细胞分裂不同的是每次分裂后新的细胞尚未长大又继续进行分裂,所以,分裂的结果是细胞数目越来越多,细胞越来越小,这些细胞称分裂球(blastomers);后生动物由于卵的类型不同,卵裂的方式也不同。

(1) 全裂(total cleavage):整个卵细胞都进行分裂,多见于少黄卵,卵黄少且分布均匀的,形成的分裂球大小相等的,称等裂(equal cleavage),如海胆、文昌鱼的卵裂;卵黄虽少,但分布不均匀的,形成的分裂球大小不相等,称不等裂(unequal cleavage),分裂的结果往往是动物极的分裂球小而植物极的分裂球大,下排分裂球介于上排两个分裂球之间,彼此交错排列,这种分裂方式又称为螺旋形卵裂(spiral cleavage),如海绵、蛙的卵裂。

(2) 不全裂(partial cleavage):多见于端黄卵和中黄卵,因卵黄多,分裂受阻,受精卵只在不含卵黄的动物极原生质部位进行分裂,端黄卵的卵裂往往限于动物极的胚盘处,称盘裂(discal cleavage),如乌贼、鱼类、鸡等的卵裂;而中黄卵的卵裂仅限于表面,称表面卵裂(peripheral cleavage),如昆虫的卵裂。

3. 囊胚(blastula)的形成　卵裂的结果,分裂球呈单层球状分布,形成中空的、形似桑葚

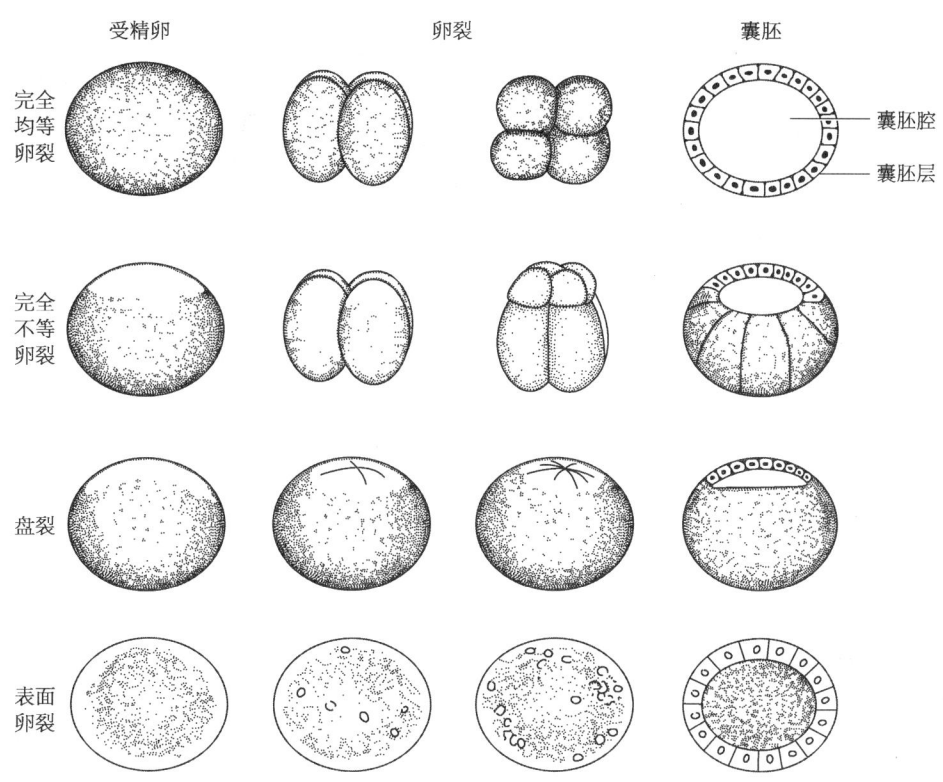

图 2-24 卵裂和囊胚形成示意图(仿刘凌云等《普通动物学》)

的囊胚,胚胎表面的细胞层称囊胚层(blastoderm),中间的空腔称囊胚腔(blastocoel),因卵裂的方式不同,囊胚的形式也不同,腔囊胚一般是少黄卵卵裂形成的,盘裂形成的是盘囊胚,表面卵裂形成表面囊胚,而有些全裂则因分裂球紧密而使裂隙消失成为实心囊胚。

4. **原肠胚(gastrula)** 囊胚进一步发育形成原肠胚,是形成双层细胞的时期,此时胚胎分化出内胚层(endoderm)、外胚层(ectoderm)和内胚层所围成的原肠腔(archenteric cavity),原肠腔与外界的开口称胚孔(blastopore),如果这个胚孔将来就是成体的口,此类动物被称为原口动物(protostomes),如绝大多数无脊椎动物,如果胚孔将来形成的是成体的肛门,并在与胚孔相对的一边另外形成一个口,这类动物被称为后口动物(deuterostomes),如棘皮动物、半索动物和所有的脊索动物。原肠胚的形成各类动物不同(图 2-25)。

(1) 内陷(invagination):由囊胚的植物极细胞向内陷入形成,内胚层围绕的空腔即原肠腔,形成未来的肠腔。

(2) 内移(migration):由囊胚的一部分细胞移入囊胚腔内形成内胚层,开始排列不规则,逐渐排列成 1 层规则的内胚层,此法形成的原肠胚无原口,以后在胚体的一端开孔,形成原口。

(3) 分层(delamination):囊胚细胞分裂时,细胞沿切线方向分裂,向着囊胚腔分裂出的细胞形成内胚层,留在表面的细胞形成外胚层。

(4) 内转(involution):通过盘裂形成囊胚,分裂的细胞由一面边缘向内转,再伸展成为内胚层。

(5) 外包(epiboly):动物极的细胞分裂快,逐渐向下包围植物极,形成外胚层,植物极的细胞被包围形成内胚层。

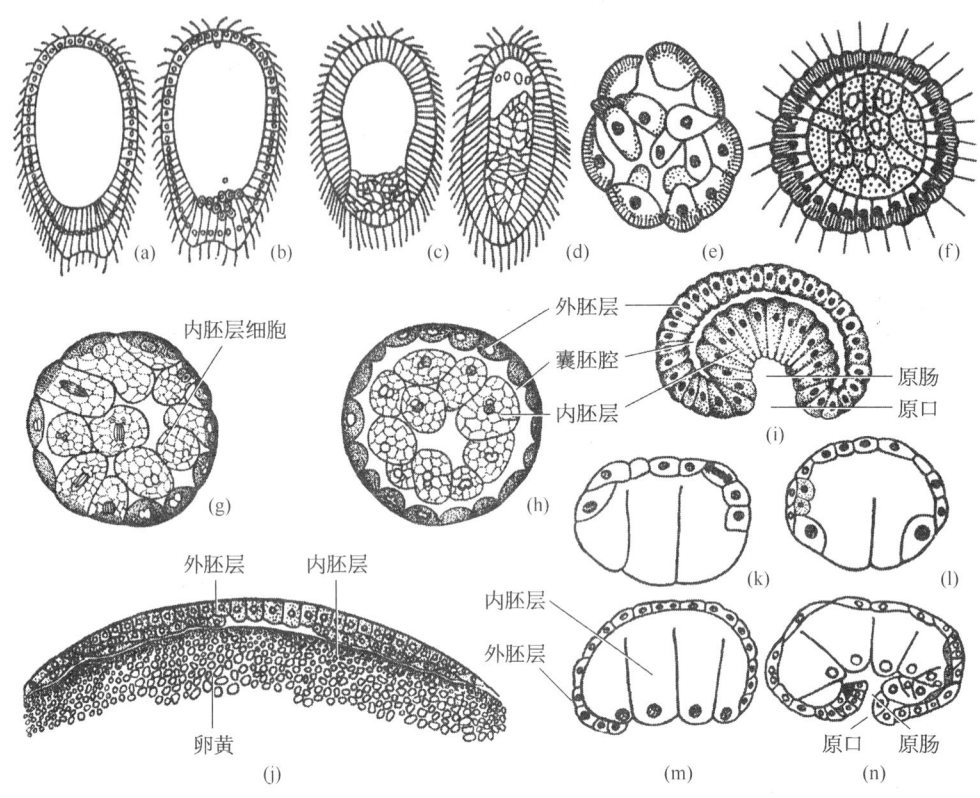

图 2-25 各种原肠胚形成方式(引自姜乃澄等《动物学》)

(a)~(f) 移入法形成原肠,其中(d)为水螅类的单极移入,(e)、(f)为水母类的多极移入
(g)、(h) 分层法形成原肠,(g)为原肠形成的开始,(h)为已形成的原肠胚
(i) 纽形动物内陷法形成原肠 (j) 头足类内转法形成原肠 (k)~(n) 软体动物外包法形成原肠

5. 中胚层及体腔的形成 绝大多数动物除内、外胚层外,还进一步发育,在内、外胚层间形成中胚层(mesoderm),同时,中胚层细胞间通过裂开或扩展后在胚层间形成体腔(coelom)。中胚层及体腔的形成(图 2-26)有两种方式。

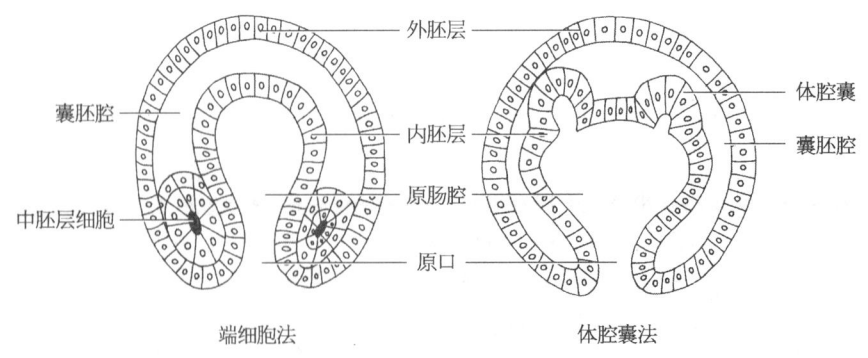

图 2-26 中胚层形成示意图(仿刘凌云等《普通动物学》)

(1) 端细胞法(telocells method):在胚孔两侧,内、外胚层交界处各有 1 个细胞分裂成细胞团,形成索状,并向两个胚层之间伸展,是为中胚层细胞,中胚层细胞又分别向内和向外裂

开,中间形成的腔即为真体腔,因是中胚层细胞裂开形成的体腔,故又称裂体腔(schizocoel),端细胞法亦称裂体腔法(schizocoelous method),原口动物都是以该法形成中胚层和体腔的。

(2) 体腔囊法(coelesac method):在原肠背部两侧,内胚层向外突出成成对的囊状突起,称突起囊(coelom sac),逐渐发育增大后与内胚层脱离,在内、外胚层之间逐步扩展成为中胚层,它包围的腔即为体腔,由于体腔囊来源于原肠,故又称肠体腔(enterocoel),此法又名肠体腔法(enterocoelous method),后口动物皆由此法形成中胚层和体腔。

从动物的系统发育来看,海绵动物和腔肠动物虽然是多细胞动物,但无论是构造还是生理活动都是比较简单的,相当于两个胚层的胚胎;从扁形动物起始有中胚层,构造比较复杂,细胞分化明显,生理活动显著改变;更高等的动物都是从 3 个胚层的胚胎发育的。可见三胚层的出现是动物进化史的一个重要阶段。

6. **胚层的分化及器官的形成**　胚胎期细胞开始出现时是相对较简单、均质和具可塑性的,三胚层形成后,由于遗传性、环境、营养、激素及细胞群间相互诱导等因素,而转变为较复杂、异质性和稳定性的细胞,此现象称分化(differentiation)。动物体的组织、器官都是由外、中、内胚层发育分化而来的:外胚层分化为皮肤的表皮及衍生物(毛、发、鳞、甲等)、感觉器官、神经组织及消化道的前、后肠;中胚层分化为真皮、肌肉、结缔组织、消化道管壁、循环、生殖和排泄器官的大部分;内胚层分化为消化道和呼吸道上皮、肝、胆、胰、尿道、膀胱等。

(王晓佳)

第三章 药用动物的分类概述

导学

药用动物分类为本学科的基础,古人多采用人为分类系统分类。近代逐渐形成科学的自然分类系统,并已被科学界广泛采用,随着新技术、新方法的出现给分类学注入了新的内涵。

动物分类学所设立的分类等级有界、门、纲、目、科、属、种7个分类阶元。动物种的科学命名采用林奈创立的双名法,亚种、变种采用三名法命名。

药用动物一般主要介绍药用价值较大的8个门。

学习重点:
1. 掌握药用动物的分类阶元及物种、亚种、品种的概念。
2. 熟悉主要药用动物所属动物门的区别特征。
3. 了解药用动物的传统分类与现代分类系统。

第一节 药用动物分类

动物分类的知识是学习和研究药用动物的基础。分类鉴定是药用动物研究和应用的首要环节。著名中药品种学家谢宗万先生精辟地概括"品种一错,全盘皆否",从一定程度上说明分类研究的重要性。迄今已经被动物学家定名的动物约150万种,而在地球的历史上,已经灭绝的动物则远比这个数目还要多,大约已达到700万种。这样众多的动物物种,如果没有科学的分类方法,对整个动物界的认识,就会陷于杂乱无章的境地,因此对动物的分类是一项十分重要而又复杂的工作。

动物分类学(taxonomy)或称系统动物学(systematic zoology),就是将极其繁杂的各种各样的动物,进行鉴定、命名、分门别类,并按系统排列起来,以便于人类进行认识、研究和利用的一门科学。

药用动物的分类自古以来受到重视,但其发展经历了一个漫长历程,概括起来可分为传统与现代分类两个阶段:

一、药用动物的传统分类

从梁代陶弘景撰《本草经集注》到清末的1 400年中,是传统本草不断发展的时期,也是传统中药分类系统(含药用动物、植物、矿物)和分类方法形成与发展的时期。早期人们对动物的分类,仅是根据动物的外在特征、习性上的某些特点或药用部位来进行分类,人为因素多,又称为人为分类法(系统)。如《本草经集注》将药用动物归为"虫兽类"。《唐本草》把药用动物分为人、兽、禽、虫4部。李时珍在《本草纲目》中将药用动物由虫到兽,从无脊椎到脊椎,由低等到高等再到人类,即分为虫、鳞、介、禽、兽、人6部,每部之中又进一步细分。这种排列次序和分类方法,体现了当时药用动物分类中已经具有了初步进化论的思想。

1. 虫部　(1) 卵生类上:蜜蜂、桑螵蛸等。
　　　　(2) 卵生类下:水蛭、斑蝥等。
　　　　(3) 化生类:蛴螬、桑蚕等。
　　　　(4) 湿生类:蛤蟆、蜈蚣等。
2. 鳞部　(1) 龙类:蛤蚧、蛟龙等。
　　　　(2) 蛇类:乌蛇、白花蛇等。
　　　　(3) 鱼类:鲤鱼、鳟鱼等。
　　　　(4) 无鳞鱼类:鳝鱼、海马等。
3. 介部　(1) 龟鳖类:水龟、鳖等。
　　　　(2) 蚌蛤类:牡蛎、石决明等。
4. 禽部　(1) 水禽类:鹤、鹅等。
　　　　(2) 原禽类:鸡、石燕类。
　　　　(3) 林禽类:斑鸠、杜鹃等。
5. 兽部　(1) 畜类:牛、驴等。
　　　　(2) 兽类:鹿、豪猪等。
6. 人部　人尿、乳汁等。

这种排列次序和分类方法,体现了当时药用动物分类中已具有初步进化论思想,这种分类方法至今对中药分类仍有一定的影响,如在药材部门有的仍然使用这样的名称和分类。

二、药用动物的现代分类

达尔文进化论的提出对动物分类产生了巨大的影响。动物的分类除了注意动物的特征以外,还要考虑动物间的亲缘关系,由此逐渐发展和建立了现今的动物自然分类系统。但由于动物种类繁多,对某一些类群目前还缺乏深入的研究和了解,因此,直到现在,对全世界的动物分类还没有一个完全统一的分类系统。以动物门的划分为例,有的学者将动物界划分为28门(W A Johnson,1977年),有的33门(Webb J E,1978年)、30门(Alexander R M,1979年)、29门(Tudge C,2000年)、34门(Mitchell P A,1988年)。这些差异的原因,主要在于有的将若干有差异的纲提升为门,如腹毛动物和轮虫有人将它们列入线虫动物门中,作为纲,也有将它们的等级提升为门,在分类系统上位于动吻动物门之前;有些新的类群不断被发现,若将它们放在原有的各门中均不合适,因此被单独列为一门,如栉水母动物门,就是由于栉水母动物的发现而设立的。

现代药用动物分类是应用动物分类知识对药用动物进行分类。如早期的《药材学》(1960年)将其划分为10个门,后来的《中药鉴定学》(1977年)和《药用动物学》(1993年)均采用了此种分类系统,即将动物界划分为:原生动物门、海绵动物门、腔肠动物门、扁形动物门、线形动物门、环节动物门、软体动物门、节肢动物门、棘皮动物门、脊索动物门。除扁形动物门、线形动物门外,药用动物分属于上述8个动物门,在门之下又细分为不同的纲、目、科、属、种。

近年来随着生物化学技术、分子生物学技术的发展,动物分类已逐渐突破经典的形态分类,如生化组成可以作为分类的重要依据;采用不同动物类群中的同源分子作为特征来源推断动物类群系统发生的方法;碱基序列或氨基酸序列中相似和差异的数量,用于测量两个类群之间在进化上的差异。运用动物分类学知识正确地鉴别物种,建立起分类体系,不仅可探索物种形成的规律,了解各种动物在动物界中的地位和亲缘关系,了解动物进化的途径和过程,并且在生产实践中和人类生活的其他方面都有密切的关系,如可利用亲缘关系来寻找新药源或新的代用品。

第二节　药用动物的分类等级

动物分类等级是按照动物之间的形态结构的异同程度、亲缘关系的远近等,设立不同等级,对动物进行逐级分类。分类等级设立为界(Kingdom)、门(Phylum)、纲(Class)、目(Order)、科(Family)、属(Genus)、种(Species)等7个重要的分类等级。在分类等级中,物种(Species)是分类的基本单元。若干相近似的物种归并为同一属,一些相近的属归并为同一科,依此类推,一直到分类的最高等级——界。

有时为了更精确地表示动物间的分类地位与相似程度,在纲、目、科、属、种之前加上总(Super-),或在门、纲、目、科、属、种之后加上亚(Sub-)这一级,即为门、亚门,总纲、纲、亚纲,总目、目、亚目,总科、科、亚科,属、亚属,种、亚种。

"物种"或又简单地称为"种",是动物分类上的基本单位。正确地理解物种的概念,在动物分类学上具有重大的意义。恩格斯说:"没有物种的概念,整个科学便没有了。"简单地说,物种是一群在形态和生理方面彼此十分相似,或性状间差别很微小,并有一定自然分布区的动物个体;且种内的有性个体间能够互配,并且产生能够发育的个体后代,而种间存在生殖隔离。物种是动物进化过程中,从量变到质变的一个飞跃,是自然界自然选择的历史产物。

动物界的分类阶元,以药用动物泥蚶及家犬为例,其排列如下。

界 Kingdom	动物界 Animalia
门 Phylum	软体动物门 Mollusca
纲 Class	瓣鳃纲 Lamellibranchia
目 Order	列齿目 Taxodonta
总科 Superfamily	蚶总科 Arcacea
科 Family	蚶科 Arcide
属 Genus	蚶属 *Arca*
种 Species	泥蚶 *Arca granosa* L.
界 Kingdom	动物界 Animalia
门 Phylum	脊索动物门 Chordata
亚门 Subphylum	脊索动物亚门 Vertebrata
纲 Class	哺乳纲 Mammala
亚纲 Subclass	真兽亚纲 Eutheria
目 Order	食肉目 Carnivora
亚目 Suborder	裂脚亚目 Fissipedia
科 Family	犬科 Canidae
属 Genus	犬属 *Caneis*
种 Species	家犬 *Canis familaris* L.

对于种下的分类阶元,一般认为是亚种,也是种内唯一在命名法上被承认的分类阶元。人工选育的动植物种下分类阶元称之为品种。这两种种下分类阶元与药用动物学关系密切,重点介绍如下:

1. **亚种**(subspecies)　物种内部由于地理上充分隔离后所形成的形态上有一定差别的群体。如分布广泛的短尾蝮蛇 *Agkistrodon halys brevicaudus* 即为蝮蛇 *Agkistrodon halys* (Pallas)的一个亚种。丰富的亚种保证了物种能够适应于各种不同的生态环境。如果消除了地理隔离,亚种可互相交配和繁衍。

2. **品种**(variety)　经过人工选择,物种内部所产生的具有特定经济性状或形态并且能够稳定遗传的群体。如家鸭可分为肉用型(北京鸭)、卵用型(金定鸭)和卵肉兼用型(土北鸭)等不同品种。

在上述的各分类等级中,除"种"这一分类等级外,其他较高的分类等级,在很大程度上都同时具有客观性和主观性两个概念。说它们是客观性的,因为它们是客观存在的,是可以划分的实体;说它们是主观性的,因为在各等级之间的范围和划分,一般是由不同的动物分类学家主观来确定的,并没有一个统一的客观标准,如有的分类学家定为属的概念,至后来会被定为科,甚至定为目,而且一个等级,在不同的类群中,其含义也不是完全相等的,如鸟纲的目与目之间的差异,就远比昆虫纲的目与目之间的差异小。总之,动物的分类是一个复杂和艰巨的工作,需要掌握很多相关学科的知识,才能作好动物的分类,使之更接近于自然。

第三节　动物的命名

命名是为了识别事物,动、植物的命名是为了准确的识别和划分不同的物种。由于世界上存在各种不同的语言、文字和对动植物的不同地域的称谓,如果名称不统一,就会造成混乱,难以进行交流,需要确定一个国际上通用的统一名称。现今国际上对动物命名,都统一采用林奈所创立的双名法,即每一个动物的物种名,采用属名和种名两个名称组成,并用拉丁文命名,以通用于全世界。根据这一法则所给予动物的名称,就是动物的学名。一般是第一个词是属名,用单数、主格的名词,是为主体;第二个词是种名,用形容词或名词二格。若以形容词作种名,则必须与前面的属名的性、数、格保持一致。属名的首字母大写,种名则用小写,并全部采用斜体书写。一个完整的学名除属名、种名外,还需要在其后面加上命名人的拉丁文姓名缩写,姓名第一个字母也用大写。如贻贝的学名,应为 *Mytilus edulis* L.,这样完整的学名在全世界都可以通用了。

对种以下的分类单位命名,一般采用在属名及种名之后,再加上亚种名或变种名,故又称为"三名法"。过去有的学者在采用三名法时,常在写完属名、种名后,在亚种名、变种名前,加上缩写的分类等级,如亚种 subsp. 或变种 var.,现今则多略去。如家鸡写为 *Gallus gallus* var. *domesticus* Brisson,可略写为 *Gallus gallus domesticus* Brisson 即可。

此外,如有亚属,可在属名和种名之间,加上亚属名,其外并用括号将其括出以示区别,如鳖的学名为:*Trionyx* (*Aspidonectes*) *sinensis* Wiegmann,即为 *Aspidonectes* 亚属之意。在学名中,有的将命名人加上括号,这是表示属名已更改,仍保留了原种名的意思。如乌龟的学名 *Chinemys reevesii* (Gray)来源于 *Emys reevesii* Gray,乌梢蛇的学名 *Zaocys dhumnades* (Canto)来源于 *Coluber dhumnades* Canto 等。

第四节　动物界各门的划分及其演化系统

一、动物界各门的划分

动物界种类繁多,类群复杂,通常根据细胞的数目及分化、胚层的形成、体腔的有无和性质、身体对称的形式、体节的分化、附肢的特点、脊索的有无以及其他器官系统的发生和发展等划分为若干门。动物界各门的划分迄今尚不统一。近年来,从动物系统分类角度一些专家倾向于将动物界划分为 34 个门,包括:原生动物门(Protozoa)、中生动门

(Mesozoa)、海绵动物门(Spongia)、扁盘动物门(Placozoa)、有刺胞动物门(Cnidaria)、栉水母动物门(Ctenophora)、扁形动物门(Platyhelminthes)、纽形动物门(Nemertea)、颚口动物门(Gnathostomulida)、轮虫动物门(Rotifera)、腹毛动物门(Gastrotricha)、动吻动物门(Kinorhyncha)、线虫动物门(Nematoda)、线形动物门(Nematomorpha)、鳃曳动物门(Priapula)、棘头动物门(Acanthocephala)、内肛动物门(Entoprocta)、兜甲形动物门(Loricifera)、环节动物门(Annelida)、螠虫动物门(Echiura)、星虫动物门(Sipuncula)、须腕动物门(Pogonophora)、被腕动物门(Vestimentifera)、缓步动物门(Tardigrada)、有爪动物门(Onychophora)、节肢动物门(Arthropoda)、软体动物门(Mollusca)、腕足动物门(Brachiopoda)、外肛动物门(Ectoprocta)、帚虫动物门(Phoronida)、毛颚动物门(Chaetogntha)、棘皮动物门(Echinodermata)、半索动物门(Hemichordata)、脊索动物门(Chordata)。

二、药用动物所属各门的划分

本教材主要介绍有较大药用价值的门类：原生动物门、海绵动物门、腔肠动物门、环节动物门、软体动物门、节肢动物门、棘皮动物门、脊索动物门等8个门，各门的划分依据及主要独有的区别特征见表3-1。

表3-1 药用动物所属各门的划分

门	细胞数目	胚层	体腔及其性质	对称形式	体节	脊索	区别特征
原生动物门	单细胞	无	无	无对称	无	无	整个身体由一个细胞构成
海绵动物门	二层细胞	无	无	无对称或辐射对称	无	无	体多孔，具领细胞
腔肠动物门	多细胞	二胚层	无	辐射对称或两辐对称	无	无	触手上有刺细胞
环节动物门	多细胞	三胚层	真体腔(裂体腔)	两侧对称	有(同律)	无	身体分为若干环节
软体动物门	多细胞	三胚层	真体腔(裂体腔)	两侧对称	有(异律)	无	有贝壳、外套膜
节肢动物门	多细胞	三胚层	真体腔(裂体腔)	两侧对称	有(分部)	无	外骨骼、几丁质、气管
棘皮动物门	多细胞	三胚层	真体腔(裂体腔)	辐射对称	无	无	具硬棘，水管系
脊索动物门	多细胞	三胚层	真体腔(肠体腔)	两侧对称	有(分部)	有	脊索、神经管、咽鳃裂

三、动物界的演化系统概要

按照动物进化的规律，动物界演变经历了由简单到复杂，由低级到高级的漫长演化途径。在这一过程中，一些类型还经历了发生、发展、灭绝的过程。对于动物的进化，一定要有时间观念，不能单纯地认为现在的高级动物就是现在的低等生物进化的结果。现今如此丰富的动物世界，是动物经历几亿年进化的结果，它们具有共同的起源，经过逐渐演化成为动物界的各个类群。因此从进化的观点来认识整个动物界可回溯到一个共同的祖先，可以将现在生存的动物类群与过去曾经生存过的动物类群按系统关系相互连接起来，成为一个动物进化系统，引用系统树来表示。系统树(图3-1)的基部是最原始的种类(原鞭毛虫)，树干发出若干分支，越往上走排列的动物越高等，各分支的末梢为现存的动物分类群。

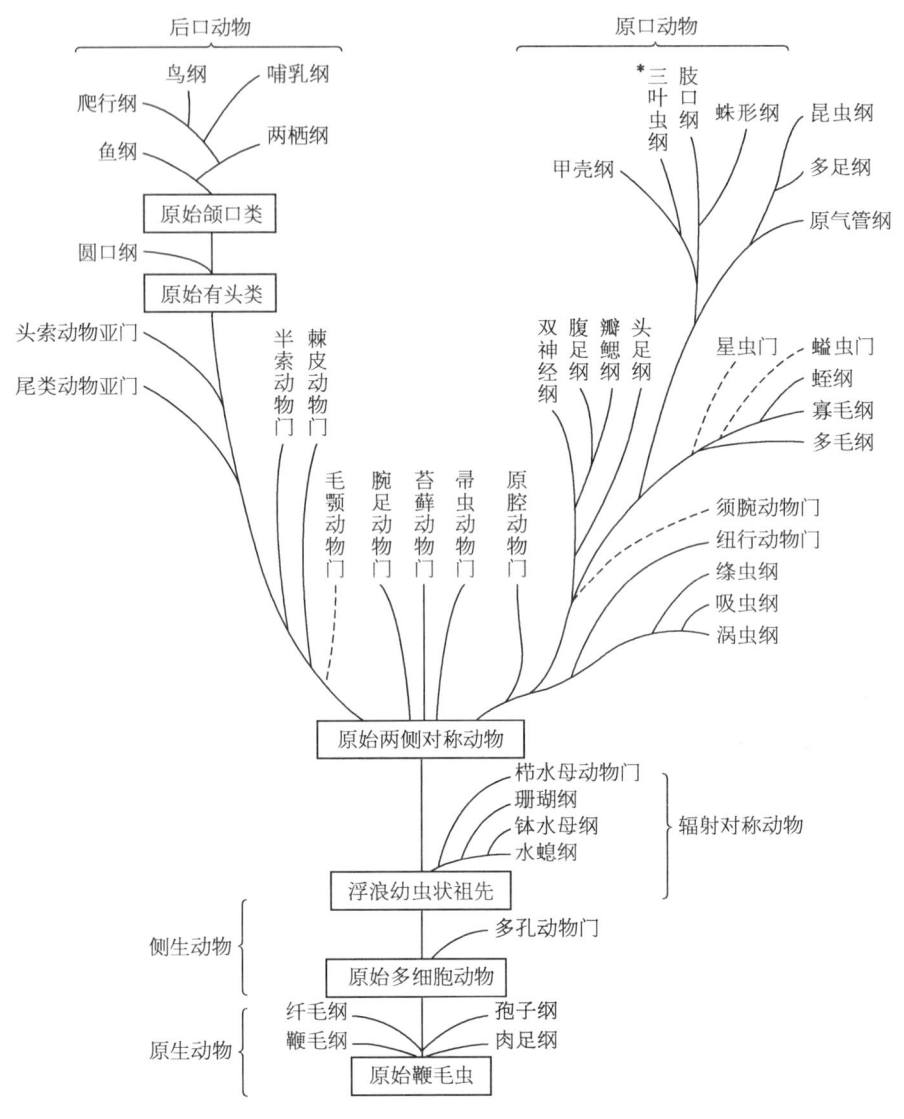

* 只存在化石种类

图 3-1 动物界演化树
（引自刘凌云《普通动物学》）

（万德光）

第二篇

药用无脊椎动物

自然界现存已知的150万种动物中,除脊椎动物外,所有其他动物总称为无脊椎动物。无脊椎动物的主要特点是身体的中轴没有脊椎骨组成的脊柱。与脊椎动物相反,复杂的无脊椎动物的神经系统均在腹面,心脏在背面,故又有"腹神经动物"之称。无脊椎动物的分门,由于动物学家的意见尚未统一,所以还未完全一致。近年来根据多方面的研究结果,加上1971年和1983年相继新建立的扁盘动物门(Placozoa)和兜甲形动物门(Loricifera),已趋向于将无脊椎动物分成33个门。新分类系统的建立,在客观上反映出它们的进化历程。其中比较大的门,主要包括原生动物门、海绵动物门(多孔动物门)、腔肠动物门、扁形动物门、线形动物门、软体动物门、环节动物门、节肢动物门、棘皮动物门等。无脊椎动物种类极多,约占动物界种类的97%,其中节肢动物门为第一大门,软体动物门为第二大门。在进化上,虽然无脊椎动物一般说是比较古老和低等的,但与人类的关系极为密切,其中不少的种类是人类的食品、药品或有其他的用途,也有一些种类直接或间接对人类有害。

我国药用动物中无脊椎动物主要分布于7门,7个门分别为原生动物门、海绵动物门、腔肠动物门、软体动物门、环节动物门、节肢动物门、棘皮动物门。

原生动物门动物是动物界最原始、最低等的动物。其个体一般由单细胞构成,故又称之为单细胞动物。因运动方式不同可分为鞭毛纲、肉足纲、孢子纲、纤毛纲4个纲。有药用价值的仅有纤毛纲草履虫科1科2种,即大草履虫和多核草履虫。

海绵动物门动物也是动物界最原始、最低等的动物,但为双层多细胞构成。现已知海绵动物约有1万种,依据骨针的成分和形状可分为钙质海绵纲、六放海绵纲、寻常海绵纲。传统药用种亦仅有寻常海绵纲的3种。即脆针海绵,又名淡水海绵,宋代《图经本草》以中药名"紫梢花"收载药用;还有湖针海绵、刻盘海绵同等药用。现代研究其他海绵动物也具有较好的药用价值。

腔肠动物门动物是构造比较完备的高等双胚层多细胞动物。现全世界已知腔肠动物约有1.1万种,依据动物的基本形态、世代交替现象的有无、口道的有无及其长短等分为3个纲,即水螅纲、钵水母纲和珊瑚纲。其药用种多出自珊瑚纲,主要有细指海葵、黄海葵、角海葵、桃色珊瑚、菊珊瑚、黑珊瑚、海鸡冠等。钵水母纲常见的有海蜇、僧帽水母和海月水母等。

环节动物门动物是身体分节的蠕虫动物,现世界已知约有1.7万种,我国约有1千种。可分为多毛纲、寡毛纲、蛭纲3个纲。本门可供药用的以寡毛纲和蛭纲为主,其中以钜蚓科、医蛭科为多,常用的有参环毛蚓、背暗异唇蚓、通俗环毛蚓、栉育环毛蚓、威廉环毛蚓、日本医蛭、尖细金线蛭、宽体金线蛭等。

软体动物门动物是动物界的第二大门,也是低等动物中较大的一个类群。现已知本门动物的种数现存有8万余种。它们分属无板纲、单板纲、多板纲、瓣鳃纲、腹足纲、掘足纲、头足纲7纲。其中瓣鳃纲、腹足纲、头足纲3纲种类多,药用价值大。尤以瓣鳃纲药用种居多,共计约20科,103种,约占药用软体动物总数的50%。如牡蛎、贻贝、泥蚶、毛蚶、魁蚶、马氏珍珠贝、珠母贝、海月、背角无齿蚌等。腹足纲主要药用科有蚌科(35种)、帘蛤科(13种)、锥螺科(13种)、田螺科(11种)、骨螺科(11种)等。头足纲主要药用科有乌贼科和章鱼科,常用的有曼氏无针乌贼、金乌贼、针乌贼、长蛸和短蛸等。

节肢动物门动物是无脊椎动物中最大的一个类群,现存的节肢动物已达100万种以上,占动物界总数的84%以上。所属三叶虫纲、原气管纲、甲壳纲、肢口纲、蛛形纲、多足纲、昆虫纲7纲。药用动物主要分布在甲壳纲、肢口纲、蛛形纲、多足纲、昆虫纲。以昆虫纲最为重要,昆虫纲药用动物有67科,约311种。其药用种较多的科有芫菁科(21种)、虻科(14种)、蝉科(12种)、鳃金龟科(10种)等。常用的昆虫药材有大刀螂(卵鞘为桑螵蛸)、大斑芫菁(斑蝥)、九香虫、蚱蝉(蜕皮为蝉蜕)、蜻蜓、中华地鳖(土鳖虫)、中华蟋蟀、蜜蜂(蜂蜜、蜂毒、蜂王浆等)、黑翅红娘子、褐翅红娘子、短翅红娘子、星天牛、蚕(白僵蚕、僵蛹、蚕砂等)、蚂蚁等。甲壳纲动物我国约有3千多种,可供药用的主要有对虾、中国龙虾、锦绣龙虾、东北蝲蛄、中华绒螯蟹(方海)、海蟑螂和平甲虫(鼠妇)等。蛛形纲中的药用种主要有东亚钳蝎(全蝎)、大腹圆蛛、北壁钱等。多足纲中的药用种主要有少棘蜈蚣、多棘蜈蚣、毛圆刺马陆、宽跗陇带马陆及燕山蚰等。肢口纲中的药用种主要有中国鲎。

棘皮动物门动物属于海洋底栖动物,现存棘皮动物约有5 300种,我国有500种左右。依据生活过程中固着柄的有无分为5个纲,即海百合纲、海星纲、蛇尾纲、海胆纲和海参纲。主要供药用的有海胆纲(5科,11种)、海星纲(6科,13种)及海参纲(2科,13种)动物。如紫海胆、石笔海胆、马粪海胆、海燕、多棘海盘车、罗氏海盘车、骑士章海星、绿刺参、花刺参和梅花参等。

(王淑敏)

第四章
原 生 动 物 门

> 原生动物门是动物界最原始、最低等的动物门,主要特征是:多为体形微小的单细胞动物,生命活动依靠细胞器来完成;体型多种多样;呼吸、水分调节与排泄主要通过体表进行;具有多种运动方式、营养方式和繁殖方式;可形成包囊以度过不利的环境条件以及向各处传播等。原生动物通常分为4个纲:鞭毛纲、肉足纲、孢子纲和纤毛纲。常见的种类有绿眼虫、大变形虫、疟原虫、大草履虫等。目前已知的原生动物药用种类有草履虫科1科、2种,即大草履虫和多核草履虫。
>
> 学习重点:
> 1. 掌握原生动物的主要特征、分类。
> 2. 了解原生动物的药用种类及现代研究进展。

在动物的发展史上,最早的原生动物大约出现在10多亿年以前,经过漫长而曲折的变化,一些种类灭绝,另一些种类进一步发展;一部分进化为多细胞生物,另一部分演化为现在生活的原生动物。原生动物是动物界最原始的一门,也是最低等的单细胞动物,一般需借助显微镜才能观察到。原生动物种类繁多,数量极大,广泛分布于淡水、土壤和海洋中,常见的种类有绿眼虫 *Euglena viridis* Ehrenberg、大变形虫 *Amoeba proteus* Pallas、疟原虫 *Plasmodiun vivax*、大草履虫 *Paramecium caudatum* Ehrenberg 等。部分种类例如:痢疾内变形虫 *Entamoeba histolytica* Schaudinn、间日疟原虫 *Plasrnodium vivax* Grassi & Feletti、利什曼原虫 *Leishmania*、锥虫 *Trypanosoma* 等为重要的病原体。

第一节 原生动物门的主要特征

原生动物门 Protozoa 是动物界最原始的一个门,身体由单细胞构成。

一、身体为微小的单细胞低等动物

原生动物是最原始、最低等的一类真核单细胞动物。其体形通常较小,须借助显微镜来观察,最小的种类如利什曼原虫 Leishmania 体长仅有 2~3 μm,大型的种类如海洋中某些有孔虫 Foraminifera 体长为 10 cm 左右,而某些化石种类如钱币虫 Nummulites 可达 19 cm,这是目前记录的最大的原生动物,但是大多数原生动物体长在 300 μm 以下。构成原生动物体的单个细胞从结构上看与一般细胞的基本结构相似,即具有细胞膜(cell membrane)、细胞质(cytoplasm)和细胞核(nucleus)等。但从功能上看,这个细胞又是一个完整的有机体,它能完成多细胞动物所具有的全部生命活动,所以从细胞水平上来看,构成原生动物的细胞在结构与功能上的多样性及复杂性超过多细胞动物中任何单一的细胞,可以认为,构成原生动物的细胞是分化最复杂的细胞。

少数原生动物是由多个细胞聚集而成,但是群体中的每个细胞一般还是独立生活的,各个细胞间的联系并不密切。

二、细胞质可以分为外质和内质两部分,以类器官来完成各种生命活动

原生动物的细胞质可以分为外质(ectoplasm)和内质(endoplasm)两部分。

外质透明致密,内质不透明,其中含有颗粒。外质可以分化出一些结构,例如夜光虫 Noctiluca 可分化出刺丝囊(nematocyst)、大草履虫 Paramecium caudatum Ehernberg 可分化出刺丝泡(trichocyst)。这些结构是从细胞质内的被膜小泡发育而来,并沿原生动物体皮膜下排列,刺丝泡本身延长为囊状,可以被不同的机械或化学刺激激发而放出长的细丝,用来防御被捕食或在摄食中锚定捕获物。

内质中有细胞质特化形成的具有多种特殊功能的细胞器(organelle)用于执行如运动、消化、呼吸、排泄、感应、生殖等生命活动。原生动物的细胞器在功能上相当于多细胞动物体内的器官及系统,又称为类器官(organelle)。如胞口(cytostome)、胞咽(cytopharynx)等可完成取食功能;眼点(stigma)可感觉光线;伸缩泡(contractile vacuole)可调节水分和渗透压平衡;食物泡(food vacuole)可完成食物的消化、吸收;色素体(chromatophore)完成细胞内有机物的制造和贮存等。伸缩泡是将胞质中多余的水分排出的胞器,胞内液体是通过一个叫海绵体的膜状小泡和管状的结构来收集的,收集的液体运到伸缩泡,随后从质膜上的孔排出体外。

三、体型多种多样

原生动物的体型随种类及生活方式的不同而表现出多样性。固定生活的种类,身体多呈锥形和球形,例如钟形虫 Vorticella。漂浮生活的种类,身体多呈球形,并具增加虫体的表面积的伪足,例如辐射虫 Actinos phaerium。营游泳生活的种类,身体呈棱形,例如草履虫 Paramoecium。适合于底栖爬行的种类,身体多呈扁形,例如棘尾虫 Stylonychia。一些种类身体没有固定的体型,可通过原生质的流动而不断地改变体形,例如大变形虫 Amoeba proteus。

四、呼吸、水分调节与排泄主要通过体表进行

(1) 呼吸:原生动物以气体扩散的方式通过体表与周围的水进行气体交换。少数腐生或寄生的种类,由于所处的环境低氧或完全缺氧,有机物不能完全氧化分解,故只能利用体内贮存的糖类进行无氧酵解产生的能量来完成代谢活动。一些种类的细胞质中含有血红蛋白,但

它在气体交换中的作用尚未被证明。

(2) 水分调节与排泄：淡水生活的原生动物以及某些海产或寄生的种类，随着取食及体表细胞膜的渗透作用，相当多的水分也随之不断地进入体内，因此过多的水分需要排出体外。在身体的某些部位，细胞质内过多的水分聚集，形成小泡，由小变大，最后形成一个被膜包围的伸缩泡，当其中充满水分后，就自行收缩将水分通过体表的微孔排出体外。细胞代谢过程中所产生的各种废物，也溶于水中进入伸缩泡排出体外。

伸缩泡在淡水原生动物中十分常见，因为溶解在淡水原生动物细胞质中的溶质浓度远高于外界环境中溶质的浓度，于是水不断地通过质膜扩散到细胞质中，这是通过溶质的浓度梯度进行的。若不是有一些补偿机制，水会不断地流进原生动物，直到通过质膜的渗透梯度降至零，或者原生动物破裂。而细胞完成此功能是在保持胞内溶质浓度相对稳定的范围内进行的，原生动物的胞质即使被稀释一点，原生动物就会受到伤害。伸缩泡的功能不仅是防止胀破，而且可以使细胞内的溶质浓度保证生理功能的正常进行，即伸缩泡必须保持胞内的体积和溶质浓度的恒定。伸缩泡最终排出的是胞内多余的液体，即溶质必须在残余液体排出之前在细胞内从水中分离出来。目前尚不知水从胞质中是通过何种机制分离的，也不知液体是通过何种机制排到体外的。伸缩泡不断地充满和释放，每分钟进行几次或许多次，每个个体可能有几个伸缩泡。

五、运动方式多种多样

原生动物的运动是依靠运动细胞器来完成的。运动细胞器有两种类型，一种是伪足(pseudopodium)；另一种是鞭毛(flagellum)及纤毛(cilium)。伪足是由细胞内原生质的流动而形成的，可用来爬行。鞭毛与纤毛从结构与功能上相似，只是鞭毛较长(5～200 μm)，数目较少(多鞭毛虫类除外)，多数鞭毛虫具有 1～2 根鞭毛。而纤毛较短(3～20 μm)，数目很多。鞭毛的摆动是对称的，包括几个左右摆动的运动波；纤毛的运动是不对称的，仅包括一个运动波。鞭毛的表面是一层质膜，其内部是 11 条纵行的蛋白质微管，其中 2 个微管在中央，周围是 9 对双联体微管，在细胞核的控制下双联体微管相互滑动造成鞭毛的摆动(图 4-1)。

原生动物运动的方式各不同，如绿眼虫 *Euglena viridi* 借助鞭毛摆动运动，草履虫 *Paramecium* 通过纤毛有节奏的摆动旋转前进，大变形虫 *Amoeba proteus* 可向任何一个方向形成临时性的细胞质突起即伪足，使虫体向伪足伸出的方向移动。

六、具有多种营养方式

原生动物包含了生物界的全部营养类型：

(1) 吞噬营养(phagotrophy)：又称动物型营养。大多数的原生动物是通过取食活动而获得营养，如变形虫 *Amoeba proteus* 可伸出伪足将食物

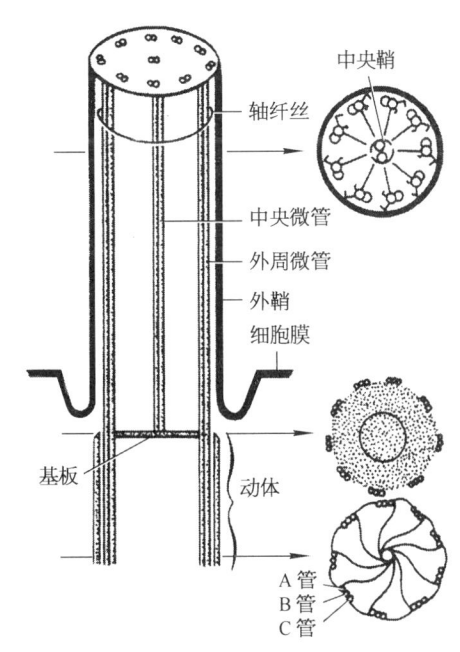

图 4-1 鞭毛超显微结构图
（仿周正西《动物学》）

包围,形成食物泡,进入细胞质中,进而消化吸收食物。

(2) 光合营养(phototrophy):又称植物型营养。鞭毛纲植鞭亚纲的绿眼虫(*Euglena viridis*)可进行光合营养,其细胞质内有大量叶绿体,叶绿体中的叶绿素能在有光的条件下像植物一样进行光合作用,将二氧化碳和水合成糖类。

(3) 渗透营养(osmotrophy):又称腐生型营养。一些鞭毛虫体内无叶绿体,可以直接通过体表的渗透作用从周围环境中摄取溶于水中的有机物质而获得营养。

光合营养也称为自养,吞噬营养和渗透营养也称为异养。

七、具有无性生殖和有性生殖两种方式

原生动物的生殖有无性生殖(asexual reproduction)及有性生殖(sexual reproduction)两种方式。所有的原生动物均可进行无性生殖,某些种类无性生殖是唯一的生殖方式,例如锥虫 *Trypanosoma*。

1. 无性生殖

(1) 二分裂(binary fission):是原生动物最常见的无性生殖方式,分裂时细胞核先一分为二,染色体均等的分布在2个子核中,随后细胞质分别包围2个细胞核,形成2个大小、形状相等的子体。二分裂又可分为纵裂如绿眼虫 *Euglena viridis*(图4-2),横裂如大草履虫 *Paramecium caudatum* Ehernberg(图4-3),斜分裂如角藻 *Ceratium*。

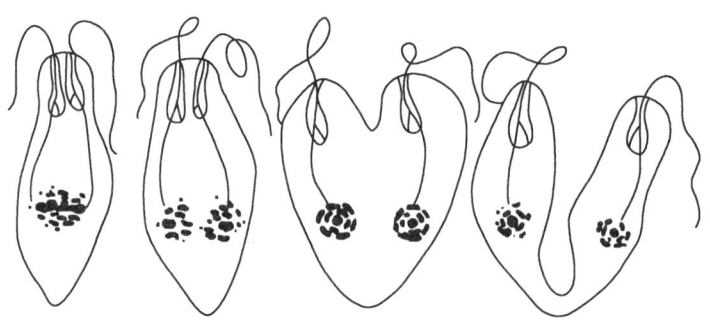

图4-2 绿眼虫的纵二分裂(引自王慧等《动物学》)

(2) 出芽生殖(budding reproduction):实际也是一种二分裂,只是形成的2个子体大小不等,大的子细胞称母体,小的子细胞称芽体。如夜光虫 *Noctiluca*。

(3) 多分裂(multiplefission):分裂时细胞核先分裂多次,形成许多核之后细胞质再分裂,最后形成许多单核的子体,这种生殖方式多见于孢子虫纲。

(4) 质裂(plasmotomy):一些多核的原生动物,在无性生殖时核先不分裂,细胞质直接包围部分细胞核形成几个多核的子体,子体再恢复成多核的新虫体。如多核变形虫 *Palustris*、蛙片虫 *Opalina*。

2. 有性生殖

(1) 配子生殖(gamogenesis):原生动物的有性生殖通常为配子生殖,即经过2个配子的融合(syngamy)或受精(fertilization)形成1个新个体。配子生殖还可分为同配生殖(isogamy)和异配生殖(heterogamy)。如果融合的2个配子在大小、形状上相似,仅生理功能上不同,则称为同形配子(isogamete)。同形配子的生殖称同配生殖。如果融合的两个配子在

大小、形状及功能上均不相同,则称异形配子(heterogamete)。异形配子所进行的生殖称为异配生殖。

(2) 接合生殖(conjugation):是纤毛虫类所特有的有性生殖方式,其过程比较复杂。如大草履虫 Paramecium caudatum Ehernberg 接合生殖时,首先两虫体结合即口沟部分相互黏合,且其口沟表膜逐渐溶解,细胞质相互通连,小核脱离大核,拉长成新月形,接着大核逐渐消失。小核分裂 2 次形成 4 个小核,其中 3 个解体,剩下的 1 个小核又分裂为大小不等的 2 个核,然后两个虫体的较小核相互交换,与对方较大的核融合,这一过程相当于受精作用。此后两个虫体分开,结合核分裂 3 次成为 8 个核,4 个变为大核,其余 4 个有 3 个解体,剩下 1 个小核分裂为 2 个,再分裂为 4 个;每个虫体分裂成 2 次,最后是原来 2 个相结合的亲本虫体各形成 4 个草履虫,新形成的草履虫和原来的亲体一样,有一大核一小核(图 4-3)。

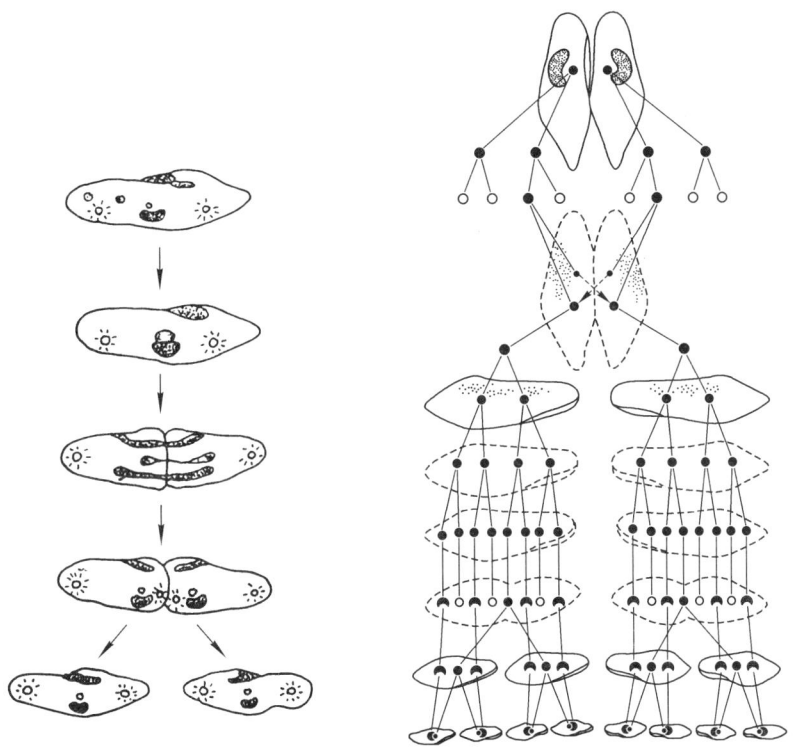

图 4-3 大草履虫横二分裂和接合生殖(仿刘凌云《普通动物学》)

八、形成包囊以度过不利的环境条件

原生动物对不良环境有一定的适应性。在不利的环境条件下,许多原生动物可以向体外分泌胶质物质,形成具有保护性的外壳即包囊(cyst),并降低新陈代谢水平。包囊具有抵抗干旱、极端温度、盐度等各种不良环境的能力,并且可借助于水流、风、动物等进行传播,在恶劣环境下可长时间存活,一旦遇到适宜条件,虫体便可破囊而出,恢复正常的生命活动。

第二节 原生动物门的分类

目前记录的原生动物有 5 万种,其中约有 2 万种为化石,现生活种类中,营自由生活的占 2/3,寄生生活的占 1/3。根据运动器官等特征将原生动物一般分为鞭毛纲、肉足纲、孢子纲和纤毛纲 4 纲。

一、鞭毛纲 Mastigophora

身体具鞭毛,以鞭毛为运动器,鞭毛通常有 1~4 条或稍多。少数种类具有较多的鞭毛。营养方式有光合营养、渗透营养和吞噬营养 3 种。无性繁殖一般为纵二分裂,有性繁殖为配子结合或整个个体结合。在环境不良的条件下一般能形成包囊。如:植鞭亚纲(phytomastigina)的绿眼虫 *Euglena viridis*(图 4-4)、盘藻 *Gonium*、夜光虫 *Noctiluca*、团藻 *Volvox*(图 4-5)等和动鞭亚纲(Zoomastigim)的锥虫 *Trypanosoma*、利什曼原虫 *leishmania*、单领虫 *Monosiga* 等。

二、肉足纲 Sarcodina

肉足纲的主要特征是细胞质可以延伸形成伪足,虫体表面有一层很薄的细胞膜。虫体无固定的形状,可随时发生改变,并做变形运动(amoeboid movement)。有的种类具石灰质或几丁质的外壳或硅

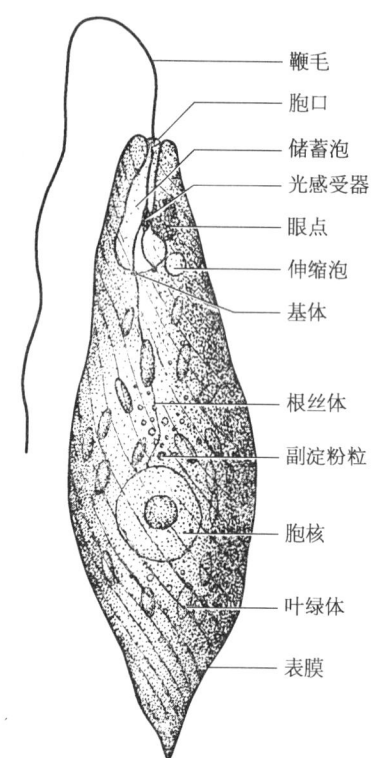

图 4-4 绿眼虫的一般结构
(仿刘凌云《普通动物学》)

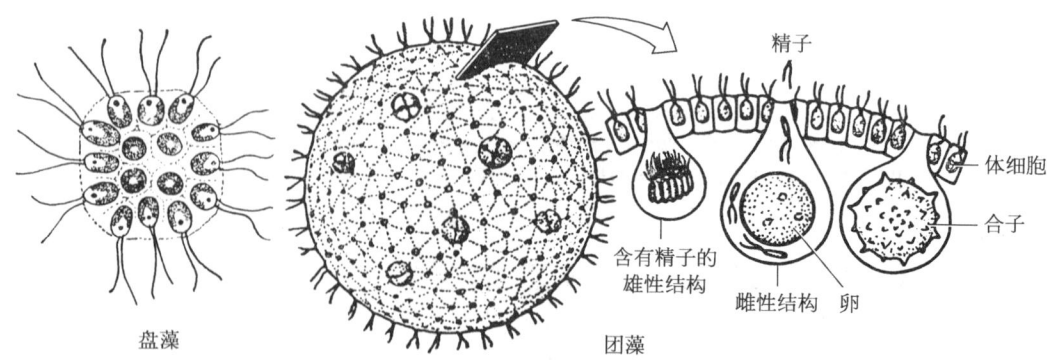

图 4-5 盘藻和团藻(仿刘凌云《普通动物学》)

质的骨骼。通常以二分裂方式繁殖,可形成包囊。除有孔虫 *Foraminifera* 和放射虫 *Radiolaria* 外,一般不行有性生殖。以伪足为运动器,伪足可分为叶状伪足(*lobopcdium*)、丝状伪足(*filopodium*)、轴伪足(*axopodium*)等。如:根足亚纲(Rhizopoda)的大变形虫(图4-6)、痢疾内变形虫 *Entamoeba histolytica*、表壳虫 *Arcella*、砂壳虫 *Difflugia*、有孔虫和辐足亚纲(Actinopoda)的太阳虫 *Actinophrys*、放射虫 *Radiolaria*(图4-7)等。

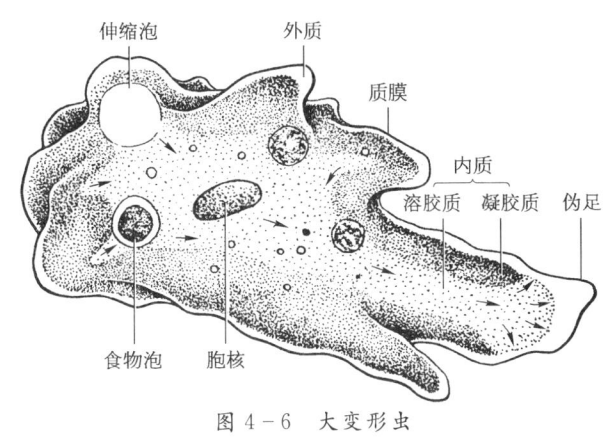

图4-6 大变形虫

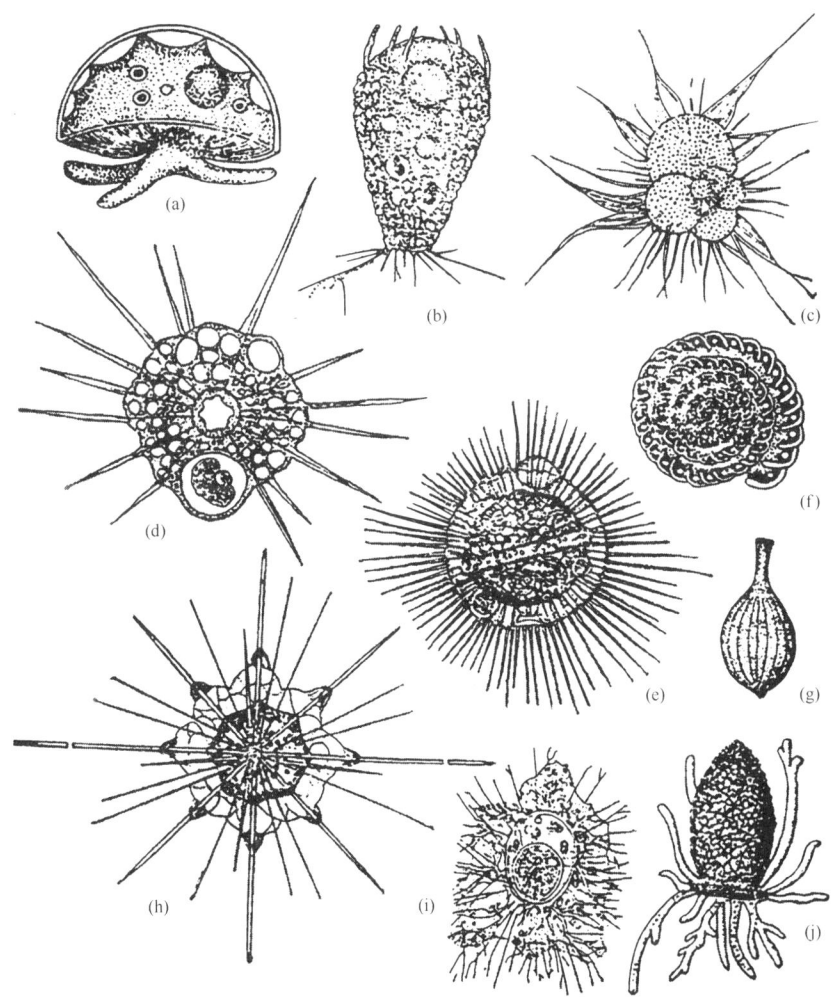

图4-7 肉足纲各目代表(仿江静波《无脊椎动物学》)
(a) 表壳虫　(b) 鳞壳虫　(c) 球房虫　(d) 太阳虫　(e) 辐球虫
(f) 纺锤虫　(g) 并孔虫　(h) 等棘骨虫　(i) 环骨虫　(j) 沙壳虫

三、孢子纲 Sporozoa

全部为营寄生生活的种类,无运动器或只在生活史一定阶段有,多具有顶复合器(apical complex),顶复合器包括类锥体(conoid)、极环(polarring)、棒状体(rhoptry)、微丝(microneme)等结构。异养,生活史复杂,可世代交替,一般具有有性和无性两种生殖的交替现象。无性世代在人或脊椎动物体内,有性世代在无脊椎动物体内(图4-8)。如：血孢子虫目(Haemosporida)的间日疟原虫 *Plasrnodium vivax* Grassi & Feletti、球虫目(Coccidia)的穿孔艾美球虫 *Eimeria perforans* 等。

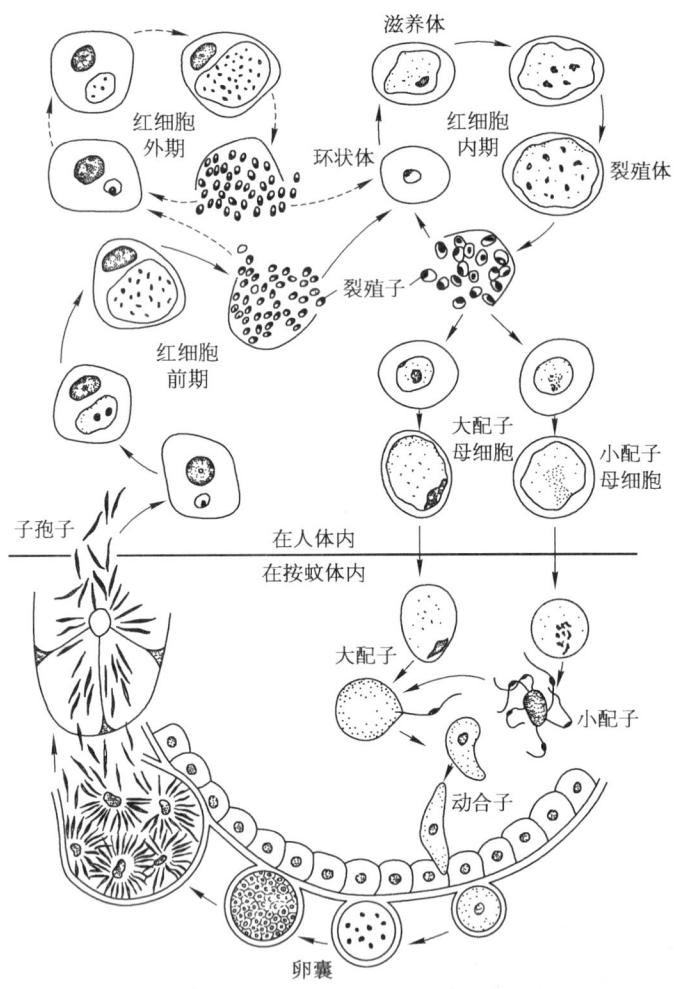

图4-8 间日疟原虫生活史(引自刘凌云等主编《普通动物学》)

四、纤毛纲 Ciliata

生活在淡水或海水中,也有寄生种类,体表局部或全部具纤毛,纤毛运动时节律性强。依种类不同,纤毛可成排分散存在,也可由多数纤毛黏合成小膜排列在口的边缘称为小膜带。亦可由一单排纤毛黏合形成波动膜;或簇黏合成束称棘毛。纤毛虫是原生动物中种类最多,身体结构最复杂的一类：具表膜下纤毛系统,细胞核分为大、小核,多具摄食的胞器。无性生殖为横二分裂,有性生殖为接合生殖。如：大草履虫 *Paramecium caudatum* Ehernberg、钟形虫

Vorticella、喇叭虫 *Stentor* 等(图 4-9)。

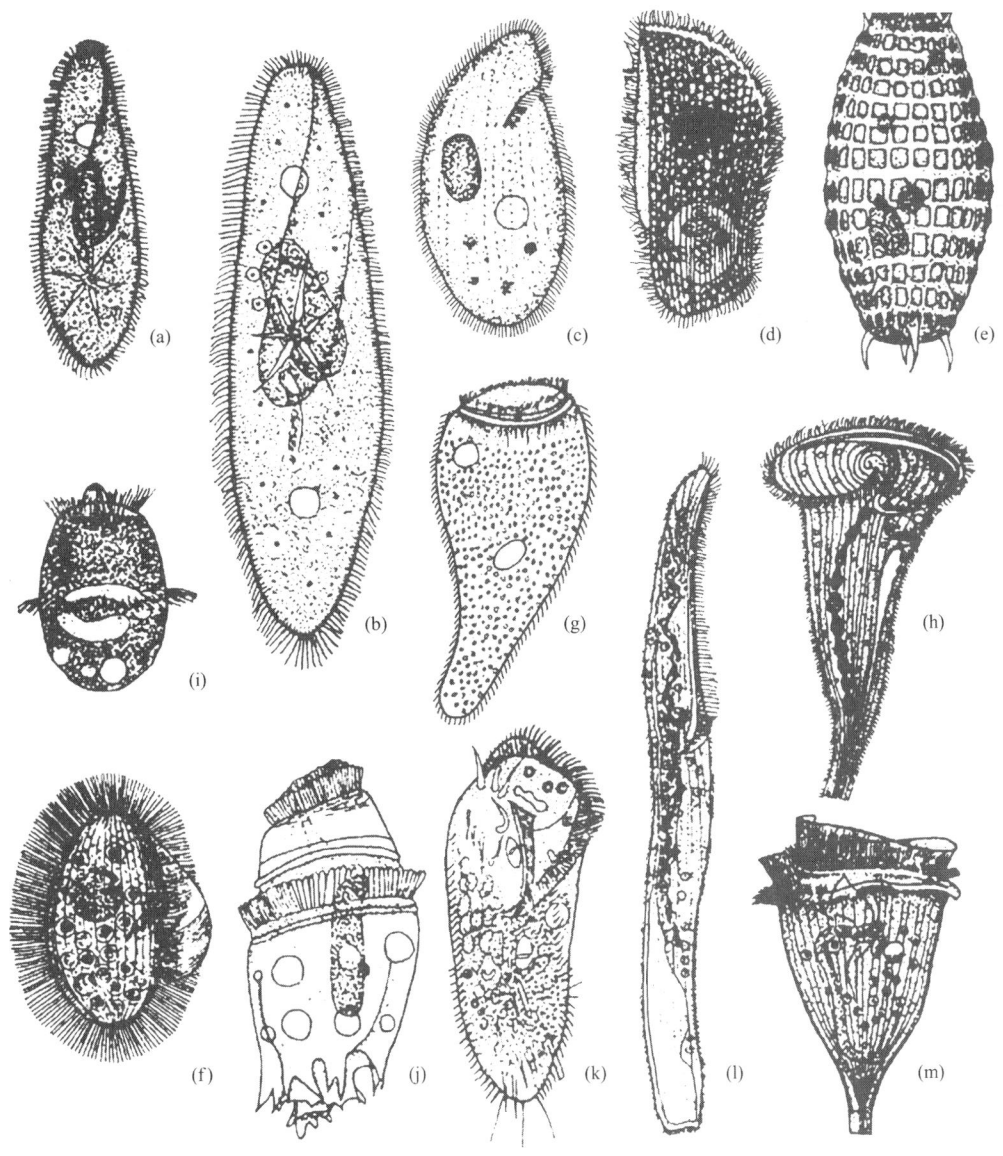

图 4-9 纤毛纲的代表(引自江静波等编《无脊椎动物学》)
(a) 双小核草履虫 (b) 多小核草履虫 (c) 肾形草履虫 (d) 卷柏形弓形虫 (e) 榴弹虫 (f) 栉毛虫
(g)、(h) 喇叭虫 (i) 口帆虫 (j) 头毛虫 (k) 尾棘虫 (l) 旋口虫 (m) 钟虫

第三节 原生动物门药用动物举要

原生动物是由单细胞构成的,其药用种类正处在不断开发与研究中。目前已知的药用种

类有草履虫科1科,1属,2种,即大草履虫 *Paramecium caudatum* Ehernberg 和多核草履虫 *Paramecium polycaryum*。

大草履虫 Paramecium caudatum Ehernberg (图4-10)

生活在淡水中,一般在有机质丰富的池沼、小河中都可采到。

1. **形态** 形状很像倒置的草鞋,前端钝圆,后端稍尖,长150～300 μm。全身长满了纵行排列的纤毛。从体前端开始有一道沟斜着伸向身体中部,称为口沟(oral groove)。大草履虫运动时,纤毛摆动有序,使虫体向前方旋转游泳。虫体的表面为表膜(pellicle),细胞质分为内质和外质两部分。虫体表面为表膜,表膜由3层膜组成,最外层在体表和纤毛上是连续的,最里层和中间层膜在纤毛基部形成1对表膜泡,可以增加表膜硬度而又不影响虫体的局部弯曲,起缓冲作用,并可避免内部物质穿过外层细胞膜。表膜下有一层与表膜垂直排列的杆状结构,称刺丝泡(trichocyst),有孔和表膜相通,当受刺激时射出的内容物遇水成为细丝,通常认为刺丝泡具防御的功能。

大草履虫内质多颗粒,能流动,其内有细胞核、食物泡、伸缩泡等。虫体内有一大核一小核,大核是营养核,肾形,为多倍体;小核为生殖核,圆形,位于大核凹陷处(也有的种类有2个或多个小核)。

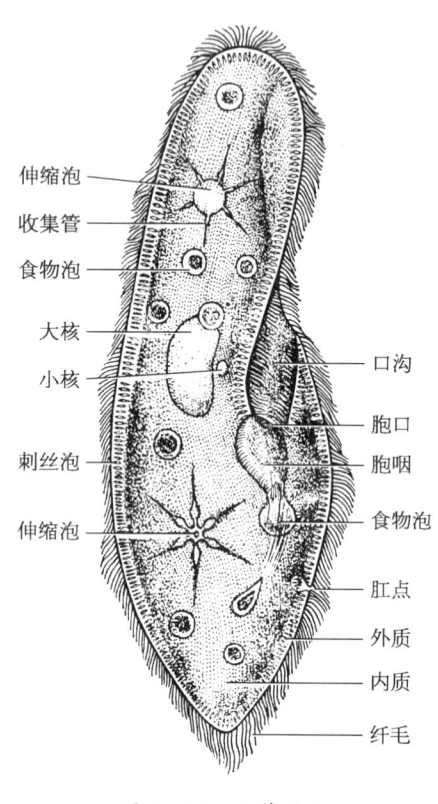

图4-10 大草履虫
(仿自刘凌云《普通动物学》)

口沟的后端有一胞口,其下连一漏斗形的胞咽(cytopharynx)或称口腔,在胞咽内有特殊的纤毛组不断摆动,摆动使食物随水流进入胞口,经胞咽进入内质形成食物泡,在胞质中进行消化,不消化残渣由体后部临时的胞肛排出。在前后内、外质之间各有1个伸缩泡,每个伸缩泡向周围细胞质伸出放射排列的收集管,这些收集管端部与内质网的小管相通连。在伸缩泡主泡及收集管上有收缩丝(contractile filament),由于收缩丝的收缩使内质网收集的水分和代谢废物经收集管进入伸缩泡,再由表膜上的小孔排出体外,以调节水分平衡。呼吸作用通过体表进行。

通常行横二裂生殖,有时则进行接合生殖,交换小核后一个个体发育为4个新个体(图4-3)。

2. **药用** 大草履虫因其个体较大、结构典型、繁殖快、观察方便、容易采集培养,因此一般用它作为研究细胞遗传、基因组的破译和光动力学等方面的好材料。通过对大草履虫的有关方面研究,有助于科学家更好地从这类简单生物入手了解其他复杂的生物,并最终为临床医学服务。又因其具有接近高等动物细胞性质,能发生细胞自家生殖,具遗传一致性等特点,日本福岛、中国的石同幸等利用草履虫检测重金属、Cu^{2+}等有害物质在细胞水平上的毒性。陈天乙等则因为草履虫的纤毛细胞与高等哺乳动物的呼吸道纤毛细胞在结构上比较接近,故认为细胞水平上对有毒气体进行毒理学研究较理想的实验材料为草履虫。

随着科学的发展,人们发现了大草履虫在医学方面的许多重要价值,例如用它的水溶性提取物,可以较准确地诊断消化系统的癌症和乳腺癌等疾病。日本松原报告,对已经不能作手术治疗,放射治疗效果不好的患者,草履虫水提取物尚有治疗作用。

日本的研究发现,草履虫能分泌使同类细胞旺盛分裂的"生长因子"。之前美国斯坦利、柯恩等博士发现,生长因子可调节细胞增殖,在人类等多细胞高等动物中存在,它除对多细胞生物生长的抑制之外,对癌症等的发生,伤口、疾病等的治疗方面都起作用。

3. **现代研究与开发**　当前,人们发现原生动物中许多种类在保健、抑菌等方面具有较显著的作用,因此开始把目光投向了原生动物。

人们发现一些寄生在反刍类牛、羊胃里的纤毛虫,也是一种单细胞原生动物,这种纤毛虫对纤维素的消化和提供蛋白质起一定的作用,也开始引起医药界的重视。

（梁子宁）

第五章 海绵动物门

海绵动物属于进化上的一个侧枝。主要结构特点包括：体制不对称；没有组织、器官的分化；身体由皮层、胃层2层细胞构成；具有独特的水沟系统；胚胎发育有逆转现象等。根据骨针、水沟系等特征，分为3纲：钙质海绵纲；六放海绵纲；寻常海绵纲（药用动物主要集中在本纲）。主要药用动物包括：始载于《图经本草》的紫梢花（脆针海绵）；国外最早使用的沐浴海绵；现今抗癌活性物质等来源的系列海绵动物，本门动物药用开发潜力大。

学习重点：
1. 掌握海绵动物门的主要特征、分类类群。
2. 熟悉海绵动物门的主要药用种类。
3. 了解药用海绵动物的现代研究进展。

海绵动物门 Spongia 为最低等的后生动物，由于体壁多孔，又称多孔动物门（Porifera）。一般由两层联系松散的细胞构成的体壁形成的中央腔构成，体壁上有众多小孔，具骨针和特殊的领细胞。

世界海绵动物约有1万种，我国纪录约有200多种。主要分布在沿海浅水中，有些种类生活在盐度很低的河口区域，还有的类群完全生活在淡水的河川湖泊。

人们利用海绵医用洗擦伤口，已有2 000多年的历史；中药紫梢花始载于《本草图经》，来源于脆针海绵 *Eunapius fragils*（Lecidy），用于治疗阳痿、遗精、带下以及小便失禁、湿疹等病症；现代药物学家在海绵动物体内发现了许多具有抗菌或抗肿瘤作用的新物质。

第一节 海绵动物门的主要特征

海绵动物门是一类体表多孔、营水中固着生活、体呈不对称或辐射对称、具有2层细胞组成的体壁和水沟系，没有消化腔和神经系统的最原始的多细胞动物，是动物进化上的1个侧枝，因此又称为侧生动物（parazoa）。

一、体制多不对称、少为辐射对称

海绵动物中除少数种类的体形呈辐射对称外,绝大多数的体形多样,呈不规则的块状、球状、管状、树枝状或瓶状等。不对称的体形,是与在不同水生环境中营固着生活的一种适应。本门动物遍布全球的海洋、江河、湖泊和池塘中,广泛附着在水中的岩石、贝壳、植物或其他物体上,随着附着物的不同形状或出芽生殖的不同情况,形成了本门动物各种各样的不对称体制。

二、细胞有初级分化,无组织和器官形成

海绵动物是低等的多细胞动物,细胞间保持着相对的独立性,细胞分化为扁平细胞、孔细胞、领细胞、变形细胞、星芒细胞等,但尚无组织和器官形成,故为原始多细胞动物。

三、体壁由皮层、胃层两层细胞构成

海绵动物的个体由体壁和体壁围绕的中央腔构成。体壁由内、外两层细胞和中间的中胶层(mesoglea)构成(图5-1a)。

1. **外层** 又称皮层(dermal epithelium),由单层扁平细胞(pinacocytes)组成,无基膜(basement membrane),细胞的边缘能收缩。皮层部分细胞特化为管状——孔细胞(porocyte),广泛分散在体表,故名多孔动物(Porifera)。孔细胞可收缩,能调节孔的大小,从而控制水流。

2. **内层** 又称胃层(stomachic epithelium),由特殊的领细胞(choanocyte)构成(图5-1b);领细胞具一透明的细胞质突起形成的领(collar),领的中央有一鞭毛,鞭毛摆动引起水流,从而把水中的食物颗粒和氧由领携入细胞内营细胞内消化。

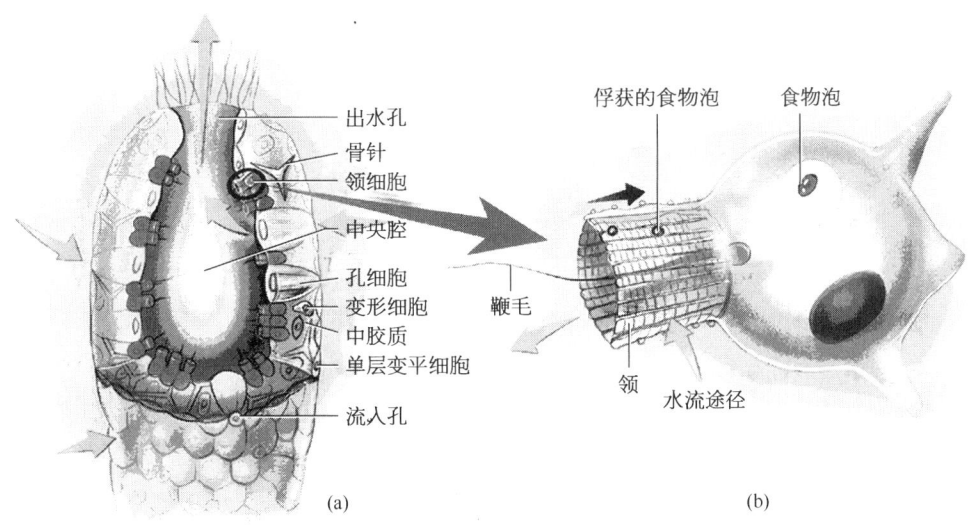

图5-1 海绵动物的形态结构模式图(引自 Stephen A. Miller & John P. Harley)
(a) 海绵动物结构模式图 (b) 领细胞模式图

3. 中胶层 为胶状,其间散布有钙质、硅质骨针(spincule)和类蛋白质的海绵丝(spongin fiber)以及几种变形细胞(amoebocyte)。

骨针和海绵丝(图5-2)起支持作用,是分类的重要依据。骨针分为钙质和硅质两种。骨针形状多种,一般可分为：单轴骨针、三辐骨针、四辐骨针、五辐和六辐骨针、多辐骨针和球状骨针等几种。一部分变形细胞能分泌形成骨针,称造骨细胞(scleroblast);部分能分泌海绵丝,称成海绵丝细胞(spongioblast);还有部分变形细胞有排泄作用,或行细胞内消化,有的还能形成精子和卵子。

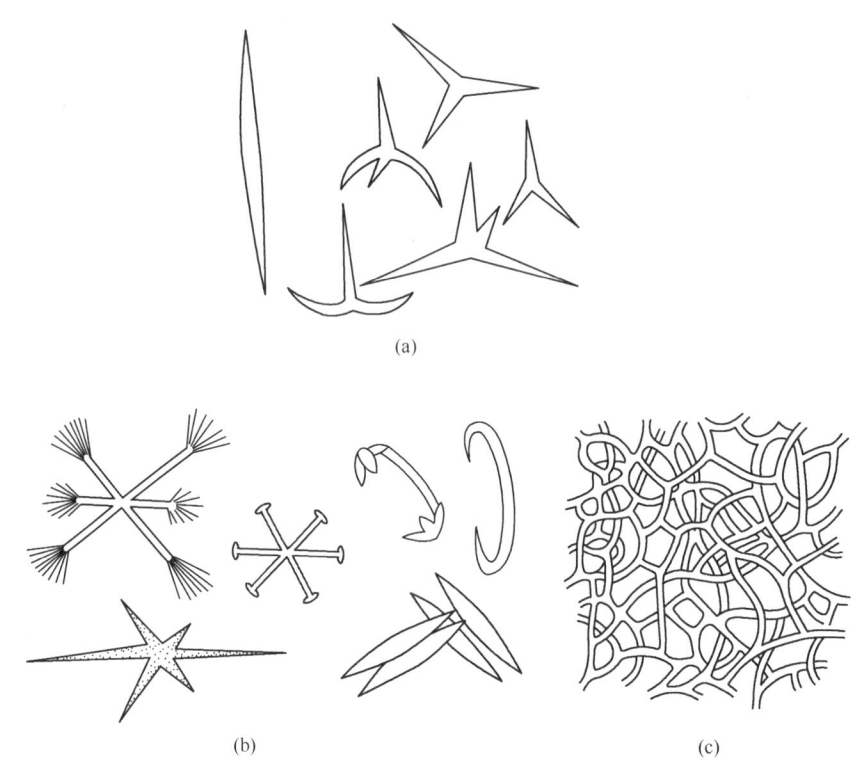

图5-2 各种骨针和海绵丝模式图
(a) 各种钙质骨针 (b) 各种硅质骨针 (c) 海绵丝

中胶层中还有一些星芒细胞(collencyte),具有神经传导作用。

四、具有独特的水沟系统

水沟系统是海绵动物特有的结构,对适应水中固着生活有重要的意义。海绵动物没有运动能力,它的摄食、呼吸、排泄和有性生殖等生理功能都是靠水在体内不断流动来完成。水沟系统就是使水在体内不断流动的独特结构,不同种类的水沟系统在构造上有很大的差别,但总的来说可以分为以下3种类型：

1. 单沟型(ascon type)(图5-3a) 结构最简单,薄的体壁上有许多孔细胞把外界和中央腔联通,水流直接由孔细胞流入中央腔,再由中央腔的出水孔流出。

水流途径是：进水孔(ostium)→中央腔(central cavity)或称海绵腔(spongiocoel)内壁是领细胞→出水孔(osculum)。

具单沟型水沟系的海绵动物如白枝海绵 Leucosolenia botryoides 等。

2. **双沟型**(sycon type)(图 5-3b) 相当于单沟型体壁褶叠,形成许多平行的盲管。在外侧的为流入管(incurrent canal),向中央腔的为辐射管(radial canal)。双沟型海绵体壁增厚了,领细胞层面积增大了,滤食能力也增强了。

水流途径是:流入孔(incurrent pore)→流入管(incurrent canal)→前幽门孔(prosopyle)→辐射管(radial canal)→后幽门孔(apopyle)→中央腔→出水孔。

具双沟型水沟系的海绵动物如毛壶 Grantia sp. 等。

3. **复沟型**(leucon type)(图 5-3c) 最复杂,分支多,中胶层有很多具领细胞组成的鞭毛室,中央腔壁由扁平细胞构成。在双沟型体壁基础上进一步褶叠,体壁更厚,领细胞层面积更大,中央腔缩小,滤水速度也更快。

水流途径是:流入孔→流入管→前幽门孔→鞭毛室(flagellated chamber)(消化)→后幽门孔→流水管(excurrent canal)→中央腔→出水孔。

具复沟型水沟系的海绵动物如沐浴海绵 Euspongia officinalis。

从上述 3 种类型的水沟系结构情况可以看出海绵动物的进化规律和其他生物一样,是由简单到复杂,由低级到高级。

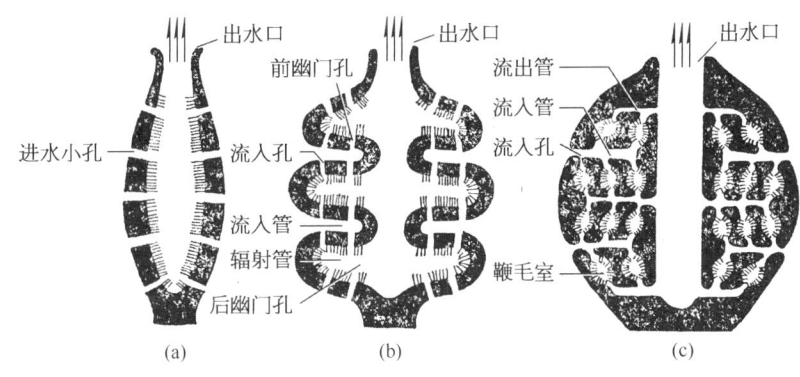

图 5-3 各种水沟系模式图
(a) 单沟型 (b) 双沟型 (c) 复沟型

五、生殖与胚胎发育(胚胎发育有逆转现象)

海绵动物的生殖有有性和无性生殖两种方式。

无性生殖常以出芽和芽球进行,这在分布很广的荔枝海绵中常可见到。芽球繁殖在淡水海绵动物中很普通。芽球离开母体后,次年春天会在适合的环境中发育成新的海绵动物。

海绵动物除无性生殖外,还能进行有性生殖。大多数海绵动物是雌雄同体,但雌性和雄性细胞往往不同时成熟,这样可以避免自体受精。海绵动物没有特化的生殖腺,生殖细胞(即卵和精子)由领细胞演变而成,演变时领和鞭毛消失,细胞移入领细胞层内,作变形运动,由营养细胞供应所需的营养。卵在体内受精并进行卵裂。

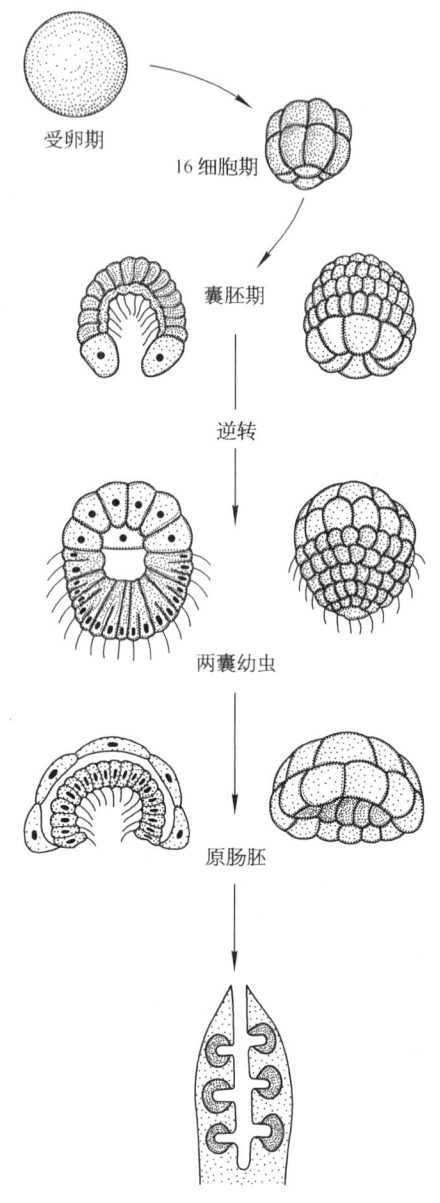

图 5-4 海绵动物的胚胎发育过程图

受精卵有规律地分裂到 32 个细胞（囊胚）以后，卵裂就开始不规律地进行。动物极的小细胞向囊胚腔内生出鞭毛，植物极的大细胞上形成一个开口，经过一段时间的发育，整个囊胚由此开口倒翻出来，里面的小细胞具鞭毛的一端翻在囊胚表面，这样动物极的一端为有发亮的色素和鞭毛的小细胞，植物极的一端为不具鞭毛的、圆的、有颗粒的大细胞，这时称两囊幼体。所有海绵动物都具两囊幼体期，幼体随水流离开母体后，动物极的小细胞内陷形成胃层，植物极的大细胞外翻形成皮层。这与其他多细胞动物原肠胚的形成刚好相反，称为胚胎发育的逆转（inversion），与其他后生动物相反，故称为侧生动物（parazoa）。原肠胚形成后不久鞭毛细胞产生一圈原生质的触手状领，变成领细胞；进入两层之间的颗粒细胞演变成具有各种功能的变形细胞，这时海绵动物的幼体称为厚海绵，随后长大为成体海绵动物。虽然各种海绵动物发生的具体过程略有不同，但都经过上述各阶段（图 5-4）。

海绵动物具有很强的再生能力。若把海绵动物切成小块抛到水里，每块都能独立生活，并继续发育长大；同类海绵动物的身体紧密接触时，常出现彼此组织互相愈合的现象。在人造海绵出现之前，人类曾利用海绵的再生能力大量繁殖海绵。

第二节 海绵动物门的分类

已知的海绵动物约 1 万种，栖息环境多样：从赤道到两极；从潮间带到 5 000 m 深海都有分布。根据骨针、水沟系等结构特征，将海绵动物门分为以下 3 纲。

一、钙质海绵纲 Calcarea

骨针钙质,水沟系简单(单沟型或双沟型),个体较小,灰白色,多生活于浅海。如:白枝海绵 *Leucosolenia botryoides*(图 5-5a)、毛壶 *Grantia* 等。

二、六放海绵纲 Hexactinellida

骨针六放,硅质,或由硅质丝联成网状,水沟系复沟形,鞭毛室大,体形较大,单体,常对称,主要生活于 450～900 m 水深或更深海底。

如偕老同穴 *Euplectella* (图 5-5d)、佛子介 *Hyalonema*(图 5-5e)。

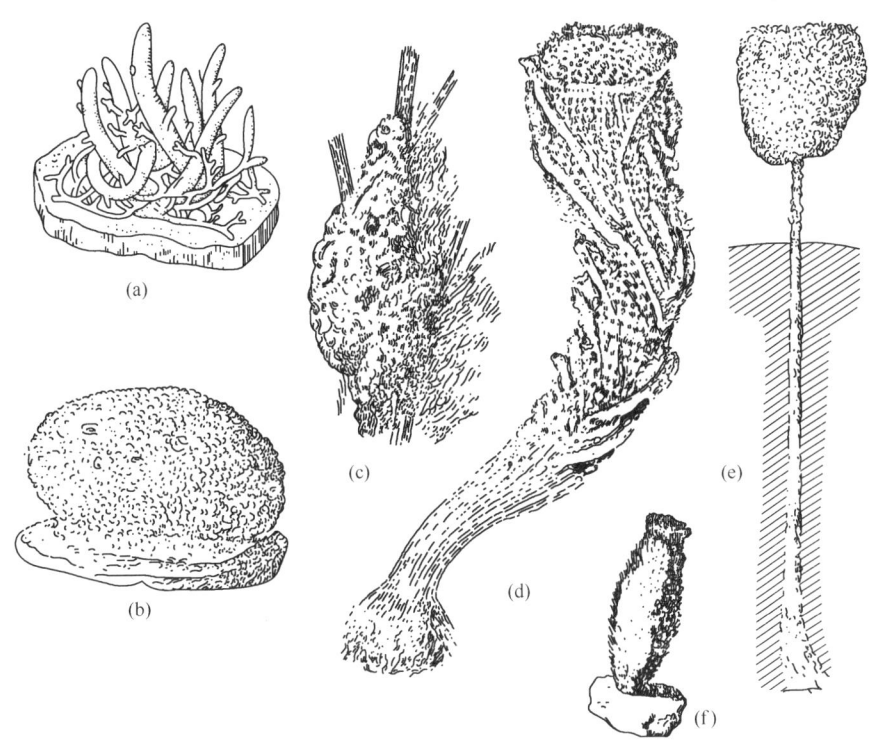

图 5-5 各种海绵动物图例(仿陈义)
(a) 白枝海绵在木块上 (b) 沐浴海绵在木片上
(c) 淡水海绵在木柱上 (d) 偕老同穴 (e) 佛子介 (f) 樽海绵

三、寻常海绵纲 Demopongiae

硅质骨针或海绵丝,或两者联合,骨针单轴或四射型,或两种骨针均存在,埋在海绵丝中,非六放型。95% 海绵属此纲。

生活于海洋或淡水,如栖于海水中的穿贝海绵 *Cliona* sp.、沐浴海绵 *Euspongia officinalis*(图 5-5)、栖于淡水中的脆针海绵 *Eunapius fragils* (Lecidy)。

药用的种类多集中在寻常海绵纲。

第三节 海绵动物门药用动物举要

海绵动物是最低等的多细胞动物，但其药用历史悠久，开发潜力大。近年来国内外报道，在本门动物中发现了抗肿瘤、抗菌、抗病毒的活性物质，扩大了本门动物的药用范围和价值。如阿糖胞苷的前体物质已经从多种海绵动物体内获得并已经用于临床。

目前海洋生物中提取得到的活性物质30%以上来源于海绵动物，其中10%以上具有显著的细胞毒性，远远高于植物、动物、微生物等其他种类的生物，因此海绵动物成为抗肿瘤活性物质或抗肿瘤先导化合物的重要来源，药用前景广阔。

将其主要的药用种类举要如下：

脆针海绵 Eunapius fragils (Lecidy)

又名淡水海绵。生活在河流或湖泊中，附生在石块、树枝或其他植物上。遍布全球淡水水域。国内主要分布在江苏、河南、山东、安徽等省。

1. 形态 常成棒状群体，表面凹凸不平，出水孔很多，通常灰色至褐色。体壁由海绵质的纤维纵横构成密网，干燥后极为脆弱，并有硅质骨针支持。骨针细长，针状，两端尖锐，表面平滑无刺，其长度为180～255 μm，粗5～16 μm。芽球为淡水海绵的无性生殖体，数量多，遍布于全体各层，各为椭圆形或钝三角形的球状体。本种的特征，具有多种芽球，除单个者外，并有2～4个芽球组成的群体，外被两层膜。每个芽球表面有分散存在的骨针。芽球的大小相差极大，其直径为250～500 μm。骨针亦为细长针状，两端尖锐，但表面具有数目不同、大小不等、分散不匀的小刺，骨针的长度为68～125 μm，粗3～10 μm。

2. 药用 干燥全体入药，名紫梢花。

中药紫梢花始载于《本草图经》。李时珍谓："陈自明《妇人良方》云，紫梢花生湖泽中竹木之上，状如糖饧，去木用之。"

药材呈不规则的块状或棒状，大小不一，中央常附有水草或树枝。长3～10 cm，直径1～2.5 cm。表面灰白色或灰黄色，有多数小孔，呈海绵状。体轻，质松泡，断面呈放射网状，网眼内有灰黄色类圆形小颗粒（芽球），振摇易脱落。味淡。以个大、身干、轻松、柔软、无杂质者为佳。

本品味甘，性温。归肾经（《纲目》："甘，温，无毒。"）。功能补肾，壮阳，固精，缩尿。用治阳痿，遗精，白浊，带下和阴部湿疹等。《医学入门》："主阳衰阴痿。"《纲目》："益阳秘精，疗真元虚惫，阴痿、遗精、余沥、白浊如脂，小便不禁，囊下湿痒，女人阴寒冷带，入丸散及坐汤用。"

主要含海绵硬蛋白、海绵异硬蛋白、磷酸盐、碳酸盐等。

与脆针海绵功效相似，同等入药的还有湖针海绵 Spogillia lacutris (Linnaeus)、刻盘海绵 Ephydatia mulleri (Lieberkuhn) 和 Eohydatia japonica Hilgendorf。

沐浴海绵 Euspongia officinalis 等的干燥体，因质地松软，具有很强的吸湿性而被临床

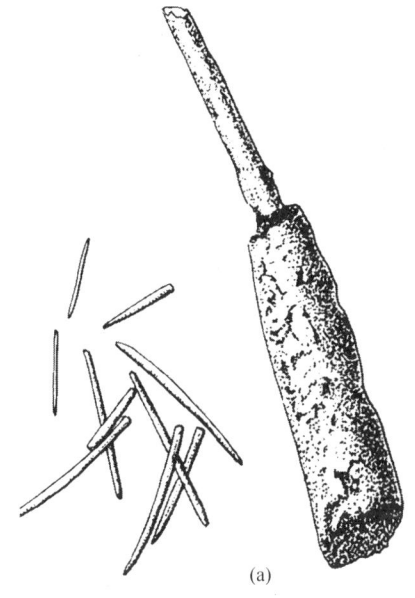 

图 5-6 脆 针 海 绵
(a) 紫梢花模式图　(b) 紫梢花药材图(国锦琳　摄)

医学用作吸收药液、脓汁和血液的吸湿剂或止血剂。

目前海绵动物的研究开发重点主要集中在开发新型抗肿瘤活性物质。

从日本海域海绵 *Agelas mauritianus* 中分离到一类神经酰胺苷酯类化合物 KNR7000,体外实验无细胞毒性,但对荷瘤小鼠的体内实验表明其为有效的抗肿瘤剂,可激活巨噬细胞和自然杀伤细胞,从而发挥抗肿瘤作用,毒副作用小。在加勒比海海绵 *Discodermia dissolute* 中首次分离出来的抗肿瘤成分 discodermolide,是多羟基四烯内酯化合物。在很低的浓度和温度下也可以诱导不可逆的微管聚合,而且对耐药细胞系也表现出比紫杉醇更强的抗癌作用,对其他多种人肿瘤细胞株也显示出很强的细胞毒性。南非海域的海绵 *Hemiasterella minor* 中提取分离的一种具有高修饰的氨基酸三肽分子的天然产物 hemiasterlin 的合成类似物 HTI-286,是强有力的抗肿瘤剂。HTI-286 是它的合成类似物,在对人皮肤癌、乳腺癌、前列腺癌、结肠癌细胞的小鼠发现 HTI-286 能明显抑制其生长。

以上发现目前已经成为抗肿瘤药物开发的热点。

此外,海绵动物是最低等的多细胞动物,有些种类常被人们作为生命科学的实验材料,对生命科学的研究有重要的意义。

(万德光、国锦琳)

第六章 腔肠动物门

导学

腔肠动物是真正后生动物的起点。主要结构特点包括：具有辐射对称的体型；有内、外胚层结构；具有简单的组织分化；出现了原始的消化循环腔；有特殊的刺细胞和刺丝囊；有水螅型和水母型的世代交替现象；具有原始的神经系统(神经网)等。根据体形、世代交替的特点、口道的有无及其长短等将本门动物分为3纲：水螅纲；钵水母纲；珊瑚纲(药用动物主要集中在后2个纲)。主要药用动物有：海蜇、粗糙盔形珊瑚(鹅管石)等；现代研究表明腔肠动物的提取物具有较强的生理活性，药用开发潜力巨大。

学习重点：
1. 掌握腔肠动物门的主要特征、分类类群。
2. 熟悉腔肠动物门的主要药用种类。
3. 了解药用腔肠动物的现代研究进展。

腔肠动物门 Coelenterata 是最低等的后生动物(metazoa)，同时也是后生动物进化的起点。任何后生动物(除海绵动物)的胚胎发育都要经历腔肠动物阶段。由于其内胚层所围成的原肠腔出现了细胞外消化的功能，腔肠动物即由此得名。本门动物在动物进化史上占有重要的地位，如消化腔的出现，辐射对称体型的产生，内、外胚层的形成以及原始的神经系统(神经网)的出现等等都是非常重要的特征。

目前全世界已知的腔肠动物约有1.1万种，绝大多数生活在温暖的海域，少数淡水生活。

腔肠动物门中一些种类在我国有悠久的药用历史，如始载于《本草拾遗》的海蜇 *Rhopilema esculenta* Kishinouye，用于治疗痰热喘咳、口燥咽干、阴虚发热、痞积疼痛等；始载于《本草纲目》的粗糙盔形珊瑚 *Galaxea aspera* Quelch，用于治疗主治目生翳障、惊痫、吐衄等。这些传统中药一直沿用至今，尤其在我国沿海地区仍在使用。现代药理研究表明，腔肠动物具有很多生理活性很强的成分，尤其在治疗心血管疾病、肿瘤等方面具有很大的潜力。

第一节 腔肠动物门的主要特征

多孔动物在动物进化上只是一个侧枝，腔肠动物才是真正后生动物进化的起点。所有的后生动物在进化过程中都要经历腔肠动物阶段,所以腔肠动物在动物进化史上具有重要的地位。

腔肠动物体呈辐射对称,具两胚层,出现了最初的组织分化,出现了原始的神经系统(神经网)和消化循环腔,生活史中常具有世代交替现象。

一、体呈辐射对称

多孔动物的体型多数是不对称的,腔肠动物的体型则开始出现了较固定的对称体型,辐射对称(radial symmetry)。这种体型只有上下的差别,无前后左右之分。这是腔肠动物对水中固着或漂浮生活的一种适应。有些种类通过中轴只有两个切面,将身体分成相等的两半,称两辐射对称(biradial symmetry),如海葵。这是介于辐射对称和两侧对称之间的一种形式。说明动物的体型是由辐射对称向两侧对称进化的。

二、具有内外胚层

多孔动物由于胚层来源不同于其他后生动物,所以一般不称其为胚层,而叫皮层与胃层。从腔肠动物开始,出现了真正的内、外胚层的分化。两胚层间有由内、外胚层分泌的中胶层。

三、出现了原始的消化腔

腔肠动物的内胚层围成了原始的消化腔。它与海绵动物的中央腔不同,腔肠动物的原肠腔具消化功能,可进行细胞外消化(extracellular digestion),这和高等动物肠的功能相似,所以称腔肠,腔肠动物之称即由此而来。同时,这种原始的消化腔又兼有循环作用,可以把消化后的营养物质输送到动物体各部,故又称之为消化循环腔(gastrovascular cavity)(图6-1)。

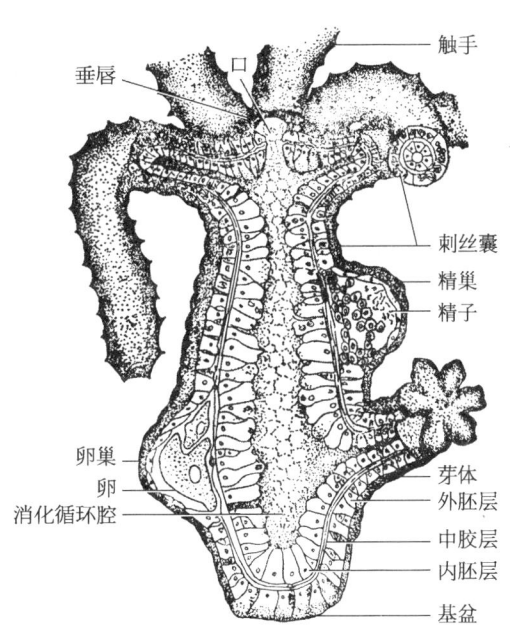

图6-1 水螅消化循环腔

腔肠动物的消化循环腔,有的种类如水螅的构造简单,仅是一条腔道。前端有一开口,来自胚胎发育时的原口,具口和肛门的双重功能。既是取食的门户,又是排泄食物残渣的出口。但有的种类的消化循环腔的结构复杂,具较多分支的管道。如海月水母的口通过短短的口道与位于体中央的胃腔相连,胃腔向四方扩大成4个胃囊,胃囊间有分支或不分支的辐管(radial canal)。这些辐管又与伞缘的环管(ring canal)相接。胃囊底部还有具腺细胞的胃丝。食物由口通过口道进入胃囊,腺细胞分泌消化酶将食物消化后,再由辐管输送到全身各部。

四、出现简单的组织分化

海绵动物只有细胞分化,而从腔肠动物开始出现了组织分化。腔肠动物已具有了简单的原始上皮肌肉组织、结缔组织等。上皮肌肉组织是由皮肌细胞(epithelio-muscular cell)构成的,是腔肠动物最主要的组织。皮肌细胞是组成内、外胚层的主要细胞。它既是上皮细胞,有保护功能,又是肌肉细胞,有肌肉样的伸缩功能。这表明上皮与肌肉没有分开,是一种原始现象。一般在皮肌细胞的基部延伸出一个至几个细长突起,其中有肌原纤维(myofibrils)。肌原纤维也分为横纹肌、斜纹肌和平滑肌 3 种。每个肌原纤维都由一束细丝组成。这些丝有相对的粗细之分。与高等动物肌肉组织中的粗(肌球蛋白)、细(肌动蛋白)丝相似,其伸缩的机理也与高等动物类似。有的种类如海葵的肌肉组织较发达,出现了肌旗(muscle band)。此外,有些种类如钵水母类、珊瑚类的外胚层或内胚层细胞侵入中胶层,分化出简单的结缔组织。

五、 具有特殊的刺细胞和刺丝囊

刺细胞(cnidoblast)和刺丝囊(nematocyst)是腔肠动物特有的捕食、御敌武器,也是本门动物分类的依据之一。刺细胞多分布于外胚层,尤以触手(tentacle)上最多。刺细胞由间细胞(interstitial cell)产生,刺细胞向外的一端有刺针,内有细胞核和刺丝囊(图 6-2)。刺丝囊有各种形状和种类。据研究,腔肠动物的刺丝囊约 17 种。其中水螅有 4 种。即穿刺刺丝囊、卷缠刺丝囊和 2 种黏性刺丝囊。穿刺刺丝囊呈囊袋状,囊内有 1 条细长中空的刺丝。当刺针受到刺激时,刺丝随即从囊中翻出,就像手套的指端从内向外翻出一样,随即将毒汁注入敌害或捕获物体内,使之麻醉或死亡。卷缠刺丝囊不注射毒液,而是缠绕在被攻击物体上,使其不易逃跑。而 2 种黏性刺丝囊则可分泌黏性物质帮助捕食或运动。

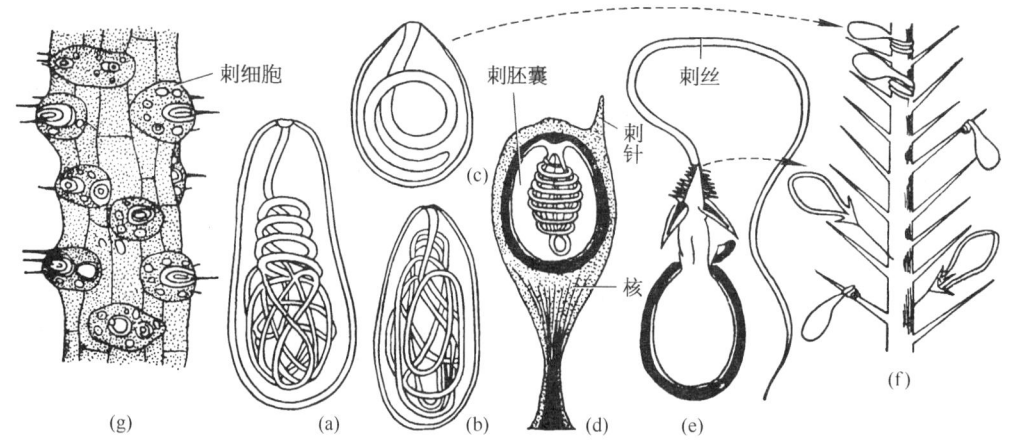

图 6-2 水螅刺细胞和刺丝囊
(a)、(b) 黏性刺细胞 (c) 卷缠刺丝囊 (d) 刺细胞(内含穿刺刺丝囊) (e) 穿刺刺丝囊的刺丝向外翻出
(f) 翻出的卷缠丝囊在甲壳动物的刺毛上 (g) 触手的一段,示其上的刺细胞

六、 具有水螅型和水母型两种基本形态

腔肠动物一般都具水螅型和水母型两种基本形态。水螅型营固着生活,身体呈圆筒状,一端有用作固着的基盘(basal or pedal disk),另一端是口,口周围有触手。有的种类如珊瑚类的水螅型在基盘和体壁的外胚层还可分泌钙质或硅质骨骼。水母型营漂浮生活,体呈圆盘状,其突出的一面称外伞,凹入的一面称下伞。下伞中央有一悬挂的垂管,管的末端是口,口进去是消化循环腔。伞缘有触手和感觉器官,下伞缘有向内突入的环状薄膜,称环膜。两者基本结构是一致的(图 6-3),所不同的是:水螅型的口向上,而水母型口是向下;水螅型的触手分布在口的周围,而

水母型的触手分布在外伞的边缘;水螅型的消化循环腔是盲管状或被垂直的隔膜分成小室,而水母型的消化循环腔分出辐管、通入环管;水螅型中胶层较薄,适应固着生活,水母型中胶层比较厚,身体比重轻,适应漂浮生活。另外,水母型神经系统在伞边缘形成神经环,并且有平衡囊或触手囊。

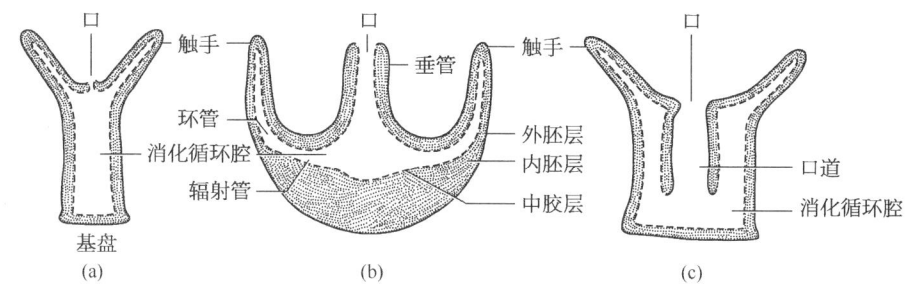

图6-3 水螅型和水母型比较
(a) 水螅型(水螅)　(b) 水母型　(c) 水螅型珊瑚虫

这两种基本形态有的种类(如水螅纲)同时具有,有的种类(如钵水母纲)水螅型退化或无,水母型发达;有的种类(如珊瑚纲)则只有水螅型,而没有水母型。

七、神经系统和感觉器官

腔肠动物出现了动物界中最简单、最原始的神经系统。该系统多分布于中胶层近外胚层的一侧,其神经细胞是由二极和多极的神经细胞组成的。这些细胞具有相似的胞突,相互链接成一个疏松的网状,所以称为网状神经系统或神经网(nerve net)(图6-4)。神经细胞与内外胚层中的感觉细胞、皮肌细胞相连。感觉细胞接受外界的刺激,通过神经细胞的传导,皮肌细胞的肌纤维收缩产生运动,这种有机结合形成了神经肌肉体系(neuro-muscular system)。这个体系可以对外界刺激(光、热、化学的、机械的、食物等)产生有效的反应。借此进行捕食、避敌和协调整体的活动。但本门动物没有形成神经中枢,神经冲动的传导没有固定的方向,属于扩散性神经系统(diffuse nervous system)。此外,腔肠动物神经传导速度很慢,比人慢千倍以上。这些都说明腔肠动物神经系统是最原始的神经系统。

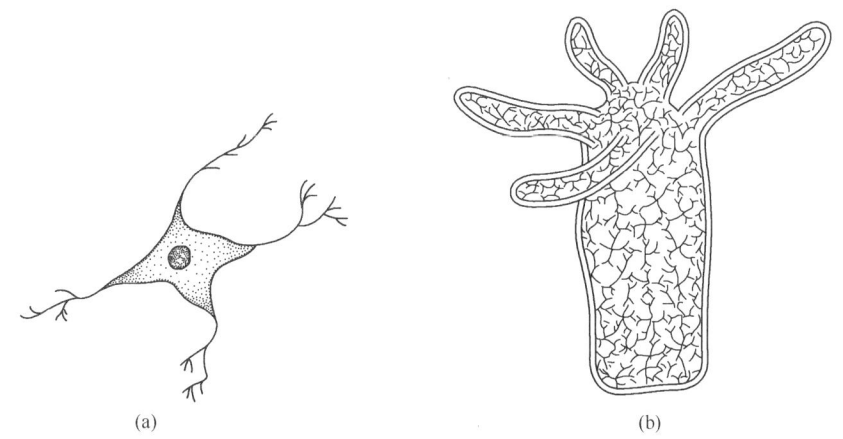

图6-4 水螅神经系统
(a) 神经细胞　(b) 外胚层神经网

腔肠动物的感觉器官各种类间差异很大,构造繁简不一。有的种类如水螅仅是感觉细胞;有的种类如海月水母为结构复杂的平衡囊或触手囊。囊内有钙质平衡石,囊上有感光的眼点,囊下面的缘膜上有感觉细胞和纤毛。另外在整个感觉器上还有两个司嗅觉的嗅窝。

八、生殖和世代交替

腔肠动物的生殖有无性生殖和有性生殖两种方式。无性生殖为出芽生殖,即母体的部分体壁向外突出形成芽体。芽体生出垂唇、口和触手等器官之后随即从基部收缩,并与母体脱离而成为新个体。有的芽体长大后,不脱离母体而成复杂的群体(如薮枝螅 *Obelia*)。有的种类(如海葵)的无性生殖还有基盘碎裂,即基盘在移动时留下的小块在固着物上再生成小海葵或以身体纵裂的方式产生新个体。

有性生殖是精卵结合。多数种类为雌雄异体,少数为雌雄同体。生殖腺由间细胞分化而成。水螅纲的生殖腺由外胚层形成,但钵水母纲和珊瑚纲的生殖腺却来自内胚层。雄性生殖腺成熟时,把精子排入水中,随水流进入雌体内与卵子进行体内受精或将精、卵均排入水中,在体外受精。少数雌雄同体的种类仍需要异体受精。受精卵经过卵裂、囊胚期到原肠胚期,发育成体表长满鞭毛的浮浪幼虫或称纤毛幼虫。这种幼虫生活一段时间后沉入海底,附在固体物上,再发育成新个体。

在水螅型和水母型同时具备的种类中,水螅世代通过无性生殖方式产生水母型,水母世代长大成熟后,又以有性生殖方式产生水螅型。生活史中的这种现象,称为世代交替(图6-5)。

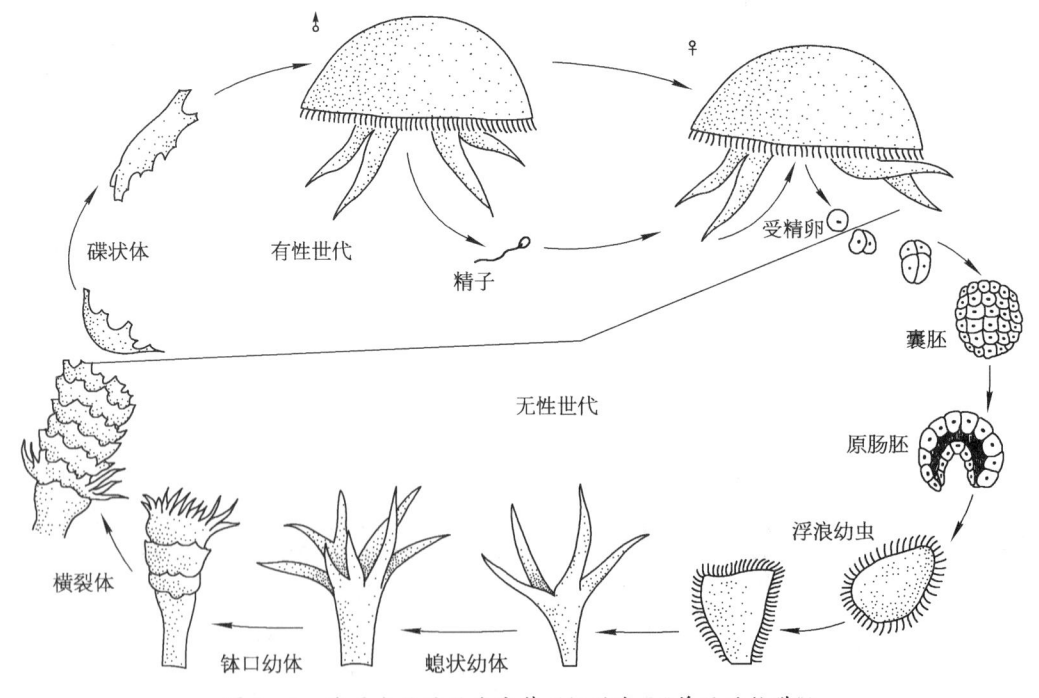

图 6-5 海月水母的世代交替(仿刘凌云《普通动物学》)

此外,腔肠动物没有专门的呼吸和排泄器官。呼吸作用是借体表细胞与周围的水进行气体交换来维持的。排泄作用也以同样的方式进行。代谢产生的废物由体表细胞排入周围的水中或排入消化循环腔中,然后经口排出体外。

第二节 腔肠动物门的分类

全世界已知的腔肠动物约有1.1万种,依据动物体的基本形态、世代交替现象的有无、口道的有无及其长短、生殖腺的位置等,将本门动物分为水螅纲、钵水母纲和珊瑚纲。

一、水螅纲 Hydrozoa

本纲动物为腔肠动物门中最原始的类群。绝大多数为海产,少数淡水生活。生活史中大多数种类有明显的水螅型和水母型,即有世代交替现象,少数种类水螅型或水母型不发达或退化。本纲动物一般体小,结构简单,只有简单的消化循环腔,生殖细胞由外胚层产生,水母型有缘膜,触手基部有平衡囊。本门动物没有发现药用价值。

二、钵水母纲 Scyphozoa

本纲动物全部海产,多是大型水母类。世代交替中,水螅世代非常退化,常常以幼虫形式出现,水母世代非常发达,而且水母型结构较复杂,口道短,一般有触手囊,无缘膜,不具骨骼,内、外胚层中都有刺细胞,生殖细胞由内胚层产生。栖于暖海地带。本纲动物约有200种。分为十字水母目、立方水母目、旗口水母目和根口水母目(圆盘水母目)。

1. 十字水母目 Stauromedusae 外伞部呈柄状,无触手囊,无世代交替,营固着生活。如高杯水母 *Lucernayia* 等(图6-6)。

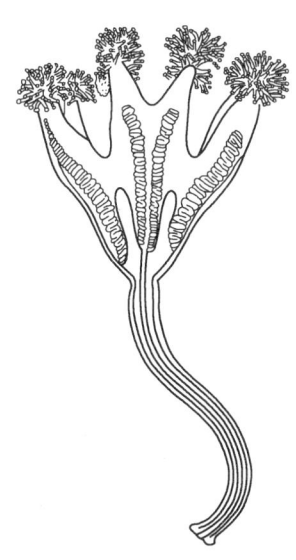

图6-6 高杯水母

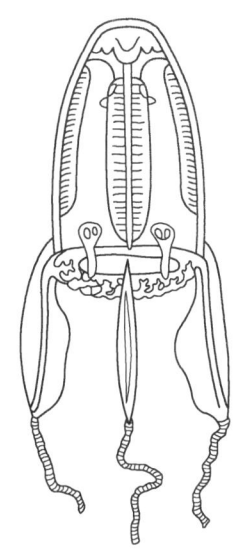

图6-7 灯水母

2. 立方水母目 Cubomedusae 伞部为立方形,有8个触手囊,其中4个在正辐管,另4个在间辐管,无世代交替。如灯水母 *Charybdea* 等(图6-7)。

3. 旗口水母目 Semaeostomae 伞部扁平，边缘有触手，在正、间辐管处有触手囊，有世代交替。如海月水母 *Aurelia* 等(图 6-8)。

4. 根口水母目 Rhizostomae 又称圆盘水母目 Discomedusae，伞部半球状，边缘无触手，口腕愈合，腕口有分支的细管，管的外端有吸口。如海蜇 *Rhopilema* 等。

本纲常见的药用种类有海蜇 *Rhopilema esculenta* Kishinouye 等。

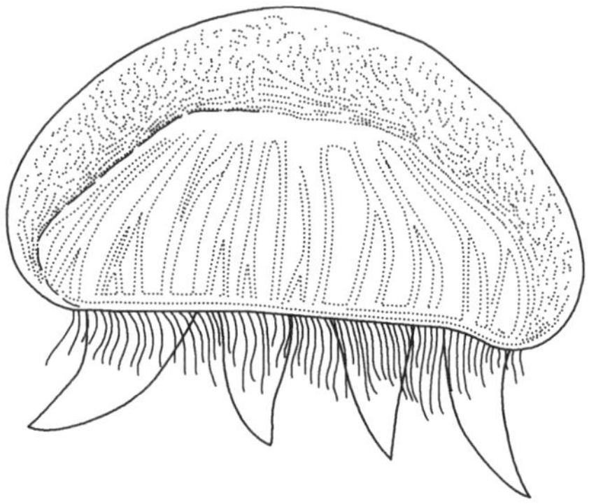

三、珊瑚纲 Anthozoa

图 6-8 海月水母

本纲动物是腔肠动物门最大一个纲，全为海产。全部为水螅型的单体或群体动物，没有水母型，无世代交替。体呈两辐射对称。有由外胚层内陷形成的口道(stomodaeum)，具 1~2 条口道沟。消化循环腔结构很复杂，有由内胚层突出的隔膜(mesentery)将消化腔分成若干小室。在隔膜游离的边缘有隔膜丝(mesenteric filament)，隔膜丝沿隔膜边缘下行，直达消化腔底部，其中有刺细胞。生殖细胞由内胚层产生，中胶层内有发达的结缔组织，许多种类具钙质的外骨骼。多分布于温带或热带的浅海中。

本纲约有 6 100 种，又分为以下 2 个亚纲。

(一) 八放珊瑚亚纲 Octocorallia

触手和隔膜各有 8 个，触手呈羽状分支；具 1 条口道沟，沟所在的一面为腹面；肌束向腹面。本亚纲主要有海鸡冠目、海鳃目和柳珊瑚目。

1. 海鸡冠目 Alcyonacea 多为固着的群体，体软，无中轴。骨骼为散在的骨片或结合成骨管。如海鸡冠 *Alcyonium* 等(图 6-9)。

图 6-9 海鸡冠

2. 海鳃目 Pennatulacea 为群体，部分呈羽状或棒状，柄部埋于泥沙中；有角质或石灰质的中轴。如海鳃 *Pennatula*、笙珊瑚 *Tubipora* 等。

3. 柳珊瑚目 Gorgonacea 为树枝状群体，内部有石灰质或角质的中轴，外部散在有骨片。如红珊瑚 *Corallium*、黑珊瑚 *Plexauea* 等(图 6-10)。

(二) 六放珊瑚亚纲 Hexacoralla

触手和隔膜一般为 6 的倍数。触手中空，不分枝；一般具 2 个口道沟；隔膜成双，肌束相对。本亚纲主要有海葵目、角海葵目、石珊瑚目和角珊瑚目。

1. 海葵目 Actiniaria 体软，无骨骼，触手多。如细指海葵 *Metrdium* 等。

2. 角海葵目 Ceriantharia 形似海葵，但体较细长，触手

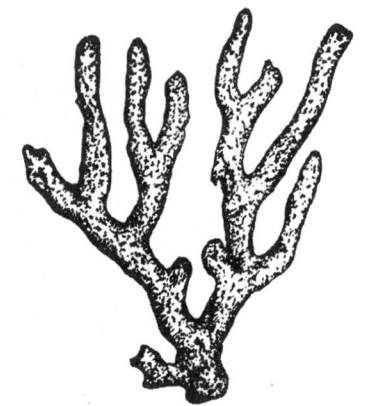

图 6-10 黑珊瑚

排列成两圈。如角海葵 *Cerianthus* 等。

3. **石珊瑚目** Madreporaria 大多为群体,具致密的外骨骼,个体长在外骨骼的杯状凹陷中。如菊珊瑚 *Meandrina* 等(图6-11)。

4. **角珊瑚目** Antipatharia 为树状或羽状群体,有黑色的角质管轴。如角珊瑚 *Antipathes* 等。

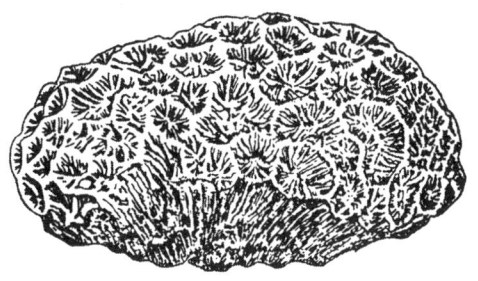

图6-11 菊珊瑚

本纲常见的药用种类如红珊瑚 *Corallium japonicum* Kishinouge(现已列为国家Ⅰ级保护动物)、粗糙盔形珊瑚 *Galaxea aspera* Quelch、丛生盔形珊瑚 *Galaxea fasciculakis* (L.)、纵条矶海葵 *Haliplanella Luciae* (Verrill)和赭色海底柏 *Melitode ochracea* (L.)等。

第三节 腔肠动物门药用动物举要

腔肠动物中的一些种类在我国有悠久的药用历史。历代本草中如《唐本草》、《本草拾遗》、《本草纲目》和《海药本草》等都有本门动物药的收载。一些种类像珊瑚、海蜇等至今仍在中医临床上使用,尤其在我国沿海地区民间仍在广泛沿用。

现今对腔肠动物的研究表明腔肠动物含有许多很强生理活性的成分,但目前作药用的仅20余种,仅占本门动物总数的0.2%左右,因此腔肠动物在药用方面的开发利用有着十分广阔的前景。现将其主要药用种类举要如下:

一、海蜇 *Rhopilema esculenta* Kishinouye

又名水母、白皮子、石镜、海蛇、水母鲜、海折等。广布于我国沿海,以浙江、福建分布最多。

1. **形态** 本种为大型食用水母类,伞成半球形,一般直径在25～45 cm以上,最大个体可达80 cm以上,重达40余千克。外伞表面光滑,每1/8伞缘有14～20个舌状缘瓣。无触手。感觉器8个,分别位于主辐管和间辐管的末端,在每2个感觉器之间有10～20个缘瓣。环肌呈红褐色、深褐色、金黄色或乳白色。没有辐肌。在内伞间辐位上有4个肾形的凹陷的生殖下穴,穴内侧有膜隔开,不与外界相通。每个生殖下穴外侧有1个表面粗糙的乳状突起。口腕基部外侧着生8对肩板,下端为口盘,分出8条口腕。肩板外侧三翼型,各翼有许多皱褶。褶上着生许多小指状、丝状附属物和小吸口。口腕也呈三翼型,在各翼皱褶上着生许多丝状、棒状附属物,并有许多小吸口和触指。各条腕的末端有1条粗而长的棒状附属物。本种成体一般为半透明、白色、淡蓝色、青蓝色或淡黄色。

在热带、亚热带及温带沿海都有广泛分布,营漂浮生活(图6-12)。

2. **药用** 以口腕部、伞部入药。中药海蜇来源于根口水母科动物海蜇的口腕部,俗称海蜇头。始载于《本草拾遗》。《本草纲目》载于鳞部无鳞鱼类。性味咸,平,无毒。归肝、肾、肺经。能清热化痰,消肿散结,养阴润燥。主治痰热喘咳,口燥咽干,阴虚发热,痞积疼痛。药理研究表明,海蜇具有降血压及扩张血管的作用。临床上用本品与荸荠配制的雪羹汤治疗原发性高血压200余例,疗效满意及进步的达82.6%,且长期服用无不良反应。海蜇皮为动物海蜇的伞部。味咸,性平。归肝、肾经。功能化痰消积,祛风解毒。用治咳嗽痰喘,痞积,头风,风湿关节痛,白带过多,疮疡肿毒。除药用价值外,海蜇的营养价值极其丰富,含蛋白质、脂肪、糖、钙、磷、铁、碘、尼克酸、维生素A、维生素B、胆碱等。

与海蜇功效相似,同等药用的还有同科属的黄斑海蜇 *Rhopilema hispidum* (Vanhoeffen)。与上种主要不同的是上伞部表面有许多锥形或圆形的颗粒状突起,突起黄褐色;每1/8伞缘有8个长椭圆形的缘瓣;主要分布在南方各省沿海,以广东、广西分布较多。

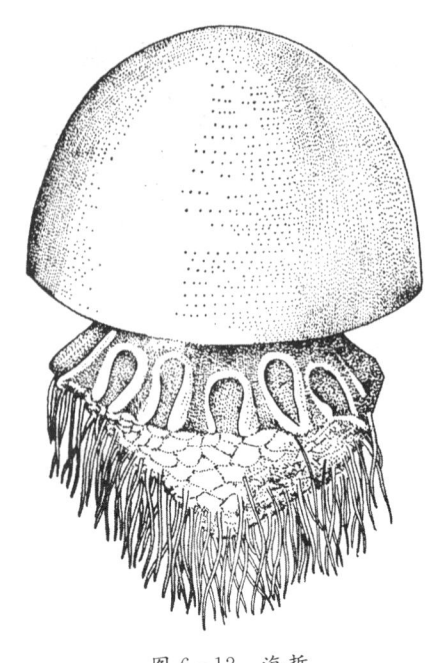

图6-12 海蜇

二、粗糙盔形珊瑚 *Galaxea aspera* Quelch

粗糙盔形珊瑚又名海白石或鹅管石。分布于海南岛、西沙群岛、涠洲岛等地。属暖水、浅水的礁珊瑚。为我国热带海域主要的造礁珊瑚。

1. **形态** 形态不定,随周围环境而变,空间宽大则珊瑚骨骼凸形,空间小则呈畸形。凸形的珊瑚骨骼的珊瑚杯多而密,杯略呈圆形、椭圆形或长方形。珊瑚体多呈长角状,形如鹅管。表面乳白色,有突起的节状横环纹。杯壁上的珊瑚肋粗壮,自杯壁伸延到基部。多栖于潮带下至水深15 m的礁石平台上(图6-13)。

2. **药用** 中药鹅管石来源于枇杷珊瑚科动物粗糙盔形珊瑚干燥的长角形的珊瑚体。鹅管石载于《本草纲目》金石部石类石钟乳项下。味甘,性平。归肺、肝、肾、大肠经。功能清热解毒,化痰散结。用治肺热咳嗽,湿热痢疾,瘰疬等症。主要成分为碳酸钙,尚含有少量镁、硅、铁等。

除本种外,在广东、广西和海南尚有同科丛生盔形珊瑚 *Galaxea fascicularis* L. 也做药用,功效同本品。

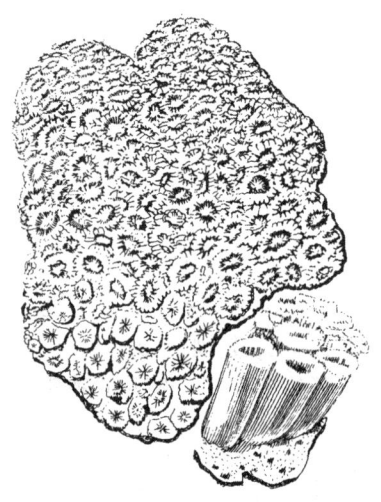

图6-13 粗糙盔形珊瑚

此外,纵条矶海葵 *Haliplanella luciae* (Varrill)、僧帽水母 *Physalia physalia* (L.)、海月水母 *Aurelia aurita*、柳珊瑚 *Plexaura homoalla*、鳞状海底柏 *Melitodes squamata* Nutting 和赭色海底柏 *Melitodes ochracea* (L.) 等也供药用。

三、腔肠动物药用研究概况

随着对海洋药物研究的逐渐深入,腔肠动物在药用价值方面的研究也日益深入,尤其是对其毒性成分的研究。目前国内外报道已从本门动物中筛选出具有生理活性的成分,表现出对机体的多方面的作用,尤其是对心血管系统的作用以及在抗肿瘤、神经调节等方面的作用。

1. **对心血管系统的作用**　很多腔肠动物都具有作用于心血管系统的活性物质。如从岩沙海葵 *Polythoa* spp. 中发现了目前作用最强的血管收缩物质岩沙海葵毒(palytoxin, PTX),其对冠状动脉的收缩作用比心血管紧张素Ⅱ至少强 100 倍;从黄海葵 *Anthopleara xanthogrammia* 的体中提出的海葵毒素的强心作用为目前医用强心苷的 500 倍。从水母类的刺丝囊中发现了具降血压作用的多肽类水母毒素(sea nettle venom);从南海鳞灯芯柳珊瑚 *Junceella squamata* 提取的三丙酮胺(TAA)具有明显的降压作用和抗心率失常作用;从短指多型软珊瑚 *Sinularia polydactyla* 提取的喹啉酮(auinolone)有增加脑血流量、抗心率失常、缓解心肌缺血等作用;从槽沟海葵 *Anemonia shlcate* 中提取的槽沟海葵毒素 ATXⅡ能明显增加心肌收缩力;从砂栖海葵 *Anthopleura xanthogrammica* 分离出两种多肽(AP-A 和 AP-B),对心血管系统具有强烈作用,同时对心率又无影响,有专家认为它们有望代替一直习用的强心药物毛地黄或毛地黄糖苷。

2. **抗肿瘤作用**　从一些腔肠动物体内提取出具有明显抗癌活性的物质。如从群体海葵 *Palytoxin toxica* 等中提得的"polytion"是一种海生内毒素,系非多肽型的多聚羟类物质,有抗癌活性;1974 年 Quinn 等人发现 3 种沙海葵的乙醇提取物对艾氏腹水瘤和 P-333 淋巴白血病显示抗癌活性,而且其抗癌活性随毒性增高而增强;从一种沙群海葵 *Palythoa liscia* 中先后分离出 7 种抗癌成分,即 palystain 1、2、3 和 A、B、C、D。palystain 1、2、3 还具有抑制 KB 细胞生长的活性。

3. **神经调节作用**　一些腔肠动物体内含有神经调节物质,对神经系统具有明显的生理活性。如羽螅 *Plumucaria setacea* 的提取物对神经系统有明显的镇静作用;从僧帽水母 *Physalia physalis*、海月水母 *Aurelia aurita* 的刺丝囊分离的毒素对神经系统有较强的生理活性。从我国柳珊瑚 *Plexaura homomalla* 中提出了前列腺素 A_2,具类似氯丙嗪的安定作用和阻断多巴胺的作用。

另外,从纵条矶海葵 *Haliplanella luciae*(Verrill)的体内提出了具神经毒和抗凝血成分,抗凝血作用是肝素的 14 倍。

附：扁形动物门和线形动物门

扁形动物和线形动物均属于两侧对称、三胚层低等的蠕虫,生活方式多属寄生生活,很多种类为人、畜寄生虫。由于这两个门没有什么药用动物,人蛔虫虽在古本草中有收载,但已不用,故不做重点介绍。考虑到这两门的动物在系统进化过程中出现了两侧对称的体制以及中胚层等一些重要特征,而这些特征都是高级无脊椎动物的基本特征,所以从知识的衔接性上有必要予以补充。

一、扁形动物门 Platyhelminthes

扁形动物门全世界有 10 000～15 000 种,包括涡虫纲、吸虫纲和绦虫纲。扁形动物是两侧对称、三胚层、无体腔、背腹扁平的低等的蠕虫,除少数种类如涡虫外,多数营寄生生活。主要特征有:

1. **两侧对称(bilateral symmetry)** 腔肠动物是辐射对称体制,从扁形动物开始,出现了两侧对称的体制,这在动物进化史上具有重要意义。两侧对称体制使得身体出现了背、腹、前、后和左、右的分化,体制的分化相应产生了功能的分化,如背司保护,腹司运动,身体在向前爬行的过程中前端总是最先接触到新的环境,使得神经系统和感觉器官逐渐向前端集中,出现了头部。动物体的这种分化使动物由不定向运动变成定向运动,使动物对外界环境的反应更迅速、更准确,行动更敏捷。两侧对称是动物由水中漂浮生活进入水底爬行的结果,水底爬行又可以进化到陆上爬行,因此两侧对称体制是动物由水生到陆生的基本条件之一(图 6-14)。

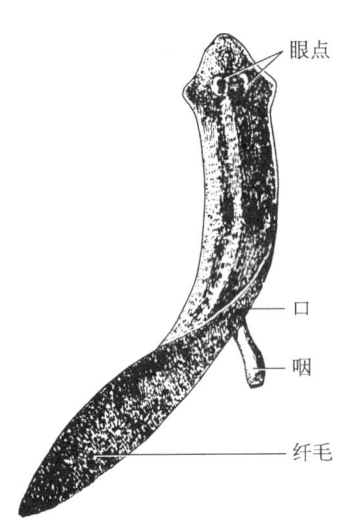

图 6-14 涡虫的两侧对称
(仿刘凌云《普通动物学》)

2. **中胚层(mesoderm)的出现** 从扁形动物开始出现了中胚层。中胚层的产生,一方面减轻了内、外胚层的负担,引起了一系列组织、器官和系统的分化。另一方面中胚层促使了肌肉组织的形成,增强了动物运动的功能,再加上两侧对称的体制,感觉器官的逐渐发展,使动物可以更快和更有效地去摄取更多的食物,从而促使整个新陈代谢随之加强,消化系统发达,排泄系统逐渐形成。同时由于运动增强,动物的反应也随之增快,反过来又促进了神经系统和感觉器官更趋发展,并向前端集中。此外,由中胚层所形成的实质组织有储藏水分和养料的功能,动物得以耐干旱和饥饿。因此中胚层的出现,也是动物由水生进化到陆生的又一基本条件。

3. **神经系统(nervous system)** 扁形动物的神经系统比腔肠动物的神经系统有了显著的进化。腔肠动物的神经系统是网状的,不形成神经中枢,但扁形动物却有了原始的中枢神经系统(central nervous system),神经细胞前移形成了"脑",自"脑"向后并有若干纵行的神经索(longitudinal nerve cord),各神经索之间尚有横神经(transverse commisure)相连,形成了梯状结构,故又称梯状神经系统(图 6-15)。

4. **排泄系统(excretory system)** 扁形动物的排泄系统为原肾管(protonephridium),主要作用是调节体内水分的渗透压,同时也排出一些代谢废物(但多数含氮废物还是通过体表排泄的)。原肾管是由身体的两侧的外胚层陷入形成的,呈网状

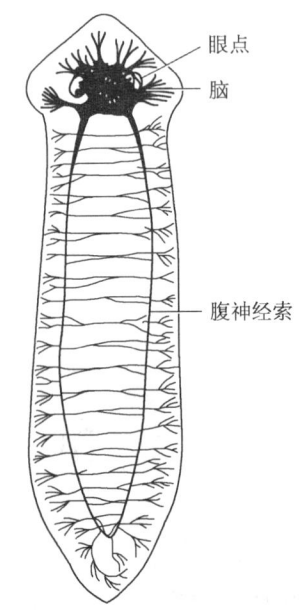

图 6-15 涡虫的神经系统
(仿刘凌云《普通动物学》)

多分支的管状系统,通常是由焰细胞(flame cell)、毛细管、排泄管和排泄孔构成,并分布于全身。焰细胞位于分支管状系统的末端,为盲管状,其顶有1束包含35~90根鞭毛,由于鞭毛的不断摆动,状如火焰,故名焰细胞(图6-16)。在焰细胞周围体内实质中的过多水分,可由鞭毛的运动进入焰细胞,再流经排泄管,由通向体表的排泄孔排出(图6-17)。

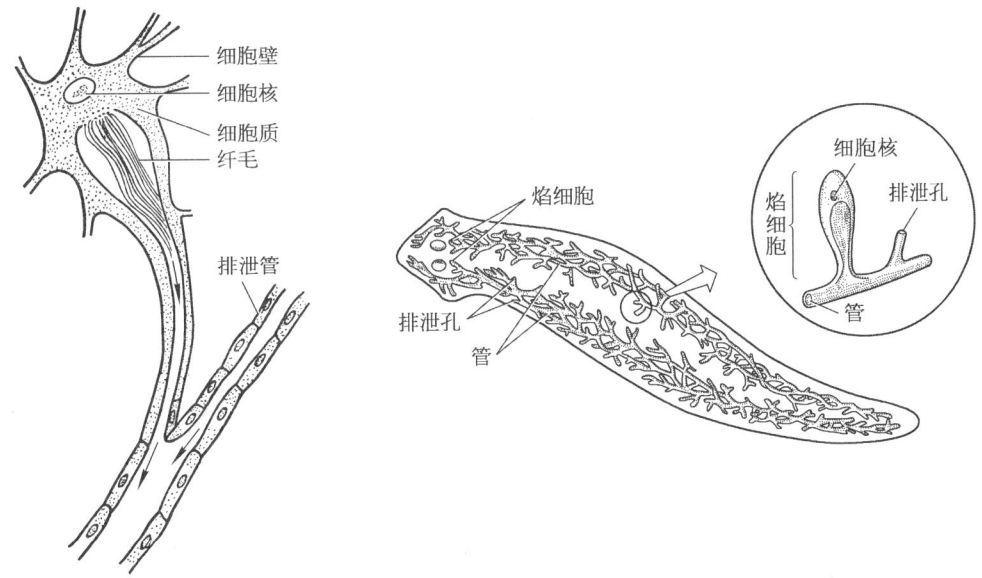

图6-16 涡虫焰细胞　　　　图6-17 涡虫排泄系统(仿刘凌云《普通动物学》)

以上特征为扁形动物的重要特征。除此以外,扁形动物还具有由外胚层(单层表皮)和中胚层(肌肉层)紧密结合成的皮肤肌肉囊(dermo-muscular sac),简称皮肌囊(图6-18),类似于腔肠动物的不完善的消化系统(imcomplete digestive system),由自由生活向寄生生活特化的特殊生活方式等。

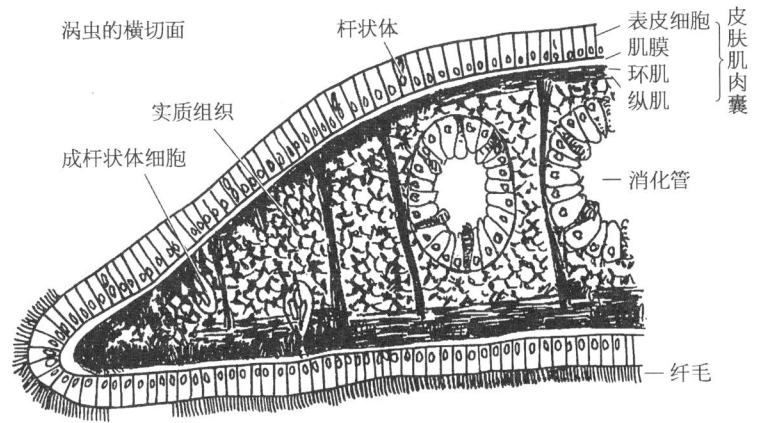

图6-18 涡虫横切面(仿刘凌云《普通动物学》)

扁形动物门中共分为3个纲,即涡虫纲 Turbellaria、吸虫纲 Trematoda 和绦虫纲 Cestoda。涡虫纲身体扁平而细长,多数营自由生活,栖息于海洋、淡水湖泊及潮湿的土壤中。吸虫纲营寄生生活,形似涡虫纲,但体表被纤毛,消化系统相对退化且结构简单,通常有口吸盘和腹吸盘等吸附器官,生活史复杂,寄生过程需要更换中间寄主和终末寄主。绦虫纲身体多为长带状,体表无纤毛,消化系统包括口和肠等全部退化消失,由多数节片组成,有吸盘和钩等附着器官,全部寄生在脊椎动物的肠道等器官内,为高度营寄生生活的类群。一般认为自由生活的涡虫纲是最原始的类群。吸虫纲是由涡虫纲适应寄生生活的结果而演化而来的。绦虫纲则是扁形动物中最高级、最特化的类群。

二、线形动物门 Nemathelminthes

线形动物门是动物界中较为复杂的一个类群,约 12 000 种。包括线虫纲 Nematoda、线形虫纲 Nematomorpha、棘头虫纲 Acanthocephala、腹毛纲 Gastrotricha、轮虫纲 Rotifera 等。许多动物学家对它们的分类意见也不一致。有的将其分为 3 个单独的门,即棘头动物门 Acanthocephala、袋形动物门(或线形动物门)Nemathelminthes 和内肛动物门 Entoprocta;有的则将上述各纲均独立为单独的一门,而为棘头动物门、轮虫动物门、腹毛动物门、动吻动物门、线虫动物门、线形动物门、内肛动物门等 7 个门,并统称这些动物为假体腔动物 Pseudocoelmates。本门动物虽然各个类群在演化上亲缘关系不很密切,形态结构上存在明显差异,有许多重大不同之处,但一般来说线形动物身体多细长,呈线状或圆柱形,体不分节或假分节,排泄系统为原肾系统,体表有角质膜,两侧对称,具三胚层,有假体腔,有发育完善的消化管(棘头虫无消化管),无纤毛(腹毛纲具纤毛)。除少数自由生活的种类(如轮虫)以外,多营寄生生活。常见的寄生虫有人蛔虫 *Ascaris*、十二指肠钩虫 *Ancylostoma*、斑氏丝虫 *Wuchereria*、猪巨吻棘头虫 *Macracanthorhynchus* 等。

线形动物和扁形动物进化水平,基本结构,生活方式基本一致。主要不同点有:扁形动物体多扁平或长带状,线形动物体多为细长的线形或筒状;扁形动物没有体腔,身体被中胚层发育的实质组织占据,线形动物中胚层不发育成实质组织,有假体腔;扁形动物有口无肛门,为不完善消化系统,线形动物有口有肛门,具有较完善的消化管。

(张 坚)

第七章 环节动物门

导学

环节动物在动物进化上有重要的位置。主要结构特点包括：身体开始分节；具疣足或刚毛；形成真体腔；出现原始闭管式循环系统；神经系统为链状神经索；排泄器官为后肾管型等。根据疣足或刚毛、生殖环带有无及发育方式等特征，分为：多毛纲、寡毛纲、蛭纲3个纲，及螠纲、星虫纲2个附纲。主要药用动物包括：地龙、水蛭及沙蚕；本门一些动物活性成分具有溶栓、抗血凝等作用，药用开发前景大。

学习重点：
1. 掌握环节动物门的主要特征、分类类群。
2. 熟悉环节动物门的主要药用种类。
3. 了解药用环节动物的现代研究进展。

环节动物门 Annelida 在进化上是一个重要的类群。身体分节，有疣足或刚毛。出现了真体腔，相应地促进了循环系统和后肾管的发生，使各种器官系统趋向复杂，功能增强。神经组织集中，脑和腹神经索形成，构成链索状神经系统。能更好地适应环境，向着更高阶段发展。

世界环节动物约有1.7万种，我国记录的约有1000种。主要生活在淡水、海水，或潮湿的陆地上，少数营寄生生活。

人们利用地龙、水蛭医治疾病，已有2000多年的历史。中药地龙始载于《神农本草经》，来源于参环毛蚓 *Pheretima aspergillum* (E. Perrier)、威廉环毛蚓 *Pheretima guillelmi* (Michaelsen)、通俗环毛蚓 *Pheretima vulgaris* Chen、栉盲环毛蚓 *Pheretima pectinifera* Michaelsen 等。用于治疗高热神昏，惊痫抽搐，关节痹痛，肢体麻木，半身不遂，肺热喘咳，尿少水肿等症。中药水蛭始载于《神农本草经》，来源于水蛭 *Hirudo nipponica* Whitman、柳叶蚂蟥 *Whitmania acranulata* Whitman 或蚂蟥 *Whitmania pigra* Whitman 等。用于治疗癥瘕痞块，血瘀经闭，跌扑损伤等症。目前，蚓激酶、水蛭素是近代从环节动物参环毛蚓、水蛭等体内发现的具有抗凝血活性的物质。

第一节 环节动物门的主要特征

环节动物门动物一般生活在水中或潮湿的土壤中，少数营寄生生活。身体出现了分节，具有疣足和刚毛、真体腔(次生体腔)，为高等无脊椎动物的开始。

一、分节现象

环节动物的身体是由许多彼此相似,而又重复排列的部分构成,它们被称为体节(metamere)。这些体节不仅外部相似,而且内部的循环、神经、排泄、生殖等重要器官也都按节重复排列,在节与节之间往往有一双层的隔膜,动物体的这种分成若干体节的结构,称为分节现象(metamerism)。大多数环节动物除前两节和最后一节外,其余各体节的形态和功能都基本相同,这种现象称为同律分节(homonomous metamerism),如蚯蚓;也有一些种类,身体前端与后端各节在形态和功能上有明显不同,称为异律分节(heteronomous metamerism),如沙蚕。

体节的出现使动物体开始分化,对于加强动物体的新陈代谢和对外界环境的适应能力都有很大的意义,因而也是动物在进化过程中的一个重要标志。异律分节使动物的生理分工更为显著,不同的体节有不同的功能,身体分化更为复杂,各部分的分工更为精细,这对动物体向更高级的分化,如形成头、胸、腹等部分提供了广泛的可能性。

分节现象的起源,一般认为是由原始分节现象,以及动物的运动两个因素结合起来而逐渐演化形成的。在低等的蠕虫,如涡虫、纽虫体内的消化道的侧盲囊和生殖腺已按节排列,这些动物作蛇形运动时,在前后生殖腺之间,最容易弯曲使体壁形成褶缝,然后在前后褶缝之间长出特殊的肌肉群,最后便形成了体节。

二、出现刚毛和疣足式的附肢

多数环节动物的每个体节都长有能作辅助运动的刚毛(seta),形状因种而异,可形成毛状、钩状、叉状、S 状等多种。它是由表皮细胞内陷形成刚毛囊,再由刚毛囊细胞分泌而形成的,刚毛作为一种运动器官,远比低等动物的纤毛稳固而有力。海产的环节动物在身体的两侧往往长有一对疣足(parapodia),它是由体壁向外突出而形成的扁平片状物,体腔也随之伸入其中,有爬行和游泳的功能。刚毛和疣足的出现,加强了动物体爬行、游泳等运动的功能,增强了环节动物对外界环境适应的能力(图 7-1)。

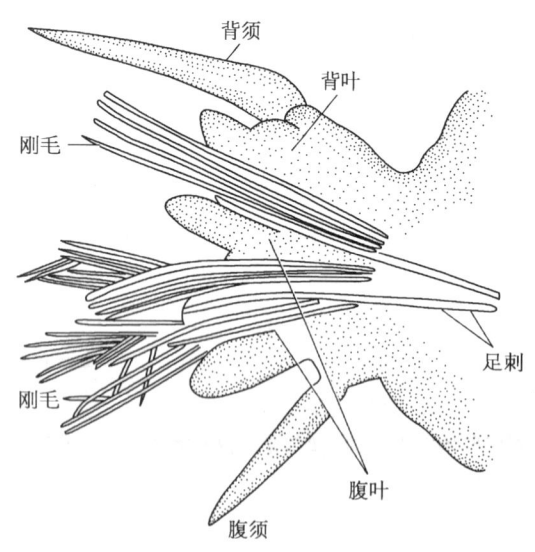

图 7-1 刚毛和疣足的结构
(引自 Hickman, Biology of the invertebrates,1973)

三、形成真体腔(次生体腔)

环节动物在身体的体壁和消化道之间出现了广阔的真体腔(deuterocoel),由于真体腔是继初生体腔之后出现,也称次生体腔(secondary coelom)。从胚胎发育过程来看,最早是由 2 个胚层细胞发育为二团中胚层带,后来每团裂开,分为成对的体腔囊,其靠近内侧的中胚层和内胚层合成肠壁,靠近外侧的中胚层和外胚层构成体壁,体壁中胚层和肠壁中胚层围成真体腔(图7-2)。

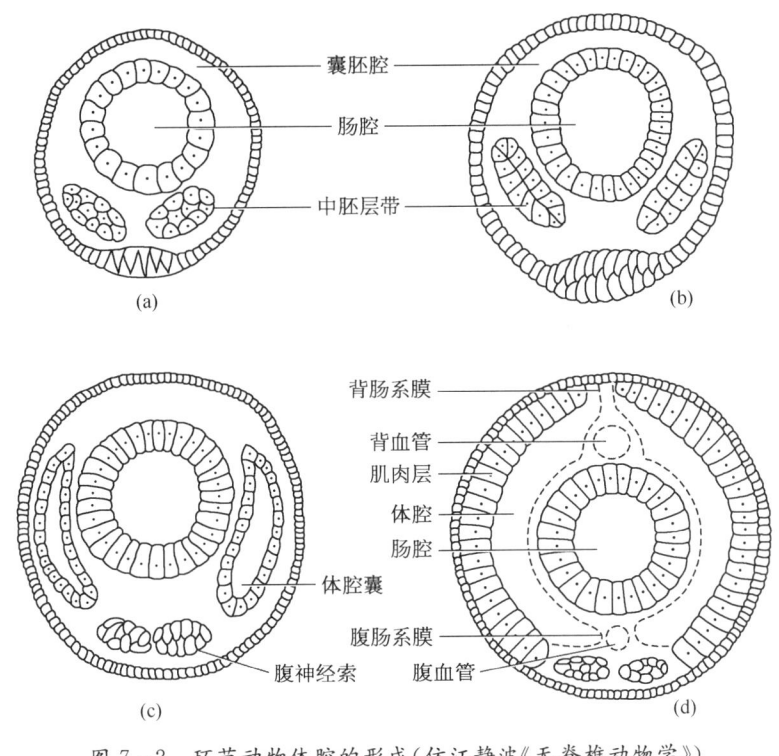

图 7-2 环节动物体腔的形成(仿江静波《无脊椎动物学》)
(a)、(b) 中胚层的出现 (c) 体腔囊的出现 (d) 真体腔的形成

第一次出现的体腔是线形动物的初生体腔。真体腔是由中胚层囊裂开而成的,故也称裂体腔(schizocoel)。真体腔的形成,使中胚层的肌肉组织参与消化道和体壁的构成,并使消化道和体壁的运动加强,同时又由于有了很大的空腔,使体壁的运动与肠壁的运动分开,这就大大加强了动物的运动和消化摄食的能力,对动物的循环、排泄、生殖等系统也有很大的促进作用。真体腔内还充满了体腔液,在每个体节间的隔膜又有孔相通,因此真体腔的体腔液又可与循环系统共同完成体内运输的作用,并使动物体保持一定的体态,因此真体腔的形成在动物进化上具有重要的意义。

四、闭管式循环系统

典型的环节动物的血液,始终在由纵行血管(背、腹血管等)、环行血管、分支血管及其分支间的微血管网构成的循环系统内流动,这样的血液循环称为闭管式循环系统(closed vascular system)。从环节动物的个体发育看,必然会使原体腔逐渐缩小,结果在消化道上下的地方被挤得只剩下小空隙,这便是背血管和腹血管的内腔,体腔囊在接触的地方留下的空隙,就形成了血管弧或心脏,所以循环系统的内腔实际上是初生体腔被排斥后遗留下来的痕迹。闭管式循环系统有了动脉、静脉及毛细血管的分化,它比开放式循环能更迅速、更有效地完成营养物质及代谢产物的输送。

五、排泄器官为后肾管型

后肾管(metanephridium)与原肾管(protonephridium)一样,都来自外胚层。典型的后肾管是1条两端开口迂回盘曲的管子,一端开口于前一体节的体腔,顶端为具有纤毛的漏斗,即肾口,另一端开口于体壁腹面的外侧,或开口于消化道,即肾孔或排泄孔,有排泄含氮废物和平衡体内渗透压的作用。环节动物的后肾管按体节排列,通常每节具有1对大肾管,如异唇蚓;或每节具有众多的小肾管,如环毛蚓。后肾管由原肾管变成有管细胞以代替低等的焰细胞,这是一个很大的进步。

某些环节动物每个体节内的体腔上皮,能向外形成1对管子,称为体腔管(coelomic duct)。体腔管大多开口于体外,如体腔管作为排出体腔内的生殖细胞时,则称为生殖管(genital duct);如排出体内的

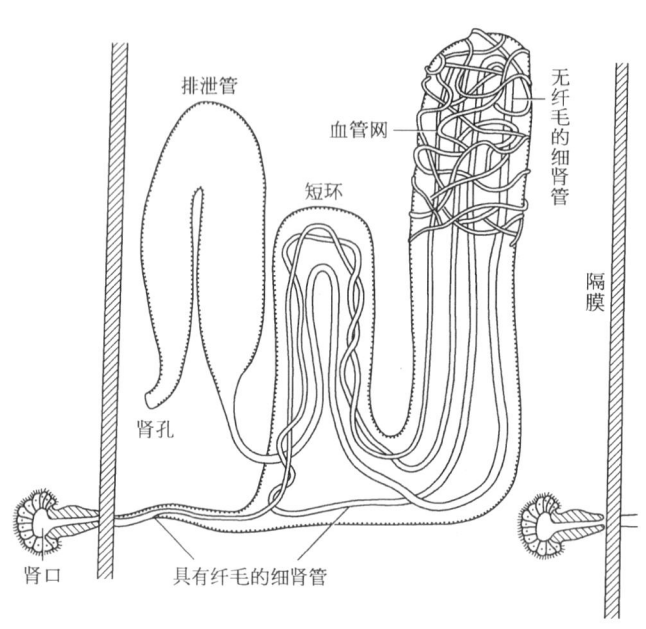

图7-3 后肾管图解
(引自 Hickman, Biology of the invertebrates, 1973)

代谢产物时,则称为排泄管(excreting duct)(图7-3)。

六、链索状神经系统

环节动物的神经系统较低等蠕虫的梯状神经系统更为集中,而且是按节排列的。神经中枢为在身体的前端背部,有1个由2叶形成的咽上神经节(suprapharyngeal ganglion),或称为脑神经节或脑,与1对围咽神经和腹面的腹神经索相连,组成1个链状,形成1条贯穿全身的腹神经链(ventral nerve chain)。腹神经链是由两条纵神经索向腹面中央合并而成,咽下神经节是腹神经链的第一个神经节,其下在每一个体节内部都有1个合并的神经节,这样的神经系统称为链索状神经系统(chin nervous system)。咽上神经节或脑有控制全身的运动和感觉的功能,由它再分出神经到身体前端的感受器,同时也分布到消化道等内脏器官(类似交感神经系统)。各个神经节又分出神经分布到体壁等处,以调节体壁的感觉和运动的反射动作(类似外周神经系统)(图7-4)。

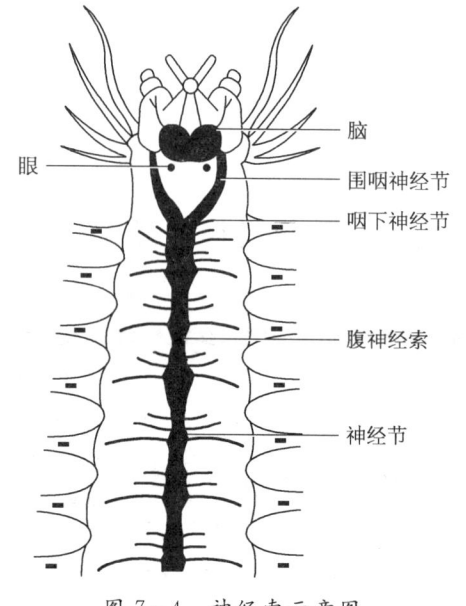

图7-4 神经索示意图
(仿华中师范学院《动物学》)

七、担轮幼虫

陆生和淡水生活的环节动物直接发育,不经过幼虫期,而海产的环节动物在发生初期,具有一个能自由行动的幼虫时期,称为担轮幼虫(trochophore)。体似陀螺形,在腰部有口,口前、口后各有一圈纤毛环,在口前的纤毛环称为口前纤毛环(circulatus ciliaris preoralis),或原担轮(protroch);口后的纤毛环称口后纤毛环(circulatus ciliaris postoralis),或后担轮(metatroch)。口后通食管,连接膨大的胃,胃后端为肠,末端为肛门,开口于身体的末端,近肛门处有纤毛环。有口的一面为腹面,相反的一面为背面,身体顶端有顶纤毛束及眼点,内有集中的神经组织,称感觉板(sense plate)或脑板(cerebral plate)。这种幼虫具有很多原始特点:① 无体节;② 有原体腔;③ 具原肾管;④ 神经组织与表皮相连;⑤ 以纤毛环作为唯一行动器官等。

担轮幼虫到后期开始变态,后端长出体节,中胚层按节分裂,并形成各节的真体腔,外胚层形成腹神经索,前端与脑相连,口前叶和围口节形成头部,每节产生后肾管,并逐渐发育为成虫(图7-5)。

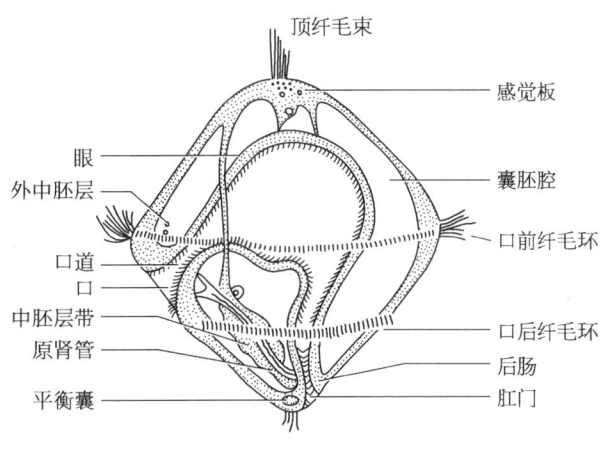

图7-5 担轮幼虫

第二节 环节动物门的分类

环节动物根据疣足或刚毛、生殖环带的有无及发育方式等特征,可分为3个纲2个附纲:多毛纲、寡毛纲、蛭纲3个纲,及螠纲、星虫纲2个附纲。

一、多毛纲 Polychaeta

身体的大小不一,最小的不过1 mm左右,最大的可达2 m,分头部和躯干两部。头部显著,背面两端为口前叶,有眼、触手和触须等器官;躯干部每节的两侧有疣足1对,生有甚多的刚毛;体腔发达;某些种类并且有鳃;雌雄异体或同体,无生殖环带,受精作用在水中进行,发育过程中有担轮幼虫出现。

多毛纲除极少数种类生活于淡水外,其他均为海洋底栖生活。是环节动物中最多的比较原始的一类,约有1万3千种。一般分为3目,即游走目 Errantia、隐居目 Sedentaria 和原环虫目 Archiannelida。不仅可作经济鱼类的饵料、人类的食品,游走目和隐居目中还有可供药用的种类。

1. **游走目 Errantia** 体节相似且数目较多,头部构造显著,分口前叶和围口节,口前叶有种种不同的形状,其上具有眼、触手、触须等感觉器官。疣足发达,具足刺及刚毛。大多营底栖生活,在海底自由生活。如沙蚕科 Nereidae 的疣吻沙蚕 *Tylorrhynchus heterochaetus* (Quatrefaeges)。

2. **隐居目 Sedentaria** 身体常分段,头部往往退化,咽不能翻出,且无颚及颚齿,借触须等器官摄取食物。疣足高度退化,不具足刺及复杂的刚毛。终身隐居管内生活,或不具管,而营穴居生活。如沙蠋科 Arenicolidae 的沙蠋(又名海蚯蚓)*Arenicola cristata* Stimpson。

二、寡毛纲 Oligochaeta

身体细长而分节,无明显的头部;体节上有刚毛,两侧无疣足,刚毛直接着生于体壁上,数目较少;陆栖种类的皮肤中有许多腺细胞,能保持体表湿润,水栖种类常有纤毛窝或感觉毛,缺少分泌腺;雌雄同体,精巢和卵巢位于身体前端的少数体节内,当性成熟时,有生殖环带出现,其分泌物可形成卵囊,为容纳精卵及胚胎发育之用,直接发育,无幼虫时期。

一般认为寡毛纲是由海产穴居的原始环节动物进入淡水及陆地而发展起来的。已知 2 500 种以上,根据雄性生殖孔在精巢体节隔膜的前后一般又可分为 3 个目,即近孔目 Plesiopora、前孔目 Prosopora 和后孔目 Ophisthopora。不仅可作动物性饵料,还具有改良土壤及提高肥力的能力;同时后孔目中具有药用动物种类。

后孔目 Ophisthopora 体较大,陆生,一般生活在土壤中,即常见的蚯蚓。雄体生殖孔 1 对(极少数为 2 对),开口在有精漏斗隔膜的后一节或后数几节。药用的有下述 2 科。

(1) 钜蚓科 Megascolecidae:身体较大,全身刚毛环生,每节甚多,或刚毛每节仅 4 对,砂囊和嗉囊不发达,或无,生殖环带通常在 14~16 节。我国约有 4 个亚科,8 个属,为蚯蚓中最大的科,分布也较广。其中环毛蚓属 *Phertima* 为蚯蚓中最大的一个属,全世界有 600~700 种,我国约有近 100 种。全身刚毛环生,每节甚多,生殖环带占 3 节,全是小肾管,储精囊在 9、12 节。如参环毛蚓 *Phertima aspergillum* (E. Perr.),在我国福建、广东、广西等地均有分布,一般作地龙入药。

(2) 正蚓科 Lumbricidae:身体中等大小或细小,全身或大部分刚毛对生,每节 4 对,砂囊和嗉囊发达,生殖环带通常在 24~34 节。我国约有 4 属。其中异唇蚓属 *Allolobophora* 的全身或大部分刚毛对生,每节 4 对,生殖环带在 24~34 节(隆起在 31~33 节),全体褐红色,无节间白圈,背孔自 9、10 节起,受精囊孔近腹面,在 9 与 10 或 10 与 11 节间,大肾管。如背暗异唇蚓 *Allolobophora caliginosa trapezoids* (Duges.)。

三、蛭纲 Hirudinea

身体扁长,体表有各种色素形成的许多斑纹,无疣足和刚毛,体节数目固定,一般 34 节,每个体节又可分成若干个体环,靠肌肉的收缩作特殊的蛭行运动;前后若干体节变成前后两个吸盘,以固着于宿主,适应半寄生的生活方式;体腔被肌肉和结缔组织所填充而缩小;雌雄同体,直接发育,无幼虫时期。

本纲动物营半寄生生活,大部分栖息于淡水、河流、水田或潮湿至干涸的土壤中,是一类高等特化的环节动物,已知约有 500 余种,大多以吸食脊椎动物或无脊椎动物如软体动物、节肢动物的血液为生。有的固着在一个动物体上,类似体外寄生虫,有的仅一时性地侵袭宿主,当吸饱血液后即脱离下来,但也有属于掠食性或腐食性的。一般又可分为 4 目,即棘蛭目

Acanthobdellida、吻蛭目 Rhynchobdellida、颚蛭目 Gnathobdellida 和咽蛭目 Pharyngobdellida。其中仅颚蛭目中有可以药用的种类和危害人体的种类。

颚蛭目 Gnathobdellida 身体较大,具有发达或不甚发达的颚,用以割破动物的皮肤,以吸食其血液,或为肉食性的。体腔由于间质发达而缩小。大多数栖息于淡水、山林或湿地上。重要的有下述2科:

(1) 医蛭科 Hirudidae:身体为中型或大型。眼5对,排列成弧形,第三对和第四对之间相隔1环;完全体节具5环;无肛门耳状突;肾孔位于身体腹面。水生或内侵袭种类。

我国有5属,重要的有下述3属:① 医蛭属 *Hirudo*:体长30~50 mm,背面为灰绿色,腹面为灰白色。口内有发达的颚,具有1列锐利的细齿,能咬破人畜的皮肤而吸血;前吸盘的腹面正中没有1条突起的皱折,后吸盘中型。如水蛭 *Hirudo nipponia* Whitman. 在我国广为分布,栖息于水田,沟渠中,吸食人血,对在水田工作的农民有很大的危害。② 鼻蛭属 *Dinobdella*:体色暗而简单,无一定的色纹。眼小,通常不明显;颚小,嗉盲囊发达,每节2对;精管膨腔和阴茎囊长,阴道具有阴道囊和阴道管两部分。如鼻蛭 *Dinobdella ferox* (Blanchard.)曾见于贵州、云南、台湾等地,常寄生在人畜的呼吸道上部,如咽、鼻腔,甚至气管内,给人畜带来很大的危害,引起出血、瘙痒或引起感染。③ 金线蛭属 *Whitmania*:体型较大,一般长为60~130 mm,也可长达200 mm,背面为褐绿色,腹面为黄白色。口内具颚片,但不发达,仅具有2列钝齿,不能吸血,只能吞食水中小动物。如蚂蟥 *Whitmania pigra* (Whiitman.)。

(2) 山蛭科 Haemadipsidae:一般为中型种类。眼5对,第三对和第四对通常在邻接的环上;完全体节大多5环,但有3~7环的变化;通常有口褶和肛门耳状突;肾孔位于体侧。生山林或湿地。我国仅有1属,即山蛭属 *Haemadipsa*。身体呈亚圆柱形,后端粗大向头部渐尖。唇多少呈三角形;后吸盘腹面有无数明显的放射状肋;耳状突甚发达,呈三叶状。如日本山蛭 *Haemadipsa japonica* Whitman. 分布于云南等地,嗜吸人畜血液。

附: 星虫纲和螠纲

一、星虫纲 Sipunculoidea

体圆长,一般作长管状,分为躯干和陷入吻两部分,不具体节,无疣足和刚毛,体腔广大。两端有吻,能自由伸缩。吻前为口,口为触手环绕,如星芒状,故称星虫。肛门在吻基部的背面。雌雄异体,可以生殖腺的形状不同予以区别。本纲动物全为海产,生海滨沙滩中。如裸体方格星虫 *Sipunculus nudus* Linnaeus. 可以入药。

二、螠纲 Echiuroidea

幼海产,生活在潮间带或浅海的泥沙堆上、珊瑚礁和石缝中,有的生活泥沙滩的U形管中。体分节,成体不分节,成体分两部,成体不分节,两侧对称,长囊状、棍状或卵形。体前具口前叶变形而成的吻。无触手。体前端腹面有腹刚毛1对,后端肛门周围有尾刚毛1~2对圈或全缺。

第三节 环节动物门药用动物举要

环节动物药用历史悠久,历代本草均有记载,始载于《本经》的地龙和水蛭,沿用至今,药用价值大。据统计,有记载可供药用的有33种,涉及本门动物4纲5目9科。

现代研究主要集中在溶栓药物和抗凝血药物的开发上。

现将主要的药用动物举要如下:

一、参环毛蚓 *Pheretima aspergillum*(E. Perr.)

又名地龙、曲蟮、广地龙,为钜蚓科动物。生活在潮湿、疏松的土壤中。主要分布在中国福建、广东、广西等地。

1. 外部形态和内部构造

(1) 外部形态:体圆柱形,长11~47 cm,宽5~14 mm。腹方稍扁平,前端较尖,后端较圆。全体由100多个相似的体节组成,每一体节又常有3~5个体环,在中央体环上,生长着1轮刚毛,常可用手指察觉,除首一节和末一、二节,以及生殖环带的3节缺乏外,其余每节生长有30~80条刚毛。身体的前端有肉质突起,称口前叶,后端与围口节(即第一节)相连。背面中央,约自11、12节起,在节与节之间,都有一小孔,称为背孔,能排出体液,借以润滑皮肤,减少摩擦损伤,又有利于体表进行呼吸。性成熟时期,从14~16节变成腺肿状隆起,并通常失去刚毛,有别于其他体节,并由于与生殖有关,特称为生殖环带,中药业习称为白颈蚯蚓,实即指具生殖环带的蚯蚓。雄性生殖孔很小,位于18节的腹面两侧,通常开口于一乳突上,周围约有6个副性腺;雌生殖孔1个,位于14节腹面的中央,无乳突,受精囊孔2对,位于腹面7/8~8/9环节间。肛门位于身体末端(图7-6)。

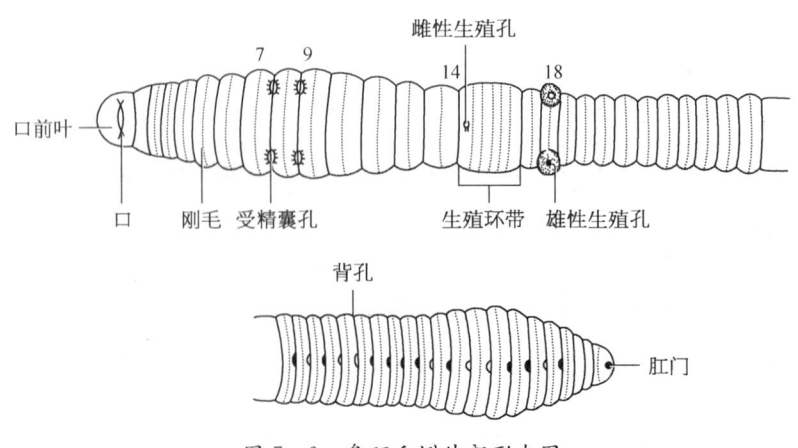

图7-6 参环毛蚓外部形态图

(2) 内部构造：从横切面观察，最外为一薄层的角质膜，其内为由 1 列柱状的表皮细胞和腺细胞组成的表皮层，刚毛由表皮衍生而成，并陷入体壁中，末端外露，均来源于外胚层。表皮下方为中胚层，可分为外侧的体壁层，和内侧的脏壁层；体壁是由外侧较薄的环肌和内侧较厚的纵肌以及体腔膜构成；脏壁层是由外侧的纵肌和内侧的环肌以及体腔膜构成。两层之间的空腔即为真体腔。内胚层仅形成肠的上皮。在肠的背部中央，有 1 条不显著的凹槽，称盲道，可增加消化及吸收的面积，在其外面以及背血管周围均有黄色细胞，有贮存脂肪及合成糖原的功能，也具有部分排泄的作用。在体腔内可见体腔液、生殖器官、血管和神经索等。

从前端的口至后端的肛门为 1 条直管。口腔内无齿或颚，但有纵褶可翻出口外摄食，下接一富于肌肉的咽(第二至第五节)和细长的食管(第六至第七节)，咽借肌肉的收缩可以进食，咽的外面有咽头腺，可分泌黏液，以帮助食物的吞咽和初步分解。食管下方，约在第九节内，有一厚壁的砂囊，能把泥沙中的食物磨成细粉，在砂囊前尚有一嗉囊(约在第八节)，为贮存食物的地方。砂囊之后有一段狭长而多腺体的部分是胃。约自 15 节起，直到身体的后端，为膨大的小肠，在约 26 节处，有 1 对盲肠，两者均有消化、吸收食物的作用。末 12 节内为直肠，最后开口于肛门(图 7-7)。

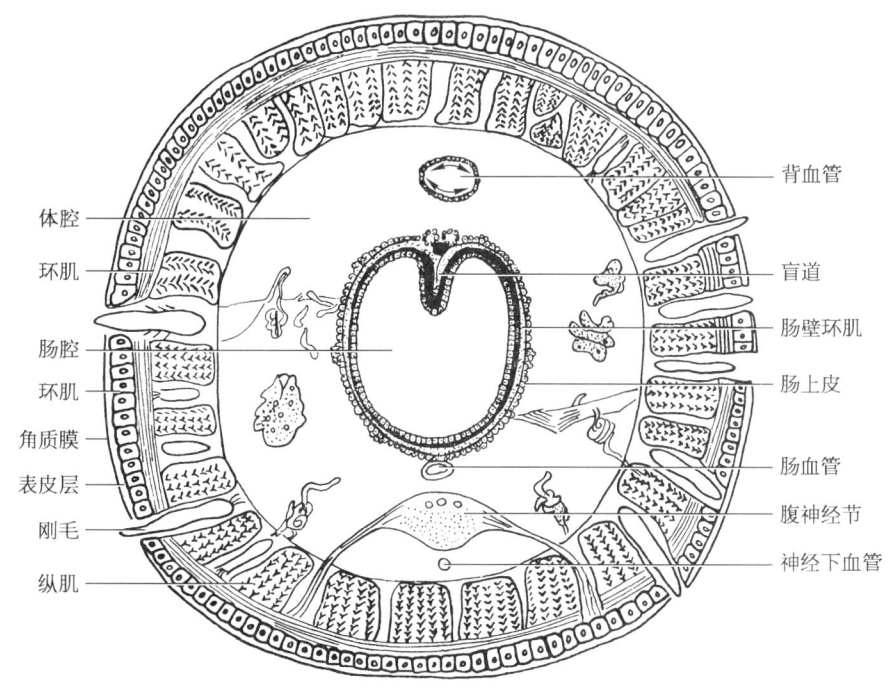

图 7-7 参环毛蚓体中部横切面图

循环系统为闭管式，即血液循环自始至终是在血管内流动。消化道的上方有背血管，下方有腹血管，在神经索的下方有神经下血管，此外在第七、九、十二、十三节内，各有 1 对连接背血管和腹血管的环血管，由于其内具有瓣膜，可起节奏性的搏动，故又称心脏(heart)。背血管在第十四节以后起，收集来自每节肠壁上的 2 对背肠血管，和来自体壁的 1 对的壁血管的血液，由后向前流经心脏，进入腹血管，再向后流动，分支至体壁、隔膜或肠壁。在体前端，血液流至咽、脑、口腔等处，在食道还各有 1 条食道外血管，由环血管和背血管相连。神经下血管内的血液，从前向后流经各节内的壁血管，再回到背血管。这样反复循环，以供给全身的营养和氧气

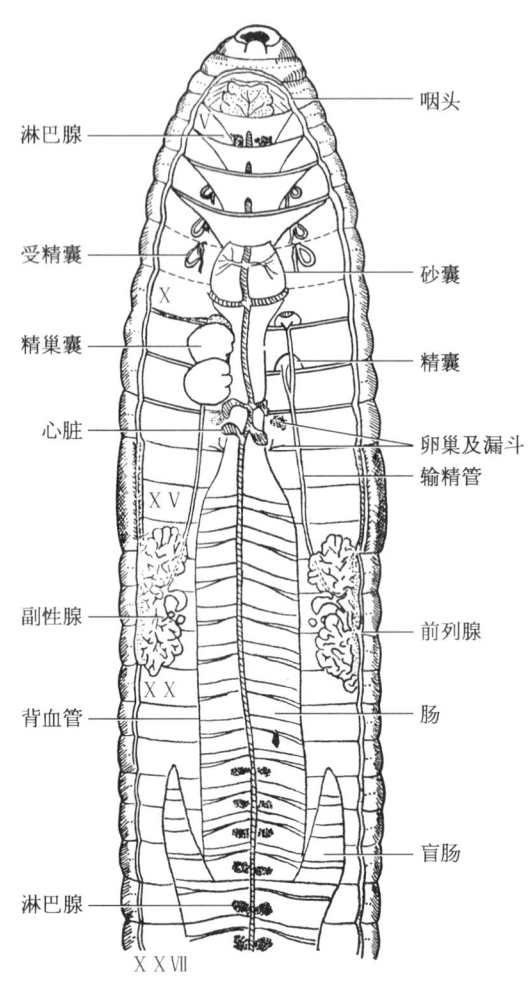

图 7-8 参环毛蚓的内部解剖
(仿陈义《动物学》)

(图 7-8)。

无专门的呼吸器官,仅由表皮进行呼吸,以进行气体的交换。

神经系统为典型的链索状神经系统,其中枢神经系的基本结构已见本章第一节。其外周神经系统包括:① 从脑分出 8~10 对神经至口前叶、口腔壁;② 从围咽神经分出多对神经到口腔壁和第一节;③ 从咽下神经节分出神经至第二、三、四各节体壁;④ 从每节的腹神经索分出 3 对神经至体壁和各器官等。其交感神经系为由脑分出神经至消化道。

感觉器官不发达,主要分为 3 类:① 表皮感觉器,是皮肤上的小突起,身体各部分都有,腹部和侧面较多,有触觉的功能。② 口腔感觉器,分布于口腔内侧及其附近,有嗅觉和味觉功能。③ 光感受器,分布于身体各部分,口前叶及头几节较多,后端逐渐减少,腹面全无,能辨别光的强弱。

排泄由每个体节具有许多小肾管来进行,与其他属具有的大肾管不同。肾管收集废物,或直接排到体外,或排入肠中。按其分布地位的不同,可分为 3 类:① 体壁小肾管,位于体壁内侧,甚小,每节有 200 余条,尤其在生殖环带处最多,由肾孔开后于体外。② 隔膜小肾管,在环带第二节之后的各节隔膜两侧,大小介于体壁和咽头小肾管之间,每侧有 40~50 个,通入肠上纵排泄管后,再分别在各节开口于肠腔内。③ 咽头小肾管,位于咽头和食道的两旁,甚大,成束或成堆存在,开口于咽。

雌雄同体。雄性生殖器官在第十、第十一节的后侧,有 2 对精巢囊,每一囊内有精巢和精漏斗各 1 个,通过在隔膜上的小孔与后一对的储精囊相连,储精囊 2 对,位于第十一、第十二节内,精细胞在精巢中产生后,先入储精囊中发育,待成熟后再回到精巢囊,由精漏斗经输精管输出;每边 2 条输精管,相并而行,到 18 节与前列腺的支管和主管相会合,并分泌产生前列腺液加入,最后由雄生殖孔排出;在前列腺附近有点状附性腺,在交配时可分泌黏液。雌性生殖器官有葡萄状的卵巢 1 对,附着在 12/13 节隔膜后方,成熟的卵落入体腔,经第十三节内的 1 对卵漏斗,通过较细的输卵管,至第十四节腹神经索下面会合,然后由雌性生殖孔排出;另具受精囊 2 对,前对在第七节,后对在第八至九节,每对受精囊可分为 3 部分,即坛、坛管及盲管组成,为接受和储异体精子的器官,最后开口于第七、第八节间和第八、第九节间的 2 对受精囊孔(图 7-9)。

参环毛蚓虽为雌雄同体,但由于性细胞成熟期的不同,仍需进行异体受精,生殖季节一般

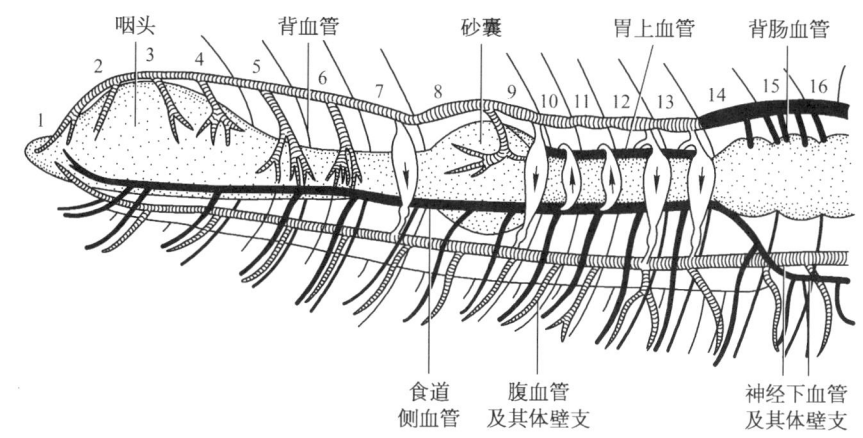

图 7-9 参环毛蚓的循环示意图(体表 1~16 顺序表示体节数)

在 8~10 月,有时在 4~6 月亦可见。交配时两条蚯蚓互相朝相反的方向互抱,借生殖环带分泌的黏液和刚毛的帮助,使两条蚯蚓的前端腹面互相紧贴,此时一条蚯蚓的雄生殖孔正与另一条蚯蚓的受精囊孔相对,精液从各自的雄生殖孔排出,输入对方的受精囊内,交换精液后,两条蚯蚓各自分开,此过程常在晚上进行。待卵成熟后,生殖环带分泌黏液,在外面凝固形成一环状黏液管,称为蚓茧(earthworm cocoon),成熟的卵排出后即存入茧中,当蚯蚓作波浪式后退运动时,蚓茧相应地逐渐向前移动,当移至受精囊孔处,精子即从受精囊内逸出,在茧中与卵相结合而受精。蚓茧脱离身体后,两端封固而留存于土中,受精卵在蚓茧中发育,无幼虫期,在 2~3 周内孵出小蚯蚓,以后逐渐成长为成体。

2. **药用** 干燥全体入药,名地龙、广地龙。

中药地龙始载于《神农本草经》,列为下品,称为白颈蚯蚓,据考证所谓白颈蚯蚓,系指具有生殖环带的蚯蚓而言。李时珍《本草纲目》说:"蚓之行也,引而后伸,其娄如丘。"故名。考蚯蚓一名始见于《小戴礼记》,称:"孟夏之月丘蚓出,仲冬之月丘蚓结。"详细地描述了蚯蚓的出没日期。蚯蚓的药材称为地龙,其名始见于《图经本草》:"蚯蚓……方家谓之地龙。"本草中有关白颈蚯蚓"颈白身紫"、"入药宜大"的描述与现代"广地龙"药材原动物环毛蚓属参环毛蚓性状特征相近似。

广地龙药材呈长条状薄片,弯曲,边缘略卷,长 15~20 cm,宽 1~2 cm。全体具环节,背部棕褐色至紫灰色,腹部浅黄棕色;靠前端第十四至十六环节为生殖带,习称"白颈",较光亮。体前端稍尖,尾端钝圆,刚毛圈粗糙而硬,色稍浅。雄性生殖孔在第十八节腹侧刚毛圈一小乳突上,外缘有数圈环绕的浅皮褶,内侧刚毛圈隆起,前面两边有横排(一排或两排)小乳突,每边 10~20 个不等。受精囊孔 2 对,位于腹面 7/8 至 8/9 环间一椭圆形突起上,约占节周 5/11。体轻,略程革质,不易折断。气腥,味微咸。以条大、肥壮、不碎、无杂质者为佳。

本品味咸,性寒。归肝、脾、膀胱经(《别录》:"大寒,无毒。")。功能清热,定惊,平喘,通络。用治热结尿闭,高热烦躁,抽搐,经闭,半身不遂,咳嗽喘急,小儿急、慢惊风,高血压病,痹病等。《别录》:"疗伤寒伏热狂谬,大腹,黄疸。"《纲目》:"主伤寒、疟疾、大热狂烦,及大人、小儿小便不通,急、慢惊风,历节风痛,肾脏风注,头风,齿痛,风热赤眼,木舌,喉痹,鼻息,聤耳,秃疮,瘰疬,卵肿,脱肛。解蜘蛛毒,疗蚰蜒入耳。"

地龙主要含蚯蚓素(lumbricin)、蚯蚓毒素(terrestro lumbrilysin)、蚯蚓解热碱

(lumbrofebin)、蚓激酶(lumbrokinase)、6-羟基嘌呤、黄嘌呤、腺嘌呤、鸟嘌呤、胍、胆碱、麦角二烯-7,22-醇-3α、麦角烯-5-醇-3α、角鲨烯、麦角胺、胆固醇、2,6-二异丁基-甲基苯酚及氨基酸、脂肪酸、脂肪酸酯类、微量元素等。

广地龙所含的次黄嘌呤,有扩张支气管的作用;蚓激酶,有溶栓作用;琥珀酸和L(+)谷氨酸,有平喘、镇静的作用;蚯蚓解热碱,有解热作用;蚯蚓素,有溶血作用;亚油酸,有抗癌、降血压、防止动脉硬化作用;蚯蚓毒素,为蚯蚓的有毒成分。

与参环毛蚓功效相似,同等入药的还有威廉环毛蚓 *Pheretima guillelmi* (Michaelsen)、通俗环毛蚓 *Pheretima vulgaris* Chen、栉盲环毛蚓 *Pheretima pectinifera* Michaelsen。该3种习称"沪地龙"。

其区别见下检索表:

药用蚯蚓的主要种类检索表

1(6) 受精囊孔3对。
2(3) 盲肠复式,盲肠腹面有栉状或齿状小囊,雄孔在18节腹面两侧的十字形突的
中央,常由一浅囊状皮褶盖住 ·················· 栉盲环毛蚓 *Pheretima pectinifera* Michaelsen
3(2) 盲肠单式。
4(5) 有受精囊腔,受精囊腔深广,雄孔位于雄交配腔的一个乳突上,能全部翻
出,尤如阴茎 ·················· 通俗环毛蚓 *Pheretima vulgaris* Chen
5(4) 无受精囊腔,雄孔在18节腹面两侧一浅交配腔内,陷入时呈纵裂缝,内壁
有褶皱,在腔底突起上为雄孔,突起前通常有一乳头突·················· 威廉环毛蚓 *Pheretima guillelmi* (Michaelsen)
6(1) 受精囊孔2对;无交配腔,雄孔外缘有浅皮褶 ·················· 参环毛蚓 *Pheretima aspergillum* (E. Perr.)

除上述4种外,我国作药用种还有正蚓科的背暗异唇蚓 *Allolobophora caliginosa trapezoides* (Duges)及巨蚓科的环毛蚓属多种动物,如直隶环毛蚓 *Pheretima tschiliensis* (Michaelsen)、秉氏环毛蚓 *Pheretima carnosa* (Goto et Hatui)、湖北环毛蚓 *Pheretima hupoiensis* (Michaolson)、秉前环毛蚓 *Pheretima praepinguis* Gates 及赤子爱胜蚓 *Eisenia foetida* (Saviguy)等。

近来药理和临床报道,地龙有抗肿瘤、降血压、抗组胺、抗惊厥和抗菌的作用,并用以治疗高血压、支气管哮喘、老年慢性支气管炎、腮腺炎、精神分裂症、消化性溃疡、中耳炎、烧伤、带状疱疹、脑血栓等疾病。

另据记载,欧洲在14世纪曾用蚯蚓烤干与面包同食,可使胆结石缩小而排出,并用治黄疸病;又可做助产药,使产妇易于生产;蚯蚓灰与玫瑰油混合,可治秃发;又可做壮阳药。缅甸曾用蚯蚓灰治牙溃疡、口疮等;蚯蚓粪浸水,可治呕吐、腹泻等症。阿拉伯古代也曾有用于治疗痔疮等的记载。

目前蚯蚓的研究开发重点主要集中在开发新型防治血栓及栓塞性疾病活性物质。

从粉正蚓 *Lumbricus rubellus* Hoffmeister 中提取出一组具有强纤溶活性的蚓激酶成分,此酶具有热稳定性和在广泛的pH范围内保持活性。从参环毛蚓 *Pheretima aspergillum* (E. Perr.)中提取分离到的蚓激酶粗制品及单链蛋白纤溶酶,两者都具有直接和间接的纤溶活性。从赤子爱胜蚓 *Eisenia foetida* (Savigny)匀浆中分离到一组含有糖脂蛋白的纤溶活性成分,并命名为G-90。此混合物包含2种有纤溶活性和抗凝活性的丝氨酸蛋白酶(PⅠ和PⅡ)并发现其酶活与剂量存在一定依赖关系。从野生赤子爱胜蚓选育品种中分离到的一种蚓激酶,此酶的纤溶活性高于尿激酶。从野生赤子爱胜蚓选育品丙酮粉粗提物中分离纯化获得一种纤

溶酶,该酶具有直接溶解纤维蛋白和激活纤溶酶原的间接溶解纤维蛋白的双重作用,并对人血凝块有明显溶解作用。

蚓激酶属于丝氨酸蛋白酶类,相对分子质量在 20～30 kDa 之间,等电点多在 pH 3～5,偏酸性,pH 稳定范围广,有较好的热稳定性。大部分蚓激酶具有直接降解纤维蛋白(原)和激活纤溶酶原为纤溶酶的双重活性。

自从粉正蚓中分离出具有溶纤活力的粗提物,并将其命名为蚓激酶,实验表明其与链激酶和尿激酶相比,具有活性强,毒副作用小等特点,由此关于蚓激酶溶栓药物的研究开发成为世界医药界的热点。目前中国市场上有关蚓激酶的保健品有龙舒泰、龙寿丹、龙福地龙胶囊等,国家批准的药品有博洛克、普恩复、溶栓胶囊、复方地龙胶囊、蚓激酶胶囊等。临床用于缺血性脑血管病的治疗及中风引起的肢体瘫痪、口眼歪斜、语言障碍的恢复。

二、蚂蟥 *Whitmania pigra* Whitman

又名水蚂蟥,为水蛭科动物。生活在水田、沟渠、湖沼中,冬季蛰伏土中,不吸血,吸食水中浮游生物、小型昆虫、软体动物的幼虫及泥面腐殖质等。分布在贵州、四川、湖北、湖南、江西、江苏、浙江、河北、北京、内蒙古、辽宁等地。

1. **形态** 体略呈扁平纺锤形,长 60～120 mm,宽 13～14 mm。背面暗绿色,有 5 条纵纹,纵纹由黑色和淡黄色两种斑纹间杂排列组成。腹面两侧各有 1 条淡黄色纵纹,其余部分为灰白色,杂有茶褐色斑点。体环数 107,前吸盘小,后吸盘大,吸力强。颚齿不发达,不吸血。雄、雌生殖孔各位于 33～34、38～39 环沟间。肛门位于最末两节的背面(图 7-10)。

2. **药用** 干燥全体入药,名水蛭。

中药水蛭始载于《神农本草经》。寇宗奭在《本草衍义》中谓"水蛭……腹黄者谓之马蟥"。

药材呈扁平纺锤形,由多数环节组成,长 40～100 mm,宽 5～20 mm。背部稍隆起,腹面平坦,前端稍尖,后端钝圆,前吸盘不显著,后吸盘较大。背部黑褐色或黑棕色,有黑色斑点排列成 5 条纵纹,入水清晰,体的两侧及腹面均呈棕黄色。质脆,易折断,断面有光泽似胶样。气微腥。以体小、黑褐色、无杂质者为佳。

本品味咸、苦,性平,归肝经(《别录》:"苦,微寒,有毒")。功能活血,散瘀,通经。用治经闭,血瘀腹痛,跌打损伤,瘀血作痛等。《本草衍义》:"治伤折。"《本经》:"主逐恶血、瘀血、月闭,破血瘕积聚,无子、利水道。"

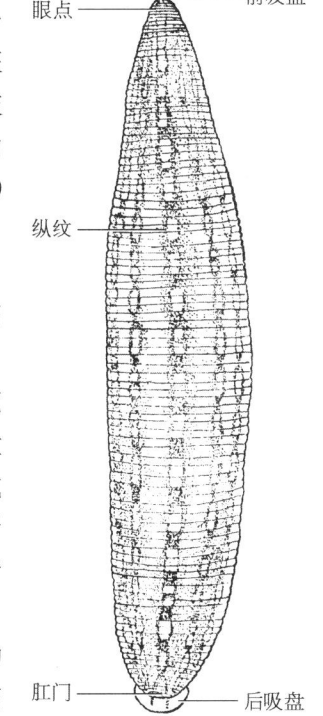

图 7-10 蚂蟥示意图

主要含 17 种氨基酸,其中人体必需氨基酸 7 种,占总氨基酸含量 39% 以上。以谷氨酸、天冬氨酸、亮氨酸、赖氨酸和缬氨酸含量较高。氨基酸总含量约占水蛭干重的 49% 以上。此外,还含蛋白质、多肽类及微量元素。

与蚂蟥功效相似,同等入药的还有水蛭 *Hirudo nipponica* Whitman、柳叶蚂蟥 *Whitmania acranulata* Whitman。

其区别见下检索表：

药用水蛭的主要种类检索表

1(3) 第五对眼与雌性生殖孔所在环之间,相距 22 环。
2(3) 背面暗绿色,有 5 条黄白色纵纹,体长 30～50 mm,宽 4～6 mm,颚齿发达,嗜吸人畜及其他动物血液 ·························· 水蛭 *Hirudo nipponica* Whitman
3(1) 第五对眼与雌性生殖孔所在环之间,相距 24 环。
4(3) 体形较大,长 50～60 mm,宽 8～11 mm,背面黑绿色,有 5 条黄黑色相间而成的纵纹,雌性生殖孔开口于环与环之间;颚齿不发达 ·········· 蚂蟥 *Whitmania pigra* Whitman
5(4) 体形中等,长 25～38 mm,宽 6～7 mm,背面茶褐色,有黑褐色斑点构成的 5 条纵纹,颚齿不发达 ·························· 柳叶蚂蟥 *Whitmania acranulata* Whitman

据资料记载,除上述 3 种外,尚有丽医蛭 *Hirudo pulchra*(Song)、光润金线蛭 *Whitmania laevis*(Bisd)、细齿金钱蛭 *Whitmania edentula*(Whitman)、秀丽金钱蛭 *Whitmania gacilis* Moore 等亦可药用。

近年来药理和临床报道,水蛭有抗肿瘤、抗凝血、抗炎、降血脂、溶栓作用,并用以治疗心脑血管、肝肾和血液病变、男科妇科疑难症、外伤疼痛及呼吸、神经系统疾病和癌症。

水蛭治疗疾病除单用外,常与其他药物配伍成各种复方制剂。有用活水蛭加纯蜂蜜制成一种注射剂,经结膜注射,能治疗角膜斑翳、老年白内障的初发期和膨胀期,能使浑浊体逐渐透明。

水蛭的抗凝制剂发展较快,其中有复方水蛭胶囊、复方水蛭口服液、水蛭注射液、水蛭肽注射液等。

目前水蛭的研究开发重点主要集中在开发新型抗凝血活性物质水蛭素(hirudin)。

德国科学家首次从欧洲医蛭 *Hirudo medicinalis* L. 唾液中分离得到的水蛭素为多肽,能抑制大鼠由 ADP 诱导的血小板凝集作用,其抑制率随药物浓度的增高而提高,同时对实验性血栓形成有明显的抑制作用,对溶解酶所致的实验性静脉血栓有溶栓作用。与肝素通过 AT-Ⅲ 而抑制凝血酶不同,水蛭素不仅能抑制血浆中游离的凝血酶,而且能有效地抑制与血凝块结合的凝血酶。对尿激酶诱导的纤溶,水蛭素比肝素(heparin)有更好的间接促纤溶作用,且引起出血的危险较小。若与溶栓药一起使用,能清除血管壁上残留的血栓。

此外,水蛭素还能抑制外伤性增生性玻璃体视网膜病变形成过程中细胞增殖,改善实验性增生性玻璃体视网膜病变的视网膜功能,对视网膜有保护作用。

但水蛭素仅存在于新鲜水蛭的唾液中,从水蛭中提取的天然水蛭素产量很少,这大大限制了水蛭的研究和应用。目前利用分子生物学和基因工程技术实现人工合成大量与天然水蛭素性质基本相同的重组水蛭素,用于治疗肝素诱导的血小板减少症,静脉血栓,肿瘤等。

水蛭药理作用肯定,且无明显毒副作用,临床应用广泛。

三、疣吻沙蚕 *Tylorrhynchus heterochaetus*（Quatrefagea）

又名沙虫、沙蚕、禾虫,为沙蚕科动物。生活在淡水或咸淡水的水域内,常栖息于泥质或泥沙质水底的浅海、河口或稻田中。遍布潮间带上部至深海底部,常掘成 U 字形穴藏匿其中。分布在江苏、福建、广东等地。

1. **形态** 体细长稍扁,长 40～223 mm,宽 3～5 mm,生活时为浅黄褐色,可分为头区、躯干区和肛区 3 部分。头区由口前叶和围口节组成;口前叶亦称头部,其前缘有 2 个小触手(口前触手)和2个粗壮触须,背面两侧缘有眼4个,吻大,能翻出或缩入口内,吻的前端有1对大颚,内缘有齿16个;围口节系由2个体节组成,具有4对围口触手。躯干区位于围口节之后,由多数同形体节组成,可多至156个;疣足具有发达的双叶型背腹叶,其背叶仅具1个下舌(腹舌),无上舌(背舌),第一、第二两体节的背叶无刚毛,疣足的基部具有1个背须和1个腹须。躯干区具分节的刚毛,共有3种类型:① 端节为长刀形,一边具细齿,基节为等齿型;② 端节为长刀形,基节为异齿型;③ 端节为短镰刀形,基节为异齿型。肛区的肛节位于身体的末端,有1对小肛须(图7-11)。

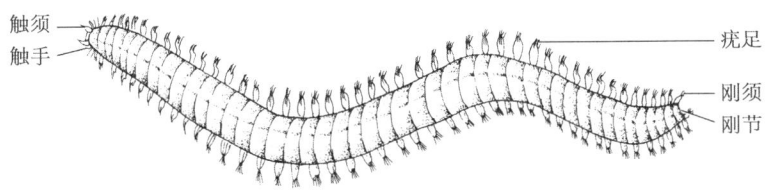

图7-11 疣吻沙蚕示意图

2. 药用　干燥全体或鲜体入药,名禾虫。

中药禾虫始载于《本草纲目拾遗》。赵学敏谓:"禾虫,闽、广、浙沿海滨多有之,形如蚯蚓,闽人以蒸蛋食,或作膏食,饷客为馐,云食之补脾健胃。"李调元谓:"夏暑雨,禾中蒸郁而生虫,或稻根腐而生虫。大者如箸许,长至丈,节节有口,生青,熟红黄,霜降前禾熟,则虫亦熟。以初一、二及十五、六乘大潮断节而出,浮游田上,网取之。得醋则白浆自出,以白米泔滤过,蒸为膏,甘美益人。"

味甘,性温。归脾、胃经。《本草纲目拾遗》:补脾胃,生血,利湿,行小便。《本草求原》:暖胃,补气,少加醋良。

主要含17种氨基酸,其中人体必需氨基酸的含量较高,占到了氨基酸总量的39.4%。谷氨酸的含量最高(占氨基酸总量的14%)。胱氨酸的含量最低(仅占0.7%)。还含多肽、色素、蛋白质、脂类及钙、铁、锌、铜、锰、硒等矿物元素,其中钙(871.41 mg/kg)、铁(230.87 mg/kg)含量较丰富。

据资料记载,日本沙蚕 *Nereis japonica* Izuka、异足索沙蚕 *Lumbriconeis heteropoda* Naronzeller、长吻沙蚕 *Glycera chirori* Izuka、双齿围沙蚕 *Perinereis aibuhitensis* Grube 等,也可供药用。

各种沙蚕体内含有大量人体所需要的氨基酸、微量元素和维生素,尤其富含纤维蛋白溶解酶、纤溶酶原激活物、胶原酶等3种酶,具有预防高血压、动脉硬化和消除疲劳等作用,沙蚕体内所含的沙蚕激酶具有治疗脑血栓、心肌梗死等血栓性疾病的功能,所含不饱和脂肪酸具有增强免疫力、提高记忆力的功效,还具有抗血栓、防止动脉硬化的作用,此外含有丰富的羟氨酸,具有美容养颜、延缓衰老的作用。据报道日本利用沙蚕提取物治疗恶性肿瘤,在临床已有所突破。我国台湾有利用沙蚕平喘止咳、补阴。

从异足索沙蚕 *Lumbricomerereis hateropoda* Naronzeller 体中分离到一种沙蚕毒素,为一种神经剧毒剂,属有机硫类农药,该农药侵入人体后在体内经氧化生成二磺酸、二硫化碳等物质。这些代谢产物在神经突触处竞争性地占据胆碱能神经递质的受体,阻断胆碱能神经的突触传导,并可干扰三羧酸循环的正常进行,影响新陈代谢,而且这些代谢产物可通过血脑屏障,造成中枢神经系统的功能紊乱。还有轻微的抗胆碱酯酶活性。因此在临床上重度中毒的患者会表现全身肌肉抽动或肌肉麻痹(包括呼吸肌)甚至发生惊厥,昏迷,也可发生肺水肿,瞳孔缩小等。

从双齿围沙蚕 *Perinereis aibuhitensis* Grube 中提取到一类小分子量的多肽类物质具有较强的清除自由基(DPPH)的能力。此外,还分离到一种命名为 Perinerin 的新型抗菌肽,能有效抑制革兰阳性、阴性细菌及真菌的生长。

目前利用基因工程技术从沙蚕中克隆出了一种丝氨酸蛋白酶的 cDNA,它的表达产物重组沙蚕溶栓活性蛋白酶有纤维蛋白溶酶原激活活性,该酶在较宽的 pH 范围内和很高的温度下都有很好的稳定性,具较强的抵抗有机溶剂的能力。

四、裸体方格星虫 *Sipunculus nudus* Linnaeus

又名光裸星虫,为星虫纲动物。生活于潮间带泥沙底质中,涨潮时钻出,退潮时潜伏在沙泥洞中。全球性分布,在我国主要分布于广东、广西、福建、山东等地的沿海。

1. **外部形态** 体长圆形,长 120～220 mm,大者宽约 10 mm,表面光滑,乳白而略带淡红色。体壁纵肌成束,30～31 条,与环肌交错排列成方格状花纹,纵横明显。吻长约为体长的 1/10,吻基部有一环沟,有许多覆瓦状皮肤突,三角形,不规则排列;吻前段光滑,前端有 1 圈触手,伸张时呈星状,收缩如皱褶,口即位于中间。近体前 1/6 背面横裂突起处是肛门的开口,肛门腹面前方两侧各有一肾孔。消化道细长,约为体长的 2 倍,扭曲成螺旋形。体后端钝(图 7-12)。

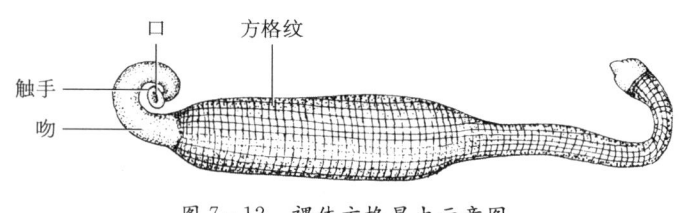

图 7-12　裸体方格星虫示意图

2. **药用** 干燥全体入药,名光裸星虫。

古代本草无光裸星虫的记载。有关光裸星虫的药用,据《中国药用海洋生物》载:动物体入药,于夏季至秋季在沿海低潮线沙滩掘取,除去内脏,洗净,加水煎至虫体由红变白时,捞出,晒干。

药材呈扁长圆柱形,形状似蚯蚓,体长 120～220 mm,表面灰白色至淡棕黄色。吻短,基部有一环状钩,前端有一圈触手,形成皱褶。躯干遍布纵横沟纹,构成格子状花纹,周围共有 29～30 行方格。体后端钝,肛门呈一横裂缝,位于接近体前 1/6 的背面。气微腥,味咸。以个大、身干、无杂质者为佳。

本品味咸,性寒。归肺、脾经(《中国药用海洋生物》:"咸,寒。")。功能滋阴降火。用治阴虚盗汗,骨蒸潮热,肺痨咳嗽,牙龈肿痛。《中国药用海洋生物》:"滋阴降火。用于骨蒸潮热,阴虚盗汗,肺痨咳嗽,胸闷痰多等症。"《南海海洋药用生物》:"清肺,滋阴降火。治牙龈肿痛。"

主要含章鱼碱脱氢酶、磷酸果糖激酶、磷酸盐、果糖-2,6-二磷酸盐、腺苷酸、腺苷三磷酸、副肌球蛋白、胶原蛋白、黏多糖、绿色素、胆甾醇、β-谷甾醇、精氨酸激动酶、胆碱酯酶、糖原磷酸化酶、琥珀酸脱氢酶、N-(1-羟乙基)-L-丙氨酸脱氢酶、N-羧甲基-L-丙氨酸脱氢酶、磷酸-L-精氨酸、琥珀酸盐、丙酸盐、乙酸盐、植物凝集素诱导黏液及钙、镁、铁、锌、铜、锰、硒等矿物元素。

现代医药研究表明方格星虫含有多种活性物质,具有显著的延缓衰老、抗氧化、抗疲劳、增强免疫、调节血压、耐缺氧、耐高温等功能,对心血管系统具有明显的保护作用。东南沿海民间称其为"海洋冬虫夏草",将其作为一种高级补品。

此外,据资料记载,可口革囊星虫 *Phascolosoma esculenta* (Chen et Yeh)、土钉虫 *Physcosoma similes* Chen et Yeh 等既可食用也可药用。

(王祥培)

第八章 软体动物门

软体动物身体柔软而不分节,体制左右对称或次生性不对称,次生体腔退化,只残余围心腔、肾及生殖腺腔;身体一般分为头、足、内脏团3部分,通常被外套膜包围,并有钙质的外壳,以保护柔软的身体;足肌肉质,具各种形状;消化管完全,多数种类具颚片和齿舌;多为开管式循环系统,由心脏、血管和血窦组成,含血细胞以及血青蛋白;借助鳃、外套膜或肺囊进行呼吸,为最早出现专职呼吸器官的类群;排泄器官主要为后肾管;神经系统一般为脑、侧、足、脏4对神经节和其间的连接神经组成;直接或间接发育,后者通常具担轮幼虫期和面盘幼虫期。根据头部、足的位置、鳃、神经、贝壳以及发育特点可分为7纲,其中腹足纲、瓣鳃纲、头足纲药用价值较大,主要药用动物有:合浦珠母贝、近江牡蛎、背角无齿蚌、杂色鲍、泥蚶、金乌贼等。海产种类多,研究、开发潜力巨大。

学习重点:
1. 掌握软体动物门的主要特征、分类类群。
2. 熟悉软体动物门的主要药用种类。
3. 了解药用软体动物的现代研究进展。

软体动物门 Mollusca 动物的结构进一步复杂,功能更趋于完善,它们具有一些与环节动物相同的特征:次生体腔,后肾管,螺旋式卵裂,个体发育中有担轮幼虫期等,因此认为软体动物由环节动物演化而来。本门动物体外大都覆盖有各式各样的贝壳,故通常又称之为贝类(shellfish)。

软体动物种类繁多,生活范围极广,海水、淡水和陆地均有分布。已记载的种类有13万余种,仅次于节肢动物门,为动物界的第二大门。软体动物与人类的关系密切。由于它们大多数贝壳华丽,肉质鲜美,营养丰富,又较易捕获,因此远在上古渔猎时期就已被人类利用。其中不少种类可供食用、药用,有些种类在农业和工艺美术方面也有应用。但有一些种类有毒,能传播疾病,危害农作物,损坏港湾建筑及交通运输设施,有害于人类。

软体动物药用种类较多,据我国第三次资源普查达198种,仅次于脊索动物门和节肢动物门。

第一节 软体动物门的主要特征

软体动物的形态结构变异较大,但基本结构相同:身体柔软,不分节或假分节,通常由头、足、内脏团、外套膜和贝壳五部分构成(图8-1);除瓣鳃纲外,口腔内有颚片和齿舌;次生体腔极度退化;间接发育具担轮幼虫期和面盘幼虫期。

一、贝壳

体外具贝壳(shell)是软体动物的重要特征,绝大多数的软体动物,在柔软的身体外覆有1个、2个或多个形状不同的贝壳。腹足类贝壳,一般呈单一的螺旋形;瓣鳃类贝壳为2个,呈瓣状;掘足类贝壳为1个,呈象牙状;多板类的贝壳为8块,呈覆瓦状排列;头足类有的为外壳,有的被外套膜包入形成内壳或退化。贝壳有保护柔软身体的功能,或形成内壳以支撑身体。

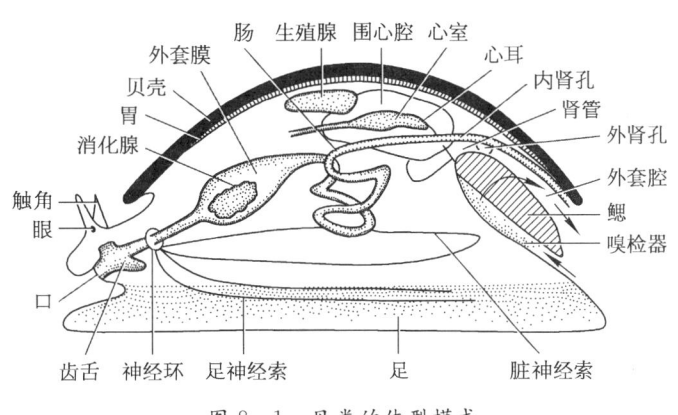

图8-1 贝类的体型模式
(仿江静波《无脊椎动物学》)

贝壳的成分主要为碳酸钙,占全壳的95%,此外还含少量的壳基质(conchiolin,又称贝壳素)及其他有机物,这些物质均由外套膜上皮细胞分泌形成。典型的贝壳,通常可分为三层(图8-2),最外的一层为角质层(periostracum),由一种硬蛋白质壳基质构成,能耐酸耐腐蚀,色泽多样而薄,起着保护介壳的作用;中层为棱柱层(primatic layer),又称壳层(ostracum),质厚,

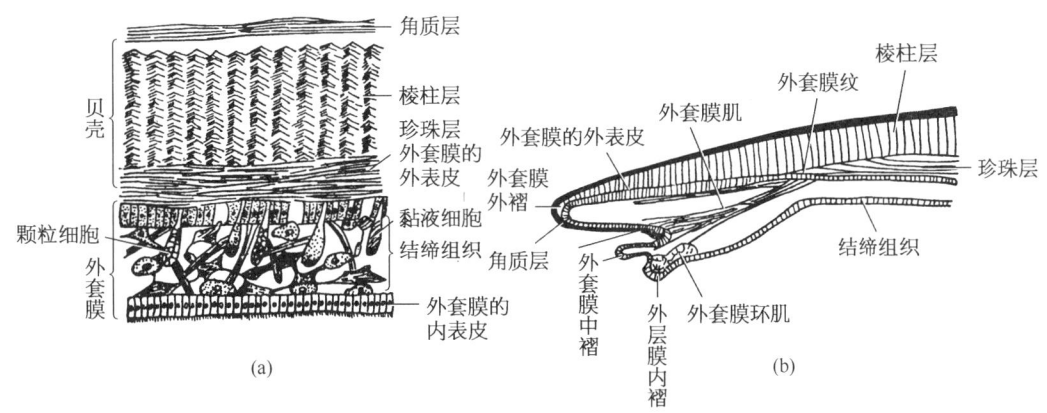

图8-2 贝壳和外套膜的断面图
(a) 横断面 (b) 纵断面

占壳的大部分，由角柱状的方解石(calcite)构成；内层为珍珠层(pearl layer)，也称壳底(hypostracum)，光滑，具珍珠色彩，通常由叶状霰石(aragonite)构成。

角质层及棱柱层均由外套膜背面边缘分泌形成，随着动物的生长逐渐增大面积，但不增厚。珍珠层是由外套膜的全表面分泌而成，随着动物的生长而增加其厚度。珍珠就是珠母贝等的外套膜分泌物形成，其性质和形成机制，与珍珠层相似。人工培育珍珠即利用这一原理，在某些软体动物的外套膜中植入异物(如砂粒或碎珍珠粒)，使其产生病变而在该异物周围不断分泌形成珍珠。因季节不同分泌情况有所变化，有时又因食物不足、繁殖期等原因，会影响外套膜边缘的直接分泌，因而角质层增长不是连续不断的，在贝壳表面常形成生长线(growth line)，可用来判断软体动物的年龄。

二、外套膜

外套膜(mantle)是由身体背侧皮肤褶壁向下伸延而形成，多呈薄膜状，由内外两层上皮构成，常包裹整个内脏和足部。外层上皮的分泌物形成贝壳；内层上皮细胞具纤毛，纤毛摆动，形成水流，使水循环于外套腔中，借以完成呼吸、排泄、摄食等。左右两片外套膜在后缘处常有一二处愈合，形成出水孔和入水孔。有的种类出、入水孔延长呈管状，伸出壳外，称为出水管(exhalant siphon)和入水管(inhalant siphon)。陆生种类的外套膜上富有血管，可进行呼吸；水生种类的外套膜表面多密生纤毛，可激动水流，促进气体交换。头足类的外套膜中富有肌肉，肌肉有力的收缩压迫水流从漏斗喷出，推动全身作反向运动。

外套膜与内脏团之间的空腔称外套腔(mantle cavity)，与外界相通。腔内常有鳃，排泄孔、生殖孔、肛门等通常开口于外套腔；有一些种类，如瓣鳃类，口也开口于外套腔中。外套膜形状，随种类的不同而各异，有的被覆在体躯的全背面，如石鳖类；有的悬被覆于体躯两侧并包裹全体，如瓣鳃类；还有的呈筒状，包蔽整个内脏团，仅露出头部，如头足类。

三、头部

头部位于身体前端，发达程度不等，通常有口、眼、触角和其他感觉器官。运动敏捷的种类，头部分化明显，具有发达的器官，如头足类；行动迟缓的种类，头部不发达，如角贝 *Dentalium* 等掘足类；穴居或固着生活的种类，没有头部，如瓣鳃类。

四、足部

足部位于头后，一般在内脏团之下，是软体动物的运动器官。足富有肌肉，因适应不同的生活环境，其形状也有较大差异。有的足部发达，呈块状(鲍)、斧状(河蚌)、柱状(大角贝)，可爬行或掘泥沙；有的足部退化，失去了运动功能，如扇贝等；固着生活的种类，则无足，如牡蛎；有的已特化成腕(arm)，生于头部，分裂成数条，如乌贼，称为头足；少数种类的侧部(即侧足 parapodium)特化成片状，可游泳，称为翼或鳍，如翼足类(pteropoda)。

五、内脏团

内脏团(visceral mass)是集中成团的内脏的总称，是内部器官之所在，包括消化、呼吸、循环、排泄、生殖等器官。内脏团位于足的背面，多数种类的内脏团左右对称。但有的扭曲成螺旋状，失去了对称性，如螺类。

1. 消化 软体动物的消化器官发达,少数寄生种类(如内寄螺 *Entocolax*)退化。消化器官包括消化管和消化腺。

软体动物的消化管包括口、口腔、食道、胃、肠和肛门。前端开孔为口,位于身体前端;后端开口为肛门,但前鳃亚纲因身体发生扭转而使肛门转移到身体前方。口腔发达的种类,口内有颚片(mandible)及本门动物特有的齿舌(radula)(图 8-3)。齿舌位于口腔底部舌突起(odontophore)的表面,由横列的角质齿组成,形似锉刀状,摄食时口吻翻出外方,用齿舌舐取食物。齿舌上有许多小齿,小齿的形状、数目和排列方式变化大;但各类群较稳定,为分类鉴定的重要依据。瓣鳃类及腹足类的个别种类无齿舌。小齿组成横排,许多小齿构成齿舌。每一横排有中央齿 1 个,左右侧齿 1 或数对,边缘有缘齿 1 或数对。齿舌上小齿的排列以齿式(formula dentalis)表示,如中国圆田螺 *Cipangopaludina chinensis* (Gray).的齿式为 2·1·1·1·2。

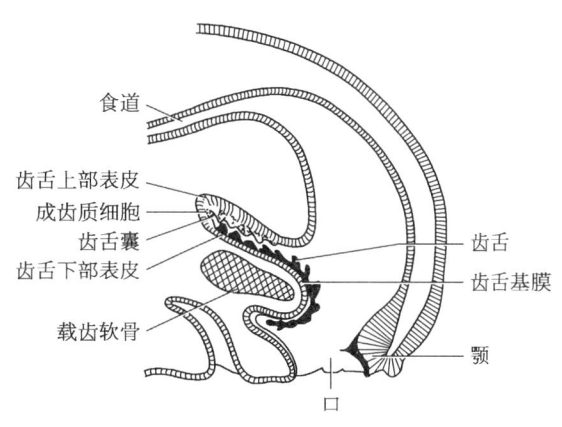

图 8-3 腹足纲口球纵断面

软体动物的消化腺包括肝脏、唾液腺及胰腺。肝脏大,有导管直通胃内。草食性的软体动物常有特殊的晶杆(crystalline style),为一胶质棒状物,在胃酸的作用下释放出消化酶,它自晶杆囊中伸至胃内,有助于食物消化。

2. 呼吸 软体动物是最早出现专职呼吸器官的类群,呼吸器官有鳃、外套膜或外套膜腔壁形成的"肺"。水生的种类用鳃呼吸,鳃通常由外套腔内壁伸张而成,称为本鳃。原始种类的本鳃左右成对,位于外套腔中。鳃有 1 条轴,附着在背隆起的表面,与动脉、静脉血管贯通,在鳃叶上密布微血管,通过它与体外进行气体交换。鳃的形态各异,鳃轴两侧均生有鳃丝,呈羽状,称楯鳃;仅鳃轴一侧生有鳃丝,呈梳状,称栉鳃(ctenidium)(图 8-4);有的鳃成瓣状,称瓣鳃(lamellibranch);有些种类鳃延长成丝状,称丝鳃(filibranch)。有的软体动物本鳃消失,在皮肤表面形成次生鳃(secondary branchium),用它进行呼吸。也有的种类无鳃。鳃成对或单个,数目不一,少则 1 个或 1 对,多则几十对。陆地生活种类均无鳃,其外套膜内部一定区域的微血管密集成网,形成"肺"进行呼吸。

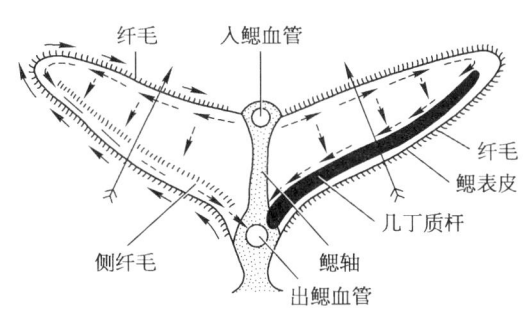

图 8-4 原始栉状鳃的横切面
(仿江静波《无脊椎动物学》)

3. 体腔和循环 软体动物的初生体腔存在于各组织器官的间隙,内有血液流动,形成血窦(blood sinus)。次生体腔则极度退化,仅残留围心腔(pericardial cavity)及生殖腺和排泄器官的内腔。

多数软体动物为开放式循环,由心脏、血管、血窦及血液组成。心脏位于背侧围心腔中,由一心室或 1~4 个心耳构成;心耳位于心室两侧或心室一旁,与鳃同侧。血流自心室压出后送至动脉,再进入组织间的血窦中,经肾脏及呼吸器官,然后汇集于静脉中,最后回流至心耳,进入心室(图8-5)。头足类十腕目种类(如乌贼)微血管发达,成为闭管式循环,与运动迅速相适应。

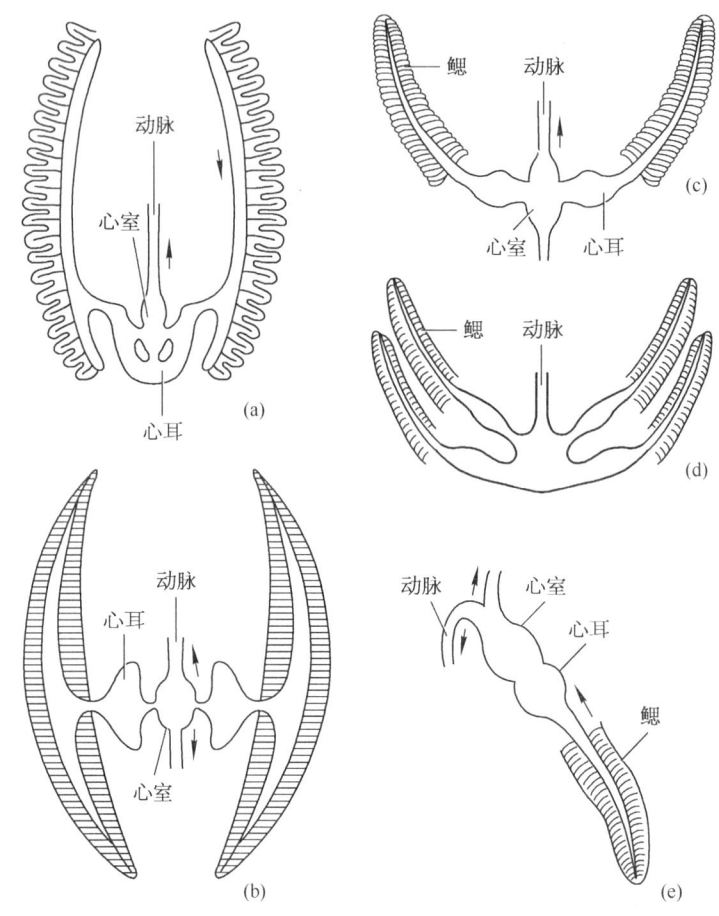

图8-5 软体动物心脏与鳃的关系(仿张玺《贝类学纲要》)
(a) 石鳖 (b) 瓣鳃类 (c) 头足纲的二鳃类 (d) 头足纲的四鳃类 (e) 腹足纲的后鳃类

血液一般无色,内含变形虫状血球。也有一些种类血液里含有血红蛋白(haemoglobin)或血青蛋白(haemocyanin),使血液变成红色或青色。

4. 排泄 软体动物的排泄器官主要是肾脏,其起源与环节动物相同,属于后肾管类型,数目一般与鳃的数目一致;只有少数种类的幼体排泄为原肾管。肾脏为一膨大的管道,一端开口于围心腔,叫肾口(nephrostome);另一端开口在外套腔,叫肾孔(nephridial pore)。后肾管由腺质部分和管状部分组成,腺质部富含血管,肾口具纤毛,开口于围心腔;管状部分为薄壁的管子,内壁具纤毛,肾孔开口于外套腔。肾脏除输送收集围心腔内的废物外,也能吸取血液中的代谢产物,最后由排泄孔排出体外。

5. 神经 原始的软体动物仍为分散的梯状神经,无神经节(ganglion)的分化,仅有一围咽神经环及向体后伸出的一对足神经索(pedal cord)和一对侧神经索(pleural cord),如无板纲、单板纲、多板纲;其他多数种类都相应地集中为脑神经节(cerebral ganglion)、足神经节(pedal ganglion)、侧神经节(pleural ganglion)和脏神经节(visceral ganglion)4对神经节(图8-6)。各神经节之间以神经索相连,并各自发出神经通到身体各部。头足类具有无脊椎动物中最高级的神经系统,其主要的神经节集中在食道周围,有软骨包围,形成一个"脑"。此外,大多数软体动物还有感官,体表有司感觉的神经末梢,还有触角、眼、嗅检器(osphradium)及平衡囊(statocyst),感觉灵敏。头足类的眼,构造上与脊椎动物相类似,是无脊椎动物中最高级的视觉器官。

6. **生殖与发育** 软体动物多为雌雄异体,不少种类为雌雄异形;少数为雌雄同体。生殖腺由体腔壁形成,生殖输送管内端通向生殖腔,外端开口于外套腔或直接与外界相通。

雌雄生殖细胞均由表皮形成。产卵的形式多种多样,有的卵子单个的呈自由状态产出,也有的卵子是分散的,排出后有胶状物质将其黏附在一起,形成卵群,可固着在它物上。卵受精后,有的在体外孵化,有的在母体的鳃腔中孵化,还有少数种类如田螺为卵胎生。

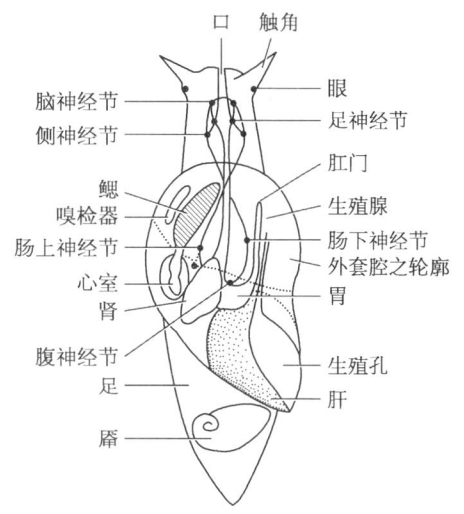

图 8-6 前鳃类构造模式图
(仿张玺《贝类学纲要》)

软体动物的发育,多为全裂中的不等卵裂,许多属螺旋形;仅头足纲是不完全卵裂。软体动物少数为直接发育,大多数为间接发育。发育期经担轮幼虫(trochophora)期,与环节动物担轮幼虫相似。有些种类还有第二幼虫期,即面盘幼虫(veliger),继续以发育即变态为稚贝。淡水蚌类具有特殊的钩介幼虫(glochidium),在鱼类体表营临时性寄生(图 8-7)。

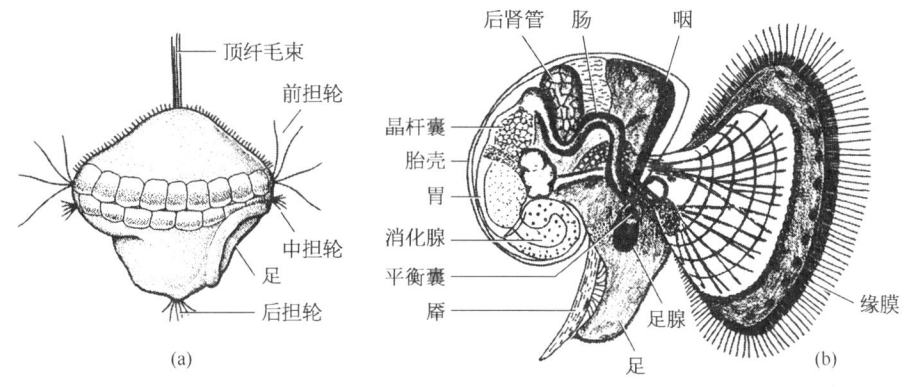

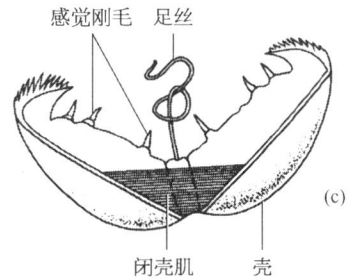

图 8-7 软体动物的各种幼虫(仿姜乃澄《动物学》)
(a) 担轮幼虫 (b) 面盘幼虫 (c) 钩介幼虫

第二节 软体动物门的分类

软体动物根据头部、足的位置、鳃、神经、贝壳以及发育特点分可分为7纲,即:无板纲 Aplacophora、单板纲 Monoplacophora、多板纲 Polyplacophora、腹足纲 Gastropoda、瓣鳃纲 Lamellibranchia、掘足纲 Scaphopoda 和头足纲 Cephalopoda。

无板纲、多板纲、单板纲、掘足纲多为海产,少见有药用的记载。瓣鳃纲、腹足纲、头足纲种类多,分布广,药用价值大。

一、瓣鳃纲 Lamellibranchia

本纲动物鳃发达,呈瓣状,因此而得名瓣鳃纲。其身体侧扁,左右对称(少数不对称,如牡蛎 Ostrea 及不等蛤 Anomia 等),具有两侧合抱身体的外套膜和两枚贝壳,又名双壳类(bivalvia)。身体由躯干、足和外套膜三部分组成,头部退化,只保留有口,无触角及感官,故又称无头类(acephala)。足部发达,位于软体的腹部,两侧扁平,呈斧头状,故又名斧足类(pelecypoda)。本纲动物的神经系统较简单,由脑侧、脏、足 3 对神经节及其相连的神经索构成,感觉器官不发达。心脏有 1 个心室和 2 个心耳,为开管式循环,心室常被直肠穿过。肾 1 对,一端开口于围心腔,另一端开口于外套腔。多数为雌雄异体,间接发育,少数雌雄同体(如牡蛎)。海产种类常具有担轮幼和面盘幼虫时期,淡水产的蚌类具特有的钩介幼虫。全部水生,大多数为海产,少数为淡水产。

本纲全世界大约有 3 万种,我国有 103 种入药,分布于 3 目 20 科。依绞合齿的形态、闭壳肌发育程度和鳃的结构等,分为列齿目 Taxodonta、异柱目 Anisomyaria、真瓣鳃目 Eulamellibranchia,均有供药用的种类。各目特征如下:

1. **列齿目 Taxodonta** 本目主要特征为铰合齿,齿数多,同型,排成1列。有闭壳肌2个,均发达。鳃比较原始,楯鳃或丝鳃,鳃丝曲折或不曲折,大多数同侧鳃丝由纤毛结合,无瓣间联系。足部常有一足底,便于匍匐于物体上。本目分 3 科,其中蚶科 Arcidae 为本目主要有药用品种的科。

蚶科 Arcidae:贝壳左右对称,两壳相等或不相等,表面被有呈绒毛状的壳皮,铰合部直或略呈弧形,具有很多齿,同形或前后端有差异,齿短或呈片。本科动物除 Scaphula 属外,均为海产,分布极广,世界各海洋中均有发现。我国产蚶科动物约 50 余种,其中药用价值较大的有泥蚶 *Arca granosa* Linnaeus(图 8-8)、魁蚶 *Arca inflata* Reeve、毛蚶 *Arca subcrenata* Lischke,其贝壳为中药瓦楞子。

2. **异柱目 Anisomyaria** 本目动物的铰合齿大多数退化成小结节或完全没有。前后闭壳肌不等大,或前闭壳很小或完全消失,后闭壳肌发达。鳃丝屈折,鳃丝间有纤毛盘相

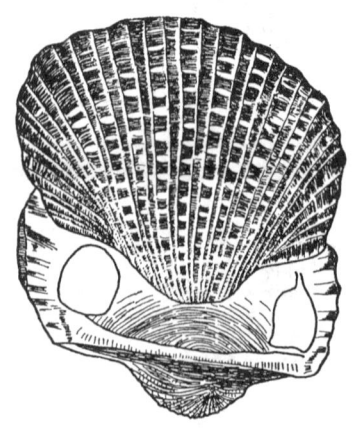

图 8-8 泥蚶

连结,鳃瓣间以结缔组织相连结。足不发达或退化。本目有药用品种的科有贻贝科 Mytilidae、江珧科 Pinnidae、珍珠贝科 Pteriidae、牡蛎科 Ostreidae 等。

(1) 贻贝科 Mytilidae：体对称,两壳同形,铰合齿退化或成结带状小齿。壳形多种,壳皮角质、较发达。前闭壳肌退化或消失,后闭壳肌巨大。足小,以足丝附着于物体上生活。多为海产。我国贻贝的种类,已定名者有 66 种,其中 6 种药用。药用价值较大的种类有紫贻贝 *Mytilus galloprovincialis* Lamarck(图 8 – 9a)、厚壳贻贝 *Mytilus coruscus* Gould、偏顶蛤 *Modiolus* (*Modiolus*) *modiolus* (Linnaeus)、凸壳肌蛤 *Musculus senhousia* (Benson),它们的干燥软体为中药淡菜,食用亦佳。

(2) 江珧科 Pinnidae：体对侧,两壳同形,铰合部无齿。贝壳呈三角形,极大,大者个体壳长可达 700 mm。壳质较薄,壳顶尖细,壳皮角质常不存在。软体部无水管,有外套器。两壳闭合时,壳后端常不能完全闭合。我国产 7 种,其中栉江珧 *Atrina*(*Servatrina*) *pectinata* (Linnaeus)(图 8 – 9b)的后闭壳肌及贝壳药用。

(3) 珍珠贝科 Pteriidae：两壳不等或近相等,左壳稍凸起,右壳较平。壳顶前后通常具耳,后耳较前耳大。贝壳表面通常有鳞片。铰合线直,韧带很长。铰合部在壳下部有 1 或 2 个主齿。闭壳肌痕 1 个,位于贝壳中央。鳃叶褶叠,与外套膜愈合。足舌状,具足丝。本科动物只分布于热带和亚热带海洋中,利用足丝栖息于浅海岩石或珊瑚礁上。我国已报道的种类有

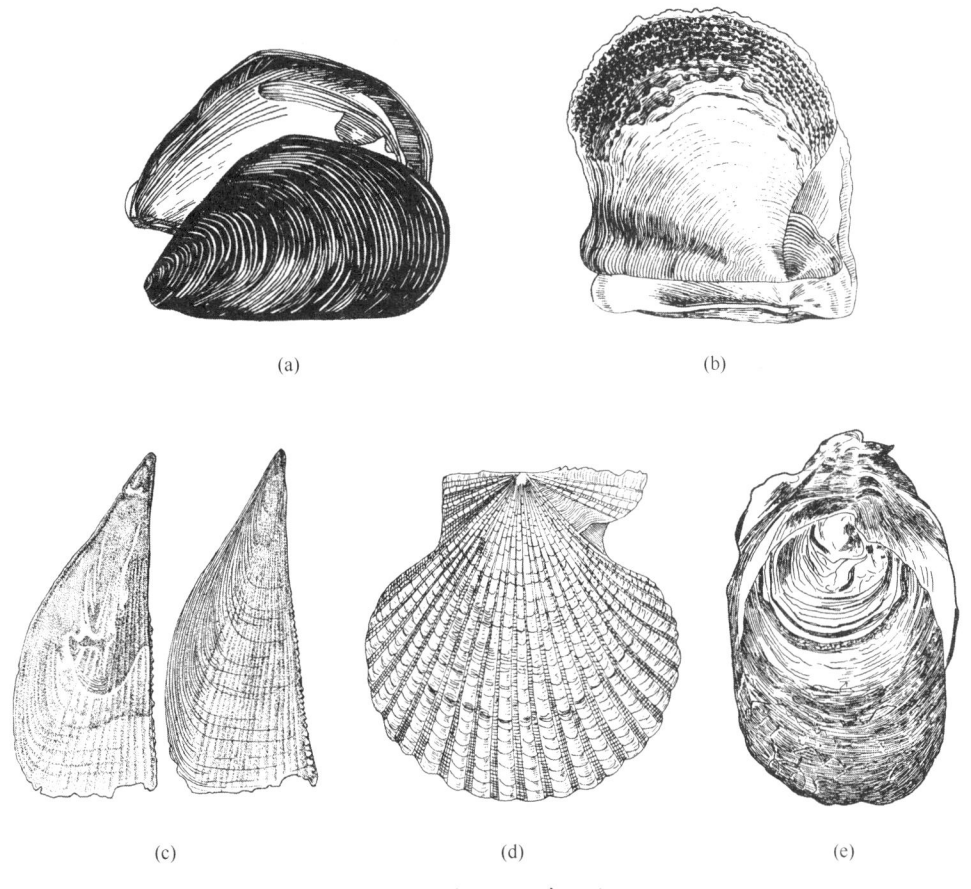

图 8 – 9 异柱目代表种类

(a) 紫贻贝　(b) 合浦珠母贝　(c) 栉江珧　(d) 栉孔扇贝　(e) 近江牡蛎

23 种,其中 4 种药用,如合浦珠母贝 *Pinctada fucata martensii* (Dunker)(图 8 - 9c),药用价值大,贝壳为中药珍珠母;产生的珍珠除药用外还是名贵装饰品。

(4) 扇贝科 Pectinidae:两壳相等或不等,多圆形或圆扇形。壳质坚韧,壳顶前方和后方具耳状突起,两耳多呈三角形,多数种类右壳的前耳下方有明显的足丝孔和细栉齿。壳表颜色多种,多色彩鲜艳美丽,有的还具美丽花斑。壳表面有各种形状的放射肋或放射褶。闭壳肌痕明显。铰合齿仅在幼体发育期存在,至成体完全消失。海产,广布于世界各大洋,我国约 40 种,其中栉孔扇贝 *Chlamys farreri* (Jones et Preston)(图 8 - 9d)、花鹊栉孔扇贝 *Chlamys pica* (Reeve)、华贵类栉孔扇贝 *Mimachlamys nobilis* (Reeve)等的闭壳肌为中药干贝,食用亦佳。

(5) 牡蛎科 Ostreidae:两壳不等,左壳较大。铰合部无齿,有时具结节状大齿。闭壳肌位置近于中央或后方,外套痕不明显,无足和足丝。鳃与外套膜相结合。海产,本科动物为海产贝类中主要的养殖种类。我国产 20 余种,7 种药用,如近江牡蛎 *Ostrea rivularis* Gould(图 8 - 9e)、长牡蛎 *Ostrea gigas* Thunberg、大连湾牡蛎 *Ostrea talienwhanensis* Crosse 的贝壳为中药牡蛎。

3. 真瓣鳃目 Eulamellibranchia 贝壳变化大,形状多样。铰合齿少或无。多具有大小相近的前后闭壳肌各 1 个,均发达。鳃的构造复杂,鳃丝间和鳃瓣间以血管相连,少数变成肌肉质隔膜。外套膜通常有 1~3 处愈合点,水流之出入孔常形成水管。生殖孔与肾孔分开。真瓣鳃目有药用品种的科主要有珍珠蚌科 Margaritanida、蚌科 Unionidae、帘蛤科 Veneridae、竹蛏科 Solenidae。

(1) 珍珠蚌科 Margaritanidae:壳长卵圆形,坚厚,珍珠层发达,壳顶部刻纹常为同心圆型。铰合部有大的中央齿。无鳃水管。鳃与肛门的开口间无明显的区分。2 对鳃都形成有育儿囊。钩介幼虫无钩。淡水产。其中药用如珍珠蚌 *Margarita margaritifera* (Linnaeus),能产珍珠,可供药用,其贝壳亦可作珍珠母药用。

(2) 蚌科 Unionidae:壳形多变化,两壳相等,壳顶部刻纹常为同心圆型或折线型,但多少有些退化。铰合部变化大,有时具拟主齿。具一外韧带。鳃叶间隔膜完好,并与鳃丝平行排列,外鳃的外叶后部与外套膜愈合,有鳃水管。鳃与肛门的开口以隔膜完全区分。幼虫经过钩介虫期。淡水产。我国习见的蚌科动物有 30 余种,31 种药用。如褶纹冠蚌 *Cristaria plicata* (Leach)(图 8 - 10a)、三角帆蚌 *Hyriopsis cumingii* (Lea)、背角无齿蚌 *Anodonta woodiana* (Lea)、背瘤丽蚌 *Lamprotula leai* (Gray)、圆顶珠蚌 *Unio douglasiae* Gray 等动物的贝壳可作中药珍珠母,其中褶纹冠蚌、三角帆蚌、背角无齿蚌等体内得到的颗粒状珍珠亦可药用。

(3) 帘蛤科 Veneridae:两壳相等,质较坚厚。壳顶倾向前方,壳面常有各种刻纹。铰合部通常有主齿 3 枚,侧齿有变化。无足丝。水管一部分愈合或分离。海产。我国帘蛤科动物记载有 88 种,其中 12 种入药,如文蛤 *Meretrix meretrix* (Linnaeus)(8 - 10b)、青蛤 *Cyclina sinensis* (Gmelin)等动物的贝壳供药用。

(4) 竹蛏科 Solenidae:两壳相等,壳质薄脆。体型呈柱状或长卵形,两端多开口。壳顶低,韧带在外方。铰合齿多变化。足强大,多呈圆柱状。海产。我国习见的竹蛏科动物约有 20 种,5 种药用,如缢蛏 *Sinonovacula constricta* (Lamarck)(图 8 - 10c)的软体、贝壳入药;长竹蛏 *Solen gouldii* Conrad 及大竹蛏 *Solen grandis* Dunker 的贝壳药用。

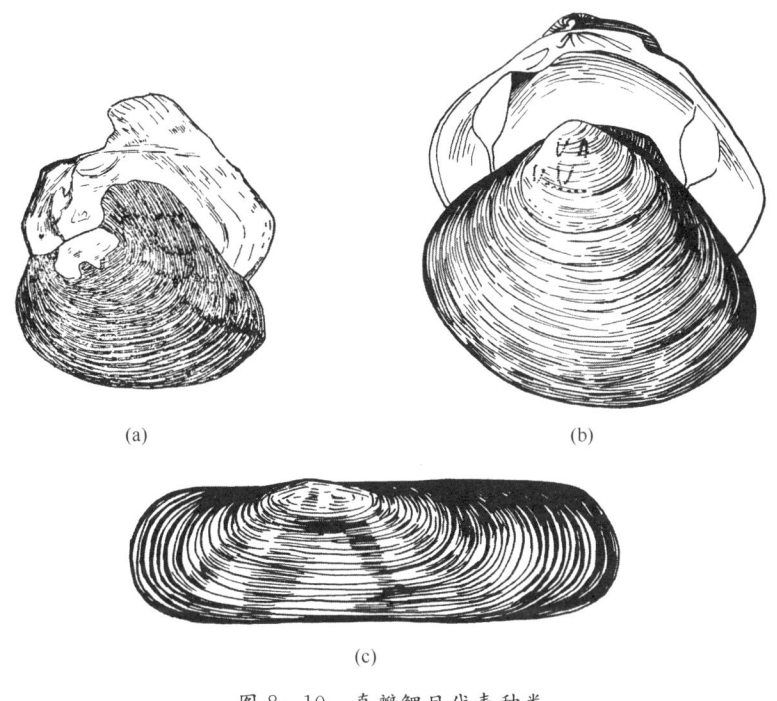

图 8-10 真瓣鳃目代表种类
(a) 褶纹冠蚌　(b) 文蛤　(c) 缢蛏

二、腹足纲 Gastropoda

腹足纲是贝类中最大的一纲,约有 9 万种,仅次于昆虫纲,为动物界第二大纲。本纲我国有 65 种药用动物,分布于 8 目 22 科。

本纲动物的主要特征为头部和足部左右对称,但其内脏却是左右不对称,这是腹足纲有别于其他软体动物的重要特征。通常有一个螺旋形的贝壳,又称为单壳类(univalvia)或螺类,有些种类为内壳或无壳,如蛞蝓。贝壳的形状、旋转方向依不同种类而异。身体分为头、足、内脏团 3 部分。头部发达,位于身体前端,有触角、眼等感觉器官。足部发达,位于身体腹面,故称腹足纲。内脏团一般呈螺旋形,藏在螺旋形的贝壳内。一侧的器官多退化,因此其鳃、心耳、肾脏大多只剩下一侧。神经节在咽上下集中,心脏有 1 个心室,1 或 2 个心耳。口腔内具齿舌。水生种类多为雌雄异体,陆生种类一般雌雄同体。海产种类间接发育,幼虫经担轮幼虫和面盘幼虫两个时期;陆生种类直接发育。海洋、淡水和陆地均有分布。本纲分为前鳃亚纲 Prosobranchia、后鳃亚纲 Opisthobranchia、肺螺亚纲 Pulmonata,3 亚纲均有药用种类。

(一) 前鳃亚纲 Prosobranchia

本纲动物鳃简单,常位于心室前方,故名前鳃亚纲。通常有一个螺旋形的外壳及一个封闭壳口的厣(operculum),厣并非贝壳部分,而是由足丝分泌的。头部仅有 1 对触角。由于胚胎在发育期间发生扭转,使左右侧神经连索交叉成"8"字形,故又称为扭神经类(streptoneura)。多数雌雄异体,营水栖生活,少数营两栖或陆生生活。本纲分为原始腹足目 Archaeogastropoda、中腹足目 Mesogastropoda、新腹足目 Neogastropoda 3 目。

1. **原始腹足目 Archaeogastropoda**　贝壳具珍珠层,本鳃呈楯状,1~2 个,心耳与肾的个数与鳃的数目一致,吻或水管缺乏,齿舌带上齿片数目极多,齿式通常为∞·5·1·5·∞。神经系统的集中不显著,足神经节呈长索状,左右两个脏神经节彼此远离,有1个脑下食道连合,即唇神经联合。平衡器含有很多耳沙。眼的构造简单,开口或封闭成泡状。雌雄异体,生殖腺开口于右肾内或无右肾的种类为独立开口。本目分7科,其中鲍科 Haliotidae 有重要的药用品种。

鲍科(石决明科)Haliotidae:贝壳很低、螺旋部(spire)退化,螺层少。体螺层(body whorl)及壳口极大,其末端边缘具1列小孔。本鳃1对,左侧较小。无厣。温带、热带均产,以热带的种类最丰富。我国已发表的鲍有7种,其中如羊鲍 *Haliotis ovina* Gmelin、杂色鲍 *Haliotis diversicolor* Reeve 等动物的贝壳为中药石决明。它们的软体为海味珍品。

2. 中腹足目 Mesogastropoda 贝壳无珍珠层,具栉状鳃1枚,附于外套膜之上。心脏只有1个心耳,不被直肠穿过。具厣,唾液腺位于食管神经的后方。齿式通常为2·1·1·1·2。平衡器一个,仅有1个耳石(otolith)。通常无吻和水管。神经系统相当集中,除少数种类外,无唇神经连合。肾直接向外开口。多数雌雄异体,生殖腺有生殖孔,雄体大多具交接器。本目分为27科,其中田螺科 Viviparidae、锥螺科 Turritellidae、宝贝科 Cypraeidae 有一定的药用品种。

(1) 田螺科 Viviparidae:壳稍高,呈陀螺形或圆锥形。脐孔狭或缺。螺层表面多凸,略呈圆形。厣角质,薄,核偏一侧。具栉鳃。肾脏有长的输尿管。雄体右触角较粗短,变为交接器。卵胎生。淡水产。我国常见的有10余种,8种药用。如中国圆田螺 *Cipangopaludina chinensis* (Gray)(图8-11a)、中华圆田螺 *Cipangopaludina cathayeniss* (Heude)等动物的全体供药用。

(2) 锥螺科 Turritellidae:壳极高,螺层数多,呈尖锥形。厣角质,核在中央。无水管。海产。如棒锥螺 *Turritella bacillum* Kiener、笋锥螺 *Turritella terebra* Linnaeus(图8-11b),它们的壳、厣可供药用。

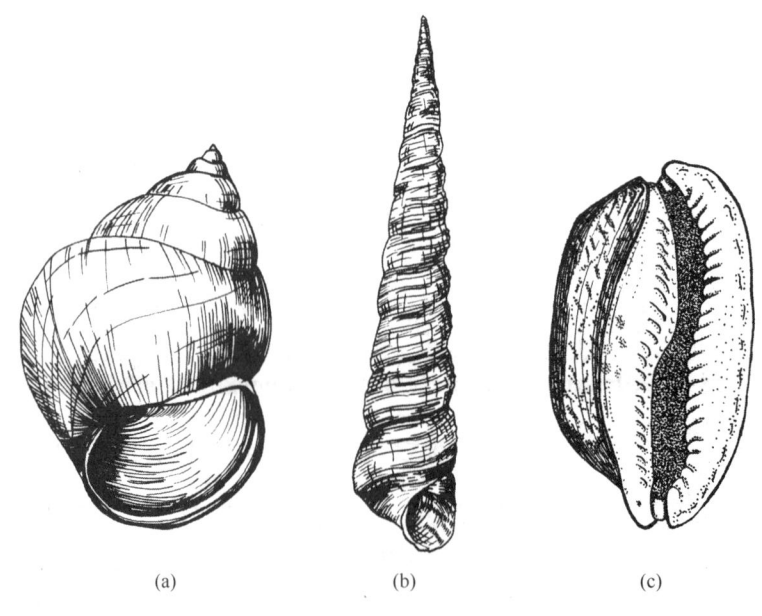

图 8-11 中腹足目代表种类
(a) 中国圆田螺 (b) 笋锥螺 (c) 阿纹绶贝

(3) 宝贝科 Cypraeidae：贝壳美丽，坚固，呈卵圆形，富有光泽，具突起或平整。螺旋部小，埋于体螺层中，壳口狭长，唇缘厚，具齿。无厣。吻和水管短。外套膜及足发达，生活时外套膜常伸展遮被贝壳。海产。据记载，本科动物我国约有 80 种，11 种药用，如阿纹绶贝 *Mauritia arabica* (Linnaeus)(图 8-11c)、货贝 *Monetaria moneta* (Linnaeus)等动物的贝壳可供药用。

3. **新腹足目 Neogastropoda**　贝壳无珍珠层，具外壳和水管沟。厣有或无。1 个栉鳃，1 个心耳，1 个肾。口吻发达。外套膜的一部分包卷形成水管。齿舌狭长，齿式为 1·1·1 或 1·0·1。神经系统非常集中，食管神经环位于唾液腺后方，胃肠神经节位于口的后方，在脑神经中枢附近。雌雄异体，雄体具交接器，嗅检器为羽状。海产。本目有 17 科，其中骨螺科 Muricidae、蛾螺科 Buccinidae、盔螺科 Galeodidae、榧螺科 Olividae、涡螺科 Volutidae 有一定的药用品种。

(1) 骨螺科 Muricidae：贝壳呈陀螺形或梭形，螺旋部中等高。壳顶结实，壳面具有各种结节或棘状突起。前沟长。厣角质较薄。眼位于触角外侧中部，构造复杂。常具肛门腺。中央齿一般具 3 个强齿。海产。本科种类很多，我国已发现 40 余种，9 种药用。如红螺 *Rapana thomasiana* Crosse 的贝壳可供药用(图 8-12a)。

(2) 蛾螺科 Buccinidae：贝壳近长卵圆形或纺锤形，壳质坚厚。螺旋部短，体螺层膨大。壳面具外皮，有螺肋和结节突起。壳口有水管沟。常具角质厣。足宽大，前端呈截形。齿式 1·1·1，中央齿宽短，具 3～7 齿尖，侧齿通常有 2～3 个齿尖。本科动物种类多，分布广，从寒带到热带都有。我国有 3 种药用，如泥东风螺 *Babylonia lutosa* (Lamarck)的壳及肉可供药用(图 8-12b)。

(3) 盔螺科 Galeodidae：贝壳大型，呈梨形或纺锤形，螺旋部较低，螺层肩部具结节突起或横的肋纹。壳面被壳皮及棕色茸毛。壳口稍宽大，前沟或短或长，壳柱无褶皱。厣角质。为热带和亚热带种。2 种药用，如管角螺 *Hemifusus tuba* (Gmelin)的厣及肉可供药用(图8-12c)。

(4) 榧螺科 Olividae：壳呈柱状或纺锤状，壳面光滑有光泽。色彩美丽多变。壳口狭长，前沟短宽。厣或有或无。足发达，具有 1 个深的纵沟，前足呈三角形或半月形，后足卷向背面盖贝壳。为热带及亚热带种类，多在沙质或软泥的海底栖息。2 种药用，如榧螺 *Oliva mustelina* Lamarck，其壳可供药用(图 8-12d)。

(5) 涡螺科 Volutidae：贝壳呈卵圆形、柱状或纺锤形。壳顶通常呈乳头状。螺柱具数个褶皱。前沟不延伸，常呈缺刻状。头宽，两触角远离，眼位于触角基部。外套膜有时包被贝壳两侧。水管基部具有 1 个内附属物。如瓜螺 *Cymbium melo* (Solander)的肉及卵群可供药用(图 8-12e)。

(二) 后鳃亚纲 Opisthobranchia

本亚纲动物鳃和心耳一般位于心室后方，也有本鳃消失代以次生性鳃者。贝壳不发达，有的退化为内壳(如无楯目)，有的无壳(如裸鳃目)。触角 1 对、2 对或无触角。除捻螺科 Acteonidae 外，侧脏神经索不交叉成"8"字形。都营水中呼吸。大多无厣，仅捻螺有。雌雄同体。两性生殖孔分开。全部海产。本亚纲分头楯目 Cephalaspidea、无楯目 Anaspidea、被壳目 Thecosomata、裸体目 Gymnosomata、背楯目 Notaspidea、无壳目 Aconchulinida、囊舌目 Sacoglossa、裸鳃目 Nudibranchia 等 8 目，其中头楯目、无楯目有一定的药用品种。

1. **头楯目 Cephalaspidea**　贝壳发达，具外壳或内壳，或多或少呈螺旋形。除捻螺外都无

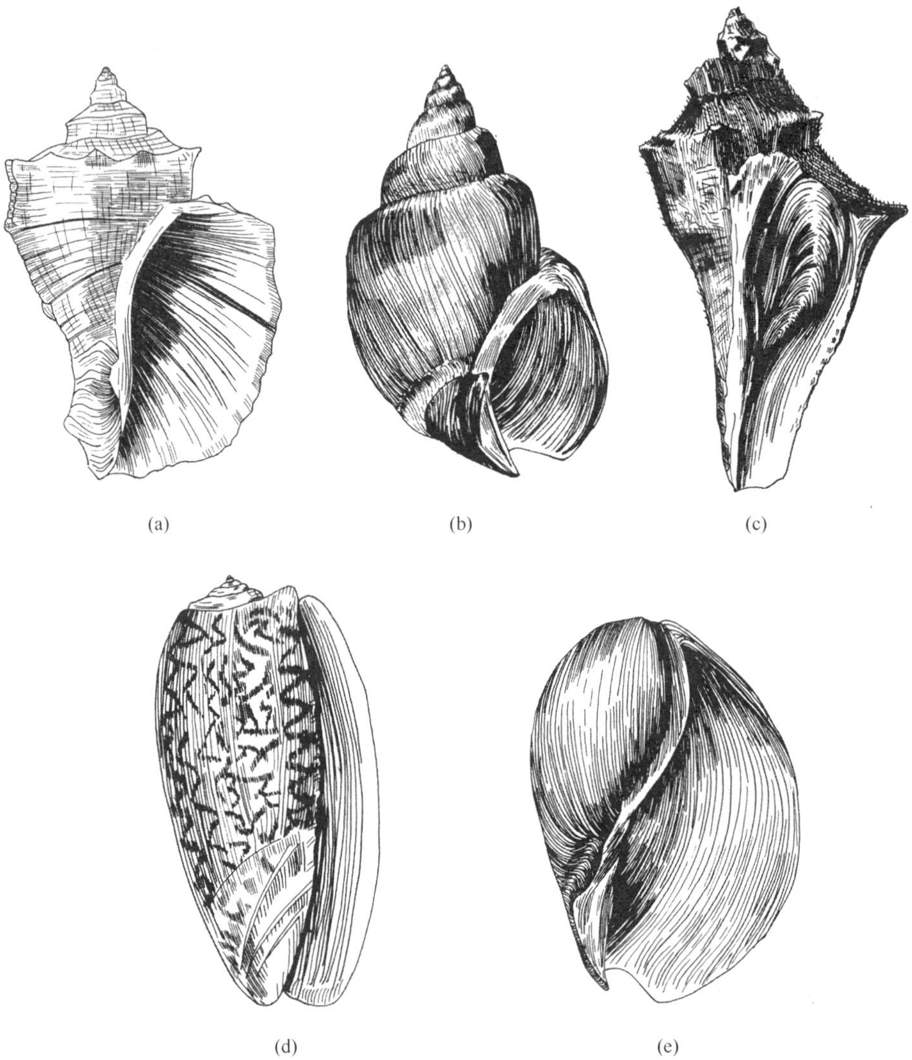

图 8-12 新腹足目代表种类
(a) 红螺 (b) 泥东风螺 (c) 管角螺 (d) 榧螺 (e) 瓜螺

厣。外套腔较发达,开口于体右侧。外套膜后部成为大形的外套叶,突出于外套孔下。头部通常无触角,其背面有掘泥用的楯盘。无眼柄。侧足发达。具本鳃。胃中常具有角质或石灰质的咀嚼板。侧神经连索通常较长。生活于沙泥中,也有营浮游生活的。本目我国有15科约150种,其中阿地螺科 Atyidae 有一定的药用品种。

阿地螺科 Atyidae：贝壳通常完全外露,螺旋部不凸出。足有发达的侧叶。头楯大,呈拖鞋状。齿舌具1中央齿,两侧侧齿很多。胃具3枚硬而弯曲的龙骨状板。我国22种,其中泥螺 *Bullacta exarata* (Philippi)(图8-13)的软体供药用。

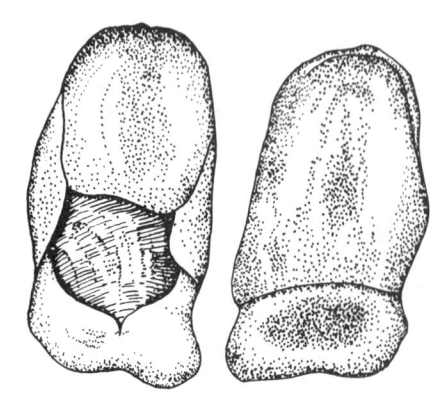

图 8-13 泥螺

2. 无楯目 Anaspidea　贝壳退化成内壳或无,头部背面无楯盘,有触角2对,齿舌、侧足发达,栉鳃1个发达。本目我国仅海兔科 Aplysiidae 1科。海兔科有一定的药用品种。

海兔科 Aplysiidae:贝壳退化,部分埋在外套膜中或为内壳,或无壳。身体柔软,肥厚或扁平。头颈部发达,有1对口触角和1对嗅角,末端均卷曲呈耳状。眼位于嗅角基部外侧。腹足发达,前端截断状,后端圆形或成一斜截面或伸长形成长尾。足底有足腺,侧足发达,前、后端游离或后端联合,生活时扩张作游泳器官。体表光滑,饰各种斑纹,色彩艳丽,或具树枝状、乳头状突起。齿舌强大,具中央齿、侧齿、缘齿。广泛分布于世界各海域,暖水性种类较多,生活于海藻、石头、泥砂质底。我国约20种,其中蓝斑背肛海兔 *Notarchus leachii cirrosus* Stimpson(图8-14)、网纹海兔 *Aplysia* (*Varria*) *pulmonica* Gould、黑斑海兔 *Aplysia* (*Varria*) *kurodai* (Baba)等的卵群供药用。

(三) 肺螺亚纲 Pulmonata

本亚纲动物的本鳃消失,在外套腔壁上密生血脉网,称之为肺囊,以营呼吸。大多具螺旋形的壳,亦有退化消失者,螺壳多为右旋,部分为左旋。胚胎期出现厣,至成体时消失。各神经节集中于口球的附近,侧神经连索不交叉成"8"字形,头部有1~2对触角,1对眼。齿舌片状,具有大量的侧齿和缘齿。雌雄同体,直接发育,无自由生活的幼虫阶段。本亚纲现存种约有5 000种,生活于陆地或淡水中。按眼的位置分为基眼目 Basommatophora 及柄眼目 Stylommatophora,其中柄眼目有供药用的种类。

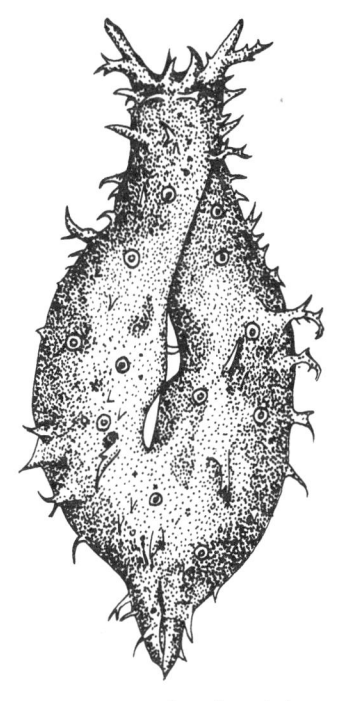

图8-14　蓝斑背肛海兔

柄眼目 Stylommatophora　大多具有发达的贝壳,也有一些种类贝壳退化或缺,头部有触角2对,可以翻转缩入体内,前触角作嗅觉用,眼位于后触角顶端。发育期除个别种类如石磺外,均不经过面盘幼虫。本目分5科,其中蛞蝓科 Limacidae、巴蜗牛科 Bradybaenidae,有一定的药用种类。

(1) 蛞蝓科 Limacidae:贝壳退化,薄,常为一石灰质板,螺旋部短或无,贝壳通常被外套膜遮被,或为内壳。颚片平滑,雄性生殖输送管无指状腺。生殖孔开口在右触角下方。足部无黏液腺孔。中央齿具3齿尖,侧齿有1或2齿尖,缘齿尖锐。其中野蛞蝓 *Agriolimax agrestis* (Linnaeus)(图8-15a)、黄蛞蝓 *Limax fravus* (Linnaeus)的全体可供药用。

(2) 巴蜗牛科 Bradybaenidae:贝壳形态多变,呈圆盘形、圆锥陀螺形或圆球形。螺旋部一般较发达,有5~7个螺层。体螺层大,膨胀。壳口无突起,壳面常有彩色带。生殖器官特殊,有恋矢囊,内有石灰质恋矢,以及圆形或棒状的黏液腺,开口于矢囊。阴茎常有鞭状器。本科我国有记录190种,约420亚种,其中5种药用,如同型巴蜗牛 *Bradybaena similaris* (Ferussac)(图8-15b)、华蜗牛 *Cathaica fasciola* (Draparnaud)、灰巴蜗牛 *Bradybaena ravida* (Benson)等的贝壳或全体供药用。

图 8-15 柄眼目代表种类(仿陈德牛《中国经济动物志——陆生软体动物》)
(a) 野蛞蝓 (b) 同型巴蜗牛

三、头足纲 Cephalopoda

本纲是软体动物中最高等的类群,体左右对称,包括头、足、躯干(胴部)3 部分。头部发达,两侧有一对发达的眼。贝壳多为内壳或退化,仅少数原始种类(如鹦鹉螺属 *Nautilus*)具外壳。足特化成口腕8～10 条,围于口周,故称头足类。羽状鳃1 对或 2 对,心耳和肾的数目与鳃一致。外套膜肌肉发达,左右愈合成囊状的外套腔。足的基部形成漏斗,漏斗是头足纲特有的,是外套腔与外界相通的孔口,可借助其喷水协助运动。头部神经节集中成脑,有软骨保护。多数种类在内脏腹侧具墨囊。闭管式神经系统,雌雄异体,直接发育。全为海产,肉食性。

头足纲现存种类约有 700 种,被发现的化石种在 1 万种以上,我国有药用动物 11 种,分布于 2 目 3 科。本纲动物以鳃和腕的数目及其形态特征作为分类依据,划分为鹦鹉螺亚纲 Nautiloidea(四鳃亚纲 Tetrabranchia)、蛸亚纲 Coleoidea(二鳃亚纲 Dibranchia)2 个亚纲,包括鹦鹉螺目 Nautiloidea、菊石目 Ammonoidea、十腕目 Decapoda、八腕目 Octopoda 4 个目。其中蛸亚纲所属种类有药用价值。

蛸亚纲 Coleoidea

壳包藏于外套膜中或退化。腕 8～10 个,具吸盘。外套膜袋形,包被整个内脏团。漏斗左右两片愈合,形成一个完整的管子。2 鳃,2 心耳,2 肾。有墨囊。分十腕目 Decapoda、八腕目 Octopoda 2 目。

1. 十腕目 Decapoda 体宽短,呈盾形或袋形。腕 10 条,腕上有具柄的吸盘,并有触角。其中有 2 腕长,称触腕,一般仅在末端有吸盘,吸盘有柄,角质环及小齿较不发达。内壳由石灰质或角质构成。胴部两侧大部有鳍。胴部、头部及漏斗基部以软骨的闭锁器相连,雌体一般具缠卵腺。本目分为 15 科,其中乌贼科 Sepiidae、枪乌贼科 Loliginidae 有药用种类。

(1) 乌贼科 Sepiidae:具石灰质内壳,近椭圆形。体宽短,背腹扁,多呈盾形。背楯发达。鳍狭,位于胴部两侧的全缘。眼球外具薄膜,不与外界全面相通。角膜前方有泪孔,眼的后方具嗅觉陷。闭锁槽略呈耳形,具深的纵沟。腕吸盘常为 4 行。雄性左侧第四腕茎化。触腕能完全缩入眼基部的触腕囊内。我国已发现 12 种,6 种药用,如金乌贼 *Sepia esculenta* Hoyle (图 8-16)、针乌贼 *Sepia andreana* Steenstrup、曼氏无针乌贼 *Sepiella maindroni* de Rochebrune 等的内壳、墨囊、缠卵腺等均入药,其内壳即为中药海螵蛸。

(2) 枪乌贼科 Loliginidae:内壳角质,披针形。体圆锥形,肉鳍较大,位于胴后。眼球外具薄膜。闭锁槽略呈狭长形,腕吸盘 2 行。我国已发现 11 种,中国枪乌贼 *Loligo chinensis* Gray

(图 8-17)等的全体入药,肉是食用佳品。

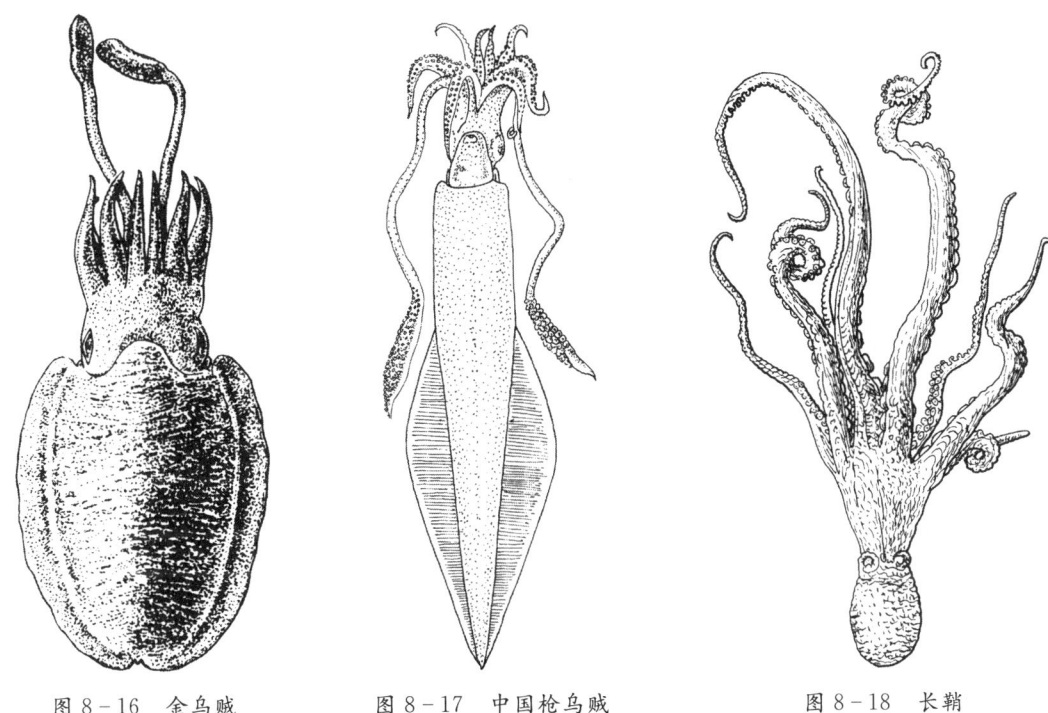

图 8-16　金乌贼　　　　图 8-17　中国枪乌贼　　　　图 8-18　长蛸

2. 八腕目 Octopoda　无壳,腕 8 条,均较长,大小相同。吸盘无柄,也无角质环及小齿。鳍小或缺,胴长短于腕长,胴部以皮肤突起,凹陷或以闭锁器与漏斗基部嵌合相连。内壳退化。雌体不具缠卵器,本目为 13 科,其中章鱼科 Octopodidae 有药用种类。

章鱼科 Octopodidae:贝壳退化,体无鳍,腕长,彼此相似。腕间膜一般短小,腕吸盘 2 行,少数单行或 3 行。右侧第三腕茎化,末端呈匙状。鳃发育正常,具内外 2 半叶。嗉囊通常发达。有墨囊。漏斗器呈"W"形或"儿"形。海产。中国近海发现的蛸类有 7 种,3 种药用。如长蛸 *Octopus variabilis* (Sasaki)(图 8-18)、短蛸 *Octopus ocellatus* Gray 的全体干燥入药。

第三节　软体动物门药用动物举要

软体动物中有药用价值的种类较多,据统计,有记载的可供药用的有 198 种,涉及本门动物 4 纲 17 目 52 科。

现将主要药用软体动物举要如下。

一、背角无齿蚌 *Anodonta woodiana* Lea

为瓣鳃纲真瓣鳃目蚌科动物,又名河蚌,广泛分布于江河湖泊或水田的水底泥沙中。

1. 外部形态及内部构造

（1）外部形态：体侧扁，两侧对称，外被瓣状贝壳2个，壳的前端钝圆，后端稍尖，背面铰合，腹缘分离，铰合部有富于弹性的角质韧带，有使贝壳启闭的功能。壳近前端的背方稍隆起，称为壳顶。壳表面有以壳顶为中心的同心圆环纹，称生长线，表示壳之生长层次。

贝壳内为河蚌柔软的体部，可分为外套膜、鳃、足、内脏团4部分。外套膜位于体之两侧，并与同侧之贝壳紧贴，其背面与内脏团皮肤相连，腹缘游离，但生活时左右外套膜之腹缘紧靠，因此构成了1个外套膜腔。在外套腔的后缘，两外套膜囊完全紧闭部分，留下两个像管子一样的地方，上面一个叫出水管，下面一个叫进水管。鳃在外套膜基部，内脏团两侧。足在体之前端腹面，呈斧状，可从外套膜边缘伸出壳外。足的背方为内脏团，各内脏器官藏于内（图8-19）。

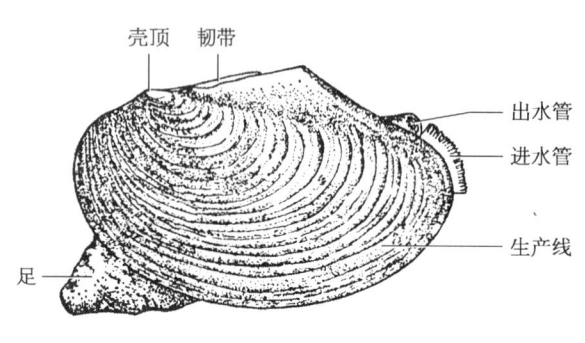

图 8-19 背角无齿蚌的外形图
（仿江静波《无脊椎动物学》）

（2）内部构造：背角无齿蚌的肌肉主要有闭壳肌（adductor）、缩足肌（retractor）、伸足肌（protractor），分别司贝壳的启闭和足的伸缩。闭壳肌在内脏团前后各有1束，连于两壳之间，收缩时壳闭合，松弛时借助韧带的弹力使壳张开。缩足肌位于前后闭壳肌附近各有1束，司足的收缩。伸足肌1束，位于前端（图8-20a），司伸足的功能。

口位于体前端、前闭壳肌的后下方，无口腔也无齿舌，口的左右两侧各具有触唇两片。口下接一短食道，食道通入膨大的胃，胃的周围有1对大的消化腺或称肝脏，有管通入胃中，肝脏富含淀粉酶和糖原酶。胃后是肠，盘旋于生殖腺之间，后穿过围心脏中的心室，在后闭壳肌后方以肛门开口于出水管之内侧。胃肠内有一胶质的晶杆，依靠胃液的酸化作用，晶杆能释放出糖原酶，帮助消化食物（图8-20b）。

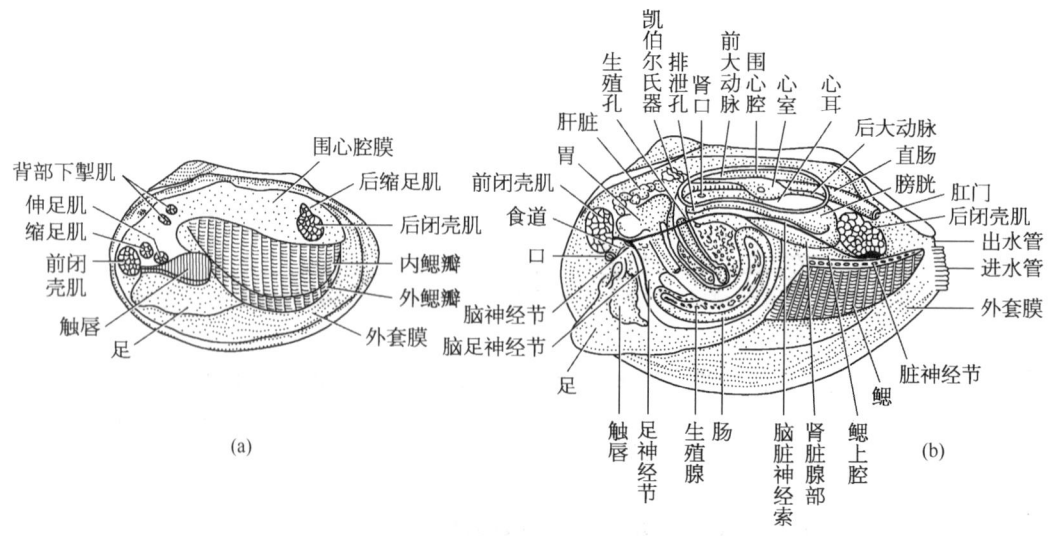

图 8-20 背角无齿蚌的解剖
(a) 软体部的外形　(b) 内部构造

背角无齿蚌的主要呼吸作用是靠鳃来进行的。鳃位于外套膜腔内,左右两侧各具有 1 鳃,每鳃又分为内外 2 瓣,每瓣又由 2 鳃叶构成,两鳃叶间有许多板间联系把其内脏分成许多鳃水管,其上为鳃上腔(suprabranchial chamber)。鳃叶由许多鳃丝(branchial filament)构成,每一鳃丝内有 2 角质柱,具支持作用。鳃丝间有丝间联系,互相连接;丝间联系有许多小孔,是水流入鳃水管的地方。鳃丝上有许多纤毛,外套膜内面也有纤毛,纤毛的摆动促进水在体内流动。水自进水管流入外套腔,由入鳃小孔进入鳃水管,再到鳃上腔,经出水管流出体外。水流过鳃时,即进行气体交换(图 8-21)。

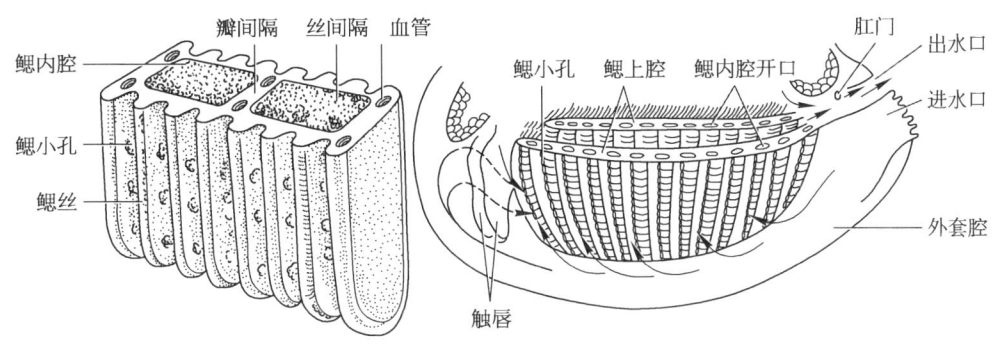

图 8-21 背角无齿蚌的呼吸系统
(仿江静波《无脊椎动物学》)

此外,外套膜上有许多血管分布,也能进行气体交换,起部分呼吸作用。

背角无齿蚌属开管循环,由心脏、血管、血窦三部分组成。心脏位于围心腔中,由 1 个卵圆形心室和 2 个三角形心耳构成。在心室与心耳间,有两片半圆形的耳室瓣相隔,使血液只能从心耳流入心室。心室收缩时,血液从心室流出后,经血管、微血管而进入血窦中。含有二氧化碳的血液不断被送入静脉中,再经肾和鳃排出代谢产物及交换气体后流入心耳(图 8-22)。

背角无齿蚌的排泄器官有两种,一种为肾脏,由后肾管演变而成;另一种为围心腔腺。肾脏位于围心腔腹面两侧,呈"V"字形,又称鲍雅氏器(Bojanu's organ),由腺体部(肾体)和管状部(膀胱)互相连接而成。腺体部在腹方,黑褐色,壁厚,海绵

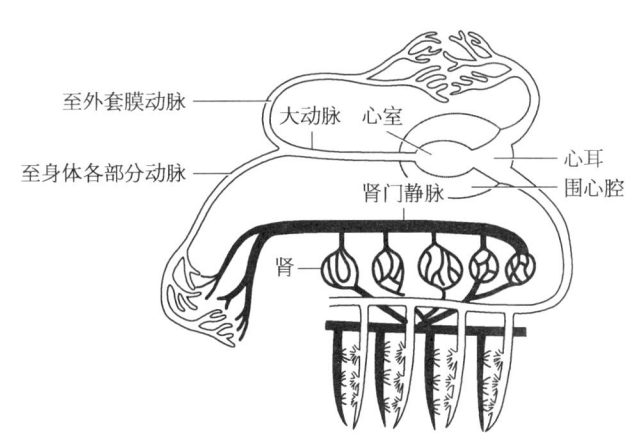

图 8-22 背角无齿蚌的血液循环
(仿江静波《无脊椎动物学》)

状,以具纤毛的肾口通围心腔底壁。管状部在背方,壁薄,具纤毛,末端以肾孔开口于内鳃的鳃上腔中。肾脏一方面接受来自围心腔的排泄物,另一方面接受腺体部自血液中提取的排泄物,经膀胱从肾孔排至鳃上腔,再随水流排出体外(图 8-20b)。

围心腔腺,又称凯伯尔氏器(Keber's organ),是一种赤褐色的分支腺体,位于围心腔前端

两侧,无特别的管子,由一列扁平上皮细胞和网状结缔组织构成,中间充满微血管。腺体能自血液中提取代谢产物,送入围心腔,再经肾脏排出。

背角无齿蚌的神经系统不发达,由脑、脏、足3对神经节组成。脑神经节1对,由脑、侧神经节愈合而成,在食道两侧;脏神经1对,位于后闭壳肌腹面;足神经1对,位于足基部中央(图8-20b)。脑神经节与脏神经节、足脏神经节之间,分别以脑脏神经连索和脑足神经连索接连,各神经节还发出许多神经分布于体之各部。

感觉器官不发达。无眼,有1对平衡器司平衡功能,位于足神经节后方;还有1对黄色的嗅检器,能识别水质,位于脏神经节下面。此外,在唇瓣上皮、入水管乳突,以及外套膜内面,还分布有许多感觉细胞。

雌雄异体,形态上无大差异。有生殖腺1对,葡萄状,位于足上部内脏囊中肠管迂回部。生殖期间,精巢白色,卵巢黄色。每一生殖腺体都以短管通至鳃上腔。约在每年8月进行生殖,雄蚌从生殖孔排出精子,经鳃上腔由出水管排出体外,随水进入雌蚌的鳃水管中,雌蚌排出的卵经鳃上腔至鳃水管与精子结合,在鳃中发育成钩介幼虫,到第二年春天,随水流经鳃上腔、出水管离开母体,由倒钩和足丝(byssus)附着于鱼鳃或鳍上,作暂时性寄生,继续发育后由鱼体脱落,在水底发育成为营自由生活的河蚌。

2. 药用 背角无齿蚌的贝壳洗净,刮去黑皮,研成粉末或煅灰供药用,称蚌粉。肉即内脏团,药用称蚌肉。在剖杀河蚌时收集体内分泌液供药用,称蚌泪。珍珠囊中形成的无核珍珠为名贵药材。

(1) 蚌粉:始载于《日华子本草》,谓:"烂壳为粉,饮下。主反胃,心胸间痰饮。"味咸,性寒。归肺、肝、胃经。《纲目》:"咸,寒,无毒";《本草再新》:"入肝、肺、胃三经。"功能化痰消积,清热燥湿。用治痰热咳嗽,胃痛,呕逆,白带,痈肿,湿疮等症。《纲目》:"清热燥湿,化痰消积。止白浊、带下、痢疾、除湿肿、水嗽、明目、擦阴疮、湿疮、痱痒。"临床报道蚌粉治疗胃及十二指肠溃疡有效。

蚌粉的主要成分为碳酸钙,约占95%,以及磷酸钙、碳酸镁等无机盐类,此外还有壳角质。

(2) 蚌肉:始载于《食疗本草》,谓:"主大热,解酒毒,止渴,去眼赤。"味甘、咸,性寒。归肝、肾二经。(《纲目》:"甘、咸,冷,无毒";《本草再新》:"入肝、肾二经。")功能清热滋阴,明目,解毒。用治烦热,消渴,血崩,带下,痔瘘,目赤,湿疹。《日华子》:"明目,止消渴,除烦,解热毒,补妇人虚劳、下血,并痔瘘、血崩、带下,压丹石药毒。"药理研究表明蚌肉具有抗肿瘤、提高特异性和非特异性免疫功能的作用。

(3) 蚌泪:始载于《本草拾遗》。味甘,性寒。功能清热止渴,明目,解毒。用治消渴,赤眼,烫伤,鼻疔。

珍珠的药用记载,见合浦珠母贝项下。

与背角无齿蚌同等入药的种类有褶纹冠蚌 *Cristaria plicata* Leach(图8-10a)、三角帆蚌 *Hyriopsis cumingii* Lea、背瘤丽蚌 *Lamprotula leai* (Gray)、射线裂脊蚌 *Schistodesmus lampreyanus* Baird et Adams、圆顶珠蚌 *Unio douglasiae* Griffith et Pidgeon 等(图8-23)。

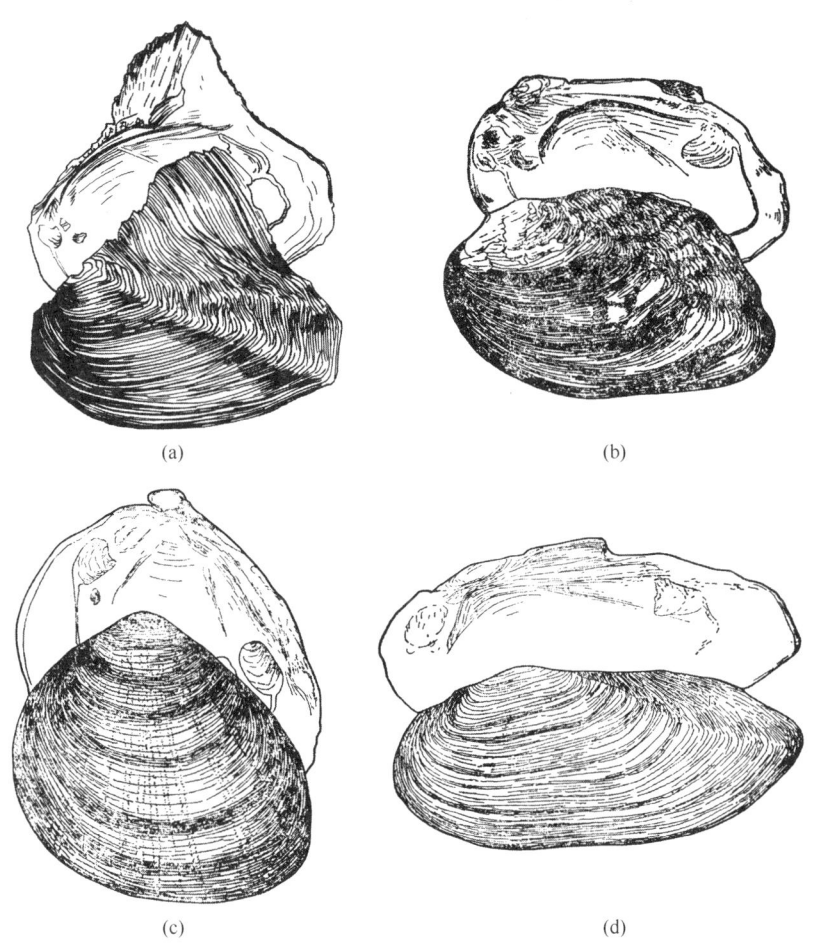

图 8-23 几种药用蚌(仿刘月英《中国经济动物志——淡水软体动物》)

(a) 三角帆蚌 (b) 背瘤丽蚌 (c) 射线裂脊蚌 (d) 圆顶珠蚌

蚌科 Unionidae 药用种类检索表

1(10) 贝壳的背缘铰合部具铰合齿。
2(3) 铰合齿不很发达,无拟主齿,贝壳的后缘向外伸展成为大型的
　　冠状 ··· 褶纹冠蚌 *Cristaria plicata* Leach
3(2) 铰合齿发达,除具侧齿之外,还具拟主齿,贝壳的后背缘向上伸展成大型的帆,或不伸展成帆。
4(5) 贝壳的后背缘向上伸展成为大型的帆 ·· 三角帆蚌 *Hyriopsis cumingii* Lea
5(4) 贝壳的后背缘不向上伸展成帆。
6(7) 贝壳表面具有以壳顶为中心的宽大的同心环脊 ················· 射线裂脊蚌 *Schistodesmus lampreyanus* Baird et Adams
7(6) 贝壳表面不具有宽大的同心环脊。
8(9) 贝壳外形略呈椭圆形,壳面极粗糙,背部具瘤状结节,常与壳
　　面的粗肋相接成为人字形 ·· 背瘤丽蚌 *Lamprotula leai* (Gray)
9(8) 贝壳外形长椭圆形,表面无瘤状结节,常与壳面的粗肋相接成
　　为人字形 ·· 杜氏珠蚌 *Unio douglasiae* Griffith et Pidgeon
10(1) 贝壳背缘铰合部无铰合齿,贝壳不太膨胀,呈角突
　　卵圆形 ·· 背角无齿蚌 *Anodonta woodiana* Lea

二、金乌贼 *Sepia esculenta* Hoyle

为头足纲十腕目乌贼科动物,又名墨鱼、乌子、乌鱼。浅海性生活,主要栖息于暖温带海区,多栖居于中下层海域。分布于渤海、黄海、东海、南海及菲律宾岛海域。

1. 外部及内部构造

(1) 外部形态:身体两侧对称,分为头、足、躯干 3 部分。头部发达,圆形,前端中央有口,两侧有发达的眼各 1 个。足特化为腕(arm)及漏斗(funnel),腕生于口周围共 10 条,其中 2 腕很长,称触腕(tentacular arm)或触手,腕内侧具圆形的吸盘(sucker)。腕的主要功能为运动定向、捕食和感觉。雄乌贼左侧第五腕生殖时有送精荚作用,又名生殖腕,此腕上吸盘较少,借此可识别雌雄。头后较细小的部分为颈,将头部和躯干部联系起来,颈的腹面为一肌肉质的圆锥形管子,称漏斗,是一个特殊的运动器,并且是排泄物、生殖产物、呼吸的水、墨汁的出口。漏斗的内口大,外口小,内有 1 个瓣膜。躯干部宽大,背腹略扁,呈椭圆形,背面颜色较深,腹面颜色较浅,躯干部左右两侧有鳍,可帮助身体游泳或升降。躯干部外围是一个厚的肌肉质的外套膜围着内脏团,外套膜与内脏团两者在背面及侧面相连,在腹面则相分离,因此便形成了一个大型的外套腔,在颈部下方以一宽的开口与外界相通。中间就是漏斗的基部,漏斗上有 2 个凹软骨,正好与外套膜上 2 个凸软骨相嵌合,构成了腹面的闭锁器(adhering apparatus)。外界水流从颈部两侧外套腔开口处流入外套腔,水充满后紧扣闭锁器,外套膜同时产生收缩,使水从外套腔通过漏斗急剧喷出,从而推动乌贼在水中迅速运行。乌贼漏斗中的水管既可向前直伸,也可反折向后,因此乌贼向前或向后运动均可自如。乌贼体表皮肤薄而柔软,其中含有许多色素细胞(chromatophore),细胞壁富有弹性,周围有许多放射状的肌肉纤维牵引。这些细胞与脑神经节分枝的神经末梢相连。当冲动使放射状肌纤维收缩时,色素细胞体扩大成星芒状,肌肉松弛时又回复原来的形状。因此,乌贼可随色素细胞的扩大或缩小而使身体颜色迅速变化,以此来适应环境,保护自身。乌贼没有外壳,而在躯干部的背面外套膜内有一块石灰质的"骨骼",叫内壳,又称海螵蛸,是疏松的石灰质结构,其间的空隙处充满气体可减轻身体的比重有利于游泳(图 8-16)。

(2) 内部构造(图 8-24):口腔发达,有 2 个鸟喙状的角质颚,用以咬碎食物,其后还有一个表面盖着具锯齿突的几丁质的薄片称齿舌,能磨烂食物。在口腔背面有前唾液腺 1 对,在肝脏上方有后唾液腺 1 对,均有管道通口腔。口腔后面是细长的食道,通入一囊状的胃,与胃相连接的有一膨大的胃盲囊,盲囊内具有多

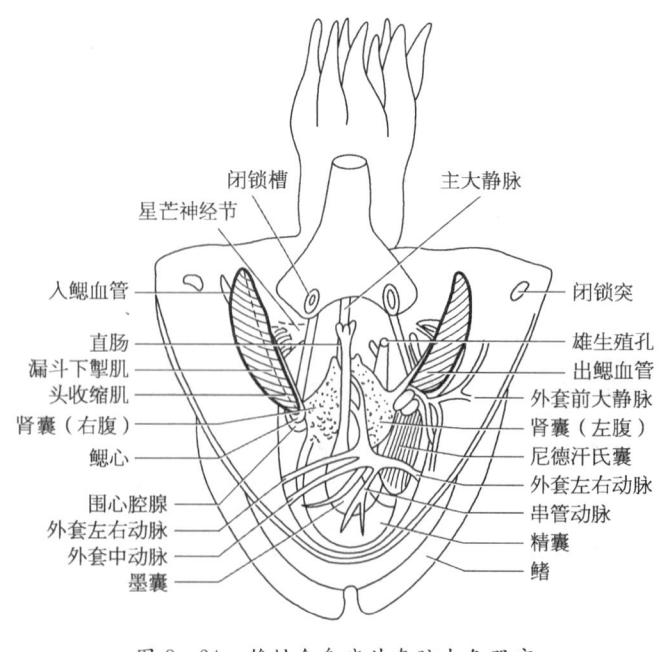

图 8-24 雄性金乌贼外套腔中各器官
(仿张玺《贝类学纲要》)

个纤毛皱襞,可防止未磨碎的食物进入小肠。肠管从胃盲囊开始折向前行,其末端为肛门开口于外套腔中。消化腺肝脏为 1 对,位于食道两侧。胰腺 1 对为泡状体,位于肝管的基部,两者均通入胃中,并通过一条小沟从胃再流入胃盲囊内。胃的附近有一墨囊,有管与直肠并行,其末端与肛门共同开口于外套腔,墨囊内有墨腺,能分泌墨汁储藏于囊中,必要时墨汁可释放出来,通过肛门排入外套腔内,与水流一起从漏斗放出,将海水染黑,掩护自身而进行捕捉食物或逃避敌人(图 8 - 25)。

乌贼以鳃进行呼吸。鳃为羽状,1 对,位于外套腔内,鳃中有血管分布在外套腔中与新鲜海水进行气体交换。乌贼的循环系统发达,属闭管式。心脏位于躯干部腹面胃上方退化的围心腔中,由 1 心室 2 心耳组成,心耳在心室两旁,耳室间有瓣膜相隔,以防止血液从心室倒流回心耳。主要的动脉有从心室发出往前行的前行大动脉和往后行的后行大动脉等,分别携带血液到身体前后方各部分的微血管,然后从微血管集合到小静脉,再集合到大静脉。主要的静脉有前大静脉、腹大静脉等,静脉血流入 2 鳃基部膨大的鳃心(branchial heart),鳃心能搏动,将血液送入鳃血管,再到鳃丝的微血管进行气体交换,然后,新鲜血液从鳃微血管经出鳃血管流至两边的心耳,最后回到中间的心室,心室收缩血液又流入各动脉,进行再次循环。

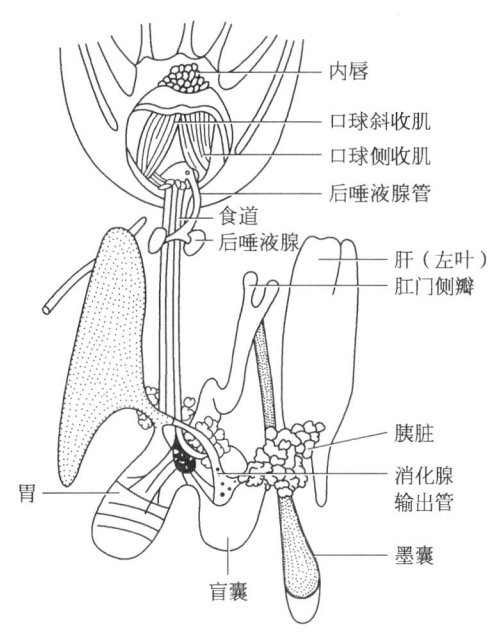

图 8 - 25 金乌贼消化系统腹面观
(仿张玺《贝类学纲要》)

乌贼的排泄器官是一个囊状的肾,由 2 个左右对称的腹囊及 1 个背囊组成。腹囊位于直肠两侧,背囊则在直肠的背方,3 个囊腔都有孔互相沟通。围心腔以 1 对肾围心腔管伸入腹囊内部,管的末端即为肾口。左右两个腹囊在直肠两侧各有一排泄孔开口于外套腔。囊状的肾能从围心腔收集代谢产物并排出。此外,在两条肾静脉的周围有许多海绵状的附属物称排泄组织,亦称围心腔腺,它能从静脉中提取代谢产物注入肾囊内,行使排泄的功能(图 8 - 26)。

乌贼的神经系统发达,由中枢神经、周围神经及交感神经系统 3 个部分组成。中枢神经系统包括脑神经节、足神经节、侧脏神经节,由这些神经节组成为脑,位于食道周围,由软骨包围着。脑神经节位于食道背面,发出嗅神经、视觉神经,其中视觉神

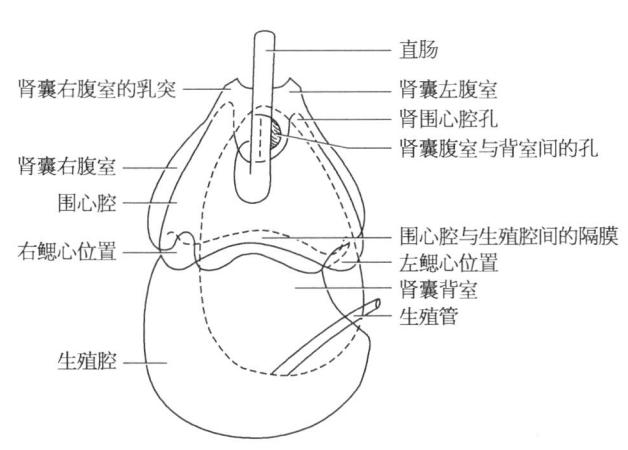

图 8 - 26 金乌贼排泄系统
(仿张玺《贝类学纲要》)

经的基部到达眼球内侧膨大成视神经节。侧神经节在食道的腹面、脑神经节的下部稍后方,由它发出两条脏神经通往外套膜及漏斗、墨囊等内脏器官。足神经节在侧脏神经节的前方,发出的神经至各腕和漏斗,在 10 条腕神经的基部膨大成腕神经节。乌贼的周围神经系统包括分布在外套内表面的 1 对星芒状神经节和分布于胃壁的 1 个胃神经节,以及所有的外周神经。乌贼的交感神经包括口球下神经节及由它分出的一些神经,包括大小腭神经以及两条到胃、肝、肠等的交感神经(图 8-27)。

乌贼的感官十分发达,位于头部两侧的眼,其结构与高等脊椎动物相似,只是起源不同而已。眼的前面有假角膜,后面有巩膜,此外还有虹膜、瞳孔、水晶体、睫状肌等构造,巩膜之内有视网膜,还有视神经节等,构成了一个完善的视觉器官。此外,在脑下还有 2 个平衡囊,司身体平衡。

乌贼是雌雄异体,生殖腺只有 1 个,位于外套腔末端,由体腔囊形成的生殖囊包被着。雄性乌贼有精巢 1 个,呈囊状,输精管由精巢发出,在输精管

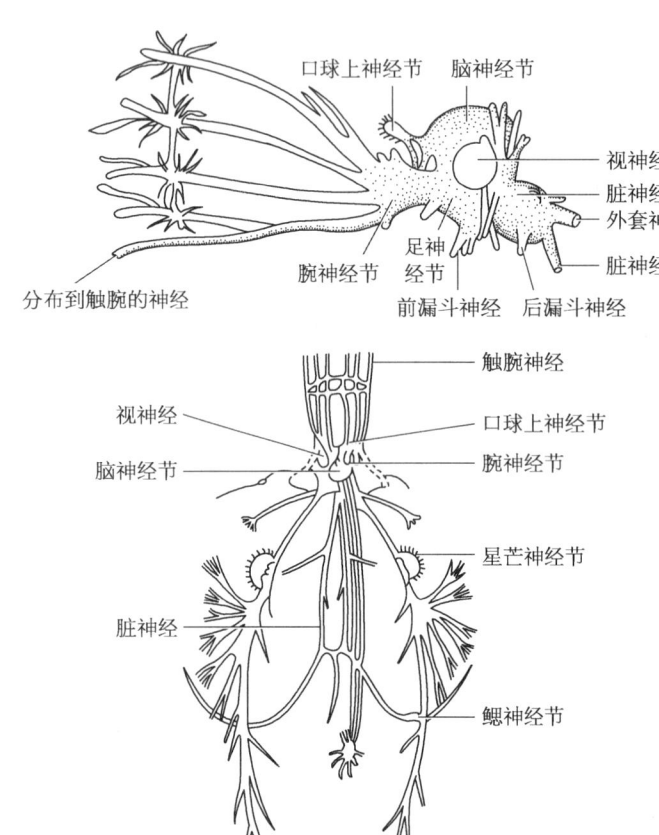

图 8-27 金乌贼的脑和神经系统
(仿张玺《贝类学纲要》)

上有贮精囊和摄护腺,输精管的末端膨大成精夹囊,最后为阴茎,以生殖孔开口于外套腔。雌性有卵巢 1 个,亦成囊状,与输卵管相连接,末端为生殖孔,也开口于外套腔。输卵管开口附近有输卵管腺,是一个分泌腺体,可以帮助卵形成外膜。此外,在肾囊的腹面,有 1 对卵圆形的附属腺体,开口于外套腔,称为缠卵腺(nidamental gland),也能分泌腺体,能帮助形成卵的外膜。同时还可以将卵缀在一起,黏附于它物之上。乌贼的受精卵在发育时行盘状卵裂,直接发育成小乌贼,没有幼虫期(图 8-28a、b)。

2. 药用 金乌贼的骨状内壳药用,称海螵蛸,又名乌贼骨。其肉、墨囊等亦可供药用。

(1) 海螵蛸:原名乌贼鱼骨,始载于《本经》,列为中品。《本草纲目》记载:"乌鲗骨,厥阴血分药也,其味咸而走血也。"

呈扁长椭圆形,中间厚,边缘薄。长 13～23 cm,宽约 6.5 cm,背面疣点明显,略呈层状排列,腹面有细密波状层纹占全体大部分,中间有纵向浅槽;尾部角质缘渐宽,向腹面翘起,末端有 1 骨针,多已脱落。

味咸、涩,性温。归脾、肾经。《本经》:"味咸,微温。"功能收敛止血,涩精止带,制酸,敛疮。

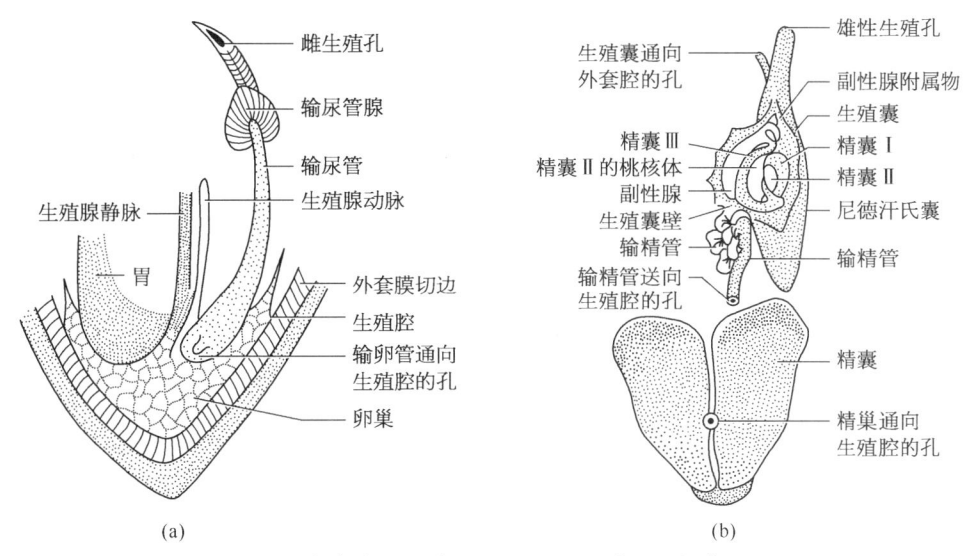

图 8-28　金乌贼生殖系统腹面观(仿张玺《贝类学纲要》)
(a) 雌性生殖系统　(b) 雄性生殖系统

用治胃痛吞酸,吐血衄血,崩漏便血,遗精滑精,赤白带下;溃疡病。外治损伤出血,疮多脓汁。《品汇精要》:"止精滑,去目翳。"《纲目》:"主女子血枯病,伤肝唾血下血,治疟消瘿。"现代药理研究表明,本品具有促进骨折愈合、抗溃疡作用,还具有抗辐射、调节和促进免疫作用。临床报道治疗胃、十二指肠溃疡及出血、浅度溃疡期褥疮等有效。

贝壳主要含碳酸钙 80% 以上,其煅品含量增高;还含壳角质 6%～7%,黏液汁 10%～15%,少量磷酸钙、氯化钠及镁、钾、锌、铜、铁、锰、铝等 10 多种无机元素。此外,内壳的盐酸水解液中含甲硫氨酸、天冬氨酸、谷氨酸等 17 种氨基酸。

(2) 乌贼肉:始载于《名医别录》,记载:"益气强志。"味咸,性平。归肝、肾经。功能养血滋阴。用治血虚经闭,崩漏带下等。《医林纂要·药性》:"咸,平。补心通脉,和血清肾,去热保精,作脍食,大能养血滋阴,明目去热。"

乌贼肌肉中含水分 77%,粗蛋白 19%,粗脂肪 1.4%,灰分 2.6%,还含有钙、磷、铁、维生素 B_1 及 B_2、烟酸等。

(3) 乌贼墨:始载于《本草拾遗》,称乌贼鱼腹中墨。乌贼墨存在于乌贼的墨囊内,乌贼墨汁是肉眼看不见的黑色颗粒构成的黏稠的混悬浮,每毫升含 200 mg 颗粒。

味苦,性平。功能收敛止血。用治消化道出血、肺结核咯血及功能性子宫出血等。《本草纲目》记载:"血刺心痛,醋磨服之。"为具有广泛性止血作用的止血药。现代药理研究表明,乌贼墨对试验性动物急性放射病有预防作用,具抗肿瘤、提高免疫功能以及促凝血作用。临床研究报道单用乌贼墨对功能性子宫出血、溃疡、胃炎引起的消化道出血和冠心病有效。

主要成分为乌贼墨黑色素(melanin),为吲哚醌的聚合物,相对分子质量为 450～1 200,主要成分为 5,6-二羟基吲哚-2-羧酸(5,6-dihydroxyindole-2-carboxylic acid),尚含 5,6-二羟基吲哚(5,6-dihydroxyindole);还含有与蛋白质分子相连的黏多糖(mucopolysaccharide)。

与金乌贼同等入药的种类有无针乌贼(曼氏无针乌贼)*Sepiella maindroni* de Rochebrune、针乌贼 *Sepia andreana* Steenstrup 等(图 8-29a、b)。

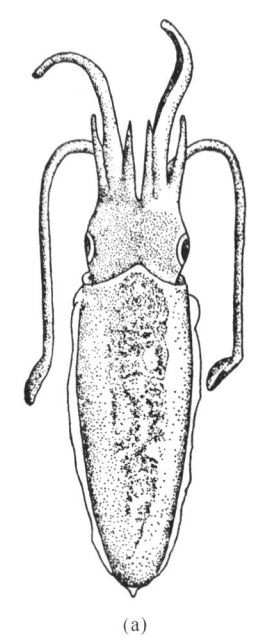 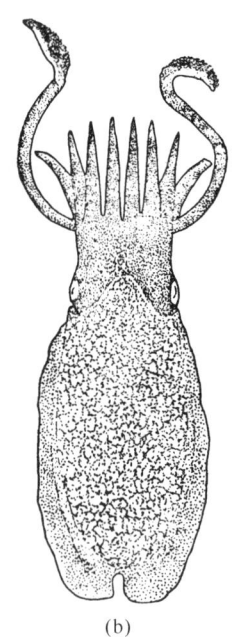

图 8-29 针乌贼(a)和曼氏无针乌贼(b)

乌贼属 Sepia 常见种检索表

1(12) 触腕吸盘大小相近。
2(7) 背部具斑纹。
3(4) 背部具条斑 ··· 金乌贼 Sepia esculenta Hoyle
4(3) 背部不具条斑。
5(6) 背部具点斑 ··· 目乌贼 Sepia aculeata Orbigny
6(5) 背部具目状斑 ··· 拟目乌贼 Sepia lycidas Gray
7(2) 背部不具斑纹。
8(11) 触腕吸盘具齿。
9(10) 内壳横纹面呈单峰状 ··· 罗氏乌贼 Sepia robsoni Sasaki
10(9) 内壳横纹面呈双峰状 ··· 神户乌贼 Sepia kobiensis Hoyle
11(8) 角腕吸盘不具齿 ··· 椭乌贼 Sepia elliptica Hoyle
12(1) 触腕吸盘大小不等。
13(16) 背部具斑纹。
14(15) 背部具点斑 ··· 白斑乌贼 Sepia latimanus Quoy et Gaimard
15(14) 背部具条斑 ··· 虎斑乌贼 Sepia pharaonis Ehrenberg
16(13) 背部不具斑纹。
17(18) 触腕大吸盘角质环具齿 ··· 针乌贼 Sepia andreana Steenstrup
18(17) 触腕大吸盘角质环不具齿 ··· 珠乌贼 Sepia torosa Ortmann

三、泥蚶 *Arca granosa* Linnaeus

为瓣鳃纲列齿目蚶科动物,又名蚶壳、蚶子、瓦垄子。生活于浅海软泥滩中,并常发现于有淡水流入处。我国沿海有分布,主产山东、浙江、福建、广东等地,并有人工养殖。

1. 形态 贝壳大,极坚厚,两壳相等,呈卵圆形,相当膨胀。背部两端呈钝角,腹边圆,壳顶凸出,尖端向内卷曲,位置偏于前方。表面放射肋发达,有 18～21 条,肋上具有极显著的颗粒状结节。壳表面白色,被褐色薄皮,生长轮脉在腹缘明显,略呈鳞片层。韧带面呈箭头状,韧带角质,黑色,分布菱形沟(图 8-8)。

2. **药用** 泥蚶的贝壳及肉药用。

(1) 瓦楞子:为泥蚶除去肉之贝壳,经干燥、碾碎生用或煅用。始载于《名医别录》,原名魁蛤,列为上品。

贝壳呈三角形或扇形,长 2.5～4 cm,高 2～3 cm。壳外面无棕褐色茸毛,放射肋 18～21 条,肋上有颗粒状突起,绞合齿约 40 枚。

味咸,性平。归肺、胃、肝经。《纲目》:"甘、咸,平,无毒。"功能消痰化瘀,软坚散结,制酸止痛。用治顽痰积结,黏稠难咯,瘰疬,瘿瘤,癥瘕痞块,胃痛泛酸。《丹溪心法》:"消血块,化痰积。"《纲目》:"连肉烧存性,研敷小儿走马牙疳。"

瓦楞子中主要成分为碳酸钙,口服可中和胃酸,减轻嗳酸、胃痛等症状,起到收敛制酸、止痛的作用,对治疗胃及十二指肠溃疡胃酸过多有效。据报道,瓦楞子与甘草合用治疗胃及十二指肠溃疡有效。

主要含碳酸钙 90% 以上,另含少量磷酸钙,总钙量在 93% 以上(按碳酸钙计);有机质约 1.7%;还含少量镁、铁、硅酸盐、硫酸盐、氯化物。煅烧后,有机质被破坏,碳酸钙分解,产生氧化钙等。

(2) 蚶肉:为泥蚶除去贝壳之内脏团,名蚶。始载于《别录》。味甘,性温。归脾、胃经。功能补气养血,温中健胃。用治血虚痿痹,胃痛,消化不良,下痢脓血等症。蚶肉含蛋白,脂肪,糖原及维生素 A、B_1、B_2,尼克酸等。泥蚶肉组织提取物对葡萄球菌、大肠杆菌有较强的抑制作用。

与泥蚶同等入药的同属动物尚有毛蚶 *Arca subcrenata* Lischke、魁蚶 *Arca inflata* Reeve 等(图 8-30)。

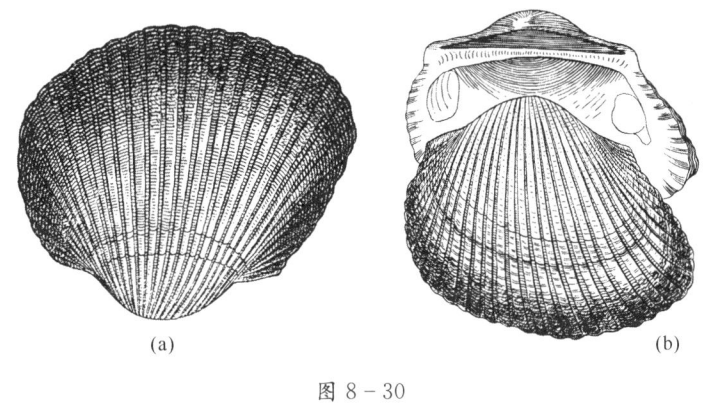

图 8-30
(a) 魁蚶 (b) 毛蚶

蚶属 *Arca* 药用种检索表

1(2) 贝壳卵圆形,两壳相等,表面放射肋 18～21 条,有极显著的
颗粒状结节 ·· 泥蚶 *Arca granosa* Linnaeus
2(1) 贝壳斜卵圆形长卵圆形,两壳多少不等。
3(4) 壳表面放射肋 30 余条,有部分方形结节状突起 ·························· 毛蚶 *Arca subcrenata* Lischke
4(3) 壳面放射肋 42～48 条,平滑无明显的结节状突起 ······················· 魁蚶 *Arca inflata* Reeve

四、紫贻贝 *Mytilus galloprovincialis* Lamarck

为瓣鳃纲异柱目贻贝科动物,习称贻贝,又名海红。我国的黄海和渤海均有分布,以辽宁沿海数量最多,山东沿海次之。大连、烟台等地都有大量养殖,福建近年也在进行南移试养。

1. **形态** 贝壳呈楔形或不等三角形,壳长度不及高的 2 倍,宽度为高的 1/4~1/3,一般壳长 60~80 mm。壳质薄,前端尖细,后端宽广,壳顶在壳的最前端,前方具有淡褐色菱形小月面。壳腹缘较直,足丝伸出处略凹入。背缘与腹缘形成的夹角大于 45°。贝壳后缘宽而圆。壳表面自壳顶沿腹缘向后突起,约伸延至背缘中部时渐收缩,使整个背缘成一弧形。生长线细而明显,自壳顶始,或环形排列生长,放射肋不明显。壳皮黑褐色,具有光泽,并包被壳的边缘,壳顶及腹缘常呈淡褐色。贝壳内表面白色或淡紫色,具珍珠光泽(壳内缘除铰合部外皆为深蓝色)。全壳内缘还被壳表卷入的暗绿色角质狭缘包被。外套肌痕及闭壳肌痕明显,前闭壳肌痕小,半月形,位于壳顶下方;后闭壳肌大,椭圆形,位于后端略偏背缘。缩足肌和足丝收缩肌的痕迹愈合成一狭长的带,并与后闭壳肌痕相连。壳顶具有不发达的铰合齿 2~12 个,铰合部长,约等于壳长的 1/2。韧带深褐色,约与铰合部等长(图 8-9a)。

2. **药用** 紫贻贝除去贝壳的干燥体可供药用,称淡菜。始载于《本草拾遗》,称东海夫人,并记载:"东海夫人生南海,似珠母,一头尖,中衔少毛。"《本草纲目》上称海蚌,并记载:"淡以味,壳以形,夫人以似名也。"

味甘、咸,性温。归肝、肾经。《本草拾遗》:"味甘,温,无毒。"功能补肝肾,益精血,消瘿瘤。用治虚劳羸瘦,眩晕,盗汗,阳痿,腰痛,吐血,崩漏,带下,瘿瘤,疝瘕等症。《食疗本草》:"补虚劳损,产后血结,腹内冷痛,治癥瘕,腰痛,润毛发,崩中带下……"《本草拾遗》:"主虚羸劳损,因产瘦瘠,血气结积,腹冷,肠鸣下痢,带下,疝瘕。"《嘉祐本草》:"治虚劳伤惫,精血少者,及吐血,妇人带下,漏下,丈夫久痢……"《纲目》:"消瘿气。"现代药理研究表明,本品具抗心律失常、抗心肌缺血、抗血栓、抗动脉粥样硬化、降血压、收缩子宫以及延缓衰老等药理作用。

本品含胆甾醇、5,7-胆甾-二烯-3β-醇(5,7-cholesta-dien-3β-ol)、24-甲基胆甾-5,7,22-三烯-3β-醇(24-methyl-cholesta-5,7,22-trien-3β-ol)、石房蛤毒素(saxitoxin)、富胱氨酸多酚蛋白质(cystine-rich polyphenolic protein)、乙酰胆碱酯酶(acetylcholinesterase)、有机锡类化合物、多糖、脂类及肽类。

与贻贝同等入药的同科动物尚有厚壳贻贝 *Mytilus coruscus* Gould、偏顶蛤 *Modiolus*(*Modiolus*)*modiolus* (Linnaeus)、凸壳肌蛤(寻氏肌蛤)*Musculus senhousia* (Benson)等(图 8-31)。

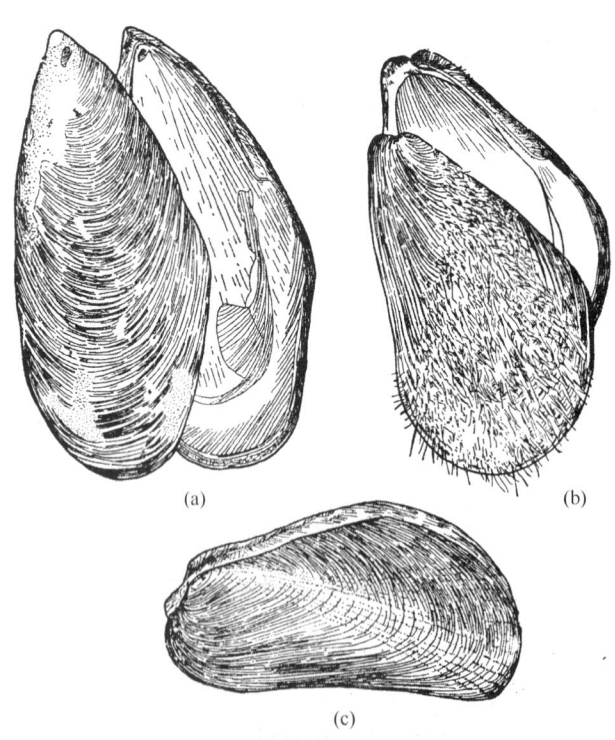

图 8-31 厚壳贻贝(a)、偏顶蛤(b)和凸壳肌蛤(c)(原图 7-28)
(仿齐钟彦《中国经济动物志——海产软体动物》)

贻贝科 Mytillidae 药用种检索表

1(4) 贝壳呈楔形,壳顶位于的最前端。
2(3) 壳稍小,壳质较薄;小月面较清楚,具有～5 个
放射褶 ·· 紫贻贝 *Mytilus galloprovincialis* Lamarck
3(2) 壳大,重厚;小月面与壳皮分不清,无小放射褶 ·························· 厚壳贻贝 *Mytilus coruscus* Gould
4(1) 贝壳非楔形,壳顶不位于壳的最前端。
5(6) 贝壳较大,略呈卵圆形,坚厚,壳顶偏,壳面从背侧至后端生有黄色粗壮的
扁形毛 ·· 偏顶蛤 *Modiolus* (*Modiolus*) *modiolus* (Linnaeus)
6(5) 贝壳较小,较薄而脆,壳面具淡褐色的放射线
和褐色或淡紫色的波状花纹 ·· 凸壳肌蛤 *Musculus senhousia* (Benson)

五、 合浦珠母贝 *Pinctada fucata martensii*（Dunker）

为瓣鳃纲异柱目珍珠贝科动物,又名马氏珍珠贝,为培育珍珠的优良品种,自古即负盛名。生活于风浪较为平静的海湾中,泥沙、岩礁或石砾较多的海底。分布在广东、广西沿海,尤以北部湾较为常见,广西合浦产量最高。

1. **形态** 贝壳为斜四方形,壳质较脆,壳长 50～90 mm,宽 18～32 mm,高与长相近,较大个体高可达 100 mm 以上。壳顶位于前方,两侧有耳,前耳较后耳稍小,两壳不平,右壳较平,左壳稍凸,右壳前耳下方有一明显的足丝凹陷。背缘平直;腹缘圆,壳面淡黄褐色,同心生长轮纹极细密,成片状,薄脆易脱落,壳中部常呈磨损状,近腹缘的排列紧密,延长成小舌状,末端稍翘起,足丝孔大,足丝呈毛发状。壳内面中部珍珠层厚而发达,具极强的珍珠光泽。有的外套膜受刺激后上皮组织急剧裂殖,形成珍珠囊,且不断分泌珍珠质,才逐渐形成珍珠。壳内面边缘淡黄色,无珍珠层。绞合线较直,有一突起主齿,沿铰合线下方有一长齿片。韧带紫褐色,前上掣肌痕明显,位于壳顶下方,闭壳肌痕大,长圆形,前端稍尖,位于壳中央稍近后方(图 8 - 9b)。

2. **药用** 合浦珠母贝体内得到的无核珍珠及贝壳可供药用。

(1) 珍珠:为合浦珠母贝珍珠囊中形成的无核珍珠,一般多在秋季捕取,用水洗净,再用柔软的布打光即成。珍珠入药始载于《雷公炮炙论》,原名真珠。《本草纲目》记载:"真珠出南海,石决明产也。蜀中李西络女瓜出者是蚌蛤产,光白甚好,不及舶上者采耀,欲穿须将金刚钻也。"海水珍珠主产于广西合浦、廉州、海南、广东、浙江、上海等沿海地区;淡水珍珠主产于安徽宣城、南陵、芜湖、当涂,江苏等地。我国珍珠产量居世界首位。

本品呈类球形、长圆形、卵圆形、棒形等,直径 1.5～8 mm。表面类白色、浅粉红色、浅黄色、浅蓝色等,半透明,光滑或微有凹凸,具特有的彩色光泽。质坚硬,破碎断面显层纹。气微,无味。

本品味甘、咸,性寒。归心、肝经。《纲目》:"咸、甘,寒。"功能安神定志,明目消翳,解毒生肌。用治惊悸怔忡,心烦失眠,惊风癫痫,目生云翳,口舌生疮,溃疡不敛等症。《日华子》:"安心,明目,驻颜色。"《纲目》:"安魂魄,止遗精白浊,解痘疗毒,主难产,下死胎胞衣。"药理研究表明,珍珠可促进创面愈合,延缓衰老,修复眼组织损伤,此外还具抗溃疡、抗氧化、抗肿瘤、抗菌作用。据临床报道可用治疗消化性溃疡,病毒性肝炎,中老年高血压病,老年性白内障,皮肤和软组织缺损及Ⅱ型糖尿病。

珍珠含 16 种无机元素,以碳酸钙为主,次为硅、钠、镁等化合物;并含有角蛋白,其角蛋白含 16 种氨基酸,以丙氨酸、甘氨酸含量较高,次为天冬氨酸、亮氨酸、精氨酸。还含有牛磺酸

(taurine),是治疗子宫功能性出血和慢性肝炎的主要有效成分。珍珠层粉与珍珠的氨基酸种类和含量很相近,可以代用。

(2) 珍珠母 Concha Margaritifera：为合浦珠母贝的贝壳。去肉,洗净,干燥。经煅制供药用。

珍珠母始载于《开宝本草》,列于珍珠项下,但未记载用途。《饮片新参》:"平肝潜阳,安神魂,定惊痫,清热痞,眼翳。"

贝壳呈斜方形,后耳大,前耳小,背缘平直,腹缘圆,生长线极细密,成片状。闭壳肌痕大,长圆形,具有一突起的长形主齿。

本品味咸,性寒。归肝、心经。《中国医学大辞典》:"甘、咸,冷,无毒。入心、肝两经。"具平肝潜阳、定惊明目之功。主治头痛眩晕,烦燥失眠,肝热目赤,肝虚目昏。据药理研究,珍珠粉层有预防和治疗白内障作用、抗胃溃疡作用、抗氧化作用。临床研究表明,珍珠层粉具增强免疫功能,口服珍珠层粉后中老年人的记忆力和运动能力有所改善,细胞免疫功能有所提高;珍珠层粉治疗角膜白斑和小儿智能发育不全有效;珠母层蛋白水解液对引起角膜混浊的胶原分解酶及黏多糖分解酶产生抑制作用,可用于预防和治疗晶体混浊。临床亦用于治疗口腔黏膜溃疡、冠心病、口疮等。

珍珠母主含碳酸钙92%以上,有机物5%,其中以角壳蛋白为主。尚含有铝、铜、铁、镁、钠、锌、磷、钡、硫、氯、钾、硅等多种无机元素。贝壳珍珠层含氨基氮0.35%,其贝壳硬蛋白(conchiolin)由苏氨酸、甘氨酸、脯氨酸、天冬氨酸等17种氨基酸组成。还含有3种非蛋白水解产物氨基酸：牛磺酸、鸟氨酸、丝氨酸磷酸酯。珍珠层粉中的无机元素有钙、钠、钾、镁、硅等16种。贝壳棱柱层含氨基酸以甘氨酸、亮氨酸、丝氨酸、组氨酸为主。珠母层含氨基酸,以丙氨酸、甘氨酸、缬氨酸、天冬氨酸为主。又含磷酸乙醇胺、半乳糖基神经酰氨等。

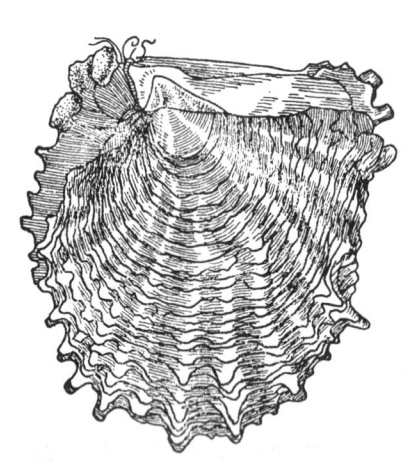

图 8-32 珠母贝

与合浦珠母贝同等入药的同属动物还有珠母贝 *Pinctada margaritifera* (Linnaeus)(图 8-32),其主要特点是：贝壳两片略呈圆形,左壳较右壳大,壳的长度与高度相近,过顶向前弯,位于背缘中部靠前端,左壳顶前方有一凹陷,为足丝的出孔,壳顶前后有耳,壳表面黑褐色,除光滑的壳外,其余部分被有同心形鳞片,有些鳞片呈锯齿状鳞片脱落,留有明显的放射状纹瘢痕。壳内面珍珠层厚,有虹光光彩,边缘黄褐色。

此外,还有蚌科的三角帆蚌、褶纹冠蚌、背角无齿蚌、背瘤丽蚌、射线裂脊蚌、杜氏珠蚌等几种所产的珍珠以及其贝壳同等入药。它们的鉴别特征参见背角无齿蚌项下的蚌科药用种类检索表。

六、近江牡蛎 *Ostrea rivularis* Gould

为瓣鳃纲异柱目牡蛎科动物,生活于低潮线附近至水深7 m左右的江河入海近处,分布甚广,北起东北,南至海南岛沿海,主要分布于辽宁、河北、山东、浙江、福建、广东等地。山东、福建、广东沿海已人工养殖。

1. **形态** 贝壳大型,坚厚,较大者壳长100～240 mm,高70～150 mm。体形多变化,有圆形、卵圆形、三角形和长形。左壳较右壳大而厚,背部为附着面,形状不规则。右壳略扁平,表面环生薄而平直、黄褐色或暗紫色鳞片。1~2年生者,鳞片平薄而脆,有时边缘呈游离状;2年至数年的个体,鳞片平坦,有时后缘起伏略呈水波状;多年生者鳞片层层相叠,甚为坚厚。贝壳内表面白色或灰色,边缘常呈灰紫色,凹凸不平,铰合部不具小齿。韧带紫黑色,韧带槽短而宽,闭壳肌痕甚大,淡黄色,形状常不规则,常随形变化而异,大多为卵圆形或肾脏形,位于壳中部背侧(图8-9c)。

2. **药用** 贝壳可供药用,称牡蛎,由于通常以左贝壳为优,故称左牡蛎。肉亦可供药用。

(1) 牡蛎:近江牡蛎的贝壳可供药用。全年均可采收,除去肉,将贝壳洗净,生用或煅用。牡蛎始载于《神农本草经》,列为上品。《本草纲目》记载:"南海人以其蛎房砌墙,烧灰粉壁,食其肉谓之蛎黄。"

本品呈圆形、卵圆形或三角形。左壳凹陷,大而厚;右壳外面平坦,稍小,有灰、紫、棕、黄等色,环生同心鳞片,幼体者鳞片薄而脆,多年生长后鳞片层层相叠,厚而坚。壳内面白色,边缘有的淡紫色。质硬,断面层状明显,厚2~10 mm。无臭,味微咸。

本品味咸,性微寒。归肝、胆、肾经。《别录》:"微寒,无毒。"《本草备要》:"为肝、肾血分药。"功能重镇安神,潜阳补阴,软坚散结。用治惊悸失眠,眩晕耳鸣,瘰疬痰核、癥瘕痞块。煅牡蛎收敛固涩,用治自汗盗汗,遗精崩带,胃痛吞酸。《药性论》:"主治女子崩中,止盗汗,除风热,止痛。"《纲目》:"化痰软坚,清热除湿。止心脾气痛,痢下,赤白浊;消疝瘕积块,瘿疾结核。"据现代药理研究,牡蛎提取物在活体内对脊髓灰质炎病毒有效;还具延缓衰老、增强免疫功能、镇静、抗实验性胃溃疡及抗动脉粥样硬化作用。

牡蛎的主要化学成分为碳酸钙,含量在92%以上,并含有磷酸钙、硫酸钙。还含有蛋白质,水解液中含天冬氨酸、甘氨酸、谷氨酸等17种氨基酸,总氨基酸的含量为0.15%~0.24%。尚含少量的镁、铝、钠、锶、硅、微量的钛、锰、钡、铜、钾、磷、铬等元素。

(2) 牡蛎肉:肉入药,名牡蛎肉,始载于《本草拾遗》。全年均可采,去壳,取肉,鲜用或晒干。

本品味甘、咸,性平。归心、肝经。功能养血安神,软坚消肿。用治烦热失眠,心神不安,瘰疬。本品食用亦佳,素有"海中牛奶"之称。

含糖原、多种氨基酸、维生素、蛋白质、脂肪等。其中,糖原63.5%,牛磺酸1.3%,多种必需氨基酸1.3%。尚含谷胱甘肽(glutathione)、维生素、碘,以及镁、铁、硒、镍、铬、钼等微量元素。

与近江牡蛎同等入药的同属动物尚有长牡蛎 *Ostrea gigas* Thunberg、大连湾牡蛎 *Ostrea talienwhanensis* Crosse、僧帽牡蛎 *Ostrea cuculata* Born、密鳞牡蛎 *Ostrea denselamellosa* Lischke(图8-33a、b、c、d)以及覆瓦牡蛎 *Ostrea inbticata* Lam等。

牡蛎属 *Ostrea* 药用种类原动物检索表

1(6) 贝壳近似圆形,韧带槽较短。
2(5) 贝壳大形,壳面无棘刺。
3(4) 壳面鳞片细密,呈舌突状;有时有微弱的放射肋 ……………… 密鳞牡蛎 *Ostrea denselamellosa* Lischke
4(3) 壳鳞面粗大而稀,不呈突状;铰合部两侧无小齿 ……………………………… 近江牡蛎 *Ostrea rivularis* Gould
5(2) 贝壳小型,壳面具巨大的圆管状棘刺,有放射肋 ……………………………… 覆瓦牡蛎 *Ostrea inbticata* Lam
6(1) 贝壳较长,韧带槽延长。
7(10) 贝壳大形。

8(9) 贝壳极长,背腹缘几乎平行 ·· 长牡蛎 *Ostrea gigas* Thunberg
9(8) 壳呈三角形,背腹缘呈人字形,鳞片巨大,起伏呈波浪状 ··················· 大连湾牡蛎 *Ostrea talienwhanensis* Crosse
10(7) 贝壳小型;铰合部两侧无小齿;前凹陷深,左壳的放射状肋不凸出壳缘 ·············· 僧帽牡蛎 *Ostrea cuculata* Born

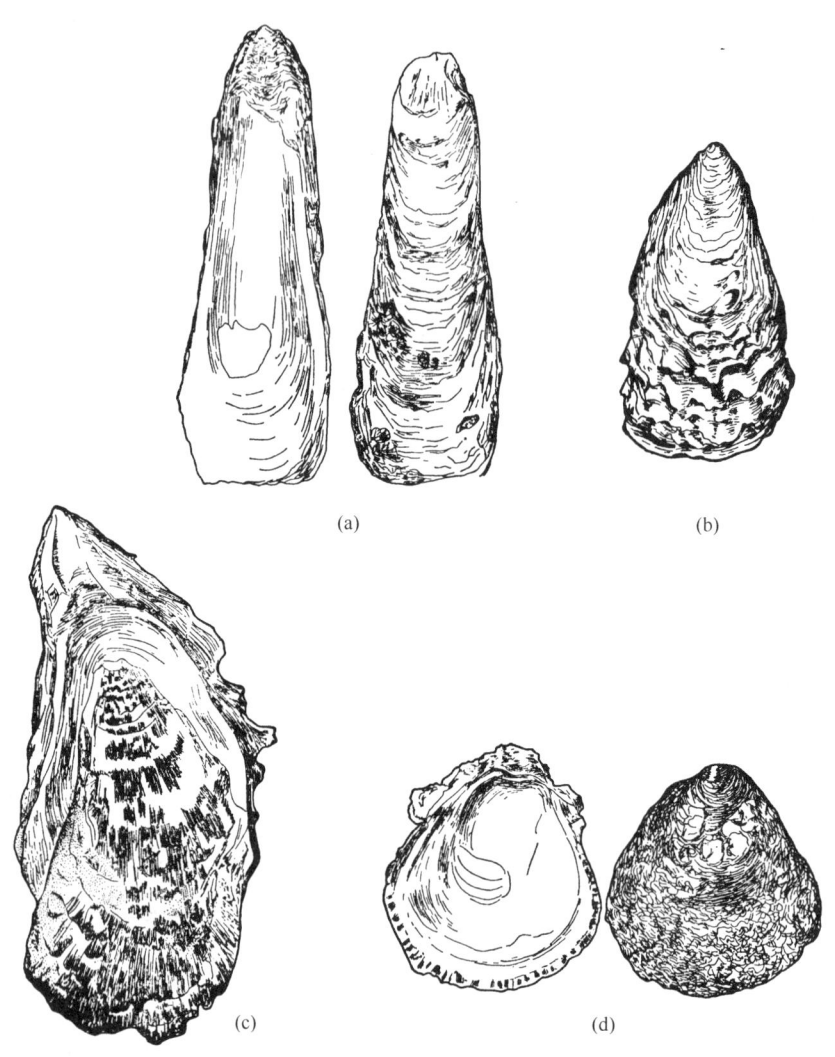

图 8-33 几种药用牡蛎
(a) 长牡蛎 (b) 大连湾牡蛎 (c) 僧帽牡蛎 (d) 密鳞牡蛎

七、文蛤 *Meretrix meretrix*(Linnaeus)

为瓣鳃纲真瓣鳃目帘蛤科动物,又名花蛤。我国沿海均有分布,以渤海湾和江苏沿海产量最大。

1. 形态 贝壳略呈三角形,背缘呈角形,腹缘呈圆形,壳顶突出,位于背面稍靠前方,壳质坚厚。小月面狭长,呈矛头状,楯面宽大,卵圆形。韧带短粗,黑褐色,凸出壳面。壳表面膨胀,光滑,被有1层黄褐色光滑似漆的壳皮。同心生长轮脉清晰。从壳顶开始常有环形的褐色带,表面花纹变化大,小型个体花纹丰富且变化较多,大型个体则较为恒定,近背缘有锯齿状或波纹状的褐色花纹。壳内面白色,前后缘有时略带紫色,无珍珠光泽。铰合部宽,右壳有3个主齿及 2 个侧齿,左壳有 3 个主齿及 1 个前侧齿。外套痕明显,外套窦短,呈半圆形。后闭壳肌痕较大,呈卵圆形;前闭壳痕较狭,呈半圆形(图 8-10b)。

2. **药用** 壳药用,称蛤壳;肉亦药用,称文蛤肉。

(1) 蛤壳:春夏秋季捕捉,去肉,取壳洗净晒干,打碎生用或煅用。

中药蛤壳始载于《本经》,《本草纲目》记载:"文蛤即今吴人所食花蛤也。其形一头小,一头大,壳有花斑的便是。"

药材呈扇形或类圆形,背缘略呈三角形,腹缘呈圆弧形,长 3~10 cm,宽 2~8 cm。壳顶突出。壳外面光滑,黄褐色,同心生长纹清晰,通常在背部有锯齿状或波纹状褐色花纹。壳内表面白色,边缘无齿纹,前后壳缘有时略带紫色,铰合部较宽,右壳有主齿 3 枚及前侧齿 2 枚;左壳有主齿 3 枚,前侧齿 1 枚。质坚硬,断面有层纹。无臭,味淡。

本品味咸,性微寒。归肺、肾、胃经。功能清热化痰,软坚散结,制酸止痛。用治痰热咳喘,胸肋疼痛,痰中带血,瘰疬瘿瘤,胃痛吐酸,淋浊带下;外治臁疮湿疹,烫伤。《药性论》:"治水气浮肿,下小便,治嗽逆上气,项下瘿瘤。"《纲目》:"能止烦渴,利小便,化痰软坚,治口鼻中蚀疳。"现代药理研究表明,水提液具有延缓衰老作用,能明显降低小鼠过氧化脂质,对超氧化物歧化酶活性有明显提高;还具有抗炎作用。临床研究表明,对咽炎、哮喘、宫颈炎、阴道炎、银屑病、带状疱疹、婴儿湿疹等有效。此外,蛤壳治疗胃及十二指肠溃疡也有较好疗效,治疗化疗后溃疡、组织坏死亦有疗效。

蛤壳主要含碳酸钙,还含磷酸钙、壳角质及钠、铝、铁、锶、镁、钡、钴、铬、铜、锌、磷等元素。

(2) 文蛤肉:味咸,性平。功能润燥止渴,软坚消肿。用治消渴,肺结核,阴虚盗汗,瘿瘤,瘰疬。药理研究表明,文蛤肉具有降血糖、降血脂、延缓衰老作用;文蛤多糖具抗肿瘤作用;文蛤提取物和文蛤多糖具增强免疫功能,且对受环磷酰胺抑制或升高的二硝基氯苯所致的迟发型超敏反应有双向调节作用。此外,文蛤肉水解液还能降低全血黏度,并能抑制兔血小板聚集。

与文蛤同等入药的同科动物尚有青蛤 *Cyclina sinensis* Gmelin、日本镜蛤 *Dosinia (Phacosoma) japonica* (Reeve)、薄片镜蛤 *Dosinia (Dosinella) corrugata* (Reeve)、菲律宾蛤仔 *Ruditapes philippinarum* (Adams et Reeve)、江户布目蛤 *Protothaca jedoensis* (Lischke)等(图 8-34a、b、c、d、e)。

帘蛤科 Veneridae 药用种类检索表

1(2) 贝壳成三角形,坚厚,小月面狭长,呈矛头状。壳面黄色,大型个体,近背缘部分有锯齿状或
　　　波纹状的褐色花纹。外套窦短,呈半月形 ·················· 文蛤 *Meretrix meretrix* (Linnaeus)
2(1) 贝壳圆形、近圆形或卵圆形。
3(8) 贝壳圆形或近圆形。
4(5) 贝壳圆形,壳扁而薄,小月面心脏形。壳面白色或带黄色。生命轮明显增加,在前后端较粗,有时
　　　突出成片状。外套窦深,呈舌状 ·················· 薄片镜蛤 *Dosinia (Dosinella) corrugata* (Reeve)
5(6) 贝壳近圆形,薄或厚。
6(7) 壳薄,无明显小月面,壳面无放射肋。同心生长轮在腹面变成肋状。壳面淡黄色或带棕色,生
　　　活标本黑色 ·················· 青蛤 *Cyclina sinensis* Gmelin
7(6) 壳厚,小月面心脏形。壳面白色,无放射肋。同心生长轮明显。外套窦呈尖
　　　锥状 ·················· 日本镜蛤 *Dosinia (Phacosoma) japonica* (Reeve)
8(9) 贝壳卵圆形。
9(10) 小月面宽,椭圆形或略呈菱形。壳面有细密的放射肋,与环形生长轮交织成布纹状。外套窦宽而
　　　深,前端圆形 ·················· 菲律宾蛤仔 *Ruditapes philippinarum* (Adams et Reeve)

10(9) 小月面长方形心形,放射肋与同心环状脉交织成布纹状或帘子状。外套窦浅,
呈三角形 ·· 江户布目蛤 *Protothaca jedoensis* (Lischke)

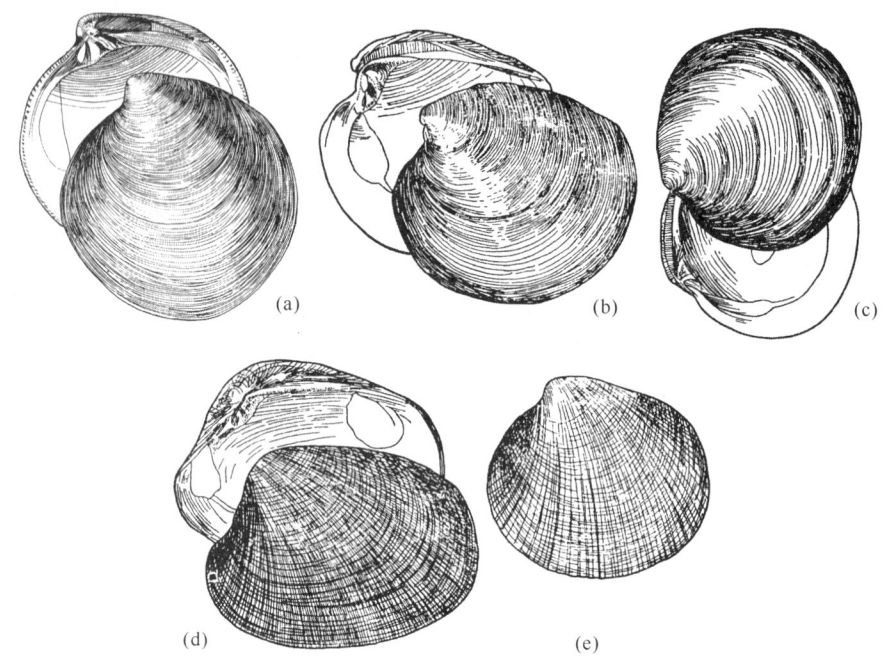

图 8-34　几种药用蛤(仿齐钟彦《中国经济动物志——海产软体动物》)
(a) 青蛤　(b) 日本镜蛤　(c) 薄片镜蛤　(d) 菲律宾蛤仔　(e) 江户布目蛤

八、杂色鲍 *Haliotis diversicolor* Reeve

为腹足纲原始腹足目鲍科动物,又名九孔鲍、鲍鱼。多生活于暖海低潮线附近至深 10 m 左右的潮下带岩礁海底,以盐度高、水清和藻类丛生的环境栖息较多,用宽大的腹足爬行或牢固地吸着在岩礁上或石缝中。分布于广东、福建、海南等地沿海。为我国南方优良养殖种类之一。

1. **形态**　贝壳长 80~93 mm,宽 58~68 mm,卵圆形,壳质坚实。螺层约 3 层,除体螺层外其余各层间的缝合线不明显,螺旋部小,呈乳头状。壳顶钝,位于壳的后端。壳面被 1 条带,有 20 余个突起,其中 6~9 个开孔组成螺肋分别左右两部。壳面有细致的螺肋,其在左部都较明显。生长线层次明显。贝壳绿褐色,壳顶磨损部显露粉红色。壳内面珍珠光泽强,壳口大。外层薄,呈刀刃状;内唇有狭长的片状遮缘,宽约 8 mm(图 8-35a)。

2. **药用**　杂色鲍的贝壳供药用,称石决明。其肉亦可药用,称鳆鱼。

(1) 石决明:春秋季捕捉,去肉,取壳洗净晒干,生用或煅用。始载于《别录》:"石决明,生南海。"《新修本草》:"此物(石决明)是鳆鱼甲也,附石生,状如蛤,惟一片,无对,七孔者良。"《开宝本草》:"石决明生广州海畔,壳大者如手,小者如三两指;其肉南人皆啖之。亦取其壳,以水渍洗眼,七孔、九孔者良,十孔以上不佳。"《本草纲目》:"决明、千里光,以功名也。九孔螺,以形名也……石决明形长如小蚌而扁,外皮甚粗,细孔杂杂,内则光耀,背侧一行有孔如穿成者。"

药材呈长卵圆形,内表面略呈耳形,长 7~9 cm,宽 5~6 cm,高约 2 cm。表面棕红色,有多数不规则的螺肋和细密生长线,螺旋部小,体螺部大,从螺部顶处开始向右排列有 20 余个疣状

突起,末端6～9个开孔,孔口与壳面平。内面光滑,具珍珠样彩色光泽。壳较厚,质坚硬,不易破碎。无臭,味微咸。

本品味咸,性寒。归肝经。《别录》:"味咸,平,无毒。"《蜀本草》:"寒"。《雷公炮制药性解》:"入肝经"。功能平肝潜阳,清肝明目。用治头痛眩晕,目赤翳障,视物昏花,青盲雀目等。平肝潜阳宜生用,眼疾外点宜煅用。《别录》:"主目障翳痛,青盲。久服益精轻身。"《海药本草》:"主青盲内障,肝肺风热,骨蒸劳极。"《日华子》:"明目,磨障翳。"现代药理研究表明,具保肝、抗缺氧、扩张气管、支气管平滑肌作用;还具中和胃酸作用。近年临床报道用石决明治疗鸡爪风有效。

杂色鲍贝壳主含碳酸钙,并含壳角质及少量的镁、铁、锰、锌、钠、硅酸盐、磷酸盐、氯化钠和微量的碘。贝壳的内层具有珍珠样的壳角质,经盐酸水解得甘氨酸、天冬氨酸、丙氨酸、丝氨酸、谷氨酸等16种氨基酸。

(2) 鲍鱼:俗称鲍鱼,为杂色鲍等的肉。始载于《本草经集注》。味甘、咸,性平。功能滋阴清热,益精明目,调经润肠。用治劳热骨蒸,咳嗽,青盲内障,月经不调,带下,肾虚小便频数,大便燥结。药理实验证实,本品具增强冠脉流量、抗心律失常、抗菌及抗病毒作用。

本品含蛋白质、糖原、氨基酸、脂肪酸、甾醇等成分。

与杂色鲍同等入药的同属动物尚有皱纹盘鲍(盘大鲍)*Haliotis discus hannai* Ino(图8-35b)、耳鲍 *Haliotis asinian* Linnaeus(图8-35c)、羊鲍 *Haliotis ovina* Gmelin (图8-35d)、澳洲鲍 *Haliotis ruber* (Leach)、白鲍 *Haliotis laevigata* (Donovan)等的贝壳。

在进口商品中发现有鲍科其他贝壳混入,如褶鲍 *Haliotis corrugata* Gray、美德鲍 *Haliotis midae* Linnaeus,此两种均不符合药典标准,与正品的区别见检索表。

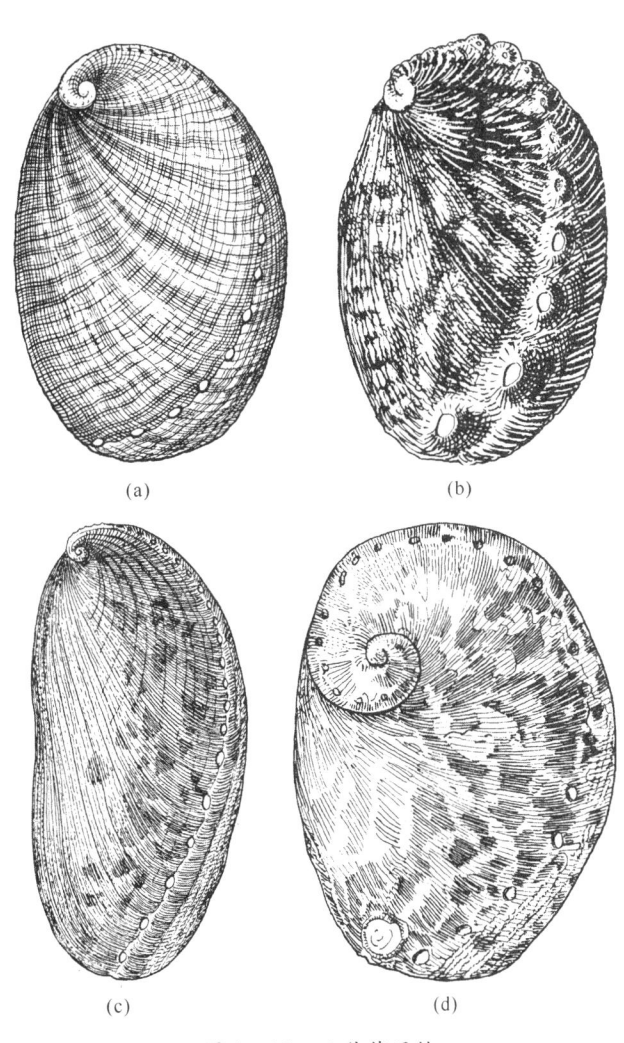

图8-35 几种药用鲍

(a) 杂色鲍 (b) 皱纹盘鲍 (c) 耳鲍 (d) 羊鲍

鲍属 *Haliotis* 药用种及混淆品种检索表

1(8) 贝壳大型,通常壳长在13 cm以上。

2(7) 壳表面粗糙。

3(6) 闭壳肌痕明显。
4(5) 呼水孔开孔 2～4 个,以 3 个居多,呈管状 ·················· 褶鲍 *Haliotis corrugata* Gray
5(4) 呼水孔开孔 9～11 个,孔与壳平 ·················· 美德鲍 *Haliotis midae* Linnaeus
6(3) 闭壳肌不明显,呼水孔开口 7～9 个,孔突出壳面 ·················· 澳洲鲍 *Haliotis ruber* (Leach)
7(2) 壳表面光滑,生长线极明显,呼水孔开孔 9 个,孔与壳平 ·················· 白鲍 *Haliotis laevigata* (Donovan)
8(1) 贝壳较小,壳长在 13 cm 以下。
9(14) 壳表面粗糙。
10(13) 螺肋和生长线明显。
11(12) 螺旋部小,呼水孔开孔 6～9 个,孔与壳平 ·················· 杂色鲍 *Haliotis diversicolor* Reeve
12(11) 螺旋部大,占壳面 1/2,呼水孔开孔 4～5 个,孔突出壳面 ·················· 羊鲍 *Haliotis ovina* Gmelin
13(10) 螺肋不明显,沿呼水孔左侧面有一明显的螺沟;呼水孔开口 3～5 个以 4 个者居多 ·················· 皱纹盘鲍 *Haliotis discus hannai* Ino
14(9) 壳表光滑,通常有绿、紫、褐等多种色彩形成的斑纹,壳呈耳状,呼水孔开口 4～7 个,孔与壳平 ·················· 耳鲍 *Haliotis asinian* Linnaeus

九、 中国圆田螺 *Cipangopaludina chinensis*（Gray）

为腹足纲中腹足目田螺科动物,又名田中螺(《别录》),黄螺(《医林纂要·药性》)。生活于水草茂盛的湖泊、水库、河沟、池塘及水田内。广泛分布于全国各地。

1. **形态** 贝壳较大,呈圆锥形,壳质薄而坚。壳高 60 mm,宽 40 mm。壳顶尖,螺层 6～7 层,壳面突,各螺层高、宽度增长迅速,缝合线(suture)极明显。螺旋部高起呈圆锥形,其高度大于壳口高度。体螺层膨大。壳表面光滑无肋,具有细密而明显的生长线。壳口卵圆形,上方有一锐角,周缘具有黑色框边。外唇简单,内唇上方贴覆于体螺层上,部分或全部遮盖脐孔。厣角质,呈卵圆形,为一黄褐色卵圆形薄片,具有明显的同心生长纹,厣核位于内唇中央处。雌雄异体,雄性成熟个体右触角比左触角短而粗,弯曲,形成交配器官(图 8-11a)。

2. **药用** 全体、贝壳和厣均可药用。

(1) 田螺:中国圆田螺的全体可供药用,始载于《名医别录》。春夏秋三季均可捕捉,洗净,鲜用。味咸,性寒。归肝、脾、膀胱经。功能清热,利水,止渴,解毒。用治热结黄疸,小便赤涩,脚气,浮肿,痔疮,消渴,便血,目赤肿痛,疔疮肿毒。据临床研究报道,鲜田螺治疗肾脏性腹水、宫颈癌放疗后坏死有效。

鲜田螺内脏团含蛋白质 10.7%,脂肪 12%,糖类 4%,灰分 3.8%,此外还含有钙、磷、铁、硫胺素、核黄素、尼克酸、维生素 A 等。

(2) 田螺壳:始载于《名医别录》。味甘,性平。功能和胃,收敛。用治反胃吐食,胃脘疼痛,泄泻,便血,疮疡脓水淋漓,子宫脱垂。

(3) 田螺厣:始载于《本草求原》。味甘,性平。功能去翳明目。用治目翳。

与中国圆田螺同等入药的同属动物尚有中华圆田螺 *Cipangopaludina cathayensis*（Heude）、乌苏里圆田螺 *Cipangopaludina ussuriensis*（Gerstfeldt）的全体(图 8-36a、b)。

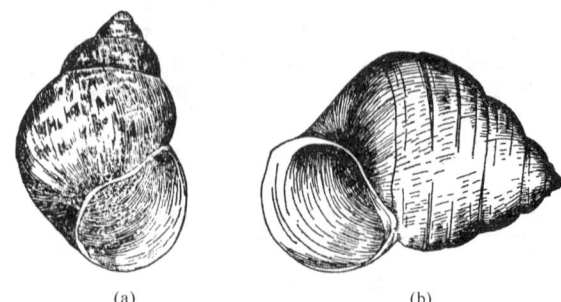

图 8-36 中华圆田螺(a)和乌苏里圆田螺(b)

田螺属 *Cipangopaludina* 药用种类检索表

1(4) 壳面光滑,具有明显的生长线,无色带。
2(3) 螺旋部较长,其高度大于壳口高度,体螺层不甚膨胀 ·················· 中国圆田螺 *Cipangopaludina chinensis* (Gray)
3(2) 螺旋部较短,其高度小于壳口高度,体螺层极膨胀················· 中华圆田螺 *Cipangopaludina cathayensis* (Heude)
4(1) 螺层表面有明显的螺棱及褐色色带 ····················· 乌苏里圆田螺 *Cipangopaludina ussuriensis* (Gerstfeldt)

十、蓝斑背肛海兔 *Notarchus leachii cirrosus* Stimpson

为腹足纲无楯目海兔科动物,又名海珠、海兔。生活于潮下带海藻生长多、海水清澈和潮流通畅的海湾。我国分布于东海、南海。

1. 形态 体略呈纺锤形,贝壳全消失,柔软,一般长 90～120 mm,头颈部显著,头上有 2 对触角。前 1 对较大,称头触角,其外侧具纵行的耳状深沟,上有树枝状分枝的绒毛突起;后 1 对较小,称嗅角,呈短棍形,表面有绒毛突起;眼小,黑色,无眼柄,位于嗅角基部前方两侧。前端腹面有一垂直的口,两侧有 1 对叶片状的唇瓣,口缘多皱褶。胴部极膨大。体背面被多数大小不同的突起,散布于头部和胴部,背侧者较大,为长圆锥形或有多数分歧。体表为黄褐色至青绿色,背面和边缘数个蓝色或青绿色的大形眼状斑点,其外围有褐色线围绕,背侧面散布许多大小不等的黑色斑点及深色阴影。两侧足叶较大,且反折背方,前端分离,后端愈合,在背中部形成一特殊裂腔。两侧足叶前端中间有两性生殖孔;阴茎孔位于右触角基部,阴茎孔与生殖孔之间有卵精沟相连。本鳃大,呈扇形,位于心脏右后方有紫汁腺。鳃的正后方有肛门,呈管状突起。于外套膜边缘下方紫汁腺,能射出紫色液体。足宽大,平滑,前端呈截形,足背边有密集的触手小突起,两侧扩张成尖突,足底淡黄色,足末端短尾状(图 8-14)。

2. 药用 以卵群带入药,名海粉,始载于《医学入门·本草》。《纲目拾遗》记载:"海珠,生岭南,状如蛞蝓,大如臀,所茹海菜,于海滨浅水吐线,是为海粉……有五色者,可治痰。"

药材扭曲呈不规则形,细索状如挂面,长 120(～500)～926 cm。表面青绿色。卵囊在胶质带里呈螺旋形排列,每 1 cm 的卵群带平均含 35 个卵囊,每个卵囊约含 20 个卵子。气微腥,味咸。

本品味甘、咸,性寒。归肺、肾经。功能清热养阴,软坚消痰。用治肺燥喘咳,鼻衄,瘿瘤,瘰疬。《医学入门·本草》:"治肺燥郁胀咳喘,热痰能降,湿痰能燥,块痰能软,顽痰能消。"《本经逢原》:"散瘿瘤,解毒热。"《本草再新》:"润肺滋肾,化痰泻热。"现代药理研究表明,本品具抗菌、抗病毒、抗肿瘤、抗氧化、抑制中枢神经系统作用。

海粉主要含蛋白质、脂肪、维生素 A 等。卵含三膦酰葡萄糖神经鞘脂类(triphosphonoglycosphingolipids),神经酰胺(ceramide)的主要脂族为:棕榈酸,硬脂酸,4-神经鞘氨醇,16-甲基-4-神经鞘氨醇。还含有凝集素(agglutinin)、鲛肝醇(chimyl alcohol)、$5\alpha,8\alpha$-表二氧胆甾-6-烯-3β-醇($5\alpha,8\alpha$-epidioxycholest-6-en-3β-ol)、海兔宁(aplysianin) E。蓝斑背虹海兔含(7E)-1-乙酸基-8-氯-7-二氯甲基-7-烯-4-酮-3-甲基辛烷〔(7E)-1-acetoxy-8-chloro-7-dichloromethyl-3-methyoct-7-en-4-one〕、(7Z)-1-乙酸基氯-7-二氯甲基-7-烯-4-酮-3-甲基辛烷〔(7Z)-1-acetoxy-chloro-7-dichloromethyl-3-methyoct-7-en-4-one〕,以及鲨肝醇、胸腺嘧啶、尿嘧啶、胸腺嘧啶脱氧核苷、环氧甾醇等。

与蓝斑背肛海兔功效相似,同等入药的还有网纹海兔 *Aplysia* (*Varria*) *pulmonica* Gould、黑斑海兔 *Aplysia* (*Varria*) *kurodai* (Baba)、黑边海兔 *Aplysia* (*Varria*) *parvula* Mörch。

海兔科药用种检索表

1(2) 没有贝壳,体呈黄褐至青绿色 ………………………………………… 蓝斑背肛海兔 *Notarchus leachii cirrosus* Stimpson
2(5) 贝壳相当大,卵圆形。
3(4) 外套水管边缘及外套孔周围为黑色,足底淡褐色 ……………………… 黑边海兔 *Aplysia* (*Varria*) *parvula* Mörch
4(3) 体色常为褐紫色,散布有不规则的淡白至青绿色的斑点,有时密集成
　　　大斑纹 …………………………………………………………………… 黑斑海兔 *Aplysia* (*Varria*) *kurodai* (Baba)
5(2) 贝壳较小,长圆形,体色灰绿色至古铜色,布满黑色的网纹
　　　线条 ……………………………………………………………………… 网纹海兔 *Aplysia* (*Varria*) *pulmonica* Gould

十一、同型巴蜗牛 *Bradybaena similaris*（Ferussac）

为腹足纲柄眼目巴蜗牛科动物,生活于灌木丛、低矮草丛、农田及住宅附近阴暗潮湿地区。分布于内蒙古、河北、山西、陕西、甘肃、青海、新疆、山东、江苏、浙江、河南、湖北、湖南、广东、广西、四川等地。

1. **形态** 贝壳中等大小,壳质较厚而坚固,全体扁球体。高 12 mm,宽 16 mm。有 5～6 个螺层,体螺层膨大,其高度为全部壳高的 3/4;壳顶钝,缝合线深。壳面光滑,呈黄褐色、红褐色或淡灰色。在体螺层周缘和缝合线上,常有一条暗褐色色带。壳口呈马蹄形,脐口小而深,呈洞穴状(图 8-15b)。

2. **药用** 全体入药,名蜗牛。壳亦入药,名蜗牛壳。肉食用亦佳。

(1) 蜗牛:中药蜗牛始载于《名医别录》:"主贼风祸僻,踠跌,大肠脱肛,筋急及惊痫。"

药材本体已缩入螺壳内,呈扁球形、球形或类圆形,直径约 10 mm。外表面灰褐色,有光泽,质脆易碎,破碎后内部为乳白色。气微,味微咸。

本品味咸,性寒;有小毒。归膀胱、胃、大肠经。《别录》:"味咸,寒。"《药性论》:"有小毒。"功能清热解毒,镇惊,消肿。用治风热惊痫,小儿脐风,消渴,喉痹,痄腮,瘰疬,痈肿丹毒,痔疮,脱肛,蜈蚣咬伤。《日华子本草》:"治惊痫等。"《品汇精要》:"祛风热,消疮肿。"《纲目》:"治小儿脐风撮口,利小便,消喉痹,止鼻衄,通耳聋,治诸肿毒痔漏,制蜈蚣蝎虿毒。"

蜗牛主要含糖原(glycogen)、半乳糖原(galactogen)、谷胱甘肽 S 转移酶(glutathione S-transferase)、乙酰胆碱酯酶(acetylcholinesterase)等。

(2) 蜗牛壳:味淡,性寒。功能清热,杀虫,消肿。用治小儿疳疾,瘰疬,酒渣鼻,脱肛。

与同型巴蜗牛功效相似,同等入药的还有华蜗牛 *Cathaica fasciola* (Draparnaud)。与上种的主要区别点为:壳质薄,全体呈低圆锥形,壳顶尖,体螺层极膨大,壳口椭圆形(图 8-37)。

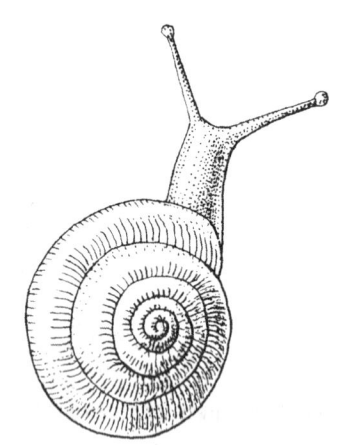

图 8-37 华蜗牛

十二、软体动物门的其他药用动物

(1) 红条毛肤石鳖 *Acanthochiton rubrolineatus* (Lischke)(隐板石鳖科):全体入药(名海石鳖)。味咸性寒。功能化痰散结,清热解毒。用治颈淋巴结核,麻风病,慢性气管炎。

(2) 黑凹螺 *Chlorostoma nigerrima* (Gmelin)(马蹄螺科):壳药用(名海决明)。味咸,性

微寒。功能平肝潜阳。用治高血压,头晕头痛,慢性肝炎。

(3) 节蜑螺 *Turbo bruneus* (Röding)(蜑螺科):以厣入药(名甲香)。味咸,性平。功能清湿热,去痰火,解疮毒。用治脘腹满痛,淋病,高血压,头痛,痢疾,痔疮,疥癣等。

(4) 方形环棱螺 *Bellamya quadrata* (Benson)(田螺科):以全体或壳入药。全体(名螺蛳)味甘,性寒。功能清热,利水,明目。用治黄疸,水肿,淋浊,疮肿,消渴,痢疾,目赤翳障,痔疮。壳(名白螺蛳壳)味甘、淡,性平。功能化痰,和胃,敛疮。用治痰热咳嗽,胃痛,反胃,吐酸,瘰疬,溃疡,烫伤烧伤,疳疮。

(5) 棒椎螺 *Turritella bacillum* Kiener(锥螺科):以壳、厣入药。厣(名锥螺厣)味咸,性平。功能清热明目。用治结膜炎。壳(名锥螺壳)味咸,性平。功能清热解毒。用治痔疮。

(6) 覆瓦小蛇螺 *Serpulorbis imbricata* (Dunker)(蛇螺科):全体入药(名蛇螺)。味咸,性平。功能解毒。用治痈肿。

(7) 阿文绶贝 *Mauritia arabica* (Linnaeus)(宝贝科):以壳入药(名紫贝)。味咸,性平。归肝、心经。功能镇惊安神,平肝明目。用治小儿高热抽搐,头痛目眩,惊悸心烦,失眠多梦,目赤肿痛,感冒咳嗽,热毒目翳等。

(8) 货贝 *Monetaria moneta* (Linnaeus)(宝贝科):以贝壳入药(名白贝)。味咸,性凉。归膀胱、肝经。功能清热利尿,明目退翳。用治水气浮肿,淋通尿血,小便不通,眼生翳障,鼻渊脓血,下疳阴疮。

(9) 栉棘骨螺 *Murex pecten* (Lightfoot)(骨螺科):以壳入药(名骨螺)。清热解毒。用治中耳炎,疖痛,疔疮等。

(10) 蛎敌荔枝螺 *Purpura gradata* Jonas(骨螺科):以壳入药(名蓼螺)。味咸,性平。功能软坚散结,清热解毒。用治淋巴结核,疮疡。

(11) 脉红螺 *Rapana venosa* (Valenciennes)(骨螺科):以壳、厣、肉入药。壳(名海螺壳)味咸,性寒。功能解痉制酸,化痰散结。用治胃及十二指肠溃疡,神经衰弱,四肢拘挛,慢性骨髓炎,淋巴结核;厣(名海螺厣)味咸,性平。功能清热解毒。用治中耳炎,顽疮等。肉(名海螺)味甘,性凉。归肝经。功能清热明目。用治目痛,心腹热痛。

(12) 泥东风螺 *Babylonia lutosa* (Lamarck)(蛾螺科):以壳、肉入药。壳(名东风螺壳)味咸,性凉。功能制酸止痛,清热解毒。用治胃酸过多,十二指肠溃疡,疥癣,烫伤。肉(名东风螺)味甘、咸,性微寒。功能止血,润燥。用治鼻衄,大便燥结。

(13) 管角螺 *Hemifusus tuba* (Gmelin)(盔角螺科):以厣、肉入药。厣(名角螺厣)味甘、微咸,性平。功能清热燥湿,滋阴补虚。用治中耳炎,白带过多,小儿头疮,下肢溃疡,阴虚潮热,体虚盗汗,四肢酸软。肉(名角螺)味甘,性平。功能滋阴补气。用治腰痛,耳聋。

(14) 伶鼬榧螺 *Oliva mustelina* (Lamarck)(榧螺科):壳入药(名榧螺),味咸,性平。功能平肝潜阳,清燥润肺。用治高血压,头晕,青盲内障,骨蒸劳热。

(15) 瓜螺 *Cymbium melo* (Solander)(涡螺科):以肉及卵块入药。肉味咸,性平。功能清火明目。用治眩晕,目昏。卵块(名红螺塔)味甘,性凉。功能制酸止痛,清凉解热。用治胃痛,胃酸过多,阴虚发热。

(16) 泥螺 *Bullacta exarata* (Philippi)(阿地螺科):肉药用(名吐铁),味甘、咸,性温。归肺、肝经。功能养肝明目,生津润燥。用治眼目视物不清,咽喉炎,肺结核。

(17) 石磺海牛 *Homoiodoris japonica* Bergh(海牛科):全体入药(名海牛),味咸,性温。

功能益肾助阳。用治肾虚阳痿,早泄,遗精。

(18) 赤琥珀螺 *Succinea erythrophana* Ancey(琥珀螺科):全体入药(名缘桑螺)。味甘、咸,性寒。归肝经。功能熄风镇惊,消肿止痛。用治小儿惊风,痔疮,脱肛。

(19) 黄蛞蝓 *Limax fravus* (Linnaeus)(蛞蝓科):以全体入药(名蛞蝓),味咸,性寒。归肝、肺、大肠经。功能祛风定惊,清热解毒。用治中风喎僻,盘脉拘挛,惊痫,喘息,咽肿,喉痹,痈肿,痰核,痔疮肿痛,脱肛。现代研究发现具有抗肿瘤作用。

(20) 栉江珧 *Atrina (Servatrina) pectinata* (Linnaeus)(江珧科):后闭壳肌及贝壳入药。后闭壳肌(名江珧柱)味甘、咸,性平。功能滋阴补肾,调中消食。用治消渴,小便频数,宿食停滞。壳(名江珧壳)味咸、涩,性凉。功能清热解毒,熄风镇静。用治湿疮,高血压。可提取维生素D。

(21) 栉孔扇贝 *Chlamys farreri* (Jones et Preston)(扇贝科):闭壳肌入药(名干贝),味甘、咸,性微温。功能滋阴,养血,补肾,调中。用治消渴,肾虚尿频,食欲不振。亦是提取维生素D的重要原料。

(22) 海月 *Placuna placenta* (Linnaeus)(海月蛤科):以肉、壳入药。肉(名海月)味甘,性平。功能消食化痰,调中利膈。用治痰结食积,黄疸,消渴。壳(名海月壳)味咸,性寒。功能解毒,消积。用治小儿麻疹,疳积,湿烂疮,鹤膝风。

(23) 巨首楔蚌 *Cuneopsis capitata* (Heude)(蚌科):以贝壳、肉入药。壳(名马刀)味咸,性凉。功能散结消痰,通淋除热,凉血止血,平肝熄风。用治瘰疬,痰饮,淋病,崩漏,吐血,衄血,眩晕,耳鸣。肉(名马刀肉)味甘,性寒。功能清热,明目。用治消渴,目昏,妇人劳损下血。

(24) 河蚬 *Corbicula fluminea* (Muller)(蚬科):以肉、壳入药。蚬肉味甘、咸,性寒。功能清热,利湿,解毒。用治消渴,目黄,温毒脚气,疔疮痈肿。蚬壳味咸,性温。功能化痰止嗽,祛湿和胃。用治痰喘咳嗽,反胃吐食,胃痛吞酸,湿疮,溃疡,脚气。

(25) 长砗磲 *Tridacna maxima* (Röding)(砗磲科):以壳入药(名砗磲),味甘、咸,性寒。功能安神,解毒。用治心神不安,失眠多梦,蜂虫蜇伤。肉(名砗磲肉)味甘、咸,性寒。功能滋阴生津,清热解毒。用治虚羸内热,消渴,痿痹,泄痢,肿毒。

(26) 菲律宾蛤仔 *Ruditapes philippinarum* (Adams et Reeve)(帘蛤科):又名蚬子,壳及肉药用(名蛤仔)。味甘、咸,性寒。功能清热解毒,收敛生肌。用治臁疮,黄水疮。药理研究发现,本品具降血脂、抗动脉粥样硬化、抗肿瘤、延缓衰老、增强免疫作用。

(27) 四角蛤蜊 *Mactra veneriformis* Reeve(蛤蜊科):以壳、肉入药。壳(名蛤蜊粉)味咸,性寒。归肺、肾、肝经。功能清热化痰,利湿,软坚。用治喘咳痰多,水气浮肿,小便不通,遗精,白浊,带下,痈肿,瘰疬,烫伤。肉(名蛤蜊)味咸,性寒。功能滋阴,利水,化痰,软坚。用治消渴,水肿,痰积,癖块,瘰疬,崩漏,痔疮等。

(28) 缢蛏 *Sinonovacula constricta* (Lamarck)(竹蛏科):以壳、肉入药。肉(名蛏肉)味咸,性寒。归心、肝、肾经。功能补阴,清热,除烦。用治产后虚损,烦热口渴,盗汗。壳(名蛏壳)味咸,性凉。功能和胃,消肿。用治胃病、咽喉肿痛等。

(29) 中国枪乌贼 *Loligo chinensis* Gray(枪乌贼科):俗称鱿鱼,全体入药(名枪乌贼)。味甘、咸,性平。功能祛风除湿,滋补,通淋。用治风湿腰痛,下肢溃疡,腹泻,石淋,白带,痈疮疖肿,病后或产后体虚,小儿疳积。

(30) 真蛸 *Octopus vulgaris* Cuvier(章鱼科):以肉入药(名章鱼)。味甘、咸,性平。功能

养血通乳,解毒,生肌。用治血虚经行不畅,产后缺乳,疮疡久溃。肉亦可提取牛磺酸。

十三、软体动物门药用动物研究开发

目前药用软体动物因其富含生理活性物质,引起国内外学者的广泛重视。本类药用动物研究、开发热点主要集中于以下几个方面:

1. **贝类活性肽、活性蛋白** 软体动物中含有的抗菌肽、神经肽等活性肽已引起了广泛关注,抗菌肽还具有抗菌、抗寄生虫感染、抗病毒、抗肿瘤的活性。从芋螺科 Conidae 多种动物中分离的芋螺毒素(conotoxins)具较大药用研发价值,如其中芋螺睡眠肽(conantokin)经动物实验证实对阿尔茨海默症、癫痫、中风等有较好的疗效。α-Conotoxin 具有抗抑郁症、艾迪生病、疼痛及肌肉松弛作用;ω-conotoxin 具有治疗中风、疼痛作用;conopression 具有调节血压作用。通过对牡蛎的控制酶解,获得含混合多肽的酶解产物,具有促进神经细胞发育、增加脑细胞乙酰胆碱含量、改善中老年人记忆力等保健功能。牡蛎中还分离出一种具有抑制血小板聚集功能的含锌的肽。从栉孔扇贝 Chlamys farreri (Jones et Preston)中提取的水溶性扇贝多肽,具抗氧化损伤作用,能清除超氧负离子和羟自由基,延缓皮肤老化,可显著增强免疫细胞的代谢和增殖。

蓝斑背肛海兔 Notarchus leachii cirrosus Stimpson 中的紫汁腺蛋白,对于 HIV 病毒有抑制作用。鲍灵(paolin)是鲍鱼中提取出的一种糖蛋白,具有抗肿瘤、抗菌、抗病毒等作用。

蜗牛酶、凝集素可作为溶解细胞壁的生物制剂,广泛应用于细胞生物学和遗传学的研究中。

2. **活性钙** 贝壳富含活性钙,适合开发出补钙的功能性食品。以牡蛎,珍珠贝等制成的活性钙产品在预防和治疗骨质疏松、老年骨折、小儿佝偻症等方面具有明显效果。利用牡蛎开发出的新型中性全溶性溶性钙,富含人体所需的微量元素。此外,软体动物富含铁、锌等,且低糖、低脂,适合作保健品,如牡蛎的含锌量极高,而扇贝、马氏珠母贝的含锌量也很高,牡蛎中所含有的有效成分——海产锌(marine zinc)在改善锌缺乏症上具有较好的效果。珍珠霜、珍珠粉等珍珠制成品为高级化妆品或营养食品,能润肤美容,受到国内外消费者的欢迎。

此外,软体动物富含蛋白质,且低脂、低糖,近年也开发成为改善血脂、抗疲劳及提高免疫功能的功能性食品。软体动物的其他成分在抗 HIV 等方面亦有发现,如从前鳃亚纲软体动物片螺 Lamellaria sp. 分离的片螺素(lamellarin)为一生物碱,可显著阻断细胞内病毒的复制。软体动物所含的海洋甾醇类成分结构新颖,不少具有显著生理活性,如虾夷扇贝甾醇具有降低血液胆固醇的作用。

(王梦月)

第九章 节肢动物门

节肢动物是动物界中最大的一门。身体分部明显;具有分节的附肢;体表有坚硬的几丁质外骨骼;横纹肌强劲而有力;多样性的呼吸器官;体腔为混合体腔,充满血液,为开放式血液循环系统;比较完全的消化系统;独特的排泄器官,用触角腺、颚腺、基节腺或马氏管等进行排泄;神经和感觉器官发达而敏感;生殖为雌雄异体,有性生殖,发育过程有幼虫期,需蜕皮。本门动物可分为3个亚门7个纲,即有腮亚门、有螯亚门、气管亚门;甲壳纲、蛛形纲、多足纲、昆虫纲、三叶虫纲、肢口纲和原气管纲。其中的三叶虫纲、肢口纲和原气管纲多为海产,药用种类少。甲壳纲、蛛形纲、多足纲、昆虫纲的种类多,分布广,某些种类可供药用。主要药用动物包括蜈蚣、全蝎、斑蝥、䗪虫、螳螂、家蚕、蚱蝉等;现代研究证明,斑蝥、土鳖虫、蜈蚣、全蝎等药用动物具有较好的抗癌活性,本门药用动物开发潜力较大。

学习重点:
1. 掌握节肢动物的主要特征、分类类群。
2. 熟悉节肢动物门的主要药用种类。
3. 了解药用节肢动物的现代研究进展。

  节肢动物门 Arthropoda 是无脊椎动物中登陆取得巨大成功的一门动物,其绝大多数种类演化成为真正的陆生动物。身体分部明显;具有分节的附肢;体表具有坚硬的外骨骼;横纹肌强劲而有力;具有多样性的呼吸器官;体腔为混合体腔,为开放式血液循环系统;具有比较完全的消化系统;具有独特的排泄器官;神经和感官发达而敏感;生殖为雌雄异体,有性生殖,发育过程有幼虫期,需蜕皮;营自由生活或部分寄生生活。

  节肢动物门为动物界种类最多的一门动物,现存动物已达100余万种,约占动物界总数的80%。它们的生活环境极其广泛,占据了陆上所有环境。药用种类已达上千种。

  我国应用药用节肢动物的历史悠久,蜈蚣、䗪虫、螳螂、僵蚕等早在《神农本草经》中就已有记载,至今仍为中医临床常用药,对防病、治病起到了一定的作用。现代药物学家在节肢药用动物体内发现了许多具有较强生物活性的物质并不断开发出新产品。

第一节 节肢动物门的主要特征

一般认为节肢动物起源于环节动物,因此环节动物的一些基本特征多见于节肢动物。例如,身体两侧对称,三胚层,身体分节且有发达的头部等。但节肢动物还有许多更为复杂的结构,例如,具有分节的附肢和发达的肌肉以增强运动;体表具有坚硬的几丁质外骨骼,可防止体内水分的蒸发;具有多样性的呼吸器官和独特的排泄器官以更适合陆地生活等。

一、身体分部

节肢动物与环节动物一样,都具有体节。但环节动物一般是同律体节,异律分节不显著。节肢动物则不同,它们异律分节高度发展,身体分部明显,通常可以把身体分为头、胸、腹三部分(如昆虫);少数分为头和躯干两部分(如蜈蚣);或分为头胸部和腹部两部分(如虾)。这样把身体明显地分成若干部分,使身体各部分有了进一步分工。如分为头、胸、腹三部分的昆虫,头部司感觉、摄食,胸部司运动,腹部司营养、生殖。这样身体构造更为复杂化,大大地加强了对环境的适应能力。

二、附肢分节

节肢动物具分节的附肢,与环节动物的疣足不同。环节动物的疣足是体壁的突起,呈叶状构造,没有分节,就是疣足与身体相连的地方也没有关节。而节肢动物的附肢除少数原始的叶状肢外,与身体相连的地方有关节,附肢本身也具若干关节。因此节肢动物的附肢能适应多种功能。节肢动物的感觉、运动、捕食、咀嚼、呼吸甚至生殖都与附肢有密切的关系。附肢为适应各种不同功能的需要,产生了各种变化,形成多种不同的形状。具分节的附肢,是本门动物的主要特征之一,节肢动物也因此而得名。

三、体表具有几丁质外骨骼

节肢动物的体表覆盖着坚硬的体壁。体壁包含角质膜、上皮及最内的底膜。角质膜具有保护身体、抵抗化学的或机械的损伤、防止体内水分蒸发和接受刺激的功能,并能与附着的肌肉一起产生强有力的活动,因此称为外骨骼(exoskeleton)。外骨骼可分3层,最外一层为上角质膜(上表皮)(epicuticle),其下分别是外角质膜(外表皮)(exocuticle)和内角质膜(内表皮)(endocuticle)。外骨骼主要由几丁质(甲壳质)(chitin)和蛋白质形成,几丁质是复杂的含氮多糖类,其分子式为$(C_{32}H_{54}N_4O_{21})_n$,是外骨骼的主要组成部分。甲壳动物的外骨骼还含有大量的钙质,昆虫几乎不含有钙质。其下是分泌外骨骼的上皮细胞。底膜很薄,紧贴于上皮之内,由结缔组织形成。节肢动物能适应多种生活环境,特别是对陆上生活环境的高度适应能力,具有外骨骼是主要原因之一。具有坚硬的外骨骼是节肢动物另一重要特征。

外骨骼在节肢动物的运动能力方面,有较大的作用。节肢动物的附肢有若干分节,节与节之间有外骨骼以很薄的膜相连,构成了活动关节。肌肉附着点跨过关节附着在相邻两节的外骨骼上。当肌肉收缩的时候,外骨骼便起了杠杆的作用,因而产生了相应的运动。因此外骨骼与脊椎动物的内骨骼虽然在构造上和胚胎起源上是完全不同的,但它的作用与内骨骼却有相似之处。有一些节肢动物的几丁质中,沉积着大量的蛋白质或磷酸钙,使它的硬度增加,相邻各节愈合,这样的外骨骼只起保护作用,如蟹的背甲。

当外骨骼一旦分泌完成骨化后,便不能继续扩大,同时会限制体内组织器官的生长。节肢动物为了摆脱外骨骼的限制,在生长过程中便产生了蜕皮现象。蜕皮时,上皮细胞分泌蜕皮液(moulting fluid)(含几丁酶和蛋白酶),将旧的几丁质溶解,使角质层破裂,个体钻了出来,并重新形成外骨骼。在新外骨骼未完全骨化之前,个体得以迅速生长。所以正在迅速成长的节肢动物,其蜕皮次数较多。昆虫等成熟以后不再蜕皮,而甲壳动物等却终生都在蜕皮。节肢动物正在蜕皮时,是生活中最脆弱的时期,易受伤害,因此在杀灭虫害时,也可利用这一良好的时机(图9-1)。

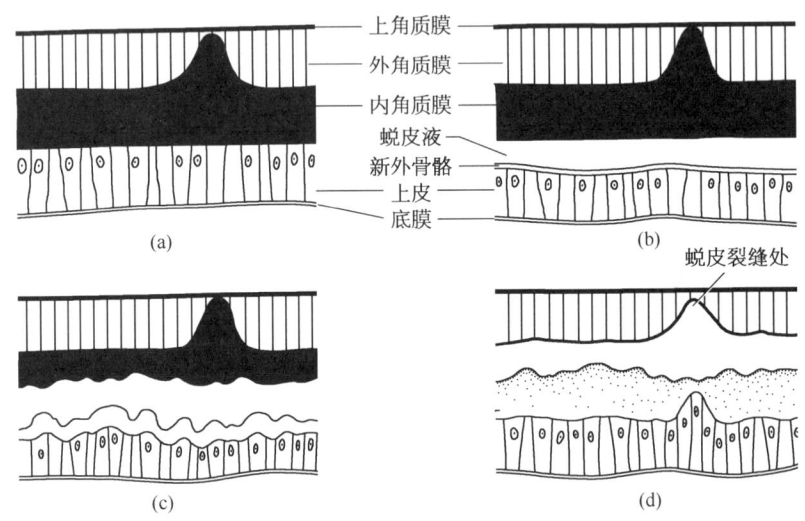

图9-1 节肢动物蜕皮过程图解(a~d示蜕皮进程)
(据 Remane 修改)

四、强有力的横纹肌肉

节肢动物的肌肉系统是由横纹肌组成的,肌原纤维多,伸缩力强,能迅速收缩。它们的排列与环节动物不同,并非由环肌、斜肌、纵肌组成的皮肌囊,而是由成束肌纤维组成的肌肉,其两端附着在外骨骼的某些地方。当肌肉迅速而强有力收缩时,就会牵动外骨骼,从而产生各种敏捷的运动(图9-2)。

五、多样性的呼吸器官

节肢动物的呼吸器官,水生种类有鳃或书鳃,陆生种类有气管或书肺。鳃(gill)是体壁向外的突起,在鳃上的皮肤很薄,便于血液与外界进行气体交换。书鳃(book gill)是腹部附肢的书页状突起。气管(trachea)是由体壁内陷而成的管状构造。书肺(book lung)是书鳃内陷而成。由此可见,在水中的呼吸器官不论是鳃或是书鳃都是体表外突而成,以便增加和水的接触

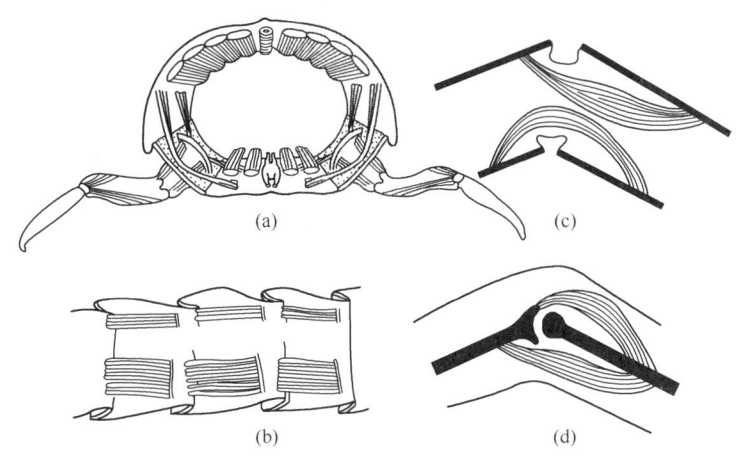

图 9-2 节肢动物外骨骼与肌肉的关系
（据江静波《无脊椎动物学》修改）
(a) 节肢动物体节的横切,示肌肉和附肢　(b) 节肢动物体节间的肌肉
(c) 节肢动物附肢关节间肌肉附着的形式　(d) 脊椎动物附肢关节附着的形式

面积。在陆地上生活种类的呼吸器官不论是气管或书肺都是体表内陷而成,它除了可增加体壁与空气的接触面积之外,还可使体壁上的水分不易蒸发,因为空气在进入血液或组织以前,仍然是先溶解在体壁表面的一薄层水膜中。有一些陆生的昆虫,其幼虫生活在水中,它具气管鳃,即鳃中含有气管。这是对水中生活的一种适应。有些小的节肢动物如水中生活的剑水蚤、陆地上生活的蚜虫或恙螨,都可靠全身体表进行呼吸,因此也没有专门的呼吸器官。在陆地借体表进行呼吸的种类,其体表必须保持一定的潮湿状态,否则便无法进行呼吸而死亡。

六、 混合体腔和开放式血液循环

节肢动物的真体腔极为退化,是仅有排泄器官和生殖器官的内腔。在消化管和体壁之间有很大的血窦,是原体腔或原体腔与真体腔混合而成的。因此节肢动物的体腔是一种特化了的体腔,内含有血液,称为血腔(hemocoele)。循环系统由具备多对心孔的管状心脏和由心脏前端发出的一条短动脉构成。这条短动脉深入头部,末端开口,无微血管相连。血液通过这条动脉离开心脏到身体各部分的组织间隙中,之后再由组织间隙逐渐汇集到体壁和内脏之间的混合体腔中,再通过心孔流回心脏,故称此为开放式循环。节肢动物循环系统的复杂程度与呼吸系统是密切相关的,若呼吸器官只局限在身体的某一部分(如虾的鳃),那它的循环系统就比较复杂;若呼吸系统分散在身体各部分(如昆虫的气管),那它的循环系统就比较简单。小型节肢动物靠全身体表进行呼吸,它的循环系统也可能完全退化了。如剑水蚤、恙螨和蚜虫等是没有循环系统的。

七、 比较完全的消化

节肢动物的消化系统比较完全,分前肠、中肠和后肠三部分。前肠和后肠是外胚层向内凹陷而成,因此肠壁上也有几丁质的外骨骼。这些外骨骼还会形成齿和刚毛等,用来研磨或滤过食物(如虾类)。当它们蜕皮时,消化管里的前肠和后肠的外骨骼也要脱落,然后再重新分泌形成。中肠由内胚层形成,是呼吸和消化的地方。节肢动物头部的附肢,往往变成咀嚼器或帮助抱持食物的构造,有时与头的一部分合称口器(mouth parts),如昆虫(图9-3)。节肢动物也有各种消化液,将在各纲中叙述。

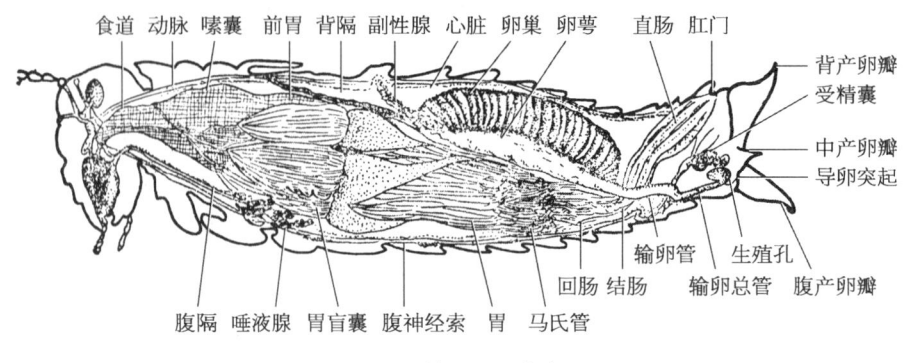

图9-3 棉蝗的内部解剖
(自江静波等《无脊椎动物学》1965)
(万德光第一版药用动物学113页)

八、独特的排泄器官

节肢动物的排泄器官主要有两种类型:一种是由肾管演变而成的,如甲壳纲的颚腺和触角腺(腺体内的排泄物是近似尿酸的绿色鸟氨酸,故又称绿腺),蛛形纲的基节腺以及原气纲的肾管都属这种类型。它们的末端有端囊,是退化了的体腔,与此相通的管就是体腔管,有排泄管通到体外。另一种类型如昆虫或蜘蛛的马氏管(Malpighian tube),它是从中肠与后肠之间发出的多数细管,直接浸浴在血腔内,可吸收大量尿酸等蛋白质的代谢产物,使之通过后肠从肛门排出体外(图9-3)。

九、发达的神经和感觉器官

节肢动物的神经系统与环节动物的神经系统基本上是相同的,同属于链状结构。但由于节肢动物的异律分节,常有一些前后相邻的神经节愈合成一个较大的神经节或神经团。神经节的愈合提高了神经系统传导刺激、整合信息和指令运动等功能,更适合陆地生活。节肢动物头部内位于消化道上方的前3对神经节愈合为脑,分别形成前脑、中脑与后脑三部分。处在消化道下方的头部3对神经节愈合形成一个食道下神经节(咽下神经节)。节肢动物神经节愈合的情况与身体外部分节的消失是密切相关的。如蜘蛛体外分节不明显,其神经节也都集中在食道的背方和腹方,形成了很大的神经团。神经节互相愈合时,便失去其原来的链状结构。原气管纲具2条腹神经索,上面没有明显的神经节。节肢动物感觉器官相当复杂,有司平衡、触觉、视觉、味觉、嗅觉和听觉的感觉器官。

十、生殖与发育

节肢动物一般为雌雄异体,且往往雌雄异形,通常是体内受精。卵裂的方式是表裂,有直接发育,也有间接发育。间接发育的种类有一至数种不同的幼虫期,有时这些幼虫的生活习性与成虫不同。也有些节肢动物能进行孤雌生殖,即没有受精的卵就能发育为成虫。节肢动物是没有无性生殖的。

第二节 节肢动物门的分类

本门动物可分为 3 个亚门 7 个纲。即有鳃亚门(三叶虫纲、甲壳纲)、有螯亚门(肢口纲、蛛形纲)、气管亚门(原气管纲、多足纲、昆虫纲)。其中甲壳纲、蛛形纲、多足纲、昆虫纲的种类多,分布广,某些种类可供药用。其余的三叶虫纲、肢口纲和原气管纲多为海产,药用种类少。

一、有鳃亚门 Branchiata

大多数水生,少数陆生,用鳃呼吸,有触角 1 对或 2 对。分为甲壳纲和三叶虫纲 2 纲。

(一) 甲壳纲 Crustacea

甲壳纲是节肢动物门中比较原始的一类动物,由于它们体表都被有一层比较坚硬的外壳,故称甲壳动物。甲壳动物多生活在水中,以鳃呼吸。小型种类无专门的呼吸器官,常用皮肤呼吸。身体由头、胸、腹三部分组成。头部常与胸部的一部分或全部体节愈合,称为头胸部。某些种类头部明显,而胸部与腹部的体节互相愈合,分界不清。头部通常具 5 对附肢,即 2 对触角,1 对大颚,2 对小颚。胸部共 8 对附肢,前 3 对为辅助摄食器官,称颚足(maxilliped);后 5 对称为步足(pereiopoda),作为游泳或爬行的运动器官。低等种类胸肢的形状常相似,用于游泳和呼吸;腹肢扁平如桨,称游泳足(swimmeretes)。有些低等种类不具腹肢。雌性常兼有抱卵的习性,雄性第一、第二对腹肢常变成交配器官。发育较低等的种类可行孤雌生殖,高等种类则行两性生殖,发育经过变态,常有幼体期。

甲壳纲的种类繁多,全世界已发现 26 000 多种,其中下列各目有药用种类:

1. 藤壶目 Balanomorpha　背甲一般形成了外套,包被躯体及全身,常构成石灰质的硬壳。腹部一般退化,一般雌雄同体,营固着或寄生生活。可供药用的如藤壶科 Balanidae 的布纹藤壶 *Balanus amphitrite* Communis Darwin 及白脊纹藤壶 *Balanus amuphitrite albicostatus* Pilsbry。

2. 等足目 Isopoda　身体通常扁平,无背甲,胸部十分发达,腹部短,一部分或全部愈合;腹肢双叉型。水生或陆生,有的寄生,分布广泛。药用的如缩头水虱科 Cymothoidae 的张氏鱼怪 *Ichthyoxenus tchangi* Yu.、鱼怪 *Ichthyoxenus japonensis* Richardson,平甲虫科(卷地鳖科)Armadillidae 的平甲虫 *Armadillidum vulgare* (Latrelle),蜡鼠妇科 Porcellionidae 的长鼠妇 *Porcellio elongate* Shen. 和海蟑螂科(海岸水虱科)Ligiidae 的海蟑螂(海岸水虱)*Ligia exotica* (Roux)。

3. 十足目 Decapoda　体形大,头胸部 13 节,胸部附肢除前 3 对成为摄食的颚足双叉型外,其余 5 对都是单叉型的强大步足,其中至少有 1 对变为螯肢。本目的对虾科 Penaedae 的对虾 *Penacus orientalis* Kishinouye,以及长臂虾科 Palaemonidae、龙虾科 Parinuridae、河虾科 Astacidae、蝼蛄虾科 Upogebiidae 和虾蛄科 Squilljda 等的大部分可供药用。而馒头蟹科

Calappidae、蜘蛛蟹科 Maiidae、菱蟹科 Parthenopidae、梭子蟹科 Portunidae 的日本蟳 *Charybdis japonica* (A. Milne-Edwards)、三疣梭子蟹 *Portunus trituberculatus* (Miers),方蟹科 Grapsidae 的中华绒螯蟹 *Eriocheir sinensis* H. Milne-Edwards,以及溪蟹科 Potamonidae 等的部分种类也供药用。

(二) 三叶虫纲 Trilobita

本纲动物只有1对触角,体背面中央耸起,两侧斜落,形成三叶状。无现存种类,只见于化石。

二、有螯亚门 Chelicerata

水生或陆生;无触角;头胸部愈合;附肢6对,第一对附肢是螯肢,第二对是脚须,后4对为步足;水生种类用书鳃呼吸,陆生种类用书肺或气管呼吸。分为肢口纲和蛛形纲2纲。

(一) 肢口纲 Merostomata

海产。身体分头胸部、腹部和尾剑三部分。头胸部有6对附肢,除第一对外,其余5对的基部都成咀嚼面。腹部的外肢都成板状。呼吸器官是书鳃,成薄片的叶状突起,着生在腹部的附肢外肢内侧。无触角,有1对单眼和复眼。本纲分2目,仅剑尾目有药用种类。

剑尾目 Xiphosura

是本纲现存唯一的目,俗称鲎。体呈瓢状,分头胸、腹和剑尾三部。头胸部有6对附肢,前5对末端螯状,第一对小,只有3节,在口的前方,是螯肢。第二对是脚须,但与后3对相似。最后一对结构复杂,适于在沙土上挖洞和爬行。腹部有8对附肢,第一对盖住生殖孔,称生殖厣(genital operculum)。其余各对的外肢内侧构成书鳃。其幼虫叫三叶幼虫。本目鲎科 Tatypleidae 的中国鲎 *Tachypleus tridentatus* Leach 可供药用(图9-4)。

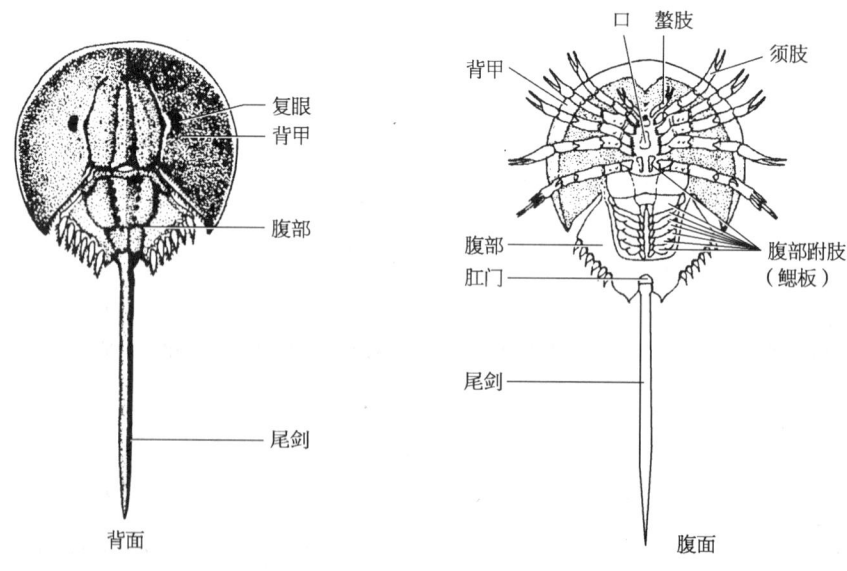

图9-4 中国鲎外形(仿许崇任《动物生物学》)

(二) 蛛形纲 Arachnida

本纲包括蝎、蜘蛛、蜱和螨等。身体通常分头胸部和腹部,腹部无运动附肢。呼吸器官为书肺和气管。无触角,头胸部除 1 对螯肢、1 对脚须外,还有 4 对步足。蛛形纲现存约 3 600 种,一般分为蝎目 Scorpionida、拟蝎目 Pseudoscorpionida、脚须目 pedipalpida、避日目 Solpugida、蜘蛛目 Araneida、盲蛛目 Phalangida 和蜱螨目 Acarina 等 7 目。其中蝎目、蜘蛛目部分动物可供药用。

1. 蝎目 Scorpionida　体长形,头胸部有背甲。脚须较大,有螯。腹部分前腹和后腹两部分,后腹末端有具毒腺的毒刺。第二腹节上有栉状器,是感觉器官,其后有 4 对书肺,卵胎生。钳蝎科 Buthidae 的东亚钳蝎 *Buthus marthensi* Karsch 可供药用。

2. 蜘蛛目 Araneida　身体分头胸和腹两部分,以腹柄相连。螯肢 2 节,有毒腺开口于螯钳近末端;脚须足状,7 节,其基节在口旁形成咀嚼面,一般司触觉,但雄性的末端形成交接器官,可把精子注入雌性的受精囊中;书肺 2 个或 4 个。我国已知蜘蛛约有 1 000 余种。

螲蟷科 Ctenizidae 的戴氏拉土蛛 *Latouchia dauid* (Simon),圆网蛛科 Argiopidae 的大腹圆网蛛 *Aranea ventricosa* (L. Koch) 和横纹金蛛 *Argiope bruennichii* (Scopoli),壁钱科 Urocteidae 的北壁钱 *Uroctea limbata* L. Koch 和华南壁钱 *Uroctea. compactilis* (L. Koch),跳蛛科 Salticidae 的花背跳蛛 *Menemerus confusus* (Böes et Str.) 等,以及漏斗网蛛科 Agelinidae 和草蛛科 Agelinidae 的部分种供药用。

三、气管亚门 Tracheata

大部分陆生,少数水生。用气管呼吸。分为原气管纲、多足纲和昆虫纲 3 个纲。

(一) 原气管纲 Prototracheata

本纲形态介于环节动物与节肢动物之间,兼具这两门动物的特征。体呈蠕虫形,不分节,只表面密布环纹。分头和躯干两部分,头部不明显,由顶节和前 3 个体节愈合而成。每对附肢标志一个体节,只是中空的体壁突起,不分节。有 1 对触角、2 对口肢和 14~43 对步足。本纲种类稀少,是近于灭绝的类群。如栉蚕 *Peripatus* 等。

(二) 多足纲 Myriopoda

多足纲已知约有 10 500 种,身体呈扁平形或圆筒形,体表覆有较厚的角质层,身体分头和躯干两部分。头部有触角 1 对,单眼若干对,无真正的复眼。口器由 1 对大颚、1 对或 2 对小颚组成,大颚无须,小颚有须。躯干部无胸部和腹部之分,由 10~100 多个同样的体节构成。每一体节通常有足 1 对,有时 2 个体节合成 1 个体节,每节就有足 2 对。足分数节,末端有钩爪。气孔开口于体侧,与体内的气管系统相通。雌雄异体,生殖腺通常左右 2 个,有时合成 1 个,但输出管常有 2 条,分别开口于生殖孔,生殖孔开口在体前端或后端。生殖孔开口的位置在分类上很重要,把生殖孔口在体前端的称为前生殖类,在后端的称后生殖类。发育有直接发育和间接发育两类,幼虫的体节数少,只有 3 对之足,排泄器官为马氏管和下唇腺。本纲仅有下列各目有药用种类。

1. 唇颚目 Chilognatha　球马陆科 Glomeridae 可供药用。

2. 带马陆目 Polydesmoidea　圆马陆科 Strongylosomidae 的宽附陇带马陆 *Kronopolites svenhedin* (Verhoeff) 可供药用。

3. 山蚰目 Spirobolida　其中山蚰科 Spirobolidae 的燕山蚰 *Spirobolus marginatus*

(Brandt)可供药用。

4. 蟠形目 Sphaerotheriida 其中蟠马陆科 Sphaerotheriidae 的毛圆刺马陆 *Sphaerobelum hirsutum* Virhoeff 等可供药用。

5. 整形目 Epimorpha 其中蜈蚣科 Scolopendridae 的少棘蜈蚣 *Scolopendra subspinipes mutilans* L. Koch 和多棘蜈蚣 *Scolopendra subspenipes muttidens* Newport 可供药用。

6. 钱串目 Scutigeromorpha 蚰蜒科 Scutigelidae 的花蚰蜒 *Theruonema cuberculata* (Wood)等可供药用。

(三) 昆虫纲 Insecta

昆虫纲是动物界中最大的一纲,已知的种类约有 85 万种以上,占节肢动物门总数的 94%以上,也占整个动物界总数的 80%以上。身体分头、胸、腹三部分,胸部有 3 对分节的足,一般具有 2 对翅,故又称六足纲 Hexapoda。

头部是感觉和摄食的部分,前方有 1 对触角,着生在两复眼之间。不同种类的昆虫,触角形态变异极大,有的同种昆虫,雌雄之间也有不同。触角有感觉和嗅觉的功能。触角不分叉,由多数小节构成,第一节较大,称为梗节,第二节称为柄节,其余各节合称鞭节。身体的前方口周围是口器。口器是由头部后面的 3 对附肢和头部的一部分联合组成的。包括上唇、一对大颚、一对小颚、下唇、舌等部分。口器形式多样,常见的有咀嚼式(chewing type)、刺吸式(piercing-suching type)、舐吸式(sponging type)、吮吸式(siphoning type)、嚼吸式(chewing-lapping type)等几种。不同的口器是对不同食性的适应。昆虫头部一般还有 2 个复眼(compound eye)和不同数目的单眼(ocellus),是感光器官。单眼和复眼表面最显著的区别在于单眼只有单个角膜面,而复眼则由许多小眼构成,每个小眼的角膜形成小眼面。单眼只能辨明暗,而复眼能造像。

胸部是运动的部分,共分 3 节,依次称为前胸、中胸和后胸。每节具 1 对足,相应地称前足、中足和后足。大部分昆虫,中胸和后胸各具 1 对翅,依次称为前翅和后翅。胸部的肌肉非常发达,尤其是蜚蠊等善于疾走的种类更为发达。中胸和后胸的肌肉发达程度与翅的发达程度有关。胸部 3 节各具 1 对附肢就是足,足由 7 节组成,从基部至末端依次为基节、转节(有时再分为 2 节)、腿节、胫节、跗节和前跗节。前跗节常变为 1 个爪或 1 对爪,爪间还有爪突(或称中垫),爪下还有爪垫等。翅是中胸和后胸背板两侧的体壁向外扩张而成,发展过程中,上下两层体壁互相紧贴,最后表皮细胞也消失了,但其中有骨化的管状结构,内含神经、气管和血液,那就是翅脉腔。整条管状结构称翅脉(vein);由翅基走向外缘的叫纵脉(longitudinal vein);与纵脉垂直的叫横脉(cross vein)。各种昆虫的翅脉变化很复杂,常作为昆虫分类的重要特征之一。翅的变化很大,薄膜状的叫膜翅(membranous wing);前翅角质加厚并硬化的叫鞘翅(elytra);前翅仅基部加厚硬化,其余部分为膜质状的叫半鞘翅(hemielytron);前翅如皮革状用来保护后翅称为覆翅(tegmen);膜翅上满覆鳞片的称为鳞翅(lepidotic wing)。有的昆虫后翅非常退化,形成了一对棍棒状结构,叫做平衡棒(halter)。

腹部一般只有 11 节,最多不超过 12 节,但有的种类的腹节因相邻的互相愈合,通常可见的节数较少。如青蜂只有 3~4 节,蝇类只有 5~6 节。第十一节往往成为 1 片肛上板和 2 片肛侧板。在肛上板与肛侧板之间常具 1 对附肢,称为尾须(cerci)。雌性的外生殖器——产卵器(ovipositor),是由腹部第八和第九两个腹节的附肢演变而成的。雄性的外生殖器为交配器(copulatory organ),构造很复杂,变化也很多,主要包括阴茎、抱握器

(图 9-5)。

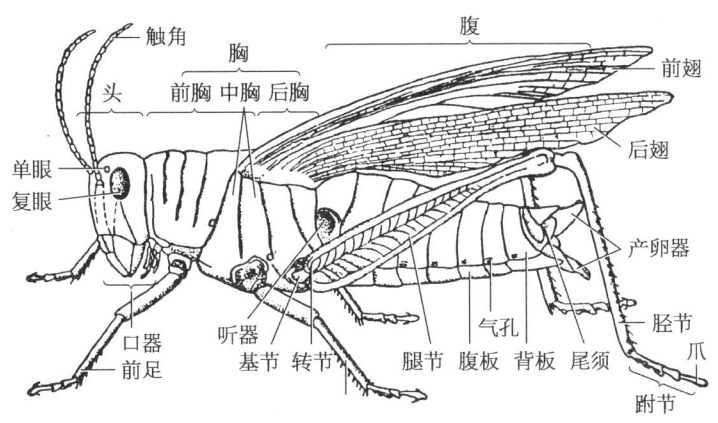

图 9-5 棉蝗外形(仿江静波等《无脊椎动物学》)

昆虫的生殖一般要经过交配、受精后产卵。绝大部分是卵生,但也有少数是卵胎生,还有一些昆虫能进行孤雌生殖。昆虫刚孵化时,形态有的和成虫相似,有的和成虫的形态完全不同,因此在发育过程中须经或多或少的变化,才变为成虫。这一过程,称为变态(metamorphosis)。变态可分为不完全变态和完全变态两大类,不完全变态又可分为渐变态、半变态(图 9-6)。

(1) 不完全变态(incomplete metamorphosis):幼虫(larva)(童虫)和成虫(imago)比,除身体较小和生殖器官未成熟外,无别的差别,如蝗虫。可分为 ① 渐变态(paurometabola):卵孵化后的幼虫和成虫差别不大,生活习性一样,只是翅未长成,这种变态是逐渐进行的。其幼虫特称为"若虫(nymph)"。如九香虫、蝗虫,其生活史是卵——若虫——成虫。② 半变态(hemimetabola):卵孵化后,幼虫生活习性与成虫不同,因此形态差别较大。其幼虫特称"稚虫(naiad)",如蜻蜓。其生活史是卵——稚虫——成虫。

(2) 完全变态(complete metamorphosis):卵孵化后,其幼虫形态与成虫完全不同。在变为成虫之前,须经不吃不动的时期,特称此时的昆虫为蛹(pupa),称此时期为蛹期。在蛹期中,其内部器官组织要经过巨大的变化,蛹再经蜕皮,最后羽化为成虫。如蛾类、家蚕等,其生活史是卵——幼虫——蛹——成虫。在蛹期,有的鳞翅目幼虫常吐丝作茧,以保护虫体,如家蚕。

昆虫纲的分类,目前学者们看法尚未一致,一般可将昆虫纲分为 33 个目。其中仅缨尾目、蜻蜓目、蜚蠊目、螳螂目、直翅目、鞘翅目、广翅目、脉翅目、鳞翅目、膜翅目、双翅目、半翅目、同翅目等 13 个目中部分昆虫供药用,现简介如下:

1. 缨尾目 Thysanura   体小。口器适于咀嚼,触角细长,丝状;腹部有很长的尾须,并有很长的中尾丝,腹部腹板有刺突和翻缩囊。衣鱼科 Lepismatidae 的衣鱼 *Lepisma saccharina* L. 和毛衣鱼 *Ctenolepisma villosa* (Fabr.)可供药用。

2. 蜻蜓目 Odonata   体大,身体较长。眼大,触角小,咀嚼式口器。2 对膜翅,翅脉网状。半变态,稚虫水生,下唇特化成捕捉器官。如蜓科 Aeschnidae 的蜻蜓 *Anax parthenope* Selys,蜻科 Libeulidae 的赤蜻蛉 *Crocothemis servilia* Drury、褐顶赤卒 *Sympetrum infuscatum* (Selys)及黄衣 *Plantala flauesceus* (Fabricius)等可供药用。

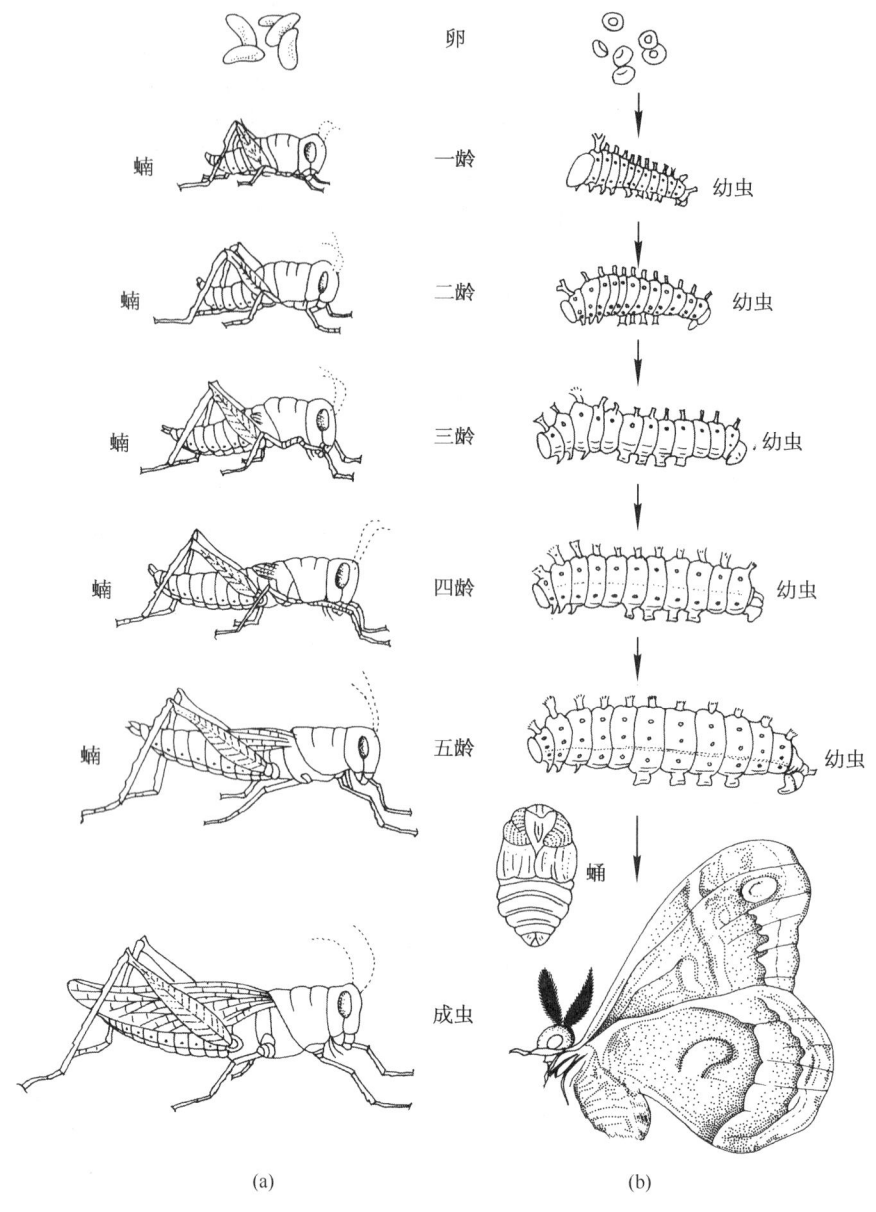

图 9-6 昆虫的胚胎发育（仿自 Villee）
(a) 蝗虫的不完全变态　(b) 蛾类的完全变态

3. 蜚蠊目 Blattodea　体扁。前胸盖住头部，口器咀嚼式，触角丝状，长而多节。前翅成覆翅，足适于疾走。有嗅腺，产卵于卵袋中，渐变态，怕光，夜出。有个别无翅。蜚蠊科 Blattidae 的东方蜚蠊 *Blatta orientalis* L.、美洲蜚蠊 *Periplaneta americana* Linnaeus、澳洲蜚蠊 *Periplaneta australasiae* (Fabricius)和姬蠊科 Phyllodromiidae 的东方后片蠊 *Opisthoplatia orientalis* Burm 及鳖蠊科 Corydiidae 的中华地鳖 *Eupolyphaga sinensis* Walker、冀地鳖 *Polyphaga plancyi* Bolivar 等可供药用。

4. 螳螂目 Mantodea　头三角形，口器咀嚼式，颈可自由转动，前胸长，前足为捕捉足。前翅革质，后翅膜质。卵产于胶状物形成的卵袋中，渐变态，捕食其他昆虫。螳螂科 Mantidae 的

大刀螂 *Tenidera ari-difolia sinensis*（Saussure）、南方刀螂 *Tenidera aridifolia aridifolia* (Stoll)、广腹螳螂 *Hierodula patellifera* Serville 等可供药用。

5. **直翅目** Orthoptera 体粗壮，口器咀嚼式，后足适于跳跃，前翅为革质覆翅，渐变态。蝗科 Acriaidae 的中华蚱蜢 *Acrida chinensis*（Westw.）、中华稻蝗 *Oxya cninensis* (Thunberg)、日本黄脊蝗 *Patanga japoniva*（I. Bol）；螽蟖科 Tettigoniidae 的纺织娘 *Mecopoda elongate* Linnaeus 及蟋蟀科 Gryllidae 的蟋蟀 *Scapsipedes aspersus*（Walker）、棺头蟋蟀 *Loxoblemmus doenitzi* Stein、油葫芦 *Gryllus testaceus* Walker、花生大蟋蟀 *Brachytrapes portentasus*（Lichtensteim）；蝼蛄科 Gryllotalpidae 的非洲蝼蛄 *Gryllotalpa africana* Palisot et Beauvois、华北蝼蛄 *Gryllotalpa unispia* Saussure 等可供药用。

6. **鞘翅目**（Coleoptera） 体坚硬，前翅变成鞘翅，口器咀嚼式。为本纲种类最多的目，约有30万种。药用种类较多。如步行虫科 Carabidae 的虎斑步甲 *Pheropesophus jessoensis* (Moraw)，隐翅虫科 Staphilinidae 的黄胸青腰 *Paederus idea* Lew，龙虱科 Dytisicidae 的黄边大龙虱 *Cybister japonicus* Sharp，芫菁科 Meloidae 的眼斑芫菁 *Mylabris cichorii* L.，拟步行虫科 Tenebrionidae 的洋虫 *Martianus dermetiodes*（Chevr.），天牛科 Ceramhycidae 的桑天牛 *Apriona germari*（Hope），沟股天牛科 Lammidae 的星天牛 *Anoplophora chinensis* (Forster)，鳃金龟科 Melolonthidae 的棕色金龟子 *Holotrichia sauter*（Moser），金龟子科 Scarabaeidae 的大蜣螂 *Scarabaeus sacer* L.，象虫科 Curculionidae 的竹象鼻虫 *Cyrtotrucheus longimanus*（Fabr，吉丁虫科 Buprestidae 的日本吉丁虫 *Chalcophora japonica*（Gory）等可供药用。

7. **广翅目** Megaloptera 口器咀嚼式，前胸方形，翅膜质，后翅臀区大。幼虫水生。鱼蛉科（齿蛉科）Corydalidae 的东方巨齿蛉 *Acanthacorydalis orientalis*（Mclachlan）等供药用。

8. **脉翅目** Neuroptera 口器咀嚼式，翅膜质，脉纹网状，后翅臀区小，农业上捕食害虫。如草蛉。蚁蛉科 Myrmeleontidae 的中华东蚁蛉 *Euroleon sinicus*（Navas）、黄足蚁蛉 *Hogenomyia micans*（Maclachlan）等供药用。

9. **鳞翅目** Lepidoptera 口器虹吸式，翅膜质，被鳞，如蝶、蛾等。刺蛾科 Cochlidiidae 的黄刺蛾 *Cnidocanpa flavesceus*（Walker），蝙蝠蛾科 Hepialidae 的虫草蝙蝠蛾 *Hepialus armoricanus* Oberhur，螟蛾科 Pyrakidae 的玉米螟 *Pyrausta nubilalis*（Hubernn），家蚕蛾科 Bombycidae 的家蚕 *Bombyx mori* L.，天蛾蚕科 Saturniidac 的柞蚕 *Antheraea parnyi* Geurin-Meneville，粉蝶科 Pieridae 的白粉蝶 *Pieris rapoe*（L.），凤蝶科 Papilionidae 的凤蝶 *Papilio xuthus*（L.）和黄凤蝶 *Papilio machaon* L.，弄蝶科 Hesperiidae 的香蕉弄蝶 *Erionota thorax* (L.)以及夜蛾科 Noctuidae、野螟科 Pyraustidae 和避债蛾科（蓑蛾科）Psychidae 的一些种类都供药用。

10. **膜翅目** Hymenoptera 口器咀嚼式或嚼吸式，翅膜质，翅脉奇特，产卵器发达。如蜂、蚁。蜾蠃科 Eumenidae 的蜾蠃 *Eumenes petiolata*（Fabr），蜜蜂科 Apidae 的中华蜜蜂 *Apis cerana* Fabr 和意大利蜂 *Apis mellifera* L.，胡蜂科 Vespidae 的大胡蜂 *Vespa magnifica* (Sonan)和华黄蜂 *Polistes chinensis* Sauss 等及蚁科 Formicidae 的一些种类也可供药用。

11. **双翅目** Dipera 口器舐吸式或刺吸式，只有1对前翅。如蚊、蝇、虻。丽蝇科 Calliphoridae 的大头金蝇 *Chrysomyia megacephala*（Fabr），虻科 Tabanidae 的牛虻 *Tabanus*

mandarimus Schiner 和雁虻 *Tabanus pleskei* Kröber,狂蝇科 Oestridae 的蜂蝇 *Eristalis tenax* L.等供药用。

12. 半翅目 Hemiptera　口器刺吸式,从头前方生出,前翅为半鞘翅。如椿象。椿科 Pentatomidae 的九香虫 *Aspongonpus chinensis* Dallas 和水黾科 Gerridae 的水黾 *Rhagadotarsus kraepelini*（Breddin）供药用。

13. 同翅目 Homoptera　口器刺吸式,从头后方生出,前翅质地均匀。如蝉、飞虱等。蝉科 Cicadidae 的黑翅红娘子 *Huechys sanguinea*（Geer）和蚱蝉 *Cryptotympana pustulata* Fabricius,樗鸡科 Fulgoridae 的樗鸡 *Lycorma delicatula* White,胶蚧科 Lacciferidae 的紫胶虫 *Laccifer alcca* Kerr,棉蚜科 Eriosomatidae 的角倍蚜 *Melaphis chinensis*（Bell.）,蚧科 Coccidae 的白蜡虫 *Ericerus pela* Chavannes 等都供药用。

第三节　节肢动物门药用动物举要

节肢动物中有药用价值的种类丰富,据统计有记载可药用的有 311 种,涉及本门动物 6 纲 27 目 107 科。

现将主要药用动物举要如下：

一、少棘蜈蚣 *Scolopendra subspinipts mutilans* Koch.

又名百足虫、金头蜈蚣、蜈蚣虫。主要分布于湖北、江苏、浙江、河南、陕西等地。现已人工养殖。

1. 外部形态和内部构造

(1) 外部形态：体形扁平而长,体长 9.0～17.0 cm,体宽 0.5～1.0 cm,全身连头部由 22 个同律体节构成,除头部外,其他各节均有对生的足 1 对。全身可分为头部和躯干部,头部由 6 节愈合而成,头板较圆,前端突出,似杏仁形,长约为第一背板的 2 倍。头板、第一体节的背板、颚肢和触角呈金红色,故名"金头蜈蚣"。自第二背板起为墨绿色,最末背板黄褐色,腹板步足为淡黄色,足端黑色,尖端爪状,最末步足为棕红色,伸向后方,呈尾状。头板前部两侧有触角 1 对,近触角基部外侧有黑色呈菱形排列的单眼 4 对,头部腹面有口,包括 1 片上唇,1 对大颚,2 对小颚。躯干部由 21 体节组成,第一节由 2 节组成,共有 21 对步足。第一对为颚肢,前腿节很大,跗节和前胸跗节合成钩状大螯,上有毒钩,末端有孔,内通毒腺。第二对颚肢基部愈合成一块大基胸板。背板在 2～19 节有 2 条不显著的背纵沟线,在第四节起背板二侧有边棱。第 2、4、6、9、11、13、15、19 各节的背板较短,在 3、5、7、8、10、12、14、16、17、18、20 节较长,在 1～20 对步足有跗棘,末对步足基侧板后端有 2 尖棘。生殖孔及肛门位于身体末端,雌性在生殖区的前生殖节的腹板无生殖肢,雄性前生殖节的腹板有 1 对退化的生殖肢。躯干 2 侧有气门 9 对,分别排列在 3、5、8、10、12、14、16、18、20 节的侧板步足的上方(图 9-7)。

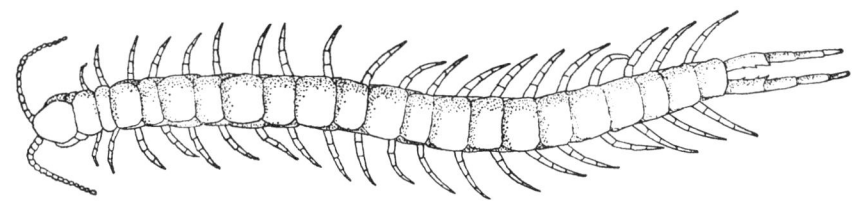

图 9-7 少棘蜈蚣外形

(2) 内部构造：雌雄性蜈蚣均具消化系统、循环系统、呼吸系统、神经系统、生殖系统和排泄系统。现分述如下：

消化道是一直管，可分前肠、中肠和后肠三部分。前后肠很短，中肠的长度几占身体的全长，前肠有唾液腺通入，具消化作用。

循环系统为开放式，心脏呈管状很大，位于身体背面，除每节具有一对心孔外，尚有侧血管。自心脏前方分出 1 支头动脉，通向头部的器官，向两侧也有 1 对血管沿着消化道至腹面合并为 1 神经上血管，这些血管分支而入血腔。

呼吸系统为具有几丁质内壁的气管分布至全身并交织成网状。

神经系统包括 1 脑神经节，有神经分支至触角及眼；1 咽下神经节分枝至头部的其他附肢及颚肢；以及 1 腹神经链，每节都有 1 对神经节。

蜈蚣雌雄异体，雄性的生殖系统位于消化道背面，有睾丸 12 对，为成对的纺锤形，有输精管彼此相连；雌性的生殖系统也在消化道背面，卵巢呈管状，卵粒成熟时，充满体腔，卵巢末端为输卵管，在它的两侧各有 1 对贮精囊和 1 对副性腺。

在蜈蚣的中肠和后肠交界处有马尔比基氏管（马氏管），其盲端游离在血腔中，并自血中吸取代谢所产生的废物，经后肠重新吸收水分，由肛门连同粪便排出体外（图 9-8）。

2. 药用　干燥虫体入药，名蜈蚣。

中药蜈蚣首载于《神农本草经》，列为下品。陶弘景称"蜈蚣生太吴川谷及江南，头足赤者良。"李时珍《本草纲目》列为虫部、湿生类，称其"西南处处之，春出冬蛰，节节有脚，双须歧尾。"按其产地、形态与生活习性，均与现今药用蜈蚣相同。

蜈蚣药材呈扁平长条形，长 9.0~17.0 cm，宽 0.5~1.0 cm。全体由 22 个环节组成，最后 1 节较细小。头部两节暗红色，有触角和毒钩各 1 对。背部墨绿色，有光泽，并有 2 条突起的棱线，腹部淡黄色或棕黄色，皱缩。自第二节起每体节有足 1 对，生于两侧，黄色或红褐色，弯作钩形。质脆，断面有裂隙。气微腥，并有特殊刺鼻的臭气，味辛而微咸。以条大、完整、腹干瘪者为佳。

本品味辛，性温，有毒。归肝经。功能熄风镇痉，祛风攻毒。用治惊痫抽搐、痉挛、破伤风、肿毒瘰疬、蛇咬伤等。

蜈蚣含有组胺样物质及溶血性蛋白质，此外尚含有脂肪油、胆甾醇、蚁酸等，还曾分出离 σ-羟基氨基酸以及组氨酸、精氨酸等 14 种氨基酸。

同属动物多棘蜈蚣 *Scolopendra subspenipes multidens* Newport 在一些地区，如广西都安、四川盐源收购作药用。多棘蜈蚣与少棘蜈蚣是两个近似的地理亚种。

目前蜈蚣的研究开发主要集中在以下几方面的作用：① 抗肿瘤作用；② 止痉与抗惊厥作用；③ 抗真菌作用；④ 能明显加强离体豚鼠心房心肌收缩力。有明显降压作用，同时可显著

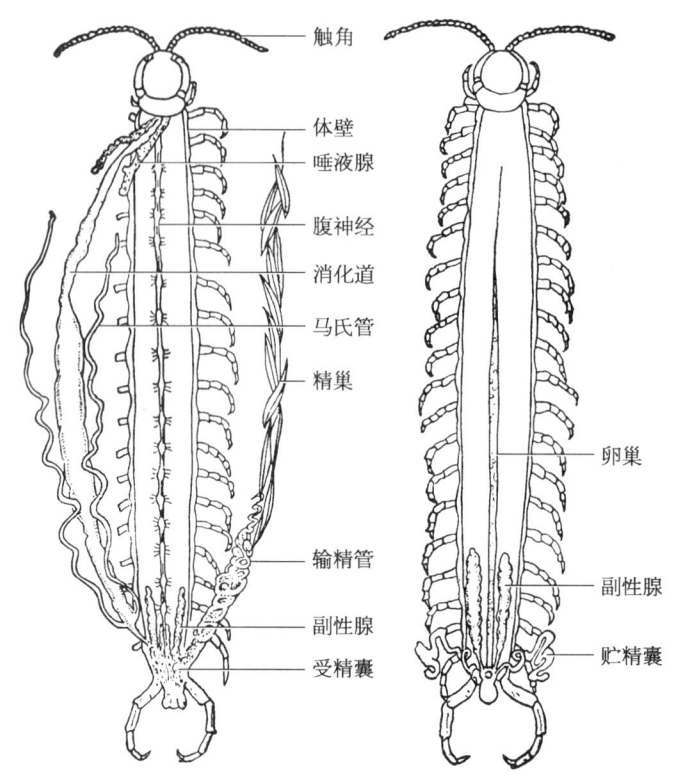

图 9-8 少棘蜈蚣内部构造

增加蟾蜍下肢血管灌流量,有直接扩张血管的作用。⑤ 血小板聚集作用;⑥ 毒性:蜈蚣水溶性去蛋白提取液给小鼠灌胃,大剂量时小鼠表现为极不稳定、抽搐,然后再数分钟内死亡。小剂量时,表现为站立不稳、呼吸急促和衰竭、惊厥等,可能逐渐恢复或死亡。

二、东亚钳蝎 *Buthus martensii* Karsch

又名马氏钳蝎、远东蝎。全国各地均有分布,以长江以北地区较多。穴居,喜栖息于石缝、石块下及墙缝等处潮湿阴暗的地方。现已人工养殖。

1. **外部形态及内部构造**

(1) 外部形态:体分头胸部和腹部两部分,雌蝎较雄蝎体大,雌体长 5.5~5.9 cm,雄蝎体长 4.2~5.0 cm,蝎体背面、尾的第五节和毒针的末端呈深灰褐色,身体的其他部分为橙黄色,蝎头胸部较短,头与胸相连,分节不明显。头胸部的背面有坚硬的背甲,背甲前窄后宽,呈梯形,背面深灰褐色,腹部土黄色,背甲密布黑色圆形颗粒突起,并有数条纵脊。背甲前缘两侧各有排成斜列的单眼 3 个,中央部位有中眼 1 对,由简单复眼组成,位于眼丘上。头胸部原由 6 节愈合而成,有 6 对附肢。第一对附肢为螯肢,长在口器两旁,呈三角形,由 3 节组成,第一节小,第二节粗壮,内末角延伸成不动指,第三节末端分叉为可动指,指上有锯齿。第二对附肢为触肢(亦称钳肢、脚须),位于螯肢之后,由 6 节组成。第三至六对附肢为 4 对步足,着生于胸部两侧,分 7 节末端各具 2 个钩爪。螯肢、触肢的基节和第一、第二对步足基节的颚叶包围 1 个口前腔,口位于腔的底部。

腹部分前腹部和后腹部,在胸板后面为前腹部,由 7 个环节组成,背板中部有 3 条纵脊,第一节腹面有两片半圆形的生殖厣,打开后可见 1 个多褶壁的生殖孔。第二节腹面有 1 对八字形的栉状器,其下方有成排的香蕉形齿,雌体数为 16~20 个,雄体数为 19~25 个,第三至六节的腹面左右各有 1 对近圆形的书肺孔,乳白色,与相应的书肺相通。蝎后腹部细长,尾由 6 节组成,前 5 节背面有中沟,最后 1 个腹节呈钩状,且向上屈成尾刺。内有 2 个毒腺开口于此。后腹部第五节腹面后缘的节间膜上有 1 孔为肛门(图 9-9)。

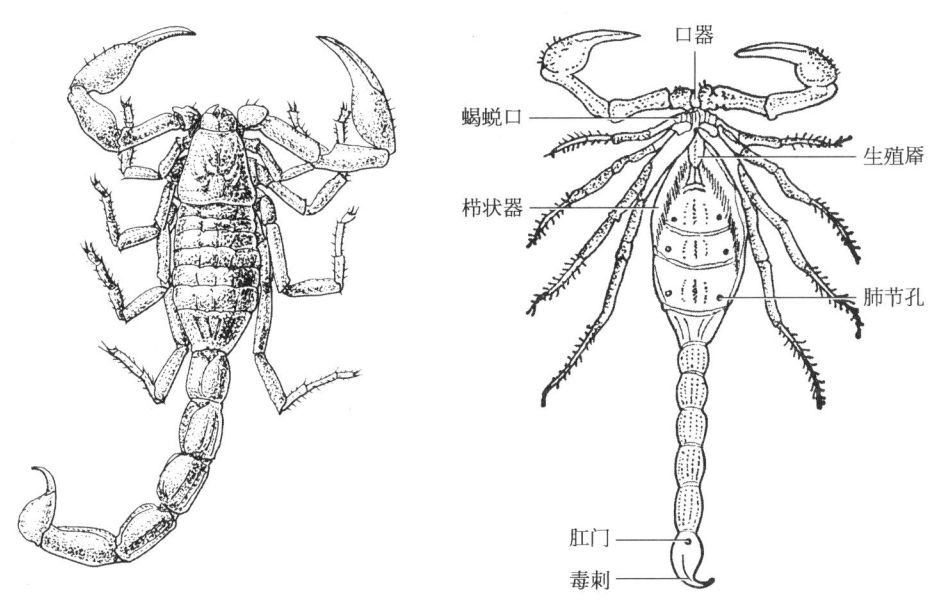

图 9-9 东亚钳蝎背面观和腹面观

2. **药用** 以干燥虫体入药,称"全蝎"或"全虫",是常用中药。

全蝎入药,见于《蜀本草》,原名蝎,以后诸家本草均有记载。李时珍的《本草纲目》有"蝎形如水黾,八足而长尾,有节色青"之描述,参考《本草图经》附图,与今药用全蝎相符。

全蝎药材体长 5.0~6.0 cm,头、胸、前腹部呈扁平长椭圆形,后腹部呈尾状。头胸部黑棕色,前端可见钳肢和螯肢各 1 对,背面覆有梯形背甲,腹面有足 4 对;前腹部具环节。背面棕褐色,腹面棕黄色;后腹部狭长似尾,具环节,黄棕色,节上均有纵沟,末节有锐钩状毒刺。前腹部折断后,内有黑色或棕黄色物质,后腹部折断中空。气微腥,味咸。

本品味辛、甘,性平,有小毒。归肝经。功能祛风,止痉,通络,解毒。用治惊风抽搐,癫痫,中风,半身不遂,口眼㖞斜,偏头痛,风湿痹痛,瘰疬,风疹痛肿,破伤风,毒蛇咬伤等。最近国外报道蝎毒有抗肿瘤作用。

蝎主含全蝎毒素(katsutoxin),是一类由 20~80 个氨基酸组成的多肽,分为昆虫毒素(IsTx)和哺乳动物毒素(MaTx),已分离纯化出多种哺乳动物神经毒素,其中有马氏钳蝎神经毒素Ⅰ和Ⅱ(neurotoxinⅠ,Ⅱ),分别由 67 和 63 个氨基酸残基组成,最小分子量分别为 7 567 和 7 181。此外还含有胆甾醇、棕榈酸、硬脂酸铵盐、三甲胺、甜菜碱、牛磺酸和甘油酯。另含钙、镁、钾、钠、铝、硅、磷、砷、钡、铋、铬、镉、铜、铁、汞、锰、铅、锡、锶、锌等多种无机元素,以及棕榈酸、硬脂酸、油酸、亚油酸、亚麻酸、山萮酸等脂肪酸。

目前全蝎的研究开发主要集中在以下几方面的作用:① 对中枢神经系统的作用:具有抗

惊厥作用;抗癫痫作用;镇痛作用;② 对心血管系统的作用:具有降血压作用;扩张血管;③ 具有抗血栓形成的作用;④ 具有抗肿瘤作用;⑤ 对猪囊尾蚴具有抑制作用;⑥ 毒性:特殊毒性实验表明,蝎毒可影响细胞色素氧化酶和琥珀酸氧化酶系统,可使胎儿骨化中心延迟或消失,造成胎儿骨骼异常,有致畸作用。给予麻醉家兔静注蝎毒能使动脉血压增高,心律不齐,呼吸频率减慢,因呼吸停止而死亡。用蝎毒作用于蛙、豚鼠、家兔等动物,均可产生中毒现象,其毒性加热至100℃经30 min即被破坏。

三、大刀螂 *Paratenodera sinensis* Saussure

又名中华绿螳螂、中国螳螂、长螳螂等。栖于草丛及树枝上。全国大部分地区均有分布。

1. 形态　大刀螂为黄褐色或绿色,长 7～7.2 cm。头部三角形,触角丝状,复眼大而突出。前胸细长,侧缘有细齿排列。前翅革质,前缘带绿色,末端有较明显的褐色翅脉。后翅膜质,比前翅稍长,有深浅不同的黑褐色斑点散在其间。足 3 对,细长。前胸足粗大,为镰刀状,基部有短棘(图 9 - 10a)。

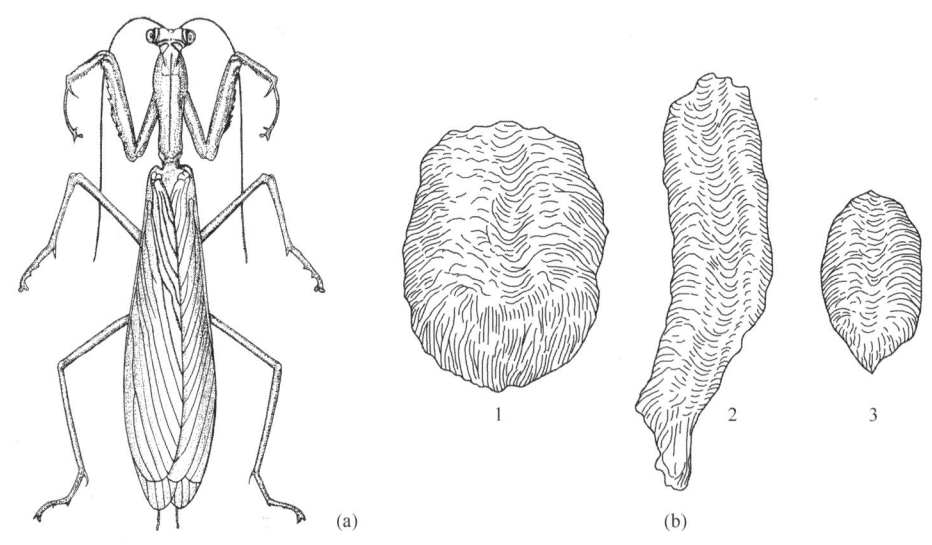

图 9 - 10　大刀螂与药材桑螵蛸外形图
(a) 大刀螂　(b) 桑螵蛸(1. 团螵蛸;2. 长螵蛸;3. 黑螵蛸)

2. 药用　干燥全体入药,名螳螂。螳螂所产卵鞘入药,名桑螵蛸。

(1) 螳螂:李时珍收载于《本草纲目》虫部,云:"螳螂,骧首奋臂,修颈大腹,二手四足,善缘而捷,以须代鼻,喜食人发,能翳叶捕蝉⋯⋯深秋乳子作房,粘着枝上,即螵蛸也。"据上所述,古之螳螂即现代螳螂科昆虫。《纲目》记载的"修颈大腹"这一特征,与大刀螂的雌虫更相符。现代作为药用的螳螂为螳螂科的多种昆虫。

螳螂药材多为干瘪的虫体,长 4～8 cm,黑褐色或黄棕色。头部三角形,复眼 1 对,单眼 3 个,呈倒三角形排列于两触角间上方。前胸背侧缘具细齿。翅、足多残缺不全。体轻、质脆,易碎。气微,味微咸、涩。

本品味甘、咸,性温。入肝、心经。功能定惊止搐,解毒消肿。用治小儿惊痫抽搐,咽喉肿痛,疗肿恶疮,痔疮,脚气。

（2）桑螵蛸：载于《神农本草经》，列为上品。《本经》载："桑螵蛸生桑枝上。"《别录》云："螳螂子也。"《本草图经》载："今在处有之，螳螂逢木便产，一枚出子百数，多在小木荆棘间。桑上者兼得桑皮之津气，故为佳。"《纲目》载："深秋乳子作房，粘着枝上，即螵蛸也。房长寸许，大如拇指，其内重重有隔房。每房有子如蛆卵，至芒种节后一齐出。"桑螵蛸为何种螳螂所产之卵鞘，难以确定，应是多种螳螂的卵鞘。目前临床应用之桑螵蛸也并非产于桑树上者。

大刀螂所产桑螵蛸药材习称"团螵蛸"。团螵蛸略呈圆柱形或半圆形，长 2.5～4 cm，宽 2～3 cm，厚 1.5～2 cm。有多数膜状薄层叠成。表面浅黄褐色，上面隆起带不很明显，底面平坦或有凹沟。体轻，质松而韧，横断面可见外层为海绵状物，内层为许多放射状排列的小室，室内各有一细小椭圆形的卵，卵呈深棕色，有光泽。气微腥，味淡或微咸（图 9-10b）。

本品味甘、咸，性平。归肝、肾、膀胱经。功能益肾，固精，缩尿，止带。用治遗尿，尿频，白带，遗精等。

与大刀螳螂同等入药的种类尚有拒斧螳螂 *Hierodula patellifera* Serville〔又称广腹螳螂，所产卵鞘称"黑螵蛸"（图 9-10b）〕、狭翅大刀螳螂 *Tenodera angustipennis* Saussure〔所产卵鞘称"长螵蛸"（图 9-10b）〕、小刀螂 *Stalilia maculate* Thunb、南方刀螂 *Tenidera aridifolia* Stoll、华北螳螂 *Paratenodera angustipennis* (Saussure)、薄翅螳螂 *Mantis religiosa* Linnaeus、索氏螳螂 *Hierodula saussurei* Kirby 等。

四、南方大斑蝥 *Mylabris phalerata* Pallas

又名大斑蝥、大斑芫菁、黄黑大芫菁等。分布于云南、贵州、广西、广东、江西、台湾等省，常生活于大豆、花生、棉花等植物上。现已有人工养殖。

1. 形态　体呈长圆筒形，体长 1.5～3.1 cm，体宽 0.8～1.1 cm，体黑色，头胸和体腹面稍有光泽，全体密生细毛，鞘翅具橙红色的花斑。头略呈三角形，黑色，表面高低不平，下口式，复眼大，略呈肾脏形。触角 11 节，末端数节逐渐膨大呈棒状，末节基部明显窄于前节。前胸长稍大于宽，前端狭于后端，前胸背板密被刻点，中央接近二分之一处有一条光滑纵纹，直到后缘，后缘前面中央有一凹陷，后缘稍向上翻。小盾片长形，末端钝圆。翅 2 对，前翅为鞘质，末端阔于基部，黑色，翅基部的一对橙红色斑较大，形状较不规则，略呈方圆形，个别个体斑点较小，翅中央和后方各有一橙红色波状宽横带，每鞘翅有纵隆线 3 条；后翅膜质透明，浅棕灰色，静止时折叠在鞘翅下。足 3 对，为步行足，前足和中足的跗节为 5 节，后足的跗节仅为 4 节，2 爪，每爪纵裂为 2 片。腹部黑色，可见 6 节，腹面和足具黑色长毛（图 9-11）。

2. 药用　干燥虫体入药，称斑蝥，为次常用中药。原名斑猫，始载于《神农本草经》，列为下品。李时珍《本草纲目》称，"斑言其色，蝥刺言其毒……俗讹

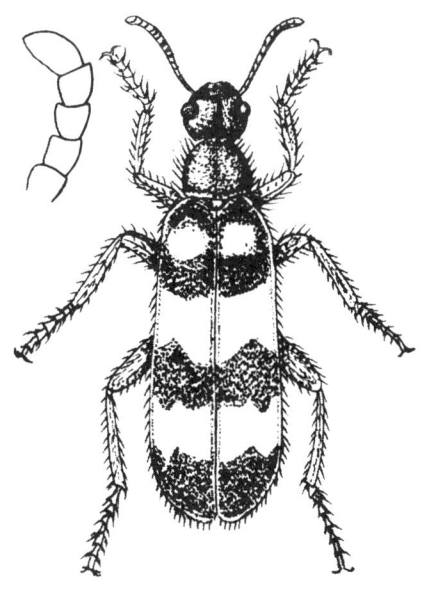

图 9-11　南方大斑蝥
（仿高士贤《常见药用动物》）

为斑猫"。陶弘景曰："豆花时取之,甲上黄黑斑色,如巴豆大者是也。"韩保昇《蜀本草》谓:"斑猫所在有之,七八月大豆叶上甲虫也。长五六分,黄黑斑纹,乌腹尖喙。就叶上采取,阴干用。"综上所述,斑蝥古今来源一致。

南方大斑蝥药材呈长圆形,长 1.5~2.5 cm。头及口器向下垂,有较大的复眼及触角各 1 对,触角多已脱落。背部具革质鞘翅 1 对,黑色,有 3 条黄色或棕黄色的横纹;鞘翅下面有棕褐色薄膜状透明的内翅 2 片。胸腹部乌黑色,胸部有足 3 对。腹部呈环节状,有黑色绒毛。气特异而臭,刺激性强,不宜口尝。以个大、完整、颜色鲜艳、无败油气味者为佳。

本品味辛,性寒,有大毒。归肝、胃、肾经。功能攻毒,破血,祛瘀,发泡。用治癥瘕痞块;外用治恶疮、疥癣、牛皮癣、淋巴结核等。

斑蝥主含斑蝥素,以及脂肪油、树脂、蚁酸、色素等。

与南方大斑蝥同等入药的还有同属昆虫黄黑小斑蝥 *Mylabris cichorii* L. 等数种。

目前斑蝥的研究开发主要集中在开发新型抗肿瘤等活性物质。其所含斑蝥素对小鼠腹水型肝癌有显著抑制作用。斑蝥水煎剂对小鼠肉瘤 S_{180} 和网质肉瘤 L_2 也有抑制作用。临床试用斑蝥素及斑蝥制剂,对肝癌、肺癌、乳腺癌、食管癌、直肠癌有一定疗效。现代临床研究证实斑蝥在治疗一些疑难杂症方面,具有独特的疗效,如治疗风湿痛、神经痛、梅核气、斑秃、乳腺增生、鼻炎、传染性疣、肝炎、癌肿等。

五、中华地鳖 *Eupolyphaga sinensis* Walker

又名土鳖虫、䗪虫、地鳖虫等。生活于地下或沙土间,多见于粮仓下或油坊阴湿处。全国各地均有分布,现已人工养殖。

1. **形态** 雌体,体呈卵形或椭圆形,背面显著隆起,赤褐至黑褐色,腹部及足红褐色。无翅,前胸背板扩大如盾状,盖于头上。体长 2.1~2.8 cm,宽 1.4~2.3 cm。体分头、胸、腹三部分。头小,呈三角形,藏在前胸背板下面,口器咀嚼式,触角较短,丝状,复眼 1 对,长肾形,位于触角外侧,单眼 2 个,位于两复眼之间的上方。胸部 3 节有绒毛,前胸背板略似三角形,前狭后宽,其上被有短的密毛,中央有细小花纹,中、后胸的背板较窄。雌虫腹部 9 节,第 1 腹节较短,其腹板不发达,第 8、9 两腹节的背板缩藏于第 7 腹板里面,腹端肛上板横向近长方形,其后缘平直,中央有小切口,腹末端有尾须 1 对。足 3 对相似,强劲有力,基节宽大,盖及胸部腹面,胫节具刺,跗节 5 节,末端具 2 爪,无爪垫(图 9-12)。

2. **药用** 中华地鳖的雌虫经干燥后入药,称为土鳖虫,又名土元,为次常用中药。

原名䗪虫,又名地鳖。《神农本草经》将其列为中品。陶弘景称"形扁如鳖,有甲不能飞,小有臭气,今人家亦有之。"苏恭称"此物好生鼠壤土中,及屋壁下。状似鼠妇,而大者寸余,形小似鳖。"故名土鳖。据上所述与今之地鳖相符。

地鳖药材呈扁平卵圆形,头端较狭,尾端较宽,

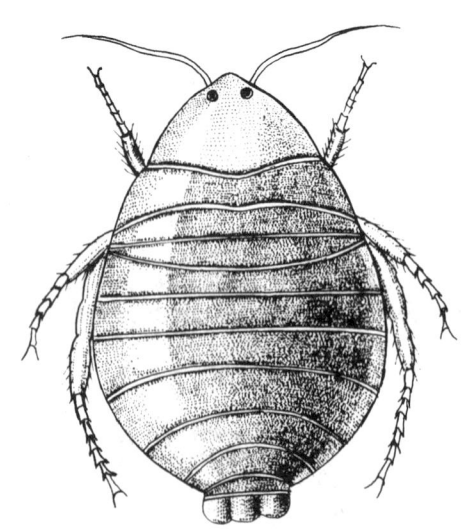

图 9-12 中华地鳖
(仿高士贤等《常见药用动物》)

长 1.3~3.0 cm,宽 1.2~2.4 cm。头部较小,有丝状触角 1 对,常脱落。背部紫褐色,有光泽。背部有胸背板 3 节,前胸背板较发达,盖住头部。腹面红棕色,腹背板 9 节,呈复瓦状排列。胸部有足 3 对,具细毛和刺,腹部有横环节。质松脆,易碎。气腥臭,味微咸。以完整、色紫褐者为佳。

本品味咸,性寒,有小毒。归肝经。功能破瘀血,续筋骨,通经络。用治妇女血瘀经闭,癥瘕腹痛,跌打损伤,瘀血肿痛等症。临床医生也用它治疗慢性肝炎,原发性肝癌,胃癌,重伤晕厥,宫外孕,疯犬咬伤,肺结核,外痔,坐骨神经痛,黑色素瘤,鼻咽癌等。

土鳖虫的化学成分主要含有挥发油、无机元素、氨基酸、油酸(oleic acid)、棕榈酸(palmitic acid)、亚麻酸(linolenic acid)、豆蔻酸(myristic acid)、亚油酸(linoleic acid)、硬脂酸(stearic acid)、二十八烷醇、谷甾醇、十八烷基甘油醚(鲨肝醇)、尿嘧啶、尿囊素、胆甾醇、生物碱等。

与中华地鳖同等入药的同科动物尚有冀地鳖 Polyphaga plancyi Bolivar. 及蜚蠊科动物东方后片蠊 Opisthoplatia orientalis Burmeister。

近年来对其药理和临床方面的研究表明:对白血病、肝癌、胃癌等恶性肿瘤有抑制和改善症状的作用;具有调节血压、调节血脂和溶栓作用;可降低心、脑组织的耗氧量,提高其对缺血的耐受力;还有消炎、解毒、镇静等作用;土鳖虫与其他中药配伍对急性乙型肝炎、脑梗死、腰痛等顽症具有很好的治疗效果。

3 种入药地鳖的检索

1(4) 雌雄异形,雄虫有翅,雌虫无翅;前胸背板略似三角形,黑色或暗黑色,前侧缘无金黄色镶边。
2(3) 雌虫腹端肛上板横向近长方形,其后缘平直,中央有小切口;雄体前胸呈波状,前翅革质,后翅膜质,前翅亚缘脉分枝不明显 ························· 中华地鳖 Eupolyphaga sinensis Walker
3(2) 雌虫腹端肛上板后缘稍凸出,切口较明显;雄虫前胸缘弓起,前翅亚缘脉分枝明显 ························· 冀地鳖 Polyphaga plancyi Bolivar
4(1) 雌雄同形,均无翅,翅退化如鳞片;前胸背板前缘有金黄色镶边······ 东方后片蠊 Opisthoplatia orientalis Burmeister

过去江苏、湖南、广东等地曾以鞘翅目龙虱科昆虫东方潜龙虱 Cybister tripunctatus Orieutalis Gschew. 当作䗪虫,混入地鳖虫中作药用,其功效与地鳖虫不同,不应混用。

六、黑蚱蝉 Crytotympana pustulata（Fabricius）

又名黑蚱、知了、蝉等。栖于杨、柳、榆、槐、枫杨等树上。多分布于我国辽宁以南大部分地区。

1. 形态　体粗壮,长 4.5~4.8 cm,黑色有光泽,被金黄色短毛。头部约与中胸背板前缘等宽或稍宽,单眼红色,触角刚毛状。前胸背板前宽后窄;中胸背板中央具"W"形的浅色斑,其两侧形成两个狭长的沟,颜色较浅;中胸后背板后端的"X"隆起淡褐色,扁平,前后端较直。前翅透明,只基部为黑色;后翅基部三分之一处黑色,端部三分之二透明。前足股节浅褐色,胫、跗节褐色;中足胫节两端黑褐,中央浅褐色;后足胫节端部及跗节两端黑褐,其余浅褐。鼓膜盖黑褐色,边缘部分浅褐色,盾形,外缘斜形,内缘向末端倾斜,末端呈宽的钝角,伸达腹部第二、第三节之间。

雌虫常产卵于树嫩枝的木质部内。翌年孵化为若虫,并落入土中生活,可长达 12~13 年之久。若虫羽化时,从土中爬到树干高 1 m 处蜕皮,即为蝉蜕。雄虫鸣声,雌虫不鸣(图 9-13a)。

2. 药用　干燥全体入药,称为蚱蝉。干燥的若虫蜕皮,称为蝉蜕,为较常用中药。

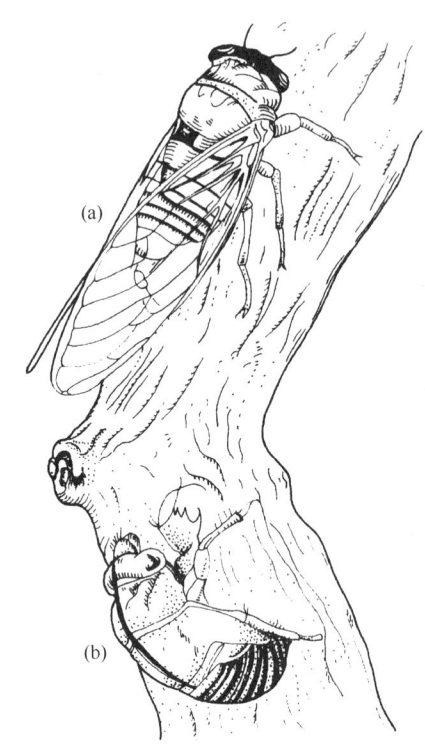

图 9-13 黑蚱蝉（据 Duffels 修改）
(a) 黑蚱蝉成虫　(b) 蝉蜕

(1) 蚱蝉：入药始载于《神农本草经》，谓："生杨柳上。"《本草经集注》云："《诗》云：'鸣蜩嘒嘒'者，形大而黑。"《新修本草》云："蚱蝉，鸣蝉也。"《本草衍义》云："蚱蝉，夏月身与声俱大，始终一般声。"《本草纲目》云："夏月始鸣，大而色黑者，蚱蝉也。"上述诸多特征与现今的蝉科动物黑蚱相符。

蚱蝉药材呈长圆形，长 4～4.5 cm，宽 1.8～2 cm。表面黑色，腹面淡黄黑色，有光泽。头部宽扁，复眼 1 对，椭圆状球形，黄褐色，半透明。胸背部具膜质翅，透明，翅脉淡黄褐色，多已破碎。胸腹部具足 3 对，多断落。雄虫下端有 1 对心形鸣器，雌虫无鸣器，腹部较小，有产卵器。尾端呈三角形钝尖，背部和腹部具环节。体轻，质脆。气微腥，味淡。

本品味咸、甘，性寒。归肝、肺经。功能清热，熄风，镇惊。用治小儿发热，惊风抽搐，癫痫，夜啼，偏头痛。

(2) 蝉蜕，原名蝉壳，始载于《名医别录》，又名枯蝉、腹蛸。至《药性论》始有蝉蜕之名。

蝉蜕药材全形似蝉，中空，稍弯曲，长约 3.5 cm，宽约 2 cm。黄棕色，半透明，有光泽。头部触角多以脱落，复眼 1 对横生，略突出，透明。额部突出，上唇宽短，下唇延长呈管状。胸部背面呈十字形开裂，裂口向内卷曲，左右具小翅 2 对。腹面有足 3 对，前一对足粗壮具齿，后两对足稍细长，均被黄棕色细毛。腹部圆而丰满有曲纹，尾部钝尖，由腹部至尾端共 9 节。体轻，中空，易碎。无臭，味淡（图 9-13b）。

本品味咸、甘，性寒。归肝、肺经。功能宣散风热，透疹利咽，宣肺，解痉，止痒。用治风热头痛，咽喉肿痛，声音嘶哑，麻疹未透，风疹瘙痒，小儿惊痫，抽搐，夜啼。

蝉蜕含有大量甲壳质，蝶啶类色素：异黄质蝶呤（isoxanthopterin）、赤蝶呤（erythropterin），蛋白质，氨基酸，有机酸，酚类化合物。

与蚱蝉同等入药的还有蟪蛄 *Platypleura kaempferi* (Fabricius) 和鸣蝉 *Oncotympana macnlaticollis* Motsch. 等昆虫。

目前蝉蜕的研究开发主要集中在以下几方面的作用：① 抗惊厥作用；② 镇静作用；③ 解热镇痛作用；④ 抗肿瘤作用；⑤ 免疫抑制作用和抗过敏作用等。

七、中华蜜蜂 *Apis cerana* Fabr

中华蜜蜂为社会性昆虫，营群居生活。一个蜂群由一个雌蜂（蜂王），少数雄峰和很多工蜂（性器官不发育的雌蜂）组成。3 种个体分工明确，各司其职。雌蜂专司产卵生殖，雄蜂专司交配，与雌蜂一起完成繁衍后代的任务。工蜂专司采集花粉、酿造蜜糖等。全国各地均有饲养，主以花粉为食料。

1. 外部形态　中华蜜蜂的三种个体形态各不相同。工蜂体小，体长 1.1～1.3 cm，体表黑色,头、胸、腹部被黄褐色的短绒毛。头部三角形,有复眼和触角各1对,触角肘形弯曲,口器发达,适于咀嚼和吮吸,上唇长方形,基部前方有一浅黄色三角形斑纹。胸部密布黄褐色短柔毛。翅2对,透明,后翅中脉分叉。腹部圆锥状,背部黄褐色,1~4节有黑色环带,末端尖锐,有毒腺和螯针,腹面具蜡腺。雄蜂体较大,体长1.2~1.5 cm,体黑色,全身被黑褐色杂白色细毛,复眼大,几乎在头顶相遇。雌蜂体最大,体长1.3~1.6 cm,体色有两种,一种腹部暗褐色,黄色节纹明显;另一种腹部灰黑色,黑色节纹明显(图9-14)。

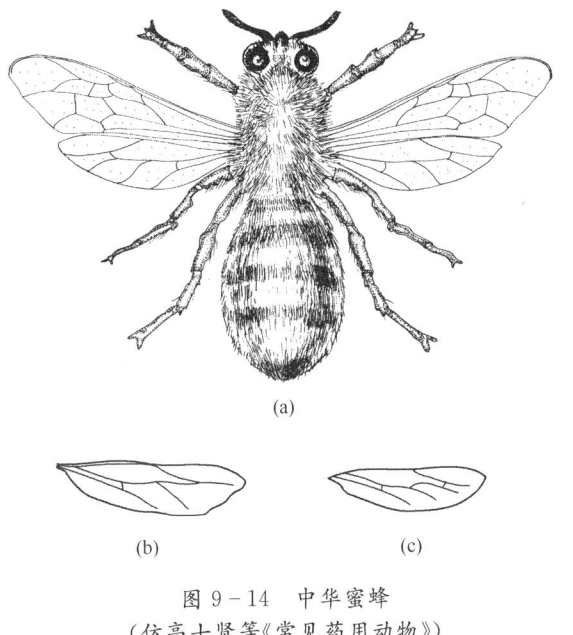

图9-14 中华蜜蜂
(仿高士贤等《常见药用动物》)
(a) 中华蜜蜂 (b) 意大利蜜蜂后翅 (c) 中华蜜蜂后翅

2. 药用 中华蜜蜂的发展历史十分悠久,我国养中华蜜蜂已有3 000年的历史。许多蜂产品都是营养丰富的食品、药品和医药工业的重要原料。主要以中华蜜蜂酿造的蜜糖、蜂乳、蜂毒、蜂胶、蜂蜡、蜂花粉、蜂巢(蜂房)等供药用。现简介如下:

(1) 蜂蜜:又称蜂糖,为常用中药。为中华蜜蜂从植物的蜜腺采集的花蜜,经过酿造储藏在蜂巢里的糖类物质。

原名石蜜,载于《神农本草经》,列为上品。《本草纲目》载虫部卵生类。李时珍谓:"蜂蜜,其入药之功有五,清热也,补中也,解毒也,润燥也,止痛也。"

蜂蜜药材为半透明、带光泽、浓稠的液体,白色至淡黄色或橘黄色至黄褐色,久置或遇冷渐有白色颗粒状结晶析出。气芳香,味极甜。

本品味甘,性平。归脾、胃、肺、大肠经。功能补中缓急,润肺止咳,滑肠通便。用治脾胃虚弱,食少倦怠,脘腹疼痛,干咳无痰,肺虚久咳,肠燥便秘以及疮疡,烫伤肿痛等。

蜂蜜主含葡萄糖和果糖(70%~80%),另含多种维生素、酶类、有机酸和无机盐,还含有少量挥发油、乙酰胆碱、花粉等。

药理实验结果表明,蜂蜜具有抗菌、缓泻、增强机体抗病能力、促进机体生长发育、保肝和刺激创伤组织生长愈合、解毒、抗肿瘤作用等药理作用。

(2) 蜂乳:又称蜂王浆、蜂皇浆、王浆等。是工蜂咽腺及咽后腺分泌出来用于饲喂蜂王和幼虫的一种特殊的乳白色胶状物质。

蜂乳为乳白色至淡黄色或带有红色的胶状液体。以乳白色至淡黄色者为佳,色泽发红者较次。

本品味甘、酸,性平。功能滋补强壮,益肝健脾。用治病后体虚,婴幼儿发育迟缓,营养不良,老年体衰,白细胞减少症,迁延性及慢性肝炎,十二指肠溃疡,风湿性关节炎,高血压病,糖尿病,功能性子宫出血及不孕症,癌症辅助治疗等。

蜂乳含蛋白质约45%,转化糖约20%,脂肪约14%以及多种维生素、氨基酸、酶类、激素、有机酸和无机盐等。

其药理作用和临床作用都与蜂蜜相似,而滋补强壮作用比蜂蜜强,为驰名中外的补益药物。

(3) 蜂毒:为工蜂毒腺和副腺分泌出的具有芳香气味的一种透明液体,贮存在毒囊中,蜇刺时由螫针排出。

新鲜蜂毒为透明液体,具芳香气,味苦。但室温下很快干燥成类白色或淡黄色结晶体,微透明而闪亮,气微香,刺激性极强。

本品味辛、苦,性平。功能祛风除湿,止痛。用治风湿性关节炎,腰肌酸痛,神经痛,高血压病,荨麻疹,哮喘,肝炎,各种疼痛性疾病如癌性疼痛,以及神经症等。

蜂毒含蜂毒多肽、组胺、胆碱、蚁酸等。

药理研究表明,蜂毒有强化心脏功能、降低血压、刺激局部引起红肿热痛、溶血和抗凝血、抗菌、抗炎、对离体肠管和子宫有兴奋作用、促进大鼠胰岛细胞分泌胰岛素等药理作用。

(4) 蜂蜡:是由蜂群中适龄工蜂腹部的4对蜡腺分泌出来的一种蜡质,蜜蜂用它来修筑巢脾,封闭饲料储藏室盖。春、秋季节,将取去蜂蜜后的蜂巢,入水锅中加热熔化,除去上层泡沫杂质,趁热过滤,放冷,蜂蜡即凝结成块,浮于水面,取出,即为黄蜡。黄蜡再经熬炼、脱色等加工过程,即成白蜡。

黄蜡成不规则块状,大小不一。黄色、黄白色或淡黄棕色,不透明或微透明,表面光滑,手摸之有滑腻感。体轻,能浮于水上。断面呈砂粒感状,用手搓捏能软化。有蜂蜜样香气,味微甘,嚼之细腻,粘成团不碎。不溶于水,可溶于有机溶剂。白蜡为质地较硬的蜂蜡,呈白色块状,气味较淡。以色白、纯净、质较硬者为佳。

本品味甘、淡,性平。归脾、胃、大肠经。功能解毒,生肌,止痢,止血,定痛。用治痈疽发背,溃疡不敛,急心痛,下痢脓血,久泻不止,胎动下血,遗精,带下。外用治疗疮疡破溃、痈肿、刀伤和烫火伤等。蜂蜡还可以制作丸药的外壳、牙齿模型及油膏基质等医药材料。

蜂蜡含棕榈酸蜂酯约80%,游离蜡酸约15%,同时含游离醇类和烃类、蜡素和维生素A等。

(5) 蜂胶:是蜜蜂从植物芽苞、树皮或茎干伤口上采集来的树脂类黏性分泌物与部分蜂蜡、花粉以及蜜蜂的上颚腺分泌物等加工而成的混合物。在温暖季节,每隔10日左右开箱检查蜂群时刮取,刮取后紧捏成团,包上一层蜡纸,放入塑料袋内,置凉爽处收藏。

蜂胶药材为树脂状团块,黄褐色或灰褐色,具芳香气味,有黏性,低温下变硬、变脆,加热可熔化。

本品味微甘,性平。功能润肤生肌,消炎止痛。用治胃溃疡,口腔溃疡,宫颈糜烂,带状疱疹,牛皮屑,银屑病,皮肤裂痛,鸡眼,烧烫伤。

蜂胶含树脂约50%,蜂蜡约30%,挥发油8%~10%,还含有多种黄酮类、酚类、内酯、香豆素类、醛、酮、甾类化合物,还含有维生素B_1、烟酸、维生素A和多种氨基酸、糖、多糖、微量元素。

现代药理实验表明,蜂胶具有抗病原微生物作用。蜂胶对多种细菌有抗菌作用,蜂胶制剂及蜂胶成分能抑制金黄色葡萄球菌、变形杆菌、炭疽杆菌、丹毒丝菌属等20余种细菌。蜂胶乙醇提取液对各种癣菌、铁锈色小孢子菌、石膏样小孢子菌等浅部真菌有较强的抑制作用,对白念球菌、新形隐形菌、星状奴卡菌等深部真菌也有不同程度的抑制作用。另外,蜂胶还具有抗病毒、镇静麻醉、促进组织修复、保肝、抗肿瘤、清除自由基等药理作用。

蜜蜂全身都是宝,具有很高的经济价值和医疗保健价值。近年来又开发了蜂蛹、蜂毒,提纯蜂胶等多种蜂产品。

此外,中华蜜蜂相应入药部位功效相似的还有同科属的意大利蜂 *Apis mellifera* L.,外形与中华蜜蜂相似,但个体较大,工蜂体长 1.2~1.3 cm,雄蜂体长 1.4~1.5 cm,雌蜂体长 1.6~1.7 cm;唇基黑色,不具黄斑;后翅中脉不分叉。

八、家蚕 *Bombyx mori* L

主要分布于江苏、浙江、四川、广东等省。均为家养,主以桑叶为食。

1. 形态 成虫体长 1.6~2.3 cm,翅展 3.9~4.3 cm,雌雄触角相同,呈栉齿状。体翅黄白色至灰白色,喙退化。翅 2 对,翅面有白色鳞片。前翅外缘顶角后方向内凹切,横线不明显,端线与翅脉灰褐色,后翅色较淡,边缘鳞毛稍长。雌虫腹部粗壮,末端钝圆;雄虫腹部狭窄,末端稍尖。

蛹呈纺锤形,雌蛹长 2.2~2.5 cm,宽 1.1~1.4 cm。表面棕黄色至棕褐色。雄蛹略小,体色稍深。幼虫体表灰白色至白色,胸部第二、第三节稍膨大,有皱纹,腹部第八节背面有 1 尾角(图 9-15)。

2. 药用 家蚕幼虫感染白僵菌致死后僵化的全虫,名白僵蚕。家蚕蛹感染白僵菌发酵的制成品,名白僵蛹。家蚕幼虫排出的粪便,名蚕沙。家蚕幼虫的蜕皮,名蚕蜕。家蚕的蛹,名蚕蛹。家蚕蛾的卵子,名原蚕子。家蚕蛾卵子孵化后的卵壳,名蚕退纸。家蚕蛾的茧壳,名蚕茧。

(1) 白僵蚕:为家蚕 4~5 龄幼虫因感染白僵菌 *Beauueria bessiana* (Bals)Vuill. 而致死的虫体。又名僵蚕,为常用中药。

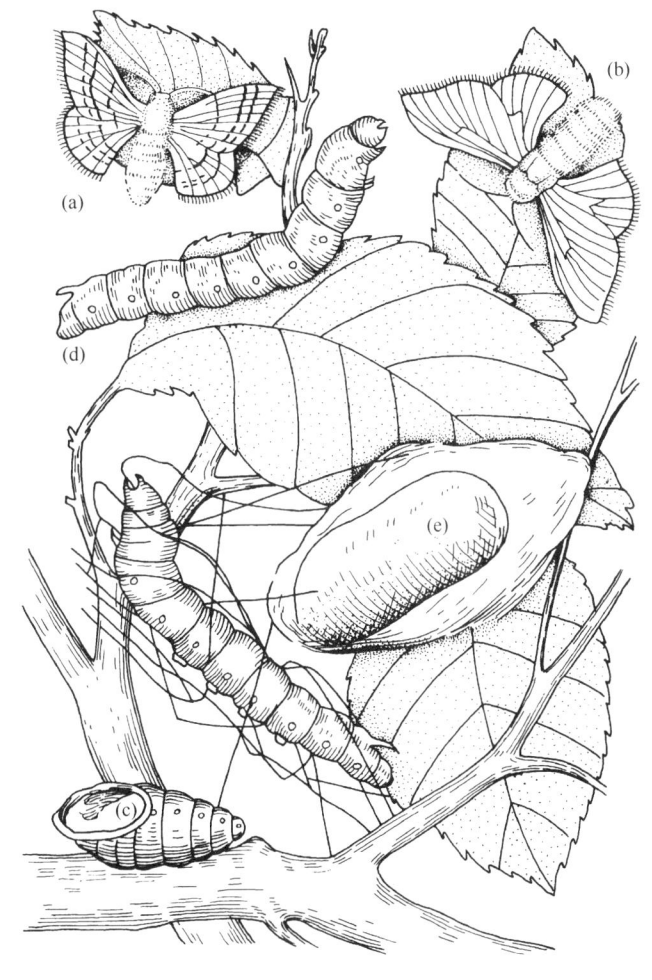

图 9-15 家蚕(据 Натали 修改)
(a) 雄蛾 (b) 雌蛾 (c) 蛹 (d) 蚕 (e) 茧

白僵蚕,原名蚕,载于《神农本草经》,列为中品。《本草经集注》云:"人家养蚕时,有和箔皆僵者,即暴燥都不坏。今见小白色,似有盐度者为好。"《本草图经》载:"白僵蚕,生颖川平泽。今所在养蚕处皆有之。用白僵死,白色而条直者为佳。"《本草纲目》

载虫部卵生类。李时珍谓:"凡蚕类入药,俱食桑叶者。"又谓:"散风痰结核瘰疬,头风,风虫牙痛,皮肤风疮,丹毒作痒……"以上特征与功效与现在的白僵蚕相符。

白僵蚕药材呈类圆柱形,多弯曲而皱缩,长 2～5 cm,直径 0.4～0.7 cm。表面灰白色或黄白色,被有白色粉霜(气生菌丝和分生孢子)。头部较圆,黄棕色;体腹面有足 8 对,呈突起状;体节明显;尾部略呈二分歧状。质硬而脆,易折断,断面平坦,外层白色,中间棕黑色,有光泽,内有 4 个亮圈(丝腺环)。气微腥,味微咸。以条粗、质硬、色白、断面光亮者为佳。表面无白色粉霜、中空者不可入药。

本品味咸、辛,性平。归肝、肺、胃经。功能熄风止痉,祛风止痛,解毒散结。用治抽搐惊痫,口眼歪斜,头痛目赤,咽喉肿痛,风虫牙痛,瘰疬结核,以及风疹丹毒等。

白僵蚕主含脂肪、蛋白质、草酸铵、变态活性刺激素、促蜕皮甾酮、色素、3-羟基犬尿素,6-N-羟基腺嘌呤、多种氨基酸和微量元素。所含蛋白质有刺激肾上腺皮质的作用,并能降低士的宁引起小鼠的惊厥死亡率。

现代药理研究表明,白僵蚕具有抗惊厥、镇静、抗凝血、降血糖、抑菌等药理作用。

(2) 白僵蛹:药材呈不规则块状。表面白色或黄白色。质轻脆,易碎。有霉菌味及特异的腥气。

本品为白僵蚕的代用品,其性味、功能、主治与白僵蚕近似。

为家蚕的蛹经白僵菌感染后的僵化虫体,化学成分除含粗蛋白、粗脂肪外,还含甾醇类物质和维生素 A、B。其药理作用除与白僵蚕相似类外,还对小鼠肉瘤 180 有抑制作用,并能降低血中胆固醇的含量。

(3) 蚕沙:为家蚕幼虫的干燥粪便。又名蚕屎、晚蚕沙。

蚕沙药材呈颗粒状六棱形,长 0.2～0.5 cm,直径 0.15～0.3 cm。表面灰黑色或墨绿色,粗糙,有 6 条明显的纵沟及横向浅沟纹。气微,味淡。以粒大、色黑、无杂质者为佳。

本品味甘、辛,性温。归肝、脾、胃经。功能祛风除湿,和胃化浊,活血通经。用治风湿痹痛,肢体不遂,湿疹瘙痒,吐泻转筋,闭经,崩漏等。

蚕沙含蛋白质、18 种氨基酸、叶绿素衍生物和维生素 A、B、E 等。

药理研究表明,蚕沙有抗癌及光敏作用,以及抗凝血酶作用等。

目前药用节肢动物因其含有的活性物质在治疗疑难病症上疗效显著,以引起国内外学者的广泛关注。其研究、开发热点主要集中在活性物质的研究、开发和利用上。

九、节肢动物门药用动物研究开发

1. **中国鲎的研究开发** 中国鲎肉含胆甾醇 78.0%,少量 C_{26}-、C_{27}-、C_{28}-、C_{29}-甾醇。胚胎含两组蛋白质,一组为血蓝蛋白,一组命名为 B-1 蛋白质,B-2 蛋白质和残余蛋白质,还含酸性黏多糖。鲎血液还含有一类称为鲎素族的抗菌、抗病毒多肽以及一类称为抗 LPS 因子(抗脂多糖因子)的抗菌蛋白、鲎肽、鲎肽Ⅰ、鲎肽Ⅱ、血细胞溶菌产物等。利用鲎血提取变形细胞溶解物,制成检验内毒素的试剂,极为敏感,具有快速、简易等特点,用以鉴别脑膜炎只需 15 min,与常规细菌培养法比较,大大缩短了检测时间。中国鲎血细胞经酸提取后分离得到鲎素(tachyplesin) 体外(in vitro)实验表明,鲎素在较低浓度下就可抑制革兰阴性菌和革兰阳性菌的生长,其中葡萄球菌对鲎素的反应最为敏感,其最小致死剂量为 10 μg/ml。表明鲎素具有很强的抗菌活性,它是鲎血细胞用以抵抗入侵微生物的自我防御系统的主要组分。应用从中国鲎血细胞中提取的鲎素处理人肝癌 SMMC-7721 细胞,实验结果表明鲎素能有效地抑制肝癌细胞的增殖活动。应用光镜和透射电镜观察鲎素处理前后人肝癌 SMMC-7721 细胞形态和超微结构的变化,应用细胞化学或免疫细胞化学方法观察鲎素处理前后细胞碱性磷酸酶活性与甲胎蛋白和增殖细胞核抗原表达的变化。结果经鲎素处理的 SMMC-7721 细胞形态和超微结构发生恢复性变化,碱性磷酸酶活性减弱,甲胎蛋白和增殖细胞抗原表达降低。说明鲎素能有效改变肝癌细胞恶性形态和超微结构特征,改变肝癌细胞相关酶活性和抗原表达,对肝癌细胞具有一定的诱导分化作用。鲎素还具有与正丁酸钠等诱导分化物相似的改变人胃癌细胞形态与超微结构恶性表型特征的作用,和与诱导分化物协同加成的诱导分化效果。从中国鲎血细胞中提取的鲎素 T-1 在体外对人早幼粒白血病 HL-60 细胞的增值有明显抑制作用。

2. 斑蝥的研究开发 斑蝥的主要成分是斑蝥素,具有较好的抗肿瘤作用,但毒性较大。经过人们的研究,利用斑蝥及其衍生物制成的一些疗效显著的中成药、化学药、生化药等相继问世。如鹅掌风药水、治癌药斑蝥素及斑蝥素片、斑蝥素注射液、去甲斑蝥素片、斑蝥酸钠片、复方斑蝥酸钠片、斑蝥素乳膏等。

近年来对斑蝥的研究主要集中于对其有效成分斑蝥素抗癌机制的探讨、衍生物的研制和新剂型的开发方面,相继合成了多种斑蝥素衍生物,如斑蝥酸钠、羟基斑蝥胺、甲基斑蝥胺、去甲斑蝥素等。

去甲斑蝥素(NCTD)是斑蝥素的衍生物,是从斑蝥中提取斑蝥素并经人工合成的一种新型低毒的抗癌药物。具有抗癌和升高白细胞的作用,是当今国际上第一个有升高白细胞作用的抗癌药物。研究发现,DNTD 对胆囊癌 GBC-SD 细胞的生长有明显的抑制杀伤作用,而且随浓度升高或时间延长作用增强,具有剂量-时间效应关系。NCTD 还能抑制肿瘤血管生成,可通过诱导肿瘤细胞凋亡,或通过抑制增殖细胞核抗原(PCNA)表达而抑制肿瘤细胞增殖,从而遏制肿瘤生长。采用 MTT 法、形态学观察、DNA 凝胶电泳、乳酸脱氢酶(LDH)检测及免疫印记法(Westem blot),研究去甲斑蝥素通过半胱氨酸天冬氨酸酶(caspase)途径诱导人宫颈癌细胞(HeLa)凋亡的机制发现,NCTD 能显著诱导 HeLa 细胞发生凋亡。NCTD 还对体外人肝癌细胞 SMMC-7721 的生长有抑制作用。去甲斑蝥素微球介入治疗能够延长肝癌大鼠的生存期。此外,NCTD 能刺激骨髓引起白细胞数升高。

斑蝥酸钠是斑蝥素与氢氧化钠共热水解产物。斑蝥酸钠不仅保持了斑蝥素特有的抗癌活性,且不良反应比斑蝥素小。其抗癌机制主要包括以下 3 个方面:一减少癌细胞 DNA、RNA 的前体物摄入,抑制核酸的代谢;二减少癌细胞对氨基酸的摄取,抑制蛋白质的合成;三影响线粒体膜的通透性,增强氧化磷酸化的偶联过程,从而影响癌细胞的能量代谢平衡,控制和缓解癌变发生。斑蝥酸钠注射液配合放疗治疗中晚期恶性肿瘤(肺癌、鼻咽癌、乳腺癌、食管癌等),能提高治疗效果,降低放疗不良反应,改善患者生活质量,具有抗肿瘤和免疫调节双重作用。用胃癌细胞原代培养药敏检测,结果显示斑蝥酸钠的敏感率高于 5-Fu、DNR、DDP、ADM 等常规化疗药物。斑蝥酸钠对人胃癌 BGC-823 细胞生长有抑制作用,可诱导胃癌细胞凋亡。斑蝥酸钠联合肝动脉化疗栓塞治疗中晚期肝癌,能明显对化疗栓塞起到增效作用,同时可减轻化疗药对白细胞抑制作用。斑蝥酸钠在体外作用于人肝癌细胞系 Bel-7402,不仅可诱导肝癌细胞的凋亡,还能抑制肝癌细胞的生长增殖。此外,斑蝥素钠亦有升白作用,能减轻放、化疗对骨髓造血系统的毒性,改善患者一般状况。斑蝥酸钠升高白细胞的机制主要是缩短白细胞的骨髓成熟、释放时间,促进骨髓造血干细胞(cFu-S)向粒-单核系祖细胞(cFu-GM)分化,从而导致白细胞升高。

甲基斑蝥胺系斑蝥素的衍生物,对动物实体瘤作用优于斑蝥素,毒性则较低,对肝脏毒性小,但对肾脏仍有一定毒性。对肝癌细胞的核酸和蛋白质合成有干扰作用,且能增强机体巨噬细胞的吞噬作用,对肿瘤细胞有抑制和杀伤作用。

3. 蜜蜂产品的研究开发 蜂毒是一种成分复杂的混合物,含有多种蛋白质多肽类、酶类、组胺、酸类、氨基酸及微量元素等。在多肽类物质中,蜂毒肽约占干蜂毒的50%,蜂毒神经肽占干蜂毒的3%。蜂毒中的酶类多达55种以上。目前已开发出的产品有"蜂毒注射液",本品具有抗炎和镇痛作用,用于治疗风湿性关节炎、类风湿关节炎、强直性脊椎炎等风湿类疾病,周围神经炎及神经痛等。

蜂胶含有大量的黄酮类、萜烯类等化合物。现已从蜂胶中分离出黄酮、黄酮醇类化合物有30余种。蜂胶还含有硒、锌、铁、锰、铜、镁、钙等多种人体必需的微量元素及多种维生素。科学研究表明,蜂胶具有极强的抗氧作用,它能增加机体自由基的清除能力、阻止自由基的氧化损伤作用;能提高人体的体液免疫和细胞免疫功能;具有广谱抗菌作用;含有丰富的抗癌物质;还有抗过敏、抗炎、抗疲劳、降血压、调节血脂、改善代谢等作用。目前蜂胶已被应用于多种疾病的防治与保健,开发的保健品较多。

蜂王浆具有增强肌体抵抗力、促进组织再生、延缓衰老、抑制和杀伤癌细胞、抗辐射、调节内分泌平衡、抗菌消炎等作用。因此开发出的保健品较多,深受人们的喜爱。

4. 全蝎的研究开发 全蝎中的蝎毒(katsutoxin)主要由蛋白质和非蛋白质两部分组成。主要活性成分是蛋白质,活性蛋白按作用不同又分为毒性蛋白(蝎毒素)和酶。蝎毒素(scorpionvenom)是一类由20~80个氨基酸组成的含有C、H、O、N、S等元素的毒性蛋白,毒素有很强的专一性,含硫量高。现已从蝎毒中分离出数十种蝎毒素单体。酶部分主要含有磷酸酯酶A_2、乙酰胆碱酯酶、透明质酸酶等。目前已开发的产品主要有"蝎毒注射液",用于风湿性或类风湿痛、肩周炎、骨关节痛、神经性痛、坐骨神经痛、三叉神经痛、腰痛及癌痛等。

5. 家蚕的研究开发 家蚕的雄蚕蛾在中国有悠久的应用历史,明朝李时珍在《本草纲目》中称雄蚕蛾为神虫国宝,认为此昆虫有补肝肾、壮阳、延缓衰老的功效。科学研究表明:雄蚕蛾含有多种氨基酸、维生素和微量元素,尤其钙、锌、铬、镉的含量较为丰富。雄蚕蛾体内含有大量雄性激素、保幼激素、脑激素和蜕皮激素等生物活性物质,是集食疗、养生、保健、补益于一体的"药食同源"佳品。目前已开发出多种保健产品。

(王淑敏)

第十章 棘皮动物门

导学

棘皮动物是一类高等无脊椎的后口动物,幼体呈两侧对称,成体又呈辐射对称;骨骼由中胚层产生,并向体表突出成棘;具有由一部分体腔演变而成的水管系统和围血系统;并具后口。分为2个亚门5个纲。即有柄亚门和游走亚门(无柄亚门),海百合纲、海星纲、蛇尾纲、海胆纲和海参纲。主要药用动物有海燕、海盘车、海胆、海参等,现代研究表明具有抗菌、抗癌等新用途。

学习重点:
1. 掌握棘皮动物门主要特征、分类类群。
2. 熟悉棘皮动物的主要药用种类。
3. 了解药用棘皮动物的现代研究进展。

棘皮动物门 Echinodermata 在动物演化上属于后口动物 Deuterostome。辐射卵裂,内陷法形成原肠,再经腔肠法形成中胚层和真体腔,三胚层,胚孔形成肛门,胚孔对应端形成口,为后口,这些特征与脊索动物相似,属于后口、肠体腔动物。

棘皮动物全部生活在海洋中,约有6 000 余种,我国有500 多种。除少数浮游外,大多是行动迟缓的底栖种类,少数营固着生活。多分布在温带、亚热带和热带海洋中。

本门常见的药用种类有海燕 *Asterias pectinifera* (Müller et Troschel)、海盘车 *Asterias rollestoii* Bell.、海胆 *Hemicemtiotus pulcherrimus* (A. Agssiz)、海参 *Stichopus japonicus* Selenka 等。其中海参是我国有名的传统补药,具有补肾壮阳、养阴润燥的功效。随着现代对海洋药用生物研究的发展,发现了本门动物越来越多的医药用途,具抗菌、抗癌作用的种类日益增多,是今后研制抗癌、抗菌等新药的丰富资源之一。

第一节 棘皮动物门的主要特征

棘皮动物的幼虫都是两侧对称,而成体都是次生性五辐射对称(pentamerous radial symmetry),成体身体表面有棘和刺突出体壁外。一部分体腔形成了特殊的水管系统(water vascular system)、血系(hemal system)和围血系统(perihemal system)，骨骼全部起源于中胚层，由钙化的骨片(sclerite)组成。是最原始的后口动物，也是无脊椎动物中最高等的类群。

一、外形

随着棘皮动物在海洋栖息的深度和生活方式的不同，外形差异较大。一般可分为四种类型(图10-1)：① 海星型，体呈多角星形或五角星形，扁平，背面稍拱起，有棘、疣、颗粒状突起。如海星 *Asterias* sp.、阳遂足 *Amphiura* sp. 等。② 海胆型，体呈半球形、卵形或盘形，表面有由骨板愈合而成的"骨壳"，并具许多小孔和长短粗细不一的棘刺。如马粪海胆 *Hemicemtiotus pulcherrimus* (A. Agssiz)、紫海胆 *Anthocideris carssispina* (A. Agassiz) 等。③ 海参型，体呈长圆筒形，无腕无棘，体表有长短大小不等的疣足和肉刺，前端口周围有触手。如刺参 *Stichopus japonicus* Selenka、梅花参 *Thelenota ananas* (Jaeger) 等。④ 海百合型，体呈树枝状，腕羽状分枝，形似植物。如海齿花 *Comanthus* sp.、海洋齿 *Antedon* sp. 等。无论属何种体型，成体多呈辐射对称，一般都可分为体盘和腕两部分。体盘是主体，是水管、循环、消化、神经等器官系统大部分所在的地方。体盘中央有口、筛板(madreporite)和肛门。口所在的一面，称口面(oral surface)；与口面相对的一面称反口面(aboral surface)。肛门多位于反口面。筛板多在肛门附近，上有许多小孔，是海水出入体内的门户。

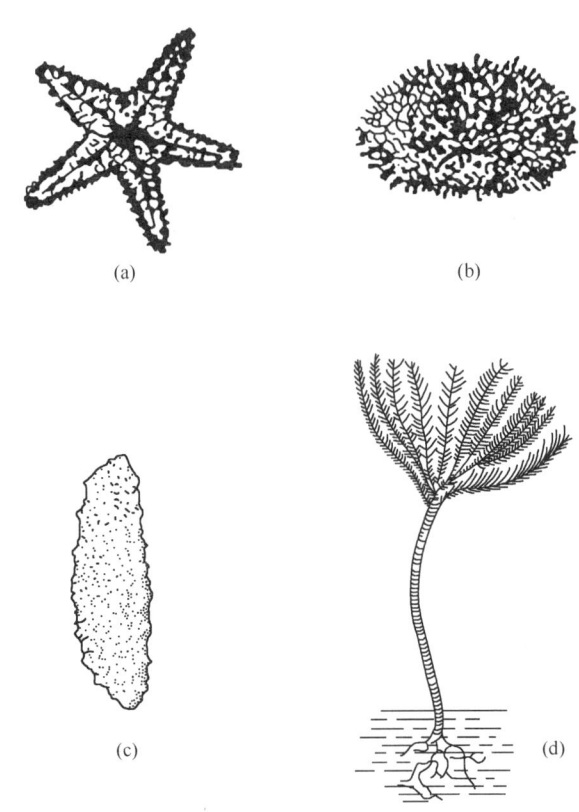

图10-1 棘皮动物代表种类
（仿赛道建《普通动物学》）
(a) 海星 (b) 海胆 (c) 海参 (d) 海百合

腕多细长，突出于体盘作辐射排列。腕的腹面有呈"V"字形的纵沟，称步带沟(ambulacral groove)。沟内有2～4行管足，是本门多数种类的运动器官。

体表具长短粗细不等的棘状突起，称之为棘(papilla)或刺(spine)。有的棘的上端分叉似钳，称为叉棘(pedicellaria)或棘钳。体表还有许多薄膜状的颗粒形突起，其内腔与体腔相通，具呼吸、排泄功能，称为皮鳃(papula)。

二、骨骼

棘皮动物的骨骼是中胚层的初级间质细胞形成的，故是内骨骼(endoskeleton)。但与脊椎动物由中胚层的次级细胞形成的内骨骼不同。棘皮动物的骨骼是由许多骨板或骨片组成的。骨板或骨片的形状、大小和排列方式随种类不同而异，故是分类的重要依据。如海胆

Hemicemtiotus pulcherrimus (A. Agssiz)的骨板较小,互相嵌合成"骨壳";海参 *Holothuria* sp.的骨片细小,埋在肌肉组织之中;海星 *Asterias* sp.的骨板较大,借肌肉或软骨互相连接,因而可以活动。

三、 体腔和水管系统

棘皮动物属真体腔,很发达。体腔内壁上有许多纤毛,借纤毛的打动,使体腔液在体内不断流动。

水管系统(步管系统)是棘皮动物特有的结构。它是由一部分体腔演化而成。主要由环水管(ring pipe)、辐水管(radial pipe)、枝水管(侧水管 branch pipe)、管足(tube foot)和罍(léi)(管足囊 tube podocyst)相互连接而成(图10-2)。管足与枝水管连接处有瓣膜,管足的一端是盲囊状的罍,当罍收缩时,瓣膜关闭,水被压

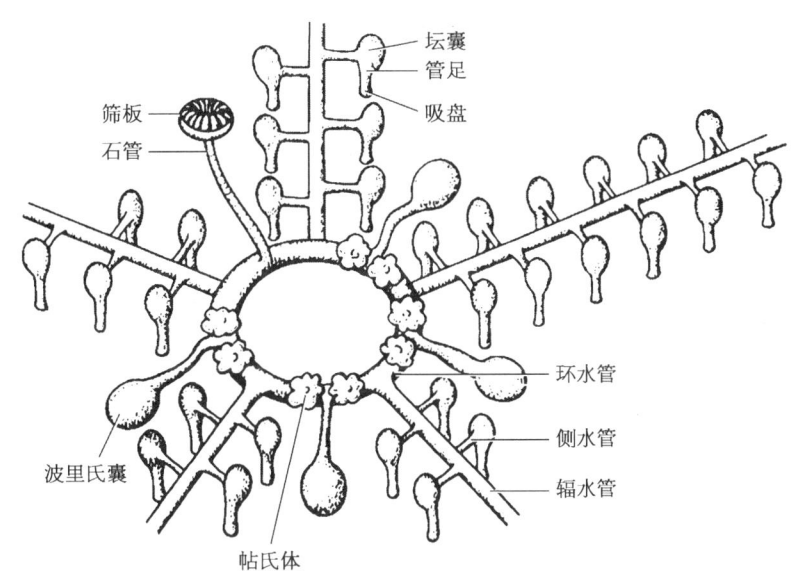

图10-2 海星的水管系统(仿许崇任《动物生物学》)

入管足,使之伸长,反之,管足缩短。罍节律性的收缩与扩张,引起管足相应的伸长与缩短,海星 *Asterias rollestoii* Bell. 等便借此缓慢移动。管足除运动功能外,一般还有呼吸和排泄功能。蛇尾纲 Ophiuroidea 的管足退化,无运动功能,只司呼吸、排泄和感觉。

环水管上有1条石管(stone canal)与筛板相通,借筛板上的小孔,使水管系统中的水与外界水、体腔液不断循环流动。同时环水管有9～10个帖窦曼氏体(Tiedmann's body)。它产生的变形细胞有吸收、吞食或排除外来可溶性物的作用。此外,有些种类的环水管上还具波里氏囊(Polian vesicle),是储水的结构,有调节体内水压的功能。

四、 围血系统和循环系统

棘皮动物的围血系统也由一部分体腔演变而成。它位于水管系统的下方,与水管系统一样,作辐射状排列。围血系统由口面和反口面的环围血窦(ring perihemal sinus)、辐围血窦(radial perihemal sinus)以及连通它们的轴窦(axial sinus)组成。包围在循环系统的外面。

血系统(hemal system)也是由口面和反口面的环血窦(环血管 ring hemal canal)、辐血窦(辐血管 radial hemal canal),以及连通它们的轴器(axial organ)组成。而血窦(hemal sinus)又是由许多不规则的葡萄状的空隙构成的。空隙中的体液含游离细胞(海参类含的是血红细胞),相当于其他动物的血管。包围在轴器、轴窦和石管外面的称轴体(axis body)。是连接口面和反口面的

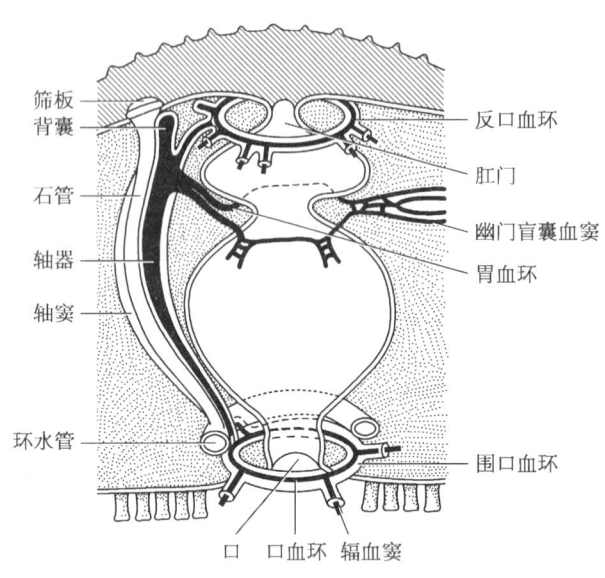

图 10-3 海星的围血、循环系统

水管系统、围血系统等的桥梁。反口面辐围血窦、辐血窦又通入生殖腺(genital gland)(图 10-3)。

本门动物都具围血系统和循环系统,但以海胆和海参类的发达,其他种类的常退化而不明显。

五、消化和排泄

棘皮动物的消化系统一般由口、食道和消化管组成。消化管的形状因种类不同而异。海星、蛇尾等的消化管呈囊袋状,有不用的肛门或无肛门。消化后的残渣仍由口排出体外;海参、海胆的消化管呈长管状,口的附近有捕集食物的触手或咀嚼器(亚里士多德提灯 Aristotle's lantern),消化后的残渣由肛门排出体外。同时海参的直肠壁向内突起呈树枝状,具排泄和呼吸的双重功能。称之为呼吸树(the respiratory trees)(图 10-4)。

棘皮动物没有肾等专门排泄器官,排泄作用主要靠体腔内的变形细胞来完成。其排泄物先变成固体颗粒,然后由变形细胞搬运到体外。

六、神经系统

棘皮动物的成体有 3 个神经系统(neural system),即外神经系统(ectoneural system)、下神经系统(hyponeural system)和内神经系统(edoneural system)。外神经系统来源于外胚层,位于围血系统的下方,由围口神经环和 5 条辐

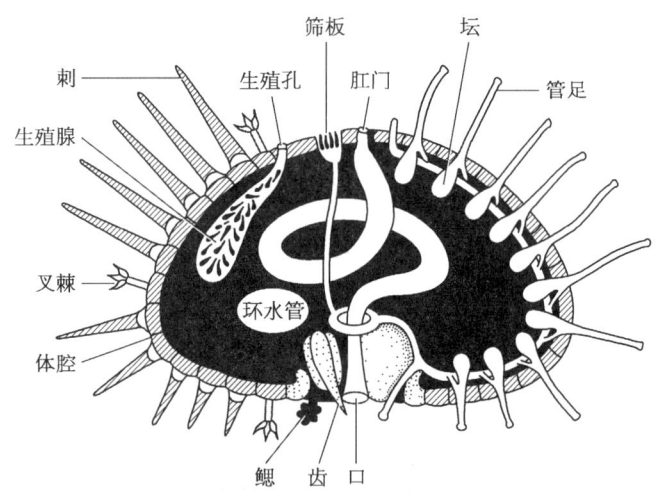

图 10-4 海胆过口面和反口面的切面(仿侯林《动物学》)

神经干及其分枝组成;下神经系统(深在神经系统)位于围血系统的管壁上,其组成与外神经系统相同;内神经系统位于反口面的体壁上,由辐神经干及其分枝组成。下、内 2 个神经系统都起源于中胚层。中胚层细胞形成神经系统是本门动物独有的特点。3 个神经系统的分布都与水管系统相平行,都与所在地方的上皮细胞相连。相连的上皮细胞有传导刺激的作用。一般是外神经系统较发达,其他两个神经系统因种类而异。如海百合类的内神经系统特别发达,而海参类却全无内神经系统。

七、生殖与发育

棘皮动物中,绝大多数是雌雄异体。生殖腺由体腔上皮形成,位于间步带区(interambulacral area)。一般有 5 对或 5 的倍数的生殖腺,成熟时常充满体腔。卵巢黄色,精巢白色。成熟的生殖细胞经生殖管(genital duct)由反口面排出体外,在水中受精。受精卵通常进行等裂,经桑椹期到囊胚期。由内陷法形成原肠,再由腔肠法形成中胚层和 1 对体腔囊;这对体腔囊再分成前、中、后 3 对体腔囊。原口在后方形成肛门;并在近中央腹面的外胚层内陷和内胚层的外突形成幼虫的口。此时前端的口前叶成了幼虫器,用以附着他物。海百合类的幼虫器(larval organ)柄;而其他种类的幼虫器随着进一步发育而消失。这时就成一个左右对称的幼虫。再经变态便发育成辐射对称的幼体。

在变态过程中,左中体腔囊形成环水管,后又分出 5 条辐水管,再进一步分成侧水管和管足;左后体腔囊分出一部分形成围血系统;左前体腔囊形成了中轴体(central axis body)。最后一对体腔囊形成了后来的体腔,其他的都退化了。与此同时,在左侧环水管中央,外胚层的陷入和消化管壁的外突形成了后口。右侧也以同样的方法形成了幼体的肛门。随着新口、肛门的形成,幼虫的口和肛门都封闭消失。这样幼虫以左侧的口面和右侧的反口面为中轴形成了辐射对称形式。水管系统和其他器官都沿着与中轴垂直的方向形成和发展。因此成虫的口面原是幼虫的左侧,反口面便是幼虫的右侧。故这样形成的辐射对称体型完全是一种次生现象(图 10-5、图 10-6)。

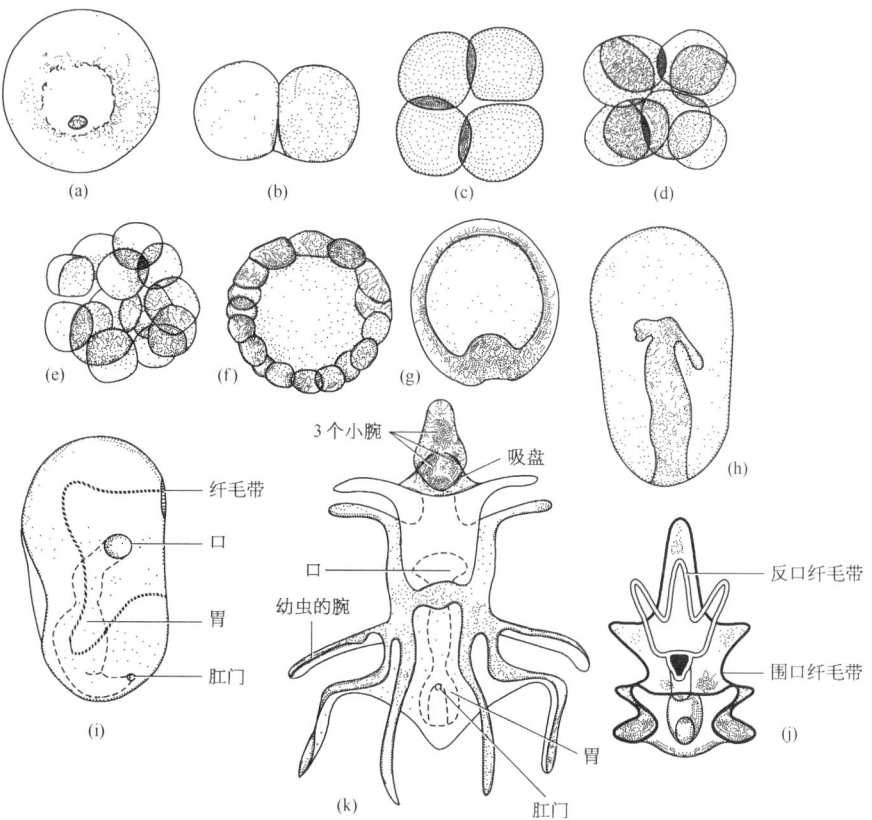

图 10-5　海星的个体发育(仿刘凌云《普通动物学》)

(a)~(j) 表示其发育程序

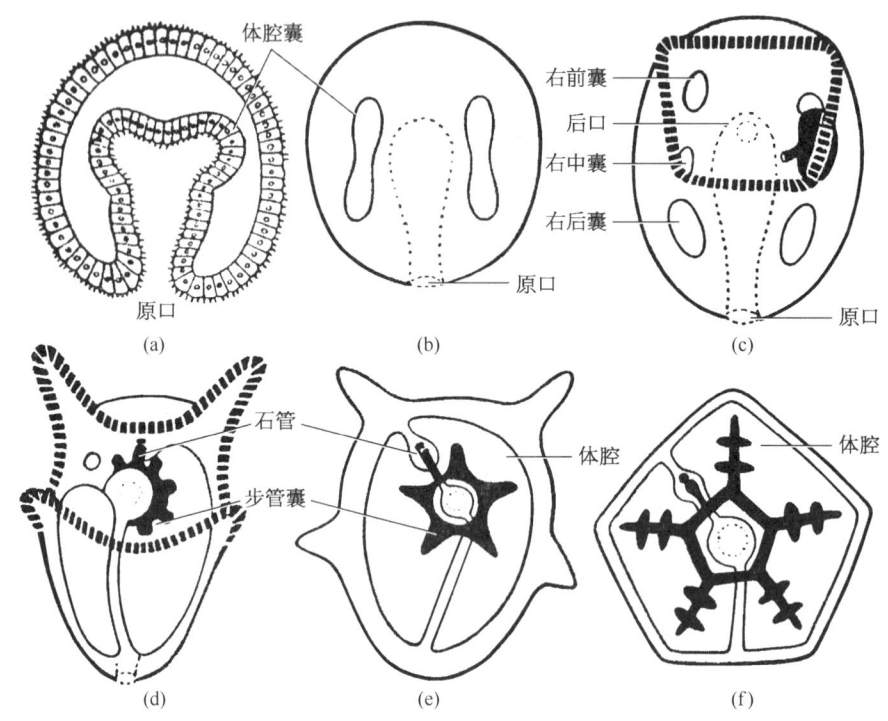

图 10-6　海星的早期胚腔发育中体腔囊的分化(仿刘凌云《普通动物学》)

(a)~(f) 表示其分化过程

本门动物的体型由两侧对称变成辐射对称,完全是对固着生活的适应。现在移动生活的种类也是由固着生活的种类演变而来,因而它们的幼虫仍要过短期的固着生活。

此外,本门动物为适应海底固着或缓慢移动的生活,具很强的再生能力。身体任何一部分被损伤后,很快就会再生出来,成为一个完好的整体。如海星的腕或体盘受损后,过一段时间,受损的部分就再生出来,成为一个完整的海星。

第二节　棘皮动物门的分类

棘皮动物全部是海洋底栖生活,广泛分布在从浅海到数千米的深海,现存 6 000 余种,而化石种类则多达 2 万多种。全世界现存的棘皮动物依据生活过程中固着柄的有无分为 2 个亚门 5 个纲。即有柄亚门和游走亚门(无柄亚门),海百合纲、海星纲、蛇尾纲、海胆纲和海参纲。

一、有柄亚门 Pelmatozoa

整个生活过程中都有固着柄或至少有一个时期有固着柄,营永久性固着生活。生存种类约 630 余种,只有 1 个纲(海百合纲 Crinoidae),另 4 纲均为化石种。海百合纲是棘皮动物中最原始的一类,现存的海百合类分为 2 个类型:① 海百合类(stalked crinoids)终生有柄,营固着生活。② 海羊齿类(comatulids)，成体无柄，营自由生活或暂时性固着生活。5 个腕的基部多分支，使身体看似杯状。现本亚门无药用种类。

二、游走亚门 Eleutherozoa

游走亚门又称无柄亚门，在整个生活过程中都无固着柄，营游走性生活。本亚门包括了现存棘皮动物的绝大多数，约 5 600 余种。依据腕与中央盘的分界是否明显，腕的有无及其长短，步带沟的有无以及骨片大小等差异又分为以下 4 个纲：

(一) 海星纲 Asteroidea

体扁平，多为五辐射对称，体盘和腕分界不明显。在描述海星的形态时，用 R 表示自体盘中心到腕端的距离，称为辐径；用 r 表示自体盘中心到间腕部边缘的距离，称为间辐径。辐径(R)与间辐径(r)比例的大小是分类的重要依据。

海星的腕呈辐射状排列，其数目、长短、粗细随种类不同而异，是分类的重要特征。腕的数目一般是 5 或 5 的倍数，最多可达 50 个。每腕腹面中央有 2 行骨板，称步带板(ambulacral plate)，呈"∧"字形排列，构成了步带沟。沟内有 2～4 行具吸盘或不具吸盘的管足，是其运动器官。步带板上有许多小孔，是管足伸出的地方。步带沟的两边各有一列侧步带板(adambulacral plate)，腕缘的上、下分别有上缘板(supramarginal plate)和下缘板(inframarginal plate)。有些种类在侧步带板与下缘板之间还有一至数列排列规则的腹侧板(ventral plate)。各种骨板以结缔组织互相连接，因此各腕都有一定的活动性。同时，除步带板外，各骨板上有短的棘、叉棘或颗粒状突起，其数目在各骨板上也略有不同，是分类的特征。各腕端腹面还有一红色眼点，具感光作用。

海星的中央盘多呈类盘状，口面（腹面）向下，口位于腹面中央，通过短的食道与胃相连。胃大型，呈囊状，分为贲门胃与幽门胃两部分。反口面（背面）向上，肛门小而不用，靠近背面的中央，未消化的食物残渣复由口排出体外。筛板形圆而大，位于背面两腕基部之间，通常一个，多可达 2～5 个或 5 个以上（图 10-7）。

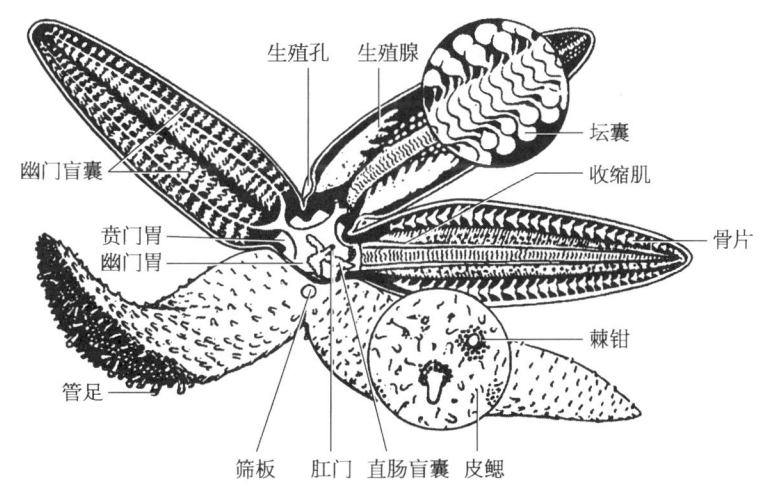

图 10-7 海星(仿许崇任《动物生物学》)

海星多为雌雄异体，生殖腺多分枝成丛生状，在腕内基部每侧 1 个。卵在水中受精，发育过程中经两侧对称的羽腕幼虫期。

海星纲约有 1 600 余种，广布全球，以北太平洋分布的种类较多。我国已知有 100 多种，主要分布在渤海以南海域。本纲的药用种类较多，大部分归属于显带目 Phanerozonia 的槭海星科 Astopectinidae、角海星科 Goniasteridae，有棘目 Spinulosa 的海燕科 Asterinidae 和钳棘目 Porcipulata 的海盘车科 Asteriidae。常见药用种类如镶边海星 *Craspidester Hesperus* (Müller et Troschel)、骑士章海星 *Stellaster equetris* (Retizius)、海燕 *Asterina pectinifera* (Müller et Troschel)、林氏海燕 *Asterina limboonkengi* (G. A. Smith)、多棘海盘车 *Asterias amurensis* Lutken 和罗氏海盘车 *Asterias rollestoni* Bell. 等(图 10-8,图 10-9)。

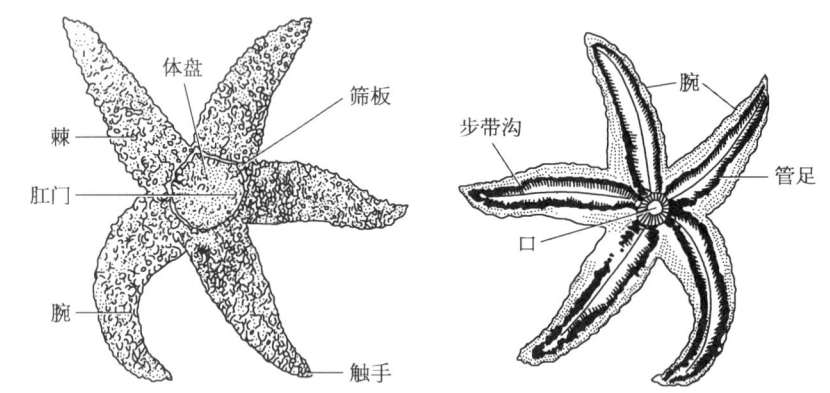

图 10-8 海盘车(仿刘凌云《普通动物学》)

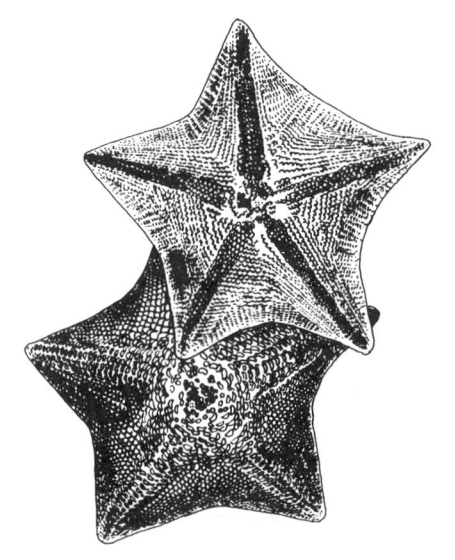

图 10-9 海燕
(仿刘凌云《普通动物学》)

(二) 蛇尾纲 Ophiuroidea

体扁平,星状,体盘小,腕细长,两者分界明显,有很强的伸曲能力。无步带沟,沟处被腕下板掩盖而形成了神经外管。管足 2 行,末端无吸盘和罍,只司感觉和呼吸,无运动功能。腕被腕上板(腕背板)、腕下板(腕腹板)、左侧板和右侧板包围,中央有一行大的骨板紧密相连的脊骨。脊骨相当于海星的步带板,深陷腕内愈合而成。腕的肌肉很发达,能活动自如。胃较小,仍呈囊状,结构简单。无肛门,筛板在口面。一般为雌雄异体,发育过程中经蛇尾幼虫期。

蛇尾纲约有 2 000 种左右,全球海域都有分布,多栖于深海地带。我国海域也有分布。本纲药用种类少,归属于蛇尾目 Ophiurida 的栉蛇尾科 Ophiocomidae 和阳遂足科 Amphiuridae。药用种类如棘栉蛇尾 *Ophiocoma echinata*、阳遂足 *Amphiura* sp. 等。

(三) 海胆纲 Echinoidea

海胆呈类球形、半球形、心形或盘状,是各腕向反口面相抱愈合而成的。表面有由 20 列子午线排列的骨板相互嵌合形成的坚硬骨壳。每 2 列骨板组成一个区,共 10 个区。其中步带区 5 个,较狭长,由 2 行步带板构成;间步带区 5 个,较宽阔,由 2 行间步带板构成。它们相间排列。骨板上有许多小孔,供具吸盘的管足伸出。组成步带板的小板数目随种类不同而异,少至 1 个,多至 3~12 个,是分类的重要特征。口面向下,反口面向上。从口面或反口面看,壳的最大圆周称为赤道部。反口面的中央部分,称为顶系(apical system)。

口面和反口面都被革质薄膜覆盖,分别称为围口膜(peristomial membrane)和围肛膜

(riproctal membrane),口位于围口膜中央,周围有许多叉棘,帮助捕食。口腔内有结构复杂的咀嚼器,称为亚里士多德提灯。其上有齿,可切碎食物。咀嚼器后接食道,食道后接细长盘曲的肠管,肠管末端与肛门相通。在围口膜外缘,间步带区的两侧各有 1 个鳃,内通体腔,司呼吸。肛门多在围肛膜中央,其周围有 5 个生殖板(genital plate)和眼板(cular plate)构成了顶系。生殖板在间步带区,多具 1 个生殖孔。但其中一个生殖板与筛板愈合而具许多小孔,兼有筛板的作用。眼板在步带区,各有 1 眼孔。骨壳表面还有许多大小不一的疣状突起。依大小分为大疣、中疣和小疣 3 种。疣上连有形状、大小不等的棘和叉棘。这些棘或叉棘的基部有肌肉与疣端相连,能如关节一样的活动。棘或叉棘的大小与其相连疣一致,也可分成大棘、中棘和小棘 3 种。棘的大小、形状和排列是分类的重要特征,其中叉棘的形状在分类上更有重要意义(图 10 - 10)。海胆大多为雌雄异体,生殖腺 2~5 条,卵在水中受精,发育过程中经海胆幼虫期。

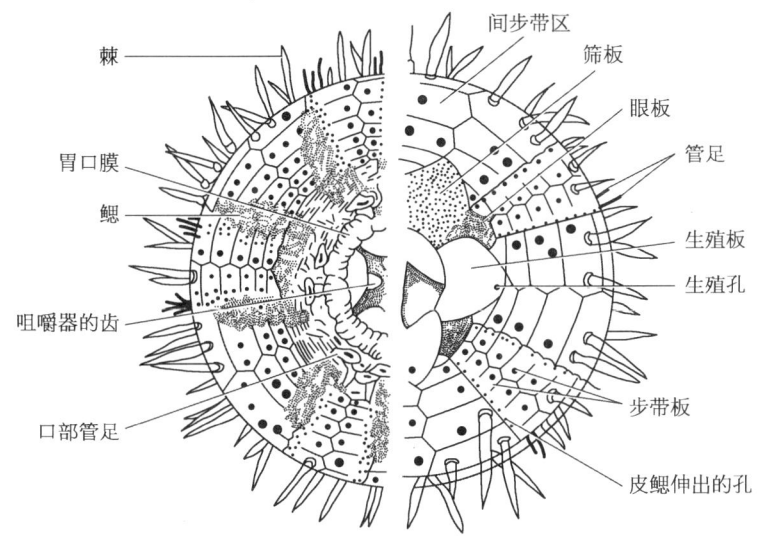

图 10 - 10　海胆(仿刘凌云《普通动物学》)

本纲约有 900 余种,遍布全球海域,以印度西太平洋分布的种类最多。我国海域也有分布。本纲药用种类较多,大部分归属于拱齿目 Camarodonta 的刻肋海胆科 Temnopleuridae、球海胆科 Strongylocentrotidae 和长海胆科 Echinometridae。常见的药用种类如细雕刻肋海胆 *Temnopleurus toreumaticus* (Leske)、马粪海胆 *Hemicemtiotus pulcherrimus* (A. Agassiz)、紫海胆 *Anthocidaris crassispina* (A. Agassiz)和石笔海胆 *Heterocentrotus mammillatus* (L.)等。

(四) 海参纲 Holothuroidea

海参一般呈柔软的圆柱形或蠕虫状,通常有前、后、背、腹之分。口在前端,肛门在后端。背腹略扁,表现出不同程度的左右对称体型。无腕、棘和叉棘。步带区 5 个,2 个在背面,管足已演变成肉质的棘状疣足(parapodia),只司呼吸和感觉,无运动功能;3 个在腹面,管足排列不规则,仍有运动功能。间步带区 5 个,3 个在背面,2 个在腹面。有的种类管足少或无管足。

口周围的管足演变成触手,一般的触手 20 个,成 5 行环列在口的周围。触手少者仅 8 个,多者达 30 个。形状多样,有楯状、枝状、羽状和指状等。触手的形状、数目及其排列是分类的重要依据。

海参的骨片细小,形状各异,散埋于体壁组织之中。骨片的相对大小差异较大,常见的形状有桌形体、扣状体、杆状体、轮形体、锚形体、C 形体以及 X 形体等。骨片的相对大小和形状也是分类的重要依据。

海参的水管系统发达,开口于体腔内。消化管细长盘曲,后端膨大成排泄腔。排泄腔的部分腔壁突向体腔伸出两条树状管,有呼吸和排泄功能,称为呼吸树或水肺(图 10 - 11)。

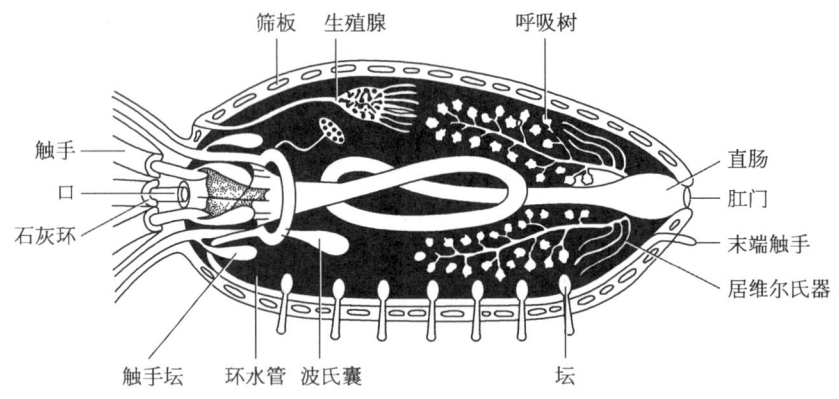

图 10 - 11　海参的内部构造(仿侯林《动物学》)

海参的绝大多数为雌雄异体,生殖腺 1 个,由许多分枝细管组成,一般呈丛生状,开口于体前端的背面。卵在水中受精,发育过程中经耳状幼虫和桶状幼虫期。

本纲约有 1 100 余种,广布世界海域,以印度西太平洋分布最多。我国有 140 多种,全国海域均有分布,以南方海域分布的种类较多。其中近 30 种可供药用和食用,具较大的药用价值。药用种类多归属于楯手目 Aspidochirota 的刺参科 Stichopodidae 和海参科 Holothuriidae。常见的药用种类如刺参 *Stichopus japonicus* Selenka、绿刺参 *Stichopus chloronotus* Brandt、花刺参 *Stichopus uariegatus* (Sempen)、梅花参 *Thelenota ananas* (Jaeger)、黑乳参 *Microthele nobilis* (Selenka)和辐肛参 *Actinopyga lacanora* (Jaeger)、海棒槌 *Paracaudina chilensis* (J. Müller)等(图 10 - 12)。

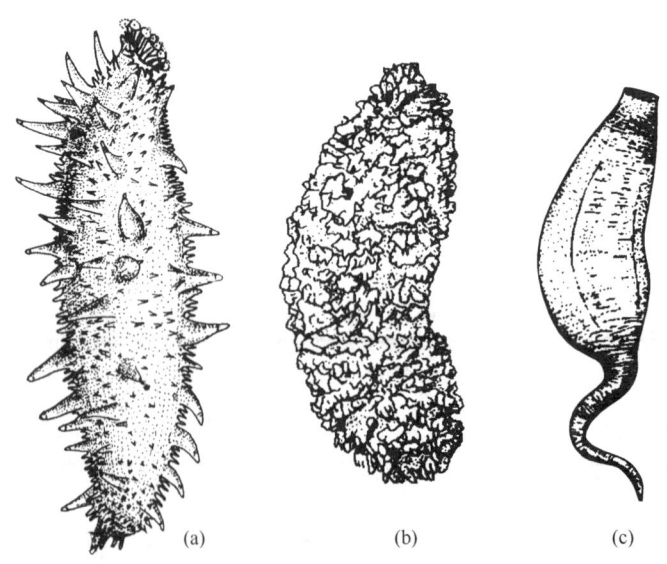

图 10 - 12　海参纲习见种类(仿刘凌云《普通动物学》)
(a) 刺参　(b) 梅花参　(c) 海棒槌

第三节 棘皮动物门药用动物举要

我国利用棘皮动物门中的一些种类防治疾病也有较悠久的历史,历代本草都有记载。如《药性论》《本草纲目》和《本草原始》等都分别记载了海参、海燕、海胆的性味、功能、主治等药用情况。我国沿海民间用海燕、海盘车、海胆、海参等治疗胃痛吐酸,风湿疼痛,跌打损伤,痈疽毒肿等的经验更是口传心授,沿用至今。这说明棘皮动物有较悠久的药用历史和相当广泛的医药用途。

随着现代科学的发展,利用现代的科学方法和技术研究棘皮动物的药用价值正日益深入,并取得可喜的成绩。据报道的已见资料初步统计,从近 100 种棘皮动物的体内或毒液中提得了许多具广泛生理活性的成分。其中具抗癌活性的成分也不少。从阿氏辐肛参 *Actinopyga agassizi* Selenka 的内脏和玉足海参 *Holotharia leucospilota* (Brandt)体中分离出海参素 A、B,都具抗癌活性,能抑制肉瘤 S180 和 Krebs-2 腹水癌的生长;从多棘海盘车 *Asterias amurensis* Lütken 体中提得的海星皂素 A、B,具有钝化精子的活性;从海参 *Stichopus japonicus* Selenka 体内分离的甾苷、海参素具抗原生动物的活性等。这些活性成分为今后研制抗癌、节育、抗致病性原生动物的新药提供了原料。

在本门 5 300 余种的棘皮动物中,药用种类约 50 多种,现择要举例如下:

一、罗氏海盘车 *Asterias rollestoii* Bell.

又名海盘车、海星。国内主要分布在辽宁、河北、山东等省沿海。

1. 外部形态和内部构造

(1) 外部形态:全体呈扁五角星形,直径约 40 cm,可分为体盘和腕两部分。体盘的反口面中部稍拱起,中央有肛门,肛门旁有圆形的筛板。背板结合成不规则网状,其上有皮鳃。背棘短而稀,尖锥形或较宽钝,有的呈叉状,顶端截断形;龙骨板(步带板)上有一行排列整齐的棘;上缘棘 3~5 个,下缘棘 2 个。生殖孔 5 个,位于两腕间。口面平坦,中央有五角形的口。腕长而稍扁平,基部稍微收缩,末端细翘。各腕的"V"字形步带沟内有管足 4 行,管足末端有吸盘(图 9-8)。

罗氏海盘车生活时体色艳丽,口面一般黄褐色,反口面蓝紫色,腕缘、棘、皮鳃浅黄色至黄褐色。常栖于海边潮间带的岩礁底处或沙石之中。喜以幼贝为食。

(2) 内部构造:骨骼在整个口面和各腕两侧按一定的顺序排成两行。沿腕的中线有两行步带板,呈"∧"字形排列,形成步带沟。罍和管足分别位于此板的上下;步带板的下面两侧有侧步带板,每一侧步带板外侧有腹侧板,腹侧板的下方有下缘板,在下缘板的上方有上缘板。各骨板间由结缔组织与肌肉相连(图 10-13)。

体腔宽阔,自中央盘直伸到各腕末端。内有消化、水管、围血系统等。体腔液中的蛋白质、变形细胞在纤毛打动下,不断流动,将蛋白质等营养物质运至全身,同时变形细胞把收集的代

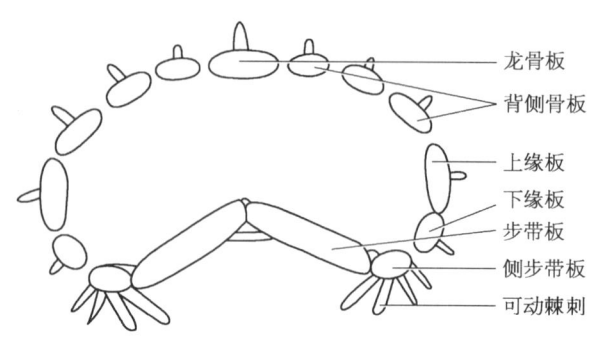

图 10-13 海盘车腕横切(示骨板的排列)
(仿刘凌云《普通动物学》)

谢产物排出体外。

水管系统在结构和功能上与一般棘皮动物无本质的区别,只是它具 19 个帖窦曼小体。

围血系统主要由双层的环口围血窦、辐围血窦、反口围血管、反口辐围血管及轴体组成。中轴体是连接环口围血窦与反口围血管的管道。口面的环口围血窦与辐围血窦相连;反口围血管与反口辐围血管相连。罗氏海盘车的循环系统不发达,分布在围血系统的隔膜内。由环血窦、中轴器、辐血管组成。中轴器位于中轴体内,是连接环血窦和反口环血管的通道。围血、循环系统的分布、走向与水管系统相同。血管中的血液不含色素,似淋巴组织(图 10-3)。

消化系统包括口、食道、贲门胃、幽门胃、幽门腺等。幽门盲囊(pyloric caeca)周围的幽门腺能分泌消化液到胃中消化食物。未消化的残渣复由口排出。同时幽门胃末端有一短的直肠通到反口面,其旁有一对分瓣的直肠盲囊。肛门位于反口面的中央(图 10-14)。

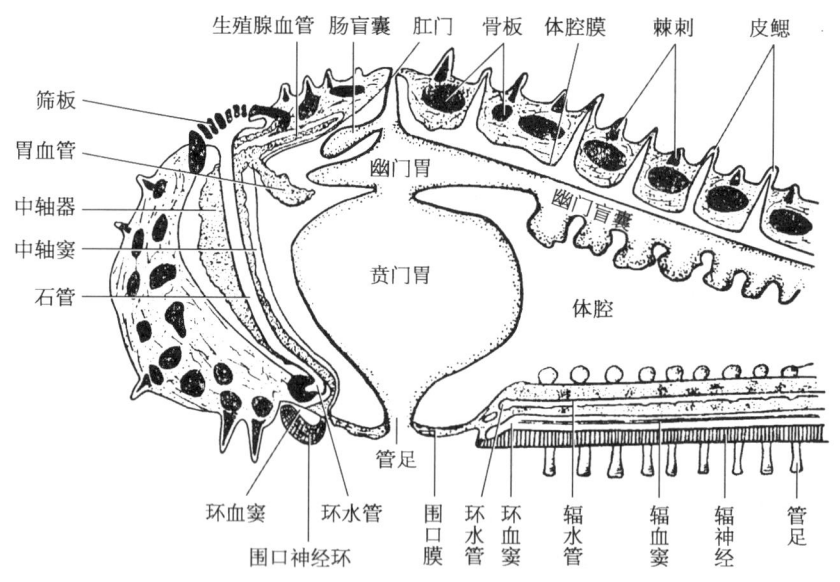

图 10-14 海盘车的消化系统(引自 Hickman)

神经系统包括外神经系统(表皮神经系统)和下神经系统。以外神经系统较发达。由围口神经环和辐神经干及其分枝组成。分布、走向与水管系统相同。感觉器官为各腕末端的眼点,有感光作用。

罗氏海盘车为雌雄异体,生殖腺 5 对,位于间步带区基部。有小管开口于反口面的生殖脊处。成熟的精、卵排出体外,在水中受精。受精卵经过等裂,以内陷法形成原肠胚,以腔肠法形成中胚层和体腔,并在水中发育成细小的羽腕幼虫。幼虫浮游生活一个时期,沉入海底,变态成幼体,再经过一段时间的发育,长为成体。

罗氏海盘车有很强的再生能力。如将它的体盘切成两半抛回海中,经一段时间后,又可再生出另一半体盘,成为两个新个体。

2. **药用** 主要以去内脏的干燥全体供药用,称为海星。载于《中国药用动物志》。其味咸,性平。功能平肝和胃,止痛,镇惊。用治反胃吐酸,胃脘疼痛,癫痫痉挛,耳内肿痛等。

药材呈五角星形,腕5,较长,辐射状排列,自基部向先端渐细,先端微弯曲,具吸盘。反口面微隆起,有紫红色花纹,口面平坦,浅黄色,表面粗糙,具有许多疣状突起和棘刺。质硬而脆,易折断。气微腥,味咸。

海星体内含有大量结构独特的具有生物活性的代谢产物,其中包括皂苷、甾醇、甾类糖苷、生物碱、脂类、糖类、蛋白质、多肽、氨基酸等物质。动物界所含皂苷只存在于海洋的棘皮动物门。海星的所有组织中都含有皂苷,其中胃中皂苷含量远高于其他组织;体壁、生殖腺和幽门盲囊中皂苷含量相近。海星中的皂苷属于甾体皂苷,可以分为3种结构类型,即硫酸酯甾体皂苷、环状甾体皂苷和多羟基甾体皂苷。大部分的海星皂苷与糖蛋白和脂蛋白结合,只有3%左右是以游离状态存在。尽管体壁、胃和生殖腺中皂苷结构相似,但在不同组织中存在不同的皂苷物质。从海星 *Pisaster ochraceous* 的卵巢中,分离出几种类甾醇激素(孕酮和雌二醇-17β);从海星 *Asterias rubens* 中也分离出雌二醇。

海星皂苷具有细胞毒性、溶血、抗病毒、抗菌、抗癌、调节生殖发育、降血压、抗溃疡等药理作用。海星体内的一种胆甾醇,具有降低血清和肝脏胆固醇水平的作用。海星甾醇还有明显的细胞毒性和较弱的抗病毒活性。最近研究发现,海星 *Nardoa tuberculata* 中甾醇还具有抗真菌活性,并对海参受精卵的发育也有影响。甾类糖苷有细胞毒性、溶血、抗病毒、抗炎症、鱼毒素等活性;生物碱类有细胞毒性、抗病毒、抗真菌活性;脂类有抗肿瘤活性。酸性黏多糖具有抗凝血、降低血清胆固醇、抑制红细胞凝聚及血栓形成、改善微循环等作用,是治疗微循环障碍及冠心病、脑血栓的良好药物来源。此外,从海星的提取物中,获得了一种多糖(NRP-1),具有抗癌活性;蛋白具有免疫和促细胞生长活性。

海星资源量大,富含蛋白质、脂类、微量元素、维生素等营养物质,将其作为新的海洋蛋白源用于食品和功能食品的研究已引起关注。

与罗氏海盘车药效相似,同等入药的还有同科属的多棘海盘车 *Asterias amurensis* Lurken。本种与上种主要不同的是口面微凹,浅黄褐色;反口面除棘、叉棘、结节和腕缘为浅黄色外,其余部分为鲜紫色。

二、海燕 *Asterias pectinifera*(Müller et Troschel)

又名海星、海五星。多生活于潮间带的浅水中,常栖息于岩礁底处或砂石或破碎的贝壳之下。国内主要分布于辽宁、河北、山东等省沿海。

1. **形态** 体呈扁平的短五角星形,腕通常5个,辐径7.5~11 cm,间辐径5~6 cm。反口面稍拱起,口面平坦。背板结合成覆瓦状,各板生有许多小棘,无叉棘。每个侧步带板有棘2行,腹侧板为不规则多角形,呈覆瓦状排列,接近步带板者较大。口位于腹面,口板大而明显,各具棘2行,筛板圆而大,通常1个。生活时体色艳丽,反口面一般为深蓝色,体盘中央杂以丹红色斑块;口面橘黄色(图9-9)。

2. **药用** 以去内脏的干燥全体供药用。称为海燕。载于《本草纲目》。其味咸,性温。功能补肾壮阳,祛风除湿。用治阳痿,腰腿疼痛,胃痛等。

药材呈扁平钝五角形,中央称体盘,体盘隆起面称反口面,颜色多变,具覆瓦状排列的骨板,有 1 个或 2～3 个筛板,呈粉白色。腹面称为口面,呈橘黄色,中央有口。体盘的外周有辐状短腕 5 条,有时可见 4～9 条者。各腕中央反口面具棱,边缘尖锐,口面具步带沟,沟内列生管足之列,管足上具吸盘。质硬而脆,气微腥,味微咸。以个大、完整、质坚硬者为佳。

海燕含有海燕皂苷、酸性黏多糖、多不饱和脂肪酸等多种生物活性物质;蛋白质、脂肪、氨基酸、矿质元素等营养成分丰富。

通过对海燕皂苷的活性评价研究表明:海燕皂苷具有显著的祛痰、镇咳、平喘作用;抗炎活性明确;抗肿瘤谱广;同时对脑缺血损伤有显著的保护作用。作为一种潜在的药用和食用海洋生物资源,海燕具有巨大的开发利用价值。

与海燕药效相似,同等入药的还有同科属的林氏海燕 Asterias limboonkengi (G. A. Smith)。本种与上种主要不同的是体型小,辐径仅 2.5 cm,体盘中央的背板较小,排成环状,每个背板上有 5～10 个成环排列的小棘;腹侧板上有 5～7 个几乎等长的棘。主要分布在广东、福建的沿海。

三、马粪海胆 Hemicemtiotus pulcherrimus (A. Agssiz)

又名海胆。多栖于潮间带到水深 4 m 左右的沙石底部或海藻繁茂的岩礁之下或缝隙之内。国内主要分布在辽宁、山东、河北沿海。

1. **形态** 骨壳为低半球形,直径一般为 30～40 cm,有的可达 60 cm 以上。反口面低,略隆起;口面平坦。壳面的疣状突起密集,着生有许多短小的棘刺,有的棘歪向外方。壳面暗绿色或灰绿色,棘的颜色不一,多为暗绿色,有的带紫、灰红、灰白或赤褐色。

2. **药用** 以干燥的骨壳供药用,称为海胆。载于《本草原始》,"主治心疼"。其味咸,性平。功能软坚散结,化痰消肿。用治瘰疬,痨咳,积痰不化,胸胁胀痛等。民间曾用海胆治疗胃溃疡、中耳炎、心绞痛、化痰消肿、胸肋胀痛等症。

药材呈中空的半球形,大小不一,直径 3～4 cm,厚 2～3 cm,较扁平的一面为黄棕色,中央有圆形口孔,围口部略向内凹下,口内边缘着生 5 个"U"字形互相连接的薄片状齿。背面棕色,隆起,其中心有一个十角星状的孔,为"顶状系统"脱落后所形成的,从"顶状系统"至口孔有石灰质骨板,辐射状排列成 10 带,颇有规则。其中 5 带较狭,疣状突起较小,其外侧有无数细孔的为步带区,与步带区间隔排列的 5 带有较大的疣状突起,而无细孔的为间步带区。质坚硬而轻,不易折断,断面呈淡蓝色。气微,味辛。

海胆的主要含有色素、毒素、甾醇、脂肪酸、磷脂、各种氨基酸、维生素、激素,大量的钙、镁、钾、钠等无机盐。生殖腺中含有大量的蛋白质、氨基酸、高聚不饱和脂肪酸、糖类和其他生理活性物质。

现代研究表明,海胆提取物(bonellinin)具有抑制癌细胞生长的作用;海胆生殖腺中所含的二十碳五烯酸(EPA)是预防心血管疾病的有效药物。现代医药学证明,它的骨壳、棘刺、生殖腺等有良好的药用价值,是开发海洋药物的重要资源。

与马粪海胆药效相似,同等入药还有光棘球海胆 Strongylocentrotus nudus (A. Agssiz)、细雕刻肋海胆 Temnopleurus toreumatcus (Leske)、哈氏刻肋海胆(北方刻肋海胆) Temnopleurus hardwickii (Gray)、紫海胆 Anthocideris carssispina (A. Agassiz)、石笔海胆

Heterocentrotus mammillatus（L.）等。检索于下：

常见药用海胆分种检索表

1(4) 骨壳上具刻肋。
2(3) 刻肋细,大棘上有3～4条紫红色横斑 ·················· 细雕刻肋海胆 *Temnopleurus toreumatcus* (Leske)
3(2) 刻肋较粗,大棘上无横斑 ·················· 哈氏刻肋海胆 *Temnopleurus hardwickii* (Gray)
4(1) 骨壳不具刻肋。
5(8) 壳厚,呈长球形,大棘粗壮或细长,顶端尖锐或扁平,口面大棘常带斑纹。
6(7) 大棘细长,末端尖锐,大疣或小疣顶端常带浅紫色 ·················· 紫海胆 *Anthocideris carssispina* (A. Agassiz)
7(6) 大棘粗壮,末端扁平,大疣或小疣顶端不带紫色 ·················· 石笔海胆 *Heterocentrotus mammillatus* (L.)
8(5) 壳较薄,呈球形,无大棘或大棘末端平截,口面的大棘不带斑纹。
9(10) 无大棘,棘短小而多,棘尖带白色 ·················· 马粪海胆 *Hemicemtiotus pulcherrimus* (A. Agssiz)
10(9) 有大棘,棘粗壮,末端钝截,表面具不规则的
       纵痕 ·················· 光棘球海胆 *Strongylocentrotus nudus* (A. Agssiz)

四、刺参 *Stichopus japonicus* Selenka

又名海参、刺海参。刺参常生活在水流静稳、海藻茂盛的岩礁底部,国内主要分布于辽宁、山东、河北沿海海域。近年来人工育苗、放养成功。

1. **形态** 体呈圆柱状,一般长 20～40 cm,宽 3～6 cm,背面隆起,具有 4～6 行圆锥形大小不等的肉刺,腹面管足较密,排成不规则的 3 条纵带。口在前端,后端为肛门。口偏于腹面,周围具盾状触手 78 个。口背有 2 个乳突。体壁的骨片主要为桌形体,次为变形的杆状体;疣足的骨片为不规则的扣形体;管足内有端板和穿孔板。体内的水肺发达。体色多变,背面通常为栗褐色,腹面为黄褐或赤褐色,常具深浅不一的斑纹(图 10-12)。

2. **药用** 主要以去内脏的腌制干燥体供药用。称为海参。自古被视为佐膳珍品,其滋补强身作用在历代医著中多有记载。明代《食物本草》中指出海参有主补元气、滋益五脏六腑和祛虚损的养生功能。清代《本草纲目拾遗》则将海参列为补益药物,谓"海参性温补,足敌人参,故名海参;味甘咸,补肾经,益精髓,消痰延,摄小便,壮阳疗痿,杀疮虫。"本品味咸,性温。功能补肾壮阳,养血润燥。用治精血亏损,虚弱劳怯,阳痿,梦遗,小便频数,血燥便秘,神经衰弱,肺结核等。

药材呈筒形,长 3～30 cm,直径 1.5～3 cm。表面灰褐色或棕褐色,具灰白色盐霜。背面微隆起,两侧各有 2～3 条大小不等的肉刺,腹面略平坦,有一纵裂口,腹面有许多黑色泥沙。气腥,味咸。

海参体内含有多种生物活性成分,其中主要的有效成分为海参皂苷和海参多糖。刺参的皂苷元为海参甾烷,是海参特有的皂苷元。另从刺参中分离得到的三萜类皂苷。海参毒素是海参皂苷中的一类重要化合物。海参多糖主要分为两类:一类是糖胺聚糖,即黏多糖,是由氨基半乳糖、葡萄糖醛酸、岩藻糖组成的分支杂多糖,酸性黏多糖还含有硫酸酯基;另一类是岩藻多糖,是由 L-岩藻糖构成的直链多糖。海参中的脂质成分主要包括皂苷、糖脂、磷脂等。海参中还含有其他的活性成分包括活性肽、糖蛋白及活性钙等。

海参皂苷大都具有强烈的生理活性,包括抗肿瘤、抗真菌、镇痛解痉、细胞毒性作用及抗胆碱作用等。刺参皂苷具细胞毒性和神经肌肉毒性,能够阻碍细胞壁的生物合成,改变其代谢,溶解细胞器,从而抑制细胞生长,导致细胞完全解体。从刺参中分离提取的海参皂苷 A 和 B,在 20 世纪末就已用于临床治疗脚气病和白癣菌感染。由刺参中分离出的几个三萜类皂苷不

仅具溶血活性,能改变质膜渗透性,而且对肿瘤细胞有较强的细胞毒性。镇痛解痉的作用可能是由于刺参毒素特异作用于神经受体或离子通道,影响了与受体有关的一系列细胞调控活动,从而阻断神经传导。海参多糖也具有多种生理活性,主要表现为:抗肿瘤作用、提高免疫力、抗新血管形成、抗凝血、促进纤维蛋白溶解、抑制栓塞形成、抗炎作用、抗放射活性、抗病毒等作用。海参脂质可降低血液中的胆固醇和三酰甘油、健脑、增强记忆力、防止记忆力减退及老年性痴呆的发生,因而在预防心脏血管疾病,防止血液凝固,降低血液黏稠度,消除疲劳等方面具有重要的作用。

近年来,随着国内外运用现代科学技术对海参品种鉴定与分类,海参的生理与生化,海参生物活性物质的分离、鉴定及其生物医学作用等研究的不断深入,从海参各类生物活性物质中寻找和开发新药,以及加工功能性食品已经成为海参深度开发利用的重要方向。

刺参的内脏和肠亦供药用。

与刺参药效相似,同等入药的还有花刺参 Stichopus vaviegatus Semper、绿刺参 Stichopus chloronotus Brandt、梅花参 Thelenota ananas (Jaeger)、黑乳参 Microthele nobilis Selenka 等。检索于下:

常见药用海参分种检索表

1(2) 背面仅具少数小疣,生活时全体为黑色 ································· 黑乳参 Microthele nobilis Selenka
2(1) 背面具多数肉刺,生活时全体不为黑色。
3(6) 全体呈方柱形或凹方柱形。
4(5) 全体呈方柱形,背面的肉刺在背两侧排列成行。生活时全体黑绿色
或浓绿色 ································· 绿刺参 Stichopus chloronotus Brandt
5(4) 全体呈凹方柱形,背面肉刺排列不规则,生活时全体通常为深黄色。
带有橄榄色斑纹 ································· 花刺参 Stichopus vaviegatus Semper
6(3) 全体呈长圆形。
7(8) 体长 20～40 cm,背面有 4～6 行肉刺,肉刺基部不连成花瓣状 ············ 刺参 Stichopus japonicus Selenka
8(7) 体长 60～120 cm,背面肉刺每 3～11 个基部连成花瓣状,形似梅花 ········ 梅花参 Thelenota ananas (Jaeger)

此外,本门动物供药用的尚有镶边海星 Craspidaster Hesperus (Müller et Troschel)、骑士章海星 Stellaster equestris (Retzius)、真五角海星 Anthenea pentagomula、蔷薇海星 Rosaster symbolicus (Sladen)、槭海星 Astropecten scoparium、砂海星 Luidia clathrala、阿疣海星 Oreaster retceulata、紫海星 Pisaster ochraceous、棘栉蛇尾 Ophiocoma echinata、杂色松海胆 Lyteehinus variegtus、孔盘海胆 Mellita quinquiesforata、芮氏刻肋海胆 Temnopleurus reevesii (Gray)、黑海参 Holothuria atra Jaeger、糙海参 Holothuria scabra Jaeger、丑海参 Holothuria impatiens (Forskal)、黄疣海参 Holothuria hilla Lesson、白斑海参 Holothuria leucopilota (Brandt)、蛇目白尼参 Bohadschia argus Jaeger、图花白氏参 Bohadschia marmorata Jaeger、二斑白氏参 Bohadschia bivittata、白底辐肛参 Actinopyga mauritiana (Qucy et Gaimard)、阿氏辐肛参 Actinopyga agassizi Selenka、白肛地瓜参 Acausina leucoprocta (H. L. Clark)、非洲异瓜参 A. ofricana、刺瓜参 Pseudocnus echinatus (V. Marenzeller)、紫轮参 Polycheira fusca (Qucy et Gaimard)和海棒槌 Paracaudina chilensis (Müller)等。

五、 棘皮动物门的药用动物研究开发

随着国内外现代科学技术的应用,棘皮动物活性物质的生理活性的研究处于相对活跃的状态。对于海参,多集中于凝集素、酸性黏多糖、皂苷、胶原蛋白、糖胺聚糖生理活性的研究,结

果表明海参提取物具有抗凝血、降血脂、抗肿瘤、免疫调节、抗菌、抗病毒、促生长、延缓衰老、抗疲劳多种药理作用;海胆肠提取物、海胆生殖腺具有抗肿瘤、增强免疫力作用;对沿海常见的海星、海燕提取物进行了分离纯化。其中海星皂苷、多羟基甾体化合物、甾醇、酸性黏多糖等也具有明显的药理活性。这些研究为生物活性药物的开发提供了新的途径。

目前棘皮动物药的研究开发主要涉及抗肿瘤活性物质、抗心血管疾病活性化合物、抗病毒活性物质及抗菌抗炎活性物质等方面。

我国开发的抗肿瘤海洋药物中,如刺参酸性黏多糖钾注射液,对肿瘤生长具有明显抑制作用,对心脑血管等栓塞性疾病的疗效不亚于肝素,对弥漫性血管内凝血(DIC)有较理想的效果。棘皮动物中大约有80种有毒腺和毒液,如海星有分泌毒素的腺体,海胆有叉棘毒液器,海参的毒素从细管中喷出。从海参居维叶氏器官中提取的海参毒素可阻断神经的传导,抑制小鼠肉瘤180和腹水瘤的生长,抑制多种霉菌生长。从海参中提取的结构类似皂角苷的毒素,对中风的痉挛性麻痹有效。

海洋天然产物在心脑血管疾病的研究主要有多糖及其衍生物类,如海参黏多糖、刺参黏多糖等,目前已从实验室进入到临床研究阶段。从陶氏太阳海星 *Solaster dawsoni* Verrill 中分离制得的海星酸性黏多糖(简称 SDAMP),对实验动物有明显降低胆固醇作用,并有缓和的抗凝血作用。由于冠心病、缺血性脑血管疾病常与高脂血症及血液高凝状态有关,因而 SDAMP 是治疗微循环障碍和高脂血症、冠心病、脑血管病等的有前途的活性物质。刺参酸性多糖(acidic mucopolysaccharide *Apostichopus japonicus* Selenka, AJAMPS),从刺参体壁细胞中分离得到,具有类肝素样抗凝血作用,能引起血小板数下降,增强 ADP 诱导的血小板聚集作用,诱导血小板聚集依赖钙离子。一种南海产的花刺参酸性黏多糖,亦具有海参体壁酸性黏多糖的共同特点,作用亦相似。刺参糖胺聚糖(holothurin glycosaminoglycan, HG)作为一种新型抗凝剂,在凝血过程的不同环节显示多重作用。从我国南海广泛生长的玉足海参 *Holothuria leucosplilota* (Brandt)体壁中提取海参糖胺聚糖(holothurin glycosaminoglycan, hGAG),并用来对正常人及心脑血管血栓性疾病的患者进行治疗,发现具有抗凝血、降低血液黏度以及降低血脂的作用。从中国南海棘皮动物多棘海盘车 *Asterias amurensis* Lütken 分离获得海星甾醇,该化合物为 3β-羟基雄甾-5-烯-17-酮,具有增强记忆及抗氧化作用,提取后的海星甾醇经结构修饰得化合物 CO1,具有抗心律失常作用。

抗病毒海洋生物活性物质主要存在于海绵、珊瑚、海鞘、海藻等海洋生物中,其活性成分主要有萜类、核苷类、生物碱和其他含氮多糖杂环类化合物。近期从福氏海盘车 *Asterias forbesi* (L.)、长棘海星 *Acanthaster planci* (L.)和海燕 *Asterias pectinifera* (Müller et Troschel)中分离出的皂苷能抑制流感病毒的繁殖。

我国在开发海洋抗菌抗炎药物方面具有一定的优势,近期已开发了玉足海参素渗透剂等海洋抗菌药物,海参中提取的海参皂苷抗真菌有效率达 88.5%,是人类历史上从动物界找到的第一种抗真菌皂苷。从刺参中分离得皂苷毒素 Holotoxin A、B,现已用于治疗脚癣和白癣菌感染,这是来源于海洋生物的少数几个药品之一。

我国目前已有多种海洋药物获国家批准进入临床研究或进入市场,如藻酸双酯钠、甘糖酯、河豚毒素、多烯康、烟酸甘露醇等。我国正在开发的还有 6-硫酸软骨素,海洋宝胶囊,脱溴海兔毒素,海鞘素 A、B、C,扭曲肉芝酯,刺参多糖钾注射液和膜海鞘素等药物,其疗效有待于进一步临床评价。我国一类新药如新型抗艾滋病的海洋药物"911"、抗心脑血管疾病药物"D-聚甘酯"和"916"等;国家二类新药治疗肾衰药物"肾海康"等也进入临床研究。海洋药物的研究和开发正向产业化发展。

（黄　真）

第三篇

药用脊椎动物

脊椎动物是动物界中结构最复杂,适应性最强,在进化上属于最高等的一类动物,其体型对称,多分为头部、躯干部和尾部三部。躯干部有成对的附肢,体内有脊椎骨连成脊柱,并有发达的头骨。中枢神经系在背侧,心脏在腹侧,这与无脊椎动物完全相反。脊椎动物可分为6个纲:圆口纲(Cyclostomata)、鱼纲(Pisces)、两栖纲(Amphibia)、爬行纲(Reptilia)、鸟纲(Aves)和哺乳纲(Mammalia),其中哺乳纲是动物界中最高等的一类。

药用脊椎动物主要分布于5个纲,即鱼纲、两栖纲、爬行纲、鸟纲和哺乳纲。药用脊椎动物中药用种类最多,共涉及215科,972种,约占药用动物种类的62%。

鱼类是典型的水生脊椎动物。我国鱼类资源丰富,约有鱼类2 830多种,占世界种数的13%。其可供药用的鱼类共104科,232属,412种,其中海洋鱼类有262种。鱼类中硬骨鱼占明显优势,包含了87%的药用种。其中较大的科是鲤科(70种),其他主要科还有鮨科(13种)、鲀科(18种)、鳅科(12种)、海龙科(15种)、鳁科(11种)、石首鱼科(10种)等。常用药用种有大黄鱼(鱼脑石)、小黄鱼、鳇鱼(鱼鳔)、海马、海龙、黄鳝、鲤鱼、中华花鳅、泥鳅、虫纹东方鲀(河豚)、大马哈鱼、鲫鱼及江鳕等。软骨鱼中的药用种以鲨类为主。海洋中约有250种鲨,我国台湾海域有125种,可供药用的鲨有13科28种,其中主要有阔口真鲨、鲸鲨、扁头哈那鲨、白斑星鲨和短吻角鲨等。非鲨类的药用软骨鱼主要有孔鳐和双吻前口蝠鲼等。

两栖动物是脊椎动物从水生开始向陆生过渡中的一个类群,它既获得了一系列陆栖脊椎动物的特征,同时也保留着水栖脊椎动物祖先的特征。我国的两栖动物有10科,34属,196种,占世界种数的7%。可供药用的两栖类共9科,14属,39种。药用种类多属无尾目,有6科,31种,其中蛙科13种,蟾蜍科5种。主要药用两栖动物有:中国林蛙(蛤士蟆)、黑龙江林蛙、大蟾蜍(蟾酥)、花背蟾蜍、中国雨蛙、斑腿树蛙、花姬蛙等,大鲵*、东方蝾螈等也可供药用。

爬行动物已演化为真正的陆生脊椎动物。我国有爬行动物21科,105属,315种。供药用的爬行类共有14科,43属,116种。其中以龟鳖目、有鳞目最为重要,尤其是蛇类为药用爬行动物中最大的类群。我国已知蛇类有171种,其中毒蛇48种,可供药用的蛇类有5科,64种,主要是游蛇科(39种)、海蛇科(10种)和蝰科(9种),常用的药用蛇有五步蛇(蕲蛇)、蝮蛇、银环蛇(金钱白花蛇)、乌梢蛇等。此外,赤链蛇、竹叶青及灰鼠蛇等亦可入药。药用海蛇主要有海蝰、青灰海蛇和长吻海蛇等。龟鳖目中可供药用的有6科,17种,其中主要有乌龟(龟甲等)、中华鳖(鳖甲等)和棱皮龟*等。蜥蜴类中可供药用的有5科,34种,药用种有蛤蚧、无蹼壁虎(守宫)、丽斑麻蜥、石龙子、草绿龙蜥(四脚蛇)和脆蛇蜥等。

鸟类是由古爬行类进化而来的一支适应飞翔生活的高等脊椎动物,是脊椎动物中的第二大类群。我国有鸟类81科,392属,1 166种,占世界种数的13.5%,是鸟类资源最丰富的国家。其中可供药用的鸟类有40科,105属,197种,主要药用科为雉科(21种)、鸭科(27种)、鹰科(14种)、鸦科(10种)和鹟科(10种)。主要药用鸟类有家鸡(鸡内金)、乌骨鸡、家鸭(鸭内金)、环颈雉(野鸡)、普通秧鸡、岩鸽、红嘴山鸦、普通秋沙鸭、麻雀、鹌鹑、褐河乌、大杜鹃、山斑鸠、赤麻鸭、鸿雁、鹧鸪、褐翅鸦鹃(毛鸡)、短嘴金丝燕(燕窝)等。

哺乳动物是动物发展史上最高级的阶段,也是与人类关系最密切的一个类群。我国有哺乳动物650多种,药用209种。药用种数较多的科有鹿科(14种)、牛科(16种)、蝙蝠科(26种)、松鼠科(13种)、鼬科(12种)、鼠兔科(10种)及鼯鼠科(10种)等。常见的药用种有:刺猬、缺齿鼹、麝鼹、蝙蝠、复齿鼯鼠、中华竹鼠、鼢鼠、麝鼠、东北兔、草兔、雪兔*、高原兔、华南兔、狗、熊*(熊胆汁等)、狗獾(油等)、大灵猫*、小灵猫*、海狗、马、驴、梅花鹿**、马鹿*、原麝**、林麝**、黄牛、猪等。

药用哺乳动物中有一些种类已列入国家重点保护范围,对这些动物药应加强人工养殖和替代品的寻找,以保证资源的可持续利用。

注:文中标注*的为国家二级保护动物;标注**的为国家一级保护动物。

(卢 颖)

第十一章

脊索动物门概述

脊索动物属于动物界的最高等的类群。主要结构特点有：具脊索、背神经索、咽鳃裂。其中无椎骨的脊索动物,大多终生保留脊索或仅幼体时有脊索,脊椎动物在成体时被脊柱所替代;脊椎动物神经索前端扩大并分化为脑,脑后的部分形成脊髓,无脊椎动物的神经索位于消化管的腹面;无椎骨的脊索动物及鱼类的鳃裂终生存在,高等脊椎动物仅见于某些幼体(如蝌蚪)和胚胎时期有鳃裂。脊索动物门分3个亚门,即尾索动物亚门(又分3个纲)、头索动物亚门和脊椎动物亚门。

学习重点：
1. 掌握脊索动物门主要特征、分类类群。
2. 熟悉脊索动物门的代表动物。

脊索动物门 Chordata 是动物界中最高等的一门,包括所有的脊椎动物,即无颌类、鱼类、两栖类、爬行类、鸟类、哺乳类,也包括一些海产的无脊椎骨而具有脊索的动物,如海鞘、文昌鱼等。现在世界上已知的脊索动物约7万余种,现存的约4.1万种。除无颌类外,其他五类脊椎动物均有较大的药用价值,如鱼纲的海龙、海马;两栖纲的蟾蜍(蟾酥)、中国林蛙(哈蟆油);爬行纲的蛤蚧、蕲蛇;鸟纲的乌骨鸡;哺乳纲的麝(麝香)、梅花鹿(鹿茸、鹿角)。

第一节 脊索动物门的主要特征

本门动物形态复杂,生活方式多样,差异较大,但因同为一门的动物,其所具有的共性特征也很显著。整个脊索动物门的动物,都具有共同的结构特征。其主要特征如下:

一、脊索

脊索(notochord)是位于动物体背部的一条支持身体纵轴的棒状结构,脊索动物门即以此得名。脊索是由含胶质的细胞所组成,位于神经索腹侧,消化道的背方。无椎骨的脊索动物,大多终生保留脊索或仅幼体时有脊索,脊椎动物只在胚胎时期出现脊索,成体时即由分节的脊

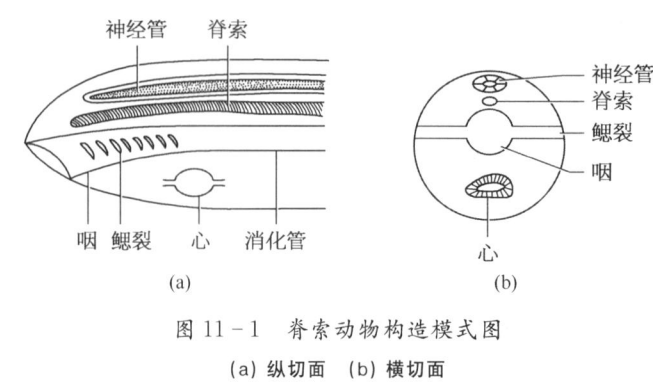

图 11-1 脊索动物构造模式图
(a) 纵切面 (b) 横切面

柱所取代。

二、背神经管

背神经管(dorsal tubular nerve cord),是脊索动物神经系统的中枢部分。背神经管位于动物体的背中线上,脊索或脊柱位于背神经管的下面。背神经管由动物的外胚层下陷卷褶而形成,在高等动物的种类中如脊椎动物,其背神经索前端扩大并分化成为脑,脑后的部分形成脊髓;无脊椎动物(非脊索动物)神经系统的中枢部分呈索状,位于消化管的腹面。

三、咽鳃裂

咽鳃裂(pharyngeal gill slits)为消化管前端咽部两侧有成对排列、数目不等的裂孔,直接或间接和外界相通,称为咽鳃裂。咽鳃裂是一种呼吸器官,在低等动物的类群中(如无椎骨的脊索动物及鱼类)咽鳃裂终生存在;高等脊椎动物类群中仅在某些动物的幼体(如蝌蚪)和胚胎时期有鳃,随后完全消失。

脊索动物除具有脊索,背神经管,咽鳃裂三大特征外,还有一些其他的特征。例如:心脏如存在,总是位于消化管腹面,循环系统大多为闭管式,仅尾索动物及头索动物除外;尾部如存在,总是位于肛门的后方,构成脊索动物所特有的肛后尾(post-analtail);骨骼系统属于生活的内骨骼(endoskeleton),起源于中胚层;而不是像非脊索动物那样的死物质外骨骼(exoskeleton)。

此外,脊索动物还有一些性状特征,也见于某些高等的非脊索动物,如均为后口动物,即胚胎时的胚孔发展为成体的肛门,在消化管的另一端形成口;三胚层(在胚胎发育早期有3个胚层,即外胚层、中胚层、内胚层)、次生体腔、身体两侧对称、部分或全部分节现象等。

后口、三胚层、两侧对称和分节现象等特征,也分别见于棘皮动物、环节动物等无脊椎动物,这说明了脊索动物与非脊索动物之间的亲缘关系。

第二节 脊索动物门的分类

目前世界上生存的脊索动物,分属于3个亚门,即尾索动物亚门、头索动物亚门和脊椎动物亚门,其中尾索动物亚门、头索动物亚门是脊索动物中低等的类群,总称为原索动物(Protochardata)。

一、尾索动物亚门 Urochordata

本亚门动物是无椎骨的脊索动物,因为其脊索只局限在尾部,故称为"尾索动物"。尾索动物为海栖动物,普遍见于世界各地。

尾索动物主要特点：无椎骨脊索动物的一大类群,海产,营自由生活或附着生活,单体或群体；脊索与神经管只存在于幼体,后消失；成体被包围在被囊(tunic)中；多为雌雄同体,异体受精。

代表动物：海鞘 Ascidia、海樽 Doliolum。

尾索动物亚门分为 3 个纲：尾海鞘纲、海鞘纲、樽海鞘纲。

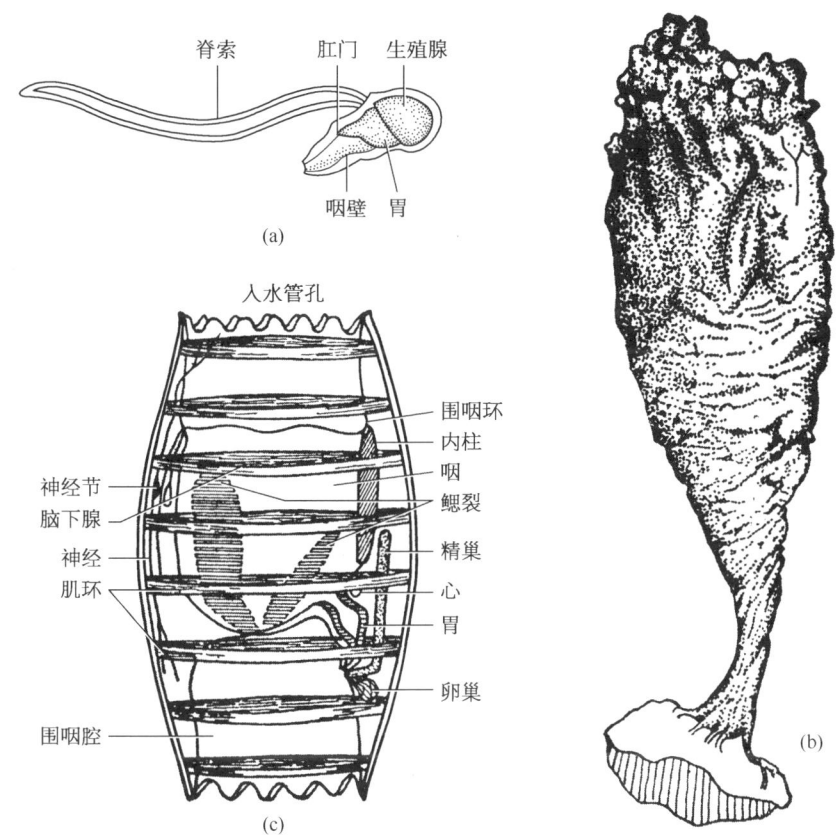

图 11-2　几种尾索动物(仿武汉大学《普通动物学》)
(a) 住囊虫　(b) 柄海鞘　(c) 樽海鞘

(一) 尾海鞘纲 Appendiculariae

又称为幼态纲,体形小,体长不超过 15 mm,状如蝌蚪,背索和神经管终生存在,具尾,鳃裂 1 对,成体包在胶质的被囊内。在海洋中能自由生活。如住囊虫 Oikopleura。

(二) 海鞘纲 Ascidiacea

形状大小不等,营单体或群体的固着生活,发育要经过变态,成体无尾,被囊厚,多鳃裂。如柄海鞘 Styela calya。

(三) 樽海鞘纲 Thaliacea

单体或群体生活。体呈樽形,大小不等,被囊透明,其上有环状肌肉带,成体有尾。雌雄同体,有世代交替现象。如樽海鞘 Doliolum deuticulatum。

二、头索动物亚门 Cephalochordata

本亚门动物均为海栖,有 30 种左右。营固着生活,并经常隐藏在沙里,多为雌雄同体。头索动物终生具有脊索动物的 3 个典型特征,即脊索、背神经管和咽鳃裂。由于其脊索纵贯身体全长,并一直达到身体最前端,所以头索动物亚门即以此得名。

头索动物亚门只包含 1 个纲,即头索纲(Cephalochorda),又名狭心纲(Leptocardii)。本纲动物体脊索有鞘包围,体形呈鱼状,口位于身体前端的腹面,肛门位于尾鳍腹面的左侧,皮肤由单层细胞的表皮和冻胶状的真皮构成,体节明显,多鳃裂。如文昌鱼 *Branchiostoma belcheri* (图 11-3)。

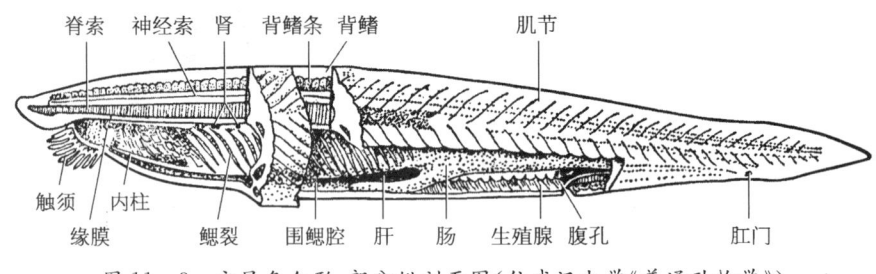

图 11-3 文昌鱼全形,部分纵剖面图(仿武汉大学《普通动物学》)

三、脊椎动物亚门 Vertebrata

脊椎动物是脊索动物门中数量最多,分布最广,结构最复杂,进化地位最高的一大类群,因而也是动物界中最进步、最重要的一个亚门。现存的 4.1 万种脊索动物中,脊椎动物约占 3.9 万余种。目前生存的中型及大型动物,几乎均为脊椎动物。本亚门动物与人类关系十分密切。

脊椎动物虽然只是一个亚门,但因各自所处的生存环境不同,生活方式迥异,形态结构也彼此悬殊。然而高度的多样化并未掩盖它们都属于脊索动物的共性特征,即在胚胎发育的早期都要出现脊索、背神经索和咽鳃裂。

脊椎动物亚门的主要特征(图 11-4)为:

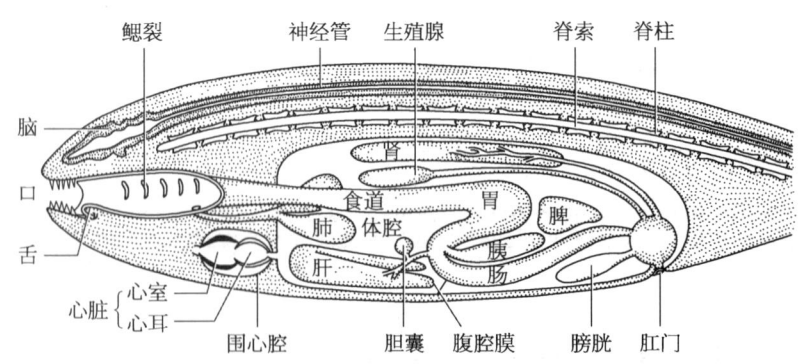

图 11-4 脊椎动物的主要结构模式图(仿武汉大学《普通动物学》)

(1) 体为左右对称。全身可分为头、颈、躯干及尾四部分。头部明显,故脊椎动物又有"有头动物"之称,有别于其他脊椎动物。颈显著或不显著,尾存在或不存在。除少数种类外,均具有成对的附肢。

（2）绝大多数种类的脊索只出现于发育早期的胚体时期，以后逐渐退化，为脊柱所代替。脊柱由单个脊椎(vertebra)连接组成，保护着脊髓。脊柱的形成，是脊椎动物独有的特征。脊椎动物因此得名。

（3）背神经管位于消化管的背侧。神经管的前端分化成为构造复杂的脑，并有颅骨保护，后端分化成脊髓。

（4）消化系统在脊索的腹面，具肝和胰等消化器官。除无颌类外，都具有上、下颌，增强了对口部的支持和主动摄食作用。其下颌上举，使口闭合，为脊椎动物所特有。

（5）脊椎动物中，低等的水生类群，呼吸器官为成对的鳃，高等的类群只在胚胎时期或幼体时出现咽鳃裂，成体则用肺呼吸。

（6）完全的循环系统。出现了肌肉构成的具有收缩功能的心脏，位于消化道的腹侧；在高等的类群中，心脏的多氧血与缺氧血已完全分开；体温恒定。

（7）排泄器官由构造复杂的一对肾脏代替了简单的肾管，大大提高了排泄的功能。

（8）脊椎动物中，除少数种类为雌雄同体外，绝大多数为雌雄异体，为有性生殖。

脊椎动物亚门可分为6个纲，即无颌纲、鱼纲、两栖纲、爬行纲、鸟纲和哺乳纲。各纲之间在特征上虽有显著的差别，但组成动物体的器官系统和它们的功能则基本一致。上述的各纲脊椎动物，可按其不同的体型，颌的有无，胚膜的有无等特征，将其综合分类命名如下（表11-1）：

表11-1 脊椎动物各纲的综合分类

纲 别	依体形的不同	依颌的有无	依体温的情况	依胚膜的有无
无颌纲	鱼形类	圆口类	变温动物（即冷血动物）	无羊膜动物
鱼 纲	鱼形类	颌口类	变温动物（即冷血动物）	无羊膜动物
两栖纲	鱼形类	颌口类	变温动物（即冷血动物）	无羊膜动物
爬行纲	龙形类	颌口类	变温动物（即冷血动物）	羊膜动物
鸟 纲	龙形类	颌口类	恒温动物（即温血动物）	羊膜动物
哺乳纲	兽形类	颌口类	恒温动物（即温血动物）	羊膜动物

（李　锋）

第十二章 鱼纲

鱼纲动物也称鱼类,是生活在水中的脊椎动物,属脊椎动物亚门中最大的一纲,也是有颌类最原始的一纲,其主要结构特点包括:体分为头、躯干和尾,两侧对称;附肢为鳍;体表被骨鳞;具上下颌,有头骨、脊椎;有胃肠之分,具鳃裂;以鳃呼吸;有良好的调节体内渗透压的机制;雌雄异体。现存鱼类分为二系:软骨鱼系和硬骨鱼系。主要药用鱼类包括鲤鱼、海马、海龙、扁头哈那鲨、灰星鲨、带鱼等,近年对深海鱼油、鱼鳞胶等生理活性方面有较多研究。鱼类品种繁多,开发前景广阔。

学习重点:
1. 掌握鱼纲动物的主要特征、分类类群。
2. 熟悉鱼纲主要药用种类。
3. 了解鱼纲药用动物现代研究进展。

鱼纲 Pisces 动物也称鱼类。世界上现存的鱼类约 22 000 种。在海水中生活的约占 60%,其余约 40% 生活在淡水中。我国计有 2 830 余种,其中可供药用的有百种以上,常见的药用动物有海马、海龙、黄鳝、鲤鱼、鲫鱼、大黄鱼、鲨鱼等等。鱼类还常用作医药工业的原料,例如鳕鱼、鲨鱼或鳐的肝是提取鱼肝油(维生素 A 和维生素 D)的主要原料;从各种鱼肉里可提取水解蛋白、细胞色素 C、卵磷脂、脑磷脂等;河鲀的肝脏和卵巢里含有大量的河豚毒素,可提取用于治疗神经病、痉挛、肿瘤等病证;一些大型鱼类的胆汁可以提制"胆色素钙盐",为人工牛黄的原料。

第一节 鱼纲的主要特征

鱼类是成功地适应了水生生活的低等有颌类脊椎动物。终生生活于水中的鱼类在结构和生理功能上产生了许多对水生生活的适应。

一、外形

鱼类的体型一般为左右对称状。鱼体均可分为头、躯干和尾三部分。头和躯干之间以鳃盖后缘(或最后一对鳃裂)的鳃孔为界,躯干与尾之间以肛门或泄殖孔为界(图 12-1)。其体轴分为以下 3 条:头尾轴(主轴)——自鱼体头部到尾部贯穿体躯中央的一根轴线;背腹轴(矢轴)——自鱼体最高部通过头尾轴贯穿背腹的一根轴线;左右轴(横轴)——为贯穿鱼体中心而与头尾轴和背腹轴成垂直的一根轴线。根据体轴长短可将鱼类体型分为以下 4 种:① 纺锤形,也称基本型。是一般鱼类的体形,适于在水中游泳,整个身体呈纺锤形而稍扁。在 3 个体轴中,头尾轴最长,背腹轴次之,左右轴最短,使整个身体呈流线型或稍侧扁,以利于水中运动前进时减少阻力,故这类鱼善于游泳。如鲤鱼、草鱼、鲨鱼、鲐鱼等(图 12-2)。② 侧扁形。这类鱼的 3 个体轴中,左右轴最短,头尾轴和背腹轴相差不多,形成左右两侧对称的扁平形,使整个体形扁而宽。如鲳鱼、蝴蝶鱼、鳊鱼、燕鱼等。③ 平扁形。3 个体轴中,左右轴特别长,而背腹轴很短,使体形呈上下扁平。例如虹、鳐、鮟鱇和鲇等。④ 棍棒形,又称鳗鱼形。这类鱼头尾轴特别长,而左右轴和腹轴几乎相等,都很短,使整个体形呈棍棒状。如黄鳝、鳗鲡及多种海鳗。

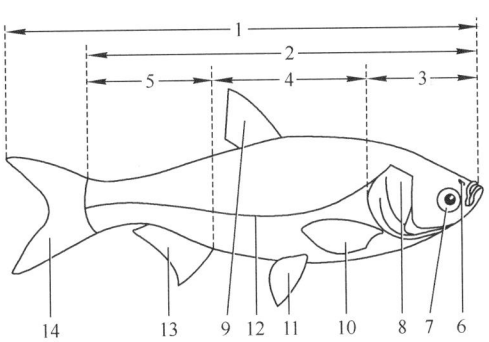

图 12-1 鱼体的外部分区

1. 全长 2. 体长 3. 头长 4. 躯干长 5. 尾部长
6. 鼻孔 7. 眼 8. 鳃盖 9. 背鳍 10. 胸鳍
11. 腹鳍 12. 侧线 13. 臀鳍 14. 尾鳍

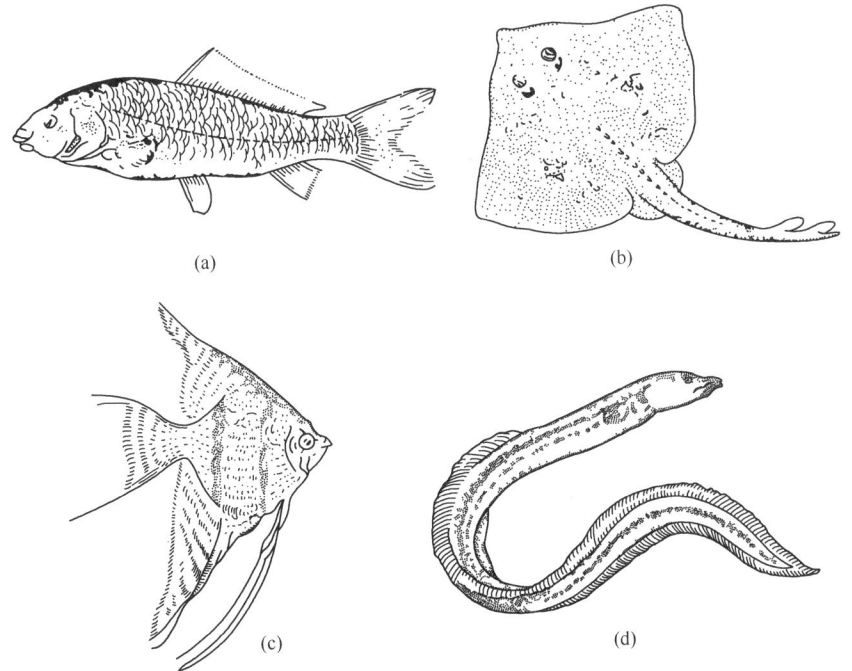

图 12-2 鱼类的四种体形(引自叶富良《鱼类学》)

(a) 纺锤形(鲤鱼) (b) 平扁形(刺鳐) (c) 侧扁形(蝴蝶鱼) (d) 棍棒形(鳗鲡)

此外,一些鱼类由于适应特殊的生活环境和生活方式,而呈现出特殊的体形,如海马、海龙、翻车鲀、河鲀、比目鱼、箱鱼等(图 12-3)。

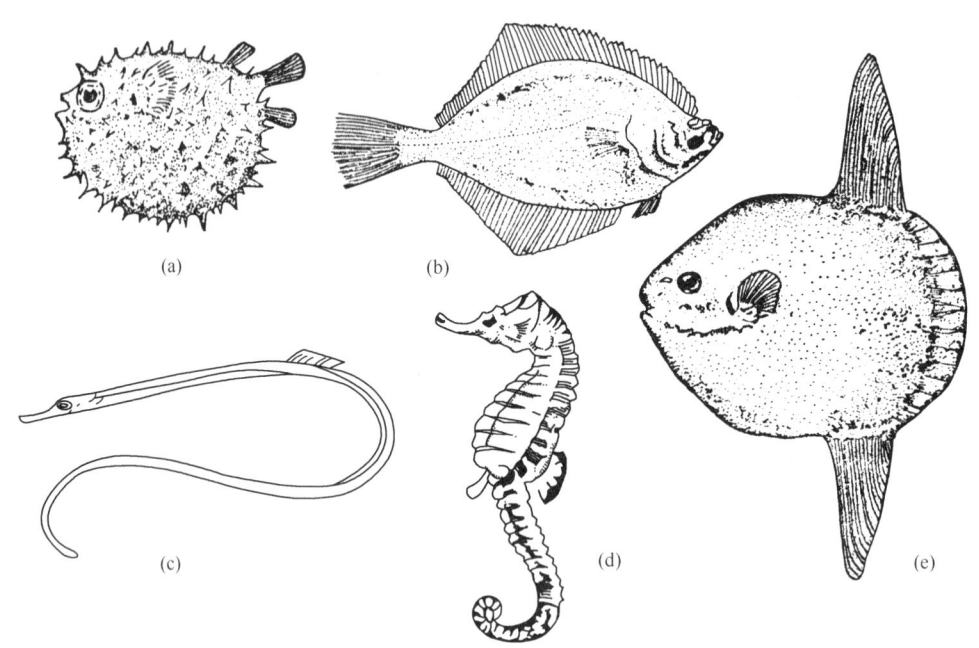

图 12-3 鱼类的异常体形
(a) 刺鲀 (b) 比目鱼 (c) 海龙 (d) 海马 (e) 翻车鲀

二、皮肤及衍生物

鱼类的皮肤由表皮和真皮组成。表皮甚薄,由数层上皮细胞和生发层组成,表皮中富有单细胞的黏液腺,能不断分泌黏滑的液体,使体表形成黏液层,润滑和保护鱼体,如减少皮肤的摩擦阻力,提高运动能力,清除附着在鱼体的细菌和污物,同时使体表滑溜易逃脱敌害。因此,表皮对鱼类的生活及生存都有着重要意义。表皮下是真皮层,内部除分布有丰富的血管、神经、皮肤感受器和结缔组织外,真皮深层和鳞片中还有色素细胞(chromatophore)、光彩细胞,以及脂肪细胞(图 12-4)。色素细胞有黑、黄、红 3 种,黑色素细胞和黄色素细胞普遍存在于鱼类

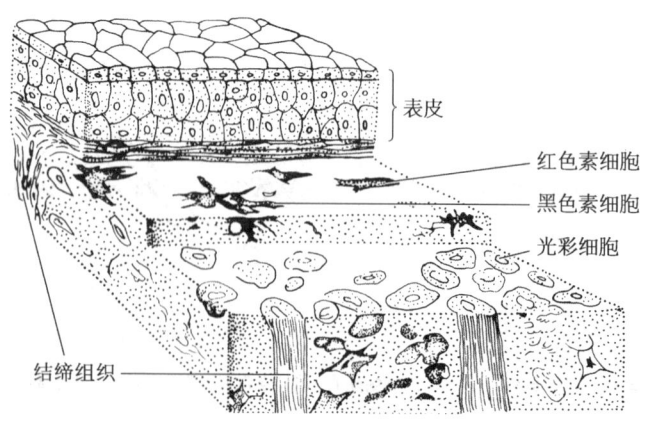

图 12-4 鱼类皮肤中色素细胞的排列(仿丁汉波《脊椎动物学》)

的皮肤中,红色素细胞多见于热带奇异的鱼类局部皮肤中,光彩细胞中不含色素而含鸟粪素的晶体,有强烈的反光性,使鱼类能显示出银白色闪光。有些鱼类生活在海洋深处或昏暗水层,具有另一种皮肤衍生物——发光器(luminous organ),能分泌富含磷的物质,氧化后发荧光,以诱捕趋光性生物,或作同种和异性间的联系信号,如深海蛇鲷、龙头鱼和角鮟鱇中的一些种类。有些鱼类的皮肤中具特化的能分泌毒液的腺体,称毒腺(venomous gland),毒液可通过棘沟注入其他动物体内,达到自卫、攻击、捕食的目的。

大多数鱼类体表被有鳞片(scale)。鱼鳞是鱼类特有的皮肤衍生物,由钙质组成,被覆在鱼类体表全身或一定部位,能保护鱼体免受机械损伤和外界不利因素的刺激,故有"外骨骼"之称,并在游泳运动中起辅助作用。鱼鳞也是鱼类的主要特征之一。现存鱼类的鱼鳞,根据外形、构造和发生特点,可分为3种类型(图12-5)。

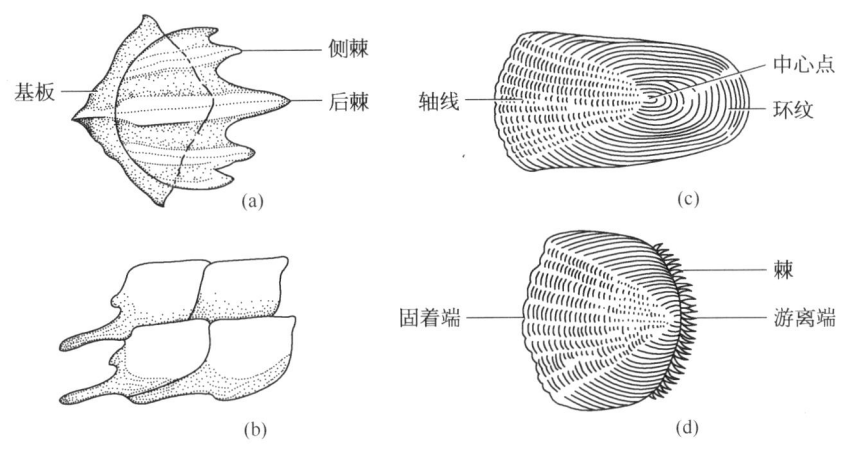

图 12-5 鱼类的各种鳞片
(a) 盾鳞(真鲨) (b) 硬鳞(雀鳝) (c) 骨鳞-圆鳞(鳜) (d) 骨鳞-栉鳞(沙塘鳢)

1. 盾鳞(placoid scale) 仅见于软骨鱼类。由圆形或菱形基板和附生在基板上的棘(齿质)组成。齿质的构造类似牙齿,其表面有珐琅质被覆着,中央为髓腔,并有血管、神经穿过基板孔进入到腔内。

2. 硬鳞(ganoid scale) 存在于少数硬骨鱼类,是硬骨鱼中最原始的鳞片,如雀鳝和鲟鱼的鳞。硬鳞由真皮演化而来的斜方形骨质板鳞片,表面有一层钙化的具特殊亮光的硬鳞质,叫做闪光质。

3. 骨鳞(bony scale) 由真皮演化而来的骨质结构,类圆形,前端插入鳞囊中,后端露出皮肤外呈游离态,相互排列成覆瓦状。根据游离后缘的形状不同分为圆鳞(cycloid scale)和栉鳞(ctenoid scale)。圆鳞的游离后缘光滑圆钝,常见于鲤形目、鲱形目等较低级的硬骨鱼类。栉鳞的后缘有锯齿状突起,多见于鲈形目等高级鱼类。不论圆鳞或栉鳞,表面均有同心圆的环纹,称年轮,可依此推测鱼的年龄、生长速度及生殖季节等等。

一般在鱼体两侧都有一条或数条带小孔的鳞片——侧线鳞(lateral line scale)(图12-6)。侧线鳞有规律地排列形成一条线纹——侧线(lateral line),为鱼类所特有,可感受水的低频率振动。侧线鳞的数目以及侧线的形状,不同种类的鱼类是不同的。通常根据硬骨鱼鳞片的数目、大小、排列、形状来鉴定鱼种,记载鳞片数目和排列方式,常用一个代分数式来表示,称为鳞

式(scale formula):

$$\text{侧线鳞的数目(有侧线孔的鳞)} \frac{\text{侧线上鳞的数目(背鳍基至侧线上鳞列数)}}{\text{侧线下鳞的数目(侧线下至臀鳍基的鳞列数)}}$$

例如鲫鱼的鳞式为 $28-30 \frac{5-6}{5-7}$,表示鲫鱼的侧线鳞为 28 至 30 片,侧线上鳞为 5 至 6 片,侧线下鳞为 5 至 7 片。

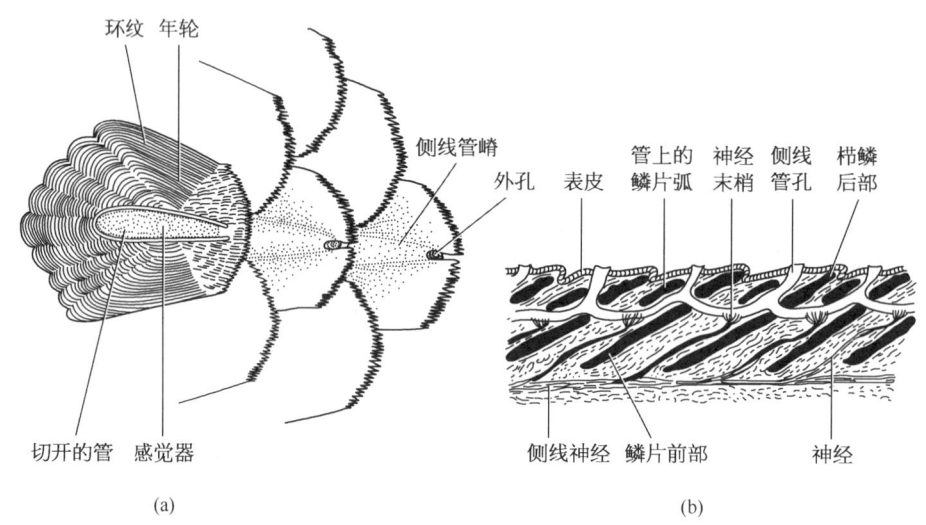

图 12-6 鲈的侧线鳞与侧线的关系
(a) 表面观 (b) 纵切面

三、骨骼系统

鱼类的骨骼按性质分软骨和硬骨两类。软骨鱼类终生保持软骨,软质中因有石灰质的沉淀物,又叫钙化软骨。硬骨鱼的骨骼主要为硬骨。鱼类的骨骼按部位不同,分中轴骨骼(skeleton axiale)和附肢骨骼(skeleton appendiculare)两部分(图 12-7)。中轴骨骼包括头骨和脊柱,附肢骨骼包括带骨和鳍骨。

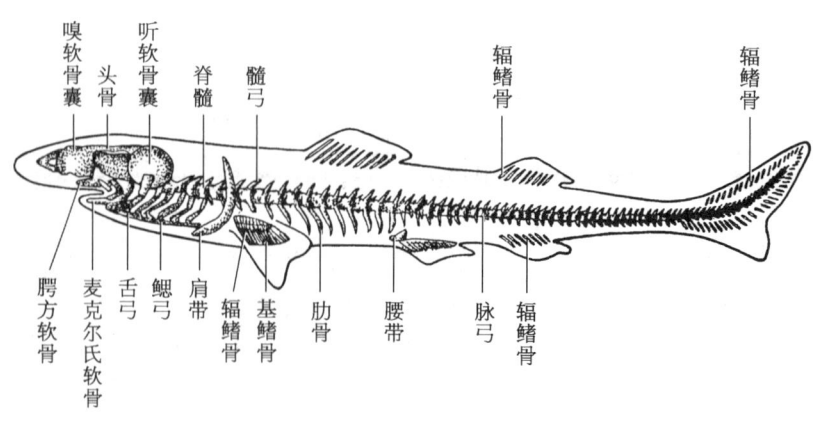

图 12-7 鲨的骨骼(仿叶富良《鱼类学》)

1. 中轴骨骼

(1) 头骨：鱼类的头骨分为脑颅(neurocranium)和咽颅(splachnocranium)两部分。软骨鱼的脑颅为一软骨腔保护着脑部，构造简单，无分界和缝合称软颅(图 12-8)。硬骨鱼类的脑颅由许多块骨片合成，形成头骨的主要部分，结构非常复杂。脊椎动物自鱼类开始，咽弓分化成上、下颌，并形成咽颅。鱼类的咽颅最为发达，由 7 对"＞"形的咽弓形成，第一对咽弓增大成颌弓(mandibular arch)，颌弓背段叫腭方软骨(palatoquadrate)，腹段叫麦克尔氏软骨(Meckel's cartiage)，两者构成软骨鱼的上、下颌。上、下颌的出现加强了咬合功能，能积极主动摄取食物。而硬骨鱼类进化为膜性硬骨前颌骨和上颌骨，代替了软骨上颌(腭方软骨)，麦氏软骨进化为软骨性硬骨的关节骨、齿骨和隅骨等，第二对咽弓为舌弓(hyoid arch)，由两侧舌颌软骨、角舌软骨和中央的基舌软骨组成，主要为舌的支持物，也协助支持上、下颌，第三至第七对咽弓为鳃弓(branchial arch)，支持鳃和鳃隔，让鳃裂彼此分开，利于呼吸。

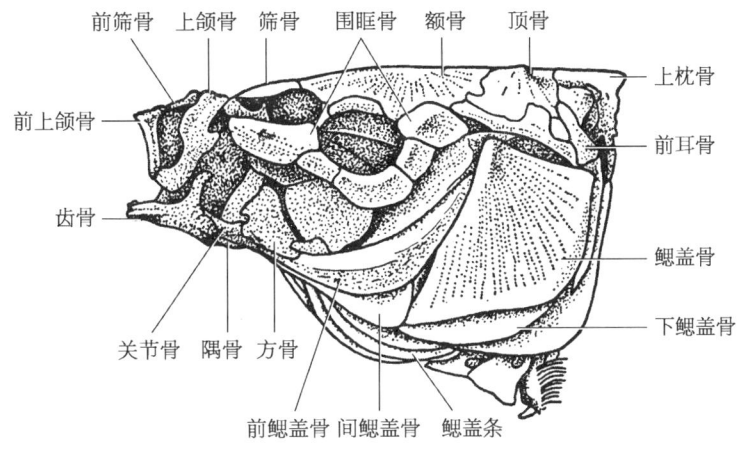

图 12-8 鲤鱼的头骨(仿叶富良《鱼类学》)

(2) 脊柱(columna vertebralis)：鱼类的脊柱由许多块椎骨(vertebrae)彼此连接成一条柱状骨，以取代部分或全部的脊索，具支撑身体、保护脊髓和主要血管的功能。脊椎骨具有前后两面都向内凹陷的特点，称为两凹椎体或双凹椎体，是脊椎动物中最原始的双凹椎体。在相邻的两个椎体间隙及贯穿椎体中的小管内可见残存的脊索。脊柱的分化程度低，包括躯椎(trunk vertebra)和尾椎(caudal vertebra)。躯椎和尾椎都分为椎体(centrum)、髓弓(neural arch)、髓棘(neural)、脉弓(hemal arch)和脉棘(hemal spine)等，但躯椎具有肋骨(rib)。肋骨与脊椎骨的横突相连，硬骨鱼类的肋骨大都从两侧包围体腔以保护内脏。

2. 附肢骨 鳍(fin)为鱼类的附肢，是游泳和维持身体平衡的运动器官。鳍骨分奇鳍骨和偶鳍骨。奇鳍包括背鳍(dorsal fin)、臀鳍(anal fin)和尾鳍(caudal fin)，背鳍和臀鳍都由插入肌肉中的支鳍骨(辐鳍骨)支持鳍条，硬骨鱼的支鳍骨又叫鳍担骨(pterygiophore)。偶鳍骨包括胸鳍(pectoral fin)和腹鳍(pelvic fin)各一对，由带骨和鳍骨两部分组成(图 12-9)。悬挂胸鳍的带骨为肩带(shoulder girdle)，由肩胛骨(scapular part)、喙骨(coracoid part)、匙骨(cleithrum)等组成，并通过上匙骨与头骨联结，软骨鱼类肩带不包括匙骨，不与头骨或脊柱相连，肩带外侧具肩臼关节面。绝大多数的鱼类的胸鳍具有单列型偶鳍骨。连接腹鳍的带骨为腰带(pelvic girdle)，腰带两端通过关节面与腹鳍的鳍骨相连。雄性软骨鱼类的交配器为鳍脚

(pterygopodium)。鱼类中除硬骨鱼的肩带与头骨相连以外,所有的附肢骨与脊柱均没有直接联系,这也是鱼类的特征之一,是由于鱼类的运动方式是游泳而决定的。

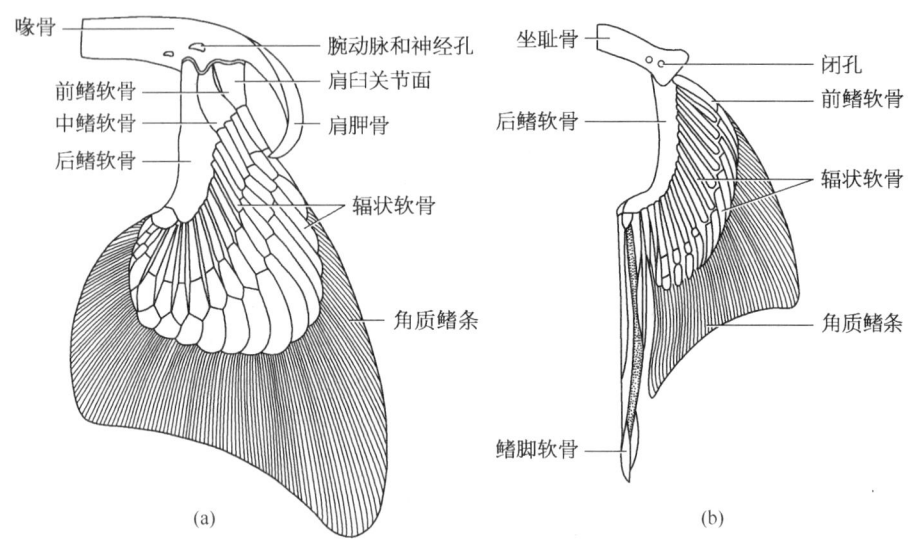

图 12-9　鱼的带骨和鳍骨(仿丁汉波《脊椎动物学》)
(a) 鱼的肩带和胸鳍　(b) 鱼的腰带和腹鳍

背鳍和臀鳍的基本功能是维持身体平衡,防止倾斜摇摆,帮助游泳,而尾鳍如船舵一样,控制方向和推动鱼体前进。尾鳍的形态变化较大,可分为 3 种类型：原形尾(protocercal tail)、歪形尾(heterocercal tail)和正形尾(hormocercal tail)。一般常见的鱼类都具有上述的胸、腹、背、臀、尾等 5 种鳍。但也有少数例外,如黄鳝无偶鳍,奇鳍也退化,鳗鲡无腹鳍,电鳗无背鳍等等。有些种类在单个背鳍之后还有一个脂肪性的脂鳍(adipose fin),如大麻哈鱼。各种鳍条的数目因鱼的种类而不同,通常以鳍式(fin formula)表示之,是鱼类分类上的鉴定标准之一。

四、消化系统

鱼类的消化系统由消化道和消化腺组成。消化道包括口、咽、食道、胃、肠和肛门。肠的内壁有不同形式的突起称螺旋瓣(spiral valve),可增加吸收营养的面积并延缓食物的移行速度。鱼类由于终生生活在水中,故消化器官和食性都适应水中生活。口位于上、下颌之间,口内无唾液腺,口咽腔内有真正的牙齿,能积极主动地摄取和捕食。板鳃鱼类颌骨上的牙齿由盾鳞转化而成,硬骨鱼的牙齿因着生部位不同而分为口腔齿和咽喉齿。一般以浮游生物为食的鱼类牙齿细弱而呈绒毛状排列成齿带；肉食性鱼类的牙齿大而呈圆锥形、犬齿状、臼齿状或门齿状；杂食性鱼类的牙齿呈切割形、磨形、刷形或缺刻形等。鱼类的牙齿具切断和压碎食物等功能。多数鱼类的鳃弓内缘着生鳃耙(gill rakers),起着保护鱼鳃和咽部滤食的作用。鱼类的牙齿和鳃耙的形态、着生部位及数目等,常作分类的依据之一。鱼类的食道短而环肌发达,有味蕾。对食物有选择和吐弃功能。胃为消化道中最膨大的部分,通过蠕动将食物混匀移入肠内。肠管分化不明显,很难区分小肠大肠,其长度随鱼种和食性而不同。此外,消化腺包括胃腺、肠腺、肝脏和胰腺,可分泌多种消化酶。消化酶的种类因鱼的种类而异。

五、呼吸系统

鱼类生活在水中,因而具有高效的呼吸器官,这就是由外胚层发生形成的鳃。鳃主要由鳃弓(gill arch)、鳃隔(gill septum)、鳃瓣(gill larnellae)等几部分组成(图12-10)。鱼类一般具有5对鳃弓(少数鱼有6～7对),在咽部两侧各有5个鳃裂。鳃弓起支持作用,它的内侧缘着生鳃耙,进出鳃的血管都从鳃弓上通过,鳃弓的外侧缘是鳃隔,鳃隔前后突起形成鳃丝(gill filament),无数鳃丝紧密排列成栉状鳃瓣,鳃丝上的无数小突起称鳃小叶(gill lamella),是气体交换之处。鳃小叶上布满毛细血管,血液最后流入窦状隙内,窦状隙的壁由结缔组织构成,起支持作用,鳃小叶的表层为单层上皮细胞,故鱼鳃呈鲜红色。硬骨鱼类的鳃裂开口于体内,鳃隔发达,前后各有1个半鳃,这两个半鳃总称全鳃,外侧有鳃盖(gill cover)保护,鳃盖下面的内侧为鳃腔或鳃室,以1个总鳃孔向后开口于体外。鳃盖后缘延伸有柔软的鳃盖膜,能将鳃孔紧紧地封住。软骨鱼类有4个全鳃,1个半鳃,共9对半鳃,无鳃盖。

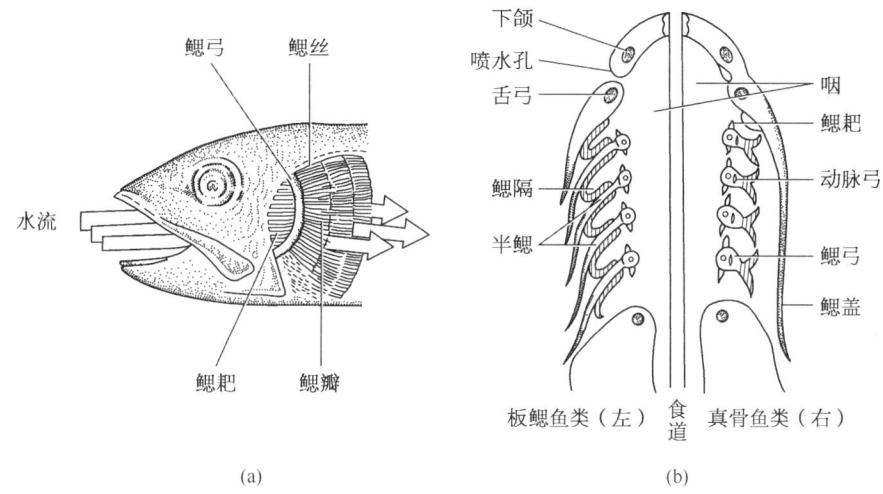

图12-10 鱼鳃的基本构造和排列(仿丁汉波《脊椎动物学》)
(a) 硬骨鱼类左侧鳃的外观和水流方向 (b) 鱼的头部额切面

鱼类除用鳃呼吸外,还有辅助呼吸的器官,如泥鳅等利用肠吞入气体行肠呼吸;弹涂鱼、鲇鱼等能进行皮肤呼吸;黄鳝等能利用口腔呼吸;乌鱼、胡子鲇等能进行褶鳃呼吸;肺鱼等用鳔呼吸。鱼类有两个鼻孔,但不通口腔(仅肺鱼和总鳍两个亚纲除外)。

鳔(air bladder)是胚胎发育时从消化区分出来的,位于体腔背面消化道与肾脏之间的一膜状囊,其形状据鱼种类而异,基本形状如图(图12-11)。鳔的主要功能首先是在不同深度借放气或吸气来调节鱼体比重,使鱼类在不同水层升降自如。但鳔只能帮助升降,鱼的升降运动主要靠鳍和肌肉。鳔还具有呼吸的作用,肺鱼、多鳍鱼、雀鳝、弓鳍鱼的鳔有肺的功能,内有许多小气室,其又分为许多小泡,可直接呼吸空气。此外,鱼在受到压力变化时,鳔中气体压缩或减稀,鳔能起到测压计或水中传声器的作用。有些鱼鳔

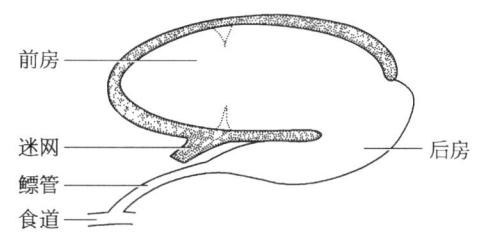

图12-11 鱼鳔的基本形状

与内耳发生联系,特别是鲤科鱼类具有韦伯氏器(Weber's organ),可将外界振动的振幅增强并传至内耳,使鱼体感受高频声波。另有一些鱼如大黄鱼、小黄鱼具有特殊的发音肌,此肌收缩时,使鳔发出咕咕声,具有集群意义。

六、循环系统

鱼类的血液循环是单循环(single circulation),心脏主要由一静脉窦、一心房和一心室组成。心脏在血液循环中起着泵的作用,它的收缩将血液(缺氧血)压入腹大动脉,舒张时又从静脉窦的后方吸进血液。进入腹大动脉的血液,由动脉弓分出,进入鳃褶的血管为入鳃动脉(arteria branchialis afferens),离开鳃褶的是出鳃动脉(arteria branchialis efferens),入鳃和出鳃动脉间以鳃动脉毛细血管相连,气体交换就在此进行。带氧的新鲜血液经出鳃动脉,通过鳃束背面的鳃上动脉汇入背大动脉,由背大动脉再分送到身体各部分和内脏器官,在这些部位的毛细血管网又将头部静脉血输入前主静脉(vena cardinalis anterior),前后两条主静脉汇合成总主静脉。另一群内脏(消化管壁)的毛细血管网将静脉血输入肝门静脉,肝门静脉内的血液和肝动脉血都经过肝毛细血管,最后汇入肝静脉,肝静脉又和总主静脉血都进入静脉窦,最后流回心脏,从而完成血液循环(图12-12)。硬骨鱼类还具动脉球,但不能搏动。软骨鱼类具动脉圆锥,可随心室自动有节律地收缩。动脉球和动脉圆锥的作用在于使血液均匀地流入腹大动脉,以减轻心脏强烈搏动而对鳃血管所产生的压力。鱼类的心脏很小,仅占体重的0.2%,血量少,血流速度慢。

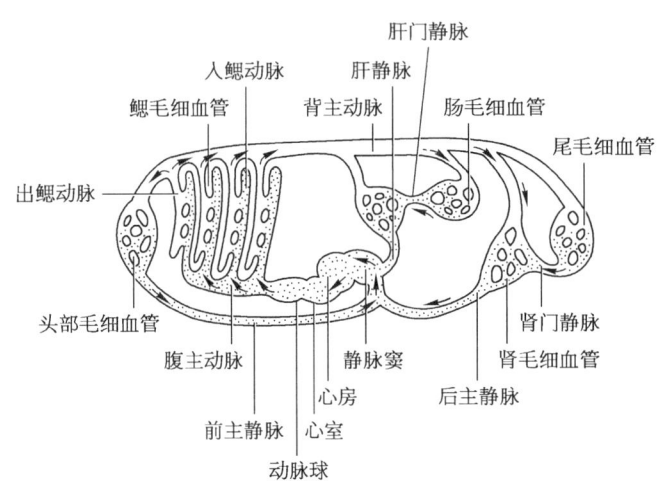

图12-12 硬骨鱼的血循途径(仿丁汉波《脊椎动物学》)

七、排泄与渗透调节

鱼体内代谢产物的排泄由肾和鳃来完成。泌尿器官是肾脏。鱼类的肾脏是1条长的紫红色条状物,位于腹腔的背部,属于中肾,在排泄废物方面,中肾的主要功能就是形成尿液。血液中溶解的代谢产物、水和营养物质等,经过肾脏内肾小球过滤,其中的水分和营养物质(如葡萄糖、氨基酸,以及钠、钙、镁、氯等离子)大部分回到血液中去,剩下的滤液和多余的有害物质形成尿液,由输尿管排出体外。除肾以外,鳃也进行氮化物和盐分的排泄,如排泄氨和尿素。鱼类的肾脏除有泌尿功能外,还能调节体内水盐的渗透。鱼类体液的盐浓度通常在0.7%左右,海水中盐浓度高达3%左右,淡水中盐分浓度在0.3%以下,鱼类在这样的环境中生活,主要是依靠肾脏的调节,以及鳃部一些特殊细胞来进行补偿和调节。淡水鱼类有由数目众多的肾小体组成的肾脏,当它们的体液和血液的浓度高于水环境时,存在着体外水分不断向体内渗透的趋势,而肾脏能不断地排出尿液(体内过多的水分),与此同时,鳃部的吸盐细胞又向血液中补充盐分,以保持淡水鱼类体内的水盐平衡。而海水鱼类与此相反,由于血液和体液中的盐分浓度大大低于海水浓度,就存在着体内水分不断向体外渗透的趋势,为适应环境,海产硬骨鱼类大量吞饮海水,被吞入的海水中所含大量的盐分由鳃部的一些泌盐细胞排出体外。同时,为防止体内失水,海产鱼类的肾小球多退化或完全消失,使排出与体液等渗的尿量减少,从而以这几种方式来调节和保持体内的水盐平衡。

有些鱼类能由海中游到河内或由河中游到海里,能迅速适应不同含盐浓度的水环境,如大麻哈鱼从海中洄游到淡水河流中生殖;鳗鲡从淡水域游到海洋中去生殖等。

八、生殖系统

鱼类的生殖系统由生殖腺(gonad)和生殖导管(reproductive duct)组成。生殖腺包括精巢和卵巢,生殖导管由输精管和输卵管组成。大多数鱼类是雌雄异体,卵生。多为体外受精。雌鱼的生殖腺为卵巢,平时呈扁平的带状,呈现出青灰、黄、粉红等色泽,到生殖季节发育长大后可占体腔的大部分。雄鱼的生殖腺一般为白色线形的精巢,在生殖季节增大叫鱼白,是产生精子的场所(图12-13)。软骨鱼类和低等硬骨鱼类的生殖腺裸露。高等的硬骨鱼类的生殖腺呈封闭式,由腹膜分化成的囊状膜包裹着,形成囊状卵巢或囊状精巢。通常,鱼类的雌雄两性在形态上无显著差异,体内受精者的雄鱼有交接器(copulatory organ),如鲨鱼雄鱼的腹鳍具鳍脚。少数鱼类两性异形,如角鮟鱇。另外,还有少数鱼类为雌雄同体,如鮨属的多种鱼,能自体受精。黄鳝可产生性逆转,即生殖腺从胚胎到成体都是卵巢,只能产生卵子,发育到成体产卵后的卵巢逐渐转化为精巢,产生精子,从而变成雄性。

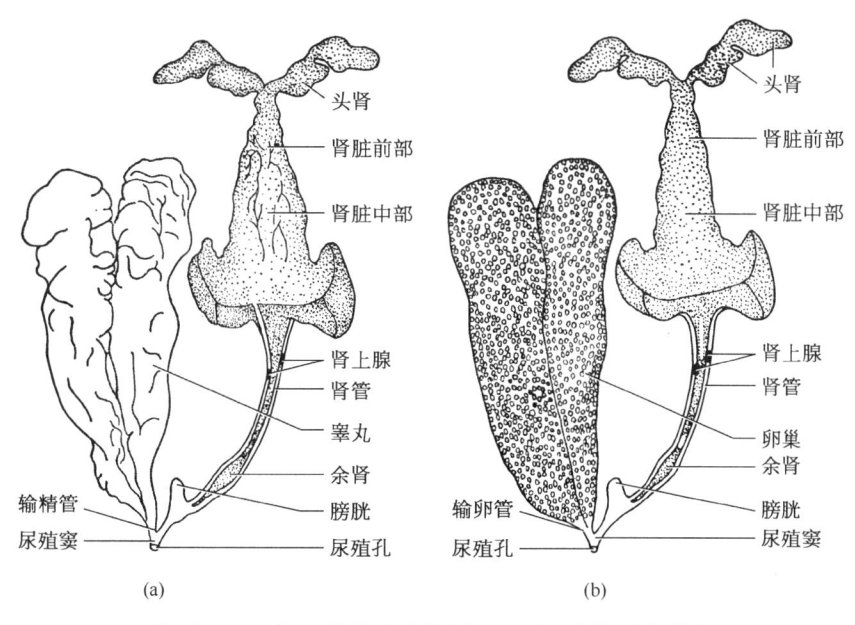

图 12-13 鲤鱼的泄殖系统(仿丁汉波《脊椎动物学》)
(a) 雄鱼 (b) 雌鱼

九、神经系统与感觉器官

1. **神经系统** 鱼类的神经系统主要分中枢神经系统和周围神经系统。中枢神经系统包括脑和脊髓。鱼类的脑虽和其他脊椎动物一样分为明显的5个部分,即端脑(telencephalon)、间脑(diencephalon)、中脑(mesencephalon)、小脑(cerebellum)和延脑(medulla oblongata),但很小且较原始,有的硬骨鱼类的大脑背面没有神经细胞,只有上皮组织。脊髓圆柱形,呈乳白色,分节明显,每节都发出传出和传入神经,与脊神经、交感神经系统和脑起着传导与联络作用。周围神经系统包括脑神经和脊神经。脑神经由脑部发出共有 10 对,即嗅神经(olfactory nerve)、视神经(optic nerve)、动眼神经(oculomotor nerve)、滑车神经(trochlear nerve)、三叉神经(trigeminal nerve)、外展神经(abducens nerve)、面神经(facial nerve)、听神经(auditory nerve)、舌咽神经(glossopharyngeal nerve)和迷走神经(vagus nerve),而其他各纲脊椎动物都有 12 对脑神经。脊神经是由脊髓两侧发出的神经,由背根(dorsal root)和腹根(ventral root)愈合而成。背根内包含来自感觉器官或背神经节的感觉神经纤维,通入脊髓,故也叫感觉根。腹根包含发自脊髓的运动神经纤维,通向身体各部分,又叫运动根。鱼类和其他纲的脊椎动物一样,感觉根和运动根在髓弓之处结合在一起而成为混合神经,比大多数感觉根和运动根没有结合成脊神经的无颌类动物更高级。鱼类的混合神经又重新分为 3 支:背支(dorsal ramus)为感觉神经,主要分布在皮肤,分布在肌肉部分者为运动神经;腹支(ventral ramus)主为运动神经,分布在肌肉,也有分布在皮肤的为感觉神经;内脏支(visceral ramus)则分布到胃、肠、血管等,支配其感觉和运动。鱼类虽有属植物神经系统的交感神经系统(sympathetic nervous system)和副交感神经系统(parasympathetic nervous system),但是相当原始,可见鱼类在脊椎动物中仍是很低等的。

2. 感觉器官 鱼类的感觉器官有嗅觉、视觉、听觉、味觉以及水生脊椎动物特有的侧线器官。鱼类的感觉器官与陆生脊椎动物的不同点在于:

(1) 鱼类的眼睛视力弱:鱼类的眼睛包括晶状体(crystalline lens)、角膜(cornea)和眼底的视网膜(retina)。晶状体呈球形,没有弹性,角膜扁平为其显著特点。另外,大多数鱼类没有眼睑和泪腺,故鱼眼经常是张开的不能闭合。仅有少数能离水上岸爬行的鱼有眼睑,如弹涂鱼等。

(2) 鱼类体表无耳痕,只有内耳:内耳中有耳斑(acoustic spot)和耳石(otolith),耳斑可感受音响,耳石主要作用是调节平衡。硬骨鱼类的耳石通常为 3 块,随年龄的增长而生长。

(3) 鱼类特有的侧线:是一条伸展于躯干和尾部的纵行管道,它和布满头部的管道分支构成侧线器官,此器官能察知低频率的振动,从而能判断水波的方向及大小,感知水流方向和压力的改变,了解周围生物的活动情况,以及水中障碍物的有无等等。侧线受迷走神经支配,头部的分支侧线受面神经和舌咽神经支配。

十、内分泌系统

鱼类和高等脊椎动物的内分泌器官一样,是指能分泌各种激素而没有分泌管的腺体,分泌的激素直接渗入血液循环,传送到体内一定的器官进行生化调节。鱼类具有多种内分泌腺体,包括脑垂体、甲状腺、松果体、胰岛、性腺、胸腺、肠腺、肾间体、斯氏小体等(图 12-14),多为一些无管的腺体,分泌的激素直接渗入到血液循环,传递到体内一定的器官进行生化调节。虽然结构上还有些尚未定形,如很多鱼的甲状腺呈弥散性组织,但它们的基本功能

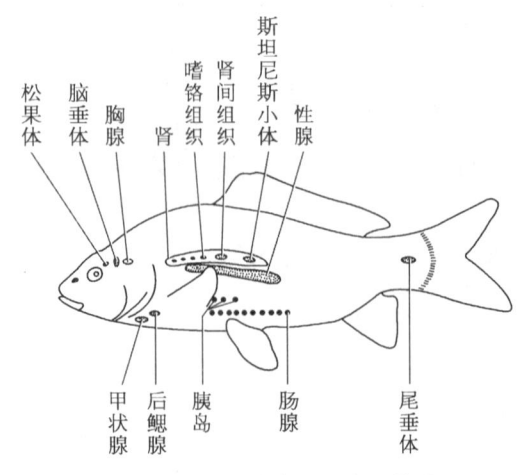

图 12-14 鱼的内分泌系统简图

和高等脊椎动物的内分泌器官却特别相似。这里介绍研究得比较深入的脑垂体和甲状腺。

1. **脑垂体**(hypophysis) 位于间脑腹面,由漏斗柄连于第三脑室(间脑室)的底部。硬骨鱼类的脑垂体由前叶、间叶、过渡叶及神经部组成,前三部分称为腺垂体或主叶,神经部称神经垂体或后叶。前叶的后方为间叶,间叶的后方为过渡叶。脑垂体是内分泌中最重要的1个腺体,它分泌的激素作用于机体各种组织,起着调节其他内分泌腺的作用,如促生殖腺激素,能促进生殖腺成熟及产卵。此外,脑垂体分泌的激素还能促进生长和调节糖代谢等。神经垂体主要起传递下丘脑对脑垂体分泌功能的调节作用。

2. **甲状腺**(thyroid gland) 多数硬骨鱼类的甲状腺主要弥散在腹大动脉及鳃区的间隙组织中,板鳃类的甲状腺位于下颌骨后方中央的舌肌中。甲状腺激素的主要功能是促进新陈代谢,与鱼类的发育有关,在器官和组织的形成方面也有重要作用。

第二节 鱼纲的分类

鱼纲是脊椎动物亚门中数量上最占优势的一个类群。鱼纲分类鉴定的主要依据,以鱼的形态结构为主,如背鳍和臀鳍鳍条数、侧线鳞以及体长、体高、头长、眼径等及它们的比值。现存鱼类分为软骨鱼系和硬骨鱼系。

一、软骨鱼系 Chondrichthyes

是内骨骼全为软骨的一个类群,全世界约有800多种,我国有190多种,绝大多数生活在海里。其主要特征是:① 终生无硬骨,内骨骼由软骨构成。② 体表大都被盾鳞。③ 鳃间隔发达,无鳃盖。④ 歪形尾鳍。本系共分两个亚纲,即板鳃亚纲和全头亚纲。

(一) 板鳃亚纲 Elasmobranchii

两鳃瓣之间的鳃间隔特别发达,形成宽大的板状,故名板鳃类,鳃裂5~7对,不具鳃盖。上颌不与颅骨愈合。雄性具鳍脚。本纲现存鱼类有鲨目和鳐目。

1. **鲨目 Selachoidei** 鲨又叫鲨鱼或鲛。为一群比较凶猛的大型食肉型软骨鱼类,有250~300种,我国海域中有130多种。体呈长纺锤形,鳃裂5对(极少数6~7对),开口于头部两侧,又称侧孔类。鲨鱼类的肝脏是制鱼肝油的主要原料之一。有些鲨鱼的胆、卵、肝、肉、鱼胎等可药用。

(1) 皱唇鲨科 Triakidae:普通鱼头形,眼具瞬膜。牙齿细小,呈带状或铺石状排列。喷水孔显著。鳃裂5对,最后的鳃裂位于胸鳍基部上方,背鳍2个,无棘,第一背鳍位在腹鳍前方,尾鳍歪尾形,上叶远较下叶为长,尾柄无侧棱。近海栖息,我国沿海一带有产。供药用的有灰星鲨 *Mustelus griseus* (Pietschmann)、白斑星鲨 *Mustelus manazo* Bleeker 等(图12-15)。

(2) 多鳃鲨科 Hexanchidae:本科主要特征是背鳍单个,鳃裂6~7对。如扁头哈那鲨(又称扁头七鳃鲨)*Heptranchias platycephalus* (Tenore)(图12-15),为黄海主产的经济鱼类,肉食用,皮制革,肝能提鱼肝油,鲨胎入药能养血调经。

(3) 双髻鲨科 Sphyrnidae:头呈丁字形,似双髻而得名。眼位于髻的末端,具瞬膜。鳃裂5

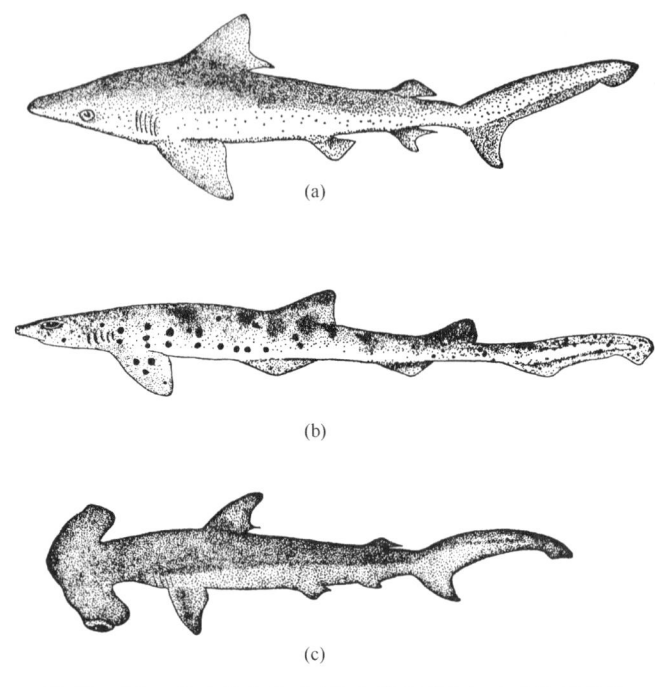

图 12-15　鲨目代表种类(仿郑葆珊等《中国动物图谱》)
(a) 灰星鲨　(b) 扁头哈那鲨　(c) 锤头双髻鲨

对,最后一对位于胸鳍基部上方。背鳍 2 个,无棘,第一背鳍位于腹鳍前方,尾鳍歪形,上叶较下叶长。如药用的有锤头双髻鲨 Sphyrna zygaena (Linnaeus)(图 12-15)。

鲨目其他须鲨科、真鲨科、猫鲨科、多鳃鲨科等也有部分药用品种。

2. 鳐(魟)目 Rajiformes　本目鱼类身体扁平形、菱形或圆盘形。胸鳍极度扩张,沿体侧直达头部,并与头部和躯干部相互愈合,使鱼体构成菱形或圆盘形。口和鼻孔位于腹面,鳃裂 5 对,开口在头部之腹面,故又称下孔类。眼和喷水孔在背面,躯干和尾退化成细鞭状。是一类营海底栖生活的软骨鱼类,游泳能力不强,以贝壳或其他底栖动物为食。

(1) 魟科 Dasyatidae：身体扁平菱形或扁圆盘形。头部与躯干愈合。胸鳍前部不分化为吻鳍或头鳍,背鳍单个或缺。尾较细长,似长鞭,尾上常具锯齿状长棘。由尾刺、外包皮膜和皮膜中的毒腺构成毒器,能刺伤人。营海底栖。我国产有 5 属,沿海均有分布。供药用的有花点魟 Dasyatis uarnak (Forskal)、赤魟 Dasyatis akajei (Muller et Henle)(图 12-16)。

(2) 锯鳐科 Pristidae：体型似鲨,不具圆盘,吻长而呈锯齿状得名。供药用的有尖齿锯鳐 Pristis cuspiatus Latham。

(二) 全头亚纲 Holocephali

头大而侧扁,两侧有鳃裂 4 对,有鳃盖状的皮膜遮着,外面只见 1 对鳃孔。体光滑无鳞,侧线发达。尾细长成鞭状,歪

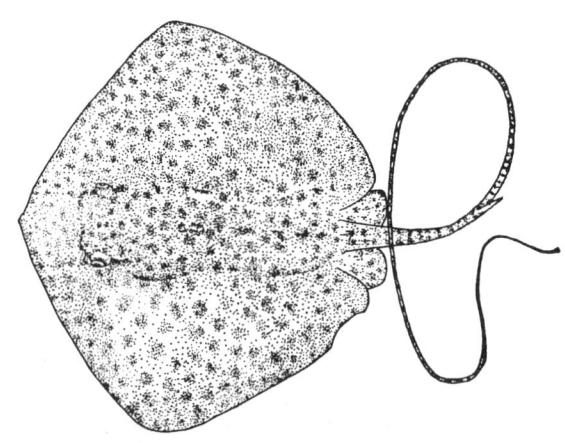

图 12-16　花点魟(仿郑葆珊等《中国动物图谱》)

形尾。本亚纲因上颌骨与脑颅互相愈合而得名全头类,是一原始的、为数不多的深海鱼类群。我国仅有黑线银鲛 Chimaera phantasma Jordan et Snyder(图 12-17)。

二、硬骨鱼系 Osteichthyes

硬骨鱼系是世界上现存鱼类中最多的一类,有 2 万种以上,大部分生活在海水域,其余生活在淡水中。其主要特征是：① 骨骼不同程度地硬化为硬骨。② 体表被硬鳞、圆鳞或栉鳞,

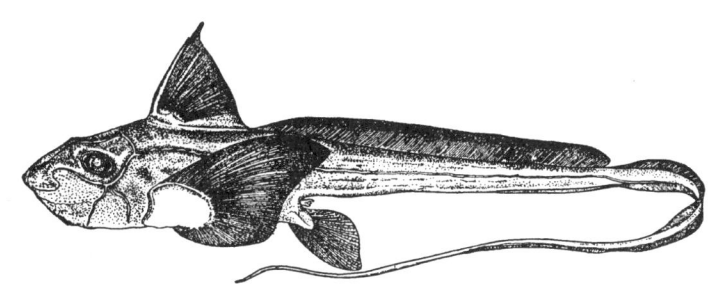

图 12-17 黑线艮鮫(仿郑葆珊等《中国动物图谱》)

少数种类退化无鳞。皮肤的黏液腺发达。③ 鳃间隔部分或全部退化,鳃不直接开口于体外,有骨质的鳃盖遮护,从鳃裂流出的水,经鳃盖后缘排走,多数有鳔。④ 鱼尾常呈正型尾,亦有原尾或歪尾。⑤ 大多数体外受精,卵生,少数在发育中有变态。硬骨鱼系共分 3 个亚纲,即总鳍亚纲 Crossopherygii、肺鳍亚纲 Dipnoi 和辐鳍亚纲 Actinopterygii。其中辐鳍亚纲有多数种类可供药用。

辐鳍亚纲 Actinopterygii

占世界上现存鱼类总数的 90% 以上,是鱼类中数量最多的一个类群。其主要特征是:① 偶鳍和奇鳍的鳍叶均由真皮性的辐射状鳍条支持。② 几乎全为硬骨。③ 一般被的骨鳞为圆鳞或栉鳞。④ 多数为正形尾。⑤ 无内鼻孔。⑥ 无泄殖腔,肛门开口于泄殖孔的前方。辐鳍亚纲分为古鳕总目 Palatonisci、多鳍总目 Brachiopterygii、硬鳞总目 Chondrostei、全骨总目 Holostei 和真骨总目 Teleostei。

药用种类主要分属于真骨总目,现将真骨总目的分类类群介绍如下:

真骨总目是辐鳍亚纲中最高等的种类,也是当今世界上现存鱼类中数量最多(鱼类中 90% 属此总目),经济价值最高的一总目。主要特征是:① 体表被圆鳞或栉鳞(有少数种类无鳞)。② 骨骼高度骨化,具有特殊的单个犁骨、续骨、尾舌骨、齿骨及隅骨等。③ 奇鳍鳞质鳍条的数目与骨鳍条数目相等。④ 动脉圆锥退化,代以动脉球。⑤ 肠内不具螺旋瓣。⑥ 有鳔,与食道相通或不相通。⑦ 大脑半球不发达,中脑及后脑发达。⑧ 卵巢与输卵管相连,输尿管和生殖导管分开或形成共同管,开口于肛门后方。⑨ 正形尾鳍。全总目共分 40 余目,400 多科,2 万种,下面介绍其中具有药用价值的主要目。

1. **鲱形目 Clupeiformes** 本目是现代真骨鱼总目中最原始的类群,体表被圆鳞,头骨骨化不完全;膜骨仍保留原始的表面位置,下咽骨不呈镰状;背鳍及臀鳍无坚棘,腹鳍腹位,鳍条柔软分节;脊椎由若干个相同的椎体组成,大多骨化,中央有孔,无口须;鳔管发达,与食道相联通。多数分布在热带及亚热带地区,主要为海生,其中也有淡水生活的,或生殖期进入河湖产卵受精而为洄游性的鱼类,本目中供药用的主要有以下科:

(1) 鲱科 Clupeidae:主要特征是无脂鳍(由皮肤和脂肪构成的鳍状突起,位置在背鳍与尾鳍间);无侧线;口裂适中,不达眼后;上颌具 2 附骨,形大,犬齿状小或缺。本科现有 160 多种,隶属 50 余属,主产在印度洋及太平洋的热带水域,其次是北大西洋,以及非洲淡水域中。可供入药的有鳓鱼 *Ilisha elongata* (Bennett)、青鳞鱼 *Harengula zunasi* (Bleeker)、中华青鳞鱼 *Harengula nymphaea* (Richardson)、大眼青鳞鱼 *Harengula ovalis* (Bennett)、太平洋鲱

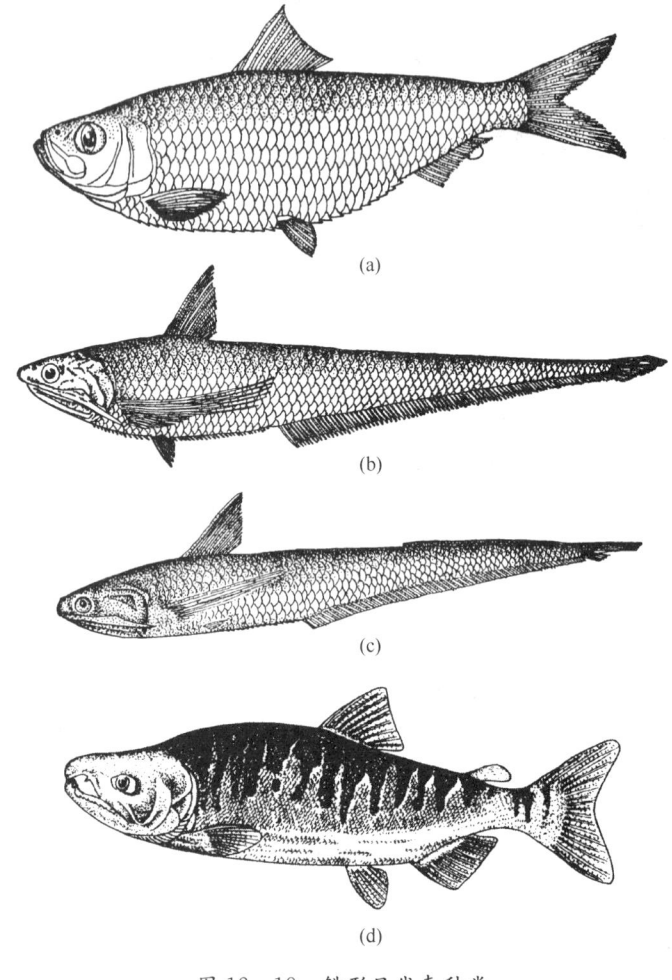

图 12-18 鲱形目代表种类
(a) 青鳞鱼 (b) 刀鲚 (c) 凤鲚 (d) 大麻哈鱼

Clupea pallasi (Cuvier et Valenciennes)、鲥鱼 Macrura reevesii (Richardson) 等 (图 12-18)。

(2) 鳀科 Engraulidae：本科与鲱鱼科主要特征相似，不同点是鳀科鱼类口裂甚大，远达眼后方；上颌附骨狭长。为小型成群的海滨鱼类，共分 5 属。我国沿海一带和长江中下游以及附近湖泊中均有分布。可供入药的有刀鲚 Coilia ectenes Jordan et Seale、凤鲚 Coilia mystus (Linnaeus)等(图 12-18)。

(3) 鲑科 Salmonidae：为最重要的世界性经济鱼类之一。本科动物的主要特征是体表被鳞；上颌前端无吻钩；口底无大褶膜；有脂鳍，背鳍与腹鳍相对或稍前；幽门和育囊存在。全科有 2 亚科 9 属，我国产 6 属，分布在北半球的淡水和海水中。可供入药的有大麻哈鱼 Oncorhynchus keta (Walbaum) 等(图 12-18)。

2. 鲤形目 Cypriniformes　为鱼类中较大的目。体表被圆鳞或裸露，头部无鳞；有中喙骨弧，下咽骨呈镰状，脊椎的最前四枚常愈合，且两侧附有 4 对鳔骨(带状骨、舟状骨、间插骨及三脚骨等)构成韦伯氏器连接鳔的前端和内耳，有保持鱼体平衡的作用；背鳍 1 个，腹鳍腹位，鳍多无硬棘，或有假棘。本目多分布在温带和热带淡水域，仅 2 科为海产，我国约有 600 种。

(1) 鲤科 Cyprinidae：体侧扁，呈菱形，体表多被圆鳞，头不被鳞；唇须 1~2 对或无，上、下颌无齿，特有咽齿 1~3 行，不超过 8 个；下颌骨形大而呈镰形；无脂鳍。分布在世界各地淡水中。本科占鲤形目总数的 70%~80%，现有 2 千多种，可供药用的有鲤鱼 Cyprinus carpio L.、青鱼 Mylopharyngodon piceus (Rich)、草鱼 Ctenopharyngodon idellus (Cuvier et Valenciennes)、白鱼 Anabarilius alburnops (Regan)、倒刺鲃 Barbos denticulatus (Oshima) 等(图 12-19)。

(2) 鲇(鲶)科 Siluridae：体黏滑无鳞，表面裸出或具骨板；有须 4~6 条；口大，两颌有利齿，下咽骨正常具细齿；鳃盖下骨不存在；无脂鳍，背鳍甚小或缺，无棘；臀鳍大而长，分支的鳍条约 50~85，尾鳍亦小。本种分 2 属，普遍分布在我国各地，为食肉性底层鱼。可入药的有鲶鱼 Parasilurus asotus (Linnaeus)等(图 12-19)。

(3) 胡子鲶科 Clariidae：主要特征与鲶科相同，但背鳍甚长，有 8 条须。主产热带和亚热带地区，尤以非洲的种类最多，我国分布 1 属两种。如胡子鲶 *Clarias fuscus* (Lacepede) 可供药用(图 12-19)。

(4) 鳅科 Cobitidae：体呈筒状，鳞细或退化，上颌边缘仅由前颌骨形成，咽喉齿 1 排，齿数常较多，有 6 至 8 条或更多的须，其中常有一或两对吻须，一或两对颌须，还常有鼻须或颐须。胸鳍与腹鳍均不向左右平展。鳔形小，外包以骨质壳。本科共分 3 个亚科，10 余属，50 多种。常作药用的有泥鳅 *Misgurnus anguillicaudatus* (Cantor)、大鳞泥鳅 *Misgurnus mizolepis* (Gunther)、滇泥鳅 *Misgurnus mohoity yunnan* Nichols 等。

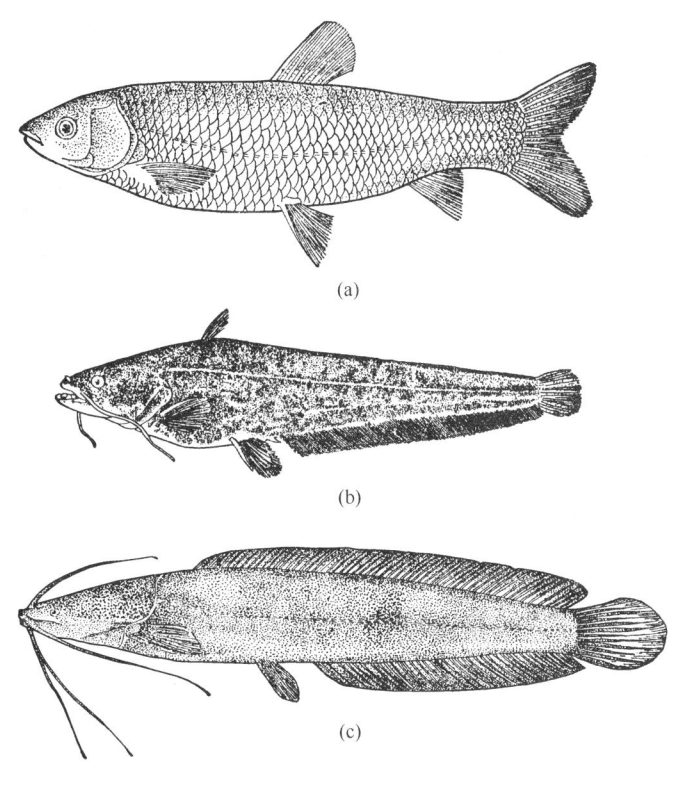

图 12-19 鲤形目代表种类
(a) 草鱼 (b) 鲶鱼 (c) 胡子鲶

3. **鳗鲡目 Angviliformes** 本目鱼类体形圆而长。一般无腹鳍，背、尾、臀 3 种鳍连为一体不能区分，鳞极细或退化。脊椎骨数目甚多，最多可达 260 枚。本目分 2 亚目，25 科，有 100 多种。我国主产在南海。常见药用的有以下科。

(1) 鳗鲡科 Anguillidae：头部圆锥形，体有鳞退化后埋于皮中，排成斜行。鳃盖骨发达，鳃孔显著。舌明显。齿针状。胸鳍发达。本科有 1 属 3 种，主产在温热带海域。入药的有鳗鲡 *Anguilla japonica* Temminck et Schlegel 等(图 12-20)。

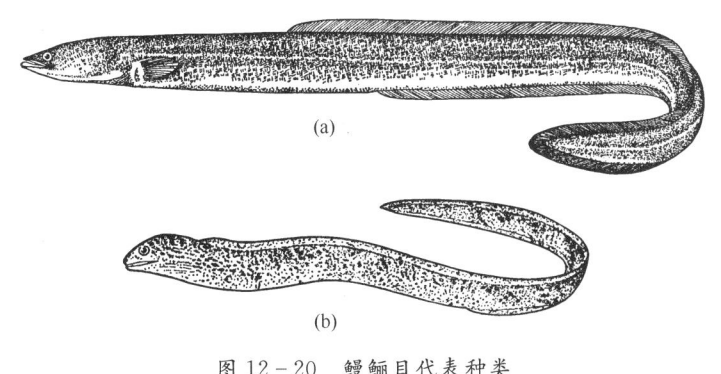

图 12-20 鳗鲡目代表种类
(a) 鳗鲡 (b) 网纹裸胸鳝

(2) 海鳝科 Muraenidae：本科鱼均无鳞。体长或很长（身长可达体高的 40～50 倍）。无舌。鳃孔小，呈圆形或水平裂缝样。无胸鳍。为温热带珊瑚丛、洞中生活的近海浅水鱼类。本科有 60～70 种。可入药的有网纹裸胸鳝 *Gymnothorax ymnothorax reticularis* (Bloch)、斑条裸胸鳝 *Gymnothorax punctata fosciata*

(Bleeker)、斑点裸胸鳝 Gymnothorax meleagris (Shaw)、花斑裸胸鳝 Gymnothorax pictus Ah1.、波斑裸胸鳝 Gymnothorax undulatus (Lacepede)等(图 12-20)。

4. 海龙目 Syngnathiformes　口前位,口裂上缘仅由前颌骨或前颌骨与颌骨共同组成管状吻。无颅顶骨和后耳骨。咽骨退化。鳃常呈簇状。脊鳍、臀鳍及胸鳍均不分支,只有腹鳍与尾鳍部分分支,若有第一脊鳍存在必为刺鳍,腹鳍如存在必为腹位或前腹位。雄性腹部有由皮褶形成的育卵袋。本目为体形特殊的小型海鱼。仅介绍供药用的海龙科。

海龙科 Syngnathidae:全体被膜质骨片。鳃呈丛簇圆叶状。脊鳍 1 个,全由软条组成,无腹鳍。尾细长,适于卷附在海藻上。肾小管及尿管均在体腔的右侧,随右主静脉而行。本科分 10 余属,广布于世界各处,我国产有 9 属。本科鱼类无食用价值,但为名贵中药,例如粗吻海龙 Trachyrhamphus serratus (Temminck et Schlegel)、刁海龙 Solenognathush ardwickii (Gray)、拟海龙 Syngnathoides biaculeatus (Bloch)、克氏海马* Hippocampus kelloggi Jordn et Snyder、刺海马 Hippocampus histrix Kaup. 等。

5. 合鳃目 Symbranchiformes　体形似鳗,光滑无鳞。鳃常退化,鳃裂移至头部腹面,左右两鳃孔连接在一起形成一横缝,故称合鳃目。无鳔。奇鳍变为皮褶。口裂上缘由前颌骨及部分的颌骨组成。例如黄鳝 Monopterus alba (Zuiew)(图 12-21),既能入药,也可食用。

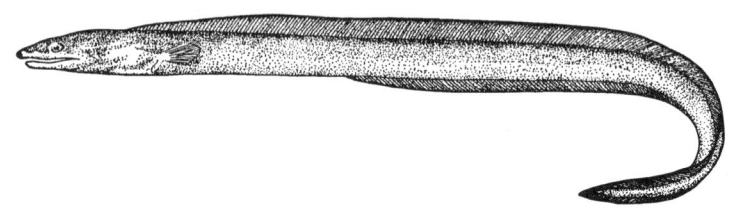

图 12-21　黄鳝(仿郑葆珊等《中国动物图谱》)

6. 鲈形目 Perciformes　无鳔管。鳞片多为栉鳞。鳍有棘,背鳍通常由鳍棘和鳍条两部分组成。腹鳍多为胸位,也有喉位,多为 1 鳍棘 5 鳍条。口先端常呈斜裂状,锐齿着生在颌骨、犁骨和腭骨上形成齿带。鳃盖发达。本科为硬骨鱼系中最大的一目,有 8 000 多种,我国产并入药的常见以下科。

(1) 鮨科 Serranidae:全体(连头部)被鳞,鳞片表面稍粗糙,犹如毡毛一样。鳃盖骨上有棘。下咽骨不结合。下颌通常长于上颌,颌齿绒毛状或杂有犬牙。我国有 18 属,63 种,多产于温热带海域。入药的有鲈鱼 Lateolabrax japonicus (Cuvier et Valenciennes)(图 12-22)。

(2) 石首鱼科 Sciaenidae:上颌骨多少被眼前骨所覆着,下颌不具触须,或间有 1 单独短须。下咽骨不结合。腭通常无齿。胸鳍或具腋鳞。本科有 13 属,37 种,是我国最重要的经济鱼类。可供入药的有大黄鱼 Pseudosciaena crocea (Richardson)、黄姑鱼 Nibea albeflora (Richardson)、鮸鱼 Miichthys miiuy (Basilewsky)等。

(3) 金线鱼科 Scatophagidae:体形侧扁菱形。全体(包括头、背鳍、臀鳍的鳍条部)均被细小的栉鳞,仅眼前无鳞。侧线完全而隆起,依背部的外廓向后行。头小,口小,前位,不能伸缩。有 1 属 9 种,广布于印度洋、太平洋及各大河口中。可药用的如金线鱼 Scatophagidus argus (Linn.)(图 12-22)。

(4) 带鱼科 Trichiuridae:体形扁长如带故名。脊椎骨 100 枚以上。背鳍与臀鳍很长,并彼此连续看不出分界线。腹鳍退化或不存在。无尾鳍。牙齿锐长。我国有 2 属 4 种,分布在暖海域,是我国最重要的经济鱼类之一。能入药的有带鱼 Trichiurus haumela (Forskal)、小带鱼 Trichiurus multicus Gray.、沙带鱼 Trichiurus savala (Guvier et Valenciennes)等。

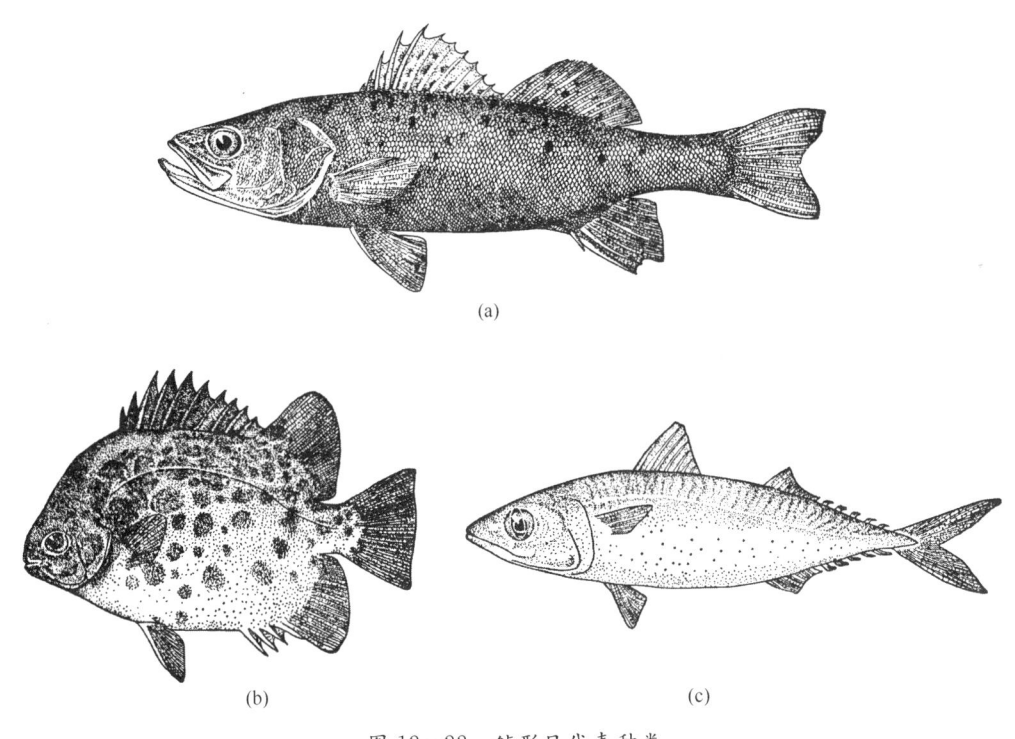

图 12-22 鲈形目代表种类
(a) 鲈鱼 (b) 金线鱼 (c) 鲐鱼

(5) 鲭科 Scombridae：体呈梭形而稍侧扁。被细小圆鳞。眼睑发达。两颌上的牙齿细弱。舌小而光滑。背鳍两个，彼此分离很远，鳍条低于刺部。第二背鳍与臀鳍同形且相对。尾鳍深叉，尾柄上有上下两条较小的棱。本科有 2 属 2 种，例如鲐鱼 *Pneumatophorus japonicus* Houttuyn.，可入药亦能食用(图 12-22)。

7. 鳢形目 Ophicoephaliformes 体被圆鳞。颌舌弓与第一鳃弓的上鳃骨形成褶鳃呼吸器，副鳃腔及咽喉分布有很多微血管，也可进行呼吸。鳃很长，无鳔管。鳍无棘。若有腹鳍则为前腹位。本目仅一鳢科 Ophicephalidae。其中乌鳢(乌鱼) *Ophicephalus argus* Cantor (图 12-23)，既可入药亦可食用。

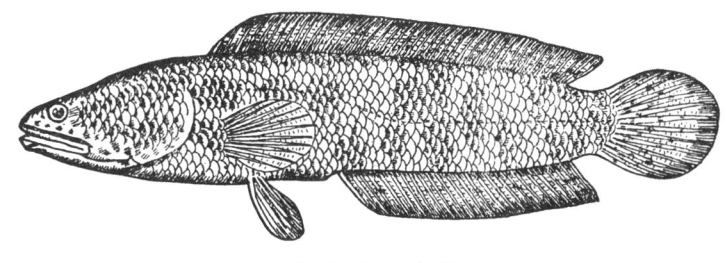

图 12-23 乌鳢

8. 鲀形目 Tetraodontiformes 本目鱼类颌骨与头骨固结。鳃孔小，鳃腔上无气室。体表裸出，或被粗鳞、硬盾或密生硬刺。前背脊不具吸盘。腹鳍左右不相并。有侧线。尾鳍形状不一。全世界有 200 多种，我国产 60 多种。分布于温带及热带的海域或河里。

(1) 兰子鱼科 Siganidae：体方长而侧扁。被很细小的薄圆鳞。侧线完全而简单。口小，前位，不能伸缩。腹鳍具外棘与内棘各一。尾柄形细而稍圆。为印度洋、太平洋的暖水区域的食草鱼类。我国产 1 属, 10 种。入药的有黄斑兰子鱼 *Siganus aramin* (Bloch et Schneider)

(图 12-24)。

(2) 三刺鲀科 Triacanthidae：体侧扁，多少被细小而粗糙的鳞，鳞上多少有小刺。口小。各颌齿排列成2列，前列齿呈门齿状，后列齿稍圆。腰带不具活动性。背鳍棘部具3棘。可供入药的有短吻三刺鲀 *Triacanthus brevirostris* Temminck et Schlegel.、尖吻三刺鲀 *Triacanthus strigilifer* Cantor 等(图 12-24)。

(3) 鲀科(河鲀科) Tetraodontidae：体圆形，有时很宽。裸露无鳞，光滑或有小刺，体躯能鼓气膨胀如球。两颌齿愈合成一片，中央有一缝。鳃孔小，紧位于胸鳍的前方。鼻孔形状特殊。胸鳍短宽。尾鳍明显。本科鱼类大多有毒，特别是产卵期中，其毒多含在肝脏与卵巢中，可致人死亡。可药用的有黑兔头鲀 *Lagocephalus inermis* (Temminck et Schlegel)、大眼兔头鲀 *Lagocephalus lunaris* (Bloch et Schneider)、棕斑兔头鲀 *Lagocephalus lunacies spddiceus* (Richordson)、虫纹东方鲀 *Fugu vernicularis* (Temminck et Schlege)等(图 12-24)。

(4) 翻车鲀科 Molidae：体短而侧扁，后部平直，被皮质。体躯不能膨胀。口很小，前位。齿愈合成齿板，无中缝。背鳍与臀鳍甚高。无尾柄。为大海中漂流生活的鱼类。供药用的有翻车鲀 *Mola mola* (Linnaeus)、矛尾翻车鲀 *Masturus lanceolatus* (Lienard)等(图 12-24)。

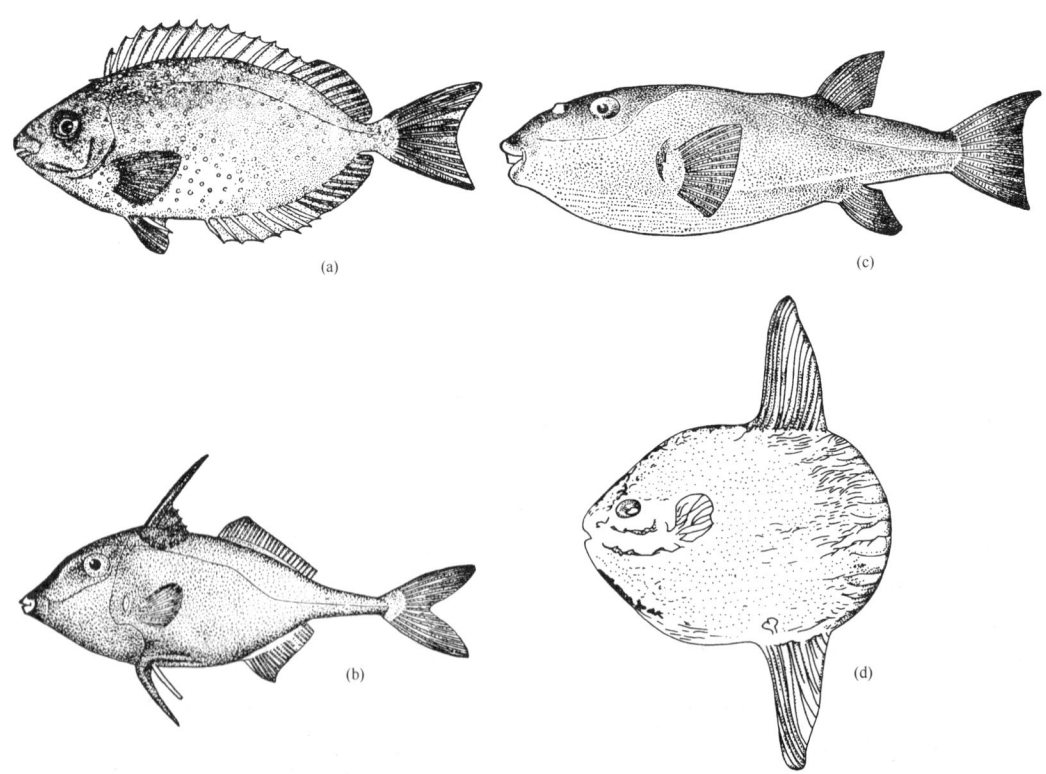

图 12-24 鲀形目代表种类(仿郑葆珊等《中国动物图谱》)
(a) 黄斑兰子鱼 (b) 短吻三刺鲀 (c) 黑兔头鲀 (d) 翻车鲀

第三节 鱼纲药用动物举要

我国鱼纲动物数量 2 830 余种,其中有记载可供药用的涉及 104 科,232 属,412 种。现将主要药用种类举要如下。

一、鲤鱼 *Cyprinus carpio* L.

为鲤形目鲤科动物,又名赤鲤鱼、赪鲤。中下层鱼类。多栖息于江河、湖泊、水库、池沼的松软底层和水草丛生处。适应能力强。在春季生殖后转入肥育期,大量摄食,冬季游动迟缓,游入深水底层越冬,尤其是北方寒冷地区水封冻时更是如此,入春后又转趋活跃。在北方一般 3 冬龄性成熟。每年分两批产卵,第一批产卵在 4~5 月,第二批产卵在 6 月下旬至 7 月。卵浅黄色,有黏性。产卵所需温度在 17℃ 以上。杂食性,刚孵出的鱼苗主要以浮游动物为食。体长达到 20 mm 时,转食小型底栖无脊椎动物。成鱼以底栖动物为主要食物,也吃水生高等维管束植物及种子,生长较迅速。除西藏以外,各省均有分布。

1. **形态**

(1) 外部形态:鲤鱼身体呈侧扁纺锤形,体长约为体高的 3 倍,全体分头、躯干及尾 3 部分(图 12 - 25)。背部纯黑色,侧线下方近金黄色,腹部淡白色。雄鱼尾鳍和臀鳍呈橙红色。口位于头部的最前端呈马蹄型。口两侧有颌须 2 对,后对为前对的 2 倍长。外鼻孔 1 对,在吻的背面,与口不相通。眼大,无眼睑和瞬膜。头的后部为 4 块骨片合成的鳃盖,盖住 5 个鳃裂,鳃孔阔,位于鳃盖的后缘。鳃耙 15~22,多数为 18~21。躯干部有偶鳍 2 对。即胸鳍和腹鳍各 1 对,奇鳍有背鳍、尾鳍及臀鳍。体表鳞大,圆形,呈覆瓦状排列,侧线鳞 $33-39\dfrac{5-6}{5-6}$ 背鳍Ⅲ-Ⅳ 15~22,有一强大硬刺,后缘锯齿状,起点在腹鳍起点之前;臀鳍Ⅲ 5~6,也有一强大硬刺,硬刺后缘也有锯齿。生活在全国各地的江河、湖泊、水库、池沼的松软底层和水草丛生处。适应性强,幼时肉食性,成体为杂食性,主要以螺、蚌、昆虫的幼虫及水草和丝状藻类为食。大者重达 15~20 kg,长 1~1.3 m。

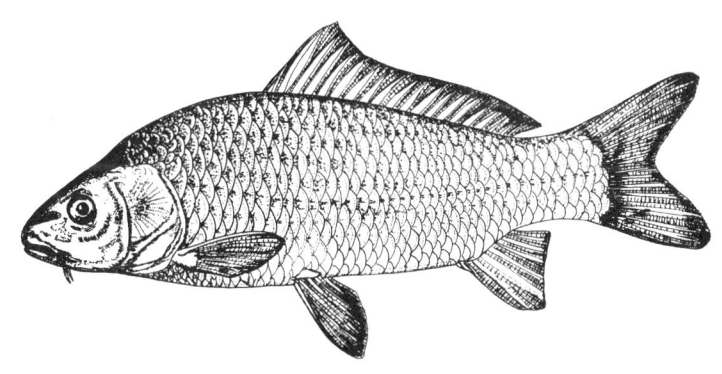

图 12 - 25　鲤鱼外形图

(2) 内部构造:皮肤由表皮和真皮组成,体表面是表皮,由数层上皮细胞及多数单细胞和多细胞的黏液腺构成。表皮下面紧接着是真皮。由结缔组织构成,其中分布有血管、神经、感觉器官及色素细胞等。鲤鱼体表除头部外,全身被覆有骨质圆鳞,前缘埋在真皮内,后缘端光滑无缺刻,露在体外。鱼体两侧从鳃盖到尾部各有1条侧线鳞。

鲤鱼的骨骼包括外骨骼和内骨骼。外骨骼由鳞片和鳍条组成;内骨骼包括中轴骨和附肢骨,中轴骨骼由颅骨及躯干骨(脊柱和肋骨)组成;附肢骨包括鳍骨,即偶鳍(肩带及胸鳍,腰带及腹鳍)和奇鳍(背鳍、臀鳍和尾鳍)。

脑颅骨的枕骨大孔由1片上枕骨、2片外枕骨和1片基枕骨围绕而成。耳区有前耳骨和上耳骨。构成两个眼窝的骨片均不与脑颅愈合,眼窝上方为1片眶上骨,下方及后方有5片眶下骨。颅顶由枕骨、顶骨、额骨、鼻骨、上鼻骨、筛骨及鳞骨组成,筛骨向前延伸至前上颌骨,鳞骨位于脑颅后部两侧。咽颅由颌弓、舌弓和鳃弓组成。颌弓包括上颌和下颌。上颌由前上颌骨、上颌骨、方骨等组成。下颌包括齿骨、关节骨、隅骨等;舌弓由基舌骨、下舌骨、角舌骨、上舌骨、间舌骨、尾舌骨等组成;鳃弓共5对,前4对为完全鳃弓,第五对为不完全鳃弓,上面没有鳃丝,不能呼吸。

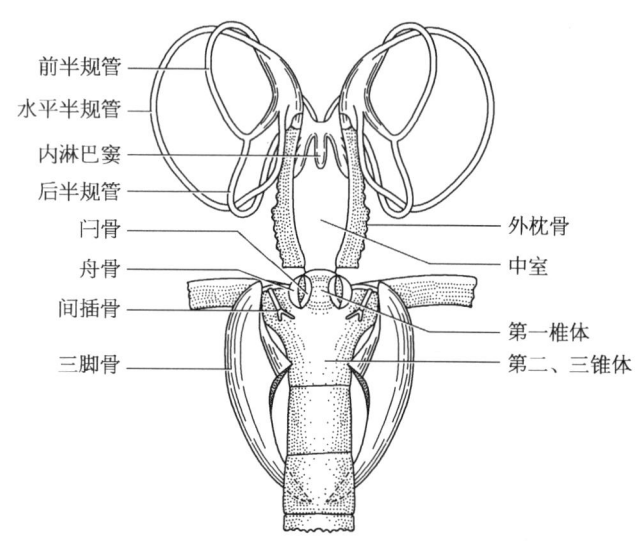

图12-26 鲤鱼的韦伯氏器

躯干骨由脊柱和肋骨组成。椎骨为双凹型,约36枚,全部骨化。在两凹部分尚有脊索残存,由穿过椎体的小管互相连接。在躯干部的椎骨生有椎体横突。只有第五椎骨起至第二十椎骨止有肋骨,鲤仅有纤细而多枝的背肋着生于椎体的两侧。在脊椎前端还有从椎骨发生的小型骨4对,即闩骨、舟骨、间插骨、三脚骨各1对,用来联系鳔的前端和内耳,能将鳔所感受的水压传递给内耳,即韦柏氏器(图12-26)。

鳍骨包括偶鳍骨和奇鳍骨。肩带和胸鳍在胸部的左右两侧,肩带略呈弓状,背端尖,腹端分叉,由上锁骨、锁骨(亦称匙骨)、喙(状)骨、肩胛骨及后锁骨组成。胸鳍有基鳍骨4条,辐射排列的鳍条15～17条,鳍条的前端各有分支。腰带不发达,腹鳍骨仅有一对小的基鳍骨接于无名骨的内侧,有9～10鳍条。奇鳍中背鳍和臀鳍的最前3根鳍条骨质化,变成强硬的棘。第三棘强大,其后缘具锯齿状突。

消化系统中,口腔及上下颌无齿,咽喉部左右咽骨(第五对鳃弓)中下部内侧面各有3列咽齿,咽骨附有强大的肌肉,能把食物嚼碎。在第一至第四对鳃弓内缘各有鳃耙两排,其功能是避免食物由鳃部流出。食道短,无胃,直接与肠连接。肠管细长,为体长的2～3倍,直肠开口处为肛门,位于臀鳍前面。

呼吸运动主要靠鳃来完成,呼吸时口腔、咽及鳃盖同时张开,而食管关闭。水经鳃腔入口,经咽再进入鳃腔,当水流经鳃裂时,因鳃片上富有毛细血管,故在鳃片上进行气体交换,最后鳃盖下降关闭,水由鳃腔排除。鳃有5对鳃弓,前4对有鳃片,第五对无鳃片,但有咽片。除鳃呼吸外,鲤鱼还有1个略成圆锥形而中部溢缩成前后两部分的白色鳔。其后部的前端腹侧有1条细长的鳔管连接食道的背面,鳔内表面有细血管。鳔可辅助鳃进行呼吸和调节鱼体在水中"沉浮"。

鲤鱼的血循环系统包括心脏、动脉和静脉。心脏由静脉窦、心房和心室组成。腹大动脉基部膨大形成动脉球。心房通入心室处有两小的房室瓣,静脉窦入心房处有两小的窦房瓣(图12-27),腹主动脉分出4对入鳃动脉,出鳃动脉也有4对,汇合成左右鳃上动脉,在前端鳃上会合成头动脉环,在后端联合成背主动脉,然后分出腹腔动脉、肠系膜上动脉、肾动脉等,可以直通至尾部。静脉自尾静脉流出经肾门静脉、肾静脉和后主静脉至总主静脉。内脏的血液经肝门静脉。肝静脉流入静脉窦。

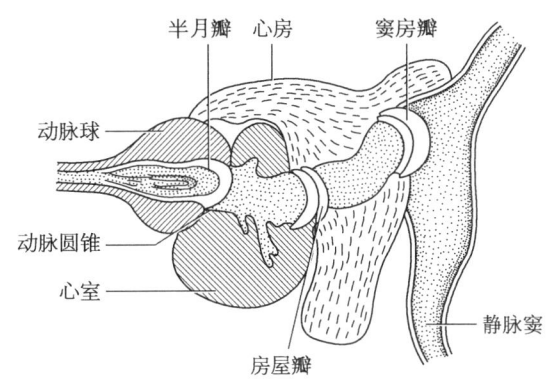

图12-27 鲤鱼的心脏
(引自叶富良《鱼类学》)

脑分端脑、间脑、中脑、小脑和延脑5部分：端脑,光滑而略呈球形,较小,其前端伸出棒柄状的嗅柄,终止于前端椭圆形的嗅球。嗅球与鼻黏膜的若干嗅神经分支相联。间脑,在背面被中脑掩盖,视丘不大,有脑上腺。中脑,视叶很大,中间下面为脑下垂体。小脑,表面光滑,覆在延脑背面。延脑,面叶被小脑覆蔽着,两侧各有1个略成球形的迷叶也被小脑覆盖着一部分。迷走神经由延髓发出,脑神经10对,脊神经有36对。

感觉系统主要有侧线、眼、内耳、嗅囊和味蕾。侧线器官由侧线鳞组成。眼无眼睑,瞳孔无幅状肌。眼球呈亚椭圆形,角膜扁平,内缺睫状体。从脉络膜发出一条镰状韧带,前端的铃状体附着在球状晶体的后壁上,可调节焦距,以视不同距离的主体。另还有一层由脉络膜中分离出来的银膜,其内有许多小晶体沉积物,银膜伸延形成虹膜的外层。内耳具有3个半规管和3个囊状结构。3个半规管是前半规管、后半规管和水平半规管,膨大成囊。每一个囊内有1块耳石及1听斑,在鱼体静止时为平衡感受器,在运动时与半规管一起报知角加速度,以产生抵偿的运动,同时亦能感受声音某种程度的震动。嗅囊1对,位于头部背侧的前端。由一些多褶的嗅觉上皮组成,嗅觉上皮包括嗅细胞和支持细胞,嗅细胞游离的一端有纤毛,嗅神经末梢通至嗅细胞,而第Ⅱ对脑神经末梢通至支持细胞。味觉器官由分布在口腔内的许多微小味蕾和散布在皮肤外的少数味蕾组成,味蕾由感觉细胞和支持细胞构成,感觉细胞的外端有纤毛伸出味孔。口腔部的味蕾由第Ⅴ及第Ⅶ对神经支配,咽部的由第Ⅸ对脑神经支配,躯干部的由第Ⅶ或第Ⅹ对脑神经支配。

泌尿生殖系统中,相连的两个肾脏深红色,由头肾、肾本部和余肾组成。头肾似淋巴腺,无肾的功能。两肾各有1输尿管在近末端处汇合,然后稍扩大形成膀胱,再由单一膀胱管通至尿殖窦,再由肛门后面的尿殖孔通向体外。雄鲤鱼有1对乳白色精巢,末端逐渐变窄呈极短的输精管,在靠近尿殖孔处合二而一,通入尿殖窦,精子由尿殖孔排出。雌鲤有卵巢1对,外由囊状膜包围,卵粒黄色,在末端仍由极短的输卵管汇合通入尿殖孔,卵由尿殖孔排出。

2. 药用 现代药用鲤鱼的肉或全体、脑髓、皮等。

(1) **鲤鱼肉**：多用鲜鱼入药。始载于《神农本草经》。味甘,性平。功能利水消肿,通乳下气,安胎,止泻痢。用治水肿胀满,脚气,胎动不安,水泻,痢疾,咳嗽气逆,乳汁不通。

鲤鱼肉主含蛋白质、脂肪及肌酸、磷酸肌酸、尼克酸、维生素A、维生素B_1、维生素B_2和铁、钙、磷等,尚含饱和脂肪酸及不饱和脂肪酸,现已为提取DHA和EPA的主要原料。具有降血脂,抗血栓,降低血液黏度等药理作用。

(2) 鲤鱼脑：为鲤的脑髓。味甘,性温。归肝、肾经。用治耳聋,或耳内化脓不瘥等证。鲤鱼脑主含蛋白质、脂类、维生素 C 等成分。

(3) 鲤鱼皮：含蛋白质、脂肪及红色色素等。用治胎动不安,胎漏,骨鲠。

现代研究表明：鲤鱼精巢 DNA 可明显提高自然衰老小鼠体内抗氧化酶的活性,保护细胞膜和线粒体免受活性氧自由基的氧化损伤,具延缓衰老作用。

二、克氏海马 *Hippocampus kelloggi* Jordn et Snyder

为海龙目海龙科动物,又名水马、龙落子、马头鱼等。生活在藻类繁茂的海中,游泳时,头部向上,靠背鳍和胸鳍的扇动,作直立游泳。栖止时,常以尾端缠附于海藻的茎枝上。以小型甲壳动物为主食。繁殖时,雄性将成熟的卵一个个地送入雄性育儿囊内,雄性排出精液,使卵受精,受精卵就在育儿囊内发育,孵化为小海马。分布于我国东海和南海。主产于广东、广西、福建、台湾等沿海地区。

1. **形态**　体长 30~33 cm,侧扁,头部形似马头故名(图 12 - 28)。头冠短小,尖端具 5 个短小的棘,略向后方弯曲。体长为头长的 4.5~6.2 倍,头长为吻长的 2~2.1 倍,为眼径的 5.5~8 倍,吻呈长管状。眼较大,侧位而高,眼间隔小于眼径,微隆起或平坦。鼻孔很小,每侧 2 个。口小,端位,无牙。鳃盖凸起,无放射状纹。鳃孔小,位近于侧背方。颈部背方中央嵴纹较锐,具 2 突起状棘和 2 颊下棘。胸鳍基部下前方各具 1 短钝棘。躯干部呈七棱形,尾部四棱形。全体无鳞,完全为骨质环所包,体部有骨质环 11,尾部 39~41、体背上各环棱棘短钝呈瘤状。背鳍(条)18~19,位于躯干最后 2 体环及尾部最前 2 体环的背部。臀鳍 4,短小。胸鳍 18,短宽,略呈

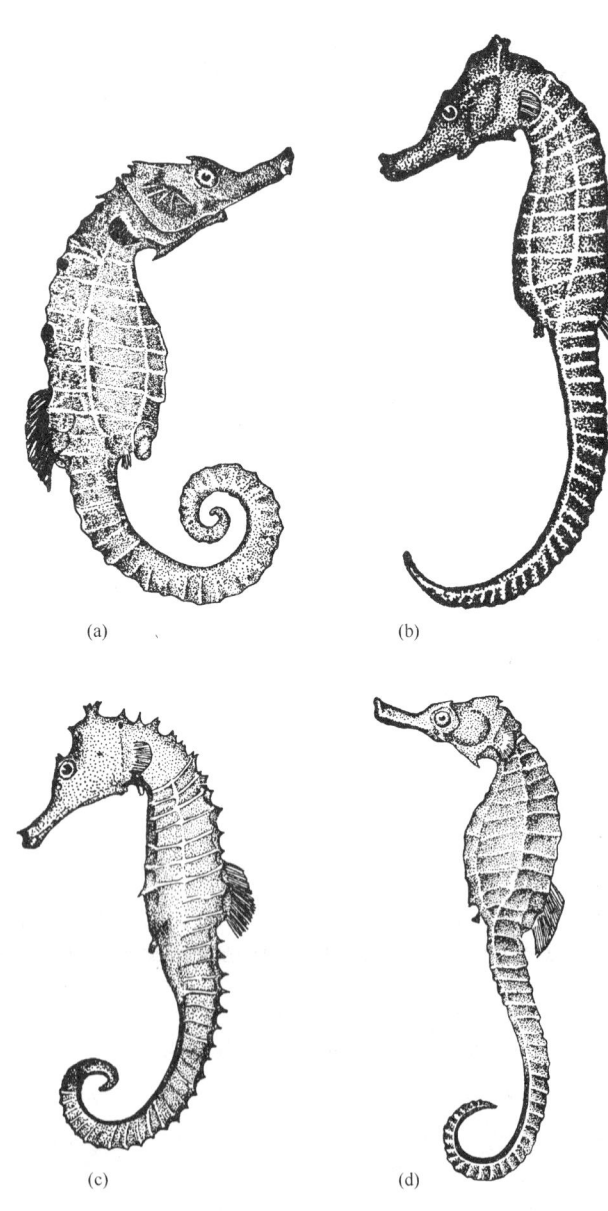

图 12-28　几种药用海马

(a) 斑海马　(b) 大海马　(c) 刺海马　(d) 克氏海马

扇形,基部下方各具 1 短钝棘。无腹鳍和尾鳍。各鳍无棘,鳍条均不分枝。尾端卷曲。全体淡黄色或暗灰色,体侧具白色线状斑纹或斑点。

2. **药用**　药用干燥全体。始载于《本草经集注》,曰:"又有水马,生海中,是鱼虾类,状如马形,亦主易产。"从中可知"水马"即为海马。海马之名称始载于《本草拾遗》。克氏海马体呈扁长形而弯曲,长约 30 cm,黄白色。头略似马头,有冠状突起,前方有一管状长吻,口小,两眼深陷。躯干部七棱形,尾部四棱形,渐细而卷曲,体上有瓦楞形的节纹并具短棘。体轻,骨质,坚硬。气微腥,味微咸。

海马含有大量的镁、钙,其次为锌、铁、锶、锰,少量的钴、镍、铜和铬,还含有硬脂酸、胆甾醇、胆甾二醇等。其水、醇提取物具有促进小鼠抗应激作用,可增强小鼠的记忆能力,增加小鼠血中的 SOD 含量,降低小鼠肝中的过氧化脂质(LPO)的含量(即降血脂作用),抑制小鼠脑内 MAO-B 活性及促进血液流变学改变和改善微循环的作用,大海马、克氏海马、刺海马、斑海马、三斑海马的提取物对 L-谷氨酸致大鼠神经元钙内流有明显的抑制作用,钙离子进入神经元在兴奋性氨基酸 L-谷氨酸致神经无溃变和坏死过程中起重要作用。味甘、咸,性温。入肾、肝二经。功能补肾壮阳,活血化瘀。用治肾阳虚衰所致的腰膝酸软,阳痿,遗尿,虚喘,难产,以及癥瘕痞块,疔疮肿毒,跌扑损伤等。

药用海马的品种还有三斑海马 *Hippocampus trimaculatus* Leach、大海马 *Hippocampus kuda* Bleekeer、刺海马 *Hippocampus histrix* Kaup 等。

三、刁海龙 *Solenognathus hardwichii*（Gray）

为海龙目海龙科动物,又名海龙、杨枝鱼、钱串子、水雁。分布在南海水域的藻类繁茂之浅海中。常利用尾部缠在海藻上,吸食浮游小型甲壳动物,卵在育儿囊中受精发育。主产于广东、海南等沿海。

1. **外形**　体侧扁细长,长 375～486 mm,体高大于体宽,无尾鳍。头与体轴成一大钝角或直角,躯干部五棱形,尾部前方六棱形,后方渐细呈四棱形,尾端卷曲,位于尾部的背鳍基部不隆起(图 12-29)。

2. **药用**　药用海龙的品种来源于海龙目海龙科海马属的多种动物的干燥全体。海龙始载于《本草纲目拾遗》,曰《百草镜》云:"海龙乃海马中绝大者,长四五寸至尺许不等,皆长身而尾直不作圈。"即为刁海龙。体狭长侧扁,全长 30～50 cm。表面黄白色或灰褐色。头部前方具一管状长吻,口小,无牙,两眼圆而深陷,头与体轴略呈钝角。躯干部宽 3 cm,五棱形,尾部前方六棱形,后方渐细,四棱形,尾端卷曲。背棱两侧各有 1 列灰黑色斑点状色带。全体被以具花纹的骨环及细横纹,各骨环内有突起粒状棘。胸鳍短宽,背鳍较长,有的不明显,无尾鳍。骨质,坚硬。气微腥,味微咸。作为海龙入药的品种还有刁海龙 *Solenognathus hardwichii* (Gray)、拟海龙 *Syngnathoides biaculeatus* (Bloch)、尖海龙 *Syngnathoides acus* Linnaeus.、舒海龙 *Syngnathoides schlegeli* Kaup.、蓝海龙 *Syngnathoides cyanospilus* Bleeker.、低海龙 *Syngnathoides djarong* Bleeker.、粗吻海龙 *Trachyrhamphus serratus* (Temminck et Schlegel)。

几种药用海龙均含有类似的 14 种脂肪酸,其中主要以十六碳酸、9,12-十八碳二烯酸、6,9,19-十八碳三烯酸和 DHA 的含量较高,而 DHA 为前列腺及精子的主要物质基础;另含蛋

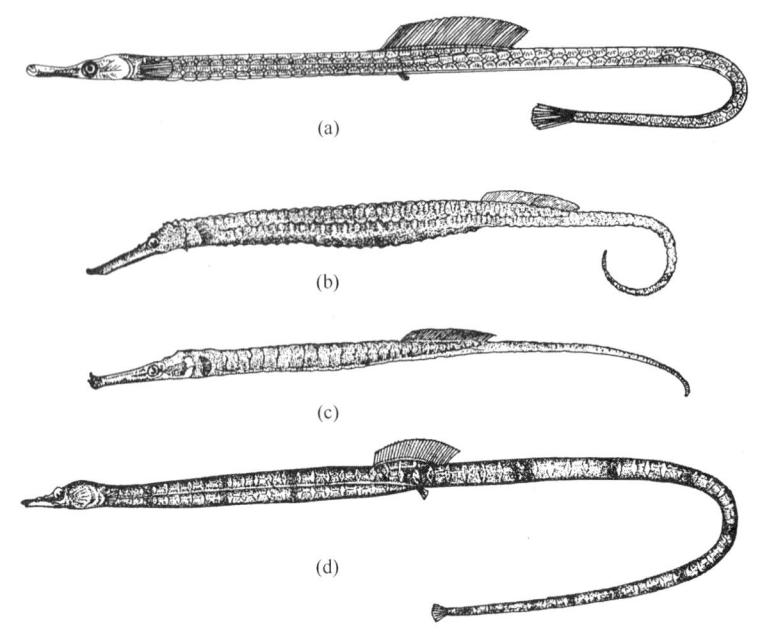

图 12-29 几种药用海龙
(a) 尖海龙 (b) 刀海龙 (c) 拟海龙 (d) 粗吻海龙

白质、氨基酸类;海龙的磷脂组分以磷脂酰胆碱、溶血磷脂酰胆碱和神经鞘磷脂为主,此外,还含有少量的磷脂酰丝氨酸、双磷脂酰甘油和磷脂酸。具性激素样作用、延缓衰老作用及抗癌活性。功能补肾壮阳,活血祛瘀,消肿止痛,养肝明目。用治阳痿肾亏,腰背疼痛,风湿痛,跌打损伤,痰核瘰疬等症。

四、灰星鲨 *Mustelus griseus*（Pietschmann）

为鲨目皱唇鲨科动物,又名灰皮鲨、白布鲨、鲛鱼。灰星鲨为暖水性底层鱼类。栖息于近海,摄食甲壳类动物,兼食小型鱼类。卵胎生,每胎产 8～11 仔。灰星鲨其体长一般为 1 m 左右,体重 1～2 kg,大的个体重达 3 kg。分布于我国黄海、东海、南海的近海暖水域。

1. **形态**　体细而延长,扁圆筒形,长 100 cm 左右。头扁平,尾细长,吻中等长,背视近三角形。眼椭圆形,瞬膜平横外露。鼻孔宽大,前鼻瓣中央具 1 舌状突出,出水孔半露。口小,三角形,上唇褶粗大,短于或等于下唇褶,上颌长,下颌短,牙细小而多,铺石状排列,口闭时上颌牙全露,下颌牙只在缝合处露出。喷水孔小,横椭圆形,两端尖,位于眼角下后方。鳃孔 5 个,狭小,最后 2 个位于胸鳍基底上方。背鳍 2 个,第一背鳍颇大,较后位,距腹鳍比距胸鳍为近,起点与胸鳍里角相对或稍后,尾鳍短狭,尾椎轴稍翘。臀鳍小。腹鳍比第二背鳍稍小,鳍脚平扁延长,胸鳍中等大。体背侧面灰褐色,腹面白色,各鳍紫褐色,后缘较浅淡,体无白色斑点(图 12-15)。

2. **药用**　灰星鲨的肉、皮、肝等供药用。

(1) 鲨鱼肉:载于《食疗本草》。含多种酶。味甘、咸,性平。归脾、肺经。功能补虚,健脾,利水,祛痰消肿。用治久病体虚,脾虚浮肿,创口久不愈合,痔疮。

(2) 鲨鱼肝:含大量脂肪油、维生素 A 和多种酶类。具提高免疫、解毒、抗肿瘤等作用。味甘,性温。功能健脾补气,养肝明目,解毒敛疮。用治眼结膜干燥,夜盲症,软骨病,烫火伤,皮肤溃疡,外伤创面久不愈。

(3) 鲨鱼皮:载于《名医别录》。含大量胶体蛋白和黏液质及脂肪,还可制成鱼皮胶,为制明胶和止血海绵的原料。味甘、咸,性平。可解鱼毒,消食积,杀痨虫。用治食鱼中毒,食鱼成积不消,肺痨。

五、 扁头哈那鲨 Notorhynchus platycephalus（Tenoro）

为鲨目多鳃鲨科动物,又名扁头七鳃鲨、哈那鲨。为近海底层鱼类,游泳缓慢,性较凶猛。卵胎生,每产 10 余仔,胎儿的卵黄囊较大,全长约 150 mm。成鱼体长达 2~3 m,体重达 250 kg以上。主要以中、小型鱼类及甲壳类为食。

1. **形态** 体长,前部较粗大,向后逐渐变细。头宽扁。尾狭长。口宽大。上下颌齿侧扁,上颌无正中齿;下颌齿宽扁梳状,具 5~6 齿头。喷水孔小,圆形。鳃裂 7 个,下部伸达腹面,向后逐渐变小。背鳍 1 个,位于腹鳍后端上方;臀鳍小,起点稍前于背鳍基底后端;胸鳍较发达;腹鳍与背鳍约等大;尾鳍长。体灰青色,具许多不规则深色斑,腹部白色(图 12-15)。

2. **药用** 扁头哈那鲨的肉、鳍、肝等供药用。

(1) 鱼肝油:为扁头哈那鲨的肝脏中提制得到的一种脂肪油。为黄色至橙红色的澄明液体;微有特异的鱼腥臭,但无败油臭。鱼肝油含维生素 A。尚含不饱和及饱和脂肪酸甘油酯及胆甾醇、十九醇、二十一醇及异十八烷等。味甘,性温。功能滋补强壮,明目,壮骨。用治夜盲症,佝偻病,软骨病,营养不良,以及作幼儿、产妇的滋养剂。

(2) 鲨鱼肉:为扁头哈那鲨的肌肉。含蛋白质、脂肪及无机盐。味甘、咸,性平。归脾、肺经。功能补虚,健脾,利水,祛痰消肿。用治久病体虚,脾虚浮肿,创口久不愈合,痔疮。

(3) 鲨鱼翅:为扁头哈那鲨的鳍。载于《本草从新》。鲨鱼鳍含弹性素和多种氨基酸。味甘,性平。功能补肺气,托疮毒,消痰,健胃。

六、 带鱼 Trichurus savala（Cuvier et Valenciennes）

为鲈形目带鱼科动物,又名沙带鱼。带鱼为中上层结群性洄游鱼类。在渤海产卵期主要为 6 月初至 6 月底。怀卵量为 13 000~55 000 粒。是以鱼类为主食的凶猛鱼类。分布于黄海、渤海。

1. **形态** 体长 322~592 mm。体侧扁,呈带状,故名。背、腹缘几平行,尾向后渐细,成鞭状。鳞退化,全体银白色,尾部深黑色。侧线在胸鳍上方显著下弯折向腹面,向后沿腹缘延伸至尾,背鳍极长,背鳍条 106~115。臀鳍条 74~80,无腹鳍(图 12-30)。

2. **药用** 味甘,性平。带鱼肉、

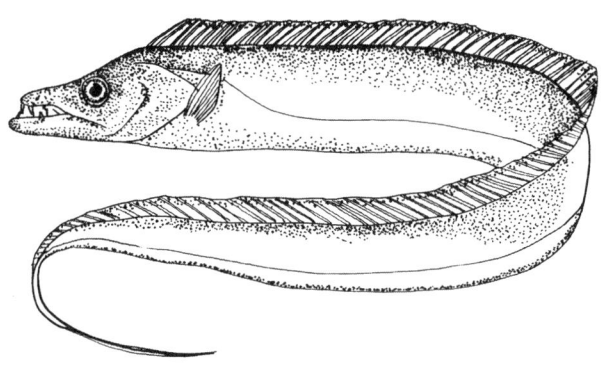

图 12-30 带鱼(仿郑葆珊等《中国动物图谱》)

带鱼油及全体刮下的银白色细鳞均可入药。含蛋白质、脂肪、钙、磷、镁、核黄素、烟酸等。带鱼肉具滋补强壮之功;带鱼油能养肝,蒸熟后能改善肝炎症状;带鱼鳞外用具止血之功,主治外伤出血。

七、鱼纲其他药用动物

(1) 泥鳅 *Misgurnus mizolepis* (Gunther)(图 12-31):为鲤形目鳅科动物,又名鱼鳅、鳅、在长江中下游江、河、渠及其附近的湖泊中。全体洗净干燥入药。功能调中益气,利水退肿,解毒消肿。用治消渴,黄疸,温热病,皮肤瘙痒,腹水,小便不通,痔疮下坠,肝炎等症。据报道泥鳅多糖 MAP 具有提高实验小鼠耐缺氧能力、免疫调节、抗炎、降血糖和调节血脂的作用。以泥鳅入药的还有同属大鳞泥鳅 *Misgurnus mizolepis* (Gunther)、滇泥鳅 *Misgurnus mohoity yunnan* Nichols。

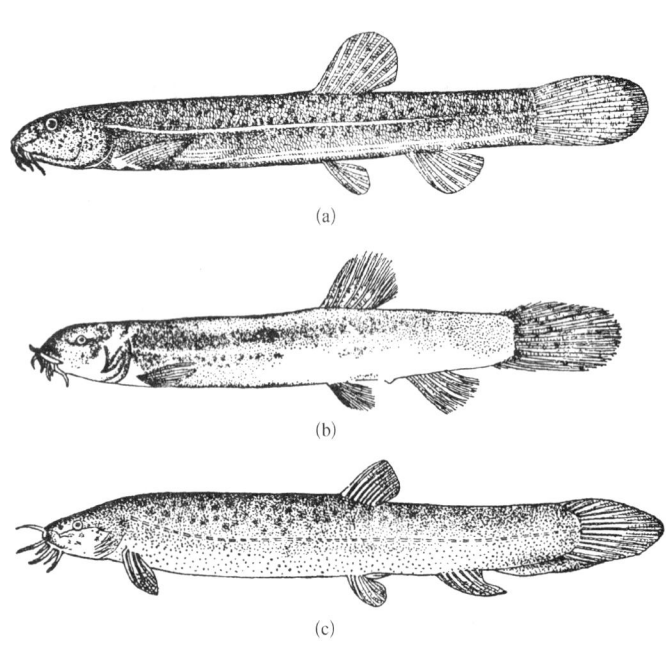

图 12-31 几种药用泥鳅
(仿郑葆珊等《中国动物图谱》)
(a) 泥鳅 (b) 大鳞泥鳅 (c) 滇泥鳅

(2) 大黄鱼 *Pseudosciaena crocea* (Rich)(图 12-32):为鲈形目石首鱼科动物。肉、耳石和鳔均可以入药。其肉味甘,性平。功能开胃益气,安心神。头骨中的耳石入药,名鱼脑石。味咸,性平,功能通淋化石,解毒。用治小便不利,中耳炎,鼻炎,脑漏等症。鱼鳔晒干,用蛤粉炒后入药,名鱼鳔胶珠。味甘,性平。功能补肾益精,滋养筋脉,止血祛瘀。为常用中药。

(3) 乌鳢 *Ophicephalus argus* Cantor(图 12-23):为鳢形目鳢科动物,又名乌鱼、鲖鱼、黑鳢鱼。药用肉或全体,具补脾利水之功;乌鳢胆具有清热之功,用治喉痹,目翳,白秃疮。现代研究表明,乌鳢具有明显的延缓疲劳和促进创伤组织愈合的作用。

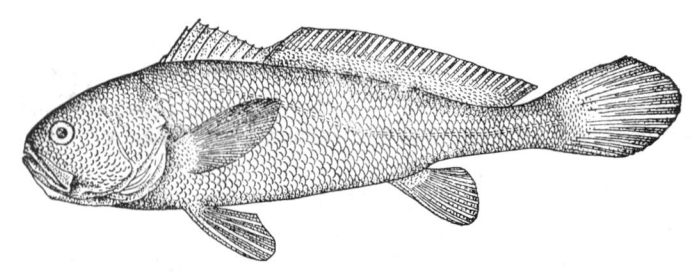

图 12-32 大黄鱼
(仿郑葆珊等《中国动物图谱》)

(4) 鲫鱼 *Carassius auratus auratus* (Linnaeus)(图 12-33):为鲤形目鲤科动物又名鲋、鲚。鲫鱼的全体或肉、头、脑、骨、胆及卵均可供药用。鲫鱼味甘,性平。功能补脾胃,利水湿。用治脾胃虚弱,食少,倦怠无力,水湿不得运化之全身水肿,痢疾,便血,淋病及疮肿等症。其卵名鲫鱼子,功能养肝,理脾胃。用治目疾,去目中障翳。鲫鱼头味甘,性温。烧灰内服,用治咳嗽,痢疾;外擦治黄水疮、小儿口疮、头疮、癞疮等。鲫鱼骨烧灰亦可敷治蛋疮。鲫鱼胆可治痔疮,阴蚀疮,小儿脑疳,砂眼等症。鲫脑治耳聋。

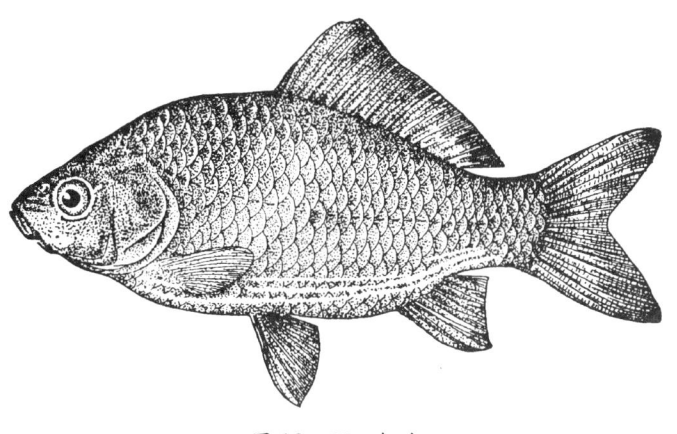

图 12-33 鲫鱼

八、鱼纲药用动物研究开发

20世纪50年代发现,深海鱼油中含有丰富的不饱和脂肪酸二十碳五烯酸(EPA)和二十二碳六烯酸(DHA),DHA、EPA多存在于深海冷水鱼中,如鲱鱼、鲑鱼、金枪鱼、沙丁鱼等,我国海域中的鳐科食用鱼也含有。DHA、EPA被称为"脑黄金",具降血脂、调节血压、抑制血小板聚集、抗凝、调节前列腺素代谢、降低白三烯抗炎等药理作用,在抗肿瘤、防治冠心病、延缓动脉粥状硬化方面,有特殊的临床意义和实用价值。同时还可促进脑细胞生长发育和改善大脑功能的作用。因此,至今仍是药品保健品的研究热点。目前对鲨鱼软骨制剂及其药理作用研究较多。从抗肿瘤和抗血管生成、抗氧化和抗自由基、抗炎、降血脂、抗血吸虫病整体实验说明它们都具有较强的抑制肿瘤生长的活性,对小鼠体重无明显影响,无明显毒,可作为治疗阴血亏虚的有效药物龟胶的代用品;鳗鱼油具有增强细胞免疫功能的作用。

目前鱼鳞与鱼皮是高档胶原蛋白的重要来源,胶原蛋白在医药、保健等方面应用广泛。

(陈幼竹)

第十三章 两栖纲

导学

两栖纲是脊椎动物进化中的一个重要类群。主要结构特点有：一般动物体由头、颈、躯干和尾部(或无尾)组成；皮肤裸露而富有腺体、有呼吸功能；骨骼系统更具坚韧性和灵活性，脊柱分为颈椎、躯干椎、荐椎和尾椎四部分；肌肉发达；消化器官分口咽腔、消化道、消化腺等；靠鳃和皮肤呼吸；具有心脏、动、静脉血管，形成不完全双循环；有肾、精巢、卵巢等泄殖器官；具脑、眼、耳、鼻、侧线等神经系统的感觉器官；大多具有冬眠或夏眠的特性。

两栖纲可分为：有尾、无尾及无足3个目。前两个目的动物种类较多、分布较广，可药用动物较多的，如：蟾蜍、林蛙等，名贵药材有蟾酥、哈蟆油等。本纲药用动物的开发研究潜力较大。

学习重点：
1. 掌握两栖类动物的主要特征、分类类群。
2. 熟悉两栖纲的主要药用种类。
3. 了解药用两栖动物的现代研究进展。

两栖纲 Amphibia 动物是脊椎动物中首先登上陆地生活的类群。两栖类动物一方面保留着水中生活的特性，另一方面经过变态后获得了一系列陆栖脊椎动物的特征，适应了陆地的生活。因此，两栖类的地理和生态分布均受到限制。它们必须生活在温暖的淡水附近。这是造成它们在脊椎动物中种类和数量最少、分布地区最狭窄的主要原因。

世界现存的两栖类动物约有 2 万 5 千种，我国分布有 196 种左右。它们主要是生活在热带和温带地区。两栖类动物因代谢水平低，保温与调温机制不完善，因此为变温动物，具有冬眠和夏眠的特性。

两栖纲中常见的药用动物有：蟾蜍、林蛙、雨蛙、树蛙、姬蛙、小鲵、大鲵、蝾螈等。其中蟾蜍的耳后腺及皮肤腺体中分泌的分泌物，经加工后名为"蟾酥"，是著名的中药材，具有"解毒，消肿，止痛"等功效。

此外，蟾蜍和蛙类还是诊断妊娠与否的重要实验动物。在生理学、胚胎学和科研学方面，蛙和蟾蜍也是很好的实验材料。

第一节 两栖纲的主要特征

一、外形

两栖纲动物的外部形态由于栖息的环境和生活方式的不同,差异较大,现存两栖动物的体型大致可分为三种类型:

1. **蝾螈型** 水栖种类的常见状态,多作鱼形运动。有长的身体和发达的尾部,前后肢的发育大致相同。如大鲵(又称"娃娃鱼")等。

2. **蛙型** 半水栖种类,体型如蛙,是适应于跳跃生活的特化类群。其身体粗短,后肢长而强大有力,无尾部。如各种蛙类。

3. **蠕虫型** 专营穴居生活的种类,常借躯体的屈曲蜿蜒前进。动物体外形略似蠕虫,四肢已完全退化,几乎没有尾部。如蚓螈等。

不管外部体形属于哪一种型,一般都可分为头、颈、躯干和尾部(或无尾)。头部宽大,常有一对突出的眼,并具有眼睑和半透明的瞬膜;头的吻端有一对外鼻孔,与内鼻孔相通,连接口腔,通入肺;口裂宽大,颌缘通常着生细小的牙齿。颈部不明显,已经分化成一个颈椎,较无颈的鱼类进了一步,从而增加了头部的灵活性。躯干较粗,前后各有一对附肢,极少数无附肢或仅有前肢,大多数为四指五趾(或四趾)。

二、皮肤

现存两栖类动物的皮肤,最显著的特征是裸露而富有腺体。仅在无足目的少数动物中,皮下还残存有鳞片。

两栖类的皮肤由表皮和真皮组成(图13-1)。表皮的角质层不发达,尤其是水栖的种类只有角质薄膜。真皮层由纤维结缔组织构成,外层为疏松层,内层为致密层。真皮中有大量的腺体及丰富的血管,因此,使皮肤适于气体交换而成为辅助呼吸器官,具有

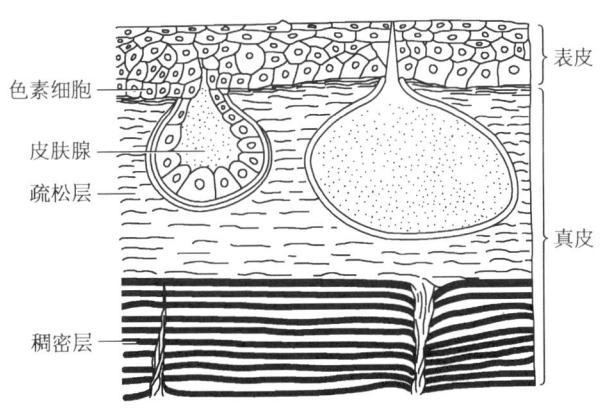

图13-1 蛙的皮肤横切面

呼吸功能。皮肤呼吸在两栖类动物生理活动中具有重要意义。表皮和真皮相接部分有成层分布的色素细胞(它是一种带有色素的间充质细胞 mesenchyme cell),在表皮层及真皮层内均有分布。色素细胞有3种不同的颜色,它们的配合以及色素细胞的变形,能产生多种色泽,构成保护色,能防止光线过量的射入。

两栖类的皮肤腺(图13-2)主要是遍布其全身的黏液腺(mucous gland),有些品种的某些黏液腺变形成为毒腺(poison gland)。黏液腺一般为多细胞腺体(泡状腺),与鱼类的单细胞腺

不同,多细胞腺下沉于皮肤深层。其分泌的黏液体由输出管通向体表,以防止皮肤干燥和体外水分过多的侵入。黏液腺的基本功能是保持皮肤湿润,以及空气和水的可渗透性,使两栖类的体温总是低于环境的温度,也是两栖类动物调节体温的一种途径。有些两栖类动物为防止食肉动物的吞食,在身体和四肢背部分布有毒腺,如蟾蜍等。此外,真皮中分布有丰富的血管与淋巴管。

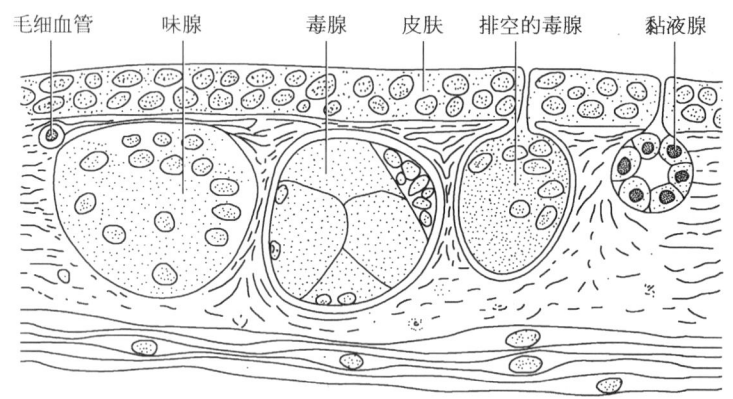

图 13-2 蝾螈皮肤横切面,示皮肤腺(仿武汉大学《普通动物学》)

两栖类的皮肤除了允许空气和水分渗透之外,对一些化合物的渗透也具有选择性。如钠可以顺利地进入体表,而尿素则不能通过皮肤。这对于调整其体内渗透压的大小十分重要,并有助于陆生种类从外环境向体内摄取水分。

三、骨骼系统

两栖类骨骼系统除使躯体保持一定的形态外,还可保持体内重要而柔软的器官。两栖类成体骨骼系统(skeletal system)主要由硬骨(bone)构成,也有部分软骨(cartilage)(图 13-3)。

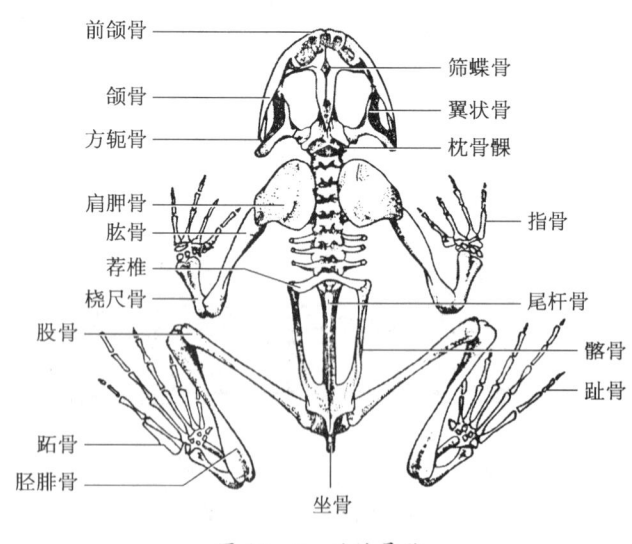

图 13-3 蛙的骨骼
(仿武汉大学《普通动物学》)

1. **头骨** 现代两栖类的头骨(图 13-4)特点大致可归纳为:

(1) 头骨宽而扁平,脑腔狭小。头骨顶部覆盖的膜骨由前至后为:成对的鼻骨(nasale),额顶骨(frontoparietal)和鳞骨(squamosum)。

(2) 眼眶周围的膜性硬骨多消失。脑腔背侧膜骨只有额骨、顶骨(青蛙愈合成额顶骨)和鳞骨。此外,有鼻骨包被鼻囊。脑颅腹面膜骨仅余副蝶骨。

(3) 颌弓于脑颅为自联式联结。

颚方软骨趋于退化,由其外所包的膜性硬骨(前颌骨、颌骨、腭骨、翼状骨)执行上颌功能。其前颌骨、颌骨及鼻囊腹方的犁骨常带有牙齿。下颌(麦克氏软骨)软骨大部分趋于退化,主要为其外包的膜骨(齿骨和隅骨)执行功能。齿沿口分布是四足动物的特征。

(4) 舌颌骨转化为听骨-耳柱骨(columella)。

2. 脊柱 两栖类的脊柱由颈椎(cervical vertebra)、躯干椎(trunk vertebra)、荐椎(sacral vertebra)和尾椎(caudal vertebra)四部分组成。具有颈椎和荐椎是陆生动物的特征。颈椎1枚,略呈环状,故又名"寰椎"(atlas)。颈椎与头骨的枕骨髁相关节,从而使两栖类的头部有了上下运动的可能性(但仍不能转动)。荐椎也仅1枚,具有长的横突。荐椎与腰带的髂骨联接,使其后肢获得了稳固的支持,增加了身体的稳定性。

脊椎骨的数目在不同的种类间变异很大,从无尾类的10枚到无足类200枚左右。两栖类动物的脊椎骨除少数低等两栖类(水生种类)为双凹型(类似鱼类的锥体)外,高等两栖类(无尾类)多为后凸椎或前凹椎,增大了椎体间的接触面积,提高了支持体重的效能。椎弓的前后方具有前关节突、后关节突(prezygapophysis或postzygapophysis),加强了脊椎的牢固性和灵活性。

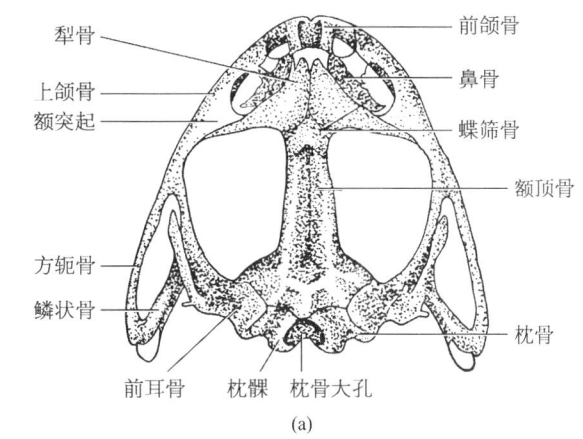

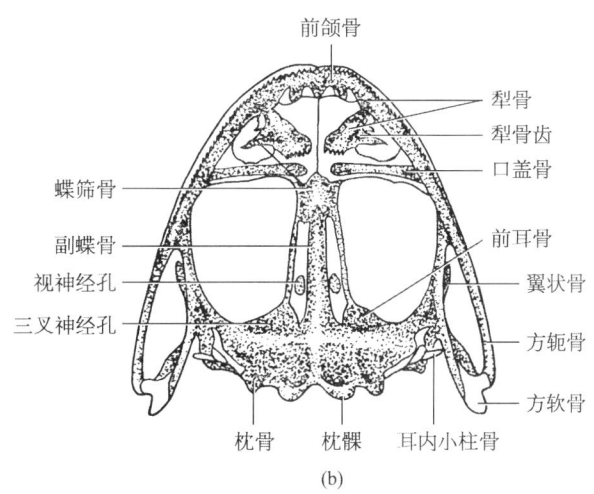

图 13-4 蛙的颅骨(仿武汉大学《普通动物学》)
(a) 背面观 (b) 腹面观

3. 带骨及肢骨 两栖类的肩带不联头骨,腰带借荐椎与脊柱联结,构成了对躯体重力的主要支撑和推进。现代两栖类的肩带包括单块的上肩胛骨(suprascapula)、肩胛骨(scapula)、前乌喙骨与乌喙骨(coracoid)。无尾类的前乌喙骨常为膜性的锁骨(clavicle)取代,在肩带的腹侧还有上乌喙骨,肩胛骨与乌喙骨之间形成肩臼(glenoid fossa),与前肢相关节。大多数两栖类有胸骨(sternum),胸骨为陆生脊椎动物特有。两栖类由于肋骨不发达,胸骨的两侧与肩带密切关联,形成了一个由硬骨和软骨组成的弧形结构。膜性硬骨在水生种类已经消失,陆生种类尚有锁骨。腰带(pelvic girdle)由髂骨(ilium)、坐骨(ischium)及耻骨(pubis)构成骨盆(但耻骨大多并未骨化),这3块骨头的联结处叫"髋臼"(acetabulum)(图13-5),与后肢相关节。

两栖类两对附肢,均为五趾型结构,这种结构的特点不仅增强了四肢的支撑力量,而且使得四肢具有多支点的杠杆运动的关节。五趾型四肢的出现使登陆成为可能。由于无尾类为跳跃的运动方式,肢骨构造发生了一些次生性变化。如两根前臂骨和两根小腿骨各合并为一根,

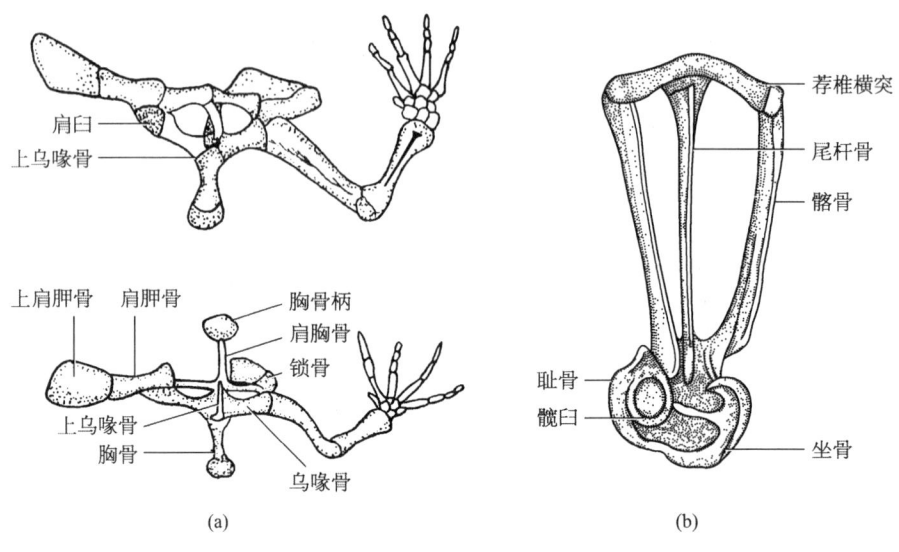

图 13-5 蛙的带骨（仿武汉大学《普通动物学》）
(a) 肩带和胸骨　(b) 腰带和尾杆骨

腕骨和跗骨也有愈合现象。

四、肌肉系统

由于两栖类动物的运动方式不同，其肌肉各具特点：

1. **躯干肌肉**　在水生种类中的躯干肌肉特化不太显著，还保留着分节特点；而陆生种类的原始分节现象已经不存在，变为纵行或斜行的长肌肉群，节制头骨及脊椎运动。腹侧肌多成片状，并具分层现象，分有外斜肌、内斜肌和横肌。由于各肌纤维层的走向不同，使陆生四足动物的内脏得到了有力的支持。

2. **四肢肌肉**　两栖类具有比鱼类更为发达的四肢肌肉，四肢肌环绕骨及肢骨四周分布，因而运动功能大为复杂，运动能力大大增强。从两栖类开始，这些肌肉明显地保留在脊椎动物门的各类中。

3. **腹直肌**　两栖类的腹直肌位于腹中线的两侧，它们由结缔组织所构成的腹线相联合。腹直肌上具横行的腱划，是分节现象的残迹（图 13-6）。

4. **头部肌肉**　头部肌肉可分为头部腹面、背面及侧面肌肉，眼球周围的肌肉，面部肌肉。变态后的鳃退化，少数鳃肌节制咀嚼、舌和喉的运动。

五、消化系统

1. **口咽腔**　两栖类的口咽腔结构比较复杂，其口咽腔宽阔，具有内鼻孔、耳咽管孔、声门、食道和颌间腺导管等开口。口咽腔与很短的食道直接连接。蛙类在口咽腔两侧或底部有时具有一对或单个的声囊（vocal sac）开口，声囊为蛙类发声的共鸣器。

两栖类开始有肌肉质的舌，蛙类还用特殊的分叉舌捕食（图 13-7），眼部肌肉参与吞食，在吞食的时候，眼球被压入眼眶突入口咽腔，此为两栖类特殊的吞咽方式。

2. **消化道和消化腺**　两栖类的消化道和消化腺与鱼类没有本质的区别（图 13-8）。

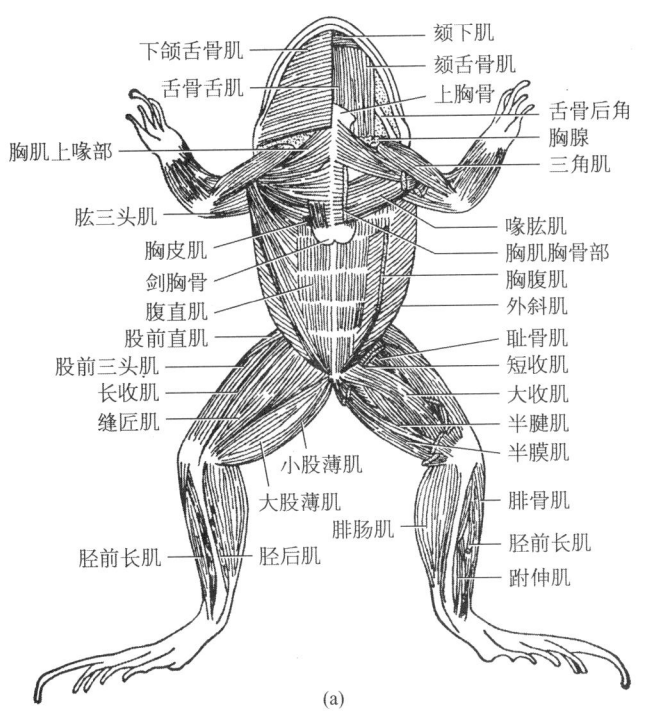

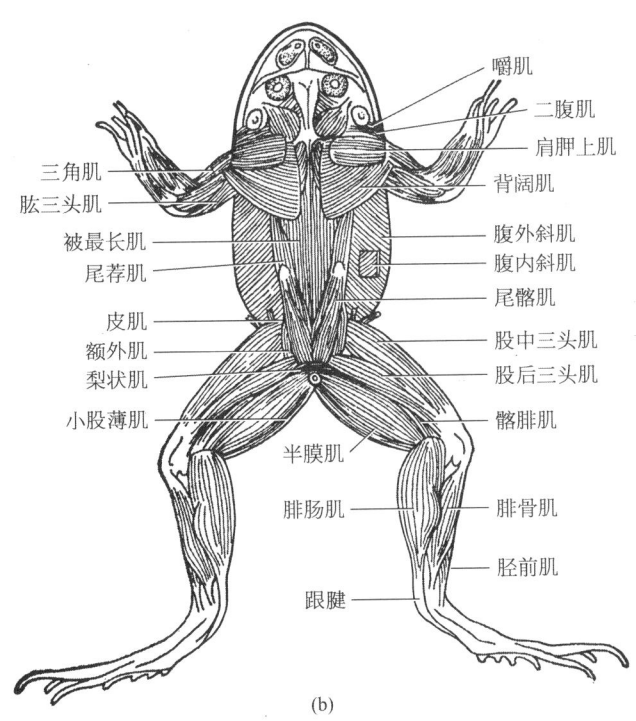

图 13-6 蛙的肌肉系统
(a) 腹面观 (b) 背面观

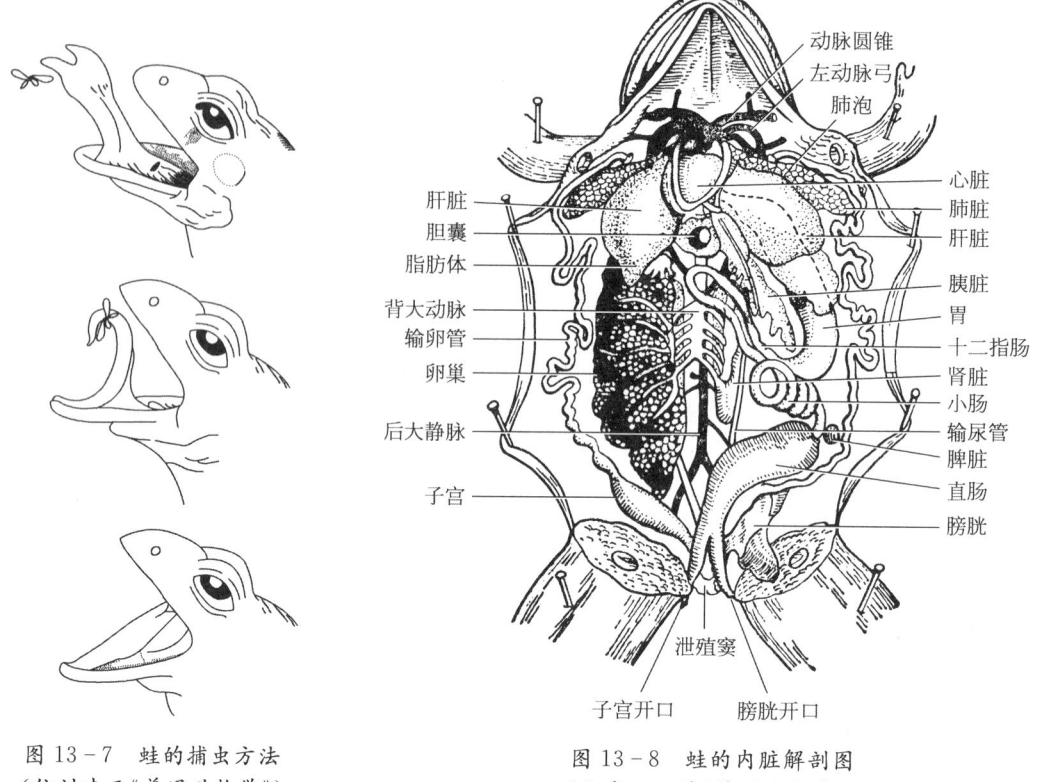

图 13-7 蛙的捕虫方法
(仿刘凌云《普通动物学》)

图 13-8 蛙的内脏解剖图
(仿武汉大学《普通动物学》)

(1) 消化道：两栖类的食道通至胃，胃的贲门较粗大，幽门部较细小，与小肠相连。小肠分十二指肠及回肠两段。直肠较粗，前端接小肠，后端直通泄殖腔。食植物性食物的无尾两栖类幼体消化管长而盘曲。

(2) 消化腺：两栖类开始有分泌黏液的唾液腺。肝脏很大，分为三叶。胆囊介于左、右叶之间，胆管注入十二指肠。胰脏狭长，常位于十二指肠和胃之间，胰管与胆管相连。

六、呼吸系统

两栖类与外界的气体交换分为两种方式：无尾类的幼体和水生有尾类是以鳃和皮肤为主要呼吸器官。陆生两栖类的呼吸器官为一对囊状的肺和喉腔。

1. 鳃和皮肤为主要呼吸器官　无尾类幼体(蝌蚪)和水生有尾两栖类(蝾螈类)成体以鳃和皮肤为主要呼吸器官(亦有终生无鳃的蝾螈类主要依靠皮肤进行气体交换)。青蛙蝌蚪生有带分支的外鳃，在发育过程中被舌弧上向后生长的皮肤褶(鳃盖)所覆盖，随后又着生几排短的内鳃(internalgill)，至变态为成体时消失。有尾类鳃的对数及形态也有很大变异，一般营钻穴生活的动物鳃孔数目趋于减少，有的完全消失。

2. 囊状的肺和喉腔为呼吸器官　陆生两栖类的囊状的肺和喉腔为其呼吸器官。肺的内壁仅有少数皱褶，呼吸表面积不大。有尾类的肺为空囊，囊内为布满毛细血管和着生纤毛。有些有尾类的肺基部为薄层蜂窝状的组织。无尾类较复杂，内壁分为多数间隔，隔间充满蜂窝状的组织，两肺基部分开。

由于两栖类无肋骨和胸廓,故肺呼吸是采取特殊的咽式呼吸完成(图 13-9)。

七、循环系统

两栖类的循环系统幼体为单循环;成体为不完善的双循环。不完善的双循环和体动脉中含有混合血液,是两栖类循环最显著的特征。肺呼吸导致双循环的出现。双循环提高了血循环的压力和速度。

1. **心脏** 两栖类动物的心脏由静脉窦(sinus)、心房(auricle)、心室(ventricle)和动脉圆锥(conus arteriosus)四部分组成(图 13-10)。脊椎动物从两栖类开始,心房出现分隔,形成左心房和右心房。左心房通

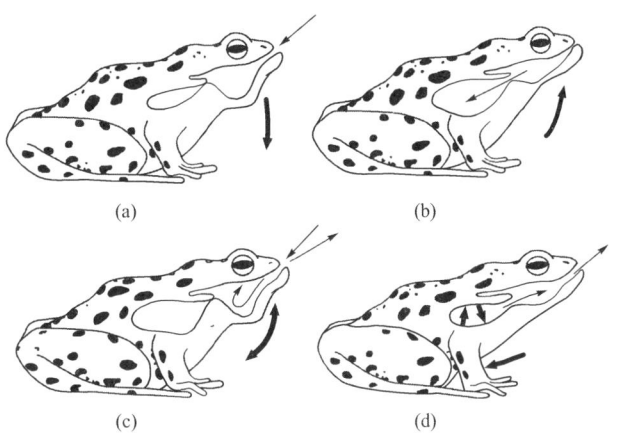

图 13-9 蛙的咽式呼吸(仿武汉大学《普通动物学》)
(a)~(d) 咽式呼吸的过程

过肺静脉窦接受来自肺内含有丰富氧气的肺静脉血液。而静脉带回的身体各处含二氧化碳多的血液汇集于静脉窦,再由静脉窦将血液转送入右心房。左、右心房血液通过共同的房室(间)孔进入心室,心室内的肌柱可减少从左、右心房流入的动、静脉血液在心室中大量的混合。动脉圆锥从心室的右侧发出,远端又分出肺动脉、体动脉和颈动脉,分别把含氧量不同的血液输送到相应的器官。动脉圆锥腹侧有一游离的螺旋瓣(spiral valve),它可随动脉圆锥的收缩而转动,以起到辅助分配含氧量不同的血液的作用。而无肺的有尾两栖类因房间隔不完善,没有肺静脉进入左心房。

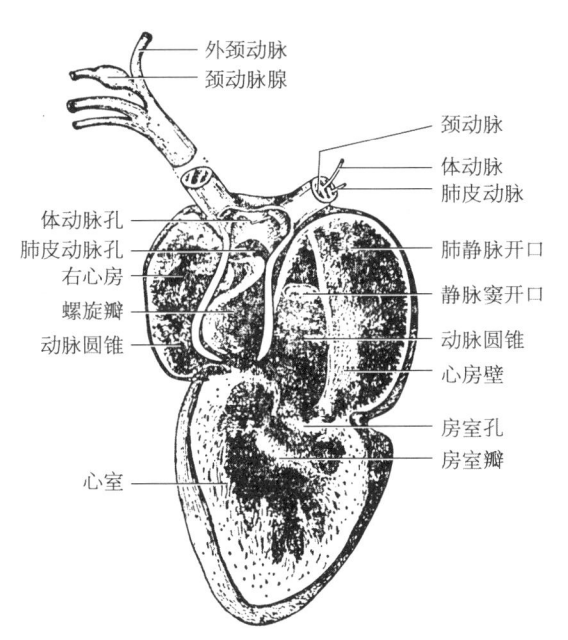

图 13-10 青蛙心脏腹面解剖图
(仿武汉大学《普通动物学》)

2. **血管系统**

(1) 动脉:肺动脉血管由动脉圆锥伸长形成,输送血液至肺。肺循环的出现和鳃循环的被放弃(水生种类尚保留鳃血管),使原有的鳃动脉弓发生重大变革:相当于原始鱼类的第一、第二、第五对动脉弓消失,仅保留了第三、第四、第六对动脉弓。其中第三对动脉弓形成颈动脉,输送血液到头部;第四对动脉弓构成动脉,输送血液到全身;第六对动脉弓构成肺皮动脉输送血液到肺和皮肤。从而开始出现了肺循环和体循环,成为"双循环",形成了四足脊椎动物血液循环系统的基本模式(图 13-11)。

(2) 静脉:肺静脉(pulmonary vein)血管进入左心房,前大静脉(precava)血管汇集头部、前肢体、皮肤等静脉血液;肝静脉血管汇集消化道静脉血液,后大静脉(postcava)血管汇集肾

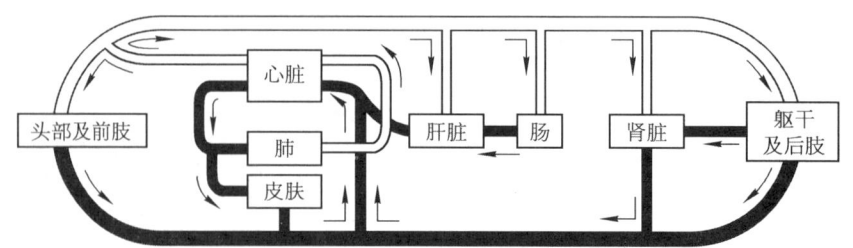

图 13-11 两栖类血液循环路径模式图(仿武汉大学《普通动物学》)

脏、躯干和后肢体的静脉血液。然后,前大静脉、后大静脉和肝静脉的静脉血液汇集一起注入静脉窦,流回心脏。两栖类的腹静脉也收集后肢、腹壁以及膀胱血液注入肝门静脉。因而后肢血液经过肾门静脉和肝门静脉才能流回心脏(图 13-12)。

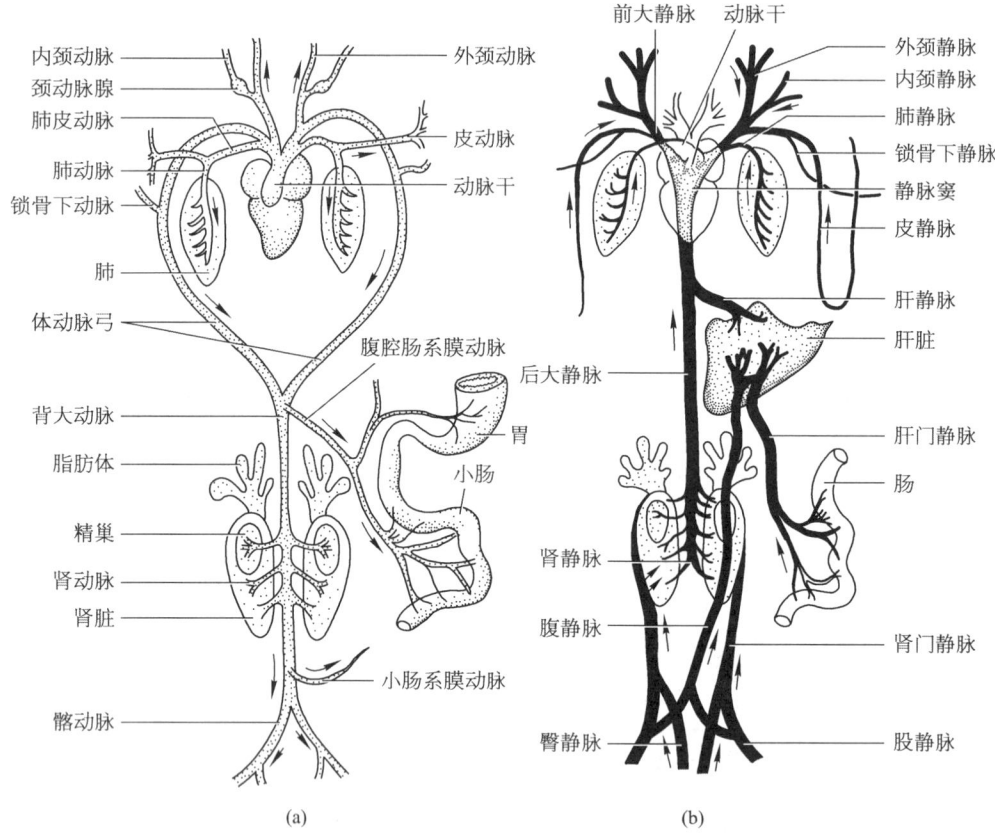

图 13-12 蛙的循环系统(仿武汉大学《普通动物学》)
(a) 动脉系统 (b) 静脉系统

3. 淋巴系统 两栖类的淋巴系统(lymphatic system)很发达,淋巴腔(saccus lymphaticus)遍布身体各处,尤以在皮下扩展成的淋巴腔最为发达;同时,具有 2 对能搏动的淋巴心(lymphatic heart),以推动淋巴液(lymph)回流心脏。两栖类不具淋巴结。

八、排泄和生殖系统

两栖类的排泄与生殖系统,在发生及结构上具有密切的关系。

(1) 排泄系统(excretory system)：两栖类具有排泄功能的器官有肾、肺、皮肤等，以肾最为重要。两栖类具有 1 对肾脏(kidney)。有尾类的肾为 1 对长扁带状的器官，从体腔的前半部背侧伸展到体腔的后端，无尾类的肾脏为成对的较坚实的卵圆形器官，其腹侧有 1 条橙色的肾上腺。肾脏产生的尿液经输尿管(ureter)进入泄殖腔(cloaca)，然后到达泄殖腔腹面的膀胱(urinary)，再排出体外。肾脏连接输尿管和膀胱，组成排泄系统(图 13 - 13)。

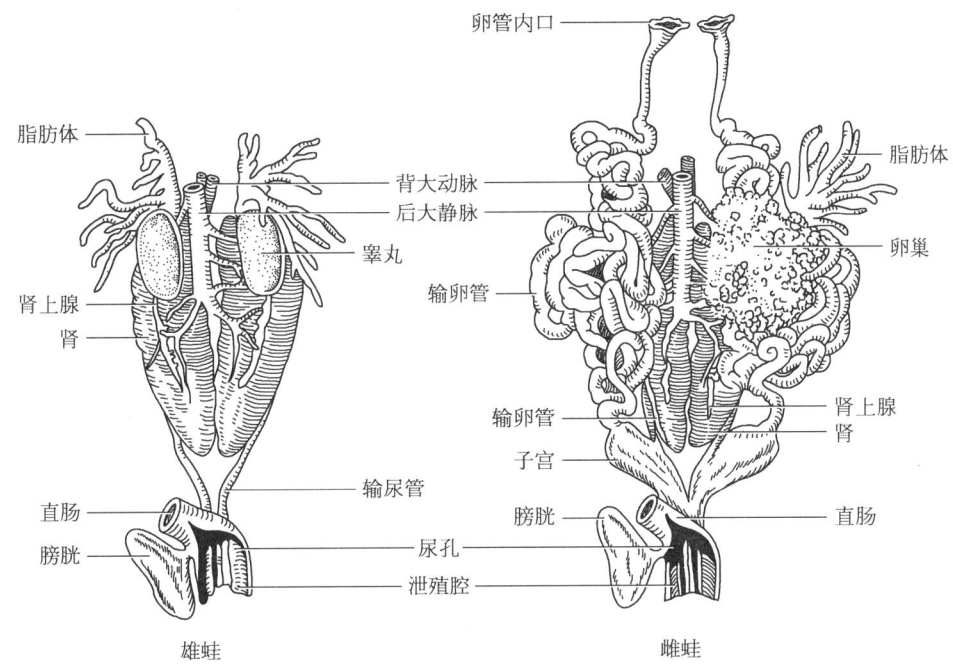

图 13 - 13　两栖类的排泄和生殖系统(仿武汉大学《普通动物学》)

(2) 生殖系统(reproductive system)：雄性具 1 对精巢(testis)。输精小管(vasa eqqerentia)经肾脏、输尿管到泄殖腔将精液排出体外。雄性的输尿管，同时也是输精管；雌性有 1 对囊状卵巢(ovary)。卵成熟后经腹腔进入输卵管的开口(喇叭口)。输卵管末端开口于泄殖腔。成熟的卵子经泄殖腔排出体外，与精子结合。雌体有专门的输卵管。雌雄生殖腺前方都具有黄色的脂肪体(corpus adiposum)，为繁殖期间供给生殖腺细胞营养。

两栖类是体外受精，受精卵在水中发育，幼体经过变态才能发育成为成体。

九、神经系统和感觉器官

1. **神经系统**　神经系统(nervous system)包括中枢神经、周围神经和各种感觉器官。

(1) 中枢神经系统(central nervous system)：分为脑(brain)和脊髓(spinal cord)。两栖类的脑分为五部分，即大脑(cerebrum)、间脑(diencephalon)、中脑(mesencephalon)、小脑(cerebelium)和延脑(medulla oblongata)(图 13 - 14)。从背侧看，它们依次排列在一个平面上。但两栖类的大脑半球(cerebral hemisphere)分化明显，顶壁出现了一些零散的神经细胞，称为原脑皮(archicerebrum)，主司嗅觉。中脑视叶发达，构成高级神经中枢。小脑不发达，其能动性是自发而短暂的，运动方式也较简单。延脑是生命活动重要中枢。

脊髓前接延脑，后达身体末端。两栖类的脊髓有缩短的趋势，另由于出现四肢，肩及腰部

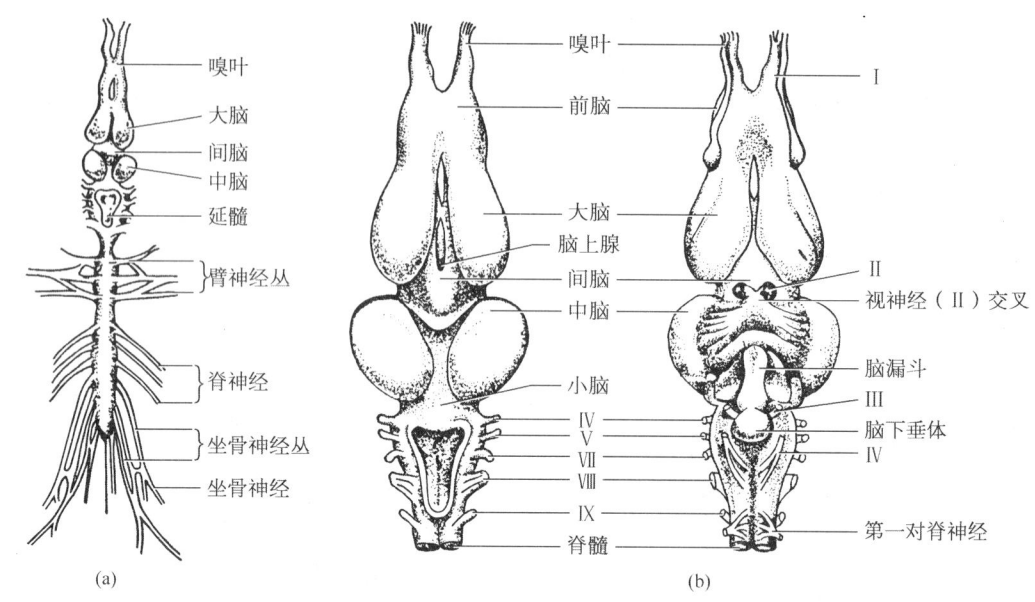

图 13-14 蛙的神经系统（仿武汉大学《普通动物学》）

(a) 脊神经及自主神经　(b) 脑

脊神经集聚成神经丛。

(2) 周围神经系统（peripheral nervous system）：包括脑神经（cranial nerve）、脊神经（spinal nerve）和自主神经（vegetative nerve）。其中脑神经 10 对。脊神经的对数随种类的不同而异。自主神经系统，分为交感神经系统（sympathetic nervous system）和副交感神经系统（parasympathetic nervous system）。交感神经由位于脊柱两旁的特殊的神经节构成，副交感神经很不发达。

2. 感觉器官

(1) 视觉器官（optic organ）：两栖类为适应水陆两栖生活，视觉器官有了较为复杂的调节功能，表现出以下特征：① 眼球角膜呈凸形，没入水中时变成扁平形。晶状体在陆生种类（如蛙）已略呈凸透镜状的扁圆形（图 13-15），晶状体与角膜之间的距离比鱼类稍远，有助于把较远的物体聚焦，而扩大视物的范围，看到更多的物体。具有晶状体牵引肌（protractor lentis muscles），能将晶状体前拉聚光，有利于看近物；同时左眼的脉络膜与晶状体之间尚有一些辐射排列的肌肉，可协助晶状体牵引肌的调节，可相当于高等四足动物的睫状肌（ciliary muscle）。② 虹膜具环状肌和辐射状的肌调节瞳孔的大小，控制眼球内进光的多少。③ 泪腺（lachrymal）和瞬膜（nictitating membrane）出现，陆生动物必须具有保护眼球、防止干燥的结构。于是，出现了下眼睑（eyelid）以及

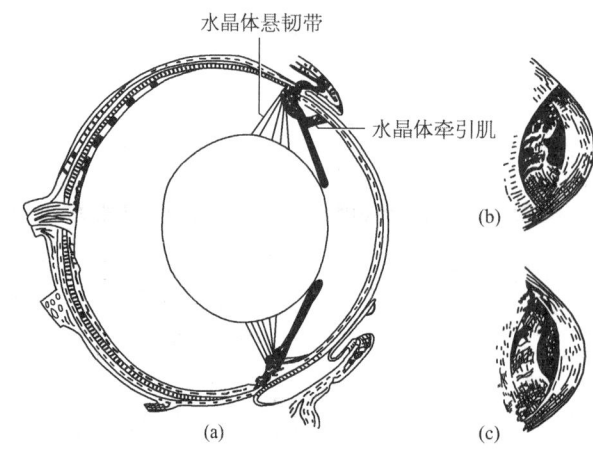

图 13-15 两栖类的眼及调节（仿 Young）

(a) 眼球纵切面　(b) 眼肌松弛　(c) 眼肌收缩，水晶体前移

泪腺。并有半透明的瞬膜。

（2）听觉器官(auditory organ)：两栖类为能够适应感觉声波而产生了中耳(middle ear)，中耳腔(鼓室 tympanic cavity)接耳咽管(欧氏管)(Eustachian tube)与咽管腔连通。中耳腔的外膜即为鼓膜(tympanic membrane)。耳柱骨是鼓膜与内耳卵圆窗之间的听骨。鼓膜接受外来声波而振动，此振动的声波由耳柱骨经耳囊上的椭圆窗传入内耳。耳咽管通过咽腔可平衡鼓膜内外压力的作用（图 13-16）。

（3）嗅觉器官(olfactory organ)：两栖类的嗅觉尚不完善，鼻腔内嗅黏膜平坦。嗅黏膜神经纤维从嗅黏膜连接大脑，当嗅黏膜感知外来气味后，立即通过神经纤维传到大脑。另外，嗅黏膜的一部分伸长变形成为犁鼻器(Jacobson's organ 或 vomeronasal organ)，是

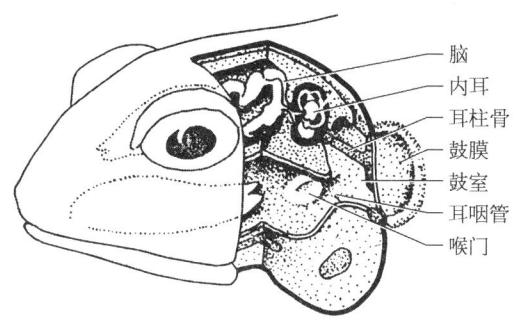

图 13-16 两栖类的耳部结构
（仿武汉大学《普通动物学》）

一种味觉感受器，为四足动物所具有的感官。有尾类的犁鼻器仅为鼻囊外侧的一个沟，开口在内鼻孔与口腔的交界处。无尾目与无足目的犁鼻器已经趋于独立，与鼻囊分开。

（4）侧线器官：仅水生两栖类和幼体，以及少数无尾类具有侧线器官。侧线器官能感觉水压的变化，其在头部及躯体两侧的对称排列，有助于对有关物体的方向和大小的鉴别。体现出过渡类群的特征。

第二节 两栖纲的分类

现存的两栖纲动物，分属于无尾目 Anura、有尾目 Urodela Orcaudata 和无足目 Apoda(亦称裸蛇目 Gymnophinia 或蚓螈目 Gymnphiona)，分别代表着向陆生跳跃、水生和穴居 3 种特化方向。这些动物中以无尾目和有尾目类在我国分布较广，部分动物可以入药。各类的动物的主要特征及代表药用动物介绍如下。

一、无尾目 Anura

无尾目类动物的特点顾名思义，其成体无尾。体表裸露，光滑无鳞，具丰富的腺体。体形宽短，颈部不明显，眼大、具有可动眼睑和发达瞬膜。耳具鼓室及鼓膜，有的隐于皮下或缺。下颌无齿，犁骨齿两短列或无犁骨齿。头骨骨化不完全，额骨和顶骨愈合成额顶骨，椎骨前凹、后凹、变凹或参差型，数目 7～8 个，具尾杆骨。一般不具肋骨或肋骨短。胸骨发达。陆栖或半陆栖。在水中产卵，体外受精。一般产卵量较大，例如蟾蜍每次可产一万枚卵，相当于雌体能量的一半。某些种类有特殊的繁殖适应以及保护后代的行为，产卵数较少。例如有些树蛙以黏液做浮巢，有的产卵于水旁的树上。无尾目类动物的幼体似鱼，名"蝌蚪"，鳃呼吸，变态后成体无尾是其主要特征。同时也无鳃和鳃孔。无尾目是现存两栖纲中较高级的类群，种类也最多，

大约有2千余种和亚种,分别隶属于10科,240余属。分布在全球五大洲,其中在温差小,湿度大的热带和亚热带种类最多,只有个别种类分布到北极圈内。我国产7科:负子蟾科(Pipidae)、盘舌蟾科(Discoglossidae)、蟾蜍科(Bufonidae)、雨蛙科(Hylidae)、蛙科(Ranidae)、树蛙科(Rhacophoridae)和姬蛙科(Nicrohylidae)等。其中有不少与药用相关。

1. **蟾蜍科** Bufonidae 身体短而粗壮,背部皮肤极其粗糙,具有大小不等的瘰疣。不具自由的骨质肋骨。椎体前凹型。具有耳后腺,能分泌毒液。两颌无齿,舌长椭圆形,无缺刻,后端游离。瞳孔水平。肩带为弧胸型。营陆栖生活。本科有250种以上,分隶13属。除马尔加什、南洋群岛的伊里安、澳洲等岛屿外,全球均有分布。我国常见的代表动物为大蟾蜍 *Bufo bufo*,陆生性较强,体色暗褐,腹面乳黄具黑褐色花斑。

本科药用动物有中华大蟾蜍 *Bufo bufo gargarizans* Cantor、华西大蟾蜍 *Bufo bufo andrewsi* Schmidt、黑眶蟾蜍 *Bufo melanostictus* Schneider、花背蟾蜍 *Bufo raddei* Strauch、西藏蟾蜍 *Bufo tibetanus* Zarevski 等(图13-17)。

图13-17 蟾蜍科药用动物
(a) 中华大蟾蜍 (b) 华西大蟾蜍 (c) 黑眶蟾蜍 (d) 花背蟾蜍 (e) 西藏蟾蜍

2. 雨蛙科 Hylidae 身体较细瘦,腿较长。常具齿。不具自由的骨质肋骨。椎体前凹型。指(趾)末端扩大成指垫(pad)。瞳孔垂直、水平或三角形。肩带为弧胸型。吻圆,短而高,耳后腺不存在,上颌具齿,也有犁骨齿;舌呈卵圆形,后端分叉。多营树栖生活。本科有20余属,400种以上,主要分布在澳洲、美洲中部和南部。我国有1属,7种,分布在东北、华中、华南、华北以及西南地区。我国常见种类为无斑雨蛙 *Hyla arborea*,背嫩绿色,腹白色。常栖于草茎或矮树上。雄性口底具单个的内声囊,鸣声尖而清脆。

本科药用动物有:华西雨蛙 *Hyla annectans* (Geraon)、无斑雨蛙 *Hyla arborea immaculate* Boettger、中国雨蛙 *Hyla chinensis* Guenther 等(图13-18)。

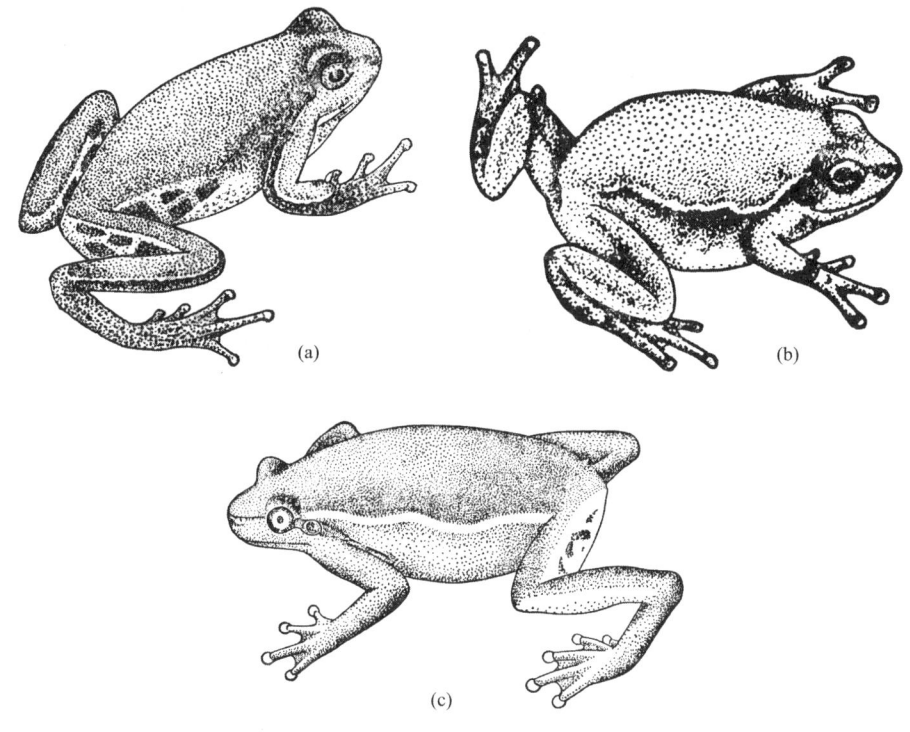

图13-18 雨蛙科药用动物
(a) 华西雨蛙 (b) 无斑雨蛙 (c) 中国雨蛙

3. 蛙科 Ranidae 躯体较长,各种个体大小和色泽差异很大。前肢显著短小,后肢长而发达。不具自由的骨质肋骨。脊柱的第一至第七椎骨的椎体为前凹型,第八为双凹型,荐椎为双凹型,横突圆锥形或稍扩大,有二骨踝与尾杆骨相关节。舌后端分叉或不分叉,能自由的迅速伸出捕食。上颌具齿,一般具犁骨齿。筛骨常为单个的。瞳孔水平或垂直的椭圆形。鼓膜明显。肩带为固胸型。趾间具蹼,趾端形直,或末端趾骨呈丁字形。蛙科是两栖纲中最大的一个科,有30余属,500余种和亚种。全世界除南美洲、澳洲、南极以外,均有分布。我国蛙科动物有72种,分属6属。分别分布在我国各省。常见种类有:青蛙 *Rana nigromaculata*、金线蛙 *Rana plancyi* Lataste、中国林蛙 *Rana temporeri chensinensis*、黑龙江林蛙 *Rana amurensis* Boulenger、沼蛙 *Rana guentheri* Boulenger、泽蛙 *Rana limnocharis* Bois、粗皮蛙 *Rana rugosa* (Schlegel)、棘胸蛙 *Rana spinosa* David、虎皮蛙 *Rana tigrina rugulosa* Wiegmann 等,这些蛙民间习惯通称之为"青蛙"。

本科可药用的动物有黑龙江林蛙 *Rana amurensis* Boulenger、青蛙 *Rana nigromaculata*、中国林蛙 *Rana temporeri chensinensis* David、泽蛙 *Rana limnocharis* Bois 等(图 13-19)。

图 13-19 蛙科药用动物
(a) 黑龙江林蛙　(b) 青蛙　(c) 中国林蛙　(d) 泽蛙

此外,树蛙科 Rhacophoridae 的斑腿树蛙 *Rhacophorus leucomystax* (Gravenhorst)、姬蛙科 Nicrohylidae 的花姬蛙 *Microhyla pulchra* (Hallowell)等也入药使用。

二、有尾目 Caudata

本类动物具有长尾。体表裸露无鳞,腺体不发达。身体分头、躯干、尾三部分。体呈圆锥形,终生具发达的长尾或全缺,一般有 2 对或 1 对较细弱而短的附肢,体侧常具有 10 条肋沟。头部稍宽扁,头骨膜性硬骨比无尾目消失的少,但头骨边缘不完整。头骨的成对额骨与顶骨不愈合。椎骨在低等种类的为双凹型,较高等种类为后凹型,具肋骨、胸骨和分离的尾椎骨。营水栖或潮湿地生活。一般不具眼睑或具上、下不活动的眼睑。无鼓膜和鼓室。上、下颌均有细齿及犁骨齿。大多为体内受精,仅小鲵科和隐鳃鲵科尚为体外受精。体内受精为对流水中生活的一种适应。蝾螈体内受精的方式是:雄性产出精囊(spermatophore),雌体以后腿将其送入自己的泄殖腔内。很多种类的受精卵在母体内发育,长成幼体后产出。有尾目共 8 科,约 230 种。主要分布于北半球,少数种类分布在热带。我国有 5 科:小鲵科(Hynobiidae)、大鲵科(Cryptobranchidae)、蝾螈科(Salamanadridae)、洞螈科(Rroteidae)、鳗螈科(Sirenidae)。与药用相关的主要有小鲵科和蝾螈科。

1. **小鲵科 Hynobiidae**　体型较小。成体不具外鳃。肺或有或无。头部扁平,有活动的眼睑,具颌齿及犁骨齿,犁骨齿列成二纵行成"V"形。椎体双凹型。躯干多圆柱形,皮肤多光滑,体侧有肋沟。体外受精,雌鲵不具受精器。本科有 5 属,30 余种,主产于亚洲的北温带。我国有 4 属,10 种。带表种类如极北小鲵 *Hynobius keyserlingii*。黄河以南有产。

本科的药用动物为角鞘山溪鲵 *Batrachuperus pinchonii* (David)(图 13-20)。

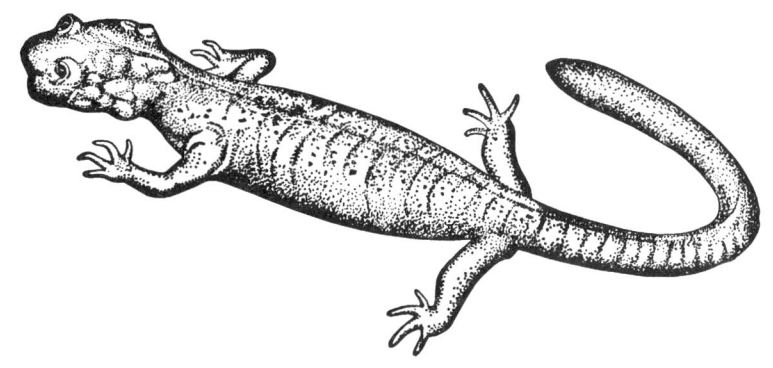

图 13-20　角鞘山溪鲵(仿《中国药用动物志》)

2. **蝾螈科 Salamanadridae**　其中的东方蝾螈 *Cynops orientalis* (David)、红瘰疣螈 *Tylototriton verrucosus* Anderson、中国瘰螈 *Trituroides chinensis* (Gray)、肥螈 *Pachytrion brevipes* (Sauvage)等也入药。

三、无足目 Apoda

本类动物为营钻穴生活的特化类型。四肢及带骨均退化。体呈蠕虫状,尾极短。头骨膜性硬骨数目多,但有很多的特化现象。椎骨双凹型。多具长肋骨。体表富黏液,皮下具来于真皮的鳞片。眼多埋于皮下。无足目动物约有 160 种。分布于南美、非洲及南亚洲的热带森林中。鱼螈 *Ichthyophys glutinosa* 为本目的代表动物,主要产于亚洲热带地区。

第三节　两栖纲药用动物举要

本纲动物属水、陆两栖,只能生活在淡水地区,是脊椎动物中分布最狭窄,数量最少的一个特殊类群。在我国约有 196 种,供药用的有 39 种。

一、中华大蟾蜍 *Bufo bufo gargarizans* Cantor

无尾目蟾蜍科动物,又名癞蛤蟆、疥蛤蟆。除生殖季节外,多穴居在泥土中,或隐匿在石块下或草丛中,冬季多在水底泥中。多以夜间活动的小动物为食。除新疆、云南、西藏外,我国其他省份均有分布(图 13-17a)。

1. 外部形态和内部构造

(1) 外部形态：体长约 10 cm。全体皮肤极其粗糙，除头顶外，背部及四肢密布大小不等的圆形瘰疣，上眼睑疣小密集，枕后在背中两侧各有一纵行排列规则的大圆疣。胫部大瘰粒显著，体侧者较小；腹部有许多小疣粒。雄性形体略小，皮肤松弛而色深，瘰粒圆滑，未角质化。雌蟾皮肤呈灰绿色，皮肤的每一个黄色瘰疣上生有黑色的角质刺。

头宽大于长，口阔，口中无齿。吻端圆，吻棱显著，先端有一对小鼻孔。眼大外凸，上眼睑宽约为眼间距的三分之二。靠眼的下后方有椭圆形而略小于上眼睑的鼓膜。头部的前缘成钝角形，其主干由吻端起，沿吻棱和上眼睑内侧直到眼后角上方尤其明显而突出，而且在眼的前方，鼓膜上及前方均有。头顶部显著下凹，皮肤与头骨紧密相连。头顶的两侧眼的正后方各有一个大而呈椭圆形的耳后腺。

前肢较长而粗壮，指稍扁而略具缘膜。指长顺序(由内向外)为 3、1、4、2，指关节下瘤成对；圆形棕色掌突 2 个，外侧者较大，内侧略小。后肢粗短，胫跗关节前达肩部，左右根部互不相遇，足比胫短，趾略扁，趾端圆，趾有侧缘膜，在基部相连成半蹼，缘膜的边缘上有成行的棕黑色角质刺，关节下瘤不明显，内外跖突相距较远，色黑而较小。雄体略小，在下颌皮肤与淋巴间隙中间有单咽下内声囊，声囊多在右侧为长裂形。第一、第二指基部内有黑色婚垫，繁殖过后自行消失；无声囊(图 13-21)。

中华大蟾蜍的幼体为蝌蚪，体色黑，尾鳍色浅。常集合成群，早期的蝌蚪在浅水处，大蝌蚪多在深水处。经变态后的成体长 10 mm 左右。黑眶蟾蜍以谷粒、松叶、草叶、蚯蚓、甲壳虫和软体类、多足类、节肢类为食。主要分布在华南一带田野间，夜间外出觅食。生殖在夏秋季。

(2) 内部构造：皮肤裸露而含有大量的多细胞腺体，以毒腺最为特殊而发达，如耳后腺及体表的多数瘰疣。

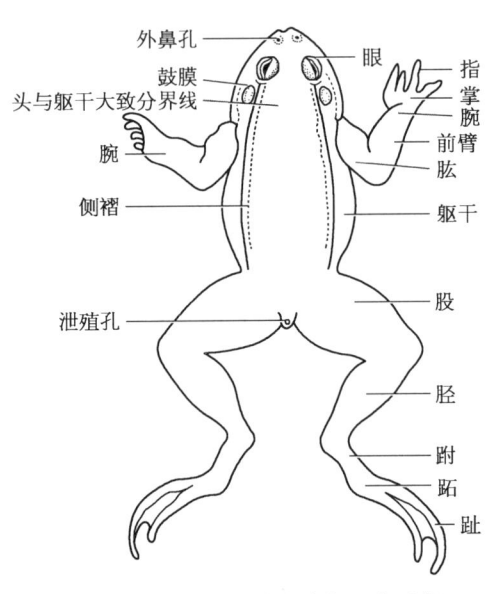

图 13-21　中华大蟾蜍外部形态图解
（引自武汉大学《普通动物学》）

骨骼大部分是硬骨，少部分为软骨，分头骨，躯干骨和四肢骨三部分(图 13-3)。头骨主要包括腭骨、上下颌骨、前颌骨、犁骨、额顶骨、翼状骨、方轭骨、鳞骨、前耳骨等，躯干骨由 1 个颈椎、7 个躯干椎、1 个荐椎和尾杆骨组成，全部椎骨都是前凹型的。其中荐椎后面有两个突起与尾杆骨相连。四肢骨由带骨和肢骨组成，前肢骨的肩带包括上肩胛骨、肩胛骨、锁骨、乌喙骨、上乌喙骨等。前肢骨包括趾骨、桡尺骨、腕骨、掌骨、指骨等。后肢骨包括腰带骨和肢骨，腰带由三对骨组成，即髂骨、坐骨和趾骨，以及三骨愈合的髋臼。肢骨由股骨、腓胫骨、跗骨、跖骨、趾骨等组成。附肢骨为典型的五指型。

肌肉分纵行或斜行的肌肉群，骨骼肌数目很多，肌肉间的膜和肌隔都较蛙的发达，按位置分为头部肌肉、躯干部肌肉、四肢肌肉。头部肌肉包括头部腹面、背面及侧面肌肉，眼球周围肌肉，面部的颌面间肌和鼻侧肌。其中下颌间的下颌间肌明显的分为前后左右 4 个部分。躯干部肌肉分腹部和背部肌肉。其中胸大肌的前中后三部分分隔明显,尤以它的后部与腹直肌的界限分得很清楚,腹直肌上的腹白纹长而显著。四肢肌肉分外带肌和内生肌两种类型。前肢肌肉包括胸大肌、背阔肌、斜方肌、肱三头肌、三角肌等。其中胸大肌分为前、中、后三部分。后肢肌肉短而发达,包括臀肌、梨状肌、股三头肌、股二头肌、缝将肌、大股薄肌、小股薄肌、大收肌、长收肌、腓肠肌、胫前肌、胫后肌等,股三头肌中的股内肌和股外肌分离成独立的"Y"字形肌肉,末端只有1个终点(图13-6)。

消化道包括口咽腔、食道、胃、大肠、小肠、泄殖腔等。其中口咽腔很大,舌软厚而多肉,舌前端附着于下颌骨,后端游离,舌尖不分叉,能伸出口腔捕食昆虫,上颌边缘无齿,犁骨下也无犁骨齿。口咽腔内有内鼻孔、耳咽管孔、声门、颌间腺导管等开口,消化腺包括肝、胆、胰脏等(图13-8)。

呼吸主要是靠肺完成,为咽式呼吸,空气由鼻孔进入口咽腔经过喉腔到肺,在肺部进行气体交换,肺壁较厚,增大了气体交换的接触面。皮肤的角质层较厚,皮脂较少,影响了皮肤辅助呼吸的功能(图13-9)。

血液循环为不完善的双循环,与蛙不同的是蟾蜍的腹静脉前端没有1条新静脉通到心脏的主动脉干上(图13-11)。

蟾蜍和两栖类其他动物一样,幼体前肾有泌尿功能,变态后前肾消失。中肾1对,呈长形,由中肾分出许多小输出管,汇成左右输尿管,最后左右输尿管相互合并成总管,再以1个的单独的孔开口到泄殖孔边缘。

生殖腺1对,悬于肾脏前部内侧。雄体是睾丸,表面光滑,睾丸与肾脏有小管连接,故雄体的输尿管又是输精管,因此称尿精管;雌体是卵巢,成葡萄状,卵巢与肾脏无管相通,左右输卵管汇合成总管,开口于泄殖腔。雄性也呈两条萎缩状态的输精管(图13-13)。

脑分嗅叶、大脑、松果体、荐脑、中脑(视叶)、小脑、延脑等部分。其中中脑的视叶发达,大脑半球分化明显,小脑不发达。脑神经10对(图13-14)。

2. **药用** 中华大蟾蜍的耳后腺和背部皮肤腺的分泌物经过加工的干燥品,以及中华大蟾蜍的干燥全体或除去内脏的干燥全体、蟾蜍的肝、胆、舌、头等供药用。

(1) 蟾酥:蟾蜍的耳后腺和背部皮肤腺的分泌物经过加工的干燥品。原名蟾蜍眉脂。始载于《药性论》。《日华子》称之为蟾蜍眉脂,《本草衍义》始有"蟾酥"之名,曰:"蟾蜍眉间白汁,谓之蟾酥。以油单纸包裹眉裂之,酥出纸上,阴干用。"《本草纲目》将其列于虫部第四十二卷蟾蜍项下,并将其毒性和功效作了进一步的描述:"其汁不可入目,令人赤,肿,盲,或以紫草汁洗点即消。""治发背疔疮,一切恶肿。"药材上有"团蟾酥"、"片蟾酥"之分。

团蟾酥:呈扁圆形团块状、饼状或棋子状(也称"棋子酥")。直径约7 cm,厚5~10 mm。全体呈棕紫色或淡棕色,表面光滑平坦,质坚硬不易折断,断面胶质样而光亮,中间有淡黄色杂质。遇水即泛出白色乳状液。气腥,味麻辣。

片蟾酥:呈不规则片状,大小不一。厚约2 mm。一面平坦而粗糙,另一面具有纵纹。质脆易折断,断面均一,其他性质与团蟾酥相似。

本品味甘、辛,性温,有毒。功能解毒,止痛,开窍,醒神。用治痈疽,疔疮,咽喉肿痛,中暑吐泻,腹泻,神昏等。《纲目》:"小儿疳疾,脑疳。腰肾冷,并助阳气。又疗虫牙。"临床上还用于治疗呼吸与循环衰竭,肿瘤,结核病,皮肤疾病。

蟾蜍的主要化学成分为多种强心甾体化合物,重要的是华蟾毒精、华蟾毒它灵、蟾毒它灵和蟾毒灵等数十种。另外,还含有吲哚衍生物、蝶啶类、肽类、多糖类、肾上腺素、胆固醇、维生素D、Y-谷甾醇等。

据现代药理研究,蟾酥具有强心、改善微循环、增加心肌供氧、抗炎、抗肿瘤、抗辐射、兴奋呼吸中枢、升血压、镇痛及局部麻醉、镇咳、祛痰、平喘、利尿等药理作用;并且对横纹肌具有兴奋作用,对肠道、支气管平滑肌具有开始收缩而后松弛的作用;对血小板凝聚程度与速度均有抑制作用;此外,还具有增强免疫功能,抑制汗腺、唾液腺分泌,抑制由肾上腺引起的甲状腺与苷酸环化酶的活性,有胰岛素样促进糖原生成,抑制乳酸产生,对抗去甲肾上腺素的脂肪分解等作用。

本品除对局部有一定刺激作用(使黏膜部位分泌物增多)外,未见过敏等副作用。

(2) 干蟾蜍:蟾蜍的干燥全体。原名苦蚵,始载于《名医别录》。本品味辛,性温,有毒。归心经。功能破癥结,行水湿,杀虫,解毒,止痛,开窍醒神。用治疗疮,发背,阴疽瘰疬,恶疮,癥瘕癖积,臌胀,水肿,小儿疳疾。临床上还用于治疗白喉、慢性气管炎、炭疽病、恶性肿瘤、腹水、麻风、脚癣、骨结核、疔毒等疾病。

(3) 干蟾皮:蟾蜍除去内脏的干燥全体。"蟾皮",名首见于《本经缝原》。本品味辛,性凉,有毒。功能清热解毒,利水消肿。用治痈疽疮疡,肿毒,瘰疬,肿瘤,疳积腹胀,慢性气管炎等。

此外,根据记载,蟾蜍胆具有去痰止咳之功,治气管炎。蟾蜍肝具解毒、消肿、透疹的功效,用治疗疮,麻疹不透等症。蟾蜍舌和蟾蜍头也供药用,分别用于治疗鱼肚疔、小儿奶疳、体瘦烦热等。

与中华大蟾蜍同等入药的同属动物尚有:华西大蟾蜍 *Bufo bufo andrewsi* Schmidt、黑眶蟾蜍 *Bufo melanostictus* Schneider、花背蟾蜍 *Bufo raddei* Strauch、西藏蟾蜍 *Bufo tibetanus* Zarevski 等(图 13-17)。

药用蟾蜍主要种类检索表

```
1(4) 有声囊。
2(3) 上眼睑宽略大于眼间距 ·················································· 花斑蟾蜍 Bufo raddei Strauch
3(2) 上眼睑宽约为眼间距的 2/3 ·········································· 黑眶蟾蜍 Bufo melanostictus Schneider
4(1) 无声囊。
5(8) 头部无棱。
6(7) 背部有黑色斑点 ·························································· 中华大蟾蜍 Bufo bufo gargarizans Cantor
7(6) 背部无斑纹 ···································································· 华西蟾蜍 Bufo bufo andrewsi Schmidt
8(5) 头部有棱 ········································································ 西藏蟾蜍 Bufo tibetanus Zarevski
```

二、中国林蛙 *Rana temporaria chensinensis* David

无尾目蛙科动物,又名哈士蟆、田鸡、雪哈等。栖息于山坡、树林、农田、草丛中,以潮湿的山林背坡居多。主要分布在东北地区,目前已实现人工养殖。

1. 形态 外形较小而修长,雌体长 7~9 cm,雄体长 5 cm 左右。头部扁平,头宽略大于长;口阔,吻端钝圆,稍突出于下颌之上,吻棱较明显;鼻孔圆形,位于吻、眼之间;鼓膜圆形,明显,位于眼后方,上有三角形黑斑;雄蛙有 1 对咽侧下内声囊。

前肢较短粗壮,四指细长,末端钝圆;关节下瘤、指基下瘤及内外掌突均甚显著;雄蛙前肢较粗壮,拇指内侧有发达的黑色婚垫。后肢长而细弱;胫长超过体长之半;左右脚跟互相重叠,足长于径;趾细长,趾间蹼发达,除第四指外,均达指端,蹼缘缺刻较大;关节下瘤明显。

背侧皮肤略显粗糙,体侧有细小痣粒(皮肤小突起),口角后端颌腺十分明显;背侧褶在颞部形成曲折状,鼓膜上方略向外斜,旋即折向中线,再往后方延伸直达胯部;腹部皮肤光滑呈乳白色,并分布有许多的小红点。皮色随季节而变化,秋冬为褐色(图13-19c)。

2. **药用** 中国林蛙或黑龙江林蛙除去内脏的干燥全体、输卵管、卵、皮、肉、骨、脑、内脏等部位均可入药使用。其中中国林蛙的全体和干燥输卵管入药使用最为名贵。药材上分别称之为哈士蟆、哈蟆油。

(1) 哈士蟆:为中国林蛙或黑龙江林蛙除去内脏的干燥全体,原名山蛤。首见于《本草图经》,列于虾蟆项下,哈士蟆一名始见于《饮片新参》。

药材呈细长形,雌体长6～8 cm,雄体长4 cm左右。头扁平,口阔,吻端钝圆,前肢较短粗壮,后肢长而细弱,约为前肢的3倍,背侧皮肤略显粗糙,体侧有细小痣粒,腹部皮肤光滑呈乳白色,并分布有许多的小红点。气腥,味微咸。

本品味咸,性凉,无毒。归肺、肾经。功能滋补强壮,养肺滋肾,清热解毒,利水消肿。用治虚劳咳嗽,小儿劳瘦,疳积。《纲目》:"小儿赤气,肌疮脐伤,止痛,气不足。补虚损,尤宜产妇。"《别录》:"小儿热疮,解热毒。"寇宗奭曰:"利水消肿。"临床上蒙医用于治疗水肿、结核等病症;彝医用于治疗跌打损伤。

主要化学成分为蛙醇(是一种胆固醇)、三磷酸腺苷和二磷酸腺苷。

(2) 哈蟆油:为中国林蛙除去内脏的干燥输卵管。又名林蛙油、田鸡油、蛤蟆油。哈蟆油历代本草均未收载。首见于《药材资料汇编》;但蛤士蟆一名始见于《饮片新参》。

药材呈不规则块状,弯曲或垂直。长1.5～2 cm,厚1.5～3 cm。表面黄白色,呈脂肪样光泽,偶有带灰白色薄膜状的干皮,摸之有滑腻感。置水中浸泡,体积可膨胀10～15倍。气腥,味微甘,嚼之有黏滑感。

本品味甘、咸,性平。归肺、肾经。功能补肾益精,润肺养阴,退热。用治身体虚弱、病后失调、神疲乏力、心悸失眠、盗汗不止、痨嗽咳血、产后无乳等。民间常做强壮剂,多用于治疗神经衰弱,病后体虚或消耗性疾病,老年慢性气管炎等疾病。

哈蟆油主要含蛋白质、氨基酸、脂肪酸、甾体类、生物碱类、磷脂类、激素类、核酸、维生素、无机元素等。

药理实验表明,哈蟆油具有较强的抗疲劳、抗应激作用;对"肾虚"动物耐力提高的作用较为明显,能够改善"肾虚"动物的某些症状;还具有延缓衰老、镇咳祛痰、促进生长发育、增强机体免疫力等药理作用。此外,哈蟆油还对小儿哮喘病具有防治作用。

(3) 其他药用部位:中国林蛙卵、皮、头等部位也入药使用。

与中国林蛙同等入药的同属动物尚有黑龙江林蛙 *Rana amurensis* Boulenger,又名红肚田鸡(图13-19a)。外形与中国林蛙相近似,栖息特点也同中国林蛙。主要分布于黑龙江、吉林、辽宁。

3. **蛙科其他药用动物**

(1) 青蛙 *Rana niromaculata* Hallowell(图13-19b):又名蛙、田鸡、黑斑蛙。其成体、幼体以及胆汁均可入药使用。黑斑蛙的成体入药,名青蛙。首收载于《名医别录》。功能利水消肿,清热解毒,补虚,止嗽。用治水肿,麻疹,毒痢,黄疸,月经过多,咳嗽,喘息症。临床还用于治疗急性传染性肝炎时面赤项肿,骨结核,湿热黄疸,小便不利,心源性或肾源性水肿等疾病。黑斑蛙的胆汁入药,名青蛙胆。功能清热解毒,止咳。用治肺热咳嗽,麻疹并发肺炎,以及轻症白喉等症。黑斑蛙的幼体,原名蝌蚪,首收载于《本草拾遗》。功能清热解毒。用治热结肿毒,腮腺炎,小儿疳积腹胀等症。

与黑斑蛙同用的药用动物尚有无尾目蛙科动物金线蛙 Rana plancyi Lataste。

(2) 泽蛙 Rana limnocharis Bois(图 13 - 18d):原名蝦蟇。泽蛙的全体、皮、肝、胆及脑髓均可入药使用。泽蛙的全体入药名虾蟇(蛤蟆),首载于《神农本草经》,列为下品。《本草纲目》列于虫部第四十二卷。本品味甘,性寒。功能清热解毒,健脾消积。用治痈肿,热疖,口疮,瘰疬,泻痢,疳积。泽蛙的皮入药,名虾蟇皮,首载于《本草纲目拾遗》。功能清热解毒。用治疖肿,瘰疬,头上软疮等。临床上用泽蛙的皮贴于患处进行治疗。泽蛙的肝入药,名虾蟇肝,首载于《本草纲目》,列于虫部第四十二卷,附于"虾蟇"条下。功能清热解毒,消肿止痛。用治毒蛇咬伤,白屑疮,疔疮等。临床上多外用,捣敷或烧存性调敷患处。泽蛙的胆汁入药,名虾蟇胆,首载于《本草纲目》,列于虫部第四十二卷,附于"虾蟇"条下。功能清热利咽。用治小儿失音不语。临床上应用时,取胆汁点舌上即可。现代研究表明,泽蛙的胆汁中含有粪甾烷酸及硫酸蟾蜍醇。泽蛙的脑髓入药,名虾蟇脑,首载于《名医别录》。功能清肝明目。用治青盲等症。

与泽蛙同用的药用动物尚有无尾目蛙科动物沼蛙 Rana guentheri Boulenger(图 13 - 19c)。

三、 中国雨蛙 *Hyla chinensis*(Guenther)

无尾目雨蛙科动物,又名金蛤蟆。多栖息于池塘、水田周围,或路边的灌木从中,白天多隐居于石隙间,或树根下的洞穴内,数十至数百粘成一堆。主食昆虫等。分布在我国浙江、江苏、江西、福建、台湾、河南、湖北、湖南、广东、广西等省份。

1. **形态** 体形瘦小,体长 2~4 cm。头宽大于头长;吻宽圆而高,吻端平直向下;吻棱明显,颊部几近垂直,微向外侧倾斜;鼻孔在吻上方,眼间距大于鼻间距或上眼睑之宽;鼓膜圆而清晰。舌大,较圆厚,后端游离,微有缺刻。

前臂几乎为体长之半;指端均有吸盘及横沟,第三指吸盘略大于鼓膜;第二、第四指几等长;指端有缘膜,基部微具蹼;第四指的关节下瘤成堆或成凹形,掌部小疣粒多。后肢长,胫跗关节前达鼓膜,左右根部重叠,足比胫短;趾端于指端同,但吸盘略小;第三、第五指等长,达第四指的第三关节下瘤;除第五指外,蹼均以缘膜达趾端,外侧3趾的蹼甲内侧的发达跖间无蹼;关节下瘤小而显著,跖部有小疣粒,内跖突卵圆形,无外跖突。

背部皮肤光滑;腕部有横沟;腹面及股腹面密布扁平疣;咽部略光滑;雄蛙咽部皮肤极松薄。背面绿色,体侧及腹面白色;一条清晰的深棕色细纹,自两眼前角沿吻棱绕至吻端相连,自眼后角至肩上方为深棕细线纹所包绕极为清晰;体侧有黑色斑点或相连成粗黑线(图 13 - 18c)。

2. **药用** 中国雨蛙的全体可入药使用,名金蛤蟆。首载于《陕西中草药》,为民间习用药材。

药材呈长条形,长 2~3 cm。头宽大于头长,吻棱明显,前臂几乎为体长之半,指端均有吸盘及横沟,指端有缘膜,基部微具蹼,后肢长,足比胫短,背部皮肤光滑,腕部有横沟,腹面及股腹面密布扁平疣,背面灰绿色,体侧及腹面黄白色,有一清晰的深棕色细纹,体侧有黑色斑点相连成粗黑线。气腥,味微咸。

本品味淡,性平。功能活血生肌,止痛止血。主治跌打损伤,骨折,外伤出血。

与中国雨蛙同等入药的同属动物尚有华西雨蛙 *Hyla annectans* (Jerdon)(图 13-18a)。本属某些种动物的皮中含多种嘌呤、核黄素及雨蛙肽(caerulin)。

3. **雨蛙科其他药用动物** 无斑雨蛙 *Hyla arborea immaculate* Boettger(图 13-18b),又名雨蛙、梆梆狗。全体入药,功能解毒杀虫。用治湿癣。临床多以鲜品外用。

与无斑雨蛙同等入药的同属动物尚有东北雨蛙 *Hyla japonica* Guenther。

四、山溪鲵 *Batrachuperus pinchonii*(David)

有尾目小鲵科动物,别名秉氏鲵、杉木鱼。生活于高山的溪流中或林下阴湿处,以昆虫、软体动物、蚯蚓及小鱼等为食。主要分布在甘肃、西藏、四川等省份。

1. **形态** 体呈圆柱形而略扁,长 12~16 cm。头部略扁平,头顶较为平坦,头长、宽几相等;吻端圆阔;鼻孔近吻端。眼大,约与吻等长或略短,上下颌有细齿;舌大,长椭圆形。四肢的指趾扁平,末端钝圆,基部无蹼;尾长为身体全长的一半或略长。周身皮肤光滑,掌指、趾底部覆以棕色角质鞘,指末端具黑色的角质爪状物。体侧有肋沟 12 条左右。体色变化大,一般为橄榄绿色,背面有深色细点交织成麻斑。腹面色浅,麻斑少。雄性肛孔小而略成一短横缝,雌性的为一纵裂缝(图 13-20)。

2. **药用** 山溪鲵的全体可供药用,名羌活鱼,首载于《四川中药志》。

药材呈干瘪状,全体皮肉皱缩,长 15 cm 左右。头扁,头部口眼模糊不清。四肢多完整,四肢枯瘦,趾尚明显可辨。尾扁。脊部可见明显的脊椎骨棱,腹面皱缩。北部棕褐色,腹部黄棕色。气腥臭(图 13-22)。

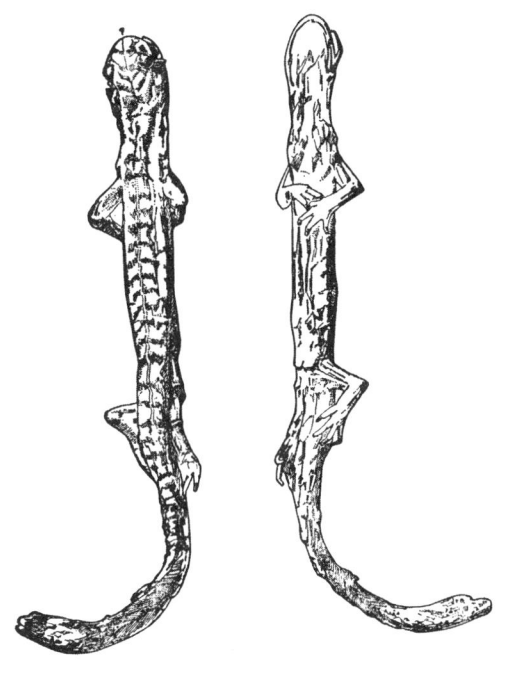

图 13-22 羌活鱼药材
(仿《中国药用动物志》)

本品味辛、咸,性平,无毒。入肝、胃二经。功能续断接骨,行气止痛。用治跌打损伤,骨折疼痛,肝胃气痛及血虚脾弱、面色萎黄等症。

五、两栖纲其他药用动物

(1) 斑腿树蛙 *Rhacophorus leucomydtax* (Gravenhorst):无尾目树蛙科动物,又名树蛙、三角上树蛙、变色树蛙。除去内脏的干燥全体入药,名"射尿蚧",首载于《陆川本草》。功能化瘀止血,止痛,续筋接骨。用治外伤出血,跌打损伤,骨折等症;亦可治小儿疳积。

(2) 花姬蛙 *Microhyla pulchra* (Hallowell):无尾目姬蛙科动物,又名犁头蛙、三角蚧、三角犁头。全体入药,首载于《广西药用动物》。功能祛痰生新,祛风,活血,强筋壮骨。用治风湿骨痛,腰扭伤痛,跌扑扭伤及骨折等症。广西特产"犁头蛙酒"即用本品制成。

(3) 东方蝾螈 *Cynops orientalis* (David)：有尾目蝾螈科动物，别名四脚鱼、水龙。全体入药。首载于《本草纲目拾遗》，名四足鱼。功能除湿，止痒，镇痛。用治病后虚弱，皮肤痒疹，烫火伤等症。

同科的药用动物尚有中国瘰螈 *Trituroides chinensis* (Gray)、肥螈 *Pachytrion brevipes* (Sauvage)。前者与东方蝾螈同用；后者为华东一带的民间药。功能补虚消疳。用治小儿疳积，胃病等症。

六、两栖纲药用动物研究开发

两栖类药用动物目前研究多集中在药用蟾酥(中华大蟾蜍、黑眶蟾蜍)和哈蟆油(中国林蛙、黑龙江林蛙)。

1. 有关蟾酥的研究

(1) 蟾酥的主要成分：① 蟾蜍内酯类：蟾蜍二烯羟酸内酯类(一类强心甾体化合物)、20,21-环氧蟾蜍内酯类化合物；② 蟾毒色胺类(吲哚类化合物)；③ 甾醇类(中华大蟾蜍皮也含有胆甾醇等)；④ 其他类(氨基酸、有机酸、肾上腺素、吗啡、多肽及多糖)。

(2) 蟾酥的药理作用：① 蟾蜍及其制剂：强心，抗心肌缺血，抗内毒素休克，抗肿瘤，提高免疫功能，镇咳，平喘，致幻，抗菌，抗炎，利尿，兴奋呼吸，促进糖原产生和抑制乳酸生成的胰岛素样作用，子宫收缩作用及增强机体对放化疗的耐受力；② 华蟾素及其制剂：华蟾素具有类似于洋地黄类药物的负性变时作用和较弱的正性变力作用，体外具有抗肿瘤作用，华蟾素注射液还具有抗炎、促进免疫功能等作用。

2. 有关中国林蛙的研究

(1) 化学成分研究：哈蟆油主要含有：① 蛋白质、氨基酸；② 脂肪酸(30余种脂肪酸、6种脂肪酸乙酯)；③ 维生素(A、B_1、B_2、C、D、E)；④ 激素类(睾酮、雌二醇)；⑤ 甾体类(目前可用十六烷酸胆甾醇酯的含量控制哈蟆油药材质量)；以及多糖、磷脂类、核酸、无机元素等。此外，中国林蛙卵、皮有与哈蟆油类似的化学成分。

(2) 药理作用研究：① 哈蟆油具有抗疲劳、抗应激、明显提高"肾虚"动物耐力、改善其"肾虚"症状、延缓衰老、镇咳祛痰、促进生长发育、提高免疫功能及预防小儿哮喘等药理作用。② 中国林蛙卵具有延缓衰老、中枢神经抑制、抗焦虑，以及温和的降血脂、软化血管、抑制血小板聚集、改善血液流变学特征、抑制血脂沉积等药理作用。③ 中国林蛙皮、头分别有抗菌、抗凝的作用。

(3) 生物学研究：① 分类研究：有关中国林蛙的分类现今学术界有3种观点，即中国林蛙 *Rana temporaria chensinensis* David 为亚种级；中国林蛙长白山亚种 *Rana chensinensis changbaishanensis* Wei et Chen，也为亚种级；东北林蛙 *Rana dybowskii* Guenther 为种级。② 细胞学研究：中国林蛙染色体核型，除新疆伊力产的为 $2N=26$ 外，其他地区产的均为 $2N=24$；中国林蛙染色体带型，除新疆伊力产的中国林蛙标准的 $Ag-NOR_s$ 都在第十染色体长臂上，其他染色体上未发现。③ 遗传学研究：通过对蛙科24个物种的12S rRNA 基因序列研究，将其进化关系分成3个支系，其中林蛙又分成两组。

此外，目前对中国林蛙的资源学、养殖学等也有较深入的研究。

(李 锋)

第十四章 爬行纲

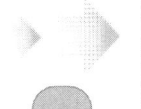

爬行类动物是由古代两栖动物演化而来的真正陆栖脊椎动物。主要特征有：皮肤角质化，骨骼骨化程度高，肌肉分化明显，肺进行呼吸，是不完全的双循环，出现羊膜卵。根据栖息方式、外部形态、体表角质物等特征，分为龟鳖目、喙头目、有鳞目、鳄目（药用动物主要集中在龟鳖目、有鳞目）。主要药用动物有乌龟、中华鳖、乌梢蛇、银环蛇、尖吻蝮蛇、蛤蚧等，本门某些动物活性成分具有增强免疫功能和抗癌作用，药用开发潜力大。

学习重点：
1. 掌握爬行纲的主要特征、分类类群。
2. 熟悉爬行纲的主要药用种类。
3. 了解药用爬行动物的现代研究进展。

爬行纲 Reptilia 动物开始完全营陆栖的一个类群。体表被角质鳞片，骨骼化程度高，四肢发达，指趾端具爪，完全用肺呼吸，体内受精，产羊膜卵，神经系统和感官都较发达。其外部形态和内部构造进一步发展了适应陆栖生活的特征。

世界已知爬行动物约 5 700 种，我国有 315 种。大多数营陆栖生活，少数营水栖生活。主要分布于温带、亚热带和热带。我国多分布于南方各省。

人们利用爬行动物治病，已有 2 000 多年的历史。其中蛤蚧是传统的名贵中药，《开宝本草》就有记载，具有补肺壮阳、平喘益精之功效。龟甲、鳖甲是疗效甚好的补益药物。目前国内外利用现代科学手段和方法进一步研究了爬行动物的药用价值，在爬行类动物的体内发现了不少具有很强生理活性的成分。如从蛇毒中提取抗癌、镇痛和抗菌等作用的生理活性物质，利用本类动物研制抗癌、镇痛等新药具有广阔的前景。

第一节 爬行纲的主要特征

爬行类是继两栖类之后，开始完全营陆栖生活的一个类群。所以爬行类的外部形态和内部构造都在两栖纲的基础上,进一步发展了适应陆栖生活的特征。如体表被角质鳞片,骨骼化程度高,四肢发达,指趾端具爪,完全用肺呼吸,体内受精,产羊膜卵以及神经系统和感觉器官都较发达等。

一、体形

爬行纲具陆栖四足动物的基本形态,适应陆地生活。本类动物的生活方式和栖息环境各不相同,有地栖的、树栖的、穴居的,也有水栖的,因而外形差别较大。一般可分为以下3种类型:① 蜥蜴形。身体长圆柱形,尾部发达,四肢发达或不发达,尾易自断,能再生。如蜥蜴等。② 蛇形。身体细长圆筒形,四肢退化,能蜿蜒运动,如乌梢蛇等。③ 龟鳖形。身体扁圆形,背腹具甲,头、颈和四肢均能不同程度的缩入甲内,如乌龟等。无论属何种体形,它们的身体一般都可分为头、颈、躯干、尾和四肢五部分。头部灵活,颈部明显,躯干或扁或圆而细长,四肢多强健,指趾端具爪,都有别于两栖类而适应陆地生活。

二、皮肤

爬行类动物皮肤干燥,体表被角质层,结束了皮肤呼吸功能。爬行动物的皮肤因缺乏皮脂腺而干燥。同时皮肤的表皮层沉积了大量的角蛋白而被各式各样的角质化物。角质物的形状、大小、数目随种类不同而异,是分类的依据之一。蜥蜴类和蛇类的角质层不断加厚而形成了鳞片,并呈粒状或覆瓦状排列;鳄类的躯干部和蛇类头部的角质层极度加厚而形成大型盾片;龟鳖类的角质层与皮下真皮骨板结合在一起而形成了大型的甲板;蜥蜴类的有些角质层则形成了小刺或棘状突起,在指趾端的角质层又形成了爪。

角质层是由无生命的物质组成的,因此随着动物的生长必须定期更换。这一生理现象称为蜕皮。蜕皮的次数与动物的生长速度有关。快速生长的蛇类,每2个月就蜕皮一次。

爬行动物的皮肤里有发达的色素细胞。这些色素细胞在日光和外界温度的刺激下,能改变动物的体色。如避役 *Chamaeleontes vulgaris* 能随日光和外界温度的变化而迅速改变体色,故素有变色龙之称。

三、骨骼系统

骨骼发育良好,分化程度高。爬行动物的骨骼系统比起两栖动物,发育良好,大多数都是硬骨。它们的脊柱分区明显,而且颈椎有环椎和枢椎的分化;躯干部有发达的肋骨和胸骨;头骨具单一枕骨髁,并出现了颞窝和眶间隔。

1. **头骨** 头骨的膜性硬骨与软骨性头颅比两栖动物骨化良好,骨膜成分明显增加;头部骨骼比两栖类高而隆起,反映了脑腔的扩大;眼窝之间具由薄骨片形成的眶间隔;眼眶后有1个或2个孔洞状颞窝。颞窝是爬行动物分类的重要依据。同时为考证古爬动物的进化提供了线索。根据颞窝的有无及其位置,爬行动物分为无颞窝类(如杯龙)、双颞窝类(如扬子鳄)和合颞窝类(如兽齿类)三类(图14-1)。

此外,具次生腭。这是自爬行类开始出现的特征。次生腭位于颅骨底部,口腔底壁处。是由前颌骨、颌骨的腭突和腭骨组成的水平隔,把原口腔的前部分成上、下两层。上层与鼻腔相通,成为嗅觉和呼吸的通道;下层为固定口腔,成为进食的门户。这样,呼吸与进食互不影响。

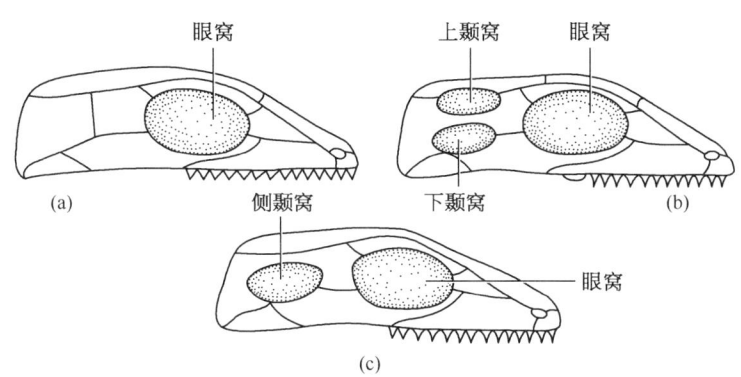

图 14-1 爬行类颞窝主要代表类型
(a) 无颞窝类 (b) 双颞窝类 (c) 合双颞窝类

蜥蜴类和蛇类的头骨结构与龟鳖类、鳄类有明显的不同。前两类头骨的膜性硬骨后缘骨消失,方骨(软性硬骨)露出。方骨与下颌骨形成关节。由于方骨周围缺乏膜性硬骨的束缚,具较大的可动性,使口腔张得很大。有的蛇的口腔可张开 130°左右。因此蜥蜴类和蛇类可吞食较大的捕获物(图 14-2)。

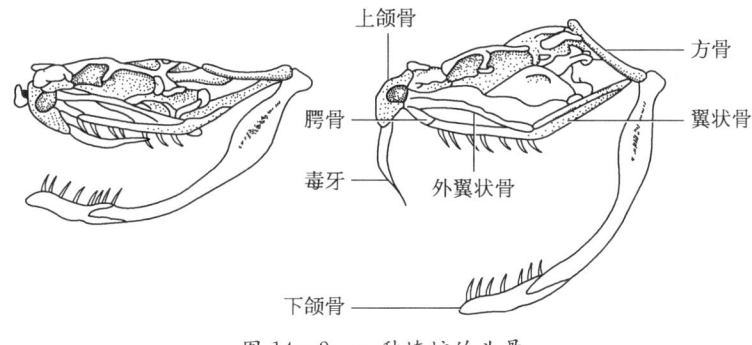

图 14-2 一种蝰蛇的头骨

2. **脊柱、肋骨和胸骨** 脊柱分区明显,有颈椎、胸腰椎(躯干椎)、荐椎和尾椎的分化。颈椎数目增多,前两枚颈椎特化成环椎和枢椎。环椎与头骨的枕骨髁相关节,能同头骨一起在枢椎的齿突上转动,增大了头部的灵活性。椎骨的结构和关节方式似两栖类,低等种类为双凹型,高等种类为前凹型或后凹型。胸腰椎具发达的胸骨和肋骨,并一起构成了胸廓,使肺呼吸功能大大增强。保护内脏的功能也进一步完善。荐椎两枚,较粗大,以发达的横突与腰带相连,加强了后肢与运动能力。尾椎的数目随种类而异,外形由粗渐细,多数蜥蜴类在生命遇到威胁时能断尾逃遁。断落的部分能再生。但新生的尾椎骨呈软骨管状,外部色泽与未断部分有明显区别。

此外,蛇类不具胸骨,其肋骨有较大的活动性,能支配腹鳞完成特殊的爬行运动。

3. **带骨和肢骨** 爬行动物的带骨和肢骨均较发达。肩带的膜性硬骨和软性硬骨骨化良好,骨块数目较多。腰带的髂骨与荐椎连接,左右坐骨和耻骨在腹中线联合,成为支持后肢的坚强支架。爬行类具典型的五趾型四肢,比两栖类的肢骨结实,指趾端具爪,适应于陆栖生活。与两栖类相比,后肢踝关节不在胫、腓之间,而在两列跗骨之间,形成了跗间关节。蛇及某些蜥蜴为适应穴居生活,带骨和肢骨均有不同程度退化或完全消失。

四、肌肉系统

肌肉分化复杂,出现了皮肤肌和肋间肌。爬行类的肌肉系统比两栖类有了更复杂的分化。特别是分化出了陆栖动物所特有的皮肤肌和肋间肌。肋间肌位于肋骨之间,由胸斜肌分化而来,它能调节肋骨的升降,协同腹壁肌完成呼吸运动。皮肤肌能调节鳞片的活动。蛇的皮肤肌尤为发达,腹鳞在皮肤肌的调节下不断起伏,改变身体与地面的接触面积,从而完成特殊的蜿蜒运动。

五、消化系统

口腔腺发达,齿型多样。爬行类的消化系统与两栖类相比,消化道有更多的分化。口腔内的齿、舌和腺体等均较复杂。口腔与咽有明显的界限。这样当口腔中充满食物时,才不妨碍呼吸作用的进行。同时口腔腺发达,包括有腭腺、唇腺、舌腺和舌下腺。这些腺体的分泌液,不但可润湿食物,帮助吞咽,而且还有帮助粘捕猎物的功能。毒蛇和毒蜥的毒腺也是口腔腺的变态。它们的毒腺有捕食和自卫的功能。肉质舌发达是陆栖动物的又一特征。很多种类的舌除有吞咽的基本功能外,还特化成捕食和感觉的器官。如避役的舌很长,几与体长相等,冲血后能迅速"射"出,粘捕昆虫。蛇的舌尖多分叉,具化学感受器小体,经常伸出口外,把外界的化学性刺激传送到口腔顶部的锄鼻器,起着特殊感觉器官的作用。

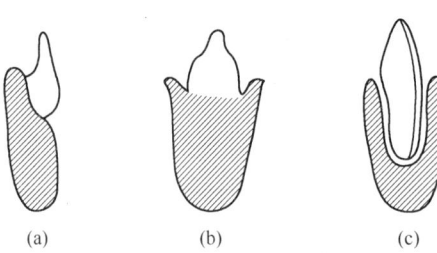

图 14-3 爬行类几种牙齿的着生方式
(仿赵肯堂 许崇任)
(a) 侧生齿 (b) 端生齿 (c) 槽生齿

爬行类的牙齿有多种类型。依据着生位置的不同分为端生齿、侧生齿和槽生齿 3 种类型(图14-3)。着生在颌骨顶面的,称端生齿,如蛇类;着生的颌骨边缘内侧的,称侧生齿,如蜥蜴类;着生在颌骨齿槽的,称槽生齿,如鳄类。其中槽生齿最牢固。各型牙齿脱落后都可再生。龟鳖类较为特殊,无牙齿而代以角质鞘。

爬行类的消化道与一般四足动物无本质的区别。大肠开口于泄殖腔。其大肠、泄殖腔和膀胱都有重吸收水分的功能。这对于爬行类适应陆栖生活,减少体内水分丢失,维持体内水、盐平衡具重要意义。在大、小肠交界处具盲肠。盲肠是从爬行类开始出现的消化器官,与它们消化植物纤维有关。植食性的种类盲肠很发达,而肉食性种类则盲肠很不发达。

毒蛇在上颌的牙齿中,有数枚(一般有 2 枚)变成具沟或管的毒牙。毒牙基部通过导管与毒腺相通。咬噬时,毒腺分泌的毒液通过毒腺管注入咬噬物的体内,达到捕食或抗敌自卫的目的(图 14-4)。

六、呼吸系统

气管发达,分枝。出现了胸腹式呼吸。爬行类由于皮肤失去了呼吸功能,气体交换主要在肺内进行。爬行类的肺与两栖类相比,虽然都是囊状肺,但爬行类进化较大。首先肺内小腔增多,近似蜂窝状,大大增加了气体交换的面积。其次有些种类如避役和某些蜥蜴的肺后部伸出了许多盲囊,有贮藏气体的功能。这就增强了肺的呼吸功能。同时这种贮气结构到鸟类则进一步发展成气囊。肺通过气管与咽喉部相接。爬行类的气管发达,细长而开始出现了分枝。气管的增长与颈部比较发达相关,气管出现分枝与完全靠肺进行呼吸作用,适应陆栖生活相关。

爬行类除保留有两栖类的咽式呼吸外,由于有了胸廓,因而出现了靠肋间肌和腹壁肌伸缩的胸腹式呼吸。这对增强肺的呼吸功能有重要意义。水生种类的咽和泄殖腔壁富有毛细血管,可辅助呼吸。

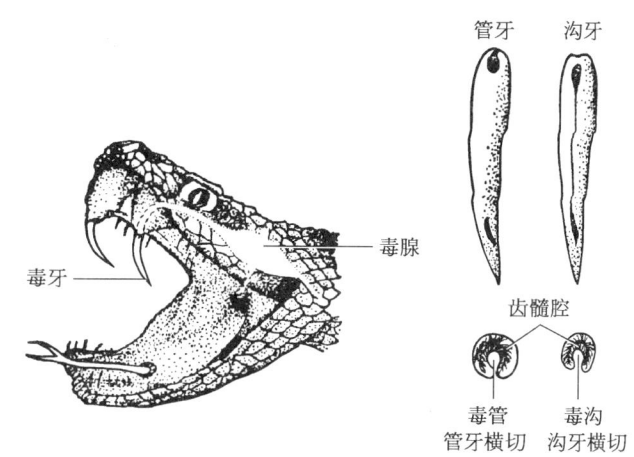

图 14-4　毒蛇的毒牙和毒腺(仿赵肯堂　许崇任)

七、循环系统

动脉圆锥消失,心室出现了不完全分隔,爬行动物的循环系统较两栖动物有很大的进步,正不断向完善的双循环发展。

1. **心脏**　心脏由静脉窦、心房和心室组成。静脉窦开始退化,成为心房的附属部分。心室内出现了不完全分隔,富氧血与缺氧血进一步分开。高等种类如鳄的心室已完全分隔,仅在左右体动脉基部有一潘氏孔相通,成为较完善的双循环体系。

2. **血管**　爬行类的动脉圆锥消失,动脉弓在两栖类的基础上也有了进一步的演化。相当于原始状态的腹大动脉和动脉圆锥被纵裂演化成3条由心室发出的肺动脉弓(右侧)、左体动脉弓(中央)、右体动脉弓(左侧)。当心脏收缩时,自静脉窦经右心房至心室右侧的缺氧血,通过右侧的肺动脉弓经肺动脉入肺;自肺静脉回心的富氧血经左心房至心室左侧,又经右体动脉弓,一部分进入颈动脉送至头部和前肢;另一部分流入背大动脉后行至身体其他各部。心室中部的混合血进入左体动脉弓也流入背大动脉(图 14-5)。

由此可见爬行类的循环系统中仍存在着混合血。但近年的研究表

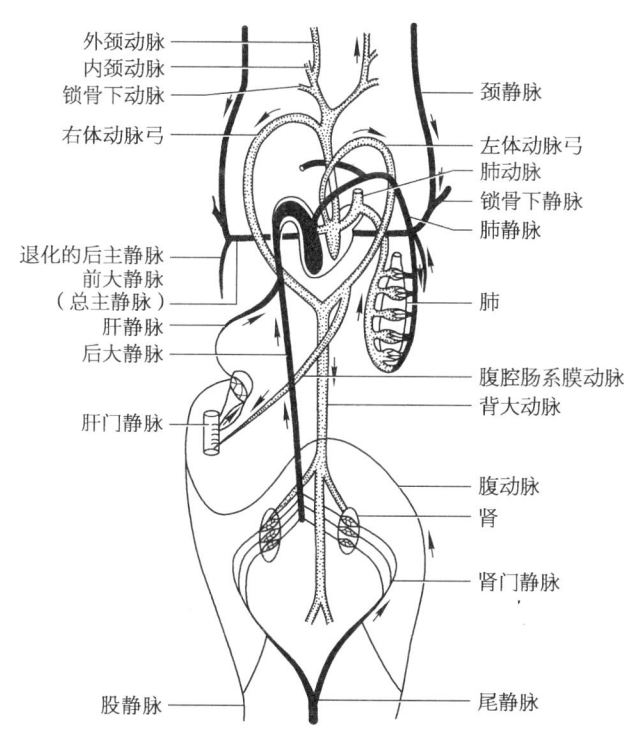

图 14-5　爬行类循环系统模式图

明：爬行类动脉中的混合血远比两栖类少。这是因心室隔的出现，基本上把动、静血分开的缘故。同时心电图测试记录显示当心脏收缩时，血液首先注入肺动脉，当肺动脉充血阻力增大后，再注入体动脉。此外，实验还证实，左体动脉弓中的血量比右体动弓中的血量少得多，因而爬行类动脉中血的混合程序较两栖类小。

爬行类的静脉系统与两栖类相似，只是肾门静脉趋于退化，后大静脉和肺静脉显著发展。

八、排泄系统

出现后肾，排泄尿酸。爬行类开始出现后肾，但在胚胎发育中也要经过前肾和中肾阶段，可见后肾是由前肾、中肾发展而来的，且比前肾、中肾更进化、更高级。后肾的肾单位数目多，有很强的泌尿能力。并通过输尿管将尿液送到泄殖腔再排出体外。有些种类如龟、鳖等在泄殖腔腹面还具专门贮存尿液的膀胱。爬行类等羊膜动物都有较高的代谢水平，随着代谢水平的提高，肾的结构都必须产生相应的变化。因而出现了泌尿、排泄功能强的后肾。

保持体内水分和维持水、盐代谢的相对稳定是动物的重要生理特征之一。多数爬行类体内都需要保持一定量的水分，这除了皮肤的保水功能和膀胱、大肠、泄殖腔对水的重吸收功能外，栖息在多盐环境和干旱条件下的蜥蜴、龟、蛇等还具肾外排盐的盐腺。盐腺大多位于头部，能排出高浓度的钾、钠和氯，并可利用空气中的饱和水汽。所以盐腺对维持体内水、盐和酸、碱平衡都有重要意义。

此外，把尿液的尿素变为尿酸也是一种重要的保水措施。尿酸是一种浆质黏稠的含氮废物，毒性小，比尿素在水中的溶解度小，故尿中的水分被肾小管回收的量较多。排泄尿酸显然是爬行类对陆栖生活的一种适应。同时排泄尿酸也与爬行类产羊膜卵有关。在卵壳内完成发育的胚胎，以尿酸方式排出代谢废物，就可最小限度失水，也可以较小的体积通过尿囊，因而易排出代谢废物。

九、神经系统和感觉器官

大脑开始出现大脑皮质，感觉器官发达，是爬行动物又一特征。

1. 神经系统 爬行类的脑比两栖类发达，虽然纹状体仍占大脑的大部分，但大脑表面已开始出现了由灰质构成的大脑皮质。间脑小，顶部的松果体发达，很多种类已发展有具感光作用的顶眼。这对体温不恒定的爬行类有效地利用阳光热能有重要意义。中脑的视叶也很发达，与两栖类相似仍为高级中枢。但从爬行类开始，已有少数的神经纤维自丘脑伸至大脑。这是把神经活动的综合作用从中脑向大脑转移、集中的开始。小脑也较两栖类发达，延脑也有了高等脊椎动物的颈弯曲。

脑神经12对。同时脊髓长，达于尾端，在前、后肢基部神经丛相连部分，已形成了明显的胸膨大和腰荐膨大(图14-6)。

2. 感觉器官 爬行类的感觉器官比两栖类发达，有些种类还具特殊的红外线感受器。但侧线器官消失。这也说明水栖爬行类是陆栖爬行类的后裔。

(1) 听觉：爬行类耳的构造似两栖类，只是内耳司听觉的瓶状囊明显加长。蜥蜴的听觉较发达，出现了雏形的外耳道。蛇类适应穴居生活，其鼓膜、中耳和耳咽管退化，不能感觉空气中声波的刺激。声波沿地面通过方骨传到耳柱骨,从而产生听觉反应。

(2) 嗅觉:爬行类的嗅觉器官发达,鼻腔和鼻黏膜都扩大。蜥蜴和蛇的锄鼻器极为发达,开口于口腔顶部,有探知化学刺激的作用。

(3) 视觉:爬行类眼的构造与其他脊椎动物无本质的区别。但与其他羊膜动物一样,眼球的调节较完善。睫状体由横纹肌构成(同鸟类而不同于哺乳类),睫状体的伸缩能改变水晶体的凸度和水晶

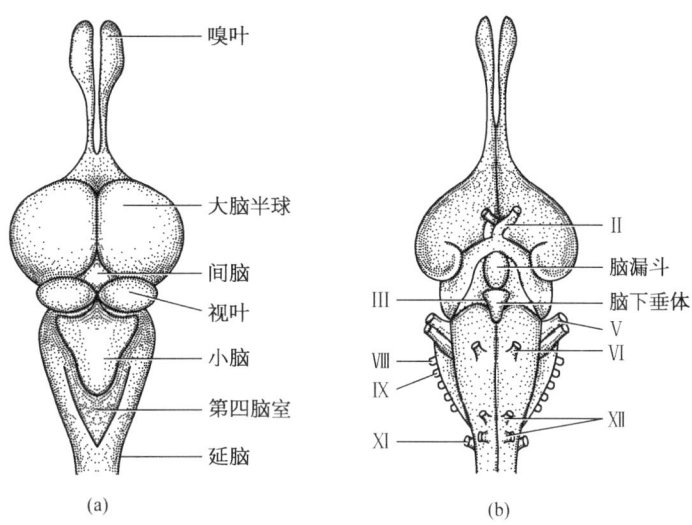

图 14-6 鳄的脑(仿 Romer)
(a) 背面观 (b) 腹面观

体与视网膜的距离,从而有效地调节视力。因此爬行类能看清不同距离的物体,较准确地捕食或避敌。

(4) 红外线感受器:红外线感受器是现存蛇类中蝰科(蝮亚科)和蟒科多数种类特殊的热能感受器。如响尾蛇的颊窝就是这种感受器。它位于响尾蛇鼻孔与眼之间,窝内有一薄膜,把窝腔分为内外 2 室。内室有一小管开口于皮肤,可以调节内外室的温度与压力。薄膜为一层上皮细胞,上面密布有神经末梢。末端呈球形膨大,其内充满线粒体。实验证实它是一种极灵敏的热能检测器,仅约 8×10^{-5} J/cm² 的微弱热能就可使之激活,并在 35 ms 内产生反应;也能在数呎的距离内测知 0.001℃ 温度的变化。因此具这种感受器的蛇类能在夜间准确判定附近恒温动物的存在及其位置。电镜研究表明,当有关神经末梢接受刺激后,薄膜上的线粒体的形状迅速发生改变。故认为线粒体可能是此红外线感受器的基本元件。现代工业和国防上广泛采用的红外线检测器和自动导引系统,都是从蛇类的红外线感受器上得到启示后研制的。因此,蛇类的红外线感受器仍是当前仿生学研究的重要内容。

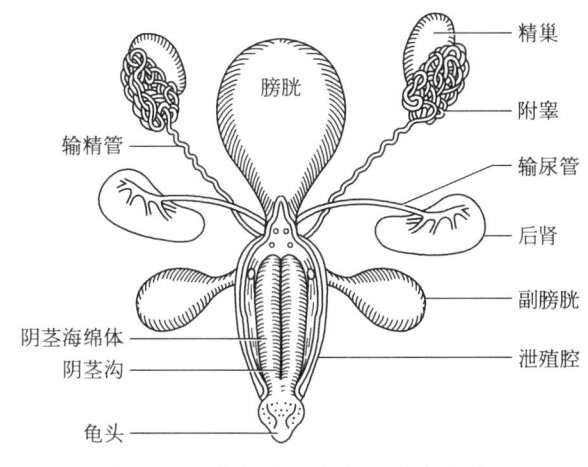

图 14-7 雄龟的泄殖系统(仿杨安峰)

十、生殖系统

体内受精,产羊膜卵是爬行类适应陆栖生活的重要特征。雄性有精巢 1 对,精液借输精管达泄殖腔。泄殖腔内具可充血膨大而又能伸出泄殖腔的交配器(半阴茎)。交配器有的种类如蛇和蜥蜴类成对,有的种类如龟和鳄类为泄殖腔壁单个突起(与哺乳类的交配器同源)。雄性借交配器把精子输入到雌性的泄殖腔内(图 14-7)。

雌性的生殖系统与两栖类相似。

爬行类产生羊膜卵。受精作用在雌性卵管的上端进行。受精卵沿输卵管下行,在下段陆续被管壁分泌的蛋白和卵壳包裹,一般产出后借日光孵化。少数种类有孵卵行为。某些母蛇和蜥蜴具卵胎生的生殖方式,即受精卵留在母体的输卵管内发育,直至胚胎完成发育成为幼体时产出。这种生殖方式进一步提高了陆地繁殖后代的成活率。有利于生活在高山或寒冷地区的种类繁衍后代。近年研究证实,一些卵胎生种类发育着的胚胎,不仅能与母体交换水分和气体,还能交换含氮物质。这一发现不但改变了传统的看法,划清了卵生与胎生的界限,而且提高了对爬行类生殖方式的认识。认识到卵胎生是卵生向胎生发展的过渡生殖方式,从而为哲学上的认识论提供了新的证据。

此外,爬行类的一些种类还具冬眠的习性。爬行类与两栖类等都是变温动物。为了渡过外界不良环境条件的影响,蛇类等都要进行冬眠。其冬眠的时间、地方与两栖类基本相同。

第二节 爬行纲的分类

世界上现存的爬行动物约 5 700 种。分为喙头目、龟鳖目、有鳞目和鳄目。我国约 315 种,除喙头目外,都有分布,主要药用动物集中在龟鳖目、有鳞目。

一、龟鳖目 Chelonia

龟鳖目是爬行纲中最特化的类群。多数水栖,少数陆栖。外形明显地分为头、颈、躯干、尾和四肢五部分。头骨不具颞窝(现在有些种类颞部有孔洞是一种特化现象),方骨不能活动,具眼睑;口腔不具齿而具角质鞘,舌不能伸出口外。躯干宽短而扁,背腹有甲,大多的头、颈、四肢和尾都可不同程度的缩进坚固的甲内。甲板外被角质板或厚皮。其脊柱、肋骨和胸骨常与甲板愈合,胸廓不能活动。泄殖孔纵裂,雄性具单个交配器。一般的寿命较长,可活数十年至上百年。分布在温带、亚热带和热带。我国除有些种类分布于北方外,多数都分布于华南地区。

本目现存约 240 种,分属 12 科。我国目前记载的有 24 种,分属 4 个科,即龟科、棱皮龟科和鳖科等。

1. **龟科 Testudinidae** 为本目中最大的一科,营陆栖、半水栖或水栖生活。龟壳坚固,由背甲和腹甲组成。其甲板都按一定的顺序排列(图 14-8)。甲板外被以角质盾片、头、颈、尾和四肢都可完全缩入甲内。四肢粗壮,不呈桨状。爪粗而钝。全国多有分布。常见的药用动物有乌龟 *Chinenys reeuesii* (Gray)、黄缘闭壳龟 *Cuora flavcomarginata* (Gray)和平胸龟 *Platyternon Megaephalum* (Gray)等。

2. **棱皮龟科 Dermochelidae** 为营海栖的大型种类。背甲由数百枚不整齐的多边形小盾片和骨板镶嵌而成,成体甲外覆以平滑的革质皮肤。背甲上有 7 条纵行的棱。四肢特化为桨状。前肢长,约为后肢长的 2 倍,指趾端无爪。分布于热带和亚热带海洋。我国主要分布于南海。我国仅有棱皮龟 *Dermochelys coriacea* 一种。

3. **鳖科 Trionychidae** 为营淡水生活的中、小型类群。头颈能缩入甲内,有长而灵活的管状吻。甲板外被柔软的革质皮肤,腹甲各骨板退化缩小,不互相愈合。四肢具发达的蹼,内

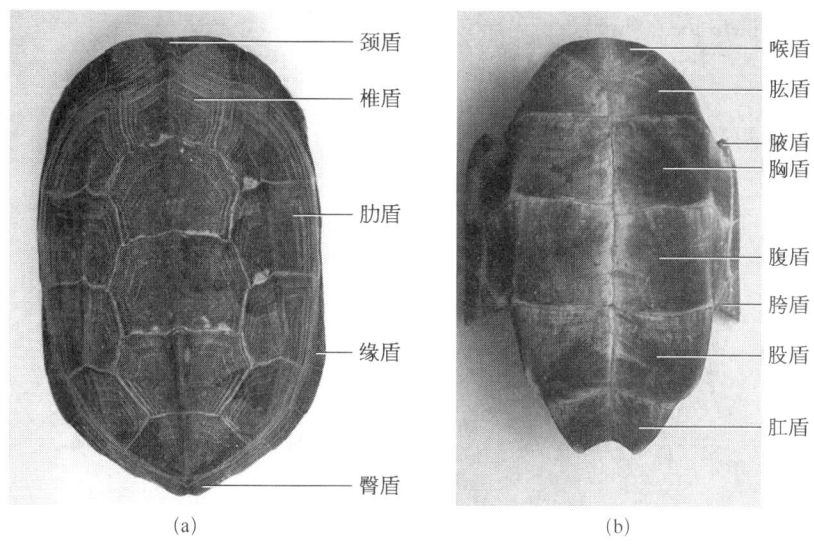

图 14-8 龟甲(卢先明摄)
(a) 背甲 (b) 腹甲

侧 3 指趾具爪。分布于东南亚、非洲和北美洲。国内各地都有分布。常见的药用种类有中华鳖 *Trionyx sinensis* Wiegmann。

二、有鳞目 Squamata

有鳞目为现存爬行类中最多的类群。营地栖、树栖、穴居或水栖生活。体一般细长,外被角质鳞片,多数无骨板,方骨能活动,椎体双凹型或前凹型,具端生或侧生齿,泄殖孔横裂,雄性具成对交配器,锄鼻器(贾氏器)十分发达。几布全球。全世界约有 5 500 种,我国约有 290 种,主要分布在南方各地。又分为以下蜥蜴亚目和蛇亚目两个亚目。

1. **蜥蜴亚目 Lacertilia** 蜥蜴亚目为中、小型类群,身体各部区分明显,有发达的颈部和尾部。多数的尾部能自断,断后可再生。多数具附肢、肩带和胸骨,左右颌骨在前端合并,口不能大幅度扩张。眼通常发达,有活动眼睑。一般都存在鼓膜、鼓室和耳咽管。除南极洲外,广布全球。我国主要分布在华南地区。全世界约 3 千种,分属 20 个科。我国约 110 种,分属 8 个科。其中有药用价值的主要有鬣蜥科、壁虎科、石龙子科、蜥蜴科和蛇蜥科。

(1) 鬣蜥科 Agamidae:本科为原始种类,头背面有对称排列的大鳞片,体鳞多呈覆瓦状排列,背鳞具棘刺。尾细长柔软,不易折断。四肢发达,指趾长而具爪。营树栖或地栖生活。分布于热带和亚热带,我国以南方分布较多。药用种类如斑飞蜥 *Draco maculatus* 等。

(2) 壁虎科 Gekkonidae:本科为较原始的类群,体小而柔软,被粒状鳞。眼大,无活动眼睑。指趾端常膨大而具指垫。多生活于岩石、墙壁的缝隙之中,全国多有分布。常见的药用种类有蛤蚧* *Gekko gekko* L.、无蹼壁虎 *Gekko swinhonis* Günther、多疣壁虎 *Gekko japonicus* (Dumeil et Brisson)、无疣壁虎 *Gekko subpalmatus* Günther 和蹼趾壁虎 *Gekko chinensis* Gray 等(图 14-9)。

(3) 石龙子科 Scincidae:本科为中、小型类群,头顶有对称排列的盾片,体被平滑的圆鳞,鳞下承以骨板,舌端分叉。体肥壮,四肢发达或退化,尾粗易折断,营地栖或树栖生活。全球几有分布,以东半球为主。国内主要分布于东北或长江以南各地。常见的药用种类有中国石龙子 *Eumeces chinensis* (Gray)、蓝尾石龙子 *Eumeces elegans* Boulenger、铜楔蜥(铜石龙子)

Sphenomorphus indicus (Gray)等(图 14-10)。

图 14-9 无蹼壁虎

图 14-10 铜楔蜥

(4) 蜥蜴科 Lacertidae：本科的动物体一般细长，头部大多具对称的大型盾片，腹鳞较大，多呈方形，纵横成行排列，与侧鳞有显著区别，四肢发过，尾长而尖，易断易再生。舌扁平而宽，具鳞片状突起。多生活于山坡岩石缝隙之中。全国多有分布。主要药用种类有丽斑麻蜥 *Eremias argus* Pters、山地麻蜥 *Eremias brenchleyi*、密点麻蜥 *Eremias multiocellata* 等(图 14-11)。

图 14-11 丽斑麻蜥

(5) 蛇蜥科 Anguidae：本科动物体细长无四肢，外形似蛇，体侧有纵沟，头顶具有对称盾片，鳞下承以骨板，尾长易断，能迅速再生。营穴居生活，多数昼伏夜出。国内主要分布在西南和华南地区。常见的药用种类如细蛇蜥 *Ophisaurus gracilis* 和脆蛇蜥 *Ophisaurus harti*。

2. **蛇亚目 Opnidia(Serpentes)** 本亚目是一支特化为穴居的、腹部贴地爬行的类群。体呈细长圆筒形，四肢退化，不具肩带和胸骨，眼睑不能活动，无外耳、鼓膜、鼓室和咽鼓管。左、右下颌骨前端以韧带连接，方骨可活动，口能张大至 130°；舌末端分叉，伸缩很强。除南极洲外，广布全球，但以热带分布最多。国内主要分布在南方各省区。大部分营地栖穴居生活，也有半水栖和树栖的种类。

全球现有蛇类约 2 500 种，分属 13 个科；国内已知有 173 种，隶属 8 个科。其中毒蛇 48 种，归属 4 个科。药用价值大的有游蛇科、眼镜蛇科、蝰蛇科和海蛇科。

(1) 游蛇科 Colubridae：为蛇亚目中最大的科，占蛇类总数的 2/3。上、下颌全具齿，有毒种类具后沟牙。背鳞小，腹鳞宽大，头顶有大型对称盾片，无腰带和后肢的残余。卵生或卵胎生。营地栖、水栖、半水栖或树栖生活。分布广泛，几遍全球。国内各地都有分布。具药用价值的有 20 多种，常见的有乌梢蛇 *Zaocys dhumnades*、赤链蛇 *Dinodon rufazonemtum*（图 14-12）、百花锦蛇 *Elaphe moellendoffi*、枕纹锦蛇 *Elaphe dione* 等。

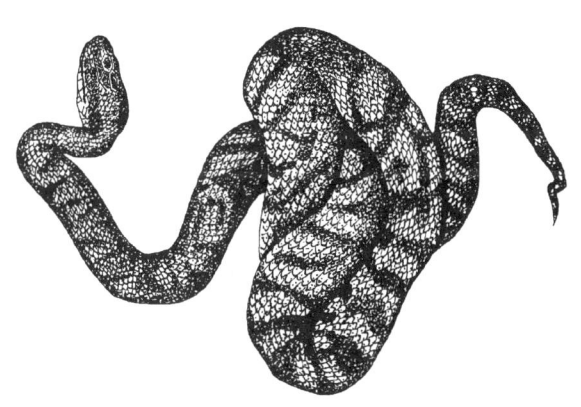

图 14-12 赤链蛇

(2) 眼镜蛇科 Elapidae：本科为毒蛇类群之一，上颌骨较短，前部有沟状毒牙 1 对，属前沟牙。毒牙粗短直立。尾圆形。卵胎生。营地栖或树栖生活。分布于亚洲、非洲、美洲等地区。我国主要分布在华南一带。常见的药用种类如眼镜蛇 *Naja naja*、银环蛇 *Bungarus multicinctus* 和金环蛇 *Bungarus fasciatus*（图 14-13）等。

(3) 蝰蛇科 Viperidae：本科动物的上颌骨宽短而能活动，其前面具 1 对管状毒牙，张口时毒牙竖立。头较大，体粗壮，尾短。营陆栖或水栖生活。根据颊窝的有无分为蝰亚科和蝮亚科。

蝰亚科 Viperinae：有眼与鼻孔之间不具颊窝，主要分布于非洲。

(a)   (b)

图 14-13 眼镜蛇(a)和金环蛇(b)

蝮亚科 Crotalinae：在眼与鼻孔之间具有颊窝，主要分布在美洲。我国多分布于长江以南。常见的药用种类如蝮蛇

Aqkistrodon halys 和尖吻蝮(五步蛇)*Aqkistrodon aclutus* 等(图 14 - 14)。

图 14 - 14　蝮蛇

(4) 海蛇科 Hydrophiidae：本科为海栖的有毒类群。头小，鼻孔位于吻的背面或侧面。腹鳞多退化或消失。有特殊的盐腺或舌下腺，能排出体内过多的盐分。全世界约有 49 种，分属 15 个属。我国已知有 15 种，分属 9 个属。国内主要分布于东南沿海及其附近岛屿的浅海地带。常见的药用种类如青环海蛇 *Hydrophis cyanocinctus* Daudin 和长吻海蛇 *Pelamis platurus* L. 等。

第三节　爬行纲药用动物举要

我国利用爬行纲动物入药历史悠久，历代本草都有记载。龟、鳖始载于《神农本草经》，海蛇载于《本草拾遗》，蛤蚧、蕲蛇(尖吻蝮)载于《开宝本草》等。《本草纲目》在鳞部和介部除载上述种类外，还收载了 45 种本纲动物，说明其应用较广泛，开发潜力大。

我国供药用的爬行类共涉及 17 科 43 属 116 种。现将主要药用动物举要如下。

一、蛤蚧 *Gekko gekko*（L.）

为有鳞目壁虎科动物。又名大壁虎、蛤蟹、蛤蚧蛇等。栖息在悬崖石壁洞穴、树洞中及房舍屋顶等处，以昆虫为食。分布在印度、中印半岛和印度尼西亚等国。国内主要分布在广西、广东、台湾、云南、江西、福建等地，以广西最多，为国家二级保护动物，现已实现家养，药用部分可再生。

1. 外部形态和内部构造

(1) 外部形态：蛤蚧略呈扁长圆形，全长 22～30 cm。全身明显的分为头、颈、躯干、尾和四肢五部分。尾稍短于体。皮肤干燥，密被鳞片。体色随栖息环境不同而异。但基本体色有黑褐、灰褐、灰青等，并多布有成行或不成行的锈色、橙黄色、淡红色或栗黑色的圆形斑点(图 14 - 15)。

头部较大，呈扁三角形，吻端凸圆。鼻孔近吻端，眼大，无活动眼睑，瞳孔纵置。角质细齿生于颚的边缘。耳孔椭圆形。吻鳞 1 片，不达鼻孔；上唇鳞每侧 11～14 片，第一片达鼻孔；颏

图 14 - 15　蛤蚧

鳞 1 片,位于下颌缘前端中央;下唇鳞每侧 11～12 片;头部背面鳞片细小,呈多角形。颈部粗短,能转动。

躯干背部具粒状疣鳞,成行的镶嵌在细胞中,多为 12～14 行;胸腹鳞较大,呈覆瓦状排列。两腹侧各有 1 条皮肤皱褶。前后两侧各有 1 对附肢。躯干部与尾部交界处有横裂的泄殖孔,是生殖和排泄的出口。

尾部细长,呈鞭状。有白色环纹 6～7 条。尾背面的疣鳞排成 6 行,侧面有 3 对隆起的鳞片。遇险时尾易自断,断后能再生。再生尾短于原尾,不具环纹。雄性泄殖孔前有两个突起的肛后囊,囊内有交配器。雌性的肛后囊不明显,仅有两个细小的鳞突。这是从外形上鉴别雌雄的重要特征之一。

后肢比前肢发达,但不能支起身体,只能爬行。前肢分为上臂、前臂和手三部分,后肢分为股、胫、足三部分。前后肢均有膨大的五指趾,指趾间具蹼。除第一指趾外,末端有小爪。每个指趾底部都有单行皱褶皮瓣,能吸附峭壁。故蛤蚧能在光滑的墙壁或悬岩上自由地爬行。雄性后肢股部腹面还有 12～22 个呈八字形排列的股孔,雌性则无或不明显。这是从外形上区别雌雄的又一特征。

(2) 内部构造:自泄殖孔到头部剖开蛤蚧的腹面,可见其主要内部构造(图 14-16)。

消化系统包括消化道和消化腺。口宽大,口内具同型侧生齿;舌肉质扁平,长而宽,前端微凹,能伸出口外,有助捕食、吞咽和触觉的功能。咽位于口腔后方,呈漏斗状,与食道相接。食道下端与胃相连,胃呈长袋状,有纵行皱褶,可分泌胃液消化食物。胃下接短细的小肠。胃与小肠交界处具幽门瓣,小肠蠕动时瓣膜关闭,防止小肠中的食物倒流入胃。小肠下端接大肠,两者相接处的左侧有很短的盲肠,盲肠短与蛤蚧取食昆虫有关。大肠之后接粗短的直肠,直肠开口于泄殖腔。消化腺包括肝、胆和胰脏。肝呈长三角形,分为左右二叶,赭红色,具网纹;胆囊圆球形,蓝色,大如黄豆,有细小的胆管通入小肠;胰脏长条形,白色。都能分泌消化液至小肠中帮助消化食物。

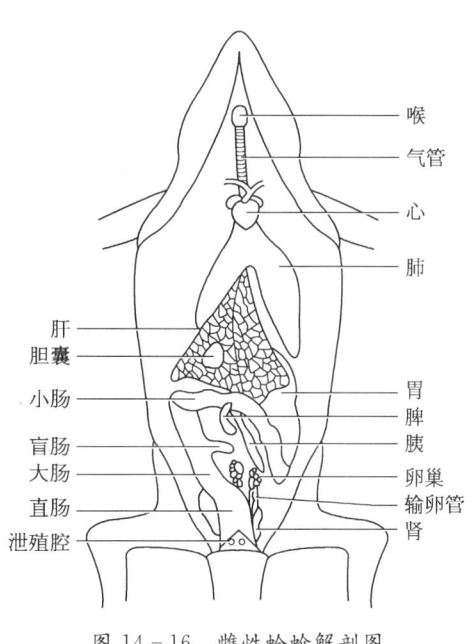

图 14-16 雌性蛤蚧解剖图

呼吸靠肺完成,主要进行胸腹式呼吸。空气通过咽喉部经气管入肺。喉由不完全的环状软骨构成,其内有两条能发音的声带。声带振动,便发出特有的"蛤蚧"、"蛤蚧"的叫声。喉下接较长的气管。其末分成两支分别通入左右肺脏。肺呈囊状,纺锤形,粉红色,左右不对称。肺壁薄,是气体交换的地方。借助肋间肌和腹壁肌的伸缩,完成胸腹式呼吸运动。

心脏由静脉窦、左右心房和心室组成。静脉窦壁薄,呈囊袋状,与右心房相连。心室被室间隔分成不完全的两部分。总动脉干由心室发出,再分支进入全身各部。从而完成血液不完善的双循环。

后肾 1 对,扁长形。每一肾接一条细短的输尿管,其管末端开口于泄殖腔。

蛤蚧在正常情况下,3~4岁达性成熟。雄性有两个扁豆大小的精巢。精巢下接细长的输精管。输精管通入泄殖腔。泄殖腔与肛后囊相连。囊内有两个突起的半阴茎(图14-17a)。

雌性的卵巢1对,下方与带状的输卵管相连。输卵管前端呈喇叭状,后端开口于泄殖腔。成熟的卵落入体腔后,进入输卵管逐渐下行。被输卵管壁分泌的石灰质和胶质包裹,形成卵壳后产出体外(图14-17b)。

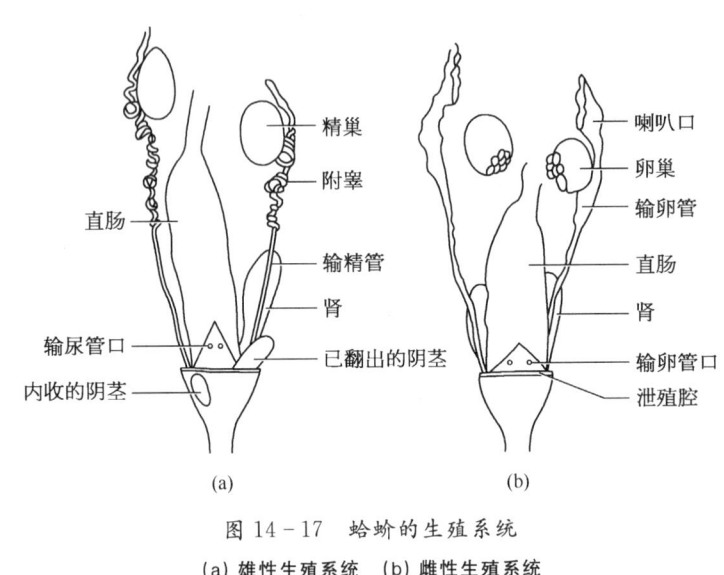

图14-17 蛤蚧的生殖系统
(a) 雄性生殖系统　(b) 雌性生殖系统

2. 药用　以除去内脏的干燥体供药用,名蛤蚧。

中药蛤蚧载于《开宝本草》。马志谓:"蛤蚧生岭南山谷,及城墙或大树间,形如大守宫,身长四五寸,尾与身等。最惜其尾,见人取之,多自啮断其尾而去。药力在尾,尾不全者不效。"李时珍云:"补肺气,益精血,定喘止嗽,疗肺痈,消渴,助阳道。"

药材呈扁片状,头部及躯干部长9~18 cm,尾长6~14 cm。头稍扁,略呈三角形,两眼多凹陷成窟窿,无眼睑,吻鳞不切鼻孔,口内角质齿密生于颚的边级,无大牙。背部灰黑色或银灰色,有黄白色或绿色斑点散在。脊椎骨及两侧肋骨突起。四足均有五趾,除第一趾外,均具爪,趾底面具吸盘。尾细长而结实,扁圆形,有不甚明显的银灰色环带数条。全身密被类圆形微有光泽的细鳞。质坚韧,气腥,味微咸。以体大、尾全、不破碎者为佳。

本品味咸,性平。归肺、肾经。《开宝本草》:味咸,性平,有小毒。功能益肾补肺,定喘止咳。用治肺肾两虚,气喘咳嗽,虚劳咳嗽,咯血;肾虚阳痿,遗精,小便频数,消渴。《开宝本草》:"主久肺劳传尸,疗咳嗽,下淋沥,通水道。"《日华子》:"治肺气,止咳,并通月经,下石淋及治血。"《纲目》:"补肺气,益精血,定喘止咳,疗肺痈消渴,助阳道。"《本草再新》:"温中益肾,固精助阳,通淋行血,蛤蚧尾能治疝。"

本品主要含肌肽、胆碱、肉毒碱、鸟嘌呤、蛋白质、胆甾醇、磷脂、脂肪酸等。乙醇提取物占30%。经分析有色氨酸、赖氨酸、精氨酸、甘氨酸、脯氨酸、谷氨酸等16种氨基酸。水提取物经灰分分析含有钙、磷、镁、锌、锶、铁等18种无基元素。

药理实验表明,本品的乙醇提取物有性激素样作用,可使小鼠的性腺和性器官的重量增加,发情期延长,其效力较蛇床子、淫羊藿、海马弱;经研究本品具有抗自由基、延缓衰老、增强免疫功能、抗炎等药理作用。本品对新药的开发研究有重要的意义。

二、多痣壁虎(多疣壁虎)*Gekko japonicus*(Dumeil et Bibron)

为有鳞目壁虎科动物。又名守宫、天龙、爬壁虎等。常栖息于树洞、岩石或房檐和墙壁缝隙之中。夜出,喜以昆虫为食。分布于山西、陕西、甘肃、山东、江苏、江西、安徽、浙江、湖北、湖南、福建、四川、贵州等地。

1. **形态** 全体长约 10 cm,体扁平,头大,略呈三角形。吻长,约为眼径的 2 倍。无活动眼睑,眼球外覆以透明薄膜。鼓膜明显。上下颌具细齿。舌宽厚、顶端凹入。四肢短,多具 5 指趾,末端膨大,指趾间有微蹼。除拇指外,均具爪。指趾底部具单行褶襞皮瓣。尾尖长,约为体长的 2/3,呈细鞭状。头和背部被粒状疣鳞;枕部和体侧杂以大型疣状结节;颏下鳞 2 对;胸腹鳞大,呈覆瓦状排列;尾鳞排成整齐的横环形,腹面中段有 1 条横列长鳞。背部褐灰色,有黑斑或有 5 条隐晦的条纹;下唇和腹面白色,散在小型黑点。尾上有黑色环纹 9 条(图 14-18)。

图 14-18 多疣壁虎

2. **药用** 以去内脏的干燥全体入药,名壁虎。

壁虎原名守宫,载于《本草纲目》鳞部。李时珍云:"守宫,处处人家墙壁有之。状如蛇医,而灰黑色,扁首长颈,细鳞四足,长者六七寸,亦不闻噬人。"

药材呈干瘪、屈曲状,头呈卵圆形,尾多残缺不全,背部黑色,腹部黄褐色,质脆,易折断。气腥,味微咸。以体大、肥壮、尾全,不破碎者为佳。

本品味咸,性寒。有小毒。归肝经。功能散结止痛,祛风定惊。用治瘰疬,痈疽,癌瘤肿痛,风湿痹痛,瘫痪以及破伤风、惊痫引起的角弓反张、筋脉拘急、口噤等。近年将本品制成"壁虎组织液",用治神经衰弱,消化不良,食欲不振以及顽固性头痛、视神经萎缩等取得了较好疗效。用本品试治食管癌也获一定效果。《纲目》:"主治中风瘫痪,手足不举,或历节风痛,及风痉疬,小儿疳痢,血积成痞,疬风瘰疬;疗蝎螫。"

本品主要含脂肪、氨基酸;另含铝、铁、钙、镁、钡等 17 种元素,多种微量元素,其中锌的含量较蛤蚧、蜡皮蜥、斑丽麻蜥高。还含有与马蜂毒相似的有毒物质及组胺类成分等。

与多疣壁虎功效相似,同等入药还有同科属的无蹼壁虎 *Gekko suinhonis*、蹼趾壁虎 *Gekko chinensis*、无疣壁虎 *Gekko subpalmatus* 等的干燥全体。

多疣壁虎及同属动物现代临床研究具有抗结核、抗肿瘤等药理作用,临床用治神经衰弱、血栓闭塞性脉管炎、血栓性静脉炎、慢性骨髓炎、扁桃体炎,以及蝎、蜂蜇伤肿痛等。

药用壁虎主要种类检索表

1(4) 趾间无蹼或仅具蹼的痕迹。
2(3) 背上疣多,与鳞区分明显,头后常有疣 ········ 多疣壁虎 *Gekko japonicus*
3(2) 背上疣少,与鳞区分不明显,头后常无疣 ········ 无蹼壁虎 *Gekko suinhonis*
4(1) 趾间有蹼。
5(6) 背上有疣,雄性具 17 个以上的肛前小孔 ········ 蹼趾壁虎 *Gekko chinensis*
6(5) 背上无疣,雄性具 9~11 个肛前小孔 ········ 无疣壁虎 *Gekko subpalmatus*

三、乌龟 *Chinenys reevesii*(Gray)

为龟鳖目龟科动物。又名龟、山龟、金钱龟等。乌龟喜群居,常栖于河流、山川、湖泊和池塘中或水边潮湿的草地上。主要分布在广东、广西、湖北、湖南、江苏、安徽、浙江、江西、山东、河北、陕西、河南、四川、贵州、云南、台湾等地。近年来在上述多数省区已有人工饲养。

1. **形态** 乌龟头部光滑,上下颌无齿而具角质鞘,后端被覆小鳞,鼓膜明显。躯干部的背、腹两面均被硬甲,背为角质板,腹为骨质板。颈角板后端较前端宽;椎角板5块,第一块前宽后窄,后3块宽大于长;肋角板两侧对称,各4块;缘角板每侧各11块;臀角板2块,近长方形。雌龟背面中央及两侧具3条明显的纵棱,雄龟则不明显,副角板及鼠蹊板显著。腹甲由6对角板组织,颐角板1对,呈三角形;肱角板1对,外缘较宽;胸、腹角板各1对,较其他角板大;股角板1对,外缘比中线稍长;肛角板1对,后缘凹陷成倒"V"字形。背腹甲在体侧由甲桥相连,构成体腔。四肢稍扁,除后肢第五趾外,余皆具爪。指趾间有蹼。尾短而细。受惊时头和四肢都可立即缩入甲内(图14-19)。

图14-19 乌龟(卢先明摄)

2. **药用** 乌龟的背腹甲、肉、血、胆汁以及龟甲熬制的胶块可供药用。

龟甲载于《神农本草经》,列为上品。龟版之名见于《日华子本草》。陶宏景云:"此用水中神龟,长一尺二寸者为善……壳可入药。"李时珍云:"陶言壳可入药,则古者上下甲皆用之,至日华始用龟版,而后人递主之矣。"近代研究表明其背甲的功效与腹甲相同,故现又始用全甲入药。

药材背甲及腹甲由甲桥相连,背甲稍长于腹甲,与腹甲常分离。背甲呈长椭圆形拱状,长7.5~22 cm,宽6~18 cm;外表面棕褐色或黑褐色,脊棱3条;颈盾1块,前窄后宽;椎盾5块,第1椎盾长大于宽或近相等,第2~4椎盾宽大于长;肋盾两侧对称,各4块;缘盾每侧11块;臀盾2块。腹甲呈板片状,近长方椭圆形,长6.4~21 cm,宽5.5~17 cm;外表面淡黄棕色至棕黑色,盾片12块,每块常具紫褐色放射状纹理,腹盾、胸盾和股盾中缝均长,喉盾、肛盾次之,肱盾中缝最短;内表面黄白色至灰白色,"血版"不脱皮,有的略带血迹或残肉,"烫版"色稍深,有脱皮的痕迹,除净后可见骨板9块,呈锯齿状嵌接;前端钝圆或平截,后端具三角形缺刻,两侧残存呈翼状向斜上方弯曲的甲桥。质紧硬。气微腥,味微咸。以块大、无残肉、甲有血迹者为佳。

本品味甘、咸,性微寒。归肝、肾、心经。功能养阴潜阳,益肾健骨,养血补心。用治肝阳上亢,头晕目眩,心烦作呕,骨蒸劳热,咳嗽咯血,遗精盗汗以及失眠健忘,月经过多等。《本经》:"主漏下赤白,破癥瘕,痎疟,五痔,阳蚀,湿痹,四肢重弱,小儿囟不合,久服轻身不饥。"《本草衍义补遗》:"补阴之功力猛,而兼去瘀血、续筋骨,治劳倦。""治阴血不足,止血,四肢无力。"

龟甲主要含蛋白质、脂肪、骨胶原和钙盐等。骨胶原中含苏氨酸、甲硫氨酸、天冬氨酸等18种氨基酸。另含铬、锰、铜、锌、磷、镁、铁、钾、钙、锶等10多种无机元素。

中药龟甲药典品种日趋稀少。此外,中华花龟 *Ocadia sinensis* (Gray)、红耳泥龟 *Trachemys scripta* Elegans、黄缘闭壳龟 *Cuora flavomarginata* (Gray)、平胸龟 *Platysternon megacephalum* Gray 等的腹甲或背甲亦具乌龟龟甲的类似化学成分。红耳泥龟目前已大量养殖,从成分分析和药理实验,其背甲和腹甲与龟甲类似,可作为药用新资源进行开发研究。

龟肉为乌龟去内脏、甲壳的全体。味甘、咸,性平。功能补血益阴。用治劳瘵骨蒸,久咳咯血,久疟,血痢,肠风下血及筋骨疼痛。

龟版胶为乌龟甲壳熬制成的固体胶块。味甘、咸,性平。功能补血,止血,滋阴。用治阴虚血亏,骨蒸劳热,吐血,衄血,崩漏,带下,烦热惊悸等。

四、中华鳖 *Trionyx sinensis*（Wiegmann）

为龟鳖目鳖科动物。又名团鱼、甲鱼、王八等。鳖为水栖性爬行动物,多生活于江河、湖泊、池塘及较大的山溪中。以鱼、虾等为食。广泛分布于全国各地。主产于湖北、湖南、安徽、江苏、江西、浙江、四川、云南等地。已有人工养殖。

1. **形态** 体呈扁椭圆形或卵圆形。头尖吻长,吻突短管状,鼻孔位于吻突前端。口中具角质硬鞘。眼小,颈长,头、颈可缩入甲内。体表被角质皮肤,骨板不发达,背腹边缘有较厚的结缔组织,习称裙边。背部橄榄色或黑棕色,具纵列小疣和黑斑。两侧及腹面有黄色条纹。腹面肉黄色,有浅绿色斑点。前后肢具五指趾,内侧3指趾端有爪,指趾间有发达的蹼。雄体较雌体扁平,尾稍长(图14-20)。

2. **药用** 以背甲入药,名鳖甲。肉、头、卵、血、胆、脂肪和背甲熬制的固体胶块亦供药用。

鳖甲载于《神农本草经》,列为中品。《本草纲目》载于介部。李时珍云:"鳖,甲虫也。水居陆生,穿脊连胁,与龟同类。"

图14-20 中华鳖(仿自郑作新、胡淑琴)

鳖甲药材呈椭圆形或卵圆形,长10～20 cm,宽8～17 cm,厚约5 mm,背面隆起。背面灰褐色或黑绿色,密布皱褶并有灰黄色或灰白色斑点;腹面灰白色,中部有突起的脊椎骨,颈骨向内卷曲,两侧有对长的肋骨各8条,伸出边缘。质坚硬,易自骨板衔接缝断裂。气微腥,味淡。以块大、无残肉者为佳。

本品味咸,性微寒。归肝、肾经。功能滋阳潜阳,软坚散结。用治阴虚发热,虚风内动,癥瘕痞块,久疟,疟母以及经闭等。《本经》:"主心腹癥瘕坚积,寒热,去痞、息肉、阴蚀、痔、恶肉。"《雷公炮灸论》:"治气、破块、消癥、定心药中用之。"《药性论》:"主宿食、癥块、痃癖气、冷瘕、劳瘦、下气、除骨热、骨节间劳热、结实壅塞。治妇人漏下五色、羸瘦者。"

鳖甲主要含骨胶原、碳酸钙、磷酸钙、多糖、17种氨基酸及钙、钠、铝、钾、锰、铜、锌、磷、镁等十多种微量元素。

现代研究表明,鳖甲具保肝、抗肿瘤、抗辐射、增强免疫功能等药理作用。可用于肝硬化腹水、肝脾肿大、肝炎、肺结核、肿瘤、淋巴结核等症。

鳖肉为中华鳖去内脏、甲片的全体。味甘,性平。功能滋阴凉血。用治骨蒸劳热,久疟,久痢,崩漏带下等。

鳖甲胶为中华鳖的背甲熬制的干燥固体胶块。载《卫生宝鉴》。功能滋阴补血,退热,消瘀。用治阴虚潮热,虚劳咳血等。

现代对鳖腹甲和背甲成分进行比较研究,结果鳖的背、腹甲均含有钙、磷、钠、镁、钾、锌、铁等11种元素,其含量的高低也基本相同,背、腹甲均含有17种人体必需的氨基酸,氨基酸总量及每种氨基酸含量均是鳖腹甲高于鳖背甲,为扩大中华鳖的药用部位有重要的意义。

五、乌梢蛇 Zaocys dhumnades（Cantor）

为有鳞目游蛇科动物。又名乌蛇、乌风蛇、剑脊蛇等。乌梢蛇多栖于丘陵地带的草木丛中或水边、田野等地。在树洞中或泥堆中越冬。行动敏捷,以蛙类、鱼类、鼠类、蜥蜴等为食。分布于陕西、甘肃、江苏、浙江、安徽、江西、福建、台湾、河南、河北、湖南、湖北、广东、广西、四川、贵州等地。

1. **形态** 乌梢蛇为无毒蛇,体长达2 m左右。鼻孔大,椭圆形,位于两鼻鳞间。鼻间鳞宽大于长。眼大,眼后鳞2片;上唇鳞8片,第4,5片入眼;下唇鳞10~11片,第六片最大;背鳞前段16行,后段14行;从颈后起背部中央有2~4行起棱的鳞片。是我国蛇类中背鳞唯一具偶数行的种类。肛鳞对裂,尾下鳞101~128对,腹鳞186~205片。背部灰褐色,中央的2行鳞片黄褐色,其外侧2行鳞片黑色,呈现出2条显著的黑色纵纹。腹面灰白色。但有的全体黑褐色(图14-21)。

图14-21 乌梢蛇

2. **药用** 以除去内脏的全体入药,名乌梢蛇。

载于《开宝本草》。《本草纲目》收载于鳞部。李时珍云:"乌蛇有两种,一种剑脊细尾者为上,一种长大无剑脊而尾稍粗者,名乌风蛇,亦治风而力不及。"又云:"功与白花蛇同而性善无毒。"供药用的乌梢蛇应为李时珍所云的前种。

药材呈圆盘状,盘径13~16 cm。全体乌黑或黑褐色,被菱形细鳞,背鳞行数为偶数。头盘在中央,扁圆形,口内有多数刺状牙齿。脊部高耸;腹部剖开边缘向内卷曲。内面黄白色或淡棕色,可见排列整齐的肋骨。尾部渐细而长。质坚硬。气腥,味淡。以头尾齐全、皮黑肉黄、质坚实者为佳。

本品味甘,性平,无毒。归肺、脾、肝经。功能祛风湿,通经络,止痉。用治风湿顽痹,肌肤麻木,筋脉拘挛,肢体瘫痪,破伤风,麻风,风疹疥癣等。《药性论》:"治热毒风,皮肤生疮,眉须脱落,瘑痒疥等。"《开宝本草》:"主诸风,瘙隐疹,皮肤不仁,顽痹。"

主要含氨基酸、蛋白质、脂肪、果糖、蛇肌醛缩酶、胶原蛋白及钙、铜、铁、钾、镁、锰、钼、钠、镍、磷、锶、锌等无机元素。

现代研究表明,乌梢蛇具镇静、镇痛、抗炎、抗蛇毒等药理作用。临床上用以治疗荨麻疹、湿疹、皮炎、疥癣、脉管炎、肩周炎、关节结核、脑血栓后遗症等。

六、银环蛇 Bungarus multicinctus（Blytn）

为有鳞目眼镜蛇科动物。又名寸白蛇、金钱蛇、小白花蛇等。喜栖于平原或山谷多水之处,常夜间活动。以鱼类、蛙类、鼠类等为食。全国各省均有分布,以广东、广西、福建、台湾、安徽、浙江、江西、湖北、湖南、海南、四川、贵州、云南等地为主产地。现在江苏、广东等地有养殖。

1. **形态** 体长 1 m 余,背面具黑白相间的环纹,黑色环纹比白色环纹宽。白色环纹宽 1 枚鳞片左右。全体有环纹 30~60 条,腹面白色,略带灰黑色小斑点,背鳞通身 15 行,正中一行鳞片扩大呈六角形,尾下鳞单列,41~51 行(图 14-22)。

2. **药用** 以孵出 1~3 周的幼蛇去内脏的干燥全体供药用。名金钱白花蛇。

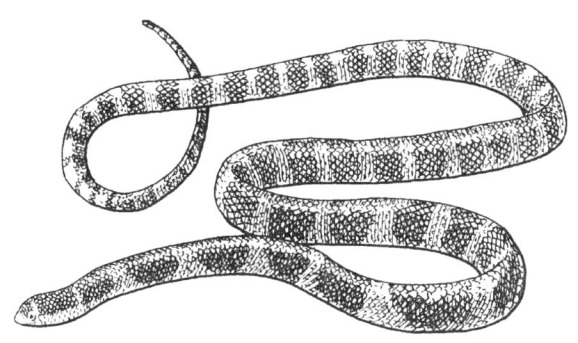

图 14-22 银环蛇

药材呈圆盘状,头在中央,尾细常纳于口内。盘径约 3 cm,蛇体直径约 4 mm;亦有蛇体较大,盘径达 15 cm,蛇体直径达 2 cm 者。背部黑棕色,有光泽,具多数白色环纹,并有 1 条显著突起的脊棱,鳞片细密。腹部黄白色,鳞片稍大。内表面黄白色。气微腥,味微咸。以头尾齐全、肉色黄白、盘径小者为佳。

味甘、咸,性温,有毒。归肝经。功能祛风,活络,定惊。用治风湿痹痛,筋脉拘挛,肢体麻木,麻风,顽癣,中风口眼歪斜,半身不遂,皮肤瘙痒,以及破伤风,小儿急慢惊风等。《饮片新参》:"治麻风,瘫痪,疥癣。"《广西药用动物》:"祛风湿,疗瘫痪,镇痉,攻毒。主治风湿关节酸痛,四肢筋脉拘急,半身不遂,口眼歪斜,恶疮和破伤风。"

主要含蛋白质、脂肪、氨基酸、鸟嘌呤核苷等。蛇毒中含三磷酸腺苷酶、磷脂酶等多种酶。现代药理研究表明,金钱白花蛇有降压、镇痛、抗癌、促进神经再生等作用。

七、尖吻蝮蛇 *Agkistrodon acutus*(Guenther)

为有鳞目蝰蛇科动物。又名五步蛇、翘鼻蛇、白花蛇等。栖于山区或丘陵的林木茂盛的阴湿之处,或路边草丛中。以蟾蜍、蛙类、鼠类为食。主要分布于福建、浙江、台湾、安徽、江西、湖北、湖南、广东、广西、贵州等地。

1. **形态** 为有毒蛇,体长 1.5~2 m。头大,三角形,吻端上翘。体粗壮,尾短而尖,末端 1 枚鳞片尖长侧扁,俗称"佛指甲"。头部两侧鼻孔与眼之间具颊窝。体背灰褐色,有灰白色的近方形斑块,俗称"方胜纹"。眼后到颈侧,有黑色带状条纹。腹部白色,有明显的念珠斑(图 14-23)。

2. **药用** 以去内脏的干燥全体供药用。名白花蛇或蕲蛇。

图 14-23 尖吻蝮蛇

蕲蛇载于《开宝本草》。《本草纲目》收载于鳞部。李时珍云:"花蛇,湖、蜀皆有,今惟以蕲蛇擅名……故入药独取蕲产者也。"

药材呈圆盘形,盘径 17~34 cm,全体具鳞片。头在中央稍向上,呈扁三角形,吻端向上突出,习称"翘鼻头",眼后至颈侧有 1 条黑色斑纹,口宽大,上颚有 1 对毒牙。背部红棕色,有 24

个灰白色菱方形斑纹,习称方胜纹。腹部灰白色,鳞片较大,有多数类圆形黑斑,习称连珠斑。内表面黄白色,可见脊椎骨及肋骨。气腥,味微腥。以头尾齐全、条大、花纹明显、内壁洁净者为佳。

味甘、咸,性温,有毒。归肝经。有祛风,功能通络,止痉。用治风湿顽痹,筋脉拘挛,中风口㖞,半身不遂,小儿惊风,杨梅疮,麻风,疥癣等。《药性论》:"主治肺风鼻塞,身生白癜风、疬疡、斑点及浮风瘾疹。"《开宝本草》:"主中风湿痹不仁,筋脉拘急,口面歪斜,半身不遂,骨节疼痛,大风疥癞及暴风瘙痒,脚弱不能久立"。《纲目》:"通治诸风,破伤风,小儿风热,急慢惊风搐搦,瘰疾漏疾,杨梅疮,痘疮倒陷。"

主要含蛋白质、脂肪、氨基酸等。毒腺中主要含出血性毒、神经性毒、溶血成分及促进血液凝固成分。尚含鸟嘌呤核苷及无机元素锌、锰、铁、钙、镁、铜、钼、钴、磷、硅等。

现代药理研究表明,蕲蛇有抗溃疡、降压、镇静、镇痛、催眠、增强免疫功能等作用。

尖吻蝮的眼睛,名白花蛇目睛,可治小儿夜啼;其头部,名白花蛇头,可治小儿惊风,紫癜风,疥癣,麻风等。

八、 脆蛇蜥 *Ophisaurus harti*（Boulengar）

为有鳞目蛇蜥科动物。又名脆蛇、无脚蜥、脆蛇蜥等。脆蛇蜥多栖息于农田或灌木草丛中及大石块下,营穴居生活。以蜗牛、蚯蚓等为食。分布于江苏、浙江、福建、台湾、广西、四川、云南、贵州等地。四川已有人工养殖。

1. **形态** 外形似蛇,全长 60 cm 左右。全身被覆瓦状鳞片,体两侧自颈部至肛门各有 1 条纵沟。吻端钝,吻鳞与单片前额鳞间有 2 枚鳞片,背鳞 14～16 行,中央 8～10 行具棱;腹鳞 10 行。尾很长,约为头身长的 2 倍;尾易断,能再生。背面棕色,略具金属光泽,雄性背面有翡翠色横斑(图 14 - 24)。

图 14 - 24 脆蛇蜥

2. **药用** 以干燥的全体供药用,名脆蛇。

原名金蛇,载《本草拾遗》。《本草纲目》收载于鳞部。《开宝本草》:"金蛇大如中指,长尺许,常登木饮露,身作金色,照日有光。"《纲目拾遗》引《陈鼎蛇谱》云:"脆蛇产贵州土司中,长尺有二寸,圆如钱,嘴尖尾秃,背黑腹白,暗鳞点点可玩。"

药材呈圆盘形,头三角形而居中,尾细尖而在外,盘径 6～10 cm。背面棕黄色或绿褐色,有光泽,腹面呈黄白色,带有竹签痕迹。腹侧各有 1 条凹沟。体轻,质脆。气微腹。以条匀,无碎断,气腥不臭,有光泽者为佳。

味咸,性平,有小毒。归肝、脾、肾经。功能散瘀,祛风,消肿,解毒。用治跌打损伤,麻风和痈疽肿毒等。《开宝本草》:"解生金毒。人中金药毒者,取金蛇四寸,炙令黄,煮汁饮,频服之,以瘥为度。银蛇解银药毒。"《本草图经》:"能解众毒,止泻泄及邪热"。《纲目》:"疗久痢。"《滇略》:"治恶疽,腰以上用首,腰以下用尾;又治大麻风及痢。"《纲目拾遗》:"肉熬膏,箍痈疽,去风疗。其骨醋磨,围肿毒。"

与脆蛇蜥功效相似的还有同科属动物细蛇蜥 Ophisaurus gracilis (Gray),又名云南蛇蜥。与脆蛇蜥相似,不同的是体较细长,吻鳞与单片前额鳞间只有1枚鳞片。主要分布于云南、贵州、四川和西藏等地。

九、爬行纲其他药用动物

(1) 铜楔蜥 Sphenomorphus indicus (Gray):为有鳞目石龙子科动物。又名铜石龙子。以去内脏的干燥全体供药用。功能解毒,祛风,止痒。用治肺痈,瘰疬,风湿关节疼痛,痒疹,疮毒等。

(2) 枕纹锦蛇 Elaphe dione (Pllas):为有鳞目游蛇科动物。又名麻蛇、白条锦蛇。以脱下的干燥皮膜供药用,称蛇蜕。功能祛风,解毒,杀虫,明目。用治惊痫、喉痹、诸疮疥癣、目翳等。

(3) 虎斑游蛇 Natrix tiguina Lateralis (Berthold):为有鳞目游蛇科动物。又名菜子蛇、竹竿青。以干燥全体供药用。功能解毒,祛风除湿,止痛。用治疤骨流痰(骨结核),骨质增生,风湿疼痛等。近年来用本品试治胃癌、食管癌、乳腺癌取得一定疗效。

(4) 金环蛇 Bungarus fasciatus (Schineider):为有鳞目眼镜蛇科动物。又名金蛇、黄节蛇。以去头、内脏的全体和胆汁供药用。分别称金蛇和金蛇胆。金蛇是有名的"三蛇酒"的原料之一。三蛇酒用治风湿麻痹,手足瘫痪,疮疡肿痛等症。金蛇胆功能清热除痰。用治肺热咳嗽,痰壅气逆等症。

(5) 眼镜蛇 Naja naja (L.):为有鳞目眼镜蛇科动物。又名膨颈蛇、吹风蛇、琵琶蛇。有剧毒。以去内脏的全体供药用,称眼镜蛇。功能祛风,活血通络,镇痛。用治风湿疼痛,半身不遂以及各种疼痛。其胆汁也供药用。有祛风除痰之效,用治风痰壅滞的喘息不宁,咳嗽痰多等症。近年来用其蛇毒治疗各种癌瘤所致的剧烈疼痛,取得很好的疗效。

(6) 长吻海蛇 Pelamis platurus (L.):为有鳞目海蛇科动物。又名海蛇、两头蛇、南风蛇。以鲜体供药用。功能祛风除湿,活血通络,强身健体。用治风湿痹痛,产后中风,小儿肌瘦等症。

本纲供药用的还有有鳞目蜥蜴科的变色树蜥 Calotus uersicolor (Daudin)、有鳞目蜥蜴科的纵斑蜥虎 Hemidactylus bowringii (Gray)、有鳞目蜥蜴科的丽斑麻蜥 Eremias argus Pters,有鳞目游蛇科的赤链蛇 Dinodon rufazonatum (Cantor)、有鳞目游蛇科的灰鼠蛇 Ptyas korros (Schlegel)、有鳞目蝰蛇科的蝮蛇 Agkistrodon halys (Pallas)、有鳞目海蛇科的青环海蛇 Hlydrophis cranocinctus Dauolin 和有鳞目海蛇科的海蝰 Praescutata viperina (Schmidt)等。

此外,蛇毒的开发利用有着广阔的前景。蛇毒为眼镜蛇科动物眼镜蛇 Naja naja (L.)及蝰蛇科动物蝮蛇 Aqkistrodon halys (Pallas)等毒蛇毒牙中的有毒液体。是一种含多种酶类的毒性蛋白质及肽类物质,具有促凝、抗癌、镇痛等药理作用。我国于20世纪50年代已将眼镜蛇毒粗粉用于治疗多种疼痛。1978年龚潮梁等将提纯的眼镜蛇神经毒制成镇痛药物——克痛宁,用于临床。目前研究蛇毒的功效主要是镇痛、止血、抗炎、抗癌、抗凝、抗蛇毒血清等。多用于治疗心脑血管疾病,周围血管疾病,癌症,肺心病,糖尿病,风湿关节疼痛等。在克痛宁的基础上,新研制的"新克痛宁",有较好的镇痛作用,可治疗风湿关节疼痛,三叉神经痛,坐骨神经痛,肋间神经痛,麻风痛,晚期癌症等。

(卢先明)

第十五章

鸟 纲

鸟类是由古代爬行类进化而来的一支适应飞翔生活的高等脊椎动物。为了适应飞翔,形成其身体呈流线型,皮肤薄而韧,骨骼轻便而坚固,胸肌发达,消化能力强,双重呼吸,血液双循环,无膀胱,神经与感官发达,卵生,迁徙等主要特点。由于鸟类在形态构造方面有上述一系列的高级特征,又有很强的飞翔能力,能进行快速的飞行运动,使之种类繁多,遍布全球,成为脊椎动物中仅次于鱼类的第二大纲。全世界现有鸟类 8 700 余种,我国有 1 180 余种。我国药用鸟类根据现有资料统计约 85 种,分属 16 个目。常见的药用种类有乌骨鸡、鸡、鹌鹑、家鸭、鹅、家鸽等。

学习重点:
1. 掌握鸟纲动物的主要特征、分类类群。
2. 熟悉鸟纲动物的主要药用种类。
3. 了解鸟纲药用动物的现代研究进展。

鸟纲(Aves)动物是由古代爬行类进化而来的一支适应飞翔生活的高等脊椎动物。它们的形态结构在爬行类的基础上有了较大的发展,具一系列比爬行类高级的进步性特征。如有高而恒定的体温,完善的双循环体系,发达的神经系统和感觉器官,以及与此联系的各种复杂行为等;另一方面为适应飞翔生活而又有较多的特化,如体呈流线型,体表被羽毛,前肢特化成翼,骨骼坚固、轻便而多有合并,具气囊等。这一系列的特化,使鸟类具有很强的飞翔能力,能进行特殊的飞行运动。由于鸟类在形态构造方面有上述一系列的高级特征,又有很强的飞翔能力,能进行快速的飞行运动,使之种类繁多,遍布全球,成为脊椎动物中仅次于鱼类的第二大纲。

全世界现有鸟类 8 700 余种,我国有 1 180 余种。绝大多数营树栖生活。少数营地栖生活。水禽类在水中寻食,部分种类有迁徙的习性。主要分布于热带、亚热带和温带。国内的种类多分布于西南、华南、中南、华东和华北地区。常见的药用种类有乌骨鸡、鸡、鹌鹑、家鸭、鹅、家鸽、鸢、金丝燕、麻雀等。其中乌骨鸡是有名的传统滋补药物,也是驰名国内外中成药乌鸡白凤丸的主药,具有补肝肾、益气血、调经止带的功效。其他如鹌鹑也是疗效甚好的补益药物,素有"动物人参"之称。

此外,相当多的鸟类以虫、鼠为食,对农、林业上防治虫、鼠之害起了较大作用。所以绝大多数鸟类对人类有益,应加以保护。

第一节　鸟纲的主要特征

一、体型

鸟体呈流线型,适应飞翔生活。鸟体分为头、颈、躯干、尾和四肢五部分。头部小而圆,先端具啄食的喙(bill),头两侧各有一圆而大的眼,具眼睑和能活动的瞬膜,有保护眼球的作用。眼后有耳孔,其外周具耳羽,能收集声波。颈长而灵活,可弥补前肢变成翼所带来的不便。躯干纺锤形,具流线型的外廓,可减少飞行时的阻力,增加飞行速度。尾部短小,末端着生扇形尾羽(tail feather),飞翔时起舵的作用。前肢特化成翼,翼上着生飞羽(remiges),是飞翔器官。善飞的鸟类,翼和飞羽发达。后肢为足,足下部覆有鳞片(scale)或羽毛。足通常具四趾(第五趾退化),趾端有爪。一般是三趾向前,拇趾向后。但也有退化成三趾或二趾的,如鸵鸟只具二趾(如图 15-1)。

鸟类的喙和足的形态因种类不同而异,因此是鸟类分类的重要依据之一。

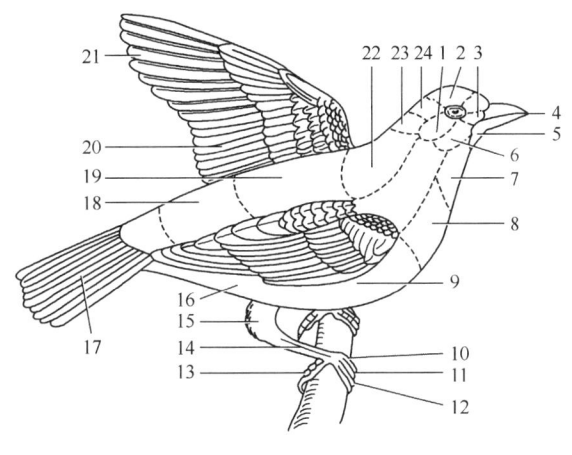

图 15-1　鸟纲模式图
1. 耳羽　2. 头顶　3. 眼先　4. 喙　5. 额　6. 颊　7. 喉
8. 胸　9. 胁　10. 内趾　11. 中趾　12. 外趾　13. 后趾
14. 跗趾　15. 腿　16. 腹　17. 尾羽　18. 腰　19. 背
20. 次级飞羽　21. 初级飞羽　22. 下颌　23. 项颈　24. 枕

二、皮肤及其衍生物

鸟类的皮肤薄而有韧性,便于飞翔时肌肉的剧烈运动。除尾脂腺(uropygial gland)外,与爬行类一样缺乏皮肤腺。尾脂腺分泌的油脂,常被鸟用喙涂于羽毛上,有防止羽毛变形和水浸湿的作用。所以水禽类(如家鸭)的尾脂腺特别发达。

鸟类皮肤的又一特点是具有由表皮衍生的羽毛、喙、爪、鳞片等角质化物。而羽毛又是鸟类不同于其他各种动物的典型特征之一。羽毛有护体、保温和飞翔的作用。根据羽毛有构造和功能不同,可分为正羽(contour feather)、绒羽(plumule or down feather)和纤羽(hairy feather)3 种(图 15-2)。

正羽,又称翻羽(calamus)。是覆盖体表的羽毛。由羽轴(scape or shaft)和羽片(vane or web)构成。羽轴下部称羽根,插入皮肤中,末端的小孔称下脐(lower umbilicus),羽根上端与羽片交界处称上脐(upper umbilicus);由此处向内方丛生的散羽称副羽(after feather)。羽轴上部称羽片,其两侧的羽片称翈。羽片由两侧的羽支和羽小支组成。羽小支上有许多羽小钩,把相邻的羽小支勾连起来,成为有弹性的羽片。若羽小支被外力分开,则鸟用喙啄梳后可重新勾连在一起。这就是鸟经常啄梳羽毛的原因。

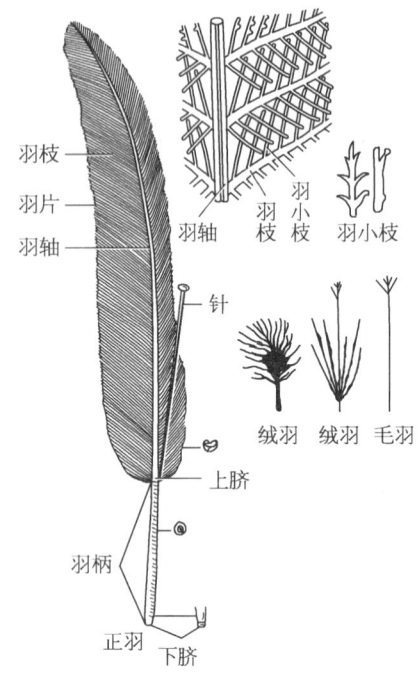

图 15-2 羽毛的 3 种类型

绒羽又称䎃，无羽干，羽根短，羽支柔软，丛生于羽根末端。羽小支细长，不具钩，因此绒羽蓬松，形似棉绒，保温力很强。尤其是水禽类冬季的绒羽十分丰厚。纤羽又称毛羽，形似毛发，有的末端着生少数羽支和羽小支。多生在鸟的口鼻部或散生于正羽、绒羽之间。

鸟类的羽毛着生于体表的一定部位，成为羽迹。羽毛的分布，有利于飞行时肌肉的剧烈运动。不会飞行的鸟类，如鸵鸟、企鹅等的羽毛则均匀布满全身。鸟类羽毛的颜色多与栖息环境的颜色一致，起保护作用。鸟类的羽毛通常是每年更换 2 次。一次在繁殖结束后更换的新羽，称冬羽（winter feather）；另一次在冬末春初更换的新羽，称婚羽（nuptial），又称夏羽（summer feather）。换羽（moit）有利于迁徙、越冬和繁殖。除雁鸭类外，飞羽和尾羽的更换是逐渐进行的，故不影响鸟类的飞翔生活。

三、骨骼系统

为适应空中飞行的需要，鸟类的骨骼发生了许多特化。如骨骼轻便而坚固；大骨骼中有充满空气的孔隙（pneumatization）；有的骨块合并；肢骨和带骨都有较大的变形等（图 15-3）。

1. **头骨** 鸟类的头骨的一般结构与爬行类相似，但为适应飞翔生活的需要，发生明显的特化。头骨轻薄而坚固，各骨块间的界缝在成鸟已完全愈合，骨内有许多小孔，可被气囊充气。同时，上下颌骨极度前伸构成鸟喙。鸟喙外具角质鞘，形成锐利的切缘或短钩。这是鸟类的啄食器官，也是鸟类区别于所有脊椎动物特有的结构。现代鸟类口中无齿，一般认为也是为减轻体重适应飞翔生活。并且由于脑颅和视觉器官的高度发达，改变了头颅的形状。颅腔膨大，使头骨顶部变成拱圆形；枕骨大孔移至腹面，这是鸟类对直立生活的一种适应。眼眶膨大，眼球特别发达，构成和强化了眶间隔这一特点。

2. **脊柱和胸骨** 鸟类的脊柱由颈椎、胸椎、腰椎、荐椎和尾椎五部分组成。颈椎 14 枚，椎骨间的关节面呈马鞍形，

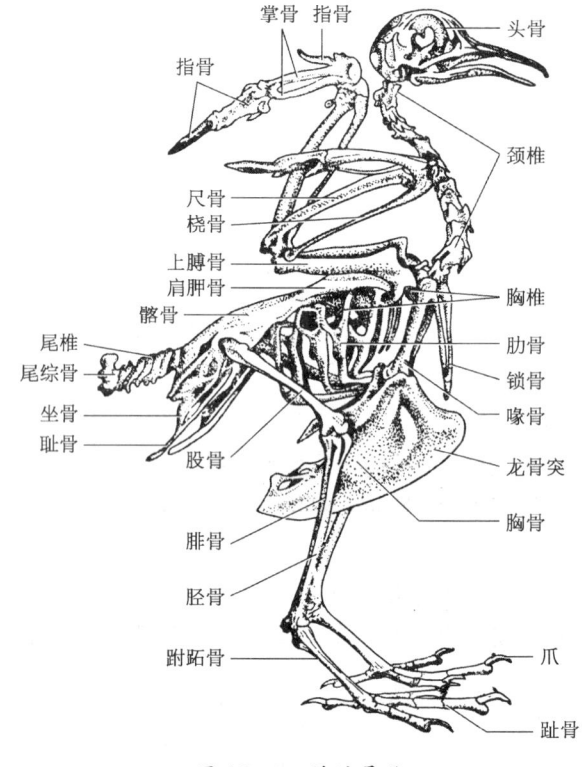

图 15-3 鸽的骨骼
（仿刘凌云《普通动物学》）

称之为异凹形椎骨。这种特殊的连接方式,使椎骨间的活动十分灵活。鸟类的第一颈椎呈环状,称为寰椎;第二颈椎称为枢椎。寰椎与头骨一起可在枢椎上转动,大大提高了头部活动范围。一般鸟类的头部可转动180°,猫头鹰的头部可转动270°。胸椎5～6枚,仅体数第二枚能活动。肋骨分背、腹两段,两段间有可动的关节;前几对肋骨的背段后缘有钩状突,压在后一对肋骨上,而腹段与胸骨相连,构成牢固的胸廓。善飞鸟类的胸骨十分发达,腹中线处有高耸的龙骨突起(keel),增大胸肌附着面。不善飞的种类如鸵鸟的胸骨则扁平。

综荐骨(synsacrum)是鸟类特有的结构。是由少数的胸椎、腰椎、荐椎和前几枚尾椎愈合而成的,又与宽大的骨盆(髂骨、坐骨和耻骨)相愈合,成为鸟类在地面行走时支持身体重量的坚强支架。鸟类的尾骨退化,最后几枚尾椎合并成一块支撑扇形尾羽的尾综骨(pygostyle)。鸟类脊椎骨的愈合和尾骨的退化,不仅使躯体的重心集中于身体中部,有利于保持飞翔时身体的平衡,而且又使骨架连接紧凑、牢固,能承受飞行时外界气流对身体的压力。

3. **带骨和肢骨** 鸟类为适应飞翔生活,带骨和肢骨都发生了相应的变化。

肩带由肩胛骨、乌喙骨和锁骨构成。三骨的连接处构成肩臼,与翼的肱骨相关节。乌喙骨强大,下端与胸骨相连。左右锁骨下端在腹中线处联合成"V"字形,称之为叉骨(wishbone)。这是鸟类又一特有结构。叉骨具弹性,避免了鸟类飞翔时翼在剧烈扇动过程中左右肩带的互相碰撞。前肢特化为翼,手骨(腕骨、掌骨、指骨)愈合或消失,使翼的骨骼构成一个整体。前肢的关节只能在翼的水平面上展开或褶合,有利于翼的扇动,这对鸟类的飞翔有很大意义。如鸟的翼骨折断了,则因翼不能正常扇动而失去了飞翔能力。现代鸟类的指骨退化,使之大多无爪。鸟类手部着生的一列飞羽称初级飞羽(primaries);下臂部(尺骨)着生的一列飞羽称次级飞羽(secondaries)。它们的形状和数目,是鸟类分类的重要依据(图15-4)。

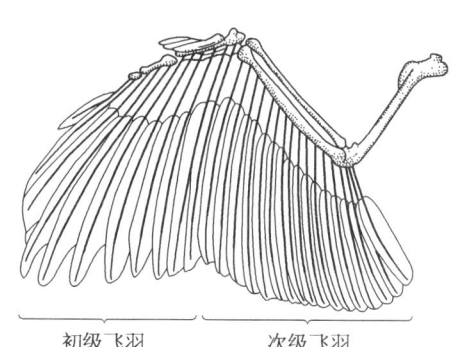

图15-4 初级和次级飞羽
(仿刘凌云《普通动物学》)

鸟类腰带的变形,是与后肢支持体重和产大型硬壳卵密切相关的。腰带由髂骨、坐骨和耻骨合并而成无名骨。无名骨宽大而薄,内侧与综荐骨愈合,外侧与后肢相关节。左右无名骨不在腹中线处汇合连接,而是向侧后方伸展,构成开放式骨盆。这种特殊的结构与产大型硬壳卵相适应,并使后肢得到了强有力的支持。

鸟类的后肢骨强健,股骨与髋臼相关节。后肢骨有较大的变化,腓骨退化成刺状,跗骨的上部与胫骨合并成一根胫跗骨(tibiotarsus);下部与跖骨(tarsometatarsus)的延长,能增加鸟类起飞、降落时的弹性。大多数鸟类具4趾(第五趾退化),踇趾向后,余趾向前,以便树栖时握住树枝。鸟趾的形态和数目是其分类的又一重要依据。

四、肌肉系统

鸟类的肌肉系统与其他脊椎动物一样,由骨骼肌(横纹肌)、内脏肌(平滑肌)和心肌组成。但为适应飞翔生活,一是主要肌肉集中在身体中部的腹侧,这对保持身体重心的稳定,维持飞行时的平衡有重要意义。其中使翼下降的胸大肌和上举的胸小肌最为发达,约占鸟体重量的1/5。这两块肌肉交替的扩张收缩,两翼便上下搧动。后肢的肌肉也较发达,主要集中在股骨和胫骨上部。下部仅以肌腱与足趾相连。其中贯趾屈肌自胫跗部以肌腱与趾端相连。当鸟栖于树枝时,由于体重的压力和腿部的弯曲,屈肌的肌腱收缩,足趾随之紧握树枝。所以鸟在树上睡觉时,不至从树上掉下来。

在鸟气管的下方还附有其独有的鸣肌。鸣肌的张缩使气管变形而发出各种悦耳的叫声。鸣肌在善叫的鸣禽类最为发达。

鸟类的皮下肌肉也较发达。皮下肌的收缩使羽毛竖立。由于胸椎以后的脊椎骨大多愈合,致使背部肌肉退化。

五、消化系统

现存鸟类虽然口内无齿,但鸟喙外面和绝大多种类的舌上被有角质鞘。口腔分泌的唾液仅能拌润食物,只有以谷物为食的雀形目的唾液中才具消化酶,有消化作用。鸟类中以雨燕目的唾液腺最发达,它们用唾液把海藻、苔藓等粘合造巢。金丝燕的窝巢即为我国有名的滋补药物燕窝。

鸟类食道细长。食鱼和食谷的种类(如鱼鹰、家鸡)食道下部膨大成嗉囊(crop),有临时贮存和软化食物的作用。雌鸽在育雏期间,嗉囊能分泌"鸽乳"喂养幼鸽;鸬鹚和鹈鹕能在嗉囊内制成食糜喂养幼鸟。

鸟类的胃分为腺胃(glandular stomach or proventriculus)和肌胃(muscular stomach)两部分。腺胃壁薄,内有丰富的消化腺,能分泌大量的消化液消化食物;肌胃又称砂囊(gizzard),其外壁为发达的肌肉层,内壁为坚硬的角质层。肌胃内有鸟啄食的砂粒。在肌肉层的作用下,角质层与砂粒一起把食物磨碎。实验证明,肌胃内有砂粒的家鸡,对谷物或种子的消化能力可提高10倍。

鸟类的小肠很细长,在大、小肠交界处有一盲肠。盲肠有吸收水分和消化粗纤维的功能。以植物纤维为主食的种类(鸡类)的盲肠尤为发达。直肠粗短,末端开口于泄殖腔。由于直肠粗短,不能多贮粪便,故排便频繁。这也能减轻体重,利于飞翔。其主要消化腺仍是肝脏和胰脏。分泌的消化液都注入十二指肠(图15-5)。

鸟类消化功能上的特点是消化力强,消化速度快。这是鸟类食量大,整天频频进食的原因。如雀形目的鸟类一天所吃的食物为体重的10%~30%;雀鹰一天的进食量为体重的33%~66%。鸟类极强的消化能力是与其飞翔时高能量的消耗相适应的。

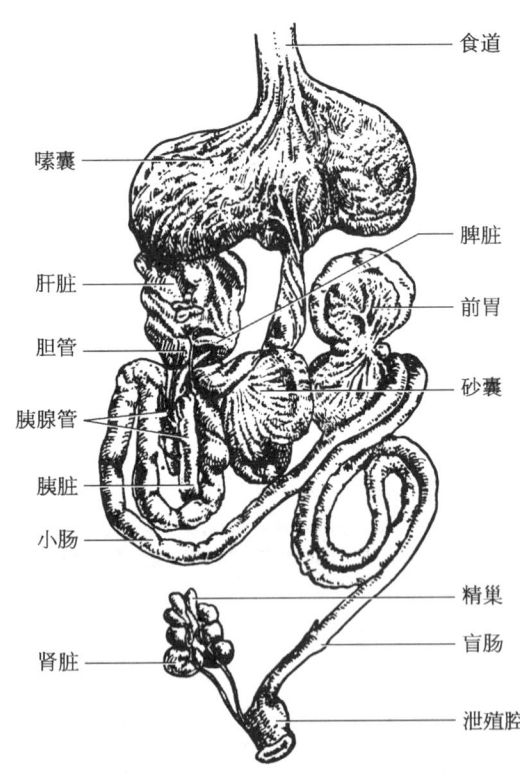

图15-5 家鸽的消化系统
(仿自Young)

六、呼吸系统

鸟类为满足飞行时高氧、高能量消耗的需要,呼吸系统特化为由以肺为主的气管网和气囊(air sac)组成。气囊是与气管相通的盲状膜质囊。是鸟体内独具的贮气和冷却装置,是进行双重呼吸的重要器官。鸟肺是一个由大量相互连通的毛细支气管(parabronchus)组成的缺乏弹性的海绵体。毛细支气管与次级支气管(secondary bronchus)、初级(中支气管)(primary bronchus)、支气管和气管(trachea)组成复杂的气管网络。毛细支气管表面布满了毛细血管。气体交换就在毛细支气管壁与毛细血管壁之间进行。这样鸟肺无论在体积上或呼吸效能上都大大超过了爬行类(图 15-6)。

鸟类的气囊是由初级、次级支气管伸出肺外部分的末端膨大后形成的盲状膜质囊。它分布于鸟体的各组织器官间。大型的气囊共有 9 个,其中位于体前部为次级支气管形成的称前气囊;位于体后部为初级支气管形成的称后气

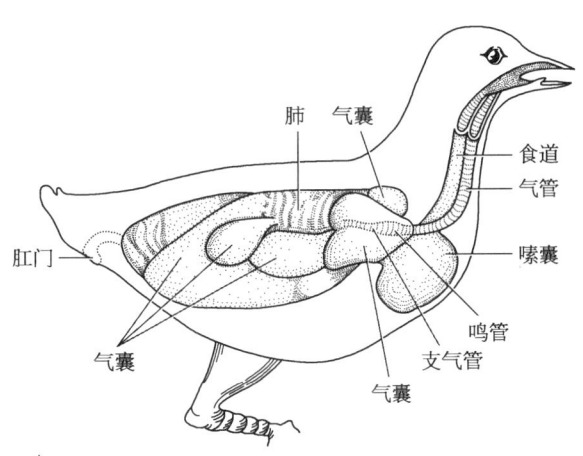

图 15-6 鸟肺与气囊的外形
(据 Wessells 修改)

囊。气囊除具贮存空气、协助鸟体完成双重呼吸的主要功能外,还能减轻鸟体飞行时的比重,减少肌肉以及内脏间的摩擦,并能散发飞行时产生的大量热能,对调节、恒定鸟类飞翔时的体温起了重要作用。有人计算一只飞行的家鸽,吸入的空气的 3/4 用于散发飞行时的热量。

鸟飞行时,胸骨是扇翅肌(胸肌)固着的地方和支撑点,不能上下移动,呼吸运动主要靠随着扇翅节律引起气囊扩张收缩来完成。翅扬起时,气囊扩张,一部分空气沿初级支气管迅速进入后气囊。这部分空气未经肺内进行气体交换,所以是富氧的。另一部分空气同时进入肺,在毛细支气管处直接进行气体交换;翅扇下时,肺内经过气体交换的空气经前气囊排出体外,与此同时,后气囊受压收缩,将贮存的富氧空气压入肺,在肺内再次进行气体交换。因此,鸟体无论在吸气或呼气时肺内均能进行气体交换。这种呼吸现象称为双重呼吸(dual respiration)。由此可见,气囊的出现和双重呼吸作用的产生是鸟类对飞翔生活的极好适应,保证了鸟飞行时剧烈呼吸运动的顺利完成,从而也保证了鸟飞行时对高能、高氧消耗的需要和体温的恒定。

鸟类的鸣管(syrinx)是其特化的发音器官。它位于气管与支气管交界的地方。此处气管内外壁变薄,称之为鸣膜。鸣膜能因气流而振动发音。鸣禽类的鸣肌、鸣膜都很发达,加上鸟类特有的双重呼吸作用,使之不论在呼气或吸气时都能发出多变悦耳的叫声。这与其他陆栖脊椎动物的发音器官位气管上端,且绝大多数只能呼气时发音是完全不同的。

七、双循环系统

鸟类的血液循环系统在爬行类不完善双循环体系的基础上有了进一步的发展,成为完善的双循环体系,使富氧血与缺氧血完全分开。同时心脏的容量大,心率快,血压高,血液循环迅速。这些特点是与鸟类旺盛的新陈代谢和飞翔时剧烈运动相适应的。

1. 心脏 鸟类心脏的相对大小居脊椎动物的首位,为体重的 0.4%～1.5%,心脏分为完全的四腔,左房室孔间具二尖瓣,右房室孔间具肌肉瓣。二尖瓣和肌肉瓣都有防止血液倒流的作用。同时低等脊椎动物心脏的静脉窦已完全消失。来自体静脉的血液,经右心房、右心室而由肺动脉入肺。在肺内经过气体交换,含氧丰富的血液经肺静脉回心注入左心房,再经左心室压入右体动脉弓至鸟体全身(图 15-7)。

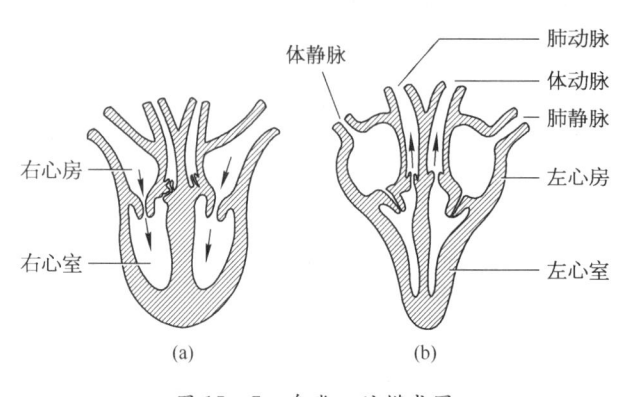

图 15-7 鸟类心脏模式图
(示心脏内的血流途径)
(a) 心室舒张 (b) 心室收缩

鸟类的心跳频率比哺乳类快得多,一般在 300～500 次/min。动脉压较高,如家鸡在于 22～25 kPa,故血液流速快。

2. 动脉 鸟类的动脉系统似爬行类,只是左体动脉弓消失,左心室压出的血液由右体动脉弓输送至全身。

3. 静脉 鸟类的静脉系统也似爬行类,所不同的是:一是肾门静脉趋于退化。自尾部来的静脉血只有小部分入肾,大部分经后大静脉回心。近年报道,鸟类的肾门静脉内也有一块独特的瓣膜,可根据需要控制进入肾门静脉的血量。二是独具尾肠系膜静脉。它可收集内脏血液进入肝门静脉。

4. 血液和淋巴 鸟类血液中的红细胞含量较哺乳类少。红细胞具核,通常为卵圆形。含有大量的血红蛋白,担负着输送氧和二氧化碳的任务。

鸟类的淋巴系统包括淋巴管、淋巴结、淋巴小结、腔上囊、胸腺和脾脏等。鸟类的淋巴管比哺乳类少,最终汇成一对大的胸腺管进入前腔静脉。淋巴结位于淋巴管的通路上,至今只发现少数种类有淋巴结。腔上囊是鸟类特有一个中心淋巴器官,是位于泄殖腔背面的一个盲状囊,在抗原的刺激下,可产生抗体。胸腺也是重要的淋巴器官,幼体发达,成体退化。脾脏位于腺胃与肌胃交界处的背侧,具产生淋巴球、单核球和回收血红素及铁质的功能。

八、排泄系统

鸟类具一对三叶的肾脏。相对体积比哺乳类大,可占体重的 2%以上;肾小球的数目多,比哺乳类多 2 倍左右。但无膀胱,肾脏经输尿管开口于泄殖腔。这对于鸟类旺盛的新陈代谢过程中产生大量废物而又需迅速排出体外,保持体内水盐平衡以及减轻体重等都极为有利(图 15-8)。

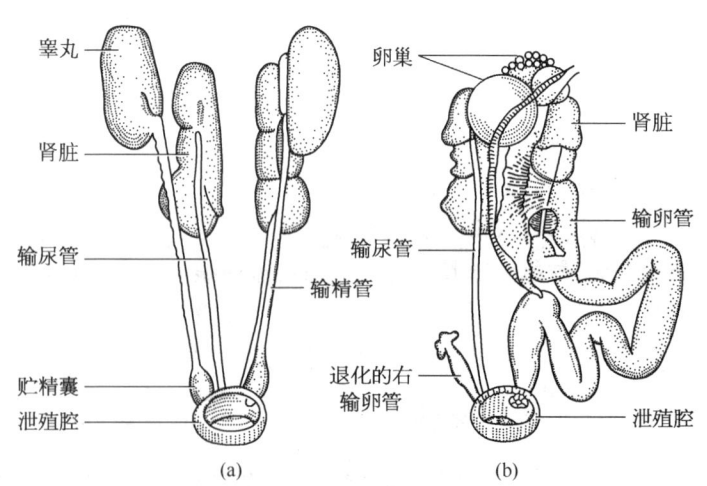

图 15-8 家鸽的泌尿生殖系统(据 Parker 改)
(a) 雄性 (b) 雌性

鸟尿的主要成分一般认为是尿酸而不是尿素。尿酸不像尿素那样易溶于水,常呈半凝固的白色结晶。加之肾小管和泄殖腔都有重吸收水分的功能,所以鸟类排尿时失水极少。这对于胚胎在卵壳内发育阶段中不断排除废物和减少水分散失都是有利的。由于鸟类无膀胱和直肠很短,故鸟尿随其粪便频频排出体外。这也是鸟类为减轻体重,适应飞翔生活的需要。近年有报道,鸟尿含有多种成分,主要成分不是尿酸。到底鸟尿(鸟粪的白色部分)的主要成分是什么? 有待进一步研究。

海鸟除靠肾脏排尿以外,还靠位于眼眶上部的盐腺(分泌比鸟尿浓度更大的氯化物的腺体),能把随海水进入体内过多的盐分排出体外,以维持正常的渗透压。

九、 神经系统

鸟类的神经系统和感觉器官比爬行类有较大的进步,大脑纹状体高度发达,嗅叶退化。

1. 脑及脑神经 鸟脑的体积较大,在脊椎动物中仅次于哺乳类。大脑的纹状体(striatum corpora)除有爬行类开始出现的新纹状体外,还增加了上纹状体,使整个大脑的体积增加。上纹状体是鸟类复杂行为(营巢、孵卵、育雏等)和"智慧"的中枢。间脑由上丘脑、丘脑和下丘脑组成。下丘脑是体温调节和节制植物神经系统的中枢。中脑充满了视神经,其

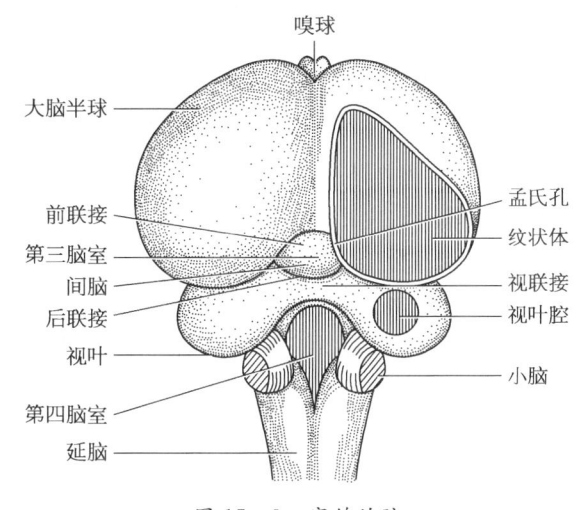

图 15-9 家鸽的脑

背侧形成一对发达的视叶,所以鸟类的视觉高度发达。小脑也较发达,体积增大,这与鸟类飞翔时复杂运动的协调和保持身体的平衡相适应(图 15-9)。脑神经 12 对。第十一对不发达,1965 年才证实了它的存在,结束了多年来对此的争论。

2. 感觉器官 鸟类的感觉器官中以视觉最发达,听觉次之,嗅觉退化。

(1) 视觉:鸟类的视觉高度发达。鸟眼的相对大小也居脊椎动物的首位。外形扁圆,适于远视。瞬膜发达,可覆盖眼球,有保护、润湿和清洁角膜的功能。在巩膜(sclera)前具呈覆瓦状排列的薄片形巩膜骨(sclerotic ring),有支持眼球的功能,可防止鸟在空中飞行时因强大的气流压力引起眼球变形。鸟眼内的睫状肌、角膜调节肌和环肌有双重调节作用,即不仅能改变水晶体的形状和水晶体与角膜的距离,而且能改变角膜的凸度和水晶体与视网膜的距离。由于鸟类具此双重调节机制,使鸟眼在一瞬间能由远视的"望远镜"变为近视的"显微镜"。这是鸟在飞行中定向寻食、避敌所需的。故高度发达的视觉是鸟类对空中飞翔生活的又一适应。如鹰在高空飞行时,能清晰地看清地面的小鼠,并能在几秒钟内俯冲下来准确地抓住小鼠。

(2) 嗅觉:鸟类的嗅觉一般均退化。但兀鹫等少数种类也相当发达,成为它寻食的定位器官。

(3) 听觉:鸟类的听觉器官似爬行类。只是内耳的瓶状体比爬行类长;耳孔外周多具耳羽,可收集声波。夜间活动的种类如夜鹰的听觉器官也较发达。

十、生殖系统

雌鸟的右侧卵巢退化,产大型硬壳卵,并有一系列育雏(parental care)的复杂行为以及生殖腺的活动有着明显的季节变化,是鸟类在生殖方面的特点。这些特点通常也认为是鸟类适应飞翔生活的结果。

雄鸟的生殖系统似爬行类,具成对的睾丸和输精管。除少数种类如雁鸭类外都不具交配器官。是借雌、雄泄殖腔的互相吻合而受精的。

雌鸟仅左侧的卵巢和输卵管发达,右侧的退化。一般认为与其产大型硬壳卵有关。成熟的卵逐个通过输卵管前端的喇叭口进入输卵管,在其上端与精子结合受精。受精卵在管内下行的过程中,依次被管壁分泌的蛋白、壳膜、卵壳包裹。卵壳表面有数千个小孔,保证了以后卵被孵化时与外界进行气体交换。很多鸟类的卵壳表面有各种颜色,这是输卵管下端管壁的色素细胞在产卵前5小时左右分泌的色素形成的。卵最后借泄殖腔壁肌肉的收缩排出体外(图15-8)。此外,鸟类还具有孵卵(incubation)、寻食喂养幼鸟等一系列育雏的本能,使之后代有较高的成活率。

人们根据刚孵出来的雏鸟发育程度的不同,把雏鸟分成早成鸟和晚成鸟两类。凡是刚孵出的雏鸟身上长满了羽毛,张开了眼,羽毛干后就能站立、啄食的,称早成鸟(precocial),如小鸡、小鸭等。凡是刚孵出的雏鸟身上无羽毛,眼没张开,不能站立、啄食,必须留在巢内由亲鸟喂养的,称晚成鸟(altricial),如麻雀、家燕等。雏鸟是早成鸟还是晚成鸟,也是分类的一个依据。

第二节 鸟纲的分类

世界上现在已知鸟类8 700余种,主要依据喙的形状、腭(口盖)的类型、羽毛(飞羽和尾羽)和趾的数目及其排列方式、蹼的有无及其类型、雏鸟发育程度(是早成鸟还是晚成鸟),以及有无迁徙习性(是候鸟还是留鸟)等形态结构特征与生活习性、方式的不同,分为两个亚纲,即古鸟亚纲 Archaeornithes 和今鸟亚纲 Neornithes。

一、古鸟亚纲 Archaeornithes

古鸟亚纲为始祖鸟 *Archaeopteryx lithographica* 等早已灭迹的化石种类。始祖鸟的主要特征是:外形似乌鸦,有羽毛和翼,具鸟类的基本特征。但口中有牙齿;肋骨后缘无钩状突起,胸骨不发达,不具龙骨突起;掌骨不愈合,翼上三指具爪;尾长,尾椎骨在13枚以上,且不愈合,即不具尾综骨。这些特征又似爬行类。因此认为始祖鸟是从爬行类进化到鸟类的中间过渡类型,它是现存鸟类的祖先(图15-10)。

二、今鸟亚纲 Neornithes

今鸟亚纲除黄昏鸟 *Hesperornis* 为化石种类外,均为现存鸟类。主要特征是:口中无牙齿;胸骨发达,多数具龙骨突起;掌骨已愈合;尾短,尾椎骨不超过13枚,且多有愈合现象,即通常具尾综骨。

本亚纲除化石种类外,分为平胸总目 Ratitae、企鹅总目 Lmpennes 和突胸总目 Carinatae 三个总目。而突胸总目包括现代绝大部分种类。

(一) 平胸总目

为现存体型最大的鸟类(体重大者达 135 kg,体高 2.5 m),适于奔走生活。具有一系列原始特征:翼退化、胸骨不具龙骨突起,不具尾综骨及尾脂腺,羽毛均匀分布(无羽区(pteryla)及裸区(apteria)之分)、羽枝(barb)不具羽小钩(因而不形成羽片),雄鸟具发达的交配器官,足趾适应奔走生活而趋于减少(2～3趾)。分布限在南半球(非洲、美洲和澳洲南部)。代表动物有鸵鸟(非洲鸵鸟)*Struthio camelus*、美洲鸵鸟 *Rhea americana* 及鸸鹋(澳洲鸵鸟)*Dromaus novachollandeae*。此外在新西兰尚有几维鸟 *Apteryx oweni*,为仅产在此区有限岛屿上的稀有鸟类。

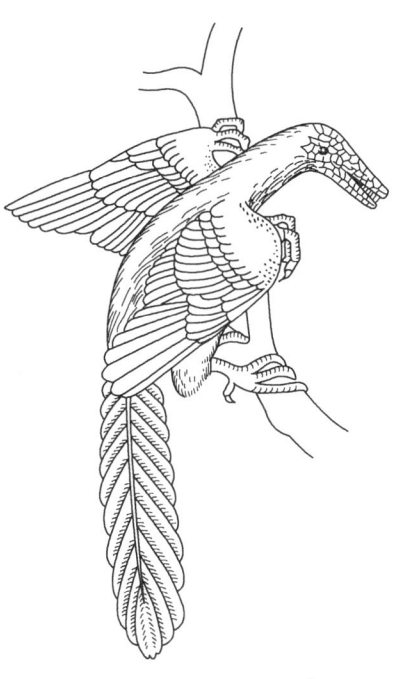

图 15-10 始祖鸟的生活复原图

(二) 企鹅总目

为潜水生活的中、大型鸟类,具有一系列适应潜水生活的特征。前肢鳍状,适于划水。具鳞片状羽毛(羽轴短而宽,羽片狭窄),均匀分布于体表。尾短。腿短而移至躯体后方,趾间具蹼,适应游泳生活。在陆上行走时躯体近于直立,左右摇摆。皮下脂肪发达,有利于在寒冷地区及水中保持体温。骨骼沉重而不充气。胸骨具有发达的龙骨突起,这与前肢划水有关。游泳快速,有人称为"水下飞行"。分布限在南半球。企鹅总目的代表为王企鹅 *Aptenodytes patagonicus*。

(三) 突胸总目

我国现存已知鸟类多属本目,且与药用关系密切。该总目的主要特征是:大多善于飞翔,翼发达,具龙骨突起,锁骨呈"V"字形,肋骨上有钩状突,正羽发达,羽小枝(barbule)有钩,构成羽片,有翼羽和尾羽的分化,体表有羽区与裸区之分,具尾综骨,雄鸟绝大多数无交配器。分布广泛,遍及全球。

全世界的突胸总目总计约 8 500 种,35 个目;我国计约 1 180 余种,26 个目,81 个科。其中雀形目 28 个科,非雀形目 53 个科。占世界总数的 13.9%,根据它们的形态结构特点和生态习性,一般分为游禽类、涉禽类、鸠鸽类、鹑鸡类、攀禽类、猛禽类和鸣禽类 7 个生态类群。

我国药用鸟类根据现有资料统计约 85 种,分属 16 个目。其中雁形目、隼形目、鸡形目、鹤形目、鸽形目、鹃形目、鸮形目、燕形目、佛法僧目、鸳形目和雀形目中药用种类较多,故将这些目以及其中药用种类较多的科简介于后。

1. 雁形目 Anseriformes 本目多为游禽,是重要的经济种类,主要特征是:嘴扁平,边缘具栉状缺刻,先端有"嘴甲";翼长短不一,飞羽上常具闪光的绿色、紫色或白色的"翼镜";腿后移,前三趾间有蹼;尾脂腺发达;雄鸟具交配器;气管基部有膨大的骨质囊;早成鸟,候鸟。

本目中我国只有鸭科 Anatidae。鸭科全世界约有 150 种,我国见到的有 19 属 46 种。本

图 15-11 绿头鸭

科全球均有分布,主要在北半球繁殖,喜在水中游泳,为典型的游禽。常见的药用种类有家鹅 Anser cygnoides arientalis L.、家鸭 Anas platyrhynchos domestica L.、绿头鸭 Anas latyrhynchos L.、麝香鸭 Cairina moschata L.、赤麻鸭 Tadorna ferruginea Pallas 和鸳鸯 Aix galericulata L. 等(图15-11)。

2. 鸡形目 Gallifmes　本目为地栖鸟类,具重要的药用和经济价值。鸟体结实,喙短,呈圆锥形,适于啄食植物种子;翼短圆,不善飞;脚强健,具钝爪,善于行走和掘地寻食;雄鸟具大的肉冠(comb)和美丽的羽毛;有的还在跗跖后缘具距。早成鸟。

我国鸡形目有2个科,24个属,52种。其中西南地区分布的种类最多,占全国鸡类的一半以上,故素有"鸡王国"之称。我国鸡形目中以雉科 Phasianidae 的药用种类最多。本科的主要特征是:鼻孔不被羽覆盖,跗跖部裸露(雪鹑除外),雄鸟具距,趾不具栉状突。早成鸟。本科我国有11属26种。广布全国,以西南分布最多。喜栖于山林之中。全国都有饲养种类。常见的药用种类有乌骨鸡(含家鸡) Gallus gallus domesticus Brisson、鹌鹑 Coturnix coturnix L.(图15-12)、环颈雉 Phasianus colchicus L.、红腹锦鸡 Chrysolophus pitus L. 等。此外,褐马鸡 Crossoptilon mantchuricum 是我国特产的稀有种类,绿孔雀 Pavomuticus、长尾雉 Symaticus reevesii、白鹇(银鸡) Lophura nycthemera 等都是珍禽,也是供观赏的著名鸟类,应很好地保护。

图 15-12 鹌鹑

3. 鸽形目 Columbiformes　为地栖或树栖鸟类。喙短,基部大都柔软,被蜡质;翼发达,善飞行;尾短而圆;腿短健,无蹼,后趾与前三趾同在一个水平面上或缺后趾。本目中药用价值大的有鸠鸽科和沙鸡科。

(1) 鸠鸽科 Columbidae:喙基部被蜡质,翅端不呈尖形,跗跖部裸露,后趾存在,适于地面行走。育雏期间,能由嗉囊分泌"鸽乳"育雏。晚成鸟。全国都有分布,多栖于岩石或山林之中。常见的药用种类有家鸽 Columba livia domestica L.、岩鸽 Columba rupetris Pallas、山斑鸠 Steptopelia orientalis Latham(图15-13)和珠颈斑鸠 Steptopelia chinensis Scopoli 等。

图 15-13 山斑鸠

(2) 沙鸡科：外形似鸽，但嘴基不被蜡质，翅、尾长而类，跗跖部被毛，后趾退化或不存在，不能分泌"鸽乳"育雏。早成鸟。主要分布于沙漠地区。喜群居沙漠上。常见的药用种类如毛腿沙鸡 *Syrrhaptes paradoxus* Pallas 等。

4. 雀形目 Passeriformes 为体型小的鸣禽。外形不一，喙、翅的变化很大，腿细弱，趾三前一后，后趾与中趾等长，鸣肌发达，善于鸣叫，叫声多变悦耳。晚成鸟。

本目为鸟类中最多的类群，约 5 100 种，占鸟类总数的 60%，我国有 650 种，占全国鸟类总数的 50% 以上。其中以燕科、鸦科、文鸟科、雀科的药用价值较大。

(1) 燕科 Hirunclinidae：体型小，嘴短而扁，基部宽大，口裂极深，嘴须(bristle)不发达。翅长而尖，尾呈叉状，脚短而细弱，趾三前一后。全国几有分布。喜栖于房前屋后的墙壁之上。药用种类如家燕 *Hirundo rustica* L.、金腰燕 *Hirundo daurica* L. 和灰沙燕 *Riparia riparia* L. 等（图 15-14）。

(2) 鸦科 Corvidae：体型大，嘴粗长，鼻孔被羽覆盖，脚强健。遍布全国。多栖于山区、丘陵的林木中。常见的药用种类如秃鼻乌鸦 *Corvus frugilegus* L.、大嘴乌鸦 *Corvus macrorynchos* Wagler、寒鸦 *Corvus monedula* L.、褐背地鸦 *Podece humilis* Hume 和喜鹊 *Pica pica* L. 等（图 15-15）。

图 15-14　金腰燕

(3) 文鸟科 Sturnidae：嘴呈粗短的圆锥形，中央尾羽特长，而形成楔形尾。全国各地都有分布。喜栖于城镇、乡村的丛林之中。收获季节，以谷物为食。常见的药用种类如树麻雀 *Passer montamus* L.、麻雀 *Passer montamus saturtus* Stejneger 等。

(4) 雀科 Fringillidae：初级飞羽 9 枚，中央尾羽不特别延长，余同文鸟科。常见的药用种类有黄胸鹀 *Emberiza aureola* Pallas、灰头鹀 *Emberiza spodocephala* Pallas（图 15-16）、

图 15-15　喜鹊

图 15-16　灰头鹀

黑尾蜡嘴雀 *Eophona migratoria* Hartert 和黑头蜡嘴雀 *Eophona personata* Temminck et schlegel 等。

鸟纲主要药用种类分目检索表

1(8) 脚适于游泳,蹼较发达。
2(3) 趾间具全蹼 ·· 鹈形目 Pelecamiformes
3(2) 趾间不具全蹼。
4(5) 嘴通常扁平,先端具嘴甲,雄性有交配器 ··· 雁形目 Anseriformes
5(4) 嘴不扁平,雄性无交配器。
6(7) 翅尖长,尾羽正常、发达 ·· 鸥形目 Lariformes
7(6) 翅短圆,尾羽短,被覆羽掩盖,前趾各具瓣膜 ·· 䴙䴘形目 Podivipidaiformes
8(1) 脚适于步行,蹼不发达或不具蹼。
9(12) 颈和脚较长,胫下部裸出,蹼不发达。
10(11) 后趾发达,与前趾同在一个水平面上,眼先裸出 ·· 鹳形目 Ciconiiformes
11(10) 后趾不发达或完全退化,有时其位置较他趾为高。眼先被羽,翅大多短圆,
       趾间无蹼,有时具瓣膜 ··· 鹤形目 Gruiformes
12(9) 颈和脚较短,胫部被羽,无蹼。
13(18) 嘴、爪均锐利弯曲,嘴基有蜡膜。
14(15) 足成对趾型,舌厚而肉质,尾脂腺被翻 ·· 鹦形目 Psittaciformes
15(14) 足不成对趾型,尾脂腺被羽或裸出。
16(17) 蜡膜裸出,两眼倒置,尾脂腺被羽 ··· 隼形目 Falconiformes
17(16) 蜡膜被硬须掩盖,两眼向前,外趾能反转,尾脂腺裸出 ································ 鸮形目 Serigeformes
18(13) 嘴、爪或平或较弯曲,嘴基无蜡膜(鸽形目除外)。
19(26) 趾三前一后,后趾有时不存在,各趾彼此分离(少数除外)。
20(21) 嘴基柔软,被蜡质,且膨大而具角质(沙鸡亚目除外) ·································· 鸽形目 Columbiformes
21(20) 嘴全被角质。
22(23) 后趾不存在,跗跖部被羽到趾 ·· 鸽形目(沙鸡亚目)
23(22) 后趾通常存在,跗跖部裸出。
24(25) 后爪较他爪短,雄鸟常有距 ··· 鸡形目 Galliformes
25(24) 后爪较他爪长,无距 ·· 雀形目 Passeiformes
26(19) 趾非三前一后。
27(28) 足大多数呈前趾型,嘴短阔而扁平,无嘴须 ··· 雨燕目 Apodiformes
28(27) 足不呈前趾型,嘴强壮而扁平,常有嘴须。
29(32) 足呈对趾型。
30(31) 嘴粗直,呈凿状,尾羽通常坚硬挺尖 ·· 䴕形目 Piciformes
31(30) 嘴端稍曲,不呈凿状,尾羽正常 ·· 鹃形目 Cuculiformes
32(29) 足不呈对趾型,嘴长直或细而稍弯曲,鼻孔不呈管状,
       中爪不具栉橼 ··· 佛法僧目 Coracliformes

第三节 鸟纲药用动物举要

我国利用一些鸟类的肉、卵或某一器官组织等防治疾病已有悠久的历史。唐代的医学名著《千金方》中就有用鸡肝治夜盲的记载。我国历代本草都记载了鸟类的药用种类和情况。《本草纲目》收载的 461 种动物中,禽类(鸟类)有 77 种,占收载动物药的 16.7%。这说明在古

代利用鸟类防治疾病已相当广泛了。

现代药用鸟类中,常用的多是普遍饲养供食用或观赏的种类,如鸡、鸭、鹅、家鸽、鹌鹑、戴胜等;只有少数种类如乌鸡是为药用专门饲养的;有的种类虽未饲养,也常见易得,如麻雀、家燕等。所以鸟类的商品药材虽然不多,但应用鸟类的肉、卵、胆、羽毛等防治疾病,在中医临床上,尤其是在民间仍很普遍。

近年来应用现代科学方法和手段较全面地分析某些药用鸟类入药部位的化学成分时有报道。如有文报道分析了乌鸡的肉、皮、肝、肌胃内壁和血清等中氨基酸和微量元素的种类和含量。分析结果,乌鸡的各组织器官中含10种人体必需的氨基酸和多种微量元素。为乌鸡的补益作用提供了化学成分方面的依据。

我国药用鸟类据现有所见资料统计,约有197种,分属16个目,40多个科。现择其常见的举要如下:

一、乌骨鸡 *Gallus gallus domesticus* Brisson

鸡形目雉科动物,又名乌鸡、松毛鸡、绒毛鸡等。喜群居,善于在野外找寻虫、蚊为食。主产于我国江西、福建、广东等省,养殖历史悠久,是我国特有的地方良种,用于食用与药用。原产江西泰和县,现今其他地区亦有饲养。

1. 外部形态和内部构造

(1) 外部形态:鸡体矮小,呈流线型,重1.5 kg左右。皮肤乌黑,体表被白色羽毛。头小,前端具长圆锥形的喙,喙外套以角质鞘;上喙基部两侧有裂缝状的鼻孔;眼圆而黑,耳叶绿色;头顶具肉冠和一撮白色绒毛突起;喉部两侧有肉垂。颈短,躯干结实紧凑,略呈卵圆形,背部平顺,腹部外突。尾短,具三角形肉质突起,背面有尾脂腺,腹面有横裂的泄殖孔。翼较短而圆,飞羽分裂状,不发达,飞翔力弱。后肢的股部粗短,胫部细长,下部裸露,覆盖黑色角质鳞片;足部近心端为跗跖部,远心端四趾着地,三前一后,也覆以黑色角质鳞片。全身羽毛白色,除翅羽外,均呈丝绢状,柔软绒和。其皮、肉和骨都呈乌黑色,素有"乌鸡白凤"之称。但也有黑毛乌骨、斑毛乌骨及肉白乌骨等多种变异。

雄鸡较大,肉冠、肉垂明显,足部有钉状距(图15-17)。

(2) 内部构造:皮肤薄、松、软而干燥,乌黑色。尾脂腺分泌物含有麦角固醇,在日光中紫外线照射下变为维生素D,被皮肤吸收后有利骨骼的生长发育。皮肤衍生物包括羽毛、角质鳞片和鞘、距、爪、尾脂腺等。除羽毛外,均呈乌黑色。羽毛白色。

图15-17 乌骨鸡

骨骼分为中轴骨和附肢骨两部分。中轴骨包括头骨、脊柱、肋骨和胸骨;附肢骨骼包括前肢骨和后肢骨。都具坚固、轻便的特点。头骨主要由上颌骨、下颌骨、鼻骨、颧骨、额骨、顶骨、枕骨、方骨、耳骨等组成(图15-18)。脊柱包括14枚颈椎、7枚胸椎、6枚腰椎、2枚荐椎,约16枚尾椎组成。颈椎有寰椎和枢椎的分化;第二至第五胸椎愈合,第一和第六胸椎游离;第七胸椎与腰椎愈合;腰、荐椎愈合成一块综荐骨。它是由第七胸椎、6枚腰椎、2枚荐椎和约7枚尾

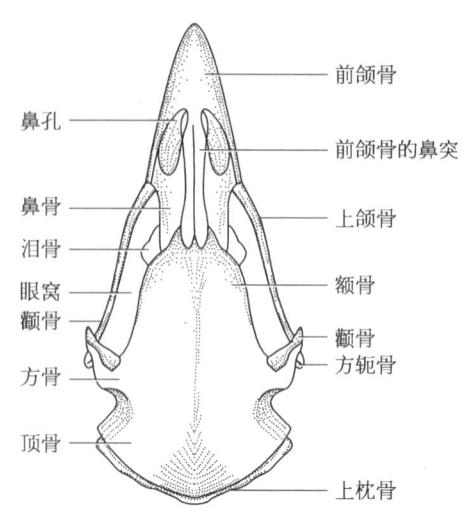

图 15-18 乌骨鸡的头骨（背面观）

椎愈合而成，并与后肢的腰带紧密连接，形成腰荐部和后肢的坚强支架。乌鸡有 5 枚尾椎游离，其后面的 4 枚尾椎愈合成一块三角形的尾综骨，支持尾羽。胸骨和肋骨均为硬骨，除具龙骨突起外，两侧还有 3 个突起，即前侧突、斜侧突和后侧突。同时胸骨上部两侧与胸肋形成关节；前缘两侧有与肩带的乌喙骨相关节的关节沟。

前肢骨包括肩带和翼骨。肩带由肩胛骨、锁骨和乌喙骨组成。锁骨不发达，细长，在胸前形成叉骨；翼骨分成三段，上段为肱骨，中段为前臂骨（由细小的桡骨和粗大的尺骨组成），下段包括腕骨、掌骨和指骨。腕骨除尺、桡腕骨外，其余的与掌骨合并成腕掌骨。后肢骨包括腰带和后肢骨。腰带由髂骨、坐骨和耻骨组成。成鸡已愈合在一起，与综荐骨合并组成开放式骨盆。后肢骨粗壮，由股骨、胫跗骨、跗跖骨和趾骨组成。雄鸡的跗跖外侧有一强大的突起，成为构成距的骨质基础。

肌肉系统的特点是大腿肌特别发达，胸肌和皮肌次之，背部肌肉退化。乌鸡是地栖鸟类，飞翔能力弱，而善于在地面行走掘地寻食。所以大腿肌与善飞的鸟类相比，相对的要发达得多。且都集于股部和小腿上方，各以长的肌腱贯行到趾端。

消化系统包括消化道和消化腺两部分。消化道由喙、口腔、食道、胃、小肠、盲肠、直肠和泄殖腔组成。食道较长，具很大的扩张力。中部膨大成嗉囊，是临时贮存和软化食物的地方。胃分为腺胃和肌胃两部分。腺胃分泌大量消化液，有较强的消化能力。肌胃又称砂囊，非常发达，外层为肌肉层，内层为角质层。肌胃中常有鸡啄食的砂粒，是其磨碎食物进行机械消化的地方。小肠细长，约为鸡身长的 4～6 倍。是其进行化学消化和吸收营养物质的场所。盲肠发达。消化腺也较发达，包括肝脏和胰脏（图 15-19）。乌鸡消化能力很强，进食 15 min 后就可在肝门静脉中发现被消化吸收的葡萄糖和氨基酸。

呼吸系统的结构与一般鸟类无本质区别，只是由于属地栖鸟类，飞翔能力弱，气囊不发达，虽也能进行双重呼吸，但仍与其他地栖的脊椎动物一样，主要进行胸腹式呼吸。

循环系统包括心脏、动脉、静脉、血液和淋巴。心脏分四腔，静脉窦退化，为完善的双循

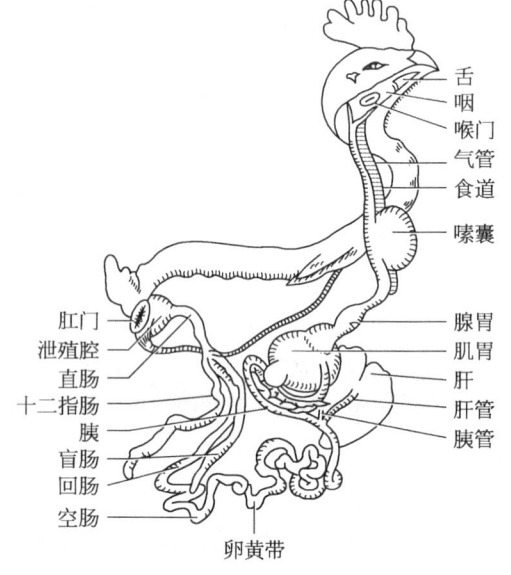

图 15-19 乌骨鸡的消化系统

环。动脉弓在鸡胚发育时有 6 对，发育成幼体时只剩下右体动脉弓了。右体动脉弓自左心室发出后，向前伸出不远就分出 1 对无名动脉，每支无名动脉又分出颈总动脉流至头部；锁骨下

动脉流至前肢;胸动脉流至胸肌。右体动脉弓分出无名动脉后就向左弯曲,绕到心脏背面而成背大动脉沿背下行,又依次分出成对的肋间动脉、腰动脉流至体壁;肾动脉流至肾脏;髂动脉流至后肢;和不成对的腹腔动脉流至腹腔;肠系膜动脉流至肠系膜。最后背大动脉变成细小的尾动脉流至尾部。

肾门静脉退化,另具鸟类特有的尾肠系膜静脉。一对前腔静脉汇集颈静脉,肾静脉和胸静脉来的血液流回右心房;另一对粗短的后腔静脉汇集髂总静脉的血液最后也流入右心房。尾肠系膜静脉是在尾静脉分叉处分出的,向前汇入肝门静脉,再经肝静脉进入后腔静脉。

血液中的红细胞呈卵圆形,具细胞核。红细胞数多于爬行类,少于哺乳类,约为 2.8 百万个/mm³,体积为 12.8×7.5 mm³。

淋巴系统包括淋巴管、淋巴小结(位于消化管壁)、腔上囊、胸腺(幼鸡明显)和脾脏。

排泄系统由肾、输尿管和泄殖腔、孔组成。肾脏 1 对,位于综荐骨背侧的深窝中。每一肾分为前、中、后三叶,扁平,紫褐色,质软而脆。具较强的泌尿功能。无膀胱,输尿管短,直接开口于泄殖腔。尿中以尿酸为主,随粪便排出。

神经系统由脑和脊髓组成。脑包括大脑、间脑、中脑、小脑和延脑。大脑膨大,表面光滑,分为左、右两半,其内有较大的第一、第二脑室。嗅叶退化。间脑背面被大脑覆盖,内有第三脑室。中脑位于大脑半球后下方,其背侧有发达的视叶。小脑较发达。延脑与脊髓相连,其内有第四脑室。脊髓内有颈、腰膨大。脑神经12对,第十一对不发达。神经数量多,形成了臂神经丛和腰荐神经丛,分别通到前、后肢。

感觉器官中以视、听觉较发达,味觉和触觉不发达,嗅觉退化。

雄鸡生殖系统包括睾丸、附睾、输精管。睾丸 1 对,卵圆形;附睾是一条弯曲的长管,位于睾丸内侧中央;输精管沿输尿管下行,在进入泄殖腔前膨大成贮精囊,末端开口于泄殖腔。雄鸡无明显交配器,仅有残存的阴茎乳头,这是鉴别幼鸡雌雄的标志(图 15-20)。雌鸡的生殖系统包括卵巢、输卵管和泄殖腔。仅左侧发达,右侧退化。成鸡的输卵管呈结节状,分为伞部、蛋白分泌部、颈部、子宫和阴道五部分。阴道开口于泄殖腔右侧。鸡卵在输卵管内停留 22~24 h后就可排出体外。

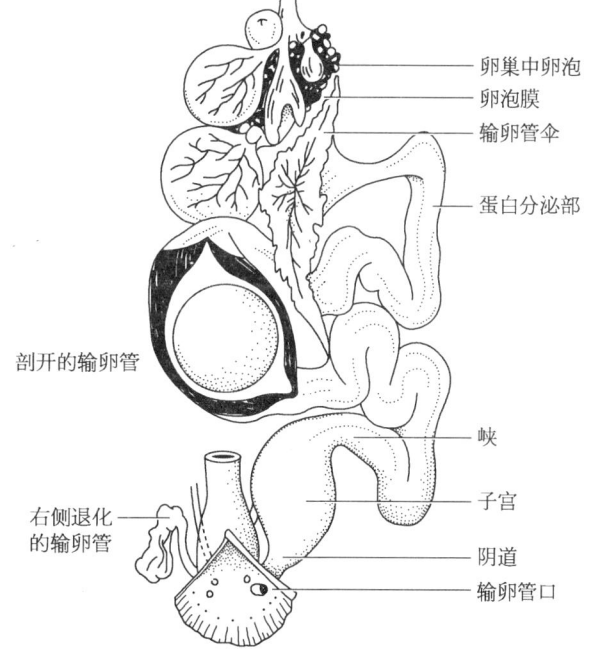

图 15-20 乌骨鸡的雌性生殖器官

2. 药用 乌骨鸡去羽毛、内脏的全体入药。其皮、肉、骨、嘴均呈乌色,亦有肉白者,但以其肉为乌色,且骨、肉、舌俱乌者为佳。

乌骨鸡供药用,载于《本草纲目》禽部鸡的项下。李时珍曰:"乌骨鸡,有白毛乌骨者,黑毛乌骨者……但观鸡舌黑者,则骨肉俱黑,入药更良。"乌鸡肉味甘,性平。功能补肝肾,益气血,退虚热,止带浊。用治气血虚弱,赤白带下,遗精白浊,脾虚滑泻,消渴及骨蒸劳热等。《纲目》:

"补虚劳羸,治消渴、中恶,益产妇,治女人崩中带下、虚损诸病,大人小儿下痢噤口。"临床上常用的传统成药"乌鸡白凤丸"就是以本品为主药配制而成,是治妇女赤白带下的著名良药。

乌鸡肉含赖氨酸、甲硫氨酸、色氨酸等17种以上的氨基酸,其总含量达38.9%,其中10种是人体必需的氨基酸;另含镁、锰、锌、铁等26种微量元素,其中锌、硅含量较高,还含有乌鸡黑素等。

药理研究证明,乌骨鸡具有滋补强壮、延缓衰老、抗诱变、增加机体免疫力、增加体重等药理作用。乌鸡黑素能吸收可见光和紫外光,保护体内细胞,发挥抗辐射作用等保护机体作用。但乌鸡黑素作为一种光敏物质,有可能引起溶血等细胞损害作用。

此外,乌骨鸡的肌胃内壁(鸡内金)、卵、胆也供药用,其功能、主治与家鸡的相同。

乌骨鸡除具有特殊的药食功效外,还是其他医药相关工业的重要原料,如鸡蛋可用来制造蛋白银、鞣酸蛋白,提取卵磷脂和制造各种生物药品;屠宰鸡后的下脚料可综合利用,如胆汁可以提炼鸡胆盐作为生物试剂使用,卵巢可以制造卵巢粉和雌性激素。此外,鸡的羽绒也是纺织工业的原料,鸡粪可制作饲料和肥料循环利用。

二、家鹅 Anser cygnoides orientalis L.

雁形目鸭科动物,又名中国鹅。鹅在世界上有中国鹅和欧洲鹅两大体系。中国鹅来源于鸿雁 A. cygnoides L.,欧洲鹅来源于灰雁 A. anser L.。现在我国已培育出白鹅、灰鹅和狮头鹅3个饲养类型。喜群居,好斗。嗜食青草。全国各地均有饲养,以华东、华南饲养较多。

1. **形态** 体大,长80~100 cm,重4~5 kg。头较大,额部突,嘴长而扁宽,上嘴基部有一大而硬的肉质瘤状突起,嘴下皮肤皱褶成"口袋"形。颈长而稍弯曲,胸部丰满,尾部短而上翘。尾脂腺发达,呈囊袋状。腿长,前三趾具蹼。站立时昂首挺胸。常见的有灰、白二种。白鹅全身羽毛洁白,嘴、肉瘤、腿、脚、蹼为橘黄色;灰鹅从头到背黄褐色或黑色,嘴、肉瘤黑色,腿、脚、蹼灰黄色。

2. **药用** 主要以肉、肌胃内壁、卵、脂肪供药用。

(1) 鹅肉:为家鹅去羽毛,内脏的全体或肌肉。鹅供药用载于《名医别录》,列为上品。《本草纲目》载于禽部。李时珍曰:"江淮以南多畜之,有苍、白二色,及大而垂胡者。"鹅肉性味甘,性平。功能益气补虚,和胃止渴。用治虚损、消渴、中气不足等。《本草拾遗》:"主消渴,煮鹅汁饮之。"《随息居饮食谱》:"补虚益气,暖胃生津。性与葛根相似,能解铅毒。"目前,临床亦用于食管癌的辅助治疗,可缓解症状。

鹅肉含蛋白质、脂肪、灰分、钙、磷。还含有维生素 B_1、B_2、C 及微量元素铁、铜、锰等。

(2) 鹅内金:为家鹅肌胃的角质内壁。本品表面为灰白色或灰黄色,平滑,无光泽,质坚而脆,气腥。功能健脾止泻,助消化。用治脾虚泻泄,食积不化等。本品古代文献未见记载,因其临床治疗食积症疗效颇佳,现已被收入《四川中药志》等书中。

现代研究表明,鹅内金含胃激素。

(3) 鹅胆:为鹅的胆。载自《滇南本草》。味苦,性寒,无毒。入肝、胆二经。功能清热解毒。用治痔疮。本品涂患处。化学成分胆汁含鹅脱氧胆酸。

此外,鹅的卵、脂肪、毛、血、卵壳等都可以入药。鹅血功能涌吐解毒,用治噎膈反胃,解毒。鹅蛋壳功能清热解毒。鹅膵功能补肝。

现代研究发现,鹅卵中含有丰富的蛋白质、脂肪、糖类、维生素等营养成分,并含钙、磷、铁、钾等元素,以及胆固醇和多种氨基酸。家鹅脂肪的脂肪酸组成,主要有油酸、棕榈酸、硬脂酸。不皂化物为胆甾醇。可以治疗手足裂。目前,临床鹅毛用于治疗食管癌。工业上还以鸭鹅毛为原料生产酪氨酸,亮氨酸,氨基酸复合肥料粉。鹅膪内含尾脂腺,尾脂腺分泌一种含脂蜡的液体,其组成为:固形物、蛋白质、灰分、高级醇、油酸、低级脂肪酸、卵磷脂。分泌液的混合脂肪酸有左旋性,是一特点,已找到有四甲基癸酸及四甲基十一酸两种有枝链的脂肪酸。鹅膪所含的高级醇(即蜡)是重要成分。鹅腿骨内含铁、铜、锰等微量物质。近年用鲜鹅血试治胃癌有一定疗效。

三、家鸭 Anser platyrhynchos domestica L.

雁形目鸭科动物,又名鸭、鸭子。家鸭是由绿头鸭 Anser platyrhynchos L. 经长期人工饲养驯化而来。我国养鸭已有 3 000 余年的历史,现已培育出北京鸭、金定鸭和高邮鸭 3 个饲养类型。全国各地有饲养,主产南方各省。

1. **形态** 身长背宽,嘴扁平,喙缘有栉状缺刻。颈长。翅短小,不善飞。尾短,腹面如船底。脚位于体后部,具四趾,前三趾间有蹼,后趾略小。尾部有发达的尾脂腺。雄鸭较大,具交配器。喜群居,善游泳,在水中寻食。

2. **药用** 主要以肉、肌胃内壁、卵、胆、血液供药用。

(1) 白鸭肉:为家鸭去羽毛、内脏的全体或肌肉。家鸭原名鹜,载于《名医别录》,列为上品。《本草纲目》载于禽部。李时珍曰:"按《格物论》云:鸭雄者,绿头文翅,雌者黄斑色。但有纯黑、纯白者,又有白而乌骨者,药食更良。"白鸭肉味甘、咸,性平。功能滋阴养胃,利水消肿。用治骨蒸劳热,咳嗽,水肿等。《食疗本草》:"白鸭肉,补虚,消毒热,利水道,及小儿热惊痫,头热疮肿。"目前,临床亦常用于治疗肺结核,肾结核,食管癌,慢性咽炎。

白鸭肉含蛋白质、脂肪、钙、磷、铁、硫胺素、核黄素、烟酸等成分。

(2) 鸭肫衣(鸭内金):为家鸭的干燥肌胃内壁。本品呈圆形碟片状,表面呈黑绿色或紫黑色,稍有皱皮。质松,断面角质,气腥。本品首载于《本草纲目》。味甘,性平。功能消食积。用治食积不化,噎膈翻胃,诸骨鲠喉。现代临床多用作消导药,疗效颇佳。

(3) 鸭血:为家鸭鲜血。本品载于《本草经集注》。味咸,性冷,无毒。《本草逢原》:"能补血解毒,劳伤吐血,冲热酒调服。"《医林纂要》:"解鱼虫百毒。"用治疮痈肿痛,中风口眼歪斜。

(4) 鸭卵(鸭蛋):为家鸭所产之卵。本品首载于《本草经集注》。味甘,性凉。功能滋阴清肺。用治肺热咳嗽,喉痛咽干,齿痛和泻痢等。《日华子本草》:"治心腹胸膈热。"《医林纂要》:"补心清肺,止咳嗽,治喉痛,齿痛;百沸汤冲食,清肺火,解阳明结热。"

鸭卵中含有丰富的蛋白质、脂肪、糖类、维生素等营养成分,并含钙、磷、铁、钾、钠、氯等元素,以及胆固醇和多种氨基酸。

此外,据记载鸭胆、鸭头、鸭肪、鸭涎都可以入药。鸭胆有清肝明目之功效。鸭头具有利水消肿功效。鸭肪具有敛疮生肌,利水消肿功效。鸭涎具有凉肝止痉,消肿解毒功效。

四、鹌鹑 Coturnix coturix japonica L.

鸡形目雉科动物,又名赤喉鹑、红面鹌鹑。除家养外,多生活在平原、丘陵、溪流岸边的灌木丛之中。冬季通常成对生活,迁徙季节成大群。广泛分布于全国各地。主产四川、广西等地。

1. **形态** 体小,长 17～18 cm,重 100～150 g。形似小鸡,头小,头顶黑色,杂以栗色细斑。头顶中央和两侧有棕白色的纵冠纹;嘴黑褐色,嘴根部栗褐色;额、头侧、颏和喉部砖红色。上背栗色,散布有黑色横斑和蓝灰色羽缘。两肩和下臂黑色,密盖栗黄色纤细横斑。胸部栗黄色,下体两侧栗色,散有黑斑。尾短,黑色,脚黄褐色。雌鸟色泽不如雄鸟艳丽。

2. **药用** 以肉、卵供药用。

(1) 鹌鹑肉:为鹌鹑去羽毛、内脏的全体或肌肉。有"动物人参"之称。鹌鹑原名鹑,其药用首载于《嘉祐本草》。《本草纲目》载于禽部。鹌鹑肉味甘,性平。功能补五脏,益中续气,利水消肿。用治小儿疳积,泻痢,湿痹,百日咳等。《食经》:"主赤白下痢,漏下血暴,风湿痹,养肝肺气,利九窍。"

(2) 鹌鹑卵(鹌鹑蛋):为鹌鹑所产之卵。功能补脾健胃,养心安神。用治脾胃虚弱,食少便溏,失眠多梦,心悸不宁,久病体弱等。

五、家鸡 *Gallus gallus domesticus* Brisson

鸡形目雉科动物,又名鸡。是由原鸡 *G. gallus* Brisson 长期人工驯化而来。现已培育出狼山鸡、九斤黄鸡等多种饲养类型。喜群居,善于在野外寻食。全国各地均有饲养。

1. **形态** 鸡体呈流线型,头小而拱圆,嘴短而坚硬,上嘴略弯曲。鼻孔有鳞瓣,眼有瞬膜。颈长,活动自如;躯干结实,纺锤形;翼圆短,不能高飞;后肢健壮,跗跖部和足部被鳞片,四趾,后趾小,趾端具爪。

家鸡雌雄异形,雄鸡较大,头部具肥大的肉冠和肉垂,羽毛艳丽,尾羽长而美观。脚上有距;雌鸡较小,肉冠和肉垂瘦小,羽毛朴素,尾羽短,脚上无距。

2. **药用** 主要以肌胃内壁、肉、肝、胆汁、卵、血液、鸡头等供药用。

(1) 鸡内金:为家鸡的干燥肌胃内壁。是常用的中药之一。原名鸡肶胵里黄皮。载于《神农本草经》,列为上品。《本草纲目》载于禽部鸡之项下。鸡内金为不规则卷片,厚约2 mm。表面黄色、黄绿色或黄褐色,薄而半透明,具明显的条状皱纹。质脆,易碎,断面角质样,有光泽。气微腥,味微苦。能健脾消食,固精止遗。主治消化不良,食积不化,小儿疳积,遗尿遗精。近代用治泌尿道和肝胆结石。

鸡内金的化学成分为:含胃激素"Venticulin"、角蛋白等并含有赖氨酸、组氨酸、精氨酸等 18 种氨基酸及铝、钙、铬、钴等微量元素。药理实验结果表明,人口服鸡内金粉末后,胃液的分泌量、酸度、消化力均有增加;胃的蠕动增强,排空速度加快,因而胃的消化功能明显增强。

(2) 鸡肉:为家鸡去羽毛、内脏的全体或肌肉。家鸡供药用载于《神农本草经》,列为上品。《本草纲目》载于禽部。鸡肉的性味甘,温。能温中,益气,补中添髓。主治虚劳消瘦,中虚食少,泄泻下痢,消渴,水肿,小便频数,崩漏带下以及产后乳少和病后虚弱等。《纲目》:"内托小儿痘疮。"

鸡肉含蛋白质、脂肪及维生素 A、C、E。另含胆甾醇、3-甲基组氨酸。鸡肉经过烤炙后,其所含脂肪中含有许多为饱和脂肪酸。

(3) 鸡子:为家鸡所产之卵,始载于《神农本草经》。味甘,性平。功能滋阴润燥,养血安胎。(《纲目》:"理气血")用治热病烦闷,燥咳声哑,目赤咽痛,胎动不安,产后口渴等。外用治烫火伤。其卵白和卵黄也可分开供药用。卵黄入药称鸡子黄，味甘，性平。功能滋阴润燥，养血熄风。用治心烦不眠，热病痉厥，虚劳吐血和烫伤、烧伤。《纲目》："鸡子黄。气味俱厚，故能补形，昔人谓其与阿胶同功，正此意也。其治呕逆，诸疮，则取其除热引虫而已。"临床报道用鸡子黄治疗一、二度中小面积烧伤，获得良好疗效，且伤愈后不留疤痕。临床亦用治肺结核，骨结核，过敏性紫癜。卵白入药称鸡子白，性味甘，凉。能清热解毒，清肺利咽。主治咽喉肿痛，目赤，咳逆，热毒肿痛等。《纲目》："和赤小豆末涂一切热毒，丹肿腮痛。"

卵黄主要成分为卵黄磷蛋白、卵磷脂、脂肪酸、胆甾醇、葡萄糖，还含有叶黄素、叶黄素的多种异构物及少量的胡萝卜素。实验药理研究表明鸡子有调血脂、抗高血压、强身健脑、促进小肠运动等药理作用。

鸡子白含溶菌酶、卵抑制剂、卵类黏蛋白、卵糖蛋白、卵黄素蛋白。鸡子白含脂类少，但也有微量脂肪、痕迹的卵磷脂、胆甾醇及脂溶性色素叶黄素。鸡子白的蛋白质在营养上是优良的，因它含所有的必需氨基酸。已有研究结果表明，鸡卵黏蛋白能抑制牛、猪、羊、和鸡的胰蛋白酶活性，不抑制牛和鸡的胰凝乳蛋白酶，对枯草杆菌蛋白酶则有一定的抑制作用。鸡卵白还可用于制取溶菌酶。

(4) 鸡肝：为家鸡的肝脏。本品始载于《名医别录》。味甘，性微温。功能补肝肾。用治肝虚目暗，小儿疳积和妇人胎漏等。《本草汇言》："鸡肝，补肾安胎，消疳明目之药也。"目前，临床亦常用治肺结核，淋巴结结核，肝硬化腹水，夜盲症。实验药理研究表明，鸡肝可用于提取超氧化物歧化酶(SOD)，鸡雏肝中含铜锌超氧化物歧化酶($Cu、Zn-SOD$)，在鸡肝的线粒体中含有锰超氧化物歧化酶($Mn-SOD$)。

(5) 鸡胆：为家鸡的新鲜胆汁，始载于《名医别录》。味苦，性寒。功能清热解毒，祛痰止咳，明目。用治百日咳，慢性喘咳，目赤流泪和痔疮肿痛等。《纲目》："灯心蘸点胎赤眼甚良，水化搽痔疮亦效。"临床报道，用鸡胆汁制成片剂，治疗慢性支气管炎 250 例，有效率达 87.2%。治疗小儿菌痢，慢性中耳炎，白内障，虹膜睫状体炎。实验药理研究表明，鸡胆有利胆、溶石、助消化、抗高血压等作用。毒性实验表明，过量服用鸡胆有腥泻、便血、肝损伤、转氨酶升高等症状出现。

(6) 鸡血：为家鸡的新鲜血液，始载于《名医别录》。味咸，性平，无毒。功能祛风止痉，活血通络。用治小儿急慢惊风，中风口眼歪斜等。《纲目》："热血服之，主小儿下血及惊风，解丹毒，安神安志。"目前，临床常用于治疗功能性子宫出血等。实验药理研究表明，鸡血可用于提取超氧化物歧化酶(SOD)，鸡血细胞的 SOD 含有金属离子铜和锌，为铜锌超氧化物歧化酶。另外，鸡血能治各种皮肤病，并可营养皮肤。

(7) 鸡头：为家鸡的头，始载于《蜀本草》。《本草再新》："味甘，性温，无毒。"入肝、肾二经。功能补血安胎，宣阳解毒。用治肾阴虚，胎动不安，麻疹，时疹毒疮。煮食服，有补肝肾，活血通经作用。用治月经不调，小儿痘疹不起等。

(8) 鸡脑：为家鸡的脑。始载于《纲目》，谓："鸡脑，白雄鸡者良。"味甘，性平，入心、肝经。功能通经，醒脑，平肝，烧灰酒送服，有活血息风作用。用治小儿惊痫，难产等。

鸡脑含有游离的组氨酸和鹅肌肽，还有天冬氨酸、谷氨酸、β-丙氨酸、γ-氨基丁酸、缬氨酸、苯丙氨酸等多种氨基酸。

此外，据记载其卵壳、孵出雏鸡之卵壳内膜(凤凰衣)、嗉囊、脂肪等亦可入药。凤凰衣，味甘，性温，无毒。功能理气，消翳障。用治久咳气急，目中生翳，失音，反胃，并涂疮毒。

目前临床上还应用鸡皮移植治疗烧伤创面,可代替同种异体皮应用。实践证明,鸡皮移植于切痂创面可以从根本上防治感染,消除局部给予全身的不良影响,减少并发症的发生,加速创面愈合,从而缩短疗程,提高治愈率。特别在败血症情况下,及时采用鸡皮移植可争取危机转化,为进一步抢救赢得时间。深二度感染创面,清除腐痂后用鸡皮敷盖,可以有效地控制感染,减少渗出,以期及早治愈。鸡的凤凰衣目前用于治疗习惯性流产与口腔溃疡。鸡蛋黄油是从鸡蛋的蛋黄中煎取的油,又称鸡子鱼、凤凰油等。蛋黄油是治疗轻度烫伤的良药,这是因为蛋黄油含有丰富的维生素 A、D 和卵磷脂等,这些物质对人体皮肤的再生和代谢有着重要作用,它对治疗水烫伤、火烫伤效果很好。轻度烫伤涂上蛋黄油有清凉感,疼痛减轻,防止起泡,不留烫伤痕迹,对较重的烫伤,在后期外涂蛋黄油,可促使伤口早日愈合。因此,蛋黄油可作为家庭自制的备用药。蛋黄油的制作方法较简单,每个家庭都可制作。方法是:取新鲜鸡蛋数个,煮熟后剥壳去除蛋白,留下蛋黄置于小铁勺或铜勺内,但不宜用铝勺,将蛋黄压扁捣碎后,放在小火上加热煎熬,待蛋黄由黄色变成黑色发出"吱、吱"响声并有油溢出时,可用小勺挤压,然后取出油,除去焦渣,将油贮存于小瓶内,冷却后备用。通常一个鸡蛋便可取出 3 mm 左右的油。蛋黄油除可作烫伤涂擦之用外,内服还可治小儿消化不良等症。

六、家鸽 *Columba liva domestica* L.

鸽形目鸠鸽科动物,又名鸽、信鸽。家鸽是由原鸽 *C. livia* Gmilin 经长期人工饲养驯化而来的。我国养鸽已有几千年的历史。通过不断选择,现已培育出上百个饲养品种。喜结群飞翔,有高速耐久的飞翔能力。记忆力强,古今中外都是人们传书带信的能手。全国各地都有饲养。

1. 形态 鸽体纺锤形,头小而圆,前端有圆锥形的喙,上喙基部有蜡膜。眼大而圆,颈基两侧至胸部紫绿色,具金属光泽。上背、两翅覆羽和三级飞羽瓦灰色;下背羽色稍淡,翅上有一道黑色横斑。腰和尾的覆羽石板灰色;腹面自胸以下为鲜灰色。尾较短,尾羽末端有黑色横斑。脚短健,铜黄色至肉红色,爪黑色。雄鸽体较大,颈较粗短,叫声洪亮。

2. 药用 主要以肉、卵、粪便入药。

(1) 鸽肉:为家鸽去羽毛、内脏的全体。鸽的药用载于《嘉祐本草》。《本草纲目》载于禽部。鸽肉味咸,性平。功能滋肾益气,祛风,解毒。用治虚损,消渴,久疟,妇女血虚经闭,恶疮疥癣,肠风下血等。《本草再新》:"治肝风肝火,滋肾益阴。"也是"乌鸡白凤丸"的配料之一。鸽肉内含粗蛋白质,粗脂肪、灰分。

(2) 鸽卵:为家鸽所产之卵,始载于《本草纲目》。味甘、咸,性平。《医林纂要》:"甘咸,平。"功能补中益气,解毒。用治气短,纳少,泄泻,恶疮疥癣和痘疹难出等。

鸽蛋可食,含有蛋白质、脂肪、碳水化合物、钙、磷、铁等成分。

七、树麻雀 *Passer montonus* L.

雀形目文鸟科动物,又名麻雀。喜成群在乡镇及农田附近丛林中活动。常栖于房檐、墙缝或树洞之中。全国各地均有分布。

1. 形态 体小,长约 13 cm,重 20 g 左右。雌雄相似,耳羽下有一黑色斑块。眼先、颔、喉的中部黑色,两侧白色。从额至后颈暗栗褐色,上背和两肩棕褐色,杂以黑褐色纵纹。下背和尾下覆羽砂褐色。胸和腹部白色而杂以砂褐色。两翅短小,黑褐色,初级飞羽外翈有两道明显的棕色横斑。尾黑褐色,脚灰褐色。

2. **药用** 主要以肉、卵供药用。

(1) 麻雀肉:为树麻雀去羽毛、内脏的全体。麻雀原名雀,载于《名医别录》,列为中品。《本草纲目》载于禽部鸣禽类。味甘,性温。功能壮阳益精,暖腰膝,缩小便。用治阳虚瘦弱,阳痿,疝气,小便频数,崩漏带下等。《纲目》:"食之起阳道,令人有子,壮阳益气,暖腰膝,缩小便,治血崩带下,益精髓,补五脏不足之气,宜常食之,不可停。"

麻雀肉含蛋白质、脂肪、磷、钙、铁等成分。

(2) 雀卵:为麻雀所产之卵,始载于《名医别录》。味甘、咸,性温。《别录》:"味酸,温,无毒。"《医林纂要》:"甘咸,温。"《会约医镜》:"入肾、命门二经。"功能补肾阳,益精血,调冲任。用治阳痿,血枯,崩漏,带下等。阴虚火盛者忌之。

此外,据记载,其肝、脑亦供药用。

与麻雀功效相似,同等入药用还有同科属的家麻雀 *Passer domesticus* L. 和山麻雀 *P. rutinans* Temminck。现列表检索如下:

麻雀属主要药用种类分种检索表

1(6) 无眉纹。
2(3) 头顶灰色 ···································· 家麻雀 *Passer domestica* ♂
3(2) 头顶红褐色。
4(5) 耳羽有黑斑 ···································· 麻雀 *Passer motonus* ♂、♀
5(4) 耳羽无黑斑 ···································· 山麻雀 *Passer rutinans* ♂
6(1) 有眉纹。
7(8) 腰灰褐色,下体无黄色 ···································· 家麻雀 *Passer domestica* ♀
8(7) 腰棕褐色,下体多少带黄 ···································· 山麻雀 *Passer rutinans* ♀

八、鸟纲其他药用动物

(1) 鸬鹚 *Phalacrocora corbo* L.:为鹈形目鸬鹚科动物。又名鱼鹰、山老鸦。以去羽毛、内脏的全体入药。称鸬鹚肉。载自《雷公炮炙论》。味酸、咸,性冷,微毒。入脾经。功能补脾利水。用治腹水胀满,四肢水肿,小便不利等。《品汇精要》:"怀妊不宜食。"

此外,本动物的骨(鸬鹚骨)、翅羽(鸬鹚翅羽)、口涎(鸬鹚涎)亦供药用。

(2) 麝香鸭 *Cairina moschata* L.:为雁形目鸭科动物。又名洋鸭、西洋鸭、旱鸭。全国有饲养。主要以去羽毛、内脏的全体入药,称洋鸭肉。功能补肾助阳,温中燥湿。用治肾虚阳痿,腰膝冷痛,腹痛肠鸣和肾虚水肿等。

(3) 鸊鷉 *Podiceps ruficollis* Pallas:为鸊鷉目鸊鷉科动物。又名水葫芦、药葫芦。以肌肉入药,称油鸭肉。功能补中益气,止痢止泻。用治脱肛、遗尿、痔疮、久泻不愈等。

(4) 山斑鸠 *Streptopelia orintalis* Latham:为鸽形目鸠鸽科又名斑鸠、雉鸠。主要以去羽毛、内脏的全体入药。称斑鸠肉。载自《本草衍义》。味甘、苦、咸,性平,无毒。(崔禹锡《食经》:"味苦咸,平,无毒。"《嘉右倾本草》:"甘,平,无毒。")入肝、脾、肺、肾经。(《得配本草》:"入足少阴经。"《本草求真》:"入肺、肾。")功能滋补肝肾,益气,明目。用治久病虚损,气阴两亏,视物昏花等。

(5) 戴胜 *Upupa epops* L.:为戴胜目戴胜科动物。又名鸡冠鸟、臭姑鸪。以去羽毛和内脏的全体入药,称臭姑鸪。功能柔肝熄风,镇心安神。用治癫痫,精神病,失眠多梦等。

(6) 灰头鹀 *Emberiza spodocephala* Pallas：为雀形目燕雀科动物。又名青头雀、蓬鹀等。以去羽毛和内脏的全体入药，称蒿雀肉。载自《本草纲目拾遗》。味甘，性温，无毒。入脾、肾二经。功能补肾壮阳，解毒。用治阳痿，妇女宫寒不孕以及酒精、蕈菌中毒等。

(7) 金丝燕 *Colloculia esculenta* L：雨燕目雨燕科动物。以窝巢供药用，称为燕窝。燕窝的药用载于《本经逢原》。该书云："燕窝，能使金水相生……惜乎本草不载，方书罕用，今人以之调补虚劳，咳吐红痰，每以冰糖兼食，往往获效。"味甘，性平。入肺、胃、肾经。功能养阴润燥，益气补中。用治虚损。自清代以来，本品一直为我国有名的滋补药之一。

此外，本纲供药用的尚有池鹭 *Aradeola bacchus* Bonaparte、鹧鸪 *Francolinum pintadeanus* Scopoli、灰胸竹鸡 *Bambusicola thoracica* Temminek、白鹇 *Lophara nycthemera* L.、秧鸡 *Rallus aguaticus* L.、红脚鹬 *Tringa tetanus* L.、大杓鹬 *Numenius madagascariensis* L.、大杜鹃 *Cuculus canorus* L.、短嘴金丝燕 *Collocalis hrevirostris* Moclelland、云雀 *Alauda arvensis* L.、八哥 *Acridotheres cristatellus* L.、河乌 *Cinclus cincius* L.、乌鸫 *Turadus merula* L.、暗绿秀眼鸟 *Zosterops japonicus* Temminck et Schlegel、黑鸫 *Turdus merula* L.、黑枕黄鹂 *Oriolus chinensis* L.、黄脚三趾鹑 *Turnia tanki* Blyth 等。

（马　伟）

第十六章 哺乳纲

导学

哺乳纲是脊椎动物中最高等的一纲,通称"兽类",具有许多进步和独特的特征,如身体被毛,体温恒定,胎生(单孔类例外)和哺乳等;特别是作为高级神经活动中枢的大脑皮质高度发达,感觉器官进一步完善,使哺乳动物可从周围环境获得大量信息,能调节复杂的功能活动和适应多变的环境条件。现存的哺乳纲动物分为3个亚纲,即原兽亚纲、后兽亚纲和真兽亚纲。其中真兽亚纲是现存兽类中最高等、最主要的一群,数量多,分布广,生活环境多样,并与人类关系最为密切,很多种类都是重要的药用动物。主要药用动物包括刺猬、蝙蝠、麝鼠、灵猫、犬、马、驴、猪、梅花鹿、牛、山羊等。

学习重点:
1. 掌握哺乳纲动物的主要特征、分类类群。
2. 熟悉哺乳纲动物的主要药用种类。
3. 了解药用哺乳动物的现代研究进展。

哺乳纲(Mammalia)动物,通称"兽类",是动物发展史上最高级的阶段,是动物世界中形态结构最高等、生理功能最完善、智力水平要比其他动物种类高,与人类关系最密切的一个类群。最重要的特征表现在:智力和感觉能力的进一步发展;体温的恒定;繁殖效率的提高;获得食物及处理食物的能力增强。这一切涉及身体各部分结构的改变,如:脑容量的增大和新脑皮层的出现,视觉和嗅觉的高度发展,听觉比其他脊椎动物有更大的特化;牙齿和消化系统的特化有利于食物的有效利用;四肢的特化增强了活动能力,有助于获得食物和逃避敌害;呼吸、循环系统的完善和独特的毛被覆盖体表有助于维持其恒定的体温,从而保证它们在广阔的环境条件下生存;而胎生、哺乳等特有特征,又保证其后代有更高的成活率及一些种类复杂社群行为的发展。

中国幅员辽阔,地形复杂,气候条件及植被类型多种多样,生活着极为丰富的野生哺乳动物。世界上现存哺乳动物种类计有4 180种,而我国约有500种,占全球种类的10.72%,其中一些种类是我国特有的珍稀动物,如大熊猫、藏羚羊、白唇鹿、金丝猴等;有些是主产于我国的珍贵种类,如梅花鹿、林麝、原麝、马麝、穿山甲、华南虎等;还有数以百计的药用兽、毛皮兽、肉用兽等重要资源动物。

第一节 哺乳纲的主要特征

哺乳动物是有高度适应能力的、被毛的、哺乳的、胎生(单孔类除外)的脊椎动物,是脊椎动物中躯体结构、功能行为最为复杂的最高级动物类群。其主要特征:

一、皮肤及衍生物

哺乳动物的皮肤致密,结构完善,具有良好的抗透水性,能有效地抵抗张力和阻止细菌侵入,有着重要的保护、体温调节、感觉、排泄等功能。哺乳动物的皮肤在整个生命过程中是不断更新的。为适应于多变的外界条件,其皮肤的质地、颜色、气味、温度以及其他特性,能够与环境条件相协调。

(一) 皮肤的结构

哺乳动物的皮肤由表皮和真皮组成(图 16-1)。表皮的表层为角质层。角质不溶于水,可防止体内水分过度蒸发。表皮的深层为活细胞组成的生发层。表皮下为真皮,是皮肤的主体,由致密结缔组织构成,含有大量的胶原纤维和少量的弹性纤维、网状纤维及其他细胞成分。真皮中分布着血管、淋巴管、神经末梢、感受器以及毛发、毛囊、皮脂腺、汗腺等表皮衍生物。在真皮下还有发达的蜂窝组织,能储蓄丰富的脂肪,构成皮下脂肪层,是能量的贮备基地,同时也可御寒保温,对机械压力有一定的缓冲作用。

在表皮及真皮内有黑色素细胞(melanocytes),能产生黑色素颗粒,从而使皮肤呈现黄、暗红、褐及黑色等颜色。

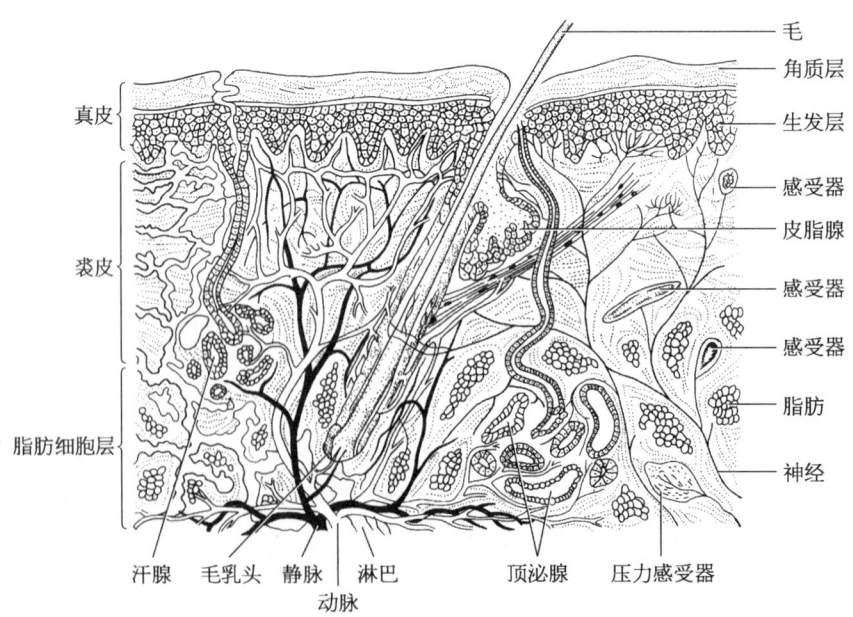

图 16-1 哺乳动物的皮肤结构(原书图 15-1)

(二) 皮肤衍生物

哺乳动物的表皮中有许多由表皮分化形成的皮肤衍生物,如皮肤腺、毛、角、爪、甲、蹄。

1. 皮肤腺 哺乳动物的皮肤腺十分发达,来源于表皮的生发层,为多细胞腺。根据结构和功能的不同,可分为皮脂腺(sebaceous gland)、汗腺(sweat gland)、乳腺(mammary gland)、气味腺(臭腺 secnt gland)等。

(1) 皮脂腺:为泡状腺,多开口于毛囊基部,是全浆分泌腺,其分泌物含油,有润滑毛和皮肤的作用,也是一种重要的外激素源。

(2) 汗腺:是一种管状腺,下陷入真皮深处,盘卷成团,外包以丰富的血管。它的主要功能是蒸发散热及排除部分代谢废物。体表的水分蒸发散热即出汗,是哺乳动物调节体温的一种重要方式,一些汗腺不发达的种类(如犬),主要靠口腔、舌和鼻表面蒸发来散热。

(3) 乳腺:为哺乳类所特有的腺体,是一种管状腺与泡状腺复合的腺体,也可认为是特化的汗腺,其能分泌含有丰富营养物质的乳汁,以哺育幼仔。乳腺通常开口于突出的乳头上。乳头分真乳头和假乳头两种类型(图16-2),真乳头有1个或几个导管直接向外开口;假乳头的乳腺管开口于乳头基部腔内,再由总的管道通过乳头向外开口。乳头的数目随种类而异,从2个至19个不等,常与产仔数量有关。例如猪为4~5对、牛羊为2对、猴与蝙蝠为1对。低等哺乳动物单孔类不具乳头,乳腺分泌的乳汁沿毛流出,幼仔直接舐吸。没有嘴唇的哺乳动物如鲸,其乳腺

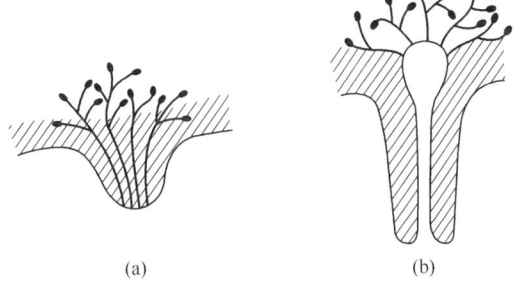

图16-2 哺乳动物的乳头(原书图15-2)
(a) 真乳头 (b) 假乳头

区有肌肉,能自动将乳汁压入幼鲸口腔。母体产下幼体后,其乳腺分泌的乳汁可供给幼仔发育所需的营养物质,如蛋白质(包括免疫蛋白)、脂肪、维生素、无机盐、乳糖等。哺乳使后代能在优越的营养条件和安全的保护下迅速成长,从而大大提高了哺乳类后代的成活率。

(4) 气味腺(臭腺):为汗腺或皮脂腺的衍生物,主要功能是标记领域、传递信息,有的还具有自卫保护的作用。气味腺有数十种,如麝香腺、肛腺、腹腺、侧腺、背腺、包皮腺等。气味腺的出现及发达程度,通常是与哺乳类以嗅觉作为主要猎食方式相联系的,而以视觉作为主要定位器的动物类群,其嗅觉及气味腺均显著退化。

2. 毛 是哺乳动物所特有的结构,为表皮角化的产物。每一根毛均由毛干及毛根两部分组成(图16-3)。毛干由皮质部和髓质部构成;毛根着生于毛囊里,外被毛鞘,末端膨大呈球状,称为毛球,毛球基部凹入,内有真皮构成的毛乳头,具有丰富的血管,可输送毛生长所必需的营养物质。在毛囊内有皮脂腺的开口,可分泌油脂,润泽毛和皮肤。毛囊基部还有竖毛肌附着,收缩时可使毛直立,有助于体温调节。

根据形态结构,毛通常分为针毛(或称刺毛)、绒毛、触毛三类。针毛长而粗,坚韧耐摩擦,并有一定毛向,有保护作用。绒毛短而密,位于针毛的下层,柔软而无毛向,具有保温作用。触毛是由针毛特化而成,长而硬,长在嘴边,有触觉作用。哺乳类体外的被毛常形成毛被,主要功能是隔热、保温。水生哺乳动物基本上无毛的种类,如鲸,有发达的皮下脂肪以保持体温的恒定。

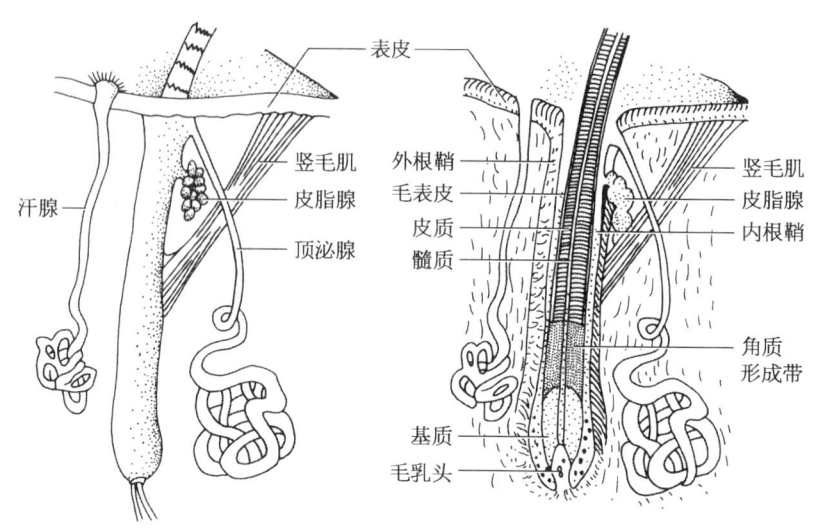

图 16-3 哺乳动物毛的结构(仿 McFarland,Harrison)

示毛囊(左)和毛囊纵切面(右)

毛常受磨损和退色,通常每年有一二次周期性换毛,一般夏毛短而稀,绝热力差,冬毛长而密,保温性能好。陆栖哺乳动物的毛色与其生活环境的颜色常保持一致,通常森林或浓密植被下生活的哺乳动物毛呈暗色,开阔地区的呈灰色,沙漠地区多呈沙黄色。

3. **角** 是哺乳动物头部表皮及真皮特化的产物。表皮产生角质角,如牛、羊的角质鞘及犀的表皮角,真皮形成骨质角,如鹿角。哺乳类的角可分为洞角、实角、叉角羚角、长颈鹿角、表皮角等 5 种类型(图 16-4)。

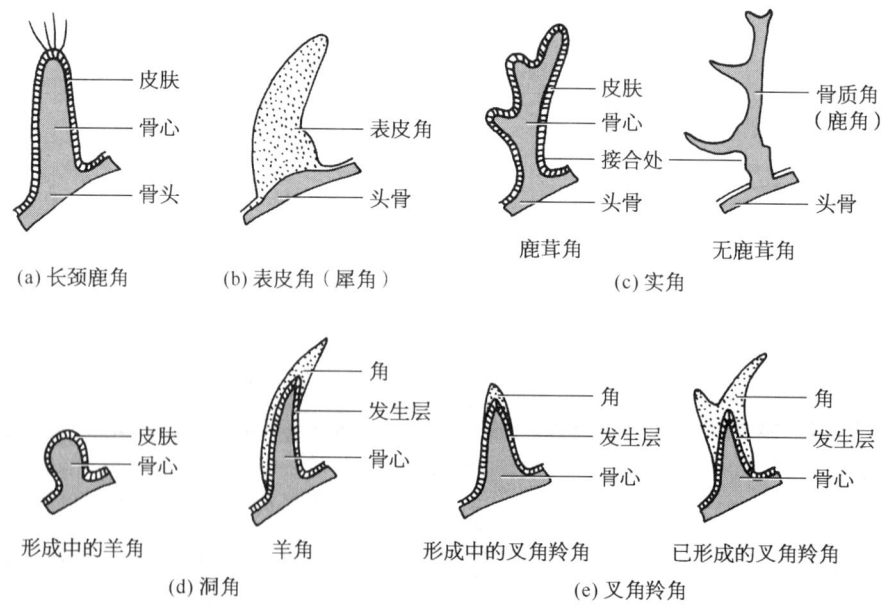

图 16-4 哺乳动物角的 5 种类型

(1) 表皮角:又称犀角,由表皮产生的角质纤维交织形成,无骨质成分(骨心),固着在鼻骨正中的短节上,双角种类的两角呈前后排列,前角生于鼻部,后角生长在额部。不脱换,但断落时能长出新角,为犀科动物所特有。

(2) 洞角:又称空角,由表皮产生的角质鞘和额骨上的骨质角突(骨心)紧密结合而成,成双着生于额骨上,终生不更换,有不断增长的趋势。角质鞘常被习称为"角"。洞角为牛科动物所特有,如牛、羊、黄羊及大多数羚羊的角。雌雄均有角,雄性角通常较大。

(3) 实角:为分叉的骨质角,由额骨的突起所形成,无角鞘。新生角在骨心上有嫩皮,通称为茸角,如鹿茸。角长成后,茸皮逐渐老化、脱落,最后仅保留分叉的骨质角,如鹿角。鹿角每年周期性脱落和重新生长,这是鹿科动物的特征。一般仅雄性具角,但驯鹿两性均具角,麝、獐不具角。

(4) 叉角羚角:是介于洞角与鹿角之间的一种角型。骨心不分叉而角鞘具小叉,分叉的角鞘上有融合的毛,毛状角鞘在每年生殖期后脱换,骨心不脱落。这种角型为雄性叉角羚所特有,而雌性叉角羚仅有短小的骨心而无角鞘。

(5) 长颈鹿角:又称瘤角,由皮肤和骨所构成,在骨心外终生被有活的皮肤,从不脱落。骨心上的皮肤与身体其他部分的皮肤几乎没有差别。

4. 爪、甲、蹄 均为皮肤的衍生物,是指(趾)端表皮角质层的变形物,只是形状功能不同(图 16-5)。爪,为多数哺乳类所具有,从事挖掘活动的种类,爪特别发达,如穿山甲。食肉类的爪十分锐利,如猫科动物的爪锐利且能伸缩,是有效的捕食武器。甲,实质为扁平的爪,为灵长类所特有。蹄,为增厚的爪,有蹄类特别发达,并可不断增生,以补偿磨损部分。

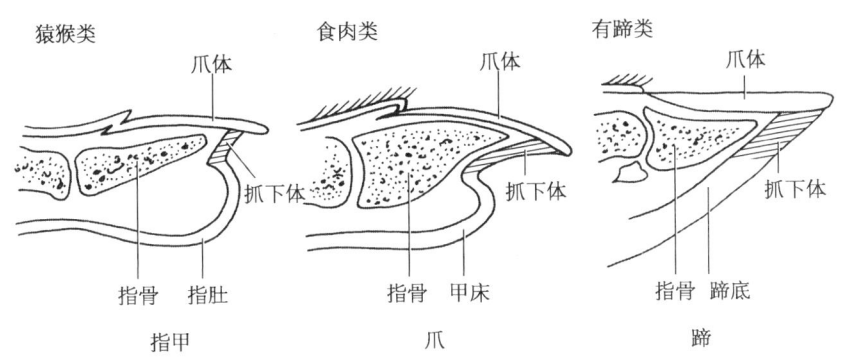

图 16-5 哺乳动物的爪、甲、蹄
(仿刘凌云《普通动物学》)

二、骨骼系统

哺乳动物的骨骼系统发达,主要由中轴骨骼和附肢骨骼两大部分组成(图 16-6),具有完善的支持、保护和运动功能。其结构和功能上主要的特点是:头骨有较大的特化,具两个枕骨髁,下颌由单一齿骨构成,牙齿异型;脊柱分区明显,结构坚实而灵活,颈椎 7 枚;四肢下移至腹面,出现肘和膝,将躯体撑起,适应陆上快速运动。

(一) 中轴骨骼

哺乳动物的中轴骨骼包括颅骨、脊柱、胸骨及肋骨。

1. 颅骨 主要由扁骨和不规则骨构成。由于哺乳类的脑、感官的发达以及口腔咀嚼的产生,故颅骨相当大。颅腔由额骨、顶骨、枕骨、蝶骨、筛骨、鳞骨、鼓骨等构成,其中枕骨、蝶骨、筛骨等均由多数骨块愈合而成。骨块的减少和愈合使头骨坚而轻,是哺乳类的一个明显特征。

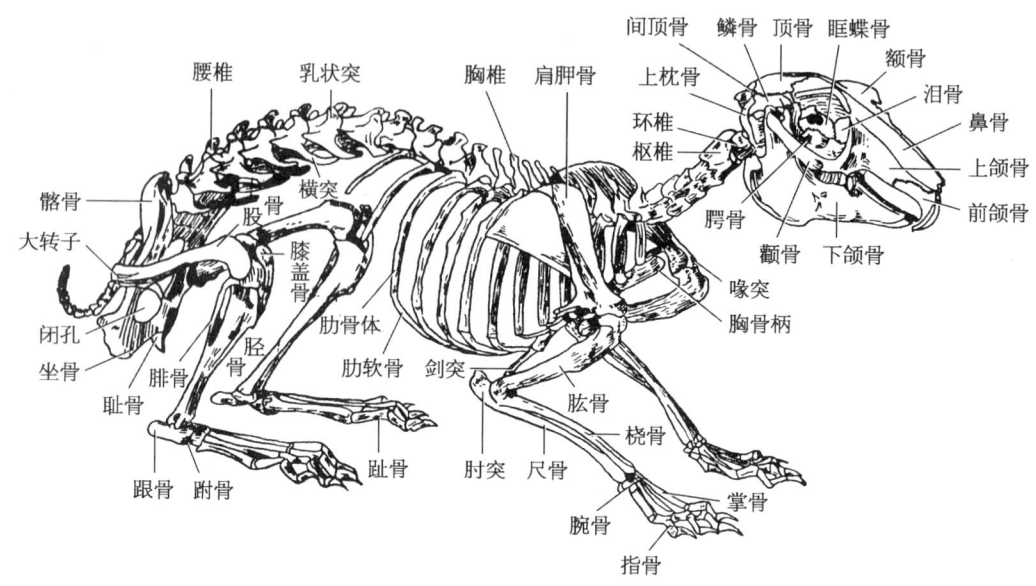

图 16-6　家兔的骨骼（原书图 15-6）

脑位于颅腔内，以颅骨后方的枕骨大孔与脊髓连接。枕骨大孔两侧各有一枕髁与第一颈椎相关节。哺乳类的眼眶、鼻腔和口腔主要由泪骨、颧骨、鼻骨、鼻甲骨、上颌骨、前颌骨、腭骨、翼骨、犁骨、下颌骨、舌骨等构成。下颌由 1 对下颌骨（齿骨）组成，为哺乳类头骨的一个标志性特征，下颌骨后端与鳞骨相关节（图 16-7）。

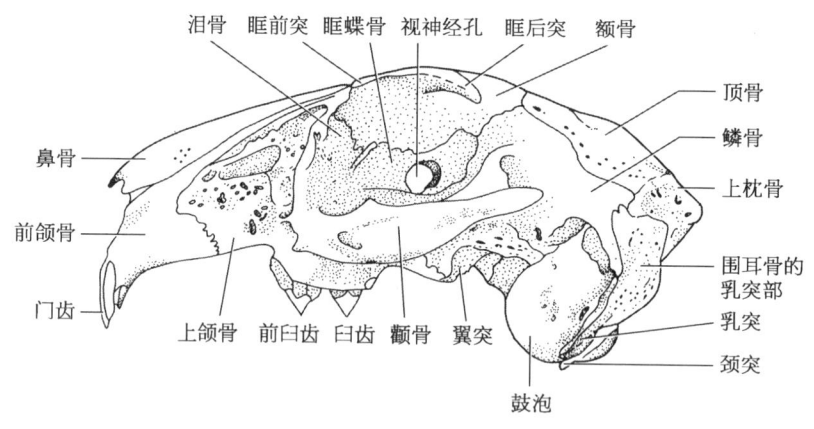

图 16-7　兔的颅骨（原书图 15-7）

2. 脊柱　由一系列椎骨组成，可分为颈椎、胸椎、腰椎、荐椎和尾椎五部分。颈椎骨通常为 7 枚，只有少数种类为 6 枚（如海牛、二趾树獭）或 8～10 枚（如三趾树獭），绝大多数的哺乳类不论颈的长短（如长颈鹿和刺猬）都是 7 枚颈椎。第一颈椎称寰椎，第二颈椎称枢椎，寰椎呈环状，前面形成一对关节面与枕髁相关节，枢椎椎体前端形成齿突伸入寰椎的椎孔，赋予头部能灵活转向。胸椎常为 13 枚左右，各胸椎与肋骨相连接，并与肋骨和胸骨共同构成胸廓。腰椎为 4～7 枚。荐椎为 3～8 枚，荐椎通常愈合成一块荐骨，与腰带相关联；无后肢的鲸类，荐骨不明显。尾椎数目随尾的长短而异，变化很大，从数枚至数十枚不等。

3. 胸骨和肋骨　胸骨为位于胸部腹面中央的一列骨片，分节，最前一节为胸骨柄，中间几节为胸骨体,最后一节为剑胸骨。有飞翔能力的蝙蝠和营地下掘穴生活的鼹鼠等哺乳动物,有与鸟类相类似的龙骨突起。

肋骨的椎骨端与相邻的胸椎锥体连接,肋骨的腹侧端接肋软骨。前部肋骨以肋软骨直接与胸骨相连接,称为真肋。后部的肋骨,若以肋软骨连接到最后的真肋,称为假肋;若肋软骨末端游离,称为浮肋。

(二) 附肢骨骼

哺乳动物的附肢骨骼包括肩带、腰带、前肢骨、后肢骨。

1. **肩带** 由肩胛骨、乌喙骨、锁骨构成(图16-8)。陆栖哺乳动物肩带的肩胛骨十分发达,乌喙骨退化成肩胛骨上的一个突起。锁骨多趋于退化,有的无锁骨,如奇蹄类和偶蹄类。而在适于攀缘、掘土和飞翔生活的类群中锁骨则发达。锁骨的发达程度与前肢活动方式密切相关。凡前肢作前后活动的种类,其锁骨退化;前肢作左右活动的种类,其锁骨发达。

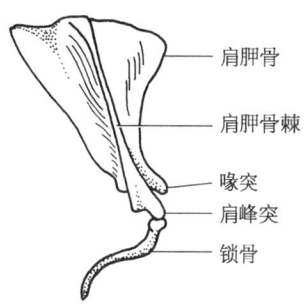

图16-8 兔的肩带
(仿陈品健《动物生物学》)

2. **腰带** 由髂骨、坐骨和耻骨构成(图16-9)。三骨会合处共同形成的关节窝,称髋臼,与股骨头形成髋关节。髂骨与荐骨相连接,左右坐骨与耻骨在腹中线愈合成一块髋骨,构成封闭式骨盆。哺乳类的腰带愈合,加强了对后肢支持的牢固性。

3. **前肢骨及后肢骨** 前肢骨包括肱骨、桡骨、尺骨、腕骨、掌骨和指骨。后肢骨包括股骨、胫骨、腓骨、跗骨、跖骨和趾骨。前、后肢骨的结构与一般陆生脊椎动物的模式类似,但前后脚掌(跖)、指(趾)骨,随不同的生活方式而有较大变化,如蝙蝠特化为翼状肢,鲸为鳍状肢,奇蹄类、偶蹄类为捷行肢。除鲸目、海牛目、翼手目和部分有袋目外,哺乳动物的多数种类股骨下端前方都有由腱形成的膝盖骨,膝关节向前转,提高了支撑和运动的能力,这是哺乳类有别于其他陆生脊椎动物的特征。按陆生哺乳动物四肢着地行走的不同方式,足型可分为跖行式、趾行式和蹄行式(图16-10)。其中以蹄行式与地面接触最小,是适应快速奔跑的足型。

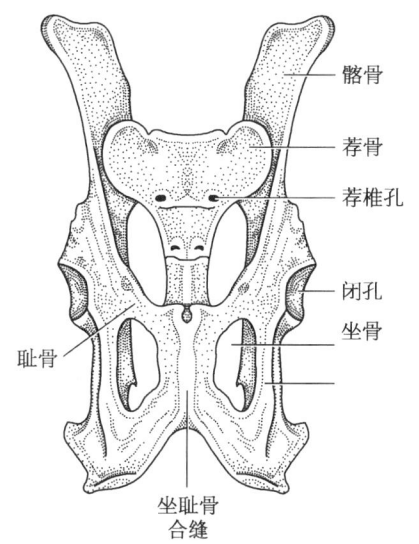

图16-9 兔的腰带
(仿郝天和《脊椎动物学》)

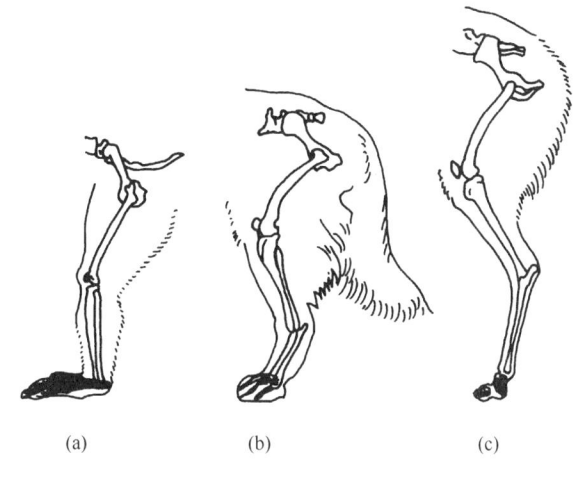

图16-10 哺乳类的足型(仿武汉大学《普通动物学》)
(a)跖行式 (b)趾行式 (c)蹄行式

三、肌肉系统

哺乳类的肌肉系统与爬行类基本相似,但其结构与功能均进一步完善。主要特征表现在:

四肢及躯干的肌肉具有高度可塑性。为适应其不同运动方式出现了不同的肌肉模式,如适应于快速奔跑的有蹄类及食肉类四肢肌肉强大。

皮肌十分发达。哺乳类的皮肌可分为两组:一组为脂膜肌,可使周身或局部皮肤颤动,以驱逐蚊蝇和抖掉附着的异物。脂膜肌还可把身体蜷缩成球或把棘刺坚立,以防御敌害,如鲮鲤、豪猪、刺猬。哺乳类中高等的种类脂膜肌退化,仅在胸部、肩部和腹股沟偶有保留。另一组皮肌为颈括约肌,其表层的颈阔肌沿颈部腹面向下颌及面部延伸,形成颜面肌及表情肌。哺乳类中的低等种类无表情肌,食肉动物出现表情肌,灵长类的表情肌发达,人类的表情肌最为发达,约有30块。

围绕口周围有复杂的唇肌,在吮吸中发挥了十分重要的作用。此外,分布于颅侧和颧弓,止于下颌骨(齿骨)的颞肌和嚼肌强大,这与捕食、防御以及口腔的咀嚼密切相关。

膈肌为哺乳类所特有的肌肉,为一横位的随意肌,把内脏腔分隔成胸腔和腹腔,膈肌的活动有助于呼吸。

四、消化系统

哺乳动物的消化系统包括消化管和消化腺。在结构和功能上表现出的主要特点是,消化管分化程度高,消化腺十分发达,出现了口腔消化,消化能力得到显著提高。

(一) 消化管

消化管是从口开始,穿过身体至肛门的管道,包括口腔、咽、食管、胃、小肠、大肠等(图16-11)。

1. **口腔** 哺乳动物的口腔咀嚼和口腔消化方式,引起了口腔结构的较大改变。出现了肉质的唇,其为吸乳、摄食、辅助咀嚼的重要器官,同时也是发音吐字器官的组成部分。口腔内有十分发达的肌肉舌,有助于摄食、搅拌及吞咽,并为人类发音的辅助器官。舌表面分布有味蕾,为味觉器官。上、下颌骨上着生有异型齿。齿由齿槽长出,中有髓腔,充有结缔组织、血管和神经(图16-12)。因齿的形状和功用不同,可分为门齿(incisor)、犬齿(canine)、前臼齿(premolar)和臼齿(molar)。门齿可切割食物,犬齿可撕裂食物,前臼齿

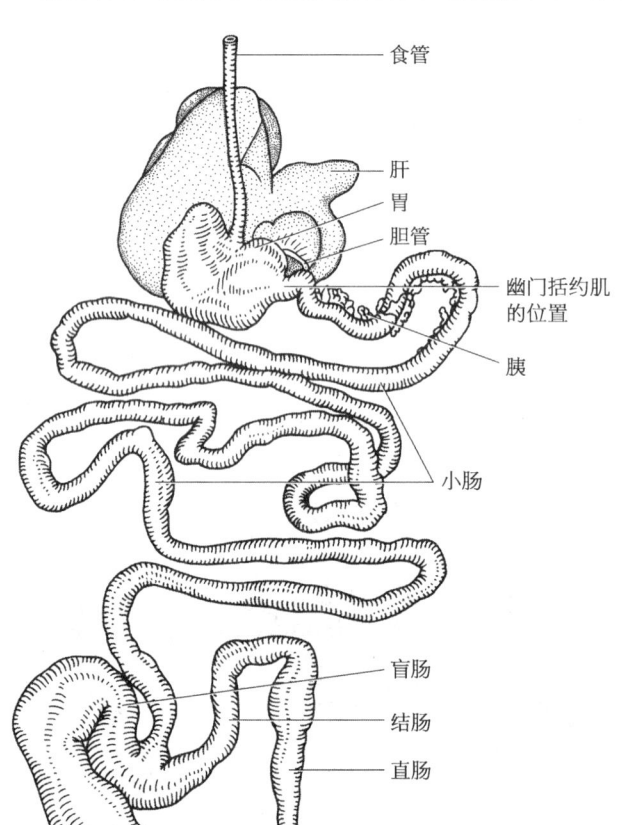

图16-11 哺乳动物(褐家鼠)的消化系统

和臼齿则有咬、切、压、研磨食物等多种功能。不同食性的哺乳动物,其牙齿的形状、数目均有很大变化,但同一种类的齿型及齿数是稳定的(图 16-13)。所以,齿型及齿数是哺乳类分类的重要依据,通常用齿式来表示。上颌齿的一半写在线上,下颌齿的一半写在线下(相当于分子式的写法)。如狼,上下颌每侧各有 3 个门齿(3/3),1 个犬齿(1/1),4 个前臼齿(4/4)和 2 个上臼齿及 3 个下臼齿(2/3)。可简写为 i.3/3, c.1.1, p.4/4, m.2/3 = 42;或 3/3, 1/1, 4/4, 2/3 = 42;或 $\frac{3·1·4·2}{3·1·4·3}$ = 42,总数 42 得自齿式的两倍,因齿式只列出总齿数的一半。有胎盘类的基本齿数最多是 44 个(3/3,1/1,4/4,3/3),但许多动物趋于减少,有些种类完全无齿(如食蚁兽、穿山甲);唯有一些特化的鲸,牙齿超过 44 个;有袋类的一些科,也有更多的齿数。

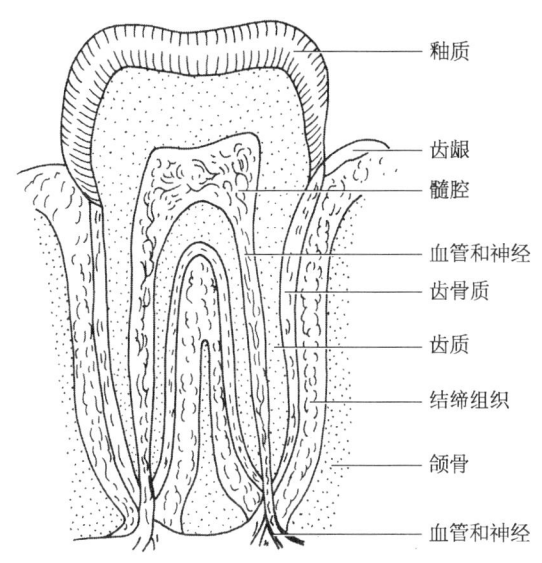

图 16-12 牙齿纵剖面模式图

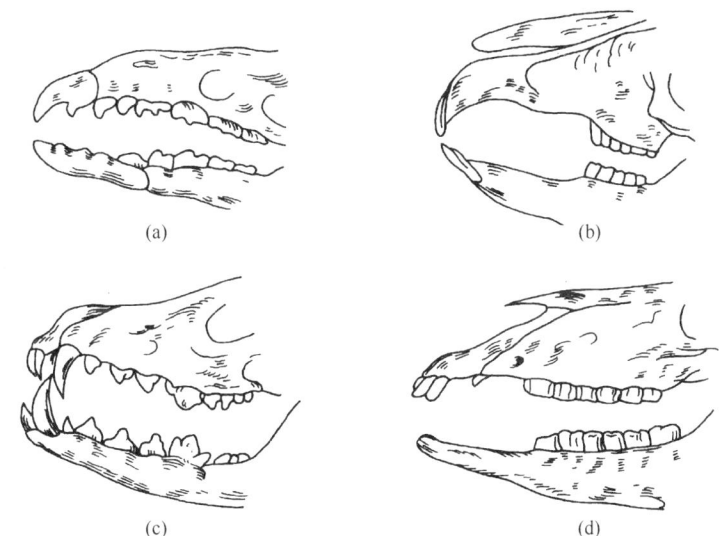

图 16-13 几种哺乳类的齿系(仿郝天和《脊椎动物学》)
(a) 食虫目(鼩鼱) (b) 兔形目(兔) (c) 食肉目(狐) (d) 奇蹄目(马)

2. **咽** 哺乳动物的咽构造完善,前接口腔,后通喉与食道。由于次生腭的形成,内鼻孔也开口到咽部,故咽部是消化管与呼吸道的交叉处。在咽部两侧还有耳咽管(欧氏管)的开口,可调节中耳腔内的气压而保护鼓膜。咽部周围有淋巴腺体(扁桃体)分布。喉门外有一会厌软骨,其启闭以解决咽、喉交叉部位呼吸与吞咽的矛盾。

3. **食管** 是紧接咽之后的一个细长的肌肉管,下端接胃。食管为食物通过之通道,无消化作用。食管壁的肌肉通常为平滑肌,食团进入食管后,引起食管蠕动,将食物推送入胃。牛、羊等反刍动物咽部的骨骼肌延续到食管部。在反刍时,食管的反向收缩可将食物送回口腔。

4. **胃** 是哺乳动物消化道的重要部分,其入口和出口分别称为贲门(cardia)和幽门(pylorus),都有括约肌,可控制食物的进出。胃的形态常因食性的不同而变化,多数哺乳类为单胃;草食性哺乳动物为复胃,又称反刍胃(图16-14)。复胃一般由4室组成,即瘤胃、蜂巢胃(网胃)、瓣胃和腺胃(皱胃)。仅腺胃为胃本体,具有腺上皮,能分泌胃液,其他3个胃室均为食管的变形。具有复胃的草食性动物,在食物消化过程中要进行多次反刍,直至食物充分分解为止。

5. **小肠** 哺乳动物的小肠包括十二指肠、空肠及回肠,是消化道中最长的部分,食物的消化过程主要在此完成。小肠分化程度高,其黏膜富有绒毛、血管、淋巴和乳糜管,加强了对营养物质的吸收作用(图16-15)。

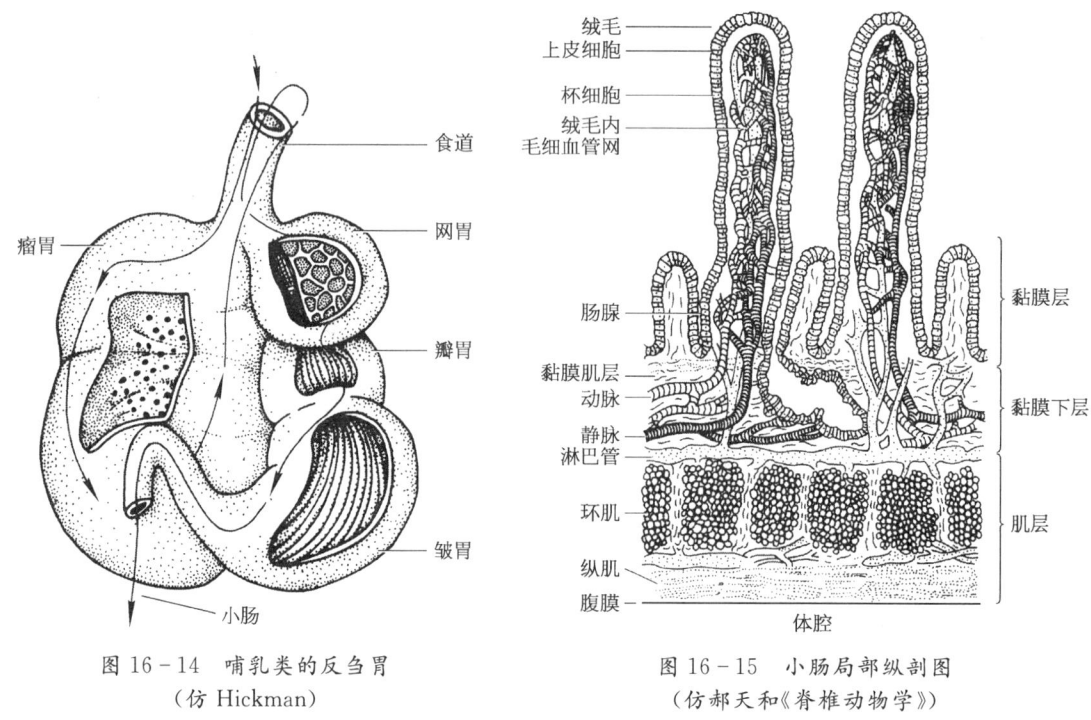

图16-14 哺乳类的反刍胃　　　图16-15 小肠局部纵剖图
（仿Hickman）　　　　　　（仿郝天和《脊椎动物学》）

6. **大肠** 大肠较小肠短,分盲肠、结肠和直肠,黏膜上无绒毛,其黏液腺能分泌碱性黏液,保护和润滑肠壁,以利粪便的排出。大肠的主要作用是吸收水分,其可将进入大肠中的不消化残渣的余留水分吸收,使残渣由半流体状态变成较干的粪便排出。盲肠是大肠开始部的盲支,其末端有一蚓突。盲肠内有共生的微生物,可帮助植物纤维素的分解,因此,许多食草动物的盲肠特别发达。除海象、犰狳、大食蚁兽、蹄兔等有1对盲肠外,其他哺乳动物都只有1个盲肠。哺乳动物的直肠直接以肛门开口于体外(泄殖腔消失),是哺乳类与两栖类、爬行类、鸟类的显著区别。

(二) 消化腺

消化腺包括唾液腺(salivary gland)、肝、胰、胃腺和肠腺。

哺乳动物口腔内一般有3对唾液腺,即耳下腺(腮腺,parotid gland)、颌下腺(submaxillary gland)和舌下腺(sublingual gland),都有导管开口于口腔,可分泌唾液淀粉酶,对食物进行口腔消化。但马和食肉类动物的唾液里不含唾液淀粉酶。一些哺乳动物以口腔唾液腺的蒸发失水,作为体温调节的一种形式。

哺乳动物的消化腺除3对唾液腺外,在横膈后面,小肠附近还有肝脏和胰脏,分别分泌胆汁和胰液,注入十二指肠。肝脏除分泌胆汁外,还有贮存糖原、调节血糖,使多余的氨基酸脱氧形成尿及其他化合物,将某些有毒物质转变为无毒物质,合成血浆蛋白质等功能。

此外,消化腺还包括在胃底部分泌胃液的胃腺,小肠黏膜内分泌小肠液的肠腺,大肠黏膜内分泌碱性黏液的黏液腺。

五、呼吸系统

哺乳动物的呼吸系统十分发达,特别在呼吸效率方面有了显著提高。哺乳动物的呼吸系统由呼吸道和肺两部分组成,呼吸道是气体出入肺的通道,肺是进行气体交换的场所。

(一) 呼吸道

呼吸道由鼻、咽、喉、气管、支气管及其分支所组成。

1. **鼻** 哺乳动物的鼻腔可分为上端的嗅觉部分和下端的呼吸通气部分。鼻腔的上端有发达的鼻甲,其黏膜内有嗅细胞。此外,还有伸入到头骨骨腔内的鼻旁窦,增强了鼻腔对空气的温暖、湿润和过滤作用。同时,鼻腔也是发声的共鸣器。空气通过鼻腔后,经鼻咽道到达咽部。

2. **咽** 咽是空气和食物的共同通道。

3. **喉** 哺乳动物喉的构造完善。喉为气管前端的膨大部分,既是呼吸的通道,也是发音器官。喉由软骨、韧带、肌肉及黏膜构成(图16-16)。喉的入口称喉口(glottis),喉壁腹前缘的会厌软骨在吞咽时可遮盖喉口,食物和水经会厌上面进入食管,可防止食物和水误入气管。平时喉口开启,是空气进出气管的门户。由甲状软骨和环状软骨构成喉腔,在喉腔中部的侧壁上有黏膜褶所形成的声带为发声器官。声带开始出现于无尾两栖类,但以哺乳类最发达(仅单孔类及有袋类缺如)。

4. **气管和支气管** 气管位于食管的腹面,进入胸腔后分叉成一对支气管通入肺。

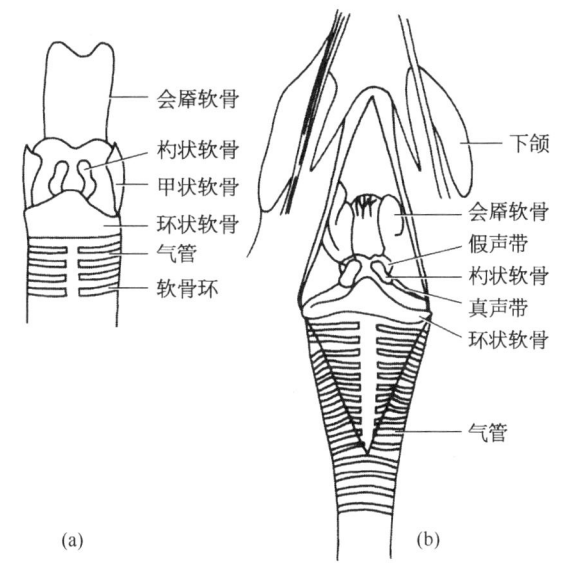

图16-16 家兔喉结构的模式图
(仿郝天和《脊椎动物学》)
(a) 背面观 (b) 剖开的背面

气管与支气管在结构上主要的特点是:管壁由许多背面不相衔接的软骨环支持,从而保证了空气的畅通。气管黏膜具纤毛上皮和黏液腺,可过滤空气,黏液腺分泌的黏液能粘住所吸入的空气中的尘粒,在纤毛的推动下移向喉口,经鼻或口排出。

(二) 肺和胸腔

哺乳动物肺的结构最复杂,是由复杂的"支气管树"所构成,支气管分枝的盲端即为肺泡(图16-17)。肺泡数量十分巨大,因而大大增加了呼吸表面积,如羊的肺泡总面积可达50~

90 m², 马的肺泡达 500 m², 人的肺泡为 70 m², 相当于体表面积的 40 倍, 明显地提高了气体交换的效率。肺泡之间分布有弹性纤维, 在呼吸的配合下可使肺被动地回缩。

胸腔是容纳肺的体腔, 为哺乳动物所特有, 当呼吸活动进行时, 肺的弹性回位, 使胸腔呈负压状态, 从而使胸膜的壁层和脏层紧贴在一起。此外, 哺乳动物所特有的将胸腔与腹腔分开的横膈膜, 在运动时可改变胸脏容积, 再加上肋骨的升降来扩大或缩小胸腔的容积, 使哺乳动物的肺被动地扩张和回缩, 以完成呼气和吸气。

六、循环系统

哺乳动物的循环系统包括血液、心脏、血管及淋巴系统。其显著特征是: 可维持快速的血液循环, 以保证有足够的氧气和养料来维持体温的恒定。此外, 具有左体动脉弓。红细胞无核。

(一) 血液

哺乳动物的血液与其他脊椎动物的不同点在于: 红细胞无核, 呈两面凹陷的圆盘状, 仅骆驼科和长颈鹿科的红细胞呈椭圆形; 红细胞体积较其他各纲脊椎动物小, 如蛙的红细胞长短径为 22.8 $\mu m \times$ 15.8 μm, 鸽为 14.7 $\mu m \times$ 6.5 μm, 牛为 5.1 $\mu m \times$ 5.1 μm, 麝为 2.5 $\mu m \times$ 2.5 μm; 红细胞的数量也较其他脊椎动物为多, 可达 600~1 300 万个。这些特征大大增加了红细胞的表面积, 从而提高了与氧气结合的能力。

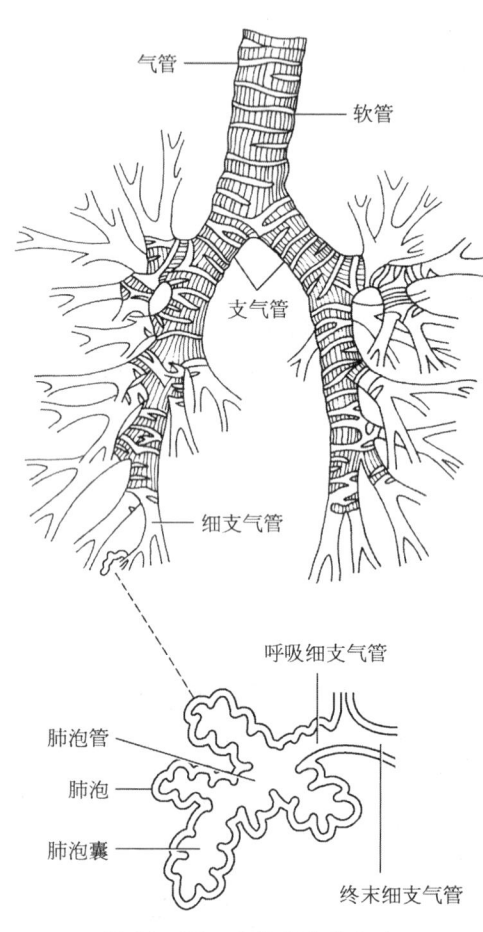

图 16-17 哺乳类肺的构造

(二) 心脏

哺乳动物的心脏位于胸腔中部偏左处的心包腔内, 腔内有少量液体, 可减少心脏搏动时的摩擦。心脏的内部结构与鸟类基本一样, 也为四室, 即左右心房和左右心室, 心室壁较心房壁厚, 而左心室壁又较右心室壁厚。完全的双循环, 动静脉血不在心脏内混合。右心房、右心室与肺动、静脉构成肺循环。右心房与右心室内贮静脉血, 房室间有三尖瓣。左心房、左心室与体动、静脉构成体循环。左心房与左心室内贮动脉血, 房室间具二尖瓣。这些瓣膜的功能, 是保证血液沿一个方向流动, 防止血液逆流。心脏肌肉的血液供应是由冠状循环完成的 (图16-18)。

(三) 血管

包括动脉、静脉和毛细血管。所有血管都衬有内皮。毛细血管壁仅由一层内皮细胞构成。动、静脉在内皮外均有弹性组织层及肌肉层, 最外还包一层纤维膜。哺乳动物动脉系统的突出特征是: 仅具有左体动脉弓。左体动脉弓弯向背方为背大动脉直达尾部, 沿途发出各个分支到达全身。哺乳动物的静脉系统趋于简化, 以单一的前大静脉(上腔静脉)和后大静脉(下腔静脉)代替了低等四足动物的成对的前主静脉和后主静脉。肾门静脉消失, 尾部及后肢的血液直

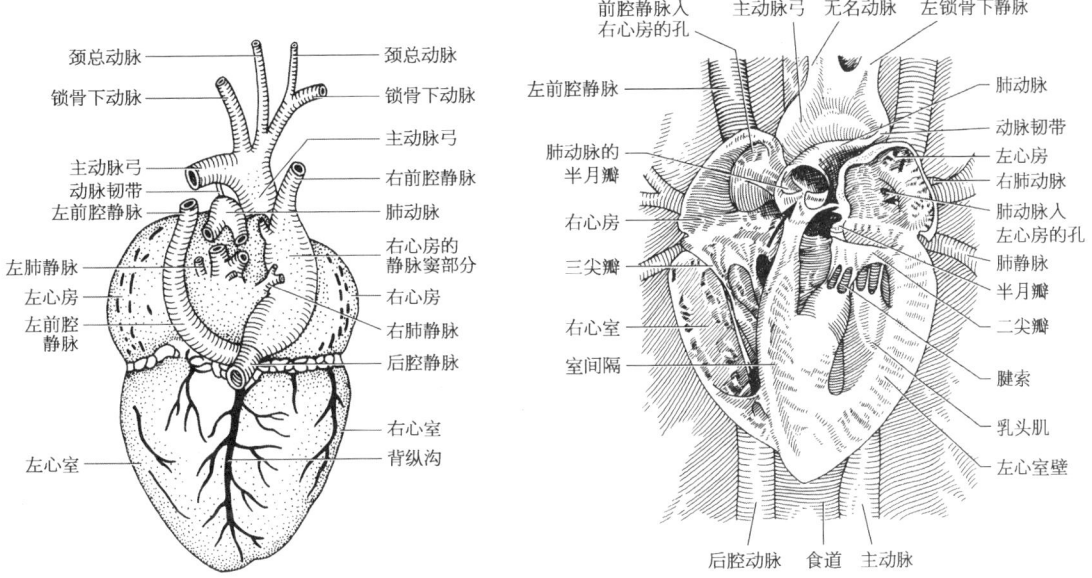

图 16-18 兔的心脏(背侧面)(左)及纵剖图(右)

接注入后大静脉回心。这样减少了一次通过微细血管的步骤,有助于加快血流速度和提高血压。此外,哺乳类的腹静脉在成体消失(图 16-19)。

(四) 淋巴

哺乳动物的淋巴系统十分发达,这可能与动、静脉内血管压力较大,组织液难于直接经静脉回心有关。淋巴管发源于组织间隙间,先端为盲端的毛细淋巴管,部分组织液通过渗透方式进入毛细淋巴管形成淋巴液。淋巴液的成分与血浆近似,但蛋白质含量少,无红细胞和血小板。在毛细淋巴管内的淋巴液汇入较大的淋巴管,后主要通过胸导管注入前大静脉回心。所以,淋巴液只作从组织到静脉到心脏的单向流动。淋巴管内有瓣膜可防止淋巴液逆流。淋巴管辅助组织液回流,对维持血量有重要作用。此外,淋巴管也是脂肪运输的主要途径,小肠的淋巴管(乳糜管)携带脂肪经胸导管输入前大静脉回心。淋巴结是生成淋巴细胞的主要器官,并具有阻截异物、保护机体的功能。哺乳类淋巴结极为发达,遍布全身淋巴系统的通路上,尤其在颈部、腋下、肠系膜、鼠蹊部(腹股沟)以及小肠等部位较为集中。此外,扁桃体、脾脏和胸腺也是一种淋巴器官。

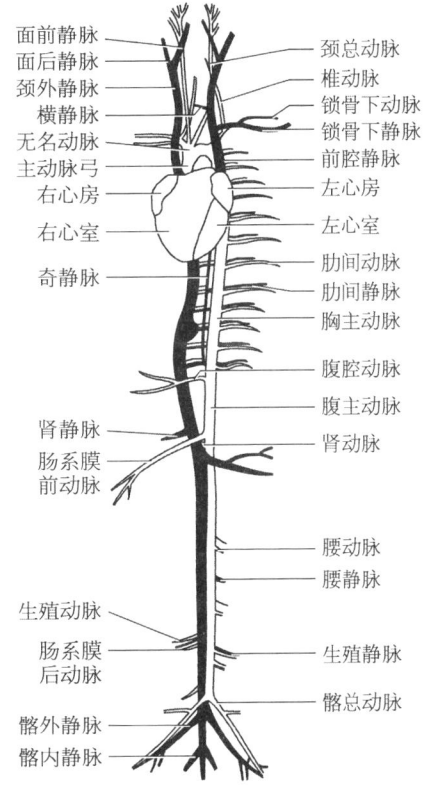

图 16-19 哺乳类的循环系统模式图
(仿武汉大学《普通动物学》)

七、排泄系统

哺乳动物的排泄系统构造完善,包括肾脏、输尿管、膀胱和尿道。此外,皮肤也是哺乳类特有的排泄器官。排泄系统主要的功能:一是将细胞代谢的废物排出体外,二是保持细胞生存所依赖的内环境相对稳定。肾脏是主要的排泄器官,哺乳动物的肾通常为一对,位于腹腔背面,脊柱的两侧。肾呈豆状,其内缘凹入,称肾门,是动脉、静脉、神经和输尿管等的出入处。肾由皮质和髓质两部分组成(图16-20)。在肾门部,输尿管的起端扩大成肾盂。皮质在肾的外层,由无数肾小体(renal corpuscle)、肾小管(tubule)及血管构成。每一肾小体和肾小管组成一个肾单位,每一肾脏有数十万甚至数百万个肾单位。肾小体又由毛细血管盘曲而成的肾小球及包在其外的双层壁的肾小囊组成。从肾小囊通出的肾小管细长而盘曲,由皮质延伸到髓质。肾小管最后汇集到髓质内的集合管(collecting tubule),许多集合管又组成肾乳头开口于肾盂。尿液即由此经输尿管流入膀胱,后再经尿道排出体外。

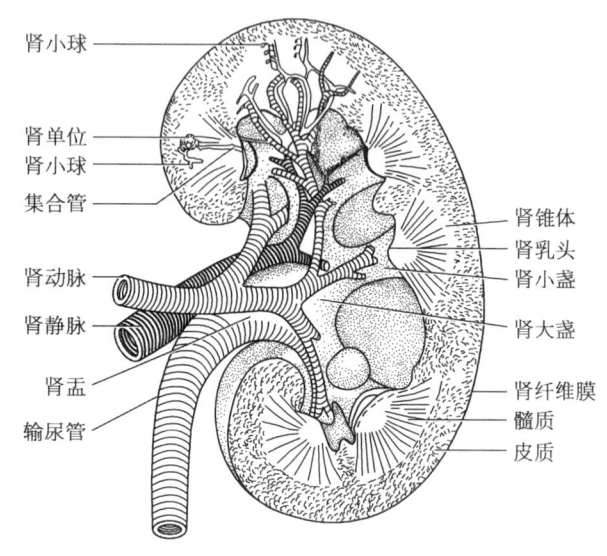

图 16-20 哺乳类的肾构造模式图

尿的形成过程包括肾小球的滤过作用、肾小管-集合管的重吸收作用及分泌作用。血液流经肾小球时,由于出球小动脉的管径小于入球小动脉,使毛细血管内血压增加,因此血浆中的水分和除蛋白质以外的大部分物质可透过毛细血管壁及肾小囊壁而进入肾小囊,形成原尿。原尿再经肾小管与集合管的重吸收及分泌作用以及集合管的浓缩作用,最终形成尿液。哺乳动物尿的主要成分是尿素,而其他羊膜动物则为尿酸。尿素是血液带到肾排出的含氮废物,主要通过肾小管的分泌作用而排出,可使尿液变浓。

八、神经系统

哺乳动物的神经系统高度发达,能够有效地协调体内环境的统一,并对复杂的外界条件的变化迅速做出反应。神经系统也是伴随着躯体结构、功能和行为的复杂化而发展的。哺乳类发达的神经系统主要表现在:大脑和小脑体积增大,发展了新脑皮,脑表面形成了复杂皱褶(沟和回),大大增加了新脑皮的表面积。

哺乳类的神经系统同样分为中枢神经系统和外周神经系统。

(一) 中枢神经系统

中枢神经系统包括脊柱椎管内的脊髓及颅骨内的脑。

1. 脊髓 由胚胎时期的神经管发育形成,呈扁圆柱形,位于椎管内,其前方与延髓相接。脊髓蝶状的灰质在内,是许多反射活动的中枢;白质在外围,是脑和脊髓间神经冲动的传导途径。

2. **脑** 由胚胎早期神经管的前端发育而成,分端脑、间脑、中脑、后脑和延脑五部分(图 16-21)。

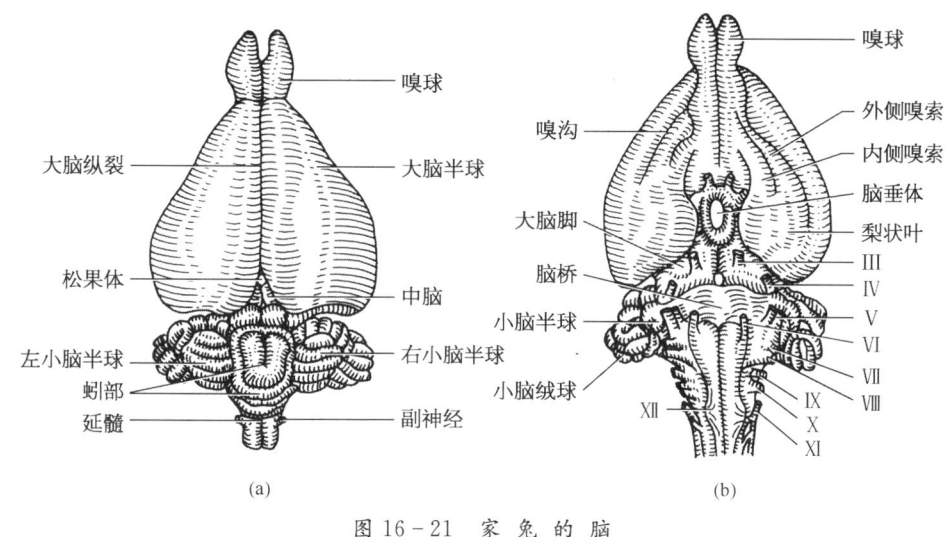

图 16-21 家兔的脑
(a) 背面观 (b) 腹面观

(1) 端脑:又称大脑。哺乳动物的大脑体积增大,皮质高度发达。大脑外层呈灰白色,为大脑皮质,也就是新脑皮;皮层下方呈白色,为髓质。新脑皮从爬行动物开始出现,到了哺乳类得到高度发展。新脑皮是由侧脑室外壁的神经物质生长而成,它接受来自全身的各种感觉器传来的冲动,通过分析综合,并根据已建立的神经联系而产生相应反映。左右大脑半球通过许多神经纤维互相联络。神经纤维所构成的通路称胼胝体,是哺乳动物(有胎盘类)特有的结构(图 16-22)。哺乳动物的纹状体已显著退化。随着新脑皮的发展,将原脑皮推挤到侧脑室中而成为一弯曲、白色带状隆起,称为海马,古脑皮推移到大脑后腹面成为近三角形的隆起,称为梨状叶。海马、梨状叶仍为嗅觉中枢。

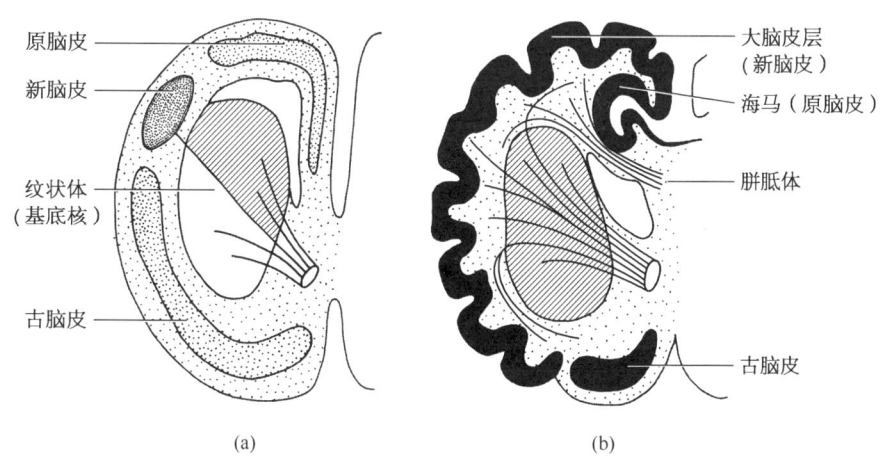

图 16-22 爬行类(a)与哺乳类(b)大脑半球横断面的比较模式图

(2) 间脑:几乎全部被大脑半球所覆盖,主要包括丘脑、下丘脑以及间脑内的发达的腔隙——第三脑室。丘脑在间脑的背侧,是低级中枢与大脑皮质分析器之间的中间站,来自全身的感觉冲动均集中于此处，经间脑灰质转换神经元再入大脑皮质。下丘脑在丘脑的下方，是自主神经活动中枢，与内脏活动的协调有密切关系，并为体温调节中枢。间脑上有松果体，为内分泌体，哺乳类之松果体趋于缩小。在间脑腹面发出的视神经，形成交叉，称视神经交叉，其后以一柄与脑下垂体相连。

(3) 中脑：哺乳动物的中脑不发达，体积甚小，位于延脑和间脑之间，背侧被大脑半球覆盖。中脑可分为背侧的四叠体和腹侧的大脑脚两部分，中间的内腔狭窄，呈一管，为中脑导水管，前通第三脑室，后连第四脑室。四叠体的前二叶称前丘，为视觉反射中枢，后二叶称后丘，为听觉反射中枢。中脑的底部加厚部分为大脑脚，由下行的运动神经纤维束构成，是脑和脊髓之间的传导通路。

(4) 小脑：哺乳类具有极为发达的小脑，其主要功能是协调躯体肌肉运动和维持躯体正常姿势的平衡中枢。哺乳类的小脑所特有的结构特征是：具有小脑皮质，其灰质覆盖在表面，形成小脑皮层，白质呈树枝状深入灰质。此外，在两个小脑半球之间以横行的神经纤维束构成哺乳类特有的脑桥，是小脑与大脑之间联络通路的中间站。大脑及小脑愈发达的种类，脑桥也愈发达。

(5) 延脑：也称延髓，与脊髓相连接，两者结构相似。延脑除了构成脊髓与高级中枢联络的通路外，在白质内有上行的和下行的传导径路。灰质分散为一些神经核，神经核的神经纤维与相应的感觉和运动器官相联系。此外，延脑还是重要的内脏活动中枢，可调节呼吸、消化、循环、汗腺分泌以及各种防御反射。延脑的背面有第四脑室。

(二) 外周神经系统

外周神经系统包括自脑发出的脑神经，自脊髓发出的脊神经，以及植物性神经系统(图16-23)。

哺乳动物脑的各部共发出12对脑神经，分别司感觉和运动功能或兼而有之。这12对脑神经的名称、发出部位、分布及主要功能见表16-1。

表16-1 脑神经的名称、分布及主要功能

名 称	发 出 部 位	分 布	主 要 功 能
Ⅰ 嗅神经	端脑	鼻腔黏膜	嗅觉
Ⅱ 视神经	间脑	视网膜	视觉
Ⅲ 动眼神经	中脑	动眼肌	眼球的转动
		虹膜的肌肉；睫状体	瞳孔大小；调节晶状体
Ⅳ 滑车神经	中脑	动眼肌	眼球的转动
Ⅴ 三叉神经	延脑	眼区；上颌及下颌	一般感觉(痛、热、冷、触)
		下颌肌肉	咀嚼
Ⅵ 外展神经	延脑	动眼肌	眼球的转动
Ⅶ 面神经	延脑	舌前部味蕾	味觉
		泪腺及唾液腺	分泌
		舌弓或面部的肌肉	面部表情及咀嚼
Ⅷ 位听神经	延脑	内耳	听觉和平衡
Ⅸ 舌咽神经	延脑	舌后部味蕾	味觉
		唾液腺	分泌
		咽部肌肉	咽部运动
Ⅹ 迷走神经	延脑	咽部味蕾	味觉
		胸、腹部内脏的平滑肌和腺体	分泌、蠕动、心搏等
		咽喉部肌肉	咽、喉部运动
Ⅺ 副神经	延脑	颈、肩部肌肉	颈、肩部运动
Ⅻ 舌下神经	延脑	舌部肌肉	舌部运动

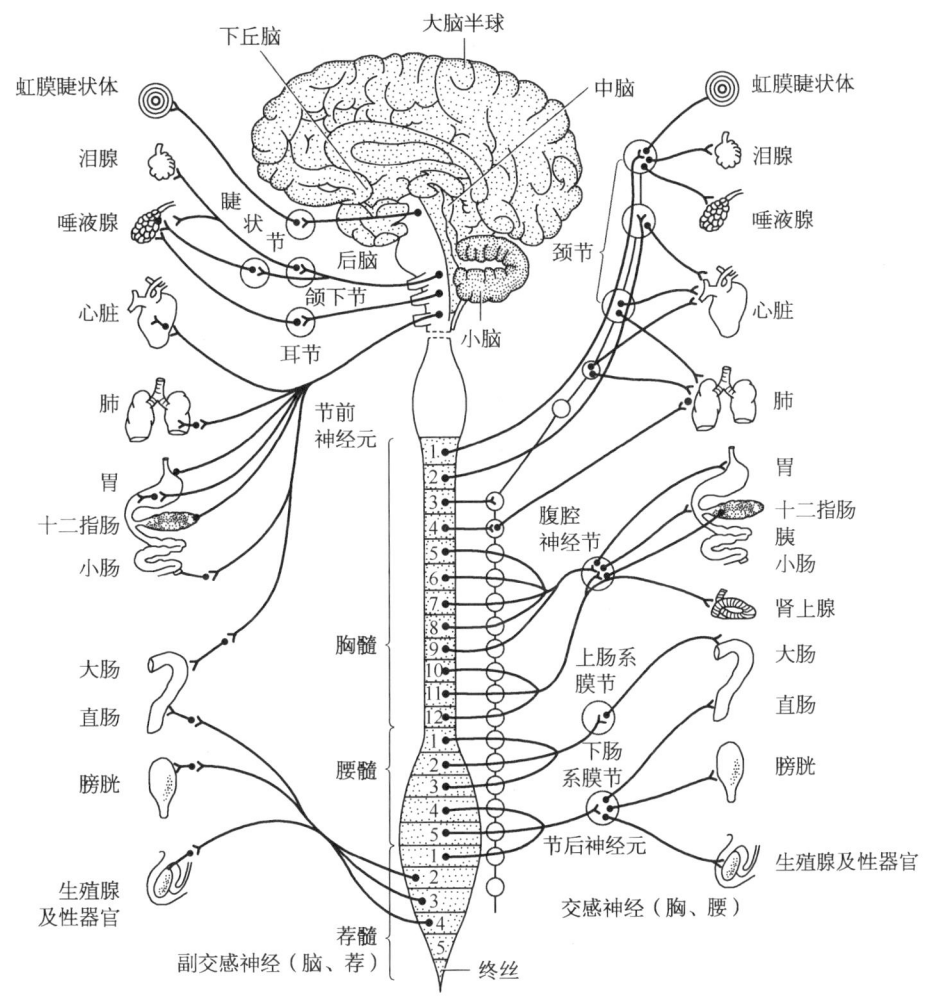

图 16-23　哺乳类的自主神经系统（仿 Torrey）

哺乳动物的植物神经系统十分发达，其主要功能是调节内脏活动和新陈代谢过程，保持体内环境的平衡。植物神经系统可分为交感神经系统和副交感神经系统。交感神经系统包括起源于脊髓胸腰段并通过交感神经链而分布到内脏器官的神经纤维。副交感神经系统由部分脑神经（动眼神经、面神经、舌咽神经、迷走神经）与起源于脊髓荐部的神经所组成。交感神经与副交感神经对内脏器官的作用是拮抗的，也就是说绝大多数内脏器官受到交感神经和副交感神经的双重支配，例如刺激心交感神经使心搏加速（兴奋），刺激迷走神经（副交感）使心搏减慢（抑制）。

九、感觉器官

哺乳动物依靠高度发达的感官来发现食物，躲避敌害，以及寻找合适的栖息环境，同时也是种类间通讯联系和一系列行为反应不可分的器官。当然，并非所有类群的感官都达到高度发展的水平，有些种类在许多方面处于退化状态，而在某一方面却高度特化。如哺乳类中视力退化的某些种类，快速运动时，还发展了特殊的高、低频声波脉冲系统，借听觉和声波回音来定位，蝙蝠即以高频声波回声定位，海豚以高频及低频两种水内声波回声定位。这在仿生学研究中有重要意义。

哺乳动物的感官高度发达,主要体现在它们的视觉、听觉和嗅觉构造的完善。

(一) 嗅觉

哺乳动物多数具有扩大的鼻腔和发达的鼻甲骨,嗅觉灵敏。如食肉类、偶蹄类和啮齿类嗅觉即相当发达。但鲸类、灵长类脑的嗅觉部分不发达,故其嗅觉不灵敏,海豚和鼠海豚则缺乏嗅觉器官。

(二) 视觉

哺乳动物的视觉器官与大多数羊膜动物相似。多数哺乳类的眼球发育良好。但一些营地下生活的食虫类、啮齿类和鲸类眼球则极度退化,甚至有些种类只保持区别亮与暗的能力。总的来说,哺乳类对光波的感觉灵敏,但对色觉的感受力差,这与大多数的兽类均为夜间活动有关。灵长目的辨色能力及对物体大小和距离的判断均较准确。

(三) 听觉

哺乳动物的听觉有了高度发展,发育了截留声波的耳壳。有些哺乳动物的耳朵特别大,且结构复杂,如蝙蝠。穴居的食虫类、水栖的海豹、鲸类和海牛的耳壳已退化。哺乳动物从耳壳到鼓膜的外听道较其他脊椎动物长。

十、内分泌系统

哺乳动物的内分泌系统极为发达,由散在身体各处的内分泌腺体组成,功能也十分复杂,其所分泌的激素对机体内环境的稳定、机体的代谢、生长、发育、生殖等生命活动有着极其重要的调节作用。哺乳类的内分泌腺主要有脑垂体(pituitary gland)、甲状腺(thyroid gland)、副甲状腺(甲状旁腺 parathyroid gland)、胰岛(islets of Langerhans)、肾上腺(adrenal gland)等,它们分泌不同的激素,有着不同的作用,但彼此间也有一定的关联,共同组成一个内分泌系统。

(一) 脑垂体

位于间脑腹面,由神经垂体(neurohypophysis)和腺垂体(adenohypophysis)两部分组成。前者在胚胎发生时来源于间脑的下丘脑,通称脑垂体后叶;后者来源于口腔上皮的分化,通称脑垂体前叶。脑垂体前叶是脑垂体中最重要的部分,能分泌生长激素、促甲状腺激素、促肾上腺皮质激素、促性腺激素等多种激素。脑垂体后叶能分泌加压素和催产素等。

(二) 甲状腺

为一对位于喉部甲状软骨腹侧的腺体,在胚胎发生上来源于咽囊。甲状腺分泌甲状腺素,其中含碘,其主要作用是提高新陈代谢水平、促进生长发育,刺激各种组织细胞,释放能量。甲状腺素缺乏,生长发育将受到障碍,皮肤干燥、脱毛;但腺体分泌亢进,则会出现代谢增高,心跳加快,眼球突出等症状。

(三) 副甲状腺(甲状旁腺)

位于甲状腺的背侧,形小,呈卵圆形,通常为 2 对,普遍见于陆栖脊椎动物。其所分泌的激素为副甲状腺素,对血液中的钙和磷的代谢有重要作用,它作用于骨基质及肾脏,使血钙浓度升高。

(四) 胰岛

为散布在胰脏中的细胞群。胰岛含有 α、β 细胞。α 细胞可分泌胰高血糖素,能促进血糖升高;β细胞分泌胰岛素,能促使血液中的葡萄糖转化成糖原,提高肝脏和肌肉中的糖原贮藏量。当胰岛素分泌不足时,血糖含量就会升高并由尿排出,出现糖尿病。

(五) 肾上腺

位于肾脏前方内侧的一对小型腺体,由外层的皮质和内层的髓质构成。皮质能分泌几种激素,统称为肾上腺皮质激素,能调节水盐(钠、钾)平衡和糖类代谢,并促进性腺发育和第二性征的发达。切除皮质,动物就会很快死亡。髓质分泌的激素称为肾上腺素,其作用是能引起交感神经兴奋,使动物产生"应急"反应,如心跳加快,血管收缩,血压升高,呼吸加快,血糖增加,内脏平滑肌的反应收缩等。

除了上述几种内分泌腺外,还有性腺、胸腺、松果体、前列腺、消化道肠腺等内分泌腺。

十一、生殖系统

哺乳动物生殖系统的主要特征是:雌性动物的两个卵巢都有功能,卵在输卵管内受精,胚胎在子宫内充满液体的羊膜囊中发育,胚胎发育所需营养来自母体胎盘血液。

(一) 雄性生殖腺

哺乳类的雄性生殖腺为一对睾丸,其位置常因种类的不同而异。多数种类的睾丸在繁殖期有移位或下降现象。除单孔类、象、犀牛、鲸等的睾丸终生留在腹腔内以外,绝大多数哺乳动物的睾丸,在胚胎时便从腹腔经腹股沟下降到腹腔外的阴囊内。睾丸的移位可归纳为3个类型(图16-24):① 腹腔型睾丸。睾丸不发生位置变化,位于肾脏后方,如单孔目、长鼻目、蹄兔目、海牛目和食虫目部分科的动物。② 腹股沟型睾丸。睾丸移至腹股沟内,如刺猬科、鳞甲目、管齿目、海豹科、貘科和小蝙蝠亚目。

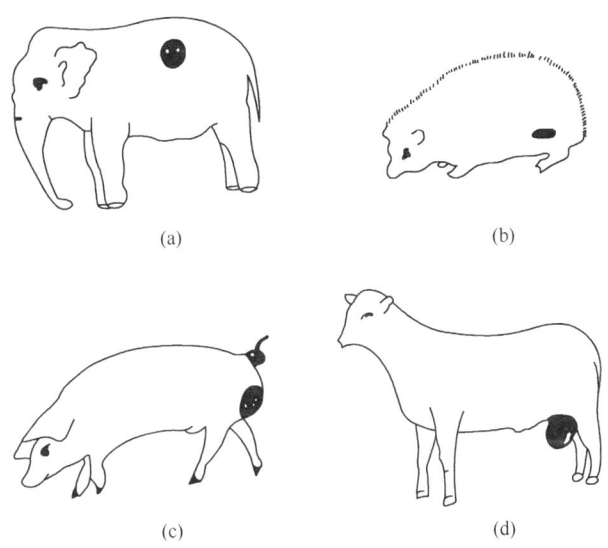

图 16-24 哺乳类睾丸的位置
(a) 腹腔型睾丸 (b) 腹股沟型睾丸 (c)、(d) 阴囊型睾丸

③ 阴囊型睾丸。睾丸移到一个呈悬垂状或不呈悬垂状的阴囊内,如反刍动物、灵长目及大多数的有袋目为悬状的阴囊;啮齿目、兔形目、食肉目、马科、猪科、海狗科、大蝙蝠亚目等为不呈悬垂状的阴囊。

睾丸是由众多的曲细精管构成,是产生精子的器官(图16-25)。曲细精管间具有间质细胞,能分泌雄性激素。与曲细精管输出小管相连接的附睾,其管壁细胞分泌弱酸性黏液,以保证精子存活的适宜条件。附睾下端与输精管相连,输精管下端达于尿道。精液经尿道、阴茎通体外。此外,精囊腺、前列腺、尿道球腺是重要的附属腺体,它们的分泌物是构成精液的主体,并能促进精子的活性。其中前列腺分泌之前列腺素可促进子宫收缩,有助于受精。阴茎为交配器官,主要由海绵体构成,尿道贯行其中。

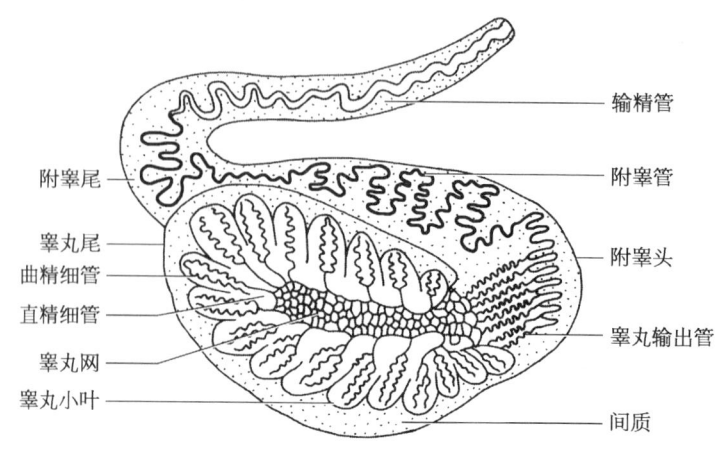

图 16-25 哺乳类睾丸和附睾

(二) 雌性生殖腺

为 1 对卵巢(图 16-26),其表层为生殖上皮,内有由生殖上皮产生的处于不同发育时期的滤泡,每个滤泡内含有一个卵细胞,其外有滤泡液,含有雌性激素,卵成熟滤泡破裂,卵及卵泡液即排出。其他残余的滤泡即萎缩,由一种黄色细胞所充满,成为黄体,可分泌激素,促进子宫和乳腺发育,为妊娠做好准备。成熟的卵排出后进入输卵管前端的开口,在输卵管上段完成受精后,沿输卵管下行达于子宫,受精卵即种植于子宫壁上进行发育。子宫经阴道开口于体外。哺乳类子宫有多种类型(图 16-27),有的为原始的双子宫,如兔形目、啮齿目和蹄兔目;有的为双分子宫,如鲸目;有的为双角子宫,如食虫目、鳞甲目、食肉目、海牛目、长鼻目、奇蹄目、偶蹄目、翼手目及灵长目的部分种类;还有一种为两个子宫完全愈合为一的单子宫,如翼手目及灵长目的部分种类。这些不同类型子宫的发展,是由原始的双子宫向单子宫发展。单子宫的产仔数目通常较双子宫为少。

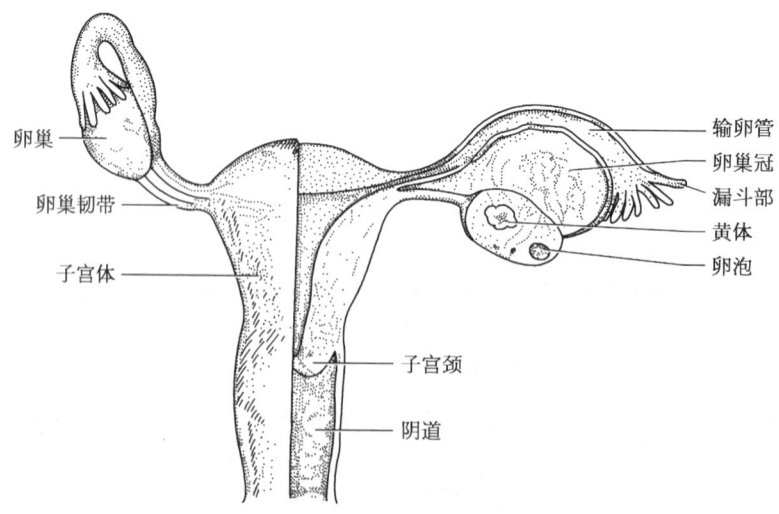

图 16-26 雌性生殖系统内部结构背面观

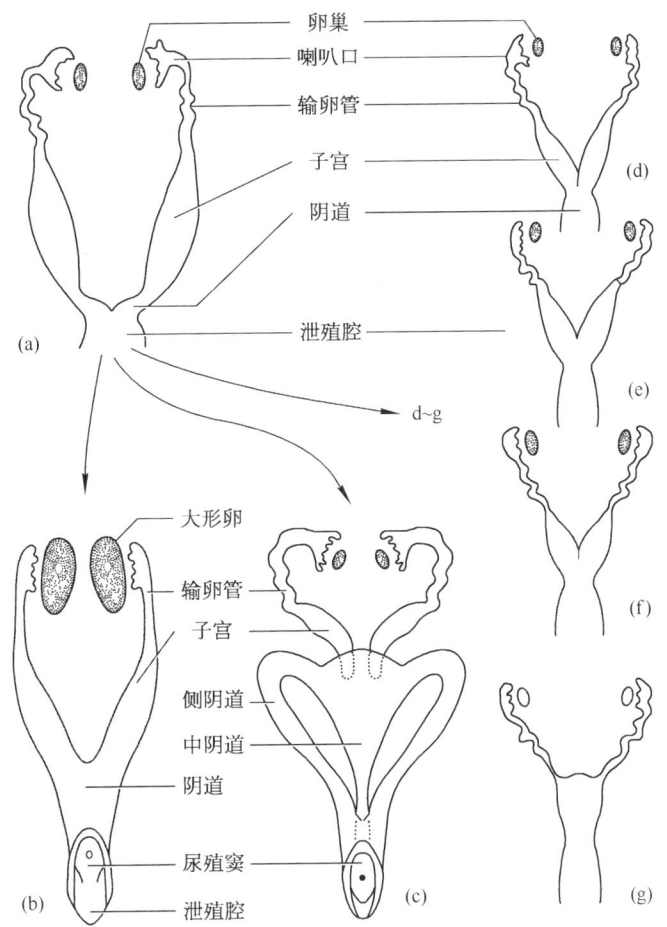

图 16-27 哺乳类子宫类型(据 McFarland 改)
(a) 设想的哺乳类祖先(似哺乳类和现存爬行类)的生殖道 (b) 产卵的单孔类生殖道 (c) 有袋类的生殖道 (d)~(g) 有胎盘类的生殖道,其中 (d)为双子宫,(e)为对分子宫,(f)为双角子宫,(g)为单子宫

第二节 哺乳纲的分类

现存的 4 180 余种哺乳类,根据其躯体结构和功能特点,可分为 3 个亚纲,即原兽亚纲、后兽亚纲和真兽亚纲。其中以真兽亚纲所属动物的药用种类多、药用价值大,本节将予以重点介绍。

一、原兽亚纲 Prototheria

是现存最原始的哺乳动物。除具有哺乳动物的一些基本特征外,如皮肤上有毛、用乳汁哺育幼仔、体内有膈和左主动脉弓,还具有一系列的原始特征,如卵生,具有泄殖腔,无乳头,但在腹部两侧的"乳腺区"有乳腺,大脑无胼胝体,体温低而不太恒定等。此亚纲仅有1个目,即单孔目。由于泌尿、生殖和粪便均通过泄殖腔孔排出体外,故称为单孔目。单孔目有2科3属5种动物,只分布在大洋洲地区。主要代表动物为鸭嘴兽 Ornithorhynchus anatinus Shaw et Nodder、针鼹 Echidna aculeate Shaw、原针鼹 Zaglossus bruijni Peters et Dona(图16-28)。

图 16-28 几种单孔类哺乳动物
(a) 针鼹　(b) 鸭嘴兽　(c) 原针鼹

二、后兽亚纲 Metatheria

比原兽亚纲较为进化的哺乳动物。虽为胎生,但大多数无真正的胎盘,母兽具特殊的育儿袋,发育不完全的幼仔生下后在育儿袋内继续完成发育。乳腺具乳头,乳头就开口在育儿袋内。大脑无胼胝体。体温较原兽亚纲动物高,接近于恒温,在33～35℃之间波动,仍低于真兽亚纲动物。后兽亚纲现仅存1个目,即有袋目,种类较多,主要分布于澳大利亚、南美洲和中美。主要代表动物为大袋鼠 Macropus giganteus Shaw、树袋熊 Phascolarctos cinereus Goldfuss 等(图16-29)。

三、真兽亚纲 Eutheria

又称有胎盘亚纲,为最高等的哺乳动物。本亚纲的主要特征是:具有真正的胎盘,胚胎在母体子宫内发育时间较长,通过胎盘吸取母体的营养,产出的幼仔发育完全,出生后即能自己吸吮乳汁。乳腺发达,具乳头。大脑皮质发达,两大脑半球间有胼胝体相连。体温高而恒定,一般维持在37℃左右。乳齿与恒齿更换明显,异型齿,齿数趋于减少,门齿数目不超过5枚。肩带为单一的肩胛骨构成。此类包括绝大多数(约90%)现代生存的哺乳动物,一般分为18个目,其中分布在我国的有13个目,约500种。现将有药用价值的目、科简述如下:

(一)食虫目 Insectivora

本目是真兽亚纲中最早出现和最原始的一个目,其主要特征是:个体一般较小,吻部细

图 16-29 几种有袋类动物
(a) 树袋熊 (b) 负鼠 (c) 袋狼 (d) 大袋鼠

尖,适于食虫。脑小,大脑表面缺沟回,嗅叶发达。四肢多短小,通常为 5 指(趾),指(趾)端具爪,适于掘土。牙齿结构较原始,齿形尖,门齿增大,犬齿缩小或退化。无阴囊,睾丸不下垂。体被绒毛或硬刺。主食昆虫和蠕虫。多数为夜行性。生活方式多样,有地上生活、地下穴居、半水栖及树栖者。食虫目是哺乳动物中最大的三个目之一,包括 8 科,68 属,约 400 种。除澳洲和南美洲外,世界各地皆有分布。其中猬科 Erinaceidae 及鼹科 Talpidae 有药用价值。

1. 猬科 Erinaceidae 多数种类背上有短棘,眼耳大小适中,鼻面部长,颧骨完全。齿式 2~3/3,1/1,3~4/2~4,3/3=36~44。有棘刺的种类,皮下肌发达。本科动物分布于欧亚温带地区及非洲,从森林到沙漠环境都有。我国猬科计有 6 属 7 种。药用价值较大的有刺猬 *Erinaceus europaeus* L.、大耳猬 *Hemiechinus auritus* Gmelin、达乌尔猬 *Hemiechinus dauricus* Sundevall(图 16-30),它们的皮刺及胆囊可供药用。

2. 鼹科(Talpidae) 毛皮极其细密,似天鹅绒,无毛向。耳、眼均不明显,颈部不分明。眼小,常处于皮下。耳无壳,颧骨完全,鼓室不完全。吻尖细长,齿式为 2~3/1~3,1/0~1,3~4/3~4,3/3=34~44;第一上门齿向内斜生,上臼齿有"w"形外脊。锁骨及肱骨发达。前肢五趾,均有强爪。营地下生活的种类,前足掌心向外。本科动物分布于北美洲、欧洲和亚洲。性畏阳光,常在潮湿和多草的林地,穿土造环状的窝,营地下生活。本科有 15 属,19 种。药用价值较大的代表种类有麝鼹 *Scaptochirus moschatus* Milne-Edwards、大缺齿鼹 *Mogera robusta* Nehring,其去内脏的干燥全体供药用。

图 16-30 猬科主要代表动物
(a) 刺猬 (b) 达乌尔刺猬 (c) 大耳猬

(二) 翼手目 Chiroptera

为唯一能真正飞行的兽类,由森林生活的一支古食虫类演化而来。翼手目的前肢特化为翼,掌骨和指骨特长。第三指至少相当于体长。从指骨末端,上至肩部,向后至体侧、后肢及尾间有薄而多毛茸的翼膜。前肢第一指短而游离于翼膜,指端具弯曲的爪,便于攀爬;其余各指,除第二指有些种类具爪外,均无爪。后足五趾,不连翼膜,都有锐利的钩爪,借此可将身体倒悬停靠休息。骨骼细而轻,长骨髓腔大。锁骨强大,胸骨具龙骨突,供发达的胸肌附着。心、肺、肾的比例皆较大,这与其营飞翔生活,新陈代谢水平高相关。乳头通常一对,位于胸部。许多种类的外耳有耳屏,鼻端有鼻叶。牙齿多数尖锐。夜出觅食。本目的种类在哺乳动物中仅次于啮齿目而居第二位,分 2 个亚目,共有 19 科,184 属,约 950 种。其中菊头蝠科 Rhinolophidae、蹄蝠科 Hipposideridae、蝙蝠科 Vespertilionidae 有药用价值。

1. **菊头蝠科 Rhinolophidae** 鼻吻部有复杂的叶状突起,形成特殊的鼻叶。耳大,端部呈削尖状,无耳屏。前肢第二指缺指骨,第三节有两节指骨。后足除第一趾外,其余各趾均有三节趾骨。前颌骨退化,无眶后突。齿式为 1/2,1/1,2/3,3/3=32,上门齿小。本科仅 1 属,约 70 种,分布于欧、亚洲热带和温暖地区,东至澳大利亚。我国产 12 种,南北各地都有。药用价值较大的有马铁菊头蝠 *Rhinolophus ferrumequinum* Schreber(图 16-31)、中菊头蝠 *Rhinolophus affinis* Horsfield 等。它们的干燥粪便为中药夜明砂。

2. **蹄蝠科 Hipposideridae** 马蹄形鼻叶复杂,无耳屏。本科与菊头蝠科的外形相似,但后

图 16-31 马铁菊头蝠

趾各有 2 节趾骨。齿式 1/2,1/1,1~2/2,3/3=28~30。本科有 9 属,60 余种。分布于非洲、亚洲南部和澳大利亚北部热带和亚热带森林及草原地带。药用价值较大的有大马蹄蝠 *Hipposideros armiger* Hodgson（图 16-32），其干燥粪为中药夜明砂。

3. **蝙蝠科** Vespertilionidae 无鼻叶,下唇无复杂的皮褶。体型较小。眼小。有耳屏。翼长大,一般包着尾部。除 *Tomopeas* 属外,前荐骨不愈合。齿式变化范围大,从 1/2,1/1,1/2,3/3=28,到 2/3,1/1,3/3,3/3=28,到 2/3,1/1,3/3,3/3=38。食性多样,主食昆虫。本科包括 6 亚科,24 属,约 320 种,占翼手目总数的三分之一,是翼手目中最大的一科。大多数种类栖息于温暖地区。药用价值较大的代表种有蝙蝠 *Vspertilio superans* Thomas（图 16-33），其干燥粪便为中药夜明砂。

图 16-32 大马蹄蝠

(三) 鳞甲目 Pholidota

本目动物最引人注目的特征是：头、躯干、尾、四肢均覆有角质鳞甲,鳞片间有稀疏的粗毛。前后肢有长而弯曲的爪。尾巴宽扁而长,可缠绕。遇险时常滚成球状,或摆动边缘有锐利鳞片的尾巴抵抗敌害。头、嘴、眼均小,耳壳有或缺。口内无齿。舌细长,呈蠕虫状,能伸缩,适于舔食蚁类及其他昆虫。雄兽常较雌兽大些。地栖或树栖。独居或雌雄结对。晚上活动。鳞甲目仅有穿山甲 1 科,现存 1 属 7 种。本目的穿山甲科 Manidae 有药用价值。

图 16-33 蝙 蝠

穿山甲科 Manidae 特征同鳞甲目。本科动物分布于非洲南部和亚洲东南热带和亚热带地区,常栖于山麓或丘陵杂树林间。药用种类主要有穿山甲 *Manis pentadactyla* L.(图 16-34)、印度穿山甲 *Manis crassicaudata* Gray,其鳞甲、肉及全体可供药用。

图 16-34 穿 山 甲

(四) 兔形目 Lagomorpha

本目是典型的食草哺乳动物,以草本植物及树木的嫩枝、嫩叶为食。主要特征是:动物的头骨,特别是上颌骨上多网孔结构。牙齿与啮齿目动物的牙齿相似,但鼠类上颌只具有一对上门齿,而兔形目上颌具有两对前后着生的门齿,后一列很小,隐于前一对门齿的后方,故又称重齿类。下颌具有 1 对门齿。无犬齿,故在门齿与前臼齿间有一空隙,利于食草时将泥土等杂物溢出。颊齿为高冠齿。所有牙齿均无齿根,终生生长,常借吃物以磨短。上唇具唇裂。后肢显著长于前肢,前足五趾,后足四趾,后足慢步行走时跖行性。尾短。兔形目动物为陆地群落中的重要成员,分布于亚洲、欧洲、非洲、北美洲和南美洲的广大地区,包括 2 科 10 属 54 种。本目的鼠兔科 Ochotonidae、兔科 Leporidae 有药用价值。

1. **鼠兔科 Ochotonidae** 因外形酷似仓鼠而得名。与兔相比,体型小,体长 12~25 cm,体重 100~400 g。耳短而圆,耳基不呈管状。无眶上突。四肢短,尾不明显。齿式为 2/1,0/0,3/2,2/3=26。营陆地群居生活,栖于草原或山地岩石间,有复杂的洞穴系统。主食植物的绿色部分,有贮粮的习性,多昼间活动。鼠兔科有 1 属,14 种,除 2 种分布于美洲北部外,其余都在亚洲。我国产 11 种。其中药用价值较大的有藏鼠兔 *Ochotona thibetana* Milne-Edwards(图 16-35)、达乌尔鼠兔 *Ochotona daurica* Pallas、红耳鼠兔 *Ochotona erythrotis* Buchner,其粪便为中药草灵脂。

2. **兔科 Leporidae** 体型较大,体长超过 25 cm,体重超过 400 g。耳长,基部耳缘相连成管状。有眶上突。后肢长,其长度明显超过前肢,适于跳跃。尾短而明显。上唇具纵裂。齿式为 2/1,0/0,3/2,3/3＝28(仅琉球兔 Pentalagus 的臼齿为 2/3)。兔科有 9 属 40 种,分布于欧、亚、非及美洲。其中分布最广、种类最多的是兔属 Lepus,有 20 种。我国分布至少有 8 种。本科动物中,药用价值较大的有草兔 *Lepus capensis* L.(图 16-36)、灰尾兔 *Lepus oiostolus* Hodgson、东北兔 *Lepus mandshuricus* Radda,它们的干燥粪便为中药望月砂。家兔 *Oryctolagus cuniculus domesticus* (Gmelin)及以上几种兔的肉、血、骨、脑、肝亦可供药用。

图 16-35 藏鼠兔

图 16-36 草兔

(五) 啮齿目 Rodentia

本目动物的主要特征：上下颌各具 1 对门齿,凿状,无齿根,终生生长。无犬齿,门齿与前臼齿间虚位的间距大。臼齿咀嚼面宽,齿尖变化大,呈二纵列、三纵列或交错的三角形。齿尖的排列形状是啮齿类分类的重要依据。嚼肌特别发达,下颌关节突与颅骨的关节窝联结比较松弛,既可前后移动,又能左右错动;既能压碎食物,又能碾磨植物纤维。大多以植物为食。本目是哺乳类中种类最多、分布最广的一个目,约占现存哺乳动物种类的 41%。包括 32 科,约 351 属,2 800 种。其中松鼠科 Sciuridae、竹鼠科 Rhizomyidae、豪猪科 Hystricidae、仓鼠科 Cricetidae 有药用价值。

1. **松鼠科 Sciuridae** 适应于树栖、半树栖及地栖等多种生活方式。额骨具眶后突,颧骨发达,颧弓前部扁平,形成颧骨板,侧咬肌的前部终止于此。颊齿 1～2/1,3/3＝16 或 18,有齿根。通常尾长,四肢强健,趾有锐爪。本科包括松鼠亚科和鼯鼠亚科。松鼠亚科的树栖类群耳壳明显,尾长而多毛;而地栖种类,尾较短,不及体长之半,耳壳短小,适于挖掘生活。鼯鼠亚科显著的标志是有皮褶形成的飞膜,自颈侧和体侧延伸的皮褶与四肢连成一片,终于尾基。本科动物分布广,除澳大利亚、马达加斯加岛、南美南部和极区外,都有分布。有 46 属,246 种。本科动物松鼠 *Sciurus vulgaris* L.、岩松鼠 *Sciurotamias davidianus* Milne-Edwards 的全体及骨骼可供药用;复齿鼯鼠 *Trogopterus xanthipes* Milne-Edwards(图 16-37)、飞鼠 *Pteromys volans* L.、沟牙鼯鼠 *Aeretem melanopterus* Milne-Edwards 的干燥粪便为中药五灵脂。喜马拉雅旱獭 *Marmota himalayana* Hodgson 是一种大型地栖的啮齿动物,其毛皮经济价值大,其脂肪可药用,为中药雪猪油,但其对草原危害严重。

2. 竹鼠科 Rhizomyidae 体形粗壮,体重 1~2 kg。眼小,耳小,尾短且无毛或仅有稀毛,四肢短。上下门齿粗大。主要营地下生活,喜食竹根。在我国分布的竹鼠科动物有 3 种,栖息于长江以南山坡芒丛或竹林下。其中中华竹鼠 *Rhizomys sinensis* Gray(图 16-38)的脂肪可供药用。

图 16-37 复齿鼯鼠

图 16-38 中华竹鼠

3. 豪猪科 Hystricidae 为大型啮齿类,典型的地栖动物。跖行性,脚底平整,五趾。头骨枕脊显著。颊齿 1/1,3/3=16。通常部分毛特化为硬刺,中空,刺互相碰击能发响声。分布于欧、亚、非各洲。有 4 属,12 种。其中豪猪 *Hystrix hodgsoni* Gray(图 16-39)的肉、胃、毛刺可供药用。

4. 仓鼠科 Cricetidae 本科体型变化较大,体长 10~60 cm,但多为小型种类。前肢多四指,后肢五趾。颧骨不发达,构成颧弓偏后方的极小部分。颊齿齿尖两纵列,不具前臼齿。齿式 1/1,0/0,0/0,3/3=16。本科是啮齿目中最大的一科,包括 7 个亚科,112 属,563 种。本科动物多为农田害鼠,有储粮习性。仓鼠同时还是医学上的实验动物,早在 20 世纪初我国就应用仓鼠于医学实验,20 世纪 40 年代末已能在实验室中顺利地繁殖后代,现已广泛应用于细胞遗传、辐射遗传、实验肿瘤和糖尿病等研究。本科的东北鼢鼠 *Myospalax psilurus* Milne-Edwards、中华鼢鼠 *Myospalax fontanieri* Milne-Edwards、草原鼢鼠 *Myospalax aspalax* Milne-Edwards 的全体可供药用;雄性麝鼠 *Ondatra zibethica* L.(图 16-40)的香腺囊的分泌物可供药用。

图 16-39 豪猪

图 16-40 麝鼠

(六) 食肉目 Carnivora

本目动物是哺乳动物的第四大目,俗称猛兽或食肉兽,与其食肉性相适应,门齿小,犬齿强大而锐利,臼齿趋向退化。上颌最后一枚前臼齿和下颌第一枚臼齿特大,形成裂齿(食肉齿),具锐利齿锋,咬合时成切割状。裂齿在猫类特别发达,在熊类不发达。胃简单,肠短,盲肠小或无。前后趾一般有钩状利爪,以撕捕食物。脑及感官发达。毛厚密且多具色泽,为重要毛皮兽。大多为肉食性,但也有后来转变为杂食的(如黑熊)或变为植物食性(如大熊猫),分布几乎遍及世界各地。本目现存8科,89属,240种。其中犬科 Canidae、熊科 Ursidae、鼬科 Mustelidae、灵猫科 Viverridae、猫科 Felidae 的动物有药用价值。

1. **犬科 Canidae** 体型中等、匀称。鼻面长,鼻腔大,鼻甲骨复杂,嗅觉灵敏,听觉发达。肉食性,多数种类成群猎食。齿式为 3/3,1/1,4/4,1~4/2~5,犬齿长而强,裂齿锐利,后裂齿有碾压面。四肢长,适于奔跑,无锁骨,前足常为五趾,后足四趾,爪钝、不能伸缩,趾行性。肉食性。本科动物分布几遍全球。有10属,35种。药用价值较大的种类有狗(家犬)*Canis familiaris* L.,其肉、骨、胆、肾、阴茎等均可入药,狗的阴茎为中药狗肾(狗鞭),胃内结石为中药狗宝。

2. **熊科 Ursidae** 体躯粗壮、肥硕,体重40~700 kg。头圆,颈短,颜面部长。四肢尤其是前肢粗壮有力,具五趾,跖行性足,以整个足掌着地而行,爪长而不能伸缩。耳小,尾短。视觉不佳,但嗅觉比较灵敏,主要依靠嗅觉觅食。由于多数种类已由肉食性转化成杂食性,故牙齿变化较大。上下裂齿已失去切割功能;臼牙明显增大,咬合面呈"皱纹状",适于磨碾食物;前臼齿发育不全或缺如,齿间常有裂隙。齿式通常为 3/3,1/1,4/4,2/3=42,但随着年龄的增长前臼齿常缺失。熊科动物广布于欧洲、亚洲及南北美洲。有6属,7种。药用价值较大的种类有黑熊 *Selenarctos thibetanus* G. Cuvier(图16-41),中药熊胆粉来源于养殖的黑熊引流取胆汁。

图16-41 黑熊

3. **鼬科 Mustelidae** 为中、小型食肉兽。体形细长,四肢短,尾较长。四肢均为五趾型,爪不能收缩。大多数在肛门附近有臭腺,能放出臭气。头骨脑颅长而鼻吻部较短。齿式多为 3/3,1/1,3~4/3~4,1/1~2=32~38,大多数种类的裂齿锐利。本科动物广布于美洲、非洲及欧亚各地。有23属,67种,是食肉目中仅次于灵猫科的一个大类。不少种类的毛皮是贵重的制裘原料,经济价值高。药用的主要种类有黄鼬 *Mustela sibirica* Pallas(图16-42),其肉入药;狗獾 *Meles meles* L.、猪獾 *Arctonyx Collaris* F. Cuvier 的脂肪

图16-42 黄鼬

供药用。

4. 灵猫科 Viverridae　体型不大,腿短,尾长。四肢五趾型,跖行性或趾行性的足,爪能部分缩回。耳通常小而圆。头骨鼻面长度适中。前臼齿大,裂齿锐利,齿式通常为3/3,1/3,3～4/3～4,2/2=36～40。有些种类在肛门及生殖器之间有发达的香腺。本科动物分布于东半球,栖息中心在热带和南部温暖地区。有32属,72种,是食肉目中种类最多的科。药用价值较大的代表种类有大灵猫 *Viverra zibethe* L.(图16-43)、小灵猫 *Vivericula indica* fesmarcst,它们的香腺囊中的分泌物为中药灵猫香。

图16-43　大灵猫

5. 猫科 Felidae　本科动物外形相似,但体型大小悬殊,小者重约3 kg(家猫 *Felis catus*),大者重200 kg以上(虎 *Panthera tigris*)。其主要特征是头圆,鼻吻短,适应于有力撕咬。大多数眼眶扩大,眼睛大而圆。耳朵小,呈圆形或尖形。齿数趋于减少,齿式为3/3,1/1,3/2,1/1=30,上前臼齿明显缩小或消失,裂齿及犬齿发达。舌面有厚的角质钩状突起,增强了摄食时舐刮的能力。四肢强健,前掌能转动,爪尖而弯曲,且能完全伸缩。善攀缘及跳跃,为食肉目中强干、精明的捕食者。本科动物广布全球。有4属,35种。药用价值较大的代表种类主要有猫 *Felis ocreata domestica* Brisson。

(七) 鳍足目 Pinnipedia

本目是适应于海洋生活的大型哺乳动物,其主要特征是躯体粗大,头尾较小,呈流线型体型,能减少潜游时水的阻力。体表密生短毛,头圆,颈短。鼻面部短,眼眶大而使眶间区显得狭窄,耳壳小或缺如,鼻孔裂状,垂直关闭。口大,周围有触毛。齿式为3/2,1/1,4/4,1/1=34,犬齿锥形,颊齿12～24枚,为同型齿,无裂齿的分化。四肢特化为鳍状,前肢鳍足发达且无毛,后肢转向体后,足和掌都有满蹼。产仔、哺乳、换毛、休息等要上岸。为海产兽类,以鱼、贝类等为食,多为整吞食物,不加咀嚼。多分布在温带、寒带的沿海地区。本目有3科,34种。其中海豹科 Phocidae、海狮科 Otariidae 具有一定的药用价值。

(八) 奇蹄目 Perissodactyla

本目为大型而善奔跑的草食性动物。主要特征是:前后肢均以第三指(趾)发达,其余各指(趾)退化或消失,指(趾)端具蹄。头部有角或无角,生角者系表皮的衍生物,终生不脱换。胃的构造简单,为单室,不反刍,盲肠发达,肝脏无胆囊。门齿上下颌均存在,适于切草,犬齿退化,臼齿齿冠高,咀嚼面宽阔,其上有复杂的棱脊,适于研磨草料。齿式为0～3/0～3,0～1/0～1,3～4/3～4,3/3=24～44。本目有6属,16种。其中马科 Equidae 具有药用价值。

马科 Equidae　为奔跑速度最快的食草奇蹄类。主要特征是:四肢仅第三指(趾)发达,其余各趾退化,腿细而长。头骨鼻面长。颈背中线具有1列鬃毛,尾毛极长。齿式为3/3,0～1/0～1,3～4/3,3/3=36～42,门牙凿状,臼齿齿冠高,齿冠咬合面有复杂的釉质齿脊。常群栖于草原旷野,吃粗硬的草类。其野生种类分布于非洲中、西部的部分地区。马科是现存奇蹄目中种类数量最多,分布最广,人们最熟悉的一科,本科动物现存1属,7种。其中药用价值较大的

有马 *Equus caballus orientalis* Noack,其胃肠道中的结石为中药马宝;驴 *Equus Asinus* L.,其头、肉、骨、脂、乳、蹄、阴茎等可供药用。

(九) 偶蹄目 Artiodactyla

本目动物包括现代大多数有蹄动物。其主要特征是:四肢的第三、第四指(趾)特别发达,第一趾缺失,第二、第五趾退化或消失,趾端大多有蹄,肢轴通过三、四趾间。多数具角,着生于额骨上,角常为骨质或骨心上有角质鞘。臼齿结构复杂,齿数 30～44 枚。少数种类胃为单室,不行反刍;多数为复室胃(3～4 室),行反刍。本目是现代哺乳动物中最重要类群之一,包括 9 科,75 属,185 种。其中猪科 Suidae、鹿科 Cervidae、牛科 Bovidae 等有药用价值。

1. **猪科 Suidae** 头骨长,枕区高。吻部延伸,在鼻孔处呈盘状,内有软骨垫支持,嗅觉发达。犬齿发达,雄性上犬齿外露并向上弯曲,形成獠牙,臼齿为丘齿型,齿式为 1～3/3,1/1,2～4/2～4,3/3=34～44。胃简单,单室,不反刍。四肢短,足具 4 指(趾),仅中间 2 趾着地,侧指(趾)较小,不着地。毛鬃状。杂食性。猪是东半球的动物,分布于欧亚东部及非洲撒哈拉南部,有 5 属 8 种,其中野猪属 Sus 有 4 种。野猪为家猪的祖先,广布于欧、亚、非三洲,是数量最多最普通的一个类群。药用价值较大的有猪 *Sus scrofa domestica* Brisson、野猪 *Sus scrofa* L.,它们的胆等可供药用。

2. **鹿科 Cervidae** 体型大小不一,体重 10～800 kg。一般仅雄性具 1 对角,雌性无角。但驯鹿雌雄皆具角,麝和獐雌雄皆无角。角为分叉的骨质实角,每年脱换一次。鹿角的分叉结构为分类依据。齿式为 0/3,0/1～1,3/3,3/3=32～34。四肢各 4 趾,第二、第五趾极度退化。鹿科中除麝外,全无胆囊。胃 4 室,行反刍。典型的草食性动物。本科动物分布于亚洲、欧洲及美洲。共 15 属,38 种。药用价值较大的有原麝 *Moschus moschiferus* L.、林麝 *Moschus berezovskii* Flerov、马麝 *Moschus sifanicus* Przewalski(图 16-44)的麝香囊为名贵中药麝香;梅花鹿 *Cervus nippon* Temminck、马鹿 *Cervus elaphus* L.、驼鹿 *Alces alces* L.、驯鹿 *Rangifer tarandus* L.(图 16-45)的雄鹿未骨化的幼角为名贵中药鹿茸,骨化的角为鹿角。

(a)　　　　　　　(b)

(c)

图 16-44

(a) 原麝 (b) 林麝 (c) 马麝

图 16-45

(a) 梅花鹿 (b) 马鹿 (c) 驼鹿 (d) 驯鹿

3. 牛科 Bovidae 本科动物包括羚羊类、绵羊类、山羊类和牛类。主要特征为：多数野生种两性都有角，角不分叉，为洞角，由骨心及角质鞘组成，终生不脱换。门牙和犬齿都已退化，前臼齿和臼齿为高冠齿，珐琅质有褶皱，齿冠磨蚀后表面形成复杂的齿纹，适于吃草。齿式为 0/3,0/1,3/3,3/3=32。胃有4个室，即瘤胃、蜂巢胃、瓣胃和腺胃，行反刍，胆囊存在。第二、第五趾缩小或缺如。本科为偶蹄目种类最多的一个科，包括43属，123种。野生种分布于非洲、欧洲及北美的大部分地区。在亚洲，大约于8 000年前便开始了对一些种类的驯化。黄牛 *Bos taurus domesticus* Gmelin 及水牛 *Bubalus bubalis* L. 的胆囊、胆管或肝管中的结石为名贵中药牛黄；山羊 *Capra hircus* L. 及绵羊 *Ovis aries* L. 的胆、胆囊结石可供药用；黄羊 *Procapra gutturosa* Pallas 的角可供药用。

第三节　哺乳纲药用动物举要

我国哺乳动物资源十分丰富，据统计现有500种，药用种类占1/3，有200余种，是一类重要的动物药资源。常见入药的种类介绍如下：

一、狗 *Canis familiaris* L.

食肉目犬科动物。又名家犬、犬、地羊。为家饲动物，性凶猛。原为肉食性，经人工长期饲养，变为杂食性。全国各地均有饲养。

1. 外部形态和内部构造

(1) 外部形态：狗为小型家畜，体形大小和毛色因品种不同而异。通常体格匀称。鼻吻部较长，口有深裂，齿常外露，眼呈卵圆形，耳短，两耳直立或稍下垂，能自由转动。四肢矫健，适于奔跑，前足5趾，后足4趾，具爪，爪无屈伸性。雌性有乳头4～5对，1对在胸部，其余分列于腹壁两侧。尾多向上卷曲，呈环形或镰刀形。狗的视觉、听觉、嗅觉均极灵敏。

(2) 内部构造：狗的骨骼共有228～230块。

全身肌肉可分为头部、颈部、躯干、前肢和后肢等5部分。

消化管包括口腔、咽、食管、胃和肠等部分。

呼吸器官包括鼻腔、喉、气管、支气管和肺等。

心脏在心包中，心包是一纤维浆膜性的囊，在浆膜层与脏部之间含有少量透明浆液——心脏液。心脏呈不规则的锥形，舒张扩大时呈卵圆形，心尖钝圆。中型狗的心脏重约150 g，相当于体重的1%。

狗的肾脏较大，中等体型狗的肾脏重量50～60 g。两肾均为蚕豆形，表面光滑，背腹径比较厚，腹侧面圆形隆起，背侧面隆凸度较小。肾门位于肾内侧缘的中央部，向内凹陷，比较宽广，沿外侧缘正中线切开，可见皮部和髓部。狗肾无肾盏。肾盂的形状与髓质部的形状相适应。输尿管起自肾盂，从肾门腹侧向后移行至膀胱（图16-46）。

生殖腺成对。雄性生殖器官由阴茎、睾丸、副睾、输精管、精囊、前列腺等组成。睾丸在阴

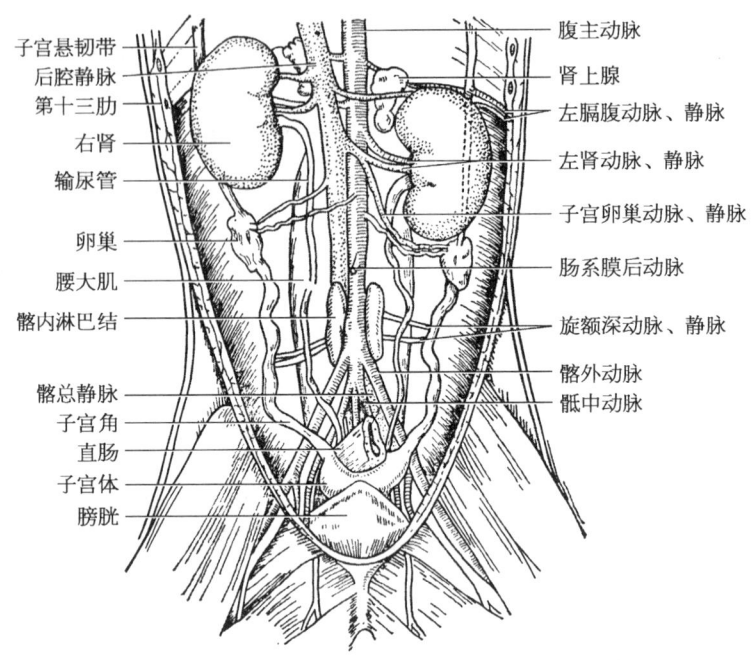

图 16-46 雌狗的泌尿与生殖器官

囊内,左右各一(图16-47)。雌性生殖器官由卵巢、输卵管及子宫等组成。卵巢位于腹腔内,肾脏的后方,左右各一,呈扁平卵圆形。

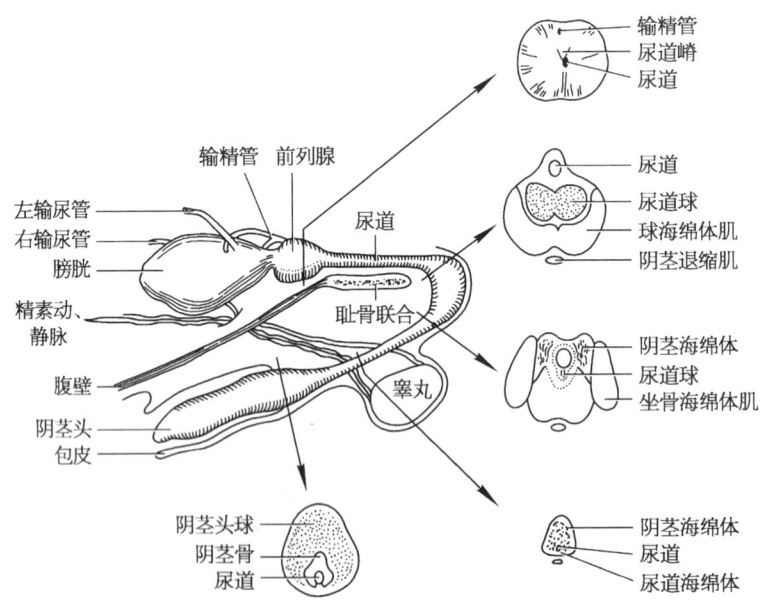

图 16-47 雄狗的生殖器官

狗的神经系统由中枢神经系统及外周神经系统组成。中枢神经系统包括脑及脊髓。狗的外周神经系统包括脊神经、脑神经及自主神经。

狗的感觉器官主要包括眼、鼻、耳、舌、皮肤等。狗的每只眼具有单独的视野,用两眼视物的能力不发达。此外,狗眼视网膜上没有黄斑,即没有最清楚的视觉点,说明视网膜的感受性很低。听觉敏锐。嗅觉非常发达。味觉感官为味蕾,分布于舌黏膜上。狗的触觉器官借皮肤内的无数神经末梢而感觉到外界的各种刺激。此外,由唇、口腔和唇黏膜传导触觉,触毛长而粗,长于上唇、下唇和眉区,并具有很大的敏感性。

狗的内分泌系统由甲状腺、甲状旁腺、肾上腺、垂体、松果体、胸腺等组成。甲状腺疏松地附着在气管上端表面,一般为红褐色,腺组织坚实。甲状旁腺是一种小腺体,粟粒大,有4枚,其中2枚常埋在甲状腺组织内,另外2枚靠外侧,接近甲状腺前端。肾上腺1对,右侧肾上腺位于右肾内缘的前部与后腔静脉之间,左侧肾上腺紧贴腹主动脉外侧,于肾静脉之前向前伸长,并不直接与左肾接触。肾上腺为实质组织。垂体小,呈圆形,位于间脑腹侧面和视交叉束的后方,丘脑伸出的漏斗顶端。松果体呈小卵圆形,位于间脑背侧后方,丘脑与四叠体之间。胸腺属于无管腺,分左右两叶,位于胸腔内。

2. **药用** 狗的阴茎及睾丸、胃内结石、骨骼、肉、心、肝、胆、齿、血等均可供药用。

(1) 狗肾:狗的阴茎及睾丸经加工干燥而成,又称狗鞭。四季可收,将附着的肉及油脂去净,晾干或焙干备用。狗肾原名为牡狗阴茎,始载于《神农本草经》,曰:"治伤中,阴痿不起,令强热,大生子,除女子带下十二疾。"

药材略呈棒状,长12~15 cm,粗1~2 cm,先端稍尖,另一端有细长精索(输精管)与睾丸连接。睾丸扁缩椭圆形。全体淡黄色或淡棕色,略光滑,阴茎质硬,不易折断。有腥臭气,味微咸。以条长粗壮、淡黄色、无泛油味、带睾丸者为佳。

狗肾味咸,性平,入肾经。功能补肾,壮阳,益精。用治阳痿,遗精,肾阳衰弱,腰膝痿弱等症。

狗肾的主要含雄性激素、蛋白质、脂肪等成分。

(2) 狗宝:狗胃内结石,为中药狗宝。去皮膜、洗净阴干供药用。狗宝始载于《本草纲目》,曰:"狗宝,生癞狗腹中,状如白石带青色,其理层叠,亦难得之物也。"

药材呈类圆球形,大小不一,大者如鹅卵,小者如豆粒,一般直径约1.5~5 cm。表面灰白色或灰黑色,略有光泽,有多数类圆形突起。体重,坚实而细腻,指甲划之,留有痕迹。断面有同心环状层纹,近中心部较疏松。气微腥,味微苦,嚼之有粉性而无砂性感。

狗宝味甘、苦、咸,性平。有小毒。功能降气,开郁,消积,解毒。用治噎膈,反胃,胸胁胀满,痈疽疔疮等症。《本经逢原》:"狗宝专治噎膈反胃之病,取苦能下降,温能开结也。予尝推广其用,凡痈疽溃疡不收,癫狂冷痰积结,无不可用。"《本草纲目》:"治噎食及痈疽疮疡。"

狗宝主要含是碳酸钙、碳酸镁、磷酸镁等成分。

(3) 狗骨:狗的骨骼。始载于《名医别录》,曰:"烧灰疗下利,生肌。"《四川中药志》记载:"治风湿关节痛、冷骨风痛、腰膝无力及四肢麻木。"味甘,性温。功能健脾活络,活血生肌。用治风湿痹痛,腰腿无力,四肢麻木,久痢,疮瘘,冻疮等症。

狗骨主要含为碳酸钙、磷酸钙、氟化钙、骨胶原、氨基酸、脂肪等成分。药理研究表明,狗骨具有一定的抗炎、镇痛、镇静和促进骨折愈合等作用,是虎骨的代用品之一。

(4) 狗肉:狗的肌肉。《名医别录》记载:"主安五藏,补绝伤。"其性味咸、温,入脾、胃、肾经。具有补中益气、温肾助阳的功能。用治脾肾气虚,胸腹胀满,浮肿,腰膝软弱,寒疟,败疮久不收敛等。《医林纂要》:"补肺气,固肾气,壮营卫,强腰膝。"《本经逢原》:"治败疮稀水不敛。"

狗肉主要含蛋白质、脂肪、氨基酸等成分。

(5) 狗胆：狗的胆囊。味苦,性寒。入肝经。功能清肝明目,止血,活血。用治风热眼痛,目赤涩痒,吐血,鼻衄,聤耳,疮疡疥癣等。《本草纲目》："主鼻衄,聤耳,止消渴,杀虫,除积,能破血,凡血气痛及伤损者,热酒服半个,瘀血尽下。"

二、刺猬 *Erinaceus europaeus* L.

食虫目猬科动物,又名刺鼠、刺球子、毛刺。栖息于平原、丘陵或山地的灌木丛中,亦见于市郊、村落附近。昼伏夜出,冬眠期长达半年。遇敌则蜷缩成一刺球。食物以昆虫及其幼虫为主,亦食幼鸟、鸟卵、蛙、蜥蜴,以及瓜果、蔬菜等。在我国,从东北、华北至长江中下游都能见到,分布于黑龙江、吉林、辽宁、陕西、山西、河北、河南、山东、安徽、江苏、浙江、湖南等地。

1. 形态　一般体长 22～28 cm,尾长 2～3 cm,体重 400～900 g。头宽而吻尖。眼小。耳短,耳朵长度不超过其周围的棘长。四肢短小,爪较发达,特别是前肢,借以挖掘洞穴。身体背面及两侧密生粗而硬的棘刺,头顶部的棘刺略向两侧分列。棘的颜色可分两类,一类为纯白色,或尖端略染棕色；另一类基部白色或土黄色,中部棕色,上部白色,尖梢复呈棕色。整个体背呈土棕色。刺猬的脸、身体腹面及四肢无棘刺,均被细而硬的毛,脸部为棕褐色,其余部分的颜色为灰白或浅灰黄色。四足浅棕色。尾上也覆有白毛。一般雌性个体大于雄性个体,而且吻短而钝,耳朵极小不明显,刺毛呈黄褐色,雌性生殖孔离肛门近,借以鉴别。

2. 药用　刺猬的皮、胆、心、脑、肝、肾及脂肪等均可供药用。

(1) 刺猬皮：刺猬的干燥外皮为中药的刺猬皮,又称异香、仙人衣。多在秋、冬季入蛰前捕捉,剥皮,置通风处阴干备用。刺猬皮以"猬皮"之名始载于《神农本草经》,列为中品,谓："主五痔阴浊下血,赤白五色血汁不止,阴肿痛引腰背,酒煮杀之。"

药材呈多角形板刷状或直条状,有的边缘卷曲成筒状或盘状,长 3～4 cm。外表面密生错综交叉的棘刺,刺长 1.5～2 cm,坚硬如针,灰白色、黄色或灰褐色不一。在腹部的皮上多有灰褐色软毛。皮内面灰白色或棕褐色,留有筋肉残痕。具特殊腥臭气。

本品味苦,性平。入胃、大肠经。功能降气镇痛,凉血止血,行气解毒,消肿止痛。用治反胃吐食,疝气腹痛,肠风痔漏等症。《本草经疏》："猬皮治大肠湿热血热为病,及五痔阴蚀下血,赤白五色血汁不止也。"《名医别录》："疗腹痛疝积,烧为灰,酒服之。"临床上常用于治疗小儿遗尿、阳萎、遗精、胃脘疼痛、子宫出血、便血、痔疮、遗尿、颈淋巴结结核等。此外,对治疗前列腺炎、肾结石、五色痢疾、鼻中息肉、脱肛、疝气等亦有较好疗效。

刺猬皮上层的刺主含角蛋白,下层的真皮层主要为胶原、弹性硬蛋白及脂肪等成分。

(2) 刺猬胆：刺猬的胆囊。刺猬胆在宋朝就有应用,用治鹰食病。《本草纲目》"猬"项下有记载。

干燥的胆囊呈卵形至三角形,上部狭细,下部膨大呈囊状,大小不一,一般长 30～35 mm,囊底膨大处宽 5～10 mm。黑色或灰褐色,有的有光泽。胆囊的囊皮薄,干后常皱缩。囊内有干燥的胆汁。

刺猬胆可清热解毒、消炎止痒、点目止泪等,主治眼睑赤烂,化水外涂治痔疮等。刺猬胆还为朝鲜族习惯用药。朝鲜族妇女于产后 2～3 日,常将刺猬胆用酒冲服,每次 1 个,用以恢复体力。

与刺猬同等入药的同科动物尚有达乌尔猬 *Hemiechinus dauuricus* Sundevall 和大耳猬 *Hemiechinus auritus* Gmelin(图 16-32)。

三、蝙蝠 *Vespertilio superans* Thomas

翼手目蝙蝠科动物,又名伏翼、天鼠、盐老鼠等。栖息于屋檐、房梁、石缝、岩洞或树洞中。白天休息,黄昏或清晨活动觅食,以昆虫为食。全国大部分地区均有分布。

1. **形态** 是一种营飞翔生活的小型兽类。身体小,外形似鼠,体长 45～80 mm。眼小,鼻部无鼻叶或其他衍生物。口宽,齿细而尖。耳短而宽,耳屏亦短,其尖端较为圆钝,听觉灵敏,适于捕食蚊、蝇、蛾类等昆虫。由指骨末端向上至上膊骨,向后至躯体两侧后肢及尾间,生有一层薄的翼膜,其上无毛。后肢较短,足伸在皮膜外面,有 5 趾,趾端有钩爪。白天休息或睡眠时,通常用钩爪倒挂在屋檐下空隙或洞窟等处。尾发达,向后一直延伸到股间膜的后缘。全身呈黑褐色。背毛灰褐色,腹毛浅棕色。

2. **药用** 蝙蝠的粪便可供药用,为中药夜明砂。全年均可采集,以夏季为宜,从山洞中铲取,除去泥土、杂质,晒干备用。夜明砂始载于《神农本草经》,曰:"主面痈肿,皮肤洗洗时痛,腹中气血,破寒热积聚,除惊悸。"

药材为长椭圆形颗粒,两端微尖,长 5～7 mm,直径约 2 mm。表面略粗糙,棕褐色或灰棕色;破碎者呈小颗粒状或粉末状。放大镜下观察,可见棕色或黄棕色有光泽的昆虫头、眼及破碎的翅膜。气微或无,味微苦而微辛。

本品味辛,性寒,无毒。《本草经疏》:"其味辛寒,乃入足厥阴经药。"功能明目退翳,活血消积。用治肝热目赤,夜盲,翳障及小儿疳积等症。《本草纲目》:"夜明砂及蝙蝠,皆厥阴肝经血分药也,能活血消积,故所治目翳盲障,疟疾疳惊,淋带,瘰疬,痈肿,皆厥阴之病也。"

夜明砂主含尿素、尿酸、胆甾醇及少量维生素 A 等成分。

此外,蝙蝠的干燥全体也可药用,功能滋阴补肾,止咳平喘。用治肾虚阳萎,遗精,腰膝酸软者,肺虚燥咳,喘逆上气者。临床上还用于治疗慢性气管炎。

与蝙蝠同等入药的同科动物尚有长翼蝠 *Minopterus schreibersi* Kuhl、大管鼻蝠 *Murina leucogaster* Milne-Edwards、伊氏鼠耳蝠 *Myotis ikommikovi* Ognev、山蝠 *Nyctalus noctula* Schreber、普通伏翼 *Pipistrellus abramus* Temminck、大耳蝠 *Plecotus auritus* L.、华南棕蝠 *Eptesicus serotinus* Schreber 等。

菊头蝠科的马铁菊头蝠 *Rhinolophus ferrumequinum* Schreber、中菊头蝠 *Rhinolophus affinis* Horsfield 等,以及蹄蝠科动物大马蹄蝠 *Hipposideros armiger* Swinhoii 也同等入药。

四、穿山甲 *Manis pentadactyla* L.

鳞甲目穿山甲科动物,又名鲮鲤、麒麟、龙鲤。生活在热带及亚热带地区。一般常栖息在丘陵山地的树林、灌木杂木林的潮湿环境。穿山甲掘洞穴居,平时无固定住所,随觅食洞穴而居住。穿山甲主要分布于广西、云南、贵州、海南、广东、湖南、四川、陕西、台湾等地。野生穿山甲是国家二级重点保护野生动物。现已有人工饲养。

1. **形态** 穿山甲身体狭长,成体长 50～100 cm,体重 3～6 kg。头呈圆锥形,眼、耳细小,吻尖,无齿,舌细长呈蠕虫状,舌面粗糙柔软,有黏液,善于伸缩捕食。尾扁平而长,27～33 cm。四肢粗短,前肢略长于后肢,前后肢各具 5 趾,以中间趾最长,有坚而锐利的爪。除腹部及四肢内侧外,全身被黑褐色扁平的硬角质鳞片,鳞片呈覆瓦状排列,鳞片间杂有稀毛。鳞片因着生部位不同,形状有3种:背鳞呈阔棱形,较扁平;腹侧、前肢近腹内侧和后肢鳞呈盾状,鳞片中央有龙骨状突起,该突起随年龄的增加而减少,老年个体几乎消失;尾侧鳞呈折合状。

穿山甲的性别鉴别主要看肛门,雄性的肛门后有一凹陷,雌性则无。此外,雌体较雄体个小,雌兽胸部有乳头2对。

2. **药用** 穿山甲的鳞甲及肉可供药用。

(1) 穿山甲:为穿山甲的鳞片。穿山甲始载于《名医别录》,称为"鲮鲤甲"。《图经本草》才称为"穿山甲",以后历代本草多沿用此名。《本草纲目》记载有:"穿山甲入厥阴、阳明经。古方鲜用,近世风疟、疮科、通经、下乳,用为要药。"

本品味咸,性微寒。归肝、胃经。功能通经下乳,消肿排脓,搜风通络。用治经闭癥瘕、乳汁不通、痈肿疮毒、关节痹痛、麻木拘挛等症。《纲目》:"除痰疟寒热,风痹强直疼痛,通经脉,下乳汁,消痈肿,排脓血,通窍杀虫。"临床上常用于治疗中风,手足偏废不举;乳汁不通;痢疾,里急后重;闭经,血瘀,血凝,血聚;风湿痹痛,肢体拘挛;瘰疬溃坏,痈肿初起或脓成未溃等疾病。

本品主要含有硬脂酸、胆甾醇、二十三酰丁胺、碳原子数为26和29的2个脂肪族酰胺、L-丝-L-酪环二肽、D-丝-L-酪环二肽、挥发油、水溶性生物碱、甲硫氨酸、天冬氨酸等16种氨基酸、锌、钾等18种微量或宏量元素等成分。

药理研究发现,穿山甲具有增加血流量、降低血管阻力、直接扩张血管壁作用,能使血液黏度降低。其水煎液有明显延长大鼠和小鼠的凝血时间并使其血液黏度的降低,能提高小鼠常压缺氧耐受力。其水煎液、醇提取液均有明显抗炎作用。此外,穿山甲还具一定的抗癌作用,能升高白细胞,临床用于治疗卵巢肿瘤已取得较为满意的效果。

与穿山甲同等入药的同属动物尚有印度穿山甲 *Manis crassicaudata*,印度穿山甲又叫粗尾穿山甲,体形较大,鼻吻部有鳞,完全没有外耳。尾巴比较宽,尾尖的底部有鳞片。雄兽没有肛后凹陷。主要分布于印度、巴基斯坦、斯里兰卡、孟加拉等国,也见于我国广西及云南南部。

五、东北兔 *Lepus mandshuricus* Radde

兔形目兔科动物,又名草兔、山兔、山跳子。主要栖息于针阔混交林中,亦在平原、荒草地、河谷灌丛等地活动。一般无固定巢穴,产仔时才有一定住所。白天栖居于灌木丛、杂草或树根下,晚间出来活动觅食。主要以树皮、嫩枝、草本植物为食。东北兔广泛分布于我国东北各地区,大小兴安岭、长白山山地以及松花江平原等地。

1. **外形** 体形较大,体长44~48 cm,体重1.5~2.5 kg。耳较短,向前折不达到鼻端。后足较长,尾较短。毛较粗,头部和背部冬毛为浅棕黑色,毛基为黑灰色。夏毛色更深。耳前部棕黑色,后部棕黄色,边缘白色,耳尖黑色,后背中央及臀部杂有黑色长毛,形成不明显的斑点。体侧毛色与背部毛色相近,腹部毛色为纯白色,毛基浅灰色。四肢为浅黄棕色,尾背面黑色,杂有少量棕色毛。

2. **药用** 东北兔的粪便、骨、肉、肝、血等均可供药用。

(1) 望月砂:为东北兔的粪便。《本草纲目》记载:"兔尿能解毒杀虫,故治目疾,痔瘘疮痔方中,往往用之。"

药材呈圆球形而略扁,长9~12 mm,直径6~9 mm。表面粗糙,有草质纤维,内外均呈浅棕色或灰黄色。质轻松易破碎,手搓之即碎成乱草状。鲜者有恶臭,干者无臭。味微苦而辛。以干燥、色黄、不碎、无泥沙杂质者为佳。

本品味辛,性寒。《本草求真》:"辛,寒。"入肝、肺经。《本草撮要》:"入手足太阴、足厥阴经。"功能去翳明目,解毒杀虫。用治目翳,痔漏,疳积等症。《本草求真》:"兔屎能明目,以除目中浮翳,且瘰疬、五疳、痔漏、虫食、痘疮等症,服之皆治,亦由热结毒积而成,得此寒以解热,辛以散结,故能服之有功。"

望月砂中含有尿素、尿酸、甾类、维生素 A 类等成分。

(2) 兔肉:为东北兔的肉。《名医别录》记载:"主补中益气。"《本草纲目》记载:"凉血,解热毒,利大肠。""今俗以兔肉饲小儿,云令出痘稀,盖亦因其性寒而解热耳。故又能治消渴。"兔肉味甘,性凉。功能补中益气,凉血解毒。用治脾胃虚弱所致的饮食减少,疲乏无力;阴血不足所致的消渴,多饮,大便秘结,形体消瘦;血热忘行所致的吐血,便血等病症。兔肉具有四高四低的特点,即高蛋白、高赖氨酸、高卵磷脂、高消化率;低脂肪、低胆固醇、低尿酸、低热量。常吃兔肉,有祛病强身作用。

与东北兔同等入药的同属动物尚有草兔 *Lepus capensis* L.、高原兔 *Lepus oiostolus* Hodgson、华南兔 *Lepus sinensis* Gray、蒙古兔 *Lepus tolia* Pallas 等。

六、麝鼠 *Ondatra zibethica* L.

啮齿目仓鼠科动物,又名水耗子、水老鼠、北美鼠等。麝鼠是半水栖草食性动物,常栖居在低洼地带、沼泽地、湖泊、河流、池塘两岸,善于挖洞和筑巢。平时多夜间活动,白天在窝中静卧或睡觉,但冬季多在白天出来活动。爱以水生植物为食。麝鼠原主产于北美洲,从阿拉斯加、加拿大到墨西哥湾,凡是有沼泽和溪流的地方均有分布。目前,麝鼠的分布很广,我国主要从前苏联扩散而来,分布在我国东北、内蒙古及西北等地。现已有人工饲养。

1. **形态** 麝鼠外形像个大老鼠,椭圆而肥胖。身长 35~40 cm,尾长 23~25 cm,体重 1 kg 左右,头小,稍扁平,颈短而粗,与躯干部没有明显界限。眼小,圆而黑亮,耳短隐于长被毛之中,耳孔有长毛堵塞。嘴端钝圆,有胡须,上下颌各有一对长而锐利的门牙,呈浅黄色或深黄色,露于唇外。前肢短小而灵活,具 4 趾,趾爪锐利,趾间无蹼,后肢略长于前肢,趾间有半蹼,后足趾的两侧均有梳状毛。尾基部呈圆形,远端侧扁,尾上被有小的圆形鳞片和稀疏的黑色短毛。周身绒毛致密,背部是棕黑色或栗黄色,腹面棕灰色,体侧淡棕色。雄鼠较雌鼠大,雄鼠会阴部被毛致密,雌鼠会阴部被毛较稀,腹股沟处无针毛,有较明显的凹陷细缝(图 16-42)。

2. **药用** 成熟雄性麝鼠香腺囊的分泌物可供药用,称为麝鼠香,也称为美国麝香。

麝鼠香腺位于成年雄麝鼠下腹部的腹肌与皮肤之间,附睾囊上方,阴囊两侧,呈扁椭圆形,左右各一。香腺囊的表面为一层薄膜,布满毛细血管。香囊腺尾端连接排香管,开口于阴茎包皮内侧,麝鼠香经排香管排出体外。

目前多采用人工活体取香的方法得到麝鼠香。方法大致如下:用保定器将麝鼠保定,取香时左手持保定器上缘,用拇指和示指按住麝鼠的背部,右手拇指和示指触摸和按摩香腺囊,再由香腺的上端逐渐向腺体下缘适当地加力挤压使其排香,用 10 ml 或 50 ml 的具塞玻璃管或瓶接取香液,并以同样方法取另侧香腺,直至香腺体变软变小无香液流出为止,取香后将麝鼠放回原窝饲养。麝鼠一次取香后,其香腺还可继续分泌麝鼠香,为此可进行多次活体取香。每年的 4 月至 9 月份是麝鼠的泌香期,可进行人工活体取香,15 日取香 1 次,可取香 10 次。

新鲜的麝鼠香为淡黄色黏稠物,久置则颜色变深。具有麝香样香气。

麝鼠香的主要成分为麝香酮、降麝香酮、环十五烷酮、十七烷酮等,与麝香相似。此外,还含有多种脂肪酸、氨基酸、微量元素等成分,具有良好的生物活性,理化反应与天然麝香接近。

药理学研究证明,麝鼠香具有明显的抗炎、镇痛、减慢心率、耐缺氧、降低血压、降低心肌耗氧等药理作用,拥有麝香同样的药用价值,可作为麝香的代用品,用于制药及相关产业。此外,麝鼠香还能延长血液凝固的时间,可以防治血栓性疾病。

七、黑熊 *Selenarctos thibetanus* G. Cuvier

食肉目熊科动物,又名狗熊、月牙熊、黑瞎子。栖息于混交林或阔叶林中。一般居于山上的石洞或大树洞中,有冬眠习性,夏、冬季有垂直迁移现象。白天活动,视觉较差,善爬树,游泳力强。杂食性,但以植物为主。黑熊为亚洲常见种,在我国分布极广泛,东北、华北、西南以至华南等地均有分布。黑熊为国家二级重点保护野生动物。我国已有人工养殖。

1. **外形** 体型较大,体长 1.5～2 m,体重约 200 kg。头部宽,吻部略短,鼻端裸出。耳大而圆,眼眶小,被长毛,颈侧毛尤长。胸部有宽的"V"字形白斑。四肢尤其是前肢特别粗壮有力,前后肢各具 5 趾,都是跖行性足。腕垫宽大,与掌垫相连,后足跖垫宽大而肥厚。尾极短。全身被黑毛,仅鼻面部为棕黄色,下颌部为白色,胸部有"V"字形白斑。

2. **药用** 人工引流的新鲜胆汁,经冷冻真空干燥加工制成的熊胆粉,可替代熊胆以供药用。

熊胆粉为不规则碎片、颗粒或粉末,黄色至深棕色,有的呈深绿色或淡红色,半透明,有玻璃样光泽,质脆,易受潮,气清香微腥,味极苦微回甜,有清凉感。

熊胆粉具有清热解毒、止痉、明目的功效。临床上用于胆囊炎、胆石症(胆固醇型)、急慢性肝炎、肝硬化、动脉硬化、高血压、心绞痛、冠心病、心律失常以及产后风、小儿热盛惊风、抽搐等症,均有良好的治疗效果。

熊胆粉与天然熊胆化学成分颇为相似,主要化学成分为胆汁酸,此外还有胆色素、蛋白质、氨基酸、胆固醇、磷酯、无机盐、微量元素以及其他代谢产物等。胆汁酸主要为熊去氧胆酸(ursodesoxy cholic acid, UDCA)、鹅去氧胆酸(chenodexchlic acid, CDCA)、去氧胆酸(chenodesoxy cholic acid, DCA)和胆酸(cholic acid, CA)。这些胆汁酸多与牛磺酸(taurine)或甘氨酸呈结合状态存在。

药理实验证明,熊胆粉具有明显的抗炎、镇静、解热、解痉,抗惊厥、抗血栓以及利胆作用。

八、大灵猫 *Viverra zibetha* L.

食肉目灵猫科动物。又名为麝香猫、九节狸、九江狸等。栖息于海拔 2 100 m 以下的热带雨林、亚热带常绿阔叶林的林缘灌木丛、草丛中,隐匿于灌木丛中或树洞、土穴里,喜到刚干涸的水洼、溪涧、稻田等阴湿处活动与觅食。在我国主要分布于陕西、四川、贵州、湖北、云南、安徽、江西、广东、海南、浙江、江苏、河南等地。灵猫为国家二级重点保护野生动物。

1. **外形** 大灵猫体形细长,身长 65～85 cm,体重 6～9 kg,比家猫大得多。吻部略尖,口旁列生刚毛。耳小,额部较宽阔。四肢较短,尾长超过体长一半,约 63 cm。雌雄两性的会阴部均具香腺囊,雄性为梨形,雌性呈方形,囊中的分泌物有奇异香味(图 16 - 45)。全身灰棕色或浅黄色,头、额、唇均为灰白色,颈侧至前肩有 3 条波状黑色横纹,间夹白色宽纹。脊背中央从头到尾基部有一条黑色鬃毛,其两侧自背中部起各有 1 条白色狭纹与尾部的白环毛相连。胸及腹毛浅灰色,四肢黑褐色,尾上具有黑白相间的色环,一般白色环窄,黑色环宽,末端呈黑色。

2. **药用** 灵猫香腺囊的分泌物及灵猫的肉可供药用。

灵猫香：为灵猫的香腺囊中的分泌物。现多人工活体取香，即将灵猫缚住，用角质小匙插入灵猫会阴部的香腺囊中，刮出浓厚的液状分泌物；或用手捏住香腺囊后部，轻轻挤压，浓厚的分泌物泌出，及时收集，即为灵猫香。1只灵猫每年可取香数十次，年产香约25 g。

灵猫香始载于《本草拾遗》上，曰："灵猫生南海山谷，如狸，自为牝牡，其阴如麝，功亦相似。"

新鲜的灵猫香为蜂蜜样的稠厚液体，白色或黄白色；日久则色泽变深，由黄色最终变成褐色，并呈软膏状。气香特异，近嗅带尿臭，远嗅则如麝香。味苦。

灵猫香味辛，性温。功能通窍，行气，止痛、安神。用治心腹卒痛，疝痛，子宫疼痛，外伤血肿，腰肌劳损，肩周炎，扭挫伤，坐骨神经痛，骨折疼痛等症。《本草拾遗》："主中恶，心腹卒痛，痊，疫气，镇心安神。"

灵猫香含多种大分子环酮，如灵猫香酮，即9-顺-环十七碳烯-1-酮、5-顺-11-顺-环十七碳二烯酮、环十七碳酮、9-顺-环十九碳烯酮、6-顺-环十七碳烯酮、环十六碳酮等，以及相应的醇和酯。

药理研究表明，灵猫香具有兴奋中枢神经系统、兴奋呼吸中枢及心脏的作用，能大大缩短大鼠的戊巴比妥钠的睡眠时间，具有催醒作用，并可拮抗戊巴比妥钠的毒性，有助于昏迷患者的苏醒。具有抗惊厥、抗早孕、镇痛作用，其抗惊厥作用强于苯妥英钠。能兴奋早孕家兔子宫，但有时出现痉挛现象。灵猫香酮和总大环酮有明显镇痛作用，而水提取物则无此作用。此外，灵猫香还能促进各种腺体的分泌，具有发汗、利尿、消炎等作用。临床上，灵猫香即作为兴奋剂、镇痛药用于治疗疝痛、腹痛、子宫痛等，还可以作为温补助阳药进行开发利用。灵猫香也可代替麝香配制"六神丸"、"七厘散"等中成药。

灵猫香除药用外，还可用作高级香料的定香剂，使用微量的灵猫香酊剂就可使多种花香型香精香气浓郁、柔和并经久不散，它与麝香、海狸香、龙涎香并称为世界著名的四大动物香料。

与灵猫同等入药的同科动物尚有小灵猫 *Vivrricula indica* Desmarest，又名斑灵猫、香猫、七节狸等，其主要特征为：体型较大灵猫小，体长一般在65 cm以下，体重2～4 kg，比家猫略大。吻部尖，额部狭窄，耳短而圆，双耳前缘较接近。全身深灰棕色，唇白色，眼睛及耳背为黑褐色，自耳基部到前肩有两条黑纹。背部有五条连续或间断的黑褐色纵纹，体侧具纵列的黑褐色斑点。四肢细短、黑褐色。尾灰棕色，有6～8个黑环。

九、马 *Equus caballus orientalis* Noack

奇蹄目马科动物。又名家马。为役用家畜，经人工长期驯养，其性温驯。喜食禾本科和豆科植物的茎叶。全国各地均有饲养。

1. **外形** 马为较大的家畜。体长1.5～2.5 m，高1.27～1.60 m，体重225～773 kg。头面狭长，耳小而尖，直立能动，眼大，鼻宽。前额宽，上披长毛如发。从头顶起沿颈部背面至肩胛，具有鬃毛且向下披垂。躯干部长，被均匀的短毛。前肢腕骨上方和后肢跗骨下方，有一部分无毛而又坚固的灰白色胼胝体，俗称"夜眼"。足趾仅第三趾发达，末端呈卵圆形的实性蹄，第二、第四趾均退化。尾自基部末端具总状长鬃毛，形如尘拂。马的毛色因品种不同而各异多变，有青毛、黑毛、花毛、栗毛等。

2. **药用** 马的胃结石、齿、骨、乳、肉、鬃毛等均可供药用。

(1) 马宝：即马胃中的结石，去筋膜，洗净，阴干供药用。

马宝之名历代本草均未提及，在《本草纲目》卷五十下兽部有"鲊荅"一名与现今所用"马宝"类似。李时珍曰："鲊荅，生走兽及牛马诸畜肝胆之间，有肉囊裹之，多至升许，大者如鸡子，小者如栗如棒，其状白色，似石非石，似骨非骨，打破层叠。"

本品呈圆球形、卵圆形或扁圆形，大小不一，一般直径为 6～20 cm。表面灰白色、青灰色或油棕色，略有光泽，光滑或凸凹不平。质坚体重。剖面呈灰白色而有同心层纹，俗称"涡纹"，且微具玻璃样光泽，偶有灰黑色致密纹理，中心常见有金属或其他粒状异物。无气味或微有臊臭。味淡、微咸。其中以色青白、外表有光泽、润滑如玉、有细草纹、质重、断面层纹明显者为佳。

马宝性味甘、咸，性平，无毒。《纲目》："甘咸，平，无毒。"《中药志》："甘咸微苦，凉。"功能镇惊化痰，清热解毒。用治惊痫癫狂，痰热内盛，神志昏迷，吐血衄血，恶疮肿毒等症。《饮片新参》记载："清肝脑，化热痰，治痉痫，止吐衄。"临床上有用于治疗精神分裂症和顿咳者。

马宝主要含磷酸镁、碳酸镁、碳酸钙等成分。

药理研究表明，马宝对小鼠有明显的镇静、抗惊厥和祛痰作用，对家兔有解热作用。

(2) 马肉：为马的肌肉。最早见于《名医别录》。味甘、酸，性寒。入肝、脾二经。功能强筋壮骨，除热。用治寒热痿痹，筋骨无力，疮毒等症。然古代文献中有称马肉有毒，如李时珍在《本草纲目》中曾记载："食马肉中毒者，饮芦菔汁，食杏仁可解。"《日华子本草》："马肉只堪煮食，余食难消，渍以清水，搦洗血尽，乃煮，不然则毒不出，患疔肿。"

(3) 马鬃：为马的鬃毛或马尾。《别录》记载："主女子崩中赤白。"《日华子本草》记载："烧灰止血，并敷恶疮。"《本草纲目》记载："有毒。"味涩，性平。功能止血止带，解毒敛疮。用治女子崩中，带下，痈疮等。

此外，据记载马齿能镇惊熄风，解毒止痛，可治惊痫，疔疮，牙痛。马骨能醒神，解毒敛疮，可治嗜睡、头疮、耳疮、阴疮、瘰疬。马乳能补血润燥，清热止渴，可治血虚烦热，虚劳骨蒸，消渴，牙疳等。

十、驴 *Equus asinus* L.

奇蹄目马科动物。又名毛驴。为役用家畜，多饲养。驴性情较温驯，饲养管理方便，主要以麦秸、谷草为食，也吃高粱、大麦、豆类。

1. **外形** 驴为役用家畜。体形似马而较小，体重一般为 200 kg。头大，眼圆，耳长，颈部长而宽，颈背鬃毛短而稀少。躯体匀称，四肢粗短，蹄质坚硬。尾尖端处生有长毛。体毛厚而短，毛色主要以黑色、栗色、灰色 3 种为主。颈背部有一条短的深色横纹，嘴部有明显的白色嘴圈。耳郭内面色较浅，尖端几呈黑色。腹部及四肢内侧均为白色。

2. **药用** 驴的皮、乳、阴茎及睾丸均可供药用。

(1) 阿胶：为驴皮去毛煎煮浓缩制成的固体胶。始载于《神农本草经》，列为上品。陶弘景曰："出东阿，故曰阿胶也。今东都下亦能作之。用皮亦有老少。胶则有清浊，凡三种，清薄者画用；厚而清者名为盆覆胶，作药用之；浊黑者可胶物，不入药用。"

本品多呈整齐的长方形块状。通常长约 8.5 cm，宽约 3.7 cm，厚 0.7～1.5 cm。表面棕褐色或黑褐色，有光泽。质硬而脆，断面光亮，碎片对光照视呈棕色半透明。气微，味微甘。以乌黑、光亮、透明、无腥臭气、在夏天不变软者为佳。

阿胶味甘,性平。入肺、肝、肾经。《神农本草经》:"味甘,平。"《本草汇言》:"入手少阴、足少阴、厥阴经。"功能滋阴润肺,补血止血,定痛安胎。用治血虚,虚劳咳嗽,吐血、衄血、便血,妇女月经不调,崩中,胎漏等症。《神农本草经》记载:"主心腹内崩,劳极洒洒如疟状,腰腹痛,四肢酸痛,女子下血,安胎。"《本草纲目》记载:"疗吐血、衄血、血淋、尿血、肠风、下痢……和血滋阴,除风润燥,化痰清肺。"

阿胶主含由骨胶原水解而成的明胶蛋白。明胶蛋白水解则产生多种氨基酸。

据现代药理研究表明,阿胶能改善动物体内钙的平衡,促进钙吸收及血清中钙质的存留;增加血液中红细胞及血红蛋白;能防止进行性肌营养障碍,可能与防止维生素 E 氧化有关;在创伤休克危急期,注射阿胶的精制溶液,可使血压上升而转危为安。

目前临床上用阿胶治疗特发性血小板减少性紫癜,月经过多性贫血,烧伤后消化道出血,贫血,白细胞减少症,先兆流产,习惯性流产,不孕症等。

(2) 驴肾:为雄驴的阴茎及睾丸,去净筋肉,挂通风处晾干而成。《本草纲目》:"强阴壮筋。"味甘、咸,性温。功能益肾强筋骨。用治阳痿不举,筋骨酸软,骨结核,骨髓炎,气血虚亏,妇女乳汁不足等症。

此外,据记载,驴头可治中风头眩,消渴,黄疸;驴肉可补血益气,治劳损,风眩,心烦;驴乳可治消渴,黄疸,止小儿惊痫;驴脂可治咳嗽,疟疾,耳聋,疥疮等。

十一、猪 *Sus scrofa domestica* Brisson

偶蹄目猪科动物。又名豚。猪为主要的家畜之一,遍及全国各地。其品种繁多,形态各异。

1. **外形** 躯体肥胖,四肢粗短,头大,鼻与口吻皆长,吻端略向上翘,颜面凹陷,额上多皱褶,颈短粗而不明显,躯体被毛稀疏,粗硬,脊背部的毛甚长称猪鬃,尾细小。毛色主要有黑色、白色、或黑白相间 3 种类型。

2. **药用** 猪的皮肤、毛、血、脑、心、肝、胆、胃、胰等均可供药用。

(1) 猪胆:为猪的胆囊或胆汁。将胆囊挂起晾干或烘干,或取胆汁鲜用。猪胆首见于《名医别录》一书,后世本草亦有记载。

猪胆味苦,性寒。《别录》:"微寒。"《本草图经》:"大寒。"《汤液本草》:"味苦、咸,寒。"入肝、胆、肺、大肠经。《本草汇言》:"入手足阳明经。"功能清热解毒,滋阴润燥。用治热病燥渴,大便秘结,咳嗽,哮喘,目赤,目翳,泄痢,黄疸,喉痹,聤耳,痈疽疔疮,湿疹,头癣等症。《名医别录》:"疗伤寒热渴。"《本草拾遗》:"主小儿头疮,取胆汁敷之。"《本草图经》:"主骨热劳极,伤寒及渴疾,小儿五疳,杀虫。"《本草纲目》:"方家用猪胆,取其寒能胜热,滑能润燥,苦能入心,又能去肝胆之火也。""通小便,敷恶疮,杀疳䘌,治目赤、目翳,明目,清心脏,凉肝脾。"临床上用猪胆汁治疗白喉、百日咳、慢性气管炎、单纯性消化不良、急性传染性肝炎,外用治沙眼及慢性化脓性中耳炎等疾病,都取得良好疗效。

猪胆主要含胆汁酸类、胆色素、黏蛋白、脂类及无机物等成分。胆汁酸中有鹅脱氧胆酸、3α-羟基-6-氧-5α 胆烷酸和胆石酸。另含猪胆酸和猪去氧胆酸等。

现代药理研究表明,猪胆汁具有镇咳、平喘、消炎、抗过敏、抑菌以及镇静、抗惊厥等作用。但大剂量使用可抑制心脏及神经,对神经、肌肉有直接的毒性作用。

生化药品去氧胆酸及胆酸钠均可从猪胆汁中提取,胆膜素可从猪胆黏膜上提取。

(2) 猪肝:为猪的肝脏,鲜用或干燥备用。《本草纲目》记载:"肝藏血,故诸血病用为向导入肝。"味苦,性温。功能补肝,养血,明目。用治血虚萎黄,夜盲,目赤,浮肿,脚气等症。生化药物卵磷脂可从猪肝中提取得到,肝水解物(肝宁)可从猪肝脏水解而得;肝精可从鲜猪肝浸取。

(3) 猪肚:为猪的胃。《本草纲目》记载:"猪水畜而胃属土,故方药用之补虚,以胃治胃也。"味甘,性微温。功能补虚损,健脾胃。用治虚劳羸弱,泄泻,下痢,消渴,小便频数,小儿疳积等症。生化药物胃蛋白酶可从猪胃黏膜中提取而得,胃膜素及内因子均从猪胃黏膜提取而得。

(4) 猪心:为猪的心脏。《本草图经》记载:"主血不足,补虚劳。"味甘、咸,性平。用治惊悸,怔忡,自汗,不眠。生化药物心脏素(用于治疗心脏疾患)可从猪等哺乳动物新鲜心脏提取得到。

(5) 猪脑:为猪的脑。《别录》记载:"主风眩、脑鸣、涂冻疮,皲裂。"味甘、咸,性平。用治头风,眩晕,外用治冻疮、皲裂。现代生化药物加压素、尿崩停、垂体后叶素、催产素等,均可从猪脑的垂体后叶中提取得到。鞣酸加压素、促肾上腺皮质激素、催乳素、脂解素、促甲状腺素、垂体前叶素等,均可从猪脑的垂体前叶中提取得到。促性腺激素释放激素、促甲状腺素释放激素、生长素抑制激素、黑素C素抑制激素等,均可从猪脑的丘脑下部提取得到。

(6) 猪胰:为猪的胰脏。《本草图经》记载:"主肺气干胀喘急,润五脏,去皱、疱、并肪膏。并杀斑蝥、地胆、亭长等毒。"味甘,性平,微毒。功能益肺,补脾,润燥。用治肺损咳嗽,咯血,肺胀喘急,肺虚下痢,乳汁不通,手足皲裂。生化药物胰酶、胰脂酶、胰蛋白酶、激肽释放酶、弹性蛋白酶、胰高血糖素、胰岛素等,均可从猪胰脏中分离提取得到。

此外,猪肤可治下痢、咽痛;猪肉具滋阴润燥之功,用治热病伤津,消渴羸瘦,燥咳,便秘;猪毛有止血敛疮的功效,可用于烧烫伤;猪骨可治下痢、疮癣;猪血可治头风眩晕,中满腹胀、嘈杂,宫颈糜烂;猪髓具补阴益髓之功,可治骨蒸劳热,消渴,疮疡;猪蹄具补血、通乳、托疮之功,可治妇人乳少,痈疽,疮毒;猪脾具健肺胃、助消化之功效;猪肺治肺虚咳嗽,咯血;猪肾治肾虚腰痛,身面水肿,遗精,盗汗,老人耳聋;猪肠治便血,血痢,痔疮,脱肛;猪膀胱治遗尿。

与猪同等入药的还有同属动物野猪 *Sus scrofa* L.。主要特征为:外形与家猪相似,吻部十分突出。四肢较短,尾细。躯体被硬针毛。鬃毛发达。针毛与鬃毛的尖端均有分叉。雄猪犬齿特别发达。上下颌犬齿均向上翘并露出唇外,俗称獠牙。雌猪獠牙不发达。毛色一般为棕黑色,面颊和胸部杂优黑白色毛。最大的雄猪体重可达 250 kg,体长可达 2 m。

十二、林麝 *Moschus berezovskii* Flerov

偶蹄目鹿科动物。属山地森林动物,栖息于多岩石的针叶林和针、阔混交林中。性胆怯,孤僻不喜群,常独居,多于晨昏活动。在我国主要分布于宁夏、陕西、安徽、四川、西藏等地。现已有人工饲养。

1. **外形** 林麝是麝属中体型最小的一种。体长 70 cm 左右,肩高 47 cm,体重 7 kg 左右。雌雄均无角;耳长直立,端部稍圆。雄麝上犬齿发达,向后下方弯曲,伸出唇外;腹部生殖器前有麝香囊,尾粗短,尾脂腺发达。四肢细长,后肢长于前肢。体毛粗硬色深,呈橄榄褐色,并染以橘红色。下颌、喉部、颈下以至前胸间为界限分明的白色或橘黄色区。臀部毛色近黑色,成体不具斑点。

2. **药用** 雄麝的香腺分泌物和香腺囊壳可供药用。

麝香：为成熟雄性林麝香腺囊中的干燥分泌物，为名贵中药，又称当门子、脐香等。目前多采用人工饲养，活体取香而得，人工活体取香的方法同麝鼠香。始载于《神农本草经》。《本草纲目》记载："麝之香气远射。故谓之麝。"

麝香呈颗粒状、短条状或不规则的团块；表面不平，紫黑色或深棕色，显油性，微有光泽，并有少量毛和脱落的内层皮膜。气香浓烈而特异，味微辣、微苦带咸。

本品味辛，性温。功能开窍醒神，活血散结，止痛，催产。用治中风，痰厥，惊厥昏迷，寒邪腹痛，痈疮肿毒，跌打损伤，胎死腹中等症。《神农本草经》："主辟恶气，温疟，痫痓，去三虫。"《名医别录》："疗中恶，心腹暴痛，胀急痞满，风毒，妇人破产，堕胎，去面䵟，目中肤翳。"《本草纲目》："通诸窍，开经络，透肌骨，解酒毒，消瓜果食积。治中风，中气，中恶，痰厥，积聚癥瘕。"

麝香主要含麝香酮，此外还有多种甾醇、甾体激素、雄素酮、5β-雄素酮、脂肪、蛋白质、无机盐等成分。

药理研究表明，麝香能促进腺体分泌，有发汗、利尿作用，有兴奋中枢神经系统、呼吸中枢和心脏的作用，有抗菌、抗炎作用，此外，还具有雄性激素样作用和抗早孕、抗肿瘤作用等。近代临床常用于治疗冠心病、心绞痛等。

与林麝同等入药的同属尚有原麝 *Moschus moschiferus* L.、马麝 *Moschus sifanicus* Przewalski。

麝属动物的所有种均为国家一级重点保护野生动物。

十三、梅花鹿 *Cervus Nippon* Temminck

偶蹄目鹿科动物。又名花鹿。栖息于针叶及阔叶的混交林、山地草原和森林边缘。以青草、树叶、嫩芽、树皮、苔藓等为食，春夏季喜食盐。我国东北、华东、华西等地山区均有分布。野生梅花鹿为国家一级重点保护野生动物。现各地普遍有饲养。

1. **外形** 体长约 1.5 m，体重约 100 kg。雌鹿无角，雄鹿自第二年起生茸角，每年脱换，并增一叉，生长完全时共有 4~5 叉，眉叉斜向前伸，第二叉与眉叉相距较远，主干末端再分 1~2 叉。眶下腺明显呈裂缝状，耳大直立，颈细长，颈和胸部下方有长毛。臀部有明显白斑，尾短。四肢细长，后肢外侧踝关节下有褐色腺体，名跖腺，主蹄狭尖，侧蹄小。冬毛厚密，栗棕色，白色斑点不明显。有一深棕色的背中线。腹毛淡棕色，鼠蹊薄，无绒毛，红棕色，白斑显著，沿脊背两旁及体侧下缘排列排列成纵行，有黑色背中线。腹面白色，臀斑边缘及尾背面黑色，四肢毛色比体色浅。夏毛白斑明显，状如梅花，故有梅花鹿之称。

2. **药用** 梅花鹿的茸角、角、阴茎及睾丸、皮、肉、血、齿、尾、筋、胎等均可供药用。

(1) 鹿茸：为梅花鹿未骨化的幼角。春夏采收，现多为锯茸。在雄鹿 3 岁时开始锯茸，以 3~6 年所生的为佳。二杠茸每年可采收两次，清明节后 40~50 日采头茬茸，采后 50~60 日再采再生茸(二茬茸)。三岔茸每年采一次，约在 7 月下旬进行。鹿茸首载于《神农本草经》，列为中品。《名医别录》记载："四月、五月解角时取，阴干，使时燥。"

花鹿茸呈圆柱状分枝，具一个分枝者习称"二杠"，主枝习称"大挺"，长 17~20 cm，锯口直径 4~5 cm，离锯口约 3 cm 处分出侧枝，习称"门庄"，长 9~15 cm，直径较主枝略细。外皮红棕色或棕色，多光润，表面密生红黄或棕黄色细茸毛，上端较密，下端较疏，分岔间具 1 条灰黑色筋脉,皮茸紧贴,锯口黄白色,外围无骨质,中部密布细孔。体轻,气微腥,味微咸。

有的具二个分枝(习称"三岔")或三个分枝(习称"四岔"),其主枝较二杠为细,略呈弓形而微扁,微向后偏,先端略尖,下部多有纵棱筋及突起的疙瘩。分枝较长。锯口外围多骨化,中心有蜂窝眼,外皮红棕色,毛稀而较粗。

二茬茸和头茬茸形状相似,但挺长而不圆或下粗上细,下部有纵棱筋。外皮薄,皮色灰黄,毛较粗糙,锯口外围多已骨化,中心有少许蜂窝眼。体较重,无腥气。

梅花鹿茸以粗壮、主枝圆、顶端丰满、质嫩、茸毛细密、油润光亮、皮色棕红者为佳。其中又以二杠茸为最优,三岔茸较优,再生茸质次。

鹿茸味甘、咸,性温。入肾、肝经。功能补肾阳,益精血,强筋骨,调冲任,托疮毒。主治肾阳虚衰,阳痿滑精,宫冷不孕,虚劳羸瘦,神疲畏寒,眩晕,耳鸣耳聋,腰背酸痛,筋骨痿软,小儿五迟,女子崩漏带下,阴疽等症。《本经》:"主漏下恶血,寒热惊痫,益气强志。"《名医别录》:"疗虚劳洒洒如疟,羸瘦,四肢酸疼,腰脊痛,小便利,泄精,溺血,破留血在腹,散石淋,痈肿,骨中热,疽痒。"《本草纲目》:"生精补髓,养血益阳,强健筋骨。治一切虚损,耳聋,目暗,眩晕,虚痢。"现代临床上用鹿茸治疗阳痿、再生障碍性贫血、血小板减少症、梅尼埃病、低血压症、自主神经失调、骨质疏松症等取得良好效果。

鹿茸的主要化学成分为氨基酸(含量占 50.13%)、鹿茸精(雄性激素)及少量女性卵泡激素,又含胶质、蛋白质、磷酸钙、碳酸钙等成分。

现代药理研究表明,鹿茸能促进发育生长,兴奋机体功能,减轻疲劳,改善睡眠和食欲,可促进红细胞、血红蛋白及网状红细胞数的增加。能提高离体子宫的张力和增强其节律性收缩。能增进心脏功能,消除心肌疲劳和衰弱。能促进创伤、骨折和溃疡的愈合。有延缓衰老作用。

(2)鹿角:为鹿的骨化角。自基部锯下,洗净,风干,或在春末拾取自然脱落者(包括锯茸后的角基),称"退角"。鹿角首载于《神农本草经》,附于鹿茸项下。

梅花鹿角通常有 3～4 个分枝,全长 30～60 cm,直径 2.5～5 cm。基部盘状,上有不规则瘤状突起,习称珍珠盘。分枝多向两旁伸展,第一分枝与珍珠盘相距较近,第二分枝与第一分枝相距较远,主枝末端往往又分成两小枝。表面黄棕色或灰棕色,枝端灰白色。枝端以下具明显骨钉,骨钉断续排成纵棱,习称"苦瓜棱",顶部灰白色或灰黄色,有光泽。

鹿角脱盘又称鹿花盆,为锯茸后脱落的角基。呈盔状或扁盔状,直径 3～6 cm(珍珠盘直径 4.5～6.5 cm),高 1.5～4 cm。表面灰褐色或灰黄色,有光泽。底面平,蜂窝状,多呈黄白色或黄棕色。珍珠盘周边常有稀疏细小的孔洞。上面略平或呈不规则的半球形。质坚硬,断面外圈骨质,灰白色,中部类白色。无臭,味微咸。

鹿角味咸,性温。《本草经疏》:"鹿角,生角则味咸气温。"功能补肾阳,益精血,强筋骨,行血消肿。用治肾虚腰脊冷痛,阳痿遗精,崩漏,白带,尿频尿多,阴疽疮疡,乳痈肿痛,跌打瘀肿,筋骨疼痛等症。《本经》:"主恶疮痈肿,逐邪恶气,留血在阴中。""惟散热,行血消肿,辟恶气而已。"《别录》:"除小腹血急痛,腰脊痛,折伤恶血,益气。"《本草经疏》:"咸能入血软坚,温能通行散邪,故主恶疮痈肿,逐邪恶气,及留血在阴中,少腹血结痛,析伤恶血等证也。肝肾虚,则为腰脊痛,咸温入肾补肝,故主腰脊病。属阳,补阳故又能益气也。"现代临床有用鹿角治疗骨髓病、乳腺炎、腮腺炎、骨质疏松等病症者。

鹿角主要含胶质、氨基酸、磷酸钙、碳酸钙及氮化物等成分。

现代药理研究表明,鹿角具有一定的补血、抗疲劳、壮阳、抗炎、调节免疫功能等作用。

(3) 鹿角霜:为鹿的骨化角熬去胶质后剩余的骨渣。鹿角霜首载于《圣济总录》。《本草蒙荃》记载:"鹿角霜:熬过角,晒复研,又名鹿角白霜,主治虽同,功力略缓。"

本品呈长圆柱形或不规则的块状,大小不一。表面灰白色,显粉性,常具纵棱,偶见灰色或灰棕色斑点。体轻,质酥,断面外层较致密,白色或灰白色,内层有蜂窝状小孔,灰褐色或灰黄色,有吸湿性。气微,味淡,嚼之有粘牙感。

鹿角霜味咸、涩,性温。功能补肾助阳,收敛止血。用治肾阳不足,腰膝冷痛,阳痿遗精,尿频遗尿,脾胃虚寒,食少便溏,崩漏带下,创伤出血,疮疡久不愈合等症。《本草纲目》:"鹿角生用则散热行血,消肿辟邪;熟用则益肾补虚,强精活血;炼霜熬膏,则专于滋补矣。"

鹿角霜主要含磷酸钙、碳酸钙、氮化物及少量胶质、氨基酸等成分。

(4) 鹿角胶:为鹿的骨化角煎熬所得的胶质液浓缩而成。又称白胶、鹿胶。首载于《神农本草经》。

鹿角胶多呈方块状,长宽各 2~3 cm,厚约 0.5 cm。表面棕红色或棕色,光滑,半透明。有的一端有黄白色多孔性薄层。质坚而脆,易破碎,断面光洁有光泽,对光透视不混浊。气无,味微甜。

鹿角胶味甘、咸,性温。功能补益精血,安胎止血。用治肾虚,精血不足,虚劳羸瘦,头晕耳鸣,腰膝酸软,阳痿滑精,宫寒不孕,胎动不安,崩漏带下,吐血,衄血,咯血等症。《神农本草经》:"主伤中劳绝,腰痛羸瘦,补中益气,妇人血闭无子,止痛安胎。"《名医别录》:"疗吐血,下血,崩中不止,四肢酸疼,多汗,淋露,折跌伤损。"《本草汇言》:"鹿角胶,壮元阳,补血气,生精髓,暖筋骨之药也。前古主伤中劳绝,腰痛羸瘦,补血气精髓筋骨肠胃。虚者补之,损者培之,绝者续之,怯者强之,寒者暖之,此系血属之精,较草木无情,更增一筹之力矣。"

鹿角胶主要含胶质、磷酸钙、碳酸钙、磷酸镁、氨基酸及氮化物等成分。

现代药理研究表明,鹿角胶可促进人体淋巴母细胞的转化,能促进周围血液中的红细胞、白细胞、血小板的增加,能防治和治疗进行性肌营养障碍证,能促进钙的吸收和体内的潴留,使血钙略有增高,有消炎、消肿和抗过敏作用。

此外,鹿胎功能益肾壮阳,补虚生精。用治虚损劳伤,精血不足,妇女虚寒,崩漏带下等症。鹿筋功能补肝肾,强筋骨,祛风湿。用治肾虚,四肢无力,风湿关节痛,子宫寒冷,阳萎遗精等症。鹿鞭功能补肾壮阳,益精,活血。用治劳损,腰膝酸痛,肾虚耳聋,耳鸣,阳萎,宫冷不孕等症。鹿血功能养血益精,行血祛瘀,消肿疗伤,解毒。用治虚损腰痛,心悸,失眠,肺痿吐血,崩漏,带下,痈肿折伤等症,且能解痘毒、药毒。鹿骨功能补中,祛风,接骨续筋。用治风湿痹痛。鹿皮功能补气收涩。用治肾虚滑精,妇女带下,崩漏,瘘疮等症。鹿尾功能滋补壮阳。用治肾虚遗精,腰膝酸软,头昏耳鸣等症。

与梅花鹿同等入药的同属动物尚有马鹿 *Cervus elaphus* L.。与梅花鹿同科的动物驼鹿 *Alces alces* 及驯鹿 *Rangifer tarandus* 的骨化的角、筋、肾、尾以及加工品鹿角胶、鹿角霜等,其入药部分和功效与梅花鹿相同。

十四、黄牛 *Bos Taurus domesticus* Gmelin

偶蹄目牛科动物。家畜,全国各地均有饲养。

1. 外形 体格高大壮实。头部宽阔,口大鼻圆。鼻孔大,鼻孔间皮肤光滑,称为鼻镜。眼极大。头顶部有角 1 对,左右分开;随品种的不同,角的长短、大小有差异。四肢健壮,蹄趾坚硬,尾较长。毛色大多为黄色,但因品种的不同,毛色常有变异。

2. **药用** 牛的胆结石、胆汁、角塞、膀胱结石、皮、骨、肌腱等均可药用。

(1) 牛黄:为牛的胆囊、胆管或肝管中的结石,又名犀黄、丑宝。取出后洗净血污,去除附着的肉膜,阴干备用。牛黄首载于《神农本草经》,列为上品。《名医别录》记载:"牛黄生陇西及晋地,特牛胆中得之,即阴干百日使燥,无令见日月光。"《本草纲目》记载:"牛之黄,牛之病也。故有黄之牛,多病而易死。诸兽皆有黄,人之病黄者亦然。因其病在心及肝胆之间,凝结成黄,故还能治心及肝胆之病。"

本品多呈卵形、类球形、三角形或四方形,大小不一,直径 0.6~4.5 cm,少数呈管状或碎片。表面黄红色至棕黄色,有的表面挂有一层黑色光亮的薄膜,习称"乌金衣",有的粗糙,具疣状突起,有的具龟裂纹。体轻,质酥脆,易分层剥落,断面金黄色,可见细密的同心层纹,有的夹有白心。气清香,味苦而后甘,有清凉感,嚼之易碎,不粘牙。

味苦、甘,性凉。功能清心,化痰,利胆,镇惊。用治热病神昏谵语,癫痫发狂,小儿惊风抽搐,牙疳,喉肿,口舌生疮,痈疽,疔毒。《神农本草经》:"主惊痫,寒热,热盛狂痓。"《名医别录》:"疗小儿诸痫热,口不开;大人狂癫,又堕胎。"《药性论》:"小儿夜啼,主卒中恶。"《本草纲目》:"痘疮紫色,发狂谵语者可用。"现代临床上用牛黄治疗流行性乙型脑炎、脑膜炎后遗症、脑外伤神志不清、昏迷、癫痫、高血压、脑中风、上呼吸道感染、急性咽炎、慢性咽炎、肝癌、晚期肺癌、带状疱疹等疾病取得良好疗效。

牛黄主要含胆酸、胆甾醇、麦角甾醇、脂肪酸、卵磷脂、胆红素、维生素 D、钙、铁、铜、锌、镁等,还含有胡萝卜素及丙氨酸、甘氨酸、牛黄酸、甜冬氨酸、精氨酸、甲硫氨酸等氨基酸。

据现代药理研究,牛黄具有利胆、保肝、解热、镇痛、抗炎作用;对中枢神经、呼吸及循环等系统主要为镇静和麻醉作用;能增加红细胞及血红蛋白。

天然牛黄因来自个别病牛体,产量甚微,供不应求,为解决牛黄药源不足,目前采用人工培植牛黄或人工合成牛黄,已取得很好效果。

(2) 牛胆:为牛的胆汁。宰牛时取胆囊挂通风处干燥,或将胆汁倾入容器内,密封冷藏,或加热使之干燥。牛胆汁首载于《神农本草经》,列为中品。

新鲜胆囊呈长圆形或椭圆形囊状,长 18~20 cm,最宽处直径 5~6 cm,干后皱缩。新鲜胆汁为绿褐色、微透明的液体,略有粘性,稍干则变为浓稠状,完全干燥者则呈绿褐色固体,揉之则呈粉末。气腥臭,味苦。

牛胆汁味苦,性寒。《本草经疏》:"牛胆,其味苦,其气大寒,无毒。"功能清肝明目,利胆通肠,解毒消肿。用治风热目疾,心腹热渴,黄疸,咳嗽痰多,小儿惊风,便秘,痈肿,痔疮等病症。《名医别录》:"除心腹热、渴、利,口焦燥,益目睛。乌牛胆,主明目,疗疳湿,以酿槐子,服之弥神。"《药性论》:"青牛胆主消渴,利大、小肠。"《本草纲目》:"除黄,杀虫,治痈肿。"

牛胆汁主要含胆酸、脱氧胆酸、胆酸钠盐、胆色素、黏蛋白及少量脂肪、胆甾醇、卵磷脂、胆碱、尿素以及氯化钠、磷酸钙、磷酸铁等无机盐。

现代药理研究,牛胆汁对中枢神经、呼吸及循环等系统主要为镇痉或麻醉作用。此外,还具有抗白血病和抑菌作用。

(3) 牛角䚡:为牛的骨质角塞(骨心),又名牛角胎、牛角笋。从牛角中取得后,用清水浸泡数天,刮去残肉,再洗净、晒干。牛角䚡首载于《神农本草经》,列为中品。《本草经疏》记载:"牛角䚡,乃角中嫩骨也。"

本品多呈圆锥形,微弯曲,基部较粗,上部渐尖,长约 15 cm,底部径约 5 cm。外表粗糙,灰白色或灰黄色,满布骨质细孔,并有少数浅纵沟。质坚硬。横切面中空,外壁厚约 6 mm,灰白色,较细致,内层有粗大髓样组织。气微腥,味淡。

牛角䚡味苦,性温。《别录》:"味苦,无毒。"功能止血,止痢。用治便血,衄血,妇女崩漏,带下,赤白痢,水泻等症。《神农本草经》:"下闭血,瘀血疼痛,女人带下血。"《本草拾遗》:"烧为黑灰,末服,主亦白痢。"《本草纲目》:"治水肿。"

牛角䚡主要含碳酸钙、磷酸钙等成分。

(4) 牛角:为除去角塞的角质外鞘。功能清热解毒止血。用治温热病,血热妄行,痈疡疔肿等症。

此外,牛的皮、骨、肌腱等经熬制得到的胶质为中药的牛明胶或黄明胶。首载于《食疗本草》。味甘,性平。入肺、肝、肾经,功能止血,滋阴。用治吐血,衄血,便血,崩漏以及内脏出血,阴虚心烦,失眠症,虚劳喘咳或阴虚燥咳,咳嗽等症。

与牛同等入药的同科动物尚有水牛 *Bubalus bubalis* L.。其主要特征为:体形比牛肥大,长可达 2.5 m 以上。角较长大且扁,上有许多节纹。颈短,腰腹隆凸,四肢较短。皮厚,无汗腺,毛短而粗。体色多为灰黑色。

十五、 山羊 *Capra hircus* L.

偶蹄目牛科动物。又名家山羊。全国各地均有饲养。

1. **外形** 体形较小,身长 1~1.2 m,体重 9~35 kg。头面狭而略尖,颔下具须。耳大。雌雄都有角,角型简单,角小而较直,尖端略向后弯,表面有环纹或前面呈瘤状。四肢细,尾短。通体被毛,毛直而不卷曲,长度适中,绒毛细短。毛色多为白色,随品种的不断改良,其毛色有变化,如也有纯黑或灰色、灰褐色等。

2. **药用** 山羊的血、胆、肝及胃结石等均可供药用。

(1) 山羊血:为山羊干燥的血块。首载于《本草汇言》。《粤西偶记》记载:"山羊,生得剖者,心血为上,余血亦佳。如跳坠山谷跌死者,速剖之,其血已凝,力为又次。"

干燥的血块呈块状或片状,多为黑褐色或深紫色,稍有光泽,体轻,气腥。以色深紫有光泽者为佳。以清水一碗,入血少许,其血即由碗底上升成线形血丝不散者为真。

山羊血味甘、咸,性热。《本草再新》:"味甘,性大热,有小毒。"入心、肝经。《本草新编》:"入肺、心二脏。"功能活血散瘀,续筋接骨。用治跌打损伤,筋骨疼痛,吐血,衄血,便血,尿血,痈肿等。《本草汇言》:"能活血、散血,如跌扑内损,血胀垂绝,或内伤藏腑筋骨膜络,外损血脉破裂,皮肉色变,气将绝者,用一二厘,温酒调化,灌入喉中。"《药性考》:"疗跌扑损伤,咯、吐、呕、衄、便溺诸血,能止血消瘀。"《祝穆试效方》:"能解鲜菌、河鲀毒。"

(2) 山羊胆:为山羊的干燥胆囊或胆汁。首载于《本草经集注》。味苦,性寒。功能清热解毒,明目退翳,止咳。常用于治疗肝热目赤,目生翳障,肺痨咳嗽,咽喉肿痛,小儿热惊,热毒疮肿,黄疸,痢疾,便秘等病症。《名医别录》:"青羊胆:主青盲,明目。"《药性论》:"点眼中,主赤障白膜风泪。"《唐本草》:"疗疳湿、时行热熛疮,和酢服。"

羊胆汁主要含胆汁酸盐、胆色素、黏蛋白及碳酸氢钠等成分。

(3) 山羊肝:为山羊的肝脏。《本草纲目》记载:"羊肝补肝,与肝合,引入肝经,故专治肝经受邪之病。"功能补肝,清热,明目。用治肝虚目暗,视物不明,目赤肿痛,雀目,青盲,障翳等。

(4) 羊哀：为山羊的胃结石。宰羊时，若胃内有硬块，破胃取出结石，洗净，晒干即成。功能和胃止呕，行气消胀，宽胸解噎。用治反胃吐食，噎膈，嗳气等症。

与山羊同等入药的同属动物尚有北山羊 *Capra ibex* L.。其主要特征为：体型似家山羊，但个体大，体重 40~50 kg。雄羊颌下须长约 1.5 cm，雌羊须很短。雄羊羊角发达，长可达 1 m 左右，如弯刀，角上有许多大而显著的横棱。雌羊羊角小。雄羊自背面头的枕部沿背脊直到尾基部有一条黑色纵纹，腹部及腹侧为黑色或棕黄色，腹面白色。雌羊背中线较狭或无。北山羊为国家一级重点保护野生动物。

十六、哺乳纲其他药用动物

(1) 缺齿鼹 *Mogera robusta* Nehring：食虫目鼹科动物。其全体可供药用，称为鼹鼠。具有解毒、理气、杀虫的功效。用治疗肿恶疮，胃癌，淋病，喘息，蛔虫病等。

(2) 藏鼠兔 *Ochotona thietana* Milne-Edwards：兔形目鼠兔科动物。其干燥粪便可供药用，为中药"草灵脂"。具有通经、祛瘀的功效。用治月经不调，瘀滞性腹痛，胃疼，跌扑损伤，瘀血积滞等。

(3) 复齿鼯鼠 *Trogopterus xanthipes* Milne-Edwards：啮齿目松鼠科动物。其干燥粪便可供药用，为中药"五灵脂"。具有散瘀、止痛、调经的功效。用治血瘀所致的心腹胸胁刺痛，痛经，产后腹痛及跌打损伤疼痛等。

(4) 东北鼢鼠 *Myospalax psilurus* Milne-Edwards：啮齿目仓鼠科动物。除去内脏的全体可供药用。具有镇静镇痛、消肿解毒的功效。用治红斑狼疮，慢性肝炎，胃溃疡，再生障碍性贫血，以及化疗引起的白细胞减少症。

(5) 狗獾 *Meles meles* L.：食肉目鼬科动物。其脂肪可供药用，为中药"獾油"。具有补中益气、消肿解毒、润燥的功效。用治中气不足，子宫脱垂，半身不遂，咯血，胃溃疡等；外用可治烧烫伤、痔疮、皮肤皲裂等。

(6) 海狗 *Callorhinus ursinus* L.：鳍足目海狮科动物。其阴茎及睾丸可供药用，为中药"海狗肾"，又名"膃肭脐"。具有温肾助阳、益精补髓的功效。用治阳痿遗精，腰膝酸软无力等。

(7) 水牛 *Bubalus bubalus* L.：偶蹄目牛科动物。其角鞘可供药用，为中药"水牛角"。具有清热凉血、解毒的功效。用治温热病所引起的高热神昏，斑疹，吐血，衄血，小儿惊风，头痛，咽喉肿痛，疮毒等。

(8) 黄羊 *Procapra gutturosa* Pallas：偶蹄目牛科动物。其角、脂肪可供药用。黄羊角具有平肝熄风、清热解毒的功效。用治上呼吸道感染的高热，温热病高烧，小儿惊风等。黄羊油可治痔疮。

中国 1981 年正式加入《濒危野生动植物种国际贸易公约》后，一些常用动物药（多为哺乳类）的利用受到限制，因此，对这些常用动物药的人工养殖和替代品的寻找变得非常迫切。目前养殖成功的药用哺乳动物种类有：刺猬、穿山甲、复齿鼯鼠、麝鼠、小灵猫、大灵猫、熊、麝、鹿等。人工养殖的成功既保护了野生哺乳动物，同时也保证了药用资源的可持续利用。在人工养殖的同时，替代品的研究也在不断的发展研究中。例如，由于天然牛黄资源的紧缺，我国科技工作者早就开始了天然牛黄替代品的研究。20 世纪 50 年代，在分析了天然牛黄成分的基础上，按照天然牛黄的主要成分（胆红素、胆酸、胆固醇、无机盐等），利用牛胆汁或猪胆汁为原料，经化学合成得到了人工合成牛黄粉。人工合成牛黄的成功在一定程度上满足了普通百姓的用药需求,但其在结构、性状及药效上与天然牛黄存在不小的差异,如含猪去氧胆酸而不是牛黄中的去氧胆酸;胆红素含量为 0.7% 左右,远远低于天然牛黄 35% 的含量标准;缺少天然牛黄的其他成分如牛磺酸、多种氨基酸等。为此,科研人员又开发了第二种牛黄替代品——人工培植牛黄,即通过在活黄牛的胆囊内植入异物及菌种,形成体内培植牛黄。人工培植牛黄的疗效接近天然牛黄,但其形成周期较长(3~5 年),对活牛的劳役生产也有一定影响,而且产品质量不够稳定,难以工业化批量生产。目前,第三种牛黄替代品已问世——体外培育牛黄。体外培育牛黄是运用现代生物工程技术,在牛体外利用新鲜的牛胆囊胆汁,模拟牛体内胆结石形成的原理和生物化学过程,经细菌培养、多种酶作用以及醋酸锌的促发作用,形成结石核心,再通过静电吸引及有机高分子物质的架桥作用,呈网状向核心层沉附、增大最终形成牛胆红素钙结石。体外培育牛黄的有效成分与天然牛黄极为相近,稳定可控,生产周期仅为 7 日,可产业化生产,能与天然牛黄等处方使用。

21 世纪是生物技术的世纪,生物技术的发展,必为动物药的开发利用开创一片新的天地。现在,哺乳动物细胞已成为生物技术药物研发主要采用的基因表达系统,再者,许多生化制剂可从哺乳动物的组织脏器中得到。例如,肝素是一种天然抗凝血物质,临床上常用于输血和防止各种血栓和栓塞的形成。近几年还发现具有消炎和抗癌作用。肝素主要存在于哺乳动物各种器官组织中,利用生物技术,从牛、羊脏器中可提取肝素粗品,进而精制成肝素制剂。利用生物技术从哺乳动物胚胎组织或刚出生的动物组织提取得到的神经生长因子对神经系统疾病有很好的疗效。从猪、牛、羊的皮、血、毛、肝、胆汁、胰脏、脑垂体、蹄甲、软骨等组织器官中制得的生化药品已广泛应用于临床。

(卢　颖)

第四篇

药用动物资源保护与持续利用

世界陆地动物区划,最早是在19世纪中叶,根据鸟类的分布制定的。后来经过修订,提出世界6个界的划分,为大多数学者所接受。20世纪70年代开始研究全球性的生物地理区划,中国的动物地理区划研究开始于20世纪50年代末。郑作新和张荣祖提出了中国动物地理分区。后经多次修改。1998年重新划分了中国生物地理区划,为生物多样性的保护、规划和管理提供了基础性资料。物种分布规律是生物地理区划的根本,物种的分布是客观的,其中自然环境条件,例如地貌、气候、人类活动、植被和水系等,都会对物种的客观分布产生重要的影响。因此,从生态地理学角度来阐述我国药用动物的地理分布及其基本规律,并根据第三次全国中药资源普查的结果,将我国的药用动物资源划分为9个中药区。把握我国药用动物资源分布基本状况,服务于药用动物资源保护与持续利用。

随着生命科学的发展和全球经济一体化进程加快,中医药资源和中医药产业越来越受到全世界的青睐。中药资源能否实现可持续利用,是21世纪中药产业生存与发展的前提。但是,由于人类的工业化活动加速以及过度消耗野生动物资源,造成了大量的动物种类濒临灭绝。我国野生药用动物资源逐步匮乏,濒危药用动物资源的供求矛盾愈加突出,严重制约了中医药产业的发展。因此,采取积极的对策和措施,保护濒危野生药用动物资源,使药用动物资源保护与利用协调,对促进中药产业的可持续发展,实现生态效益、社会效益和经济效益的统一具有重要意义。我国已经通过建立自然保护区、立法、变野生为驯化养殖、寻找动物药替代品、发掘新资源、开展国际合作等途径,来实现保护药用动物资源的目的。

人工驯化养殖药用动物,是药用动物资源保护与持续利用的重要途径。人工驯化养殖药用动物,要求其生存环境,如气候调节、食物供应、场舍布局、污物清除等,都应该在人工控制下,按照GAP的要求进行。另外,当前人工饲养的药用动物,多为野生的和半驯化的动物,不能生搬硬套家畜、家禽等已有很高驯化程度的动物饲养方式和方法,必须走出一条适合药用动物生物学规律的新路子。所以,建设我国的药用动物GAP基地,并应用生态学知识来研究药用动物的驯化饲养非常重要,其中种群生态学和系统生态学的理论更有指导意义。

(邹移海)

第十七章 中国药用动物的地理分布

物种分布规律是生物地理区划的根本,物种的分布是客观的,其中自然环境条件如地貌、气候、人类活动、植被和水系等,都对物种的客观分布产生着重要的影响。本章介绍了动物分布区、栖息地、生境、动物分布区的扩展和阻限等概念;阐述了动物分布区的形成和分布区的类型,世界及中国的动物地理分布概况;重点描述了中国药用动物的地理分布概况。为掌握我国药用动物资源的基本分布状况奠定基础。

学习重点:
1. 掌握中国陆地、内陆水域和海洋药用动物的地理分布概况。
2. 熟悉动物分布区、栖息地、生境、动物分布区的扩展和阻限等概念。

世界陆地动物区划,最早是在 19 世纪中叶,根据鸟类的分布制定的。后来经过修订,提出世界 6 个界的划分,为大多数学者所接受。20 世纪 70 年代开始研究全球性的生物地理区划,中国的动物地理区划研究开始于 20 世纪 50 年代末。郑作新和张荣祖提出了中国动物地理分区,后经多次修改。1998 年重新划分了中国生物地理区划,为生物多样性的保护、规划和管理提供了基础性资料。

第一节 动物的地理分布概况

一、动物分布区与栖息地的概念

动物的分布区是一个地理学概念,它是指动物在地球上所占有的一定地区。栖息地则是生物学概念,是动物实际居住的场所。

动物种的分布区是指某种动物所占有的地理空间,在此空间内,该种动物能够充分地进行个体发育并繁殖具有生命力的后代。动物分布区的地理位置和范围大小,反映了动物对现代自然条件的适应。在种的分布区内,该种动物的种群所生活的,具有维持它们生存所必需的基本条件的地方,即是该种动物的栖息地。而栖息在该种动物栖息范围内的次级地理区里,某个种的表型相似,却又在分类学上和该种的其他种群不同的种群集群就称为亚种。栖息地决定着分布区的结构,即决定种在分布区内的配置。栖息地是由各种类型的最小生活环境,即生物群落中具有相对一段小气候或生物气候的空间所组成。这种环境称为生境。每种动物栖息地的大小、包括生境的多少,取决于种的生态价的高低。

二、动物分布区的形成、扩展和阻限

动物的种或其他分类类群最初发生的地点,叫做发生中心或起源地,然后再逐渐向四周扩展分布。

动物的种群,由种的起源地分布到另一地区的过程即为扩展,其结果是扩大了种的分布区。扩展可分为主动扩展和被动扩展。主动扩展是指动物不依靠外界因素,只依靠自身力量所进行的一种积极迁移活动,从而使其分布区扩大。被动扩展是动物依靠外界因素如水流、气候、其他生物及人类行为等进行扩展,多见于本身扩展能力较小的小型陆栖动物。

动物在扩展分布区时,往往会遇到各种障碍和阻限,按其性质可分为非生物阻限和生物阻限两类。非生物阻限如地形、气候、海洋、河流、山脉、沙漠等。喜马拉雅山脉成为中国动物分布上最大的屏障,导致两栖类、爬行类、陆生哺乳类等动物种类在山脉两侧的分布截然不同,鸟类中的太阳鸟科、卷尾科、绣眼鸟科等动物甚至无法超越高山而进入青藏高原。生物阻限则包括食物的不足,中间宿主的缺乏,猛兽的存在以及种间竞争等。其中人类的活动对动物的扩展分布造成了巨大的影响。

三、动物分布区的类型

根据动物分布区的地理位置,中国陆栖各种动物,除广泛分布和少数特殊分布或间断分布以外,从物种的分布或科的分布来看,都可以划分为南方型和北方型两大类,属于南方型的有:旧大陆热带~亚热带型、东南亚热带~亚热带型、横断山脉~喜马拉雅山型、南中国型、岛屿型。属于北方型的有:北方型、东北型、中亚型、高山型。分布类型的划分标准主要是根据种或科的分布区相对集中并于一定的自然地理区域相联系的事实。而在鸟类方面,这种分布类型的划分主要以其繁殖区为标准。

根据动物分布区的范围大小和连续性,动物的分布也可以分为连续分布、隔离分布、局限分布和偶然分布等四种主要类型。连续分布是指1个物种或类群的分布区连成一片的分布状态,如北极狐分布在欧洲、亚洲、美洲的北部,蛙类分布在欧洲、非洲、亚洲,它们的分布都是连续不断的。隔离分布也称不连续分布,是指1个物种或类群的分布区有2个或几个相距很远的地区或水域组成。如灰喜鹊分布于中国东部与欧洲。局限分布的种类大都是受人为影响或该动物处于自然衰退状态,如大熊猫。偶然分布现象主要见于一些漂泊而至的迷鸟。

四、世界动物地理分区概况

动物区系是指有些地区在历史发展过程中所形成的和在现今生态条件下所生存的动物群。整个地球表面可分为大陆动物区系和海洋动物区系,然后按动物区系的性质和特点再划分为若干动物地理区域。大陆动物区系的划分单位是界~区~亚区~生境~周边~区段,大陆动物区系包含了内陆水域动物的分布。海洋动物区系一般分为沿海带、远海带和深海带。

根据哺乳动物现代分布划分大陆动物区系为 6 个动物地理区：新北界、古北界、新热带界、热带界(又称埃塞俄比亚界)、东洋界、澳洲界。根据海洋哺乳类和鸟类分布,地球上的海洋可以划分为 7 个区：北极区、北太平洋区、北大西洋区、热带印度洋～太平洋区、热带大西洋区、南温区、南极区。

五、 中国动物地理分区概况

我国疆域广大,地理环境复杂,动物种类繁多。根据对我国自然地理区划、动物区系和生态动物地理群的综合分析,从动物地理学角度,将我国分为属于古北界的东北区、华北区、蒙新区、青藏区及属于东洋界的西南区、华中区、华南区等 7 个区,再细分为 19 个亚区(表 17-1)。

表 17-1 中国动物地理分区概况

界	亚界	区	亚区
古北界	东北亚界	东北区	大兴安岭亚区(附阿尔泰山地)
			长白山亚区
			松辽平原亚区
		华北区	黄淮平原亚区
			黄土高原亚区
	中亚亚界	蒙新区	东部草原亚区
			西部荒漠亚区
			天山山地亚区
		青藏区	羌塘高原亚区
			青海藏南亚区
东洋界	中印亚界	西南区	西南山地亚区
			喜马拉雅亚区
		华中区	东部丘陵平原亚区
			西部山地高原亚区
		华南区	闽广沿海亚区
			滇南山地亚区
			海南岛亚区
			台湾亚区
			南海诸岛亚区

第二节 中国药用动物的地理分布概况

一、 中国药用动物资源种类的分布

根据第三次全国中药资源普查结果,我国中药资源分布有药用植物 11 146 种,药用动物 1 581 种,矿物药 80 种,合计 12 807 种。其中药用动物有 11 门、33 纲、141 目、415 科、861 属、1 581 种(表 17-2)。11 个门中,脊椎动物占较大优势,包含了约 62% 的药用种(表 17-3)。

表 17-2 药用动物分类统计表

门	纲	目	科	属	种
原生动物门	1	1	1	1	2
海绵动物门	1	1	1	3	3
腔肠动物门	3	9	13	13	20
软体动物门	4	17	52	96	198
环节动物门	4	5	9	12	33
节肢动物门	6	27	107	187	311
棘皮动物门	5	9	15	24	50
脊索动物门	8	72	217	519	975
合　计	32	141	415	855	1 592

表 17-3 药用脊椎动物分类统计表

类　别	科　数	属　数	种　数
鱼　纲	104	232	412
两栖纲	9	14	39
爬行纲	17	43	116
鸟　纲	40	105	197
哺乳纲	45	121	209
合　计	215	517	973

我国药用鱼类约有 104 科、232 属、412 种。其中海洋鱼类 83 科,145 属,262 种,占药用鱼类的 60% 以上。鱼类中,硬骨鱼纲包含了 87% 的药用种类,其中较大的科有鲤科 70 种,鲀科 18 种,海龙科 15 种,鲉科 13 种,鳅科 12 种,鳚科 11 种,石首鱼科 10 种。软骨鱼纲药用以鲨类为主,有 13 科,28 种。

两栖纲药用动物有 39 种,半数以上属无尾目,含 6 科,31 种,其中蛙科 13 种,蟾蜍科 5 种。

爬行纲中药用种类占 37%,可供药用的蛇类有 5 科,64 种,其中游蛇科 39 种,海蛇科 10 种,蝰科 9 种;龟鳖类爬行动物,药用有 6 科,17 种;蜥蜴类供药用的有 5 科,34 种,其中壁虎科 10 种,鬣蜥科 9 种。

鸟纲中药用种类占 17%,主要药用科有鸭科 27 种,雉科 21 种,鹰科 14 种,鸦科 10 种,鹟科 10 种。

陆生哺乳动物中的药用种类占 1/3,药用种数较多的有鹿科 14 种,牛科 16 种,蝙蝠科 26 种,松鼠科 13 种,鼬科 12 种,鼠兔科 10 种,鼯鼠科 10 种。

二、中国药用动物的地理分布

地貌、气候、土壤等因素制约着温度、光照和水分,也影响着药用动物的生存和分布。

在地貌上,我国地势西高东低,青藏高原海拔 4 000~5 000 m,昆仑山和祁连山以北,横断山脉以东下降至 1 000~2 000 m,其间有天山、贺兰山、秦岭等高大山脉。四川盆地以海拔 3 000 m 的落差与青藏高原相接。沿大兴安岭、太行山、巫山、雪峰山及云贵高原东缘一线以东地势低至 500 m 以下,是广阔的平原与低山丘陵。

在气候上,中国南北跨越寒温带、温带、暖温带、亚热带、热带。东部受太平洋季风影响,西南部受印度洋季风影响,冬季寒冷干燥,夏季雨水丰沛。东北山地到太行山东北部为半湿润气候区。青藏高原东南部和西部为湿润气候区。内蒙古、甘肃西部、新疆、青海部分地区为干旱气候区。

我国的药用动物可以划分为陆地药用动物和海洋药用动物。陆地药用动物包含了内陆水域药用动物。第三次全国中药资源普查根据自然区划并结合中药区划,将我国的药用资源划分为东北区、华北区、华东区、西南区、华南区、内蒙古区、西北区、青藏区和海洋区共九个中药区。其中,海洋药用动物划归海洋区,可再细分为黄海、渤海、东海、南海等区域;陆地和内陆水域药用动物则划归其他 8 个区。

药用动物种类和数量受我国地貌、气候、土壤的影响,其种类和数量以陆地药用动物居首位(表 17-4),海洋药用动物较少(表 17-5),内陆水域药用动物最少(表 17-6)。药用动物的地理分布,陆地药用动物分布最广,分布到除海洋区以外的其他 8 个区。海洋药用动物的分布受水温、海水含盐度、海水深度等理化性质的影响,分布在南海和东海的药用动物种类,多属于印度洋~太平洋区的热带、亚热带成分;分布在黄海、渤海的药用动物种类,多属于北太平洋温水和冷水成分。内陆水域药用动物的分布类型有广布种与狭部种两类。广布种广泛分布于全国各地内陆水域,狭布种仅见于某条江河或某些省区的水域中。我国的药用淡水鱼类大都为广布种,并多为江河平原类型,它们在第四纪期前便广布于我国东部地区。狭部种大都以某条江河为限,这种分布特点与区系历史和地理隔离有关。

表 17-4 中国陆地主要药用动物的分布

动物分类	药用动物	古北界				东洋界			药用动物	古北界				东洋界		
		东北区	华北区	蒙新区	青藏区	西南区	华中区	华南区		东北区	华北区	蒙新区	青藏区	西南区	华中区	华南区
海绵动物	湖针海绵				+	+	+		脆针海绵	+					+	
环节动物	参环毛蚓						+	+	水蛭	+	+	+	+	+	+	+
	背暗异唇蚓	+	+	+	+	+	+		蚂蟥	+	+				+	+
软体动物	中国圆田螺	+	+	+		+	+	+	珠母珍珠蚌	+						
	中华圆田螺		+			+	+		圆顶珠蚌						+	
	赤琥珀螺	+	+			+	+	+	三角帆蚌	+					+	
	野蛞蝓	+	+			+	+	+	褶纹冠蚌	+	+			+	+	+
	黄蛞蝓	+	+			+	+	+	背角无齿蚌	+	+			+	+	+
	同型巴蜗牛	+	+			+	+	+	河蚬	+	+			+	+	+
	华蜗牛	+	+			+	+									
节肢动物	东亚钳蝎	+	+			+			大蜈蚣	+	+	+				
	蜘蛛	+	+	+		+	+	+	眼斑芫菁	+	+			+	+	+
	华南壁钱					+	+	+	苹斑芫菁	+	+			+	+	+
	北壁钱	+	+	+		+			大斑芫菁	+	+	+	+	+	+	+
	宽跗陇带马陆		+	+	+	+			绿芫菁	+	+	+		+	+	+
	少棘蜈蚣		+			+			锯角豆芫菁	+	+	+		+	+	+
	多棘蜈蚣				+	+			家蚕							+
	东方蜚蠊	+	+			+	+	+	中华蜜蜂	+	+	+	+	+	+	+
	美洲蜚蠊	+	+			+	+	+	意大利蜂	+	+	+	+	+	+	+
	澳洲蜚蠊					+	+	+	华黄蜂	+	+	+		+	+	+
	中华地鳖	+	+	+	+	+	+	+	双斑黄虻	+	+			+		
	翼地鳖		+	+	+				华虻	+	+	+		+	+	+
	舟山卷地鳖					+			九香虫					+	+	+

（续表）

动物分类	药用动物	区系分布 古北界 东北区	华北区	蒙新区	青藏区	东洋界 西南区	华中区	华南区	药用动物	区系分布 古北界 东北区	华北区	蒙新区	青藏区	东洋界 西南区	华中区	华南区
节肢动物	长鼠妇	+	+				+		角倍蚜		+			+	+	+
	长螳螂	+	+	+	+	+	+	+	白蜡虫		+			+	+	+
	拒斧螳螂	+	+			+	+	+	黑翅红娘子		+			+	+	+
	薄翅螳螂	+	+	+		+	+	+	短翅红娘子							
	蟋蟀	+	+	+		+	+	+	蚱蝉	+	+				+	+
	非洲蝼蛄	+	+	+		+	+	+	樗鸡		+				+	
	华北蝼蛄	+	+	+		+	+	+	紫胶虫					+		+
	桑天牛	+	+	+		+	+	+	虫草蝙蝠蛾				+	+		
	棕色金龟子		+		+	+										
两栖纲	山溪鲵		+			+			黑龙江林蛙	+						
	东方蝾螈		+			+	+	+	中国林蛙	+	+	+		+	+	+
	中华大蟾蜍	+	+	+	+	+	+	+	黑斑蛙	+	+	+	+	+	+	+
	黑眶蟾蜍					+	+	+	金线蛙	+					+	+
爬行纲	乌龟		+			+	+	+	山地麻蜥			+		+		
	平胸龟					+	+	+	密点麻蜥					+		+
	棱皮龟	+				+	+	+	细蛇蜥					+	+	
	中华花龟						+	+	脆蛇蜥					+		
	黄缘闭壳龟					+	+	+	变色树蜥							+
	红耳泥龟					+	+	+	纵斑蜥虎							+
	鳖	+	+			+	+	+	乌梢蛇		+			+	+	+
	斑飞蜥					+		+	火赤链蛇	+	+			+	+	+
	蛤蚧					+		+	白花锦蛇					+	+	
	无蹼壁虎	+	+			+			枕纹锦蛇					+		+
	多疣壁虎		+			+	+	+	虎斑游蛇	+	+			+	+	
	无疣壁虎					+	+	+	眼镜蛇					+	+	+
	蹼趾壁虎					+	+	+	银环蛇					+	+	+
	石龙子		+			+	+	+	金环蛇							+
	蓝尾石龙子					+	+	+	蝮蛇	+	+	+	+	+	+	+
	铜石龙子				+	+	+	+	尖吻蝮					+		
	丽斑麻蜥	+	+			+	+		灰鼠蛇	+					+	+
鸟纲	绿头鸭	+	+	+		+	+	+	乌骨鸡	+	+	+	+	+	+	+
	鹅	+	+	+	+	+	+	+	鸡	+	+	+	+	+	+	+
	鸭	+	+	+	+	+	+	+	家鸽	+	+	+	+	+	+	+
	鹌鹑	+	+	+		+	+	+	山斑鸠	+	+	+	+	+	+	+
	树麻雀	+	+	+	+	+	+	+								
哺乳纲	刺猬	+	+			+			驴	+	+	+	+	+	+	+
	大耳刺猬				+				骡	+	+	+	+	+	+	+
	大菊头蝠	+	+		+	+	+	+	猪	+	+	+	+	+	+	+
	蝙蝠	+	+	+		+	+	+	双峰驼			+	+			
	大耳蝠	+	+	+		+	+	+	马	+	+	+	+	+	+	+
	大管鼻蝠	+	+			+	+	+	梅花鹿	+	+	+	+	+	+	+
	家兔	+	+	+	+	+	+	+	马鹿	+		+	+			
	东北兔	+	+						白唇鹿						+	+
	灰尾兔				+	+			黄鹿						+	+
	藏鼠兔			+	+	+			原麝	+	+	+	+			

动物分类	药用动物	古北界				东洋界			药用动物	古北界				东洋界		
		东北区	华北区	蒙新区	青藏区	西南区	华中区	华南区		东北区	华北区	蒙新区	青藏区	西南区	华中区	华南区
节肢动物	松鼠	+							马麝		+		+	+	+	
	岩松鼠		+	+	+	+			林麝					+	+	+
	复齿鼯鼠		+		+	+	+		西藏原羚			+	+			
	小飞鼠	+	+						鹅喉羚			+	+			
	狗	+	+	+	+	+	+	+	苏门羚					+	+	+
	狼	+	+	+	+	+	+	+	青羊	+	+	+	+	+	+	+
	狐	+	+	+	+	+	+	+	山羊	+	+	+	+	+	+	+
	豺	+	+	+	+	+	+	+	岩羊			+	+	+		
	黑熊	+	+		+	+	+	+	盘羊			+	+	+		
	猪獾	+	+	+	+	+	+	+	绵羊	+	+	+	+	+	+	+
	水獭	+	+	+	+	+	+	+	黄牛	+	+	+	+	+	+	+
	大灵猫					+	+	+	牦牛				+	+		
	猞猁	+		+	+	+			水牛							+
	猫	+	+	+	+	+	+	+	黄羊	+	+	+	+			

表17-5 中国海洋主要药用动物的分布

动物分类	药用动物	海区分布				药用动物	海区分布				药用动物	海区分布			
		渤海	黄海	东海	南海		渤海	黄海	东海	南海		渤海	黄海	东海	南海
腔肠动物	海蜇	+	+	+	+	黄海葵	+	+	+		粗糙盔形珊瑚				+
环节动物	疣吻沙蚕			+	+										
软体动物	泥蚶	+	+	+	+	大连湾牡蛎	+	+			蝾螺			+	+
	魁蚶	+	+			僧帽牡蛎	+	+	+	+	疣荔枝螺	+	+	+	+
	毛蚶	+	+			密鳞牡蛎	+	+	+	+	棘骨螺			+	+
	紫贻贝	+	+			文蛤	+	+	+	+	泥螺	+	+	+	+
	厚壳贻贝		+	+		青蛤	+	+			泥东风螺			+	+
	偏顶蛤	+	+			菲律宾蛤仔	+	+	+	+	管角螺		+	+	+
	凸壳肌蛤	+	+	+	+	四角蛤蜊	+	+			伶鼬榧螺			+	+
	栉江珧		+	+	+	缢蛏	+	+	+	+	蓝斑背肛海兔			+	+
	珍母贝				+	红条毛肤石鳖			+	+	金乌贼	+	+		
	马氏珍母贝				+	杂色鲍			+	+	针乌贼		+	+	+
	大珍母贝				+	皱纹盘鲍	+	+			曼氏无针乌贼		+	+	+
	大珠母贝				+	笋锥螺			+	+	中国枪乌贼			+	+
	栉孔扇贝	+	+			阿纹绶贝				+	真蛸			+	+
	近江牡蛎	+	+	+	+	货贝				+					
	长牡蛎	+	+	+		锈凹螺			+	+					
节肢动物	对虾	+	+	+		中国龙虾			+	+	公鸡馒头蟹			+	+
	刺参	+	+			镶边海星			+	+	海盘车	+	+		
棘皮动物	梅花参				+	海燕	+	+			细雕刻肋海胆			+	+
	马粪海胆	+	+	+											
鱼纲	灰星鲨	+	+	+	+	斑条裸胸鳝			+	+	网纹裸胸鳝			+	+
	尖齿锯鳐				+	燕鳐鱼			+	+	虫纹东方鲀		+	+	+
	赤魟	+	+	+	+	尖海龙	+	+	+	+	日本鲟			+	+
	日本蝠鲼			+	+	日本海马			+	+	扁头哈那鲨			+	+

（续表）

动物分类	药用动物	海区分布				药用动物	海区分布				药用动物	海区分布			
		渤海	黄海	东海	南海		渤海	黄海	东海	南海		渤海	黄海	东海	南海
鱼纲	鲻鱼	+	+	+	+	真鲈				+	海鳗	+	+	+	+
	大头母狗鱼			+	+	小黄鱼		+	+	+	带鱼	+	+	+	+
爬行纲	海龟			+	+	玳瑁			+	+	海蛭		+	+	+
	青环海蛇	+	+	+	+	长吻海蛇			+	+					
哺乳纲	江豚			+		海狗		+			斑海豹		+		
	灰鲸	+	+			蓝鲸		+	+						

表 17-6 中国内陆水域主要药用动物的分布

药用动物	内陆水域												
	黑龙江	松花江	乌苏里江	图们江	鸭绿江	辽河	黄河	长江	钱塘江	珠江	青海省水域	云南省水域	台湾水域	西藏水域
七鳃鳗	+	+	+	+										
东北鲟	+													
大马哈鱼	+	+	+	+										
金鱼	+	+	+	+	+	+	+	+	+	+	+	+	+	+
鲫鱼	+	+	+	+	+	+	+	+	+	+	+	+	+	+
草鱼	+	+	+	+	+	+	+	+	+	+	+	+	+	+
鲤鱼	+	+	+	+	+	+	+	+	+	+	+	+	+	+
鲢鱼	+	+	+	+	+	+	+	+	+	+	+	+	+	+
青鱼	+	+	+	+	+	+	+	+	+	+		+	+	+
厚唇重唇鱼							+	+						
赤眼鳟	+	+	+			+	+	+	+	+		+		+
倒刺鲃												+		
鲶鱼	+	+	+	+	+	+	+	+	+	+		+	+	+
胡子鲶									+	+		+	+	
花鳅	+	+	+			+	+	+	+	+		+	+	
泥鳅	+	+	+	+	+	+	+	+	+	+		+	+	+
花鳗								+	+	+				
鳗鲡	+	+	+	+	+	+	+	+	+	+		+	+	+
黄鳝	+	+	+	+	+	+	+	+	+	+		+	+	+
歧尾斗鱼								+	+	+		+		
乌鳢	+	+	+	+	+	+	+	+	+	+		+	+	+
斑鳢									+	+		+	+	
白鳍豚								+						

下面对第三次全国中药资源普查划分的 9 个区药用动物分布概况作扼要介绍。

1. 东北区 本区包括黑龙江省大部分，吉林省和辽宁省以东半部和内蒙古自治区的北部。地貌上包括大、小兴安岭，长白山地区以及三江平原，大部分地区属于寒温带和中温带的湿润与半湿润地区。

本区有资源药用动物 300 多种。

该区亚洲黑熊（熊胆粉）、中国林蛙（蛤蟆油）等"关药"的蕴藏量占全国的 50% 以上。梅花鹿的饲养及鹿茸的生产在全国也占有重要地位。其他的药用动物有长白蝮蛇、紫貂、水獭等。

2. 华北区　本区包括辽宁省南部、河北省中部及南部、北京市及天津市、山西省中部及南部、山东省、陕西省北部及中部、宁夏回族自治区中南部、甘肃省东南部、青海省、河南省、安徽省及江苏省的小部分。大部分地区属于暖温带。

本区有药用动物250种。较具特色的有山西的复齿鼯鼠(五灵脂)，河北的地鳖虫，山东的东亚钳蝎(全蝎)、驴(阿胶)和牛(牛黄)等著名的动物药。

3. 华东区　本区包括浙江省、江西省、上海市、江苏省中部和南部、安徽省中部及南部、湖北省中部和东部、湖南省中部及东部、福建省中部及北部，以及河南省、广东省的小部分。全区丘陵、山地占3/4，雨量充沛，属北亚热带及中亚热带。

本区有药用动物300余种。主要药用动物有珠母贝(珍珠)、蜈蚣、中华鳖(鳖甲)、乌龟(龟甲)、蟾蜍(蟾酥)、蕲蛇、金钱白花蛇等。

4. 西南区　本区包括贵州省、四川省、重庆省、云南省的大部分、湖北省及湖南省西部、甘肃省东南部、陕西省南部、广西壮族自治区北部以及西藏自治区东部。全区绝大部分为山地、丘陵和高原。属北亚热带及中亚热带。

本区有药用动物300多种，主要药用动物有乌梢蛇、金钱白花蛇、蕲蛇、穿山甲、黑熊(熊胆粉)、林麝(麝香)等。

5. 华南区　本区包括海南省、台湾省以及南海诸岛、福建省东南部、广东省南部、广西壮族自治区南部及云南省西南部。本区气温高、湿度大、属南亚热带及中亚热带。

本区有药用动物200多种。药用动物中较重要的有广地龙、蛤蚧、蕲蛇、金钱白花蛇及穿山甲等。

6. 内蒙古区　本区包括黑龙江省中南部、吉林省西部、辽宁省西北部、河北省及山西省的北部、内蒙古自治区中部及东部。大部分地区冬季干燥寒冷、夏季凉爽。

本区药用动物主要有中国林蛙(蛤蟆油)、乌骨鸡(乌鸡)、黑熊(熊胆粉)、梅花鹿(鹿茸、角)、刺猬(刺猬皮)等。

7. 西北区　本区包括新疆维吾尔自治区全部、青海省及宁夏回族自治区的北部、内蒙古自治区的西部、甘肃省的西部及北部。气候干旱少雨，日照时间长，昼夜温差大。

本区有药用动物160种，新疆就占有153种。其中较重要的药用动物有虻虫、马鹿(鹿茸、角)、马麝(麝香)、鼯鼠(五灵脂)、牛(牛黄)、驴(阿胶)。

8. 青藏区　本区包括西藏自治区的大部分、青海省南部、四川省西北部和甘肃省西南部。本区海拔高，多高山峻岭，地势复杂。气候属高寒类型，日照强烈，光辐射量大。

本区仅西藏自治区就有药用动物540种，主要的动物药材有牦牛、麝(麝香)、梅花鹿(鹿茸、角)、牛(牛黄)、黑熊(熊胆粉)、冬虫夏草等。

9. 海洋区　本区包括中国东部和东南部广阔的海岸线，以及中国领海海域各岛屿的海岸线，总面积达420万平方公里。气候从北至南，由暖温带向亚热带再向热带过渡。

本区有药用动物500余种，主要的动物药有石决明(杂色鲍、耳鲍、皱纹盘鲍、羊鲍)、牡蛎(长牡蛎、近江牡蛎、大连湾牡蛎)、海马(浅纹海马、棘海马、小海马、大海马、云斑海马)、海龙(尖海龙、拟海龙、刁海龙)、海螵蛸(金乌贼、六针乌贼)、海狗肾(海狗、斑海豹)、瓦楞子、珊瑚、珍珠母等。

(李　冰、邹移海、郭学军)

第十八章
药用动物资源开发利用与保护

导学

  药用动物的开发分为初级开发、二级开发、三级开发和综合开发4个层次,通过古代本草的发掘、民族民间药的开发以及扩大药用部位,以化学成分为线索,利用生物技术等途径开发药用动物资源。药用动物的活性成分主要有蛋白质及其水解产物、生物碱、甾类化合物、萜类成分、酮类、酸类、多糖、脂肪等成分。药用动物资源的食疗保健开发、中药化妆品、天然香料、皮毛、饲料添加剂的综合开发应用均具有广阔前景。
  在全球生物多样性普遍受到严重威胁的今天,野生药用动物亟待有力保护。导致药用动物受危的原因是多样的,需要正确看待中医药发展与野生动物濒危之间的关系。掌握物种濒危等级的划分与熟悉药用动物资源保护的相关国际、国内公约、政策、法规,将有助于增强保护意识和保护能力。我国已经通过建立自然保护区、保护种质资源,变野生为饲养、开展驯养繁殖,实施再引进工程、发展壮大濒危药用动物种群,药用动物资源的综合利用,新资源的扩大寻找,加强人工合成品或人工组成品的研究等措施来加强药用动物资源的保护,这既是维护生物多样性和生态平衡、科学研究的需要,也是人类文明的体现。

学习重点:
1. 掌握药用动物资源保护的意义和措施。
2. 熟悉药用动物资源开发的途径和措施。
3. 了解物种受威胁等级的划分和药用动物资源保护的法规。

  人类大量开发使用野生资源和生态环境受到严重破坏,濒危生物资源危机日益严重,因此保护与可持续利用生物资源,已成为全球关注和亟待解决的问题,也引起我国政府的高度重视,并采取了保护生物资源与合理利用的系列有效措施。动物资源是中药的主要来源之一,是中药产业发展的物质基础,面对产业发展与动物濒危的现状,开展有效保护与合理利用,实施可持续发展战略是十分重要的。

第一节 药用动物资源开发与利用

  药用动物资源是中药产业发展的重要物质基础之一。其开发途径多样,在开发利用时必须坚持合理科学的保护与开发,才能保证中药产业的可持续发展。

一、药用动物资源开发利用途径

(一) 药用动物资源开发的层次

药用动物开发的层次通常可分为初级开发、二级开发、三级开发和综合开发 4 个层次。

1. **初级开发** 即以生产药材为主的初级开发,形成资源产品(药材)或制药原料。人们将药用动物的整体或部分,经过简单的加工和炮制,使其成为药材,如乌梢蛇、水牛角、牛黄等中药材。

2. **二级开发** 是以发展中药制剂和其他天然副产品为主的开发。即将一味或多味药材和饮片,依据中医传统理论,加工制成丸、散、膏、丹、酒、曲、口服液、茶等多种剂型的中药成品和保健品等,如乌鸡白凤丸、蛇胆川贝散、牛黄解毒片、龙牡壮骨颗粒等。

3. **三级开发** 是以发展天然化学药品为主的开发。即将某种药材或生物细胞培养物中的有效化学成分提取分离,制成多剂型药物,或提取化学纯品,进行化学修饰或转化,制成药效显著的天然化学药品、天然药物添加剂或其他天然化学精细产品。如斑蝥为我国首先发现具有抗肿瘤作用的药物,其抗癌的主要有效成分为斑蝥素,斑蝥素的抗肿瘤机制主要是抑制癌细胞的蛋白质合成,降低肿瘤激素水平,从而影响肿瘤细胞的核酸代谢。去甲斑蝥素为斑蝥素的衍生物,是我国首先合成的新型抗肿瘤药物,可明显减轻对泌尿系统的刺激作用,并增强抗癌效果,主要用于治疗肝癌、食管癌及胃癌等。

4. **综合开发** 药用动物资源可以综合利用,开发成保健品、化妆品、兽药等多种产品,使资源得到充分利用。并在开发一种用途的同时,利用废弃物进一步开发出其他产品。如传统药用珍珠和珍珠母,具有安神定惊、明目消翳之功效,目前发现其珍珠层是一种天然的纳米生物陶瓷材料,利用珍珠层的生物相容性和可降解性,及其所具有的骨诱导和骨传导作用,可将珍珠层作为骨植入材料,具有广阔前景。蚕砂(家蚕粪便)可提取叶绿素铜钠,是安全的食用色素,还可治疗消化道溃疡及白细胞减少症。甲壳类动物的甲壳中含有虾青素,虾青素同其他类胡萝卜素一样在动物和人体内具有极强的生物活性和重要的生理功能,目前虾青素主要用作水产养殖业和家禽养殖业的饲料添加剂。

甲壳素,又名几丁质,为 $\beta\text{-}(1\rightarrow 4)\text{-}2\text{-}$乙酰氨基$-2-$脱氧$-D-$葡萄糖,广泛存在于虾、蟹、昆虫的外壳中;壳聚糖是甲壳素通过强碱水解或酶解后脱去部分的衍生物,是氨基葡萄糖的聚糖。早在《本草纲目》中就有螃蟹壳应用的记载,这是甲壳素最早的应用记载。甲壳素/壳聚糖及其衍生物在纺织、印染、食品、医药、环保、生物等众多领域有广阔的应用前景。如在食品工业中可用絮凝剂、澄清剂、保鲜剂、稳定剂等;在医药保健领域,具有提高免疫力、活化细胞、预防癌症、降血脂、降血压、调节血糖、延缓衰老、调节机体环境等多种功能。

(二) 药用动物资源开发的途径

1. **从古代本草中发掘** 药用动物在我国有悠久的使用历史,《神农本草经》收载动物药 67 种,《本草经集注》收载动物药 113 种,《新修本草》收载动物药 128 种,《本草纲目》收载动物药 461 种,《本草纲目拾遗》收载动物药近 600 种,《中国动物药志》收载动物药 1 546 种,《中华本草》收载动物药 1 047 种。但是目前常用动物药仅 100 余种,2005 年版《中国药典》收载动物药只有 51 种。本草著作丰富的内容,可以在药用动物的品种、形态、分布区域、生境以及动物药的炮制、药性、功效等方面提供药用动物资源开发的依据。

2. **从民族药、民间药中开发新资源**　我国是一个多民族国家,各民族在长期的医疗实践中积累了丰富的经验。民族药具有鲜明的地域性和民族传统,其起源、分布及用药种类各有特点。如藏药中的雪蛙、藏雪鸡、紫胶虫、珍珠等;维吾尔药历史悠久,在其形成和发展的过程,受到阿拉伯、古希腊等民族医药的影响,习用芳香性药物,如麝香、龙涎香、海狸香等;而傣族药中动物药占有重要地位,主要用药有熊胆、蛇骨、乌鸦肉、马鹿血、青蛙、蛤蚧等;彝族药约有1 189种,其中动物药有262种。这说明,民族动物药的产生和发展有悠久的历史,具有品种多、功效独特、治疗病种多、用法丰富多彩等特点,对于丰富和发展我国传统医药学,是富有启发性和研究价值的。

3. **以化学成分为线索寻找新资源**　以化学成分为线索寻找新资源动物。大环酮类成分具有芳香开窍的共性,灵猫香的大环酮类与天然麝香的气、味、药理作用基本一致,均能通窍行气,安神,抗炎止痛,化瘀消肿。灵猫香代替麝香制成的灵猫香六神丸,其功效与麝香六神丸相似。

在天然药物资源的开发利用中,应用化学成分的转化、生物合成及结构修饰的途径,研制新药具有广阔前景。如利用脂蟾毒配基、熊去氧胆酸、麝香酮、牛黄酸等有效成分开发新药。目前,除化学转化与修饰外,还可利用生化手段及微生物修饰等方法,包括肠内代谢等途径,为研制新药开辟了新的途径。

4. **扩大药用部位**　动物药多取自动物的某一部位,如仅用动物的角、骨、甲(壳)等,非药用部位常被作为废料而丢弃。实际上,未利用的部位往往含有类似的药用成分,仍可以使用。如羚羊角塞为羚羊角的骨塞,约占总角重量的40%,1990年版以前的《中国药典》和《全国中药炮制规范》(1988年版)均明确规定羚羊角要除去骨塞。经化学、药理学研究表明,角塞与羚羊角相似,因此,《中国药典》1995年版以后历版药典均不再明确规定羚羊角要除去角塞。再如龟甲,过去使用腹甲,如今不仅使用腹甲还使用背甲,大大提高了药材的利用率。

5. **应用分类学原理寻找新资源**

根据"不同动物的相类似部位可能具有相似的化学成分"这一原理寻找新资源。羚羊角为牛科动物赛加羚羊(高鼻羚羊) *Saiga tatarica* L. 的洞角,由于赛加羚羊处于濒临灭绝状态,寻找羚羊角代用品一直是医药工作者关注的焦点。根据其亲缘关系及药用部位的特性,目前从牛科动物黄羊、山羊、鹅喉羚羊、绵羊、水牛等的洞角寻找羚羊角的替代品。利用动物骨作为药物治病,已有悠久的历史,早在1 500年前,古医药典籍已有牲骨治病的记载。《本草纲目》中,对虎骨、狗骨、猪骨等药用性能均有专门的论述。动物骨主要用来治疗骨质增生、骨关节疾病、风湿及类风湿等关节炎性疾病。现代科学研究证明,动物骨活性或有效成分主要为多肽类及蛋白质如骨发生蛋白(BMP)及骨骼生成因子等。以动物骨为原料提取制备的生化药物称为骨制剂,目前骨制剂主要为由猪或胎牛四肢骨经提取制成的骨肽。动物胆汁类药材来源于动物胆囊,包括熊胆汁、蛇胆汁、鸡胆汁、猪胆汁,含有胆汁酸类成分,具有消炎、解毒、解热、镇咳、平喘、抗结核、止痢等相似的功效;内金类药材包括有鸡内金、鸭内金、鹅内金,均来源于动物的肌胃内壁,含有胃激素、角蛋白等成分,具有消积滞、健脾胃的功效,这些都是寻找新资源的重要途径。

6. **利用生物技术开发新药和活性物质**　水蛭素(hirudin)是水蛭及其唾液腺中已提取出多种活性成分中活性最显著并且研究得最多的一种成分,是由65~66个氨基酸组成的小分子蛋白质(多肽)。水蛭素对凝血酶有极强的抑制作用,是迄今为止所发现最强的凝血酶天然特异抑制剂。近年来我国以水蛭素为主要成分的中成药已有许多,如脑血康口服液、抗血栓片、活血通胶囊等。由于水蛭的来源有限,故国内外医药界均着重研究通过基因工程获得重组水蛭素。1986年后,重组水蛭素已在大肠杆菌和酵母中分别表达成功,与天然水蛭素相比,重组水蛭素在第63位氨基酸(酪氨酸)上未硫酸酪化,活性略低,其余性质基本相同,在治疗的剂量下静脉注射无毒副反应。1998年底重组水蛭素药物在德国正式上市。

目前,ω-3多烯脂肪酸主要来源于海洋鱼油,而鱼油的产量和脂肪组成是随季节、产地、鱼种及鱼原食物链即海洋微生物类型而变化的,因此鱼油来源的ω-3多烯脂肪酸是有限的。人们从浮游植物和海藻中发现了DHA,含量占总脂肪酸的12%~34%,其中最有希望获取n-3多烯脂肪酸的是海洋真菌和海洋藻类。如海洋真菌 *Thraustochytrium aureum*,通过优化培养条件,发酵液中DHA含量达270 mg/L;海洋微藻 *Cryptothecodinium cohnii*,这种微藻不仅可产生高含量的DHA,而且是异养微生物,培养时不需光照,有利于大规模工业化生产。

二、药用动物的活性成分研究开发

上世纪初,自沈括用皂苷沉淀甾体的方法提取性激素开始,药用动物化学成分的研究已经有了很大发展。由于药用动物化学成分复杂,大多为大分子化合物,分离、分析难度较药用植物大,与植物活性成分的研究相比远远落后。然而,由于其生物活性强、临床疗效高、含量丰富等特点又激励人们去探索药用动物的药效物质基础和开发利用。其研究范围包括:

(一) 蛋白质及其水解产物

蛋白质作为药用动物中的主要成分,在疾病的治疗中有其独特的功用。

1. 氨基酸 药用动物不仅含有大量人体必需的氨基酸,而且对于治疗疾病也有一定的作用。如地龙的解热作用与其氨基酸含量成正比;紫河车的氨基酸提取物对白细胞减少症有一定的治疗作用;牛黄的牛磺酸有刺激胆汁分泌和降低眼压作用。

2. 多肽 多肽是一类活性强、作用范围广的活性成分,如高血压、胃肠疾病、糖尿病、精神病、癌症、免疫功能低下、性功能障碍、骨质疏松与畸形等疑难性疾病的起因和治疗,均与相关多肽有关。如脑肽类多肽在复杂的大脑活动,如感觉、情绪、欲望、记忆、思维、睡眠等行为中可能起作用。

动物多肽毒素的主要来源是蝎毒、蛇毒、蟾蜍毒、蜘蛛毒和蜂毒等。蜂毒是具有高度生物学活性和药理学活性的复杂混合物,主要以肽类为主,有蜂毒素、活性酶、生物胺、蜂毒肥大细胞脱粒肽等10余种活性肽。其中蜂毒素(melittin)占蜂毒干重的50%,是蜂毒的主要成分,由26个氨基酸组成的小分子肽,具有不对称的线性结构。兼性结构由第一位至第二十位的疏水基团和第二十一至第二十六位的亲水基团组成,具有高度的药理作用和生物学活性,可以通过多途径影响细胞的信号传导系统,并可诱导细胞凋亡,具抗菌、抗病毒、抗炎、抗关节炎等方面的作用,近年来发现尚有抗肿瘤及抗人免疫缺陷病毒HIV作用。芋螺毒素是一种海洋软体动物芋螺分泌的一类用于自卫和捕食的小肽神经性毒素,具有高度特异性生物活性的芋螺毒素一直广泛应用于研制特异性诊断试剂以及开发疗效特异的新药之中,并作为分子模型用于相关新药的设计。

海绵动物、软体动物、昆虫及两栖动物皮肤中的抗生肽也用于抗细菌和病毒。还有细胞生长因子、神经生长因子、表皮生长因子等都已应用于临床。

3. 酶 如蚯蚓中蚓激酶能降解纤维蛋白原,某些蛋白组分有抗肿瘤活性;哺乳动物尿液中的尿激酶、激肽释放酶以及胰脏中提取的弹性蛋白酶等临床用于治疗心血管疾病;存在于哺乳类动物和鸟类的脏器及豚鼠血清中的天门冬酰胺酶、精氨酸酶等临床用于治疗肿瘤；五谷虫胰蛋白酶、肠肽酶有助消化作用。

蛇毒含有大量的酶，如碱性磷酸单酯酶、酸性磷酸单酯酶、磷酸二酯酶、透明质酸酶、核糖核酸酶、脱氧核糖核酸酶、蛋白水解酶等，其中类凝血酶研究应用较为广泛。蛇毒类凝血酶(thrombin-like enzyme，TLE)是蛇毒中与血浆凝血酶性质相似的一类酶的总称，通常具有精氨酸酯酶活性。TLE 的重要特征是可水解血纤蛋白原为血纤蛋白，但不能激活体内各种凝血因子。因此它在体外可使血浆或血纤蛋白溶液直接凝固，而在体内因血纤蛋白原水平显著下降，同时生成的血纤蛋白凝块结构松散，导致血浆纤维蛋白原浓度降低，易被纤溶系统清除，故表现出抗凝作用。迄今已发现 40 余种蛇毒中含有类凝血酶，TLE 在蝰亚科蛇毒中分布最广，含量最丰富。大部分蛇毒类凝血酶的相对分子量在 30～50 kDa 范围内，由一条肽链组成，具有多个二硫键，不含游离巯基(flavoxbin 例外)。它们绝大多数为糖蛋白，糖含量最高可达 36%。蛇毒类凝血酶作为药物用于治疗血栓性疾病已有 30 多年的历史，在临床上除用于脑梗死、血栓闭塞性脉管炎、股动脉栓塞、肺栓塞等血管栓塞性疾病以及预防术后血栓再发等治疗外，对肾病、红斑狼疮、病毒性肝炎及雷诺氏病等有一定疗效。

(二) 生物碱

药用动物所含生物碱有咯烷类、吡啶类、吲哚类等多种类型。如蛤蚧及全蝎中的肉毒碱，为氨基酸衍生物，能防止室性心律不齐；河豚卵巢中的河豚毒素，属胍类衍生物，毒性极强，阻断柱突传导作用比可卡因强 16 万倍，并有松弛肌肉痉挛、减轻晚期癌痛的作用；动物胆汁中得到的胆红素属吡咯衍生物，有促进红细胞新生、血清抗炎、治疗肝硬变作用；蟾蜍色胺属吲哚类生物碱，包括 5-羟基胺、蟾蜍色胺、蟾蜍季胺、蟾蜍噻宁、脱氢蟾蜍色胺；箭毒蛙所含的哌啶类生物碱能麻痹骨骼肌；乌贼墨主要成分黑色素有止血作用；地龙的次黄嘌呤有抗组胺、平喘、降压作用。

(三) 甾类化合物

这类成分在药用动物中广泛分布，化学结构变化多样，生物活性广泛，如性激素、胆汁酸、蟾毒、蜕皮素、甾体皂苷等。紫河车中的黄体酮、鹿茸中的雌酮、海狗肾中的雄甾酮等都属于性激素；动物胆汁中发现的胆汁酸有近百种，常见的有胆酸、去氧胆酸、猪去氧胆酸、鹅去氧胆酸等，去氧胆酸解痉作用明显，熊去氧胆酸、鹅去氧胆酸能溶解胆结石；昆虫的蜕皮激素有促进人体蛋白质合成、排除体内胆甾醇、降低血脂和抑制血糖上升等作用；蟾毒是蟾毒配基衍生物的统称，其中蟾蜍灵、脂蟾毒配基有强心作用；皂苷广泛见于棘皮动物海参纲和海星纲，如梅花参中的梅花参素 A、B，刺参中的刺参素 A、B、C 以及多棘海盘车中的海星皂苷等，多有抑制癌细胞生长、抗菌、抗辐射、增强白细胞吞噬的功能。

(四) 萜类成分

萜类在动物中的分布广泛，结构奇特。斑蝥素为芫菁科昆虫分泌的单萜类防御物质，具抗癌、抗病毒、抗真菌作用；海绵属动物含有的环烯醚萜类成分有抗白色黏球菌作用等。从鲨鱼肝脏中提取的角鲨烯，是由 6 个异戊二烯单位构成的三萜物质，或称不饱和脂肪烯烃，分子中双键为全反式，常温下呈有香味的油状液体，可做杀菌剂、着色剂、橡胶助剂、表面活性剂以及生产药物的中间体，并用于保健制剂。

(五) 酮类、酸类成分

麝香中的麝香酮，为 3-甲基-环十五烷酮，是麝香的主要香味成分，具有芳香开窍、通经活络、消肿止痛作用,小剂量对中枢神经有兴奋作用,大剂量则有抑制作用。对离体蛙心脏有兴奋作用,并有雄性激素样作用及抗炎作用。临床上用于冠心病心绞痛、血管性头痛、坐骨神经痛、白癜风等。目前国内已合成生产,人工合成品的药理作用,经试验与天然麝香酮相似。而从灵猫香中也发现了大环酮类成分,与天然麝香的大环化合物结构类似,其中的环十五烷酮与麝香所含成分相同,因而从化学成分上证实了灵猫香与麝香有某些相似处。据测定,小灵猫香十五巨环酮含量最多,大灵猫香以十七巨环酮类为主,雄性小灵猫所产之香十五巨环酮含量比雌性产香含量高。因此,小灵猫香,尤其是雄性小灵猫香其化学成分更接近麝香。

从蜂王浆中分离出一种特殊的不饱和有机酸王浆酸(10-羟基-Δ^2-癸烯酸,简称 HAD),是蜂王浆所特有的重要成分之一。蜂王浆许多性质如气味、pH 等都与它有关,其含量是蜂王浆质量的重要指标之一,具有杀菌、抑菌作用和抗癌、抗放射的功能。地龙中的花生四烯酸有解热作用。胆汁酸有利胆、溶解胆结石、镇咳祛痰、解热、抗菌抑癌等多种功用。

(六) 多糖

动物多糖作用独特。如广泛分布于动物各种组织中的肝素用于抗凝;棘皮动物黏多糖具抗癌和抗凝血酶活性;鲨鱼及深海软骨鱼骨骼所含杂多糖,具有显著的肿瘤抑制作用;珍珠母原动物三角帆蚌等软体动物中所含葡聚糖被证实具有较好的抗肿瘤活性,甲壳动物和昆虫体壁外的甲壳素用于抗菌抗辐射等。

透明质酸(hyaluronicacid,简称 HA),又名玻璃酸,是一种高分子量的直链多糖。早在1934 年 Meyer 和 Palmr 首次从牛眼的玻璃体组织中分离出玻璃酸及其钠盐,以后将玻璃酸及其反离子所生成的离子对或盐统称为 hyaluronan (HA)。它是由(1→3)-2-乙酰氨基-2-脱氧-D-葡萄糖(1→4)-D-D-葡萄糖醛酸双糖重复单位所组成的直链黏多糖,其分子量一般在 5 万~800 万,依来源和制取方式而定。透明质酸存在于动物结缔组织如关节、玻璃体、滑液、脐带、软骨、皮肤、鸡冠、A 族和 C 族溶血性链球菌中,以满足一些重要的功能如韧性、支持结构以及细胞的代谢调节。制备 HA 的常用原料有鸡冠、脐带、眼玻璃体、猪皮等。HA 的应用非常广泛。如在化妆品中的应用,HA 与磷脂组成乳化剂,与聚氧乙烯组成增稠剂,HA 还可作为香精固定剂,用于护肤膏霜、乳液、洗面奶等制备;在临床上预防创伤或手术后粘连以及软组织的修复中广泛使用,HA 凝胶是眼科显微手术中必备之物,HA 的润滑与缓冲作用,使其应用于骨关节炎、肩周炎与类风湿关节炎的治疗。

(七) 脂肪类

药用动物富含有各种脂肪及脂肪酸,有不少具有重要的医疗、保健价值。深海鱼类及海豹、海狗的脂肪大多为不饱和脂肪酸,其中 $n-3$ 型多烯酸 EPA、DHA (即二十碳五烯酸、二十二碳六烯酸)是人体所需的重要脂肪酸,具有良好的生理活性,对胎儿、儿童及动物的健康成长有很大影响,对防治心血管疾病和抗癌也有很好的功效。继 1977 年丹麦的 Derberg 博士发表了鱼油中 $n-3$ 多烯酸中的 EPA 和 DHA 是防治心血管病(脑血栓、心肌梗死、动脉粥样硬化和高血压等)的有效成分后,水产品油脂的研究引起了国内外广泛兴趣。目前的水产品油脂多为药物、保健食品和饲料添加剂等;鱼肝油,主要含维生素 A 和维生素 D 等物质,维生素 D 具有抗佝偻和促进骨骼钙化的作用;维生素 A 具有促进生长发育,维持上皮组织与正常视力的生理作用;鲨鱼肝油的主要功效成分为烷氧基甘油,可升高白细胞和淋巴细胞的数目,提高免疫系统的活性,增强人体抵抗力。同时,它还是一种抗氧化剂,可清除进入人体的环境毒素、机体代谢产生的自由基,起到延缓衰老的功效。

三、药用动物的食疗保健品开发

随着社会发展和人们生活水平的不断提高,人类的医疗模式正由单纯的疾病治疗转向预防与保健相结合的模式,人们可以通过食品或保健品来调节机体的亚健康状态,达到防病强身的目的。社会人口老龄化等问题,为天然药物及天然保健品的开发提供了良好的机遇和条件。为适应发展需要,卫生部已公布的 87 种"既是食品又是药品的物品名单"中,包括乌梢蛇、牡蛎、阿胶、鸡内金、蜂蜜、蝮蛇六味动物药;114 种"可用于保健食品的物品名单"中,包括马鹿胎、马鹿茸、马鹿骨、石决明、龟甲、珍珠、蛤蚧、蜂胶、鳖甲等。并颁布了相应的法规,如《新资源食品卫生管理法》、《保健食品管理办法》等。新资源食品是指我国过去无食用习惯、新研制、新开发、新引进、符合食品要求的物品。保健食品是指具有某种保健功能的食品,除保证安全无毒外,还必须经过保健功能试验,具有特定的保健功能。已批准受理的 24 种功能,即免疫调节、延缓衰老、改善记忆、促进生长发育、抗疲劳、减肥、耐缺氧、抗辐射、抗突变、抑制肿瘤、调节血脂、改善性功能、调节血糖、改善肠胃道功能、改善睡眠、改善营养性贫血、保护化学性肝损伤、促进泌乳、美容、改善视力、促进排铅、清咽润喉、调节血压、改善骨质疏松等。无论是保健品、营养食品或新资源食品都是食品,不是以治疗为主,而是具有营养、调节和保健功能。药用动物的食疗保健开发前景广阔。

1. **免疫调节** 常用的动物药有牡蛎、阿胶、蜂蜜、鹿胎、马鹿茸、马鹿骨、海龙、蛤蚧、蜂胶、鳖甲等。如尖海龙提取物可促进人体淋巴细胞的增殖和转化;由刁海龙、海燕、海胆、蜂蜜加工制成的复方海龙口服液具有显著提高小鼠免疫器官指数的作用。鹿角及鹿角胶亦有提高机体免疫功能的作用。蜂王浆中所含的球蛋白是一种 γ 球蛋白的混合物,具有免疫调节活性,氨基酸中的精氨酸、牛磺酸能促进 T 淋巴细胞的增殖和提高巨噬细胞产生白细胞介素-1,增强中性粒细胞吞噬活性,产生对肿瘤细胞或细菌等靶细胞的杀伤作用及对病毒产生抗体的功能。阿胶对放疗患者淋巴细胞促进作用显著,能消除放疗对免疫系统的抑制作用,增加肿瘤坏死因子的数量,有显著的免疫作用和抗癌作用。

2. **延缓衰老** 常用的动物药有鹿肉、鹿胎、鹿鞭、蛤蚧、淡菜、海参、牡蛎等。研究表明,蛤蚧具有延长果蝇寿命的功能;蛤蚧提取物对大鼠肝肾组织抗氧自由基代谢有积极的作用,能明显降低鼠脑 B 型单胺氧化酶(MAO-B)含量,有显著的抑制作用,可使大鼠肝、肾胞浆中的铜锌超氧化物歧化酶以及心肌组织中线粒体内锰超氧化物歧化酶、谷胱甘肽过氧化酶活性和细胞匀浆还原性谷胱甘肽(GsH)含量显著增加,线粒体过氧化脂质水平及细胞匀浆过氧化氢酶活性显著下降。

3. **抗疲劳** 常用的动物药有海龙、鹿角胶、哈士蟆油、甲鱼、乌鸡、海参等。研究表明,海龙对人体有氧功能和无氧功能具有明显的促进作用,可以加快大强度运动后疲劳的恢复,有很强的抗疲劳作用。哈士蟆油能抑制氢化可的松致肾虚小鼠的体温下降及体重减轻,而对正常小鼠无影响;能延长肾虚小鼠的滚棒及游泳时间,常压耐缺氧的存活时间略有延长;能延长正常动物的爬杆、滚棒、游泳时间,起到抗疲劳的作用。海参提取液可显著延长小鼠的负重游泳时间和存活时间,具有显著的抗疲劳和抗缺氧效应,同时也显著提高人血红蛋白含量和减少运动小鼠血乳酸的积累,能够提高运动能力。

4. **改善性功能** 常用的动物药有鹿茸、鹿角胶、蛤蚧、哈士蟆油、海龙、海马、牡蛎、蚕蛹、蜂蜜、蜂乳等。经研究,5 种海龙的乙酸提取物均能不同程度增加正常雄性小鼠的精子数和精子成活率。鹿角胶能明显增强雄鼠交配能力。蛤蚧提取物具有双相性激素样作用,可使正常小鼠睾丸显著增重,可使动物前列腺和精囊、子宫、卵巢增重;能显著提高老年前期雌性大鼠体内雌二醇的浓度,明显降低卵泡刺激素浓度;对大鼠下丘脑-垂体-性腺轴功能有明显的改善作用。

5. 保护心血管系统　常用的动物药有阿胶、哈士蟆油、鹿角胶、马鹿茸、马鹿骨、海龙、蛤蚧、蝮蛇等。现代研究表明,阿胶对缺血性动物的红细胞、血红蛋白等有明显的促进作用,能够促进机体造血干细胞的增殖和分化。鹿角胶能提高红细胞、白细胞和血细胞比容。哈士蟆油对食入高胆固醇食物引起的高脂血症有调整作用,使 TC、TG 含量降低,而升高 HDL - G 水平,使血脂代谢达到平衡,并明显抑制血小板聚集。

四、药用动物资源的其他综合开发

1. 化妆品的开发应用　近几年中药化妆品的发展非常迅速,正成为功能性、个性化的化妆品的发展方向,它的发展是中医美容产业化的一个标志。传统的中药化妆品与中医药完全融为一体,按中医的理、法、方、药配伍,具有明显的功能性、功效性。现代的中药化妆品中利用中药兼具营养和疗效双重作用,且作用缓和,将其作为化妆品中的添加剂。国内外对添加中药的化妆品研制很重视,被选用的中药已达百余种。主要有营养滋润作用,具此类作用的中药多为补益药,含有蛋白质和多种氨基酸、脂类、多糖类、维生素类、微量元素等;保护作用,具此类作用的中药,有的含脂类、蜡类物质,可被覆于皮肤或黏膜表面而起保护作用,有的具抗菌、消炎、抗敏等作用而对皮肤病有防治作用;消炎抑菌作用,具此类作用的中药多为祛风、清热解毒药;美白作用,具此类作用的中药多为祛风、除湿药及补益脾肾、活血化瘀药,往往含有抑制酪氨酸酶活性、减少色素生成的化合物;育发乌发作用,具此类作用的中药多为解表药,其次为清热药、补益药和活血药,通过祛邪、补益、活血以促进毛发的正常生长,并促使毛发由灰、黄、白转黑。

例如珍珠,既可做为精美的装饰品,又可作为药材,具有安神、镇心熄风、解毒生肌等功效。珍珠还可作为美容佳品,无论是内服还是外用均可对皮肤有滋养保健和延缓皱纹产生的作用。《本草纲目》中就已有记载:"珍珠粉涂面,令人润泽好颜色。"目前市售的许多化妆品中就加有珍珠粉、珍珠水解蛋白和酶解液。蜂制品,包括蜂蜜、蜂王浆及蜂胶,蜂王浆含有极丰富蛋白质、多种氨基酸和维生素、糖类、脂类、激素、酶类、微量元素,其中特有的王浆酸具有抑制酪氨酸酶活性的显著作用,可防止皮肤变黑;蜂胶则具有广谱抗菌作用,还可增强生物机体防护能力,改善血液循环,加速伤口愈合,并具有滋润皮肤、止痒、除臭、祛斑和防晒作用,对痤疮、疱疹、毛囊炎、黄褐斑等有治疗作用。从海洋生物如扇贝中制备出的低温蛋白酶,经酶解后得到的小分子多肽,利于皮肤吸收,可增加皮肤的弹性和柔软性。鹿茸含有蛋白质、氨基酸、肽类、维生素、SOD、透明质酸等,能消除皮肤中的自由基,对酪氨酸酶具有明显抑制作用,还可保持和调节皮肤中的水分,增强皮肤细胞的活力,促进表皮组织的再生,具有良好的延缓皮肤衰老效果。

2. 天然香料的开发应用　由于合成香料逐渐被发现其安全隐患,在世界范围内掀起了回归自然的消费热潮。天然香料以其安全性及合成香料难以替代的嗅感和感官特性受到广大消费者的强烈偏爱,给天然香料的发展带来了一个难得的机遇。动物香料一般为动物的分泌物,有麝香、灵猫香、海狸香、龙涎香、麝鼠香等,这些动物香料作为香料珍品,历史悠久,具有独特、柔和而幽雅的香气,扩散和透发力强,有良好的提香作用和极佳的定香能力,适宜于调制各类高级香水。现在,这些天然的动物香料已经非常稀少。

第二节　药用动物资源的保护

在全球生物多样性普遍受到严重威胁的今天,保护环境,保护生物多样性,是我们人类的共同目标。中医药以天然动植物为原料来源的传统正受到越来越多的限制与挑战,采取增强其保护意识与保护能力的措施来加强药用动物资源的保护,这是维护生物多样性和生态平衡的需要,也是中医药持续发展的需要。

一、动物保护的意义

1. 维护生态平衡,保护生物多样性　生态系统中的物质和能量在不断地循环流动,通过食物链保持着整个系统的平衡,这种平衡表现为生物种类和数量的相对稳定。生物多样性越丰富,生态系统越稳定。如果生态系统的某个环节或组成部分发生变动,将对整个生态系统产生影响。

野生动物是地球上的"原住民",是生态系统中最为活跃的生物类群,它们在生物圈食物链中有着不可替代的功能。只有留给野生动物生存空间,以及它们生存和繁衍后代的权力,人类与动物在地球上也能实现和谐共存的理想状态,保护动物就是保护人类自己。

2. 科学研究的需要　动物,特别是野生动物,对于人类的发展和科学研究具有重要意义。其科学价值表现在动物学、生态学、生理学、病理学、药学、美学、统计学、社会学、人类学等方方面面。如猩猩、猴等灵长类动物与人类的亲缘关系,具有人类学研究价值;鱿鱼和海兔拥有不同的神经系统,具有神经学研究价值;大雁和蝙蝠辨别方向的能力,具有仿生学研究价值。保护动物,也就能更好地研究并利用它们。

3. 人类文明的体现　动物保护体系的发展,是人类文明时代的高级成果,是"人类必须在自然界生存,而不是超然于万物之外"的理论结晶,保护动物就是保护人类社会赖以维系的伦理道德、社会文明。

4. 可持续发展的需要　资源的可持续利用是我国发展战略之一。生物资源的可持续利用是指适当地使用生物资源,使其能沿传后世,并能确保资源用于改善人类生存的境况和公平的分享,维持其天然生态,保存其生态、文化、经济价值。

二、药用动物资源保护的相关国际、国内公约、政策、法规介绍

1. 国际公约　1973 年在美国华盛顿签订了《濒危野生动植物种国际贸易公约》(简称 CITES),并于 1975 年 7 月起生效,这是一项在控制国际贸易、保护野生动植物方面有权威性影响的国际公约。该公约规定了世界上进行贸易受保护的野生动植物物种,限制了 20 000 多种濒危野生动植物种的贸易。我国于 1980 年 6 月 5 日正式加入 CITES,成为该公约的成员国之一。

CITES 设有附录 I、II、III 名录,动物共 870 种。附录 I 包括有灭绝危险的物种,这类物种的贸易必须加以特别的严格管理,只有在特殊情况下才允许进行贸易,动物 426 种;附录 II 是指那些目前虽未濒临灭绝,但如对其贸易不严加管理,就可能有灭绝危险的物种,动物 203 种;附录 III 包括属于任何一个成员国管辖范围内,需要其他成员国的合作以防止或限制其利用的物种,动物 241 种。根据该公约及附录的有关规定,我国规定了进出口监管的濒危药用动植物物种,包括列为国家重点保护野生动物及 CITES 附录中具有药用价值的部分物种。

1996 年,国际自然与自然资源保护联盟(IUCN)出版了《濒危物种的红皮书和名录》,将濒危物种等级分为八大类,即灭绝、野生灭绝、极危、濒危、易危、低危、数据不足、未评估。

其他的与药用动物资源保护相关的全球性协定还有《国际重要性的实地,特别是作为小禽栖所的公约》(1971 年,伊朗)、《野生动物迁徙物种保护公约》(1979 年,波恩)。区域性和双边协定有《西半球保护野生生物和自然保护公约》、《欧洲保护野生动物和自然栖所公约》、《北极熊保护协定》、《加美候鸟保护公约》、《保护候鸟日澳公约》、《中日候鸟保护协定》等。

各种国际公约或协定由于具有法律上的约束力,对贯彻执行药用动物资源的保护有着重大作用。

2. **国内的政策、法规** 《中华人民共和国宪法》规定,"国家保护环境和自然资源",这里就包括了野生动物在内。1962 年《国务院关于保护和合理利用野生动物资源的指示》指出:各级政府必须切实保护,在保护的基础上加以合理利用。当前首先要做好保护工作。《指示》中对珍贵、稀有或特产的鸟兽做了列举,其中如东北虎、藏羚羊、梅花鹿等均是重要珍贵药用动物。

根据国务院指示的精神,外贸部于 1973 年 12 月 6 日颁发了《关于停止珍贵野生动物收购和出口的通知》,1975 年 4 月 7 日中华人民共和国供销合作总社《关于配合有关部门做好珍贵动物资源保护工作的通知》等,对药用动物资源的保护都起到了积极的作用。

近年来,药用动物资源保护的有关政策、法律、法规得到了进一步发展完善。

1987 年 10 月 30 日,国务院颁布了《野生药材资源保护管理条例》,将我国重点保护的野生药材分为三级。根据《国家重点保护野生药材物种名录》,其中动物 18 种,属一级保护 4 种,为虎、豹、赛加羚羊、梅花鹿;属二级保护 14 种,为马鹿、林麝、马麝、原麝、黑熊、棕熊、乌梢蛇、银环蛇、五步蛇、穿山甲、中华大蟾蜍、黑眶蟾蜍、中国林蛙、蛤蚧等。

1993 年我国政府又颁布了《国务院关于禁止犀牛角和虎骨贸易的通知》,取消了犀牛角和虎骨的药用标准,今后不再用犀牛角和虎骨制药,禁止虎骨、犀角一切国际贸易。

1989 年《中华人民共和国野生动物保护法》正式颁布实施,同时还公布了《国家重点保护野生动物名录》,标志着我国野生动物保护进入了一个新的时期,达到了一个新的高度。围绕这一法律,从中央到地方又相继制定了 30 余个配套的行政法规和规章,各省、自治区、直辖市也陆续制定了地方性野生动物保护实施办法及地方野生动物名录。

2001 年,国家林业局又公布了《有重要经济价值和科学研究价值的野生动物名录》,使我国野生动物的保护更趋全面。

自然保护区是药用动物资源保护的重要基地。进入 20 世纪 80 年代后,我国的自然保护区立法开始逐步完善,特别是 1985 年《森林和野生动物类型自然保护区管理办法》的颁布和 1994 年《中华人民共和国自然保护区条例》的颁布,标志着我国自然保护区立法已从形式单一、低层次的立法开始向综合性的、高层次的立法迈进。目前,我国还有《森林和野生动物类型自然保护区管理办法》、《海洋自然保护区管理办法》、《水生动植物自然保护区管理办法》、《自然保护区土地管理办法》。一个《条例》和四个《管理办法》构成了我国国家层次上的自然保护区专门立法。鉴于我国野生动物保护的严峻形势,新的《刑法》还专门规定了对危害野生动物行为的刑事处罚。

上述法律、法规、规章的实施,对我国药用动物资源的保护发挥了积极的影响和作用。

3. **物种受威胁等级的划分** 目前世界大量物种受到不同程度的威胁,为了保护野生动物,首先要确定物种受威胁的程度。

(1) 灭绝种(Ex):一个物种在野外已肯定有50年没有被发现。

(2) 濒危种(E):这个类群种或亚种面临着灭绝的危险。如果致危因素继续存在,它们就不可能生存。包括种群数量减少到临界水平或是栖息地面积急剧地缩小,被认为随时可能灭绝的种类。

(3) 易危种(V):如果致危因素继续存在,很快就成为濒危种的类群。包括那些过度开发和栖息地急剧破坏或其他环境干扰等因素,使大部分或全部类群的数量继续下降的种类。同时还包括那些种群尽管较丰富,但在它们的分布范围内都处于严重威胁的种类。

(4) 稀有种(R):指在全世界范围内数量很少的类群,但现在尚不属于濒危种。这些类群常常分布在有限的地理区或栖息地,或是稀疏地分布在较广阔的范围内。

(5) 未定种(I):无充分资料说明它究竟应属于上述"濒危种"、"易危种"和"稀有种"中的任何一类的物种。

关于濒危物种的等级划分尚有待进一步研究。目前所划分的类型,主要是定性的,有一定主观性,因此受威胁等级的划分还需加强研究。

三、药用动物资源保护的成果和措施

1. **发扬我国保护野生动物的优良传统** 中国是世界上最早的农业国,先人们根据需要,驯化、饲养动物,栽培植物,所以才有我们今天的五谷杂粮、家畜、家禽,才有农业、畜牧业和渔业。我们的祖先早就知道保护好野生动植物才能使之持续利用,形成了合理利用生物资源的传统。

《国语·鲁语》记载有"里革断罟匡君",奉劝君王不要在孕期捕猎鸟、兽、鱼,以期万物休养生息,供持续利用。《孟子·梁惠王上》中有"斧斤不入山林,林木不可胜用",《荀子·王制》中进一步强调"草木荣华滋硕之时,则斧斤不入山林,不夭其生,不绝其长也;鼋、龟、鳅孕别之时,罔毒药不入泽,不夭其生,不绝其民也"。在合理利用野生动物资源方面,我国古代人民还提出了"生十杀一者,物十重;生一杀十者,物顿空"的重要原则。《吕氏春秋·义赏》说:"竭泽而渔,岂不得鱼,而明年无鱼;焚薮而田,岂不获得,而明年无兽。"明确地指出了资源的有限性及保护与合理利用开发资源的重要性。

为了人类疾病的防治,保证药材供应,我国很早就开始将野生药材变为家养家种。唐朝就已建立国家"药园",清代就已在东北大规模养殖梅花鹿,特别是近年来各地陆续建立饲养场,驯养各种药用动物,取得了相当的成效。

2. **进一步完善相关法律、法规,开展公众保护意识宣教** 密切关注受威胁的物种,对过度利用的物种采取强有力的保护措施。健全中药资源管理法规,加强中药资源保护宣传,唤起公众对中药资源重要性的认识和对中药资源的保护意识,为中药资源保护工作的开展争取有利的外部环境。

3. **加强信息管理,建立保护体系**　信息社会信息是一切工作的前提,只有掌握药用动物资源的现状及发展动态,才能更好地开展药用动物资源的保护。我国的药用动物资源研究始于20世纪50年代,进行了区域性资源调查,编写出版了一批药用动物资源方面的著作,如《中国药用动物志》以及一些地方性动物药资源专著。为适应信息时代的要求,还应开展全国范围内的濒危药用动物资源普查工作,并收集标本,将普查的原始资料如品种、分类、生态环境、药用部位、蕴藏量、年产量、年利用量、濒危状况和临床应用药学,进行整理分析,确定濒危标准和濒危度,进而编制《中国濒危药用动物志》,建立起资源库和标本中心,为进一步研究交流提供数据及咨询。

协调处理药用动物资源的开发利用和保护再生两者的关系。保护濒危药用动物作为一个涉及多学科、多部门、跨地区以及立法、政策、管理体制、科学研究、经济因素等多方面问题的命题,应有综合性的保护对策。明确药用动物濒危、保护的范围,评价其判断标准、濒危度和保护价值。通过自然保护区的完善,逐步建立药用动物种质基因库,最终建立和完善濒危药用动物种药材监测体系,定期进行资源、生态环境监控、市场供求和野生动物贸易的长期监控并成为中国野生动物资源监测体系的组成部分。

4. **发展自然保护区,保护种质资源**　保护濒危药用动物的根本性措施就是保护其栖息地,而保护栖息地的主要途径就是建立濒危药用动物自然保护区。自然保护区作为就地保护的有效方法,于19世纪开始在国内外被广泛采纳。美国于1872年建立了世界上第一个自然保护区"黄石公园"。我国自1956年在广州鼎湖山建立了第一个自然保护区后,截至2005年底,全国共建立各类自然保护区2 349个(不包含港、澳、台地区),总面积14 995万 m^2,其中陆地面积14 395万 m^2,已占我国领土面积的15%,接近发达国家水平。这些保护区的建立,有效地保护和保存了一批动植物资源,也使野生的珍稀濒危药用动物资源得到了保存和保护。2001年国家林业局有组织实施了全国野生动植物保护及自然保护区建设工程,专门就濒危野生动物的保护和拯救进行了重点规划,从当前的迫切需要出发,确立了优先保护的13类濒危野生动物种,其中虎、亚洲象、野生鹿类、麝类等均为重要的保护动物。

野生药用动物在森林生态系统中的生态幅度较小,在不合理的开发中最容易受到损害,失去一些生态型,使其在遗传学上的变异性和灵活性大大降低,当森林或生态系统的破坏超过生态平衡的阈限,外界干扰超过了生态系统的自我修复能力时,药用动物首先退化直至灭绝。因此,建立濒危野生药用动物的基因库,保护其种质资源具有十分重要的意义。

5. **发展人工养殖**　驯化养殖是保护、发展及合理利用药用动物资源的一条有效途径,是防止野生动物药资源减少的一个重要方面。开展人工繁殖种群,既可防止或延缓有关物种的灭绝,又可满足人们的生产、生活需要,人类疾病防治需要,减少对野生种群的猎捕压力。近年来,这方面的主要成就包括:鹿等食草动物驯养成功,使鹿茸产量成倍增长;克服乌骨鸡的就巢性,提高了成活率和产蛋量;温室放养龟鳖、钳蝎形成人工食物链,夺取动物药双丰收,形成系列化饲养;移植多层笼养鸡、网箱养鱼等高密度机械化生产技术,促使药用鱼类和鸟类大幅度提高产量等。

为了更好地实现驯养,必须重视和加强野生濒危药用动物的生物学特性,包括生活习性、生态环境、繁殖条件、生理特征、疾病防治及遗传特性等方面的研究,以提高繁殖率为关键,为人工引种驯养创造条件。

6. **实施再引进工程,发展壮大濒危药用动物种群**　所谓再引进,就是在某个物种曾经分布但已灭绝的地区,再引进该物种的活体用于建立新的种群;或者是向某物种现有的极小的野生种群补充新的活体,以充实该野生种群并促进其发展壮大,后者又称再充实。目前,我国已成功实施麋鹿的再引进工程,正在着手实施赛加羚羊、野马的再引进工程。从某种意义上讲,在原产地放生被没收的动物,如大鲵、缅甸陆龟、穿山甲、蟒蛇等,也属于野生种群再充实。

7. 新资源的寻找 寻找新药用资源代用品是一种保护珍稀濒危种质资源必要而有效的途径。以亲缘关系为线索,可以有目的、有范围地在某些动物类群中寻找重点保护的药用动物的替代品种及紧缺药材的代用品,如从猫科动物中寻找虎骨的代用品。不同动物的相同药用部位的化学成分也有着一定的相似性,所以历来就有以骨代骨、以角代角之说。早在20世纪50年代时,由于犀角、羚羊角、虎骨及牛黄供应不足及日渐短缺,就开始了其代用品的研究。代用品的研究必须遵循功效相似,材料易得的原则,以"生物类群,化学成分与生理活性相互联系"为准则,如用犬骨和塞龙骨代替虎骨,鹅喉羚羊角及绵羊角代替犀角,灵猫香代替麝香等。其中最成功的例子是犀角代用品——水牛角,50年代我国开始研究以水牛角代犀角,研究证明在化学成分、药理作用、临床效果等方面,水牛角均与犀角相似;自进入20世纪90年代以来,犀角全部以水牛角代之;1995年版的《中华人民共和国药典》中的成药如安宫牛黄丸、紫雪丹、牛黄清心丸等所用犀角已全部改为水牛角浓缩粉。

8. 加强人工合成品或人工组成品的研究 人工中药材是药材资源保护的另一重要途径,在深入、系统全面地对源于濒危药用动物的中药材化学成分、有效成分研究的同时,循其天然的化学组成及相对的比例,通过适当的生化、生物物理或有机过程,在体外有机组合而成的类似天然品及人工合成品或人工组成品。人工牛黄、培植牛黄和人工麝香均已获得成功,人工虎骨也即将投入生产。

动物药化学成分结构的合成和改造,一是将天然结构扩大资源,二是以衍生物增强药物的疗效并降低副作用。如斑蝥素是抗癌的有效药物,用于治疗原发性肝癌,为了提高疗效并降低毒副作用,我国学者通过研发,将羟基斑蝥胺推向临床。

此外,还应加强对中药材市场的监控,了解野生药用动物的流量,以增强决策和管理部门的宏观调控能力。并积极开展国际合作,濒危动物是全世界的共同财富,其保护管理更是当今国际社会关注的焦点之一,可以引进资金、经验、技术和设备,提高我们的保护力度和水平。

(李 冰、裴 瑾)

第十九章 药用动物的驯化养殖

本章介绍了药用动物驯化养殖的意义、药用动物驯化养殖的历史与现状、条件与方法、药用动物 GAP 基地建设概要,并以林麝驯化养殖的条件与方法进行举例,加深对药用动物驯化养殖的理解,还介绍了一些药用价值较高的动物如蜈蚣、地鳖、蛇、梅花鹿、海参等养殖的基本知识。

学习重点:
1. 掌握药用动物驯化养殖的条件与方法。
2. 熟悉药用动物驯化养殖的意义。
3. 了解药用动物 GAP 基地建设的概况。

我国对野生动物的驯化养殖历史悠久。随着科学的进步,以及人类对野生动物的保护,许多原来的野生药用动物已经实现了人工驯化养殖,如林蛙、蜈蚣、东亚钳蝎、地鳖、蛇、梅花鹿、林麝、黑熊、龟、鳖、海参等,人工养殖达到了相当规模,在一定程度上满足了中医药临床对动物药的需求。人们还根据实践经验,编写了许多有关药用动物养殖的书籍,如《药用动物养殖大全》(2004 年)、《中国药用动物养殖与开发》(2002 年)、《实用药用动物养殖技术》(2001 年)等,对指导药用动物的驯化养殖很有帮助。

第一节 药用动物驯化养殖的意义

药用动物驯化养殖的意义,主要包括提高动物药材的产量和质量、保护濒危野生药用动物的物种和解决常用动物药材的来源三方面。

一、提高动物药材的产量和质量

通过某些特殊的养殖方法,提高动物药材的质量,或促进动物的药用部位器官加速生长,提高产量。例如,对幼龄公鹿适时准确采用"破桃墩基础"技术,是在幼龄公鹿长出毛桃后,当桃高(指桃顶至额间的直线距离)在梅花鹿达 5~6 cm,马鹿达 7~9 cm 时,从桃顶锯下 2~3 cm(梅花鹿)或 3~4 cm(马鹿),使其生长出成型的初角后,再长出鹿茸,并促使角基增粗。实践证明,此技术不但使鹿茸产量提高 30%~60%,还提高了鹿茸的质量。

二、保护濒危野生药用动物物种

动物药具有活性强、疗效高等特点,这是动物药沿用至今的重要原因。但是,野生药用动物地来源受到一定的限制,我国野生动物保护法鼓励人工养殖野生动物,动物药的来源将越来越多的依赖人工养殖。目前,国家和地方建立了许多规模、大小不等的濒危野生动物繁育、救护中心,专门从事濒危野生动物的驯养繁育和救护工作。此举有利于对濒危野生动物资源的保护。

三、解决常用动物药材的来源

国家医药管理局在 1983 年公布的 140 种紧缺药材中,动物药占 60%。由此可见,动物药材的紧缺是制约中医药发展的重要因素。动物药材仅靠野生无法满足中医药事业的大量需求,加强药用动物的人工养殖就显得尤为重要。人工养殖可以从根本上逐步解决动物药材的供求矛盾,并能够把濒危的珍贵药用动物物种有效地保存下来。

通过对野生濒危药用动物的生物学特性研究,包括生活习性、生态环境、繁殖条件、正常生理生化特征、疾病防治及遗传特性等多方面进行研究,提高繁殖率,为人工引种驯养创造条件,积累素材和提供科学依据。

药用动物最后大多要取自人工饲养,这是人类利用和保护动物资源的途径,使这部分有限的资源能够可持续利用,更好地造福于人类。目前,我国已建立了鹿、林蛙、钳蝎、蜈蚣、龟、鳖、麝和熊等许多人工驯养繁殖场,这些动物药部分满足了中医药市场的需求。

第二节 我国药用动物驯化养殖的历史与现状

中国对野生动物的驯养,历史悠久,经验丰富,并获得了很大的成功。根据不同的目的要求,通过历代的人工选育,不断地改造动物的形态构造、生理功能和生活习性,使动物产品逐步满足人类的需求,在长期的实践中证明是可能的。

原始社会初期,我们的祖先为了生存,"茹毛饮血",在渔猎寻找食物时,发现某些动物(包括肉、皮、血、油脂、骨、内脏、角等)也可以做药用。如《山海经》中记述:"河罗之鱼,食之已痛","青耕之鸟,可以御疫"。但动物肉生食难以消化且不易食用,燧人氏发明了"钻木取火",可使动物煮熟而食之,这就大大减少了肠胃病和寄生虫病的发生,并使动物药用的范围有所扩展。

随着人类社会的进步和生产力的发展,人类开始进入畜牧时代、农业时代,食物或药物的来源由向自然索取开始发展到部分由人工驯养种植及加工。我国畜牧业的萌芽可以追溯到几千年以前,在内蒙古赤峰兴隆沟遗址中所发现的家犬的骨骼以及少量具有早期家猪特征的骨骼标本,证明距今8 000年前,家犬已经被当地的先民所饲养,并可能已经开始饲养家猪。公元前3 000多年的原始社会里,就知道养蚕和饲养家畜。到夏商时期,马、牛、羊、鸡、犬、猪等家禽、家畜饲养已有相当的经验。人工养鱼在周朝已有明确的记载。3 000多年前,我国就开始了对蜜蜂的利用,而珍珠、牡蛎的养殖最早也见于我国,已有2 000多年的历史了。中国古代有名的著作《诗经》一书中,就有鸟、兽、虫、鱼的记载,据不完全的统计,其中共收载了各类动物约160种,有许多既可供食用,也可以供药用。《左传》有园圃中放牧各种走兽,饲养鱼鳖的记载。许多早期文献之中,也将养鱼称之为"水畜"。秦汉时期,随着许多马匹等优良品种的广泛培育和交换,畜牧业得到了进一步的发展。畜牧业的发展在为古代人们提供丰富的食物的同时,也促进了动物药的开发利用,即所谓的"药食同源"。《齐民要术》一书内容广博,系统地总结了饲养家畜和家禽、养蚕、养鱼等技术经验。青、草、鲢、鳙四大家鱼和品种繁多的金鱼,都是中国人民创造的。养蚕是中国古代劳动人民发明的,是全世界所公认和赞扬的事,蚕是由野蚕经过我们祖先长期饲养所创造的一个完全不同的物种,是人类改造自然的一个伟大成就。

中国是对动物饲养业作出了重大贡献的国家之一。最初人们所饲养的品种,只是比较温顺的、易于捕捉和饲料较易取得的那些草食动物及部分杂食动物;后来随着饲养经验的积累,以及对自然规律认识的不断提高,又开始驯养能供药用的鹿科动物和供观赏用的珍禽与猛兽。我国在清代就开始了养鹿。1908年在北京建成了"万牲园"(北京动物园前身),饲养展览动物几十种。解放后,全国各地陆续建立了许多鹿场,饲养着大量的梅花鹿、马鹿、白唇鹿、白臀鹿和水鹿等。从1956年起中国开始饲养毛皮兽,饲养的主要品种有水貂、狐、貉、海狸鼠、麝鼠、紫貂等,近几年又开始饲养毛丝鼠和艾虎。当前饲养野生动物种类较多的当是动物园,据统计,园中饲养和展出动物有600余种。

近年来,我国药用动物人工养殖技术发展很快,在药用动物驯化、养殖方面,不少药用动物已由野生变为人工养殖,如鹿、麝等草食兽类及熊的人工驯养成功;蛤蚧、金钱白花蛇、蝎、地鳖的人工养殖,使动物药产量明显提高,从而极大地提高了药用动物资源的有效利用率。

此外,在药用动物的驯化技术、饲料生产技术、繁育技术以及动物药工程化生产等方面也都取得了重大发展。特别是动物药工程化生产工艺的发展,可以大幅提高产量,如从珍珠、僵蚕、冬虫夏草的人工培养到蝎、蜈蚣、蛇类的电刺激采毒;从鹿的控光增茸到麝的激素增香,使鹿茸、麝香的产量成倍增长;特别是活麝取香和活熊取胆汁,以熊胆粉代替药材熊胆,以及人工培植牛黄、羊黄等工艺的发展使产量提高了许多倍。鹿茸细胞和麝香腺细胞的组织培养都已取得成功,使动物药生产进入了生物工程时期。

尽管药用动物的人工养殖取得了很大成就,但距离无公害、规范化尚有很大差距。随着社会的发展,人们对药品的要求愈来愈高,这就迫使药用动物的养殖同药用植物一样,为提高药材内在品质,必须按GAP的要求进行人工养殖。因此深入开展药用动物的养殖研究、实现无公害和规范化养殖已成当务之急。

今后,随着人类经济活动范围的不断扩大,野生动物的栖息地将不断地缩小,人工驯养药用动物种类还会增加,野生动物饲养的对象都是未经驯化或驯养历史很短或驯化程度很低的,它们的驯化、营养、饲养管理和繁殖技术一般都没有先例可循,人们必须研究探索和试验才可能取得成功。

第三节 我国药用动物驯化养殖的条件与方法

药用动物驯化养殖要从引种、驯化、饲养和繁殖育种四方面入手,不断积累经验,建立起一整套有针对性的、行之有效的驯化养殖条件和方法。

一、引种

引种方法包括习性调查、捕捉、检疫及运输四大环节。

(一) 引种的概念和意义

引种是指将动植物的优良品种、品系或具有某些特性的类群引进本地作为育种素材或直接推广利用的一种育种措施。引种方式主要有活体引种、精液(冻精和鲜精)引种和胚胎引种3种。药用动物主要是从野生动物驯化而来,其引种的概念是,将野生动物引进本地作为育种素材或直接推广利用的一种育种措施。

引种意义主要有两个,即直接利用和作为杂交改良的素材。

1. **直接利用** 引进适应能力较强的物种,在当地自然条件下,长期进行风土驯化(指动物适应新环境条件的复杂过程,其标准是引入品种在新环境条件下不但能生存、繁殖、正常地生长发育,并且能够保持其原有的特征特性),可以对某些濒危物种进行异地保护,以填补出现的生态位空缺。此外,引进原种,再通过纯种繁殖方法,使群体数量增加并达到一定规模后,就可以作为当地品种资源利用,从而发挥优良品种的作用。

2. **杂交改良** 将引入的品种或品系等,作为育种材料,充分利用人工授精、胚胎移植、多代克隆技术等动物繁殖高新技术,进行杂交改良,已成为提高家畜生产性能和经济效益的重要手段。例如,我国山羊品种资源丰富,有许多适应性强,繁殖力高的优良品种,可与世界著名的肉用波尔山羊进行有计划的杂交改良和杂交优势利用。在不同地区,依据其不同生态条件,有目的地选育出表现良好、适应性强和具肉用特性的羊群,进行纯种繁育和杂交利用,建立和完善良种繁育体系,短期内对显著提高我国山羊业的经济与社会效益,加速扩大数量和提高生产性能有重要的意义。

(二) 引种方法

1. **习性调查**

(1) 栖息环境调查:通过调查可以了解动物在野生状态下对生活条件的要求,栖息区的范围和特点,一年四季的气候和景观变化对动物的影响等。这对确定动物的养殖方式、场舍建筑、设备供应和经营管理等都可以提供基本依据。

(2) 食性调查:很多种野生动物在不同季节和不同发育阶段存在着食性的变化。如梅花鹿春季喜采食嫩叶、幼芽和花蕾,夏季则以青绿枝叶为主,秋季很喜食橡籽(柞实),冬季除采食地面的枯枝落叶之外,还喜欢啃食一些树木的树皮。如果不把这些食性特点调查清楚,人工养殖就很难获得成功。

(3) 行为调查:首先要了解动物是群居性还是独居性,以确定群养还是单独饲养。独居性的动物在家养条件下未经驯化而强行群养会使动物之间殴斗、咬伤甚至死亡。另外,了解动物的昼夜活动规律和季节活动规律也很重要。人工养殖必须根据这些行为特征,制定相应的饲养管理方法。

2. **捕捉** 对野生动物的捕捉,除了力求避免对机体的损伤之外,还应注意尽量减少精神损伤。由于精神损伤在外表上没有痕迹,不易观察和发现,往往被忽略。野生动物多胆小易惊,初捕后的护理是十分重要的。在护理原则上一是要保持安静,二是要精心饲喂。

3. **检疫** 野生动物在家养之前必须严格检疫。初捕之后要在原地暂养和观察一段时期,运回饲养场后,应与原饲养的动物群隔离,饲养观察一段时间之后再合群。

4. **运输** 野生动物未经驯化,运输时比家畜、家禽类困难大,所以,在运输时要尽量缩短时间,避免时走时停和中途变换运输工具。一般来说,野生动物运输的难度,成年动物比幼年动物难,雄性比雌性难,独居性的比群居性的难,肉食性的比草食性的难。所以,在运输时应根据动物的体型大小,生理及行为特征,采取相应的方法和措施。

(三) 野生药用动物引种实例——麝的引种

1. **习性调查** 中国驯养的麝主要是林麝,野生林麝为中国西南针叶林内一典型林栖动物,在阔叶林、灌木林、针阔混交林也可看到它的踪迹。林麝体小而灵活,能上树,为一种避敌适应,也与它喜爱食松萝的习性有关。拂晓和傍晚时活动频繁,独居生活,成兽循熟途活动,半成兽满山乱窜。性怯懦,听觉、嗅觉都很敏锐,遇有异样声响即迅速逃遁。公麝有在矮树桩上摩擦臀尾的习惯,而留下蜡状分泌物。食物以松萝为主,也吃嫩枝叶等。幼麝年余即发情,公麝间有争偶现象。交配期在每年 10 月到次年 2 月份,怀孕期 6 个月,春末夏初产仔,每胎产 1～3 仔。初生仔麝身上具斑点,约两月后消失。公麝约 2 年后有香,但此时质量不佳,数量也少。2.5～3 岁公麝产的麝香质量佳,产量高。

林麝分布于中国境内的四川、甘肃、陕西、湖北、贵州等地。在四川与马麝交错分布,本种在交错区内海拔 2 400～3 800 m 或 2 400 m 以下的地方栖居,为该地带的优势种。

2. **捕捉** 根据林麝的生活习性,主要采用猎狗追逐的捕捉方法。当发现林麝的新鲜粪便、足迹或在矮树桩上遗留下的蜡状分泌物时,将猎狗放出,人随后追逐,使林麝被迫上树。由于林麝极度怕狗而不注意人,即用竹竿或树枝将大小固定的绳套(不用活套)套到林麝的颈上,然后将林麝拉下树干即刻抱捉,放入背篓中,置林荫处休息,让人与林麝隔离,待其安静后,再送往临时设立的圈舍。此法对林麝的机体损伤轻,林麝的存活率高。

3. **检疫** 由于林麝属于国家一类保护动物,对这类动物的检疫一定要将保护工作放在第一位,避免因检疫给动物造成伤害或死亡。一般情况下,对其只做临床检疫即可。

4. **运输** 林麝从被捕捉到圈养初期容易发生死亡,因为林麝受到持续的、强烈的惊恐刺激和强烈运动后,引起内脏功能紊乱或障碍,如呼吸和心跳加速,精神沉郁,减食或拒食,反刍停止,从而诱发疾病所致。因此,捕捉到的林麝要送到就地搭建的临时圈舍中观察休息 4～6 日,待恢复正常采食和反刍后才能运走。运输过程中,要注意减少惊恐刺激,可用木框装运,适当掩蔽,减少外界因素干扰,运输途中除管理人员给饲料和饮水外,避免其他人接近和参观。运输时间要尽量缩短,以降低林麝的死亡率。

二、驯化

动物驯化包括对成年动物、幼龄动物和性活动期动物的驯化,驯化方法主要有个体或集体驯化、直接或间接驯化等方式。

(一) 驯化的概念和意义

驯化是指野生动物经过人类的饲养、选择和培育,在体型外貌、生活习性、生产性能等方面发生根本性变化,完全丧失野性,并依赖人类饲养维持生存和繁衍的过程。简言之,将野生动物驯养成家畜的过程叫驯化。

野生动物被驯化的意义在于驯化使动物的生存环境改善,营养得到保证,患病机会减少,后代繁衍有保障,动物行为听从人类指挥;人工驯化使动物产量增加,经济效益提高,药用动物来源有保证。

(二) 驯化方法

1. 早期发育阶段的驯化 利用幼龄动物可塑性大的特点,进行人工驯化,其效果普遍较好。如产后30日龄以内未开眼的黄鼬,通过与母兽隔离而人工饲养,在开眼以后即接触人为环境,能很好地接受人工饲养管理。

2. 个体驯化与集群驯化 针对动物个性进行有针对性的驯化称为个体驯化。营单独生活的大型兽类克服惊恐和易激怒的训练,役用幼畜的使役训练都属于个体驯化。集群驯化是在统一的信号指引下,使每一个动物都建立起共有的条件反射,产生一致性群体活动。如摄食、饮水和放牧等都在统一信号指引下定时地共同活动,给饲养管理工作带来很大方便。

3. 直接驯化与间接驯化 直接驯化包括前面所述的个体驯化和集群驯化。间接驯化是利用同种或异种个体之间在驯化程度上的差异,或已驯化动物对未驯化动物之间的差异而进行的。例如,利用驯化程度很高的母鹿带领未经驯化的仔鹿群去放牧,这是利用幼龄动物具有"仿随学习"的行为特点而形成的"母带仔鹿放牧法"。仔鹿通过向母鹿学习不断地提高驯化程度。

4. 性活动期的驯化 性活动期是动物行为活动的特殊时期,由于体内性激素水平的增高,出现了易惊恐、激怒、求偶、殴斗、食欲降低、离群独走等行为特点,给饲养管理工作带来很多困难。必须根据这个时期的生理上和行为上的特点,进行有针对性的驯化。

(三) 药用动物驯化实例——林麝的驯化

林麝的驯化可以分为两个阶段:个体驯化和集群驯化。前者着眼于个体的去野性,后者着重在培养合群习性。个体驯化作为基础驯化,目的是改变林麝的个体习性。集群驯化是针对林麝的孤僻习性提出来的。一般说来,在个体驯化的基础上开展集群驯化比较易行,而在集群驯化的过程中,亦能导致个体习性的变化,所以说,个体驯化与集群驯化是两个相辅相成的方法。

1. 个体驯化 个体驯化包括人工喂养驯化和牵引驯化。

(1) 人工喂养驯化:采用食物引诱进行抚摸的方法,对仔麝开始进行接食和抚摸训练,方法是逐步接近。具体做法是:驯化人员选择仔麝喜吃的新鲜饲料,进圈时先呼唤,然后逐头给饲,随即抚摸。抚摸前先注意母麝的反应,如母麝有戒备(护仔)或扑人现象时,不要勉强抚摸。亦可先抚摸家养出生的母麝,再抚摸仔麝。对个别顽固拒食和拒摸的仔麝要耐心诱食和缩短抚摸时间,不能强迫。多次拒绝抚摸的要适当强迫,但仍不能强行追赶和引起惊恐。抚摸时间:对断奶仔麝每天定时直接给饲和抚摸3次。驯化人员要固定,抚摸时动作要轻,态度要温和,每次操作完要做好记录。经过以上方法的驯化,2~3代幼麝可以任人抚摸,捉抱和主动近人,能顺利捉住进行疾病的治疗和取香,独居习性也有一定改变。

(2) 牵引驯化：所谓牵引驯化,就是给林麝戴上笼头(不妨碍采食),牵往圈内外活动。经过人工哺乳的 60 日龄林麝,驯化程度较高,可以进行牵引驯化。

2. **集群驯化**　集群驯化是在个体驯化的基础上进行的。将哺乳 1 个月左右的仔麝放在一起合群饲养。断乳后,按公、母分群喂养。驯化程度好的放在同一圈内,每群 10～15 头。喂食时候给予信号,使其逐步建立条件反射。条件反射巩固后,可逐渐放出,然后驱赶回圈。林麝在一代就可达到一定的驯化程度,可以建立条件反射。林麝的驯化要不断地加强,否则也会退化。

三、饲养

药用动物的饲养包括生活环境和饲养方式、饲料、饲养管理和疫病防治等环节,对保障药用动物的健康成长至关重要。

(一) 生活环境和饲养方式

1. **生活环境**　药用动物的生活环境应尽量接近动物的野生状态,并要求安静干燥、排水良好、通风向阳、冬暖夏凉,有比较充足优质的水源,水畜的饲养场地必须选择有水塘、河畔、湖泊等水源的边缘地方,划出一定的水面供水禽戏水,但不得使水源特别是人类饮用水源受到污染。

2. **饲养方式**　分为散放饲养和控制饲养两大类。

(1) 散放饲养：包括全散放饲养和半散放饲养两种类型。全散放饲养要求有较大的区域范围,动物基本上处于野生状态,该饲养方式投入少成本低。半散放饲养的动物活动范围小,部分人工饲养,设电牧网、铁丝网、围墙、水沟等屏障,要适当补充人工食料,投入较大。

(2) 控制饲养：分为半密集饲养和高密度饲养两类。半密集饲养类型包括了我国目前大多数的药用动物场,对动物进行驯养或半驯养。高密度饲养是指单位面积内的动物数量多,环境条件处于最佳状态,饲料、饮水及污物清扫的自动化程度高。

许多动物饲养都要建设圈舍,圈舍建设应能满足动物生长、繁育的需求,生产区与生活区分开,并能防止动物逃逸,有患病动物隔离圈舍和病死动物、污水、污物无害化处理设施及设备,出入口设有隔离和消毒设施设备。圈舍的选址、建筑布局及设施设备首先应符合国家相关的行业标准,符合动物卫生防疫要求,养殖场地与城市中心、工业区、居民住宅区、交通要道等可能对人、畜安全构成威胁的地点要隔开一定的距离,以减少污染和疫病传播的机会。

(二) 饲料

药用动物的食性可分为草食性、肉食性和杂食性三大类,饲料配方必须从蛋白质、脂类、糖类、维生素、矿物质和水等方面,满足不同食性动物的需求,并满足药用动物生长的特殊需要；饲料性状应符合动物的饮食习惯；许多动物的饲料配方都有国家标准,可参照执行。饲料原料的来源必须稳定和有保障,原料储存和加工应避免遭受害虫、化学、物理或微生物污染物或其他不良物质的污染。

(三) 饲养管理

饲养管理包括对从业人员、环境和动物的管理等方面。

1. **从业人员**　从业人员要求身体健康,具备一定学历,接受过专门技术培训,持证上岗。

2. **环境**　定期清洁打扫圈舍和饲养场地,喷洒消毒剂和杀虫剂;定期更换饲养场出入口水池中的消毒液;及时修补损坏的设备、栏杆、笼具和铁丝网,防止动物逃逸。

3. **动物** 制定动物的常规饲养、繁殖配种、幼仔护理、免疫接种、发病情况和放牧的管理制度和操作规程,并做好相关资料记录。所有记录应有相关负责人签字并妥善保存 2 年以上。动物在青春期和繁殖发情期容易发生斗殴和自残现象,要有针对性地采取相应措施予以预防。

(四) 疫病防治

积极贯彻"预防为主"的方针,建立切实可行的防疫制度。如做好环境清洁卫生,定期扑杀昆虫鼠害,驱除动物体内外寄生虫,接种疫苗,等等。发现患病动物要及时隔离治疗,并对环境进行消毒处理。做好死亡动物尸体的处理和掩埋。防止疫病的发生与传播。

(五) 药用动物饲养实例——麝的饲养

1. **圈舍的设计** 圈舍建筑要适合林麝的生活特性,并以经济与适用为原则。地势要比较高,干燥,排水比较良好,邻近要有一定的清洁水源,饲料生产和供应比较方便。平均每头占房 $1\sim2\ m^2$、活动场面积 $4\sim6\ m^2$。随着家养驯化程度的进一步提高,圈舍利用率和容量可相应增加。

圈舍围墙离地面高度,野麝圈墙高约 4 m,家养驯化后的林麝圈墙高约 3.5 m。墙壁上或附近不能有供林麝起跳的梯蹬。

2. **饲养** 林麝所采食的大部分青饲料一般是鲜喂,为了保证无青饲料季节的饲喂,需要干贮部分青饲料。林麝的口粮组合要着重注意青饲料、粗饲料和精饲料的配比,使营养全面,并增加适口性。在青饲料较缺乏的冬季,可以加喂适量的多汁饲料如胡萝卜、红苕等。一般情况下,日粮分为 3 次饲喂,若每天每头加喂精饲料 $50\sim75\ g$ 红苕、胡萝卜 $50\sim100\ g$ 时,青绿饲料可减到 $0.4\sim0.6\ kg$。饲喂中,对成龄麝、幼龄麝、孕麝、哺乳麝和病弱麝要分别对待,灵活掌握。

3. **管理** 公麝有殴斗和以强欺弱的特点,应分群管理,每群以 $4\sim7$ 头为宜。分群时注意强弱搭配要适当,否则,即使麝群少到只有 $2\sim3$ 头,亦可能发生严重打架以致造成弱者受伤或死亡。如分群合理,大小较均匀且强弱相差不大,食量接近,麝群一般很安静,对喂养也较方便。在配种季节为组织配种,或在麝群中个别强弱差别过大不宜继续在原麝群时,要进行调圈。

圈内需每日打扫,清除粪便、积尿、积水。定期大扫除或药水消毒,进出门口设消毒池(新鲜石灰)。饲料和饮水应保持清洁。食槽、饮具每天洗刷,避免泥沙、毒虫、蚧蝇或鼠雀等污染饲料。病麝要隔离饲养,及时消毒圈舍,病麝死后要及时处理并掩埋。

四、繁殖育种

繁殖和育种是保证动物的遗传性状,生产地道动物药的重要环节。

(一) 育种

动物育种是研究如何运用生物学的基本原理和方法,特别是遗传学、繁殖学和发生学等理论和方法来改良动物的遗传性状,培育出更能适应于人类各方面要求的高产类群、新品系或新品种,以满足人类生活的需要。

野生动物(含药用动物)是先有驯化后有育种。目前,我国药用动物养殖和育种工作的现状大体有以下 4 种情况:① 已经培育出优良品种的药用动物,如乌鸡、鹌鹑(日本鹌鹑、朝鲜鹌鹑、中国鹌鹑)、蜜蜂(中国蜜蜂、意大利蜜蜂和高加索蜜蜂等)、家蚕等。② 已经培育出优良类群但尚未达到品种标准的药用动物,如梅花鹿中的吉林双阳鹿、龙潭山鹿和东丰杠鹿等类群。③ 发现了优良野生种群并进行了引种驯养的药用动物,如吉林省长白山地区的中国林蛙种群,体大油多。内蒙古阿尔山地区的马鹿种群,茸特大。④ 与野生型无明显差异仅做初步驯养的,占药用动物养殖的大多数。

科学的育种工作应是有目标、有计划、有组织、有步骤地进行,从工作内容上大体包括遗传性状分析、选种和选配、交配产仔、培育(驯化与饲养等)等步骤。

1. 遗传性状 20 世纪 50 年代 Russel 和 Bruch 提出关于遗传与环境之间的关系模式:基因型+环境=表型。可见,动物表型的形成,主要受遗传因素的影响,其次是受环境(生态环境和人工选育)的影响。构成动物表型的各种性状可分为质量性状和数量性状两大类。

(1) 质量性状:质量性状多由一对或少数几对基因所决定,每对基因都在表型上有明显的可见效应,即各质量性状之间有明显的质的区别,不易混淆。所出现的变异多是不连续性变异,即使出现不完全显性杂合体的中间类型也可以区别归类,这一类性状称之为质量性状。质量性状包括的种类很多,如野生动物的毛色、耳型、血型、畸形及各种遗传疾病等。

(2) 数量性状:数量性状往往由多数基因所控制,每个基因只有较小的效应,在表型上并不明显可见,因而在实际研究中很难确定每对基因的作用。对这样的性状只能用数量遗传理论和数理统计方法进行分析和研究,并用来指导育种工作。数量性状包括动物的体型大小、体重、毛的长短和密度、毛色的深浅、产仔力、抗病力、生活力和生长速度,等等。

2. 选种和选配 选种和选配是人类改良物种的手段。通过选种或选配可以保存和发展动物的某些优良基因,淘汰某些不良基因,从而改变动物群体的基因频率和基因组合,并导致动物体产生变异。故选种和选配是育种的主要手段。

(1) 选种:选种是对参加配种的动物,不论雄性或雌性,进行种质优劣、生产力高低、性状好坏的有计划选择,从而不断提高后裔的质量,并使其朝着人类需要的方向发展。选种应以全面鉴定为基础,在动物体质、外形和生产力等方面都达到标准的前提下,集中力量选择几个主要生产性状,以加速遗传进展和提高选种效果。选种的方法大致有个体选择、系谱选择、后裔测验和同胞选择等。

个体选择(大群选择):这是一种较古老较常用的选种方法。

系谱选择:从遗传规律的角度分析动物祖先和后代的关系,认为优秀的祖先会产生优秀的后代。系谱选择在育种学上占有重要地位。

后裔测验:根据后代的表现来确定亲本的优劣,并作为依据来确定对亲本的保留和淘汰。如雄性亲本经后裔测验确定为优秀者,可以通过人工授精方法扩大其配种范围,把它的优良性状遗传给更多的后代。

同胞选择或家系选择:根据动物旁系亲属的表现来估计该动物的育种价值,评价其优劣。有的必须在杀死动物后才能取得性状(如皮张面积),只能用同胞选择和家系选择。同胞选择不受世代间距的影响,在一定时间内取得的遗传进展快,特别对于遗传力低的性状的选择是很有效的。

(2) 选配:选配就是对动物的配对加以人工控制,使优秀个体获得更多的交配机会,并使优良基因更好地更新组合,促进动物的改良和提高。选配时要对参加配种的动物个体或群体在年龄上、体质上、雌雄比例上、配种方式和方法上进行优选,充分发挥动物的生产潜力,发挥最大的繁殖效能。选配大体可分为个体选配和群体选配。个体选配主要考虑配偶双方的品质对比和亲缘关系。群体选配则主要考虑配偶双方所属种群的特性,以及它们的异同在后代中可能产生的作用。选配是改良动物种群和创造新种群的有力手段。

药用动物在人工饲养条件下,为了进行良种繁殖,不断提高种群生产力,必须进行选种和选配,大型动物可以进行大体选种和选配,而小型动物则只能进行群体选种和选配。群体选种的方法可以采取三群制。

核心群:该群体的主要任务是使动物不断地朝着人类所希望的培育目标发展,逐步走上品种化。主要担负起繁衍后裔的任务,受到精心培育和驯养。

生产群:该群体的主要任务是生产商品,在饲养标准上,要比核心群低,往往在一个饲养场内占有最大的数量比例,是产品的主要来源,饲养场的产品生产和产值收入,单产与总产的多少都受到生产群的制约。该群体往往仅是在产品繁殖生产期进行奖励饲养,有的也进行繁殖,有的则不进行繁殖。

淘汰群:该群体是由老龄动物、病弱动物等个体所形成,从生产价值上看,暂时尚保留有产品和利润收入,但已需要逐步淘汰,这种个体仅能受到粗放饲养。

从上述三群的关系上看,核心群在质量上不断提高,在数量上不断扩大,并且每年有一定数量的未达到选择标准的个体转入生产群。而生产群也每年进行产品生产力的选择,生产力下降的个体也每年拨入淘汰群,这种每年朝着一定方向的个体流动过程,也即是群体选育过程。每个饲养场都可以采用这种制度。

(3) 交配:交配是动物有性繁殖过程,其繁殖方式有 3 种:

随机交配:在一个种群中,一个性别的任何个体都有相等概率与另一性别的个体交配。

表型组合交配:这类交配是以表型选择为基础的,可分为两种:凡表型相似的个体间进行的交配,称为同质交配;凡表型不相似的个体间进行的交配,称为异质交配。

基因型组合交配:这是根据雄性与雌性之间的亲缘关系进行的一种交配方式。其中,凡是亲缘关系接近的个体之间的交配,称为近亲交配;亲缘关系超过了平均群体关系的交配,称为远缘交配。

通过近亲交配可培育出纯种的近交系,增加了基因的纯合性,有利于保存药用动物的地道性,但近亲交配容易导致动物出现生长速度慢、繁殖率和生活力下降等近亲衰退表现,往往造成生产损失。

远缘交配要求两性个体在 10 代以上无亲缘关系,无共同祖先。通过远缘交配(杂交)使动物基因的杂合性增加,纯合性减少,动物表现出生活能力、抗病力和繁殖力强,产仔率和仔代成活率高等杂交优势,提高了动物产量。远缘交配方式有品种内杂交(如泉州乌鸡与泰和乌鸡)、品种间杂交(如朝鲜鹌鹑与日本鹌鹑)、亚种间杂交(如东北原麝亚种与江南原麝亚种)、种间杂交(如梅花鹿与马鹿)等四种。

3. 培育 育种工作中,除了选种和选配等遗传因素对动物的影响之外,环境、营养、饲养管理、微生物和寄生虫的控制、疫病的防治等,对仔代动物的后天培育非常重要,如果培育工作跟不上,则优良性状在仔代中也不一定能显示出来。所以在育种工作中,要切实掌握基因型、环境和表型三者之间的关系,使选择和培育工作有效地结合起来,达到育种的目的。

(二) 繁殖

研究动物的繁殖规律和繁殖技术,可提高动物的繁殖率。动物的繁殖往往受生活条件的影响,以哺乳动物为例,当生活条件不能满足其基本要求时,会出现性腺发育不良;发情和配种能力下降;不能受精或受精率降低;胚胎不能着床,胚胎吸收或流产;产后哺乳不足和仔代生活力衰弱等。这种现象在野生状态和人工养殖时均有可能出现。所以,通过生殖生态学的研究来指导人工养殖工作很有必要。

1. **动物繁殖的季节性及影响因素** 动物繁殖有明显的季节性。它除了与内分泌机制、营养状况(肥满度)和新陈代谢水平等内部因素有关外,还受到外界环境条件季节性变化的直接影响。如每当春季来临,昆虫便从越冬的卵中孵化或从蛹中羽化而出,有冬眠习性的动物开始苏醒,迁徙鸟和洄游鱼开始回归,大多数种类在此时进入繁殖期。在影响动物繁殖的环境条件中,光照、湿度和食物是3个重要因素。

(1) 光照对动物生殖的影响:光照能促进动物的各种生理活动,季节性的生殖周期活动便是其中的主要内容。春夏配种的动物是由于日照的增长刺激其生殖功能。鸟类、食虫兽类和食肉兽类以及一部分草禽兽类属于这种类型,通常称为"长日照动物";秋冬配种的动物是在日照缩短时促进了生殖功能活动,如鹿、麝等野生反刍兽类属于这种类型,通常称为"短日照动物"。人为控制光照强度,可以缩短水貂的妊娠期,或使水貂从1年1胎变为2年3胎。

(2) 温度对动物生殖的影响:温度的季节性变化影响动物的生殖活动,如昆虫的交配、产卵、卵的发育,都需要一定的温度。不同种类所需要的温度也不一样。温度甚至决定繁殖日期。昆虫大量繁殖的年份几乎都是在温度条件适宜的年份。鸟类和哺乳类的繁殖时间也是在最适宜的温度条件,离开了最适温度范围,繁殖强度就会下降甚至停止繁殖。春季繁殖的动物随着气温逐步升高促使性腺逐渐成熟,秋季繁殖的动物则由于环境温度的降低而促进性腺成熟。人工控制温度可以改变动物的生活习性,如通过人工控制温湿度和改善营养条件,打破了土鳖虫的冬眠习惯,使之不停地生长发育,生长周期从23~33个月缩短为11个月左右。

(3) 食物对动物生殖的影响:不论是肉食性、草食性,还是杂食性动物,其繁殖时期都是在每年食物条件最优越的时期。在这个时期内不但气候条件适宜,其食物也最丰富。如在温带地区,动物多在春秋两季进行繁殖。这是因为春季各种植物萌发生长,小动物出蛰活动,食料丰富而营养价值高。秋季果实丰富,动物体肥,也是食物条件极好的季节,有利于动物觅食,增强体质和进行繁殖。在热带地区,有"旱季"和"雨季"之分,旱季由于干旱和缺少食物,动物繁殖活动多处于低潮,而雨季是生命活动的高潮期,大多数种类的动物都是在雨季进行繁殖。在寒带地区如北极区,只有到了夏季才有阳光长时间照射,土壤表层化冻,动物的活动立即活跃起来,觅食、交配、产仔、育幼等在短时间内完成,只有这样才能维持种族的生存。

2. **动物在繁殖期的异常表现和饲养管理工作**

(1) 异常表现:繁殖期动物体内性激素水平上升,在许多方面会出现异常表现。

行为变化:处于性活动期的动物常出现易激怒、好殴斗的表现,即所谓"性激动"。特别是雄性在求偶过程中与同性动物相遇,多因争偶而激烈争斗,易出现伤亡。有的雌性动物由于性腺发育不成熟而拒配,与追逐的雄性殴斗,造成伤残。很多动物平时表现驯服,如鹿在长茸期及麝在泌香期。进入繁殖期则一反常态,连饲养员也很难接近,甚至有伤人的情况发生。另外,动物在育幼期内也有类似的行为。

食性变化:性活动期动物的食欲普遍下降,甚至出现食性的改变。如草食性的有蹄类捕食啮齿类,植食性的鸟类啄食虫类,肉食性的动物采食部分植物。上述食性变化与繁殖功能密切相关。

(2) 饲养管理:动物繁殖期一般分为配种前期、配种期和配种后期,要针对各期动物在生理上和行为上的特殊变化,做好饲养管理工作。

配种前期(配种准备期):此期动物食欲旺盛,体质健壮。应在饲料中增加蛋白质成分的比重,并补充各种维生素,植食性动物适当给予动物性食物,肉食性动物补给一些植物性食物,对促进食欲和性腺发育大有好处,使动物保持良好的配种体况,即中上等肥满度的健康体质。配种前期还要对参加配种特别是初配的动物进行有计划的训练,帮助动物熟悉配种活动的环境通路、指挥信号(灯光、音响、颜色或其他指挥工具),克服惊恐、碰撞和奔跑情况。对不参加配种的动物应减少精饲料的配给,防止其出现性激动,并减少外界刺激对动物的影响。

配种期:此期的动物性腺发育已成熟,体内性激素水平极高,易受外界刺激而产生性冲动。食欲普遍降低,多喜饮水和洗浴,动物发情和交配活动对体力有很大的消耗,容易产生疾病、创伤和死亡。饲养管理上,喂饲的饲料要少而精,给配种能力较差的动物喂饲催情饲料,密切观察动物的发情表现,适时放对配种。对初次配种动物要加强管理。配种时力求环境保持安静,避免外来干扰,防止拒配、假配而造成空怀。

配种后期:此期饲养管理的重点在雌性动物,配种后雌性动物处于怀卵(怀孕)、产仔和哺幼时期,生理或行为表现与配种期明显不同。应加强对雌性动物的饲养管理,争取较高的产仔率和后代有强壮的体质。避免出现停育、胚胎吸收、流产或产仔数减少等情况,造成生产损失。雄性动物在此期处于恢复体力阶段,只需要将雌、雄分群管理即可。

(三) 药用动物繁殖育种实例——林麝的繁殖

1. 林麝的发情与配种　林麝是季节性多次发情的动物,有单次发情的倾向。性成熟年龄1岁半左右,配种的适宜年龄2岁半左右。公麝性成熟后随时都有性欲表现,母麝只在交配季节才有发情现象,每年10月到次年2月母麝发情,但多集中在11到12月。发情周期一般为17~30日,发情持续时间17~36 h,在此期间可多次交配。在配种季节到来前半个月,要做好配种计划,将准备参配的公麝拨入参配母麝群,按公:母为1:3~1:9的比例混群,最佳比例为1:4,对配种圈及首次配种的公麝应有人看管,避免麝群发生殴斗和伤害事件。配种期要做好发情配种记录。如发现种公麝不能配种时,应调进预备配种的公麝替换。

2. 母麝的妊娠与分娩　母麝的妊娠期为180日左右,秋末冬初配种后,一般在第二年的5~7月分娩产仔。妊娠前期无明显症状;妊娠后期腹围增大,活动减少但步态稳重;临产前几小时的表现主要为不安,尿频,行动极谨慎,寻找僻静的地方,因腹痛而低声呻吟;分娩时母麝经几分钟至20多分钟娩出胎儿。产仔后10~20 min娩出胎盘,母麝有吃胎盘习惯。母麝一般正产多,难产少,如经5~6 h胎儿不下时,应进行人工助产。

3. 保胎护仔　在妊娠期及分娩后要做好保胎护仔工作。妊娠期不喝冰水,不吃上冻的饲料,以免受刺激发生流产。妊娠后期要适当增加精饲料,减少粗饲料,粗料过多不易消化,可引起流产。要经常检查孕麝的采食及行动表现。分娩前要准备好分娩小圈,圈内要求阳光充足、暖和、干燥,并做好清洁消毒工作。在根据配种记录和发现母麝有分娩征状时,应提前将孕麝拨到分娩小圈产仔。分娩后母麝口干,应给温水喝,喝冷水会造成母麝腹泻。初产母麝多产一仔,经产母麝多产两仔。初生仔麝勿用手摸,因摸后可能发生母麝弃仔情况,有的拒绝哺乳。

初生仔麝重约0.5 kg,体呈褐色,背上及体侧布满肉桂黄或苍白色花斑。产后几分钟即能站立行走,但姿态不稳。初生仔麝由母麝舔干毛衣后即开始哺乳,仔麝吃饱卧息后,母麝才采食。母麝哺乳次数多为每日 2~3 次,第一次在早上 5~7 时,第二次 11~13 时,第三次 19~21 时,每次哺乳时间 1~10 min 不等。自然哺乳期 3 个半月左右。哺乳期间,要供给母麝良好的饲料,以保证有足够的奶量。

(四) 现代繁殖育种技术

1. **现代选种理论**

(1) 细胞遗传与育种:主要对动物染色体的遗传监测、染色体多态性和品种起源的演变以及畜禽的基因定位进行研究,为动物选种提供依据。

(2) 生化遗传与育种:主要对血液中酶、蛋白质的多态性进行研究,期望用于质量性状的选择,以及搞清畜种间、品种间的遗传差异和遗传距离。

(3) 免疫遗传与育种:研究的重点是畜禽白细胞的抗原分型,主要目的在于选择具有抗病力的个体、品系或品种,如抗乳房炎的奶牛、抗马立克病的鸡等。

(4) 分子遗传与育种:分子遗传学新技术的产生与发展,促进了标记辅助选择在动物育种领域的广泛应用,并且越来越受到育种者的重视。

2. **人工授精** 人工授精技术是指用人工的方法采集雄性动物的精液,经过精液品质检查、稀释、保存等一系列处理后,再将精液输入到发情雌性动物的生殖道内以达到受胎目的的配种方法。与自然交配相比,它具有提高优秀雄性动物利用率、提高商品动物整齐度、减少饲养动物数量、节省开支、可以克服雌性和雄性动物体格大小相差悬殊时造成的交配困难等优点。推广动物的人工授精技术,其成败关键在于能否提高受胎率和产仔数。采精前必须剪去包皮周围的长毛,防止细菌污染精液。

采精方法分假阴道法和徒手法两种。徒手法由于不需要器械,方法简便,可分段收集精液,因此最近几年世界各国普遍流行。假阴道法是借助模仿雌性动物阴道功能的器具,只能采集全份精液,要求设备多,清洗费时费力,现在采用较少。

3. **动物遗传基因的保存** 目前原产地活体保种仍是我国畜禽遗传资源保护的主要形式,生物技术保种是增加资源保护安全性、提高保种效率的重要手段,主要有冷冻精液技术、冷冻胚胎技术和基因保存技术。其中,冷冻胚胎是最安全、最有效的保种方法。

4. **细胞和分子育种技术** 分子育种也称基因型选择,即通过确定性状所对应的基因型进行选种,这种方法获得遗传进展的速度快,效果稳定。从目前的发展情况来看,分子育种主要是以分子标记为基础进行标记辅助选择,然后以转基因技术为基础进行转基因育种。狭义的分子育种技术仅指 DNA 改组,广义的分子育种技术则包括 DNA 改组、DNA 改组的改良和基因组新技术等内容。分子育种技术从一诞生就受到科学家的极大关注,现已广泛应用于医学、农学等各个领域的研究,收到了良好的效果。

20 世纪 60 年代以来,细胞培养技术和细胞生物学研究进入了高速发展民用工业的阶段,取得了不少研究成果,尤其是干细胞具有自我更新、增殖和分化能力,不仅能产生表型和基因型与自身完全相同的子细胞,而且还能分化为祖细胞,甚至具有再生成各种组织和器官的潜能。体细胞克隆工作的进一步发展,也为我们采用非生殖细胞的保种工作开拓了广阔的前景,如利用胚胎干细胞生产克隆胚胎技术,核移植技术等。构建细胞库来保存种质资源,是一种具有发展潜力的方法,但是操作比较繁杂,需要完善的细胞体外培养技术以及分子遗传学技术为基础。

第四节 我国药用动物GAP基地建设概要

GAP(good agriculture practice,GAP)是指"中药材生产质量管理规范",是药材生产质量管理的基本准则。其核心是对药材生产实施全面质量管理,最大限度地保证药材内在质量的可靠性、稳定性,由此延伸至中药科研、生产、流通的所有质量领域。

影响GAP的因素主要有场地、环境、饲料、水源、大气等,环境因素包括温度、湿度、光照、噪声、风速等。按照国家食品药品监督管理局颁布的第三十二号令《中药材生产质量管理规范(GAP)》的规定:"中药材产地的环境应符合国家相应标准,空气应符合大气环境质量二级标准;土壤应符合土壤质量二级标准;灌溉水应符合农田灌溉水质量标准;药用动物饮用水应符合生活饮用水质量标准。"

饲料是动物赖以生存的基础,应根据药用动物的季节活动、昼夜活动规律及不同生长周期和生理特点,科学配制饲料,定时定量投喂。适时适量地补充精饲料、维生素、矿物质及其他必要的添加剂,不得添加激素、类激素等添加剂。饲料及添加剂应无污染。

人工驯化养殖的野生药用动物,环境因素的改变势必会对其生长、发育、繁殖、遗传和生物学特性的表达产生直接或间接的影响作用,特别是对小型药用动物的影响更大。改善饲养环境条件,完善设施建设,提高驯化养殖药用动物的质量,是药用动物GAP基地建设的重要任务之一。目前,国家已将中药材规范化种植及实施GAP基地建设作为中药现代化的一项重要任务。

自国家颁布实施GAP指导原则以来,药用动物GAP基地建设取得了一定成绩,已经按GAP标准建立了不少养殖基地。如在吉林省舒兰市建立了"北药基地——长白山中国林蛙无公害规范化养殖示范园区";吉林敖东药业集团股份有限公司的东北梅花鹿养殖示范基地;江苏联峰梅花鹿场;汇仁集团在江西泰和县建立的乌骨鸡GAP养殖基地等;广西积极开展蛤蚧养殖规范化研究;在广州市花都区梯面镇建有大型现代化子二代大鲵种苗生产养殖推广示范区;广东佛山的龟类养殖场养殖国家二级保护珍稀动物金钱龟,以及广东草龟、金头龟、石龟、鳄鱼等几十个珍贵品种;四川养麝研究所是"国家人工养麝种源基地、技术推广应用基地和麝香生产基地","国家中药现代化科技产业麝香规范化养殖基地",进行人工养麝、活体取香,已被国家列为可持续利用战略的对外窗口,具有进出口经营权。

据市场调查,目前大宗常用动物类中药材虽然只有几十个品种,销售额却是中药材全部的60%以上,绝大部分是栽培和养殖的。如大宗常用的动物药材梅花鹿茸、马鹿茸、水牛角、牛黄、熊胆粉、鳖甲、龟甲、全蝎、僵蚕、蜂蛹、地龙、珍珠几乎全是人工养殖生产;一些珍贵的品种也在扩大养殖或半圈养,如麝、蛤蚧、林蛙、海马、土鳖虫、蜈蚣、水蛭等。上述列入《中国药典》的17种受国家或野生动植物种国际贸易公约(CITES)保护的野生动物,有10种已成功圈养繁殖,有些养殖量十分庞大,已完全替代了野生品种。为减轻或停止对野生种群的需求压力,我国还发展人工合成麝香代替天然麝香、水牛角替代犀牛角、山羊角替代羚羊角,熊胆和虎骨替代品也在审批或研制中。

第五节 我国药用动物驯化及规范化养殖的实例

一、节肢动物的人工养殖

(一) 蜈蚣的人工饲养与管理

1. 养殖方式

(1) 半自然状态下室外养殖：多采用池养方式。养殖池建在通风、排水条件好、向阳的地方。养殖池面积为 $5\sim10\ m^2$，从地面向下挖 $0.8\ m$ 深。紧靠围墙内侧绕四周建一条宽 $0.1\ m$、深 $0.03\ m$ 的水沟，靠沟的内侧建一条 $0.3\ m$、深 $0.03\ m$ 投放饲料的料槽。养殖池的上方要搭棚遮荫和防雨。为了防止蜈蚣逃跑，养殖池要求四壁光滑和建造水沟，池底铺 $10\ cm$ 左右厚的疏松细沙土，然后填 $0.03\ m$ 厚的已发酵的畜粪，再撒些鸡毛、鸡骨，最后铺上碎瓦片或碎石。

(2) 室内全人工养殖：有缸内放养和室内放养两种。

缸内放养：在室内设置若干瓦缸，缸的底层铺放厚约 $0.1\ m$ 的泥土，土面堆若干层瓦片、石块等，上面再覆盖小块麻袋片，缸口用细铁丝网制成的罩覆盖。

室内放养：饲养室用的房间最好有天花板，或在屋顶铺设铁丝网，还要设置铁纱门和铁纱窗，以防蜈蚣外逃。室内四周用瓦片、沙、石块和少量泥土堆叠在瓦石堆中，尽量多创造一些适合蜈蚣栖息的缝隙场地。为充分利用空间，瓦石堆可尽量堆叠高些。

2. 饲料 蜈蚣为典型的食肉性昆虫，性较凶猛，凭着它具有能射出毒汁的颚爪，可捕食比它大得多的各类小型动物。蜈蚣食源广泛，其饲料主要有以下几类：一类是各种昆虫，如蟋蟀、蝗虫、金龟子、稻苞虫、蚱蜢、蜻蜓、蜘蛛、蝇类和蜂类等的成虫、蛹、幼虫和卵。另一类是蠕虫、蚯蚓、蜗牛、蛞蝓等无脊椎动物及蛙、蛇、蜥蜴、壁虎、麻雀、鼠、蝙蝠等脊椎动物的肌肉、骨骼、内脏等。再一类是在以上食源不足时，也食少量幼嫩的青草、枝梢、根尖和西瓜、黄瓜等瓜果以及蛋类、牛奶、面包等熟制品。此外，浙江人工饲养的蜈蚣主食泥鳅、黄鳝、小鱼、小虾和小蟹等。

蜈蚣的食源虽然广杂，但对食物要求新鲜，不吃腐臭之食。所以人工养殖时，必须每隔 $2\sim3$ 日就应投一次新鲜饲料。投料前，要彻底清除前次剩余的食料。蜈蚣一次食量大，耐饥力强。饥饿时，一次进食量可达自身体重的 $1/5\sim3/5$。食饱后，10 日至半月不给食物也不会饿死。同时，蜈蚣不耐渴，每天需饮水。因此饲养场内必须放置盛水器皿，并要定时换水，以保持饮水的新鲜、清洁。

蜈蚣视力白昼差于夜晚，大多不合群，晚上 $8\sim11$ 时是捕食高峰。最适宜的温度为 $25\sim30℃$，$10℃$ 以下蜈蚣不活动，低于 $0℃$ 对其生存不利。蜈蚣活动程度与气候因素有关，应随时注意调节。

3. 产卵与孵化 第一批养殖的蜈蚣种源，多来自捕捉的野生蜈蚣。作为种用，要求选择已有 3～5 年龄,达到性成熟的蜈蚣,并且体健活跃,背乌亮有光泽。雌雄搭配比例以 10∶2 为宜。每年春末夏初,是蜈蚣的产卵期。每条雌性蜈蚣一般产卵量为 20～60 粒。产卵前蜈蚣腹部紧贴地面,自行挖掘浅的洞穴。产卵时,蜈蚣身体曲成"S"形,卵从生殖孔成串产在自行挖好的浅穴内。在无外界惊扰的情况下,产卵需 2～3 h。产完后,随即侧转身体,用步足把卵托聚成团,抱在"怀中"孵化。蜈蚣产出的卵呈椭圆形,大小不一,一般直径 3～3.5 mm,米黄色,半透明,卵膜富有弹性。

蜈蚣孵卵时间较长,一般需 43～50 日。卵在孵化过程中,外部形态和内部构造都在随胚胎不断发育逐渐变化。1 个月后,卵内初具幼虫形态,体长约 1.2 cm,可见卵膜内幼虫的蠕动,35～40 日后,幼体体长约 1.5 cm,已能上下爬行,但尚不能离开母体,43～45 日后幼虫体长约 2.5 cm,能离开母体自行寻食。在整个孵卵期间,母体早已蓄足养料,不必给食,否则反而易造成卵或幼虫被食物污染而被母体食掉,影响孵出率和幼虫成活率。

母体在孵卵期间,一直不离开卵团或幼体,精心孵化和守护。不时用触角左右摆动驱赶近身的其他小虫,并常用食爪拨弄或用口吮舔卵团或者幼虫,这是母体食爪的基节腺或口腔腺分泌的液体在清洗卵团或幼体,以防止卵团或幼体遭细菌和其他污物的沾染。

蜈蚣在产卵或孵卵期间,若受外界惊扰,就会停止产卵,并把已产出的卵或在孵化的卵全部吃掉。蜈蚣食卵后,多能重新产卵和孵卵,但产卵期和孵化期大大推迟,且产卵少,孵出率不高,影响蜈蚣的产量和质量。因此,在蜈蚣产卵和孵卵期间,应保持周围环境的安静,切忌惊扰。

4. **蜕皮与生长发育**　蜈蚣属甲壳类的节肢动物,体表覆盖有几丁质的甲壳,限制了本身进一步生长发育,故蜈蚣在生长发育过程中要蜕皮数次。每蜕 1 次皮,就明显地长大 1 次。在胚胎发育中要蜕皮 3 次,成体一般每年蜕 1 次皮,个别蜕 2 次皮,蜕皮多在盛夏或产卵后进行。蜕皮前体色改变,行动迟缓,不吃食物,视力和触角能力减弱。蜕皮时,由前向后逐节进行,最后蜕出尾足,蜕皮需 2 h 左右完成。蜕皮时切忌惊扰,否则会延长蜕皮时间,并要防止被蚂蚁等咬死、咬伤。

蜈蚣发育的速度较慢,从第一年孵化的幼体到当年冬眠前体长仅 3.3～3.9 cm,第二年在食物充足的条件下体长也只有 4.9～6.6 cm。所以蜈蚣从产出的幼体发育至成体性成熟一般需 3～4 年时间。生长发育速度与食料是否充足和进食时间长短有很大关系。同一年产出的蜈蚣,室内养殖的比自然放养的生长发育得快。所以养殖时供给充足的新鲜饲料是提高其产量的重要条件之一。

5. **越冬**　蜈蚣属变温动物,外界气温升降的变化对其生活有极大的影响。寒冷的冬季威胁着它的生命。为了逃避寒冷冬季的威胁,它就钻入地下,以冬眠的方式越冬。冬眠时钻入层的深度与气温、土温的高低直接相关。气温、土温越低,钻入土层则越深,在土层 80～100 cm 处;气温、土温较高,则钻入土层较浅,在土层 15～40 cm 处。土温升高不仅可以推迟冬眠时间,而且可在土层浅处或土表冬眠。由此可见,土温的高低是影响蜈蚣冬眠时间长短、潜伏土层深浅的关键。因此在养殖中,人为地提高冬眠场所的土温,不仅可以缩短它冬眠的时间,使之安全越冬,而且可相对地增加蜈蚣正常的生活期,有利于提高养殖蜈蚣的产量。比如在蜈蚣越冬前夕,在养殖场开挖 80～100 cm 深的坑,把挖出的泥土与收集的垃圾泥灰按 2∶1 的比例拌和均匀,倒入坑内,把坑填平。然后铺上适量的砖瓦碎块,放入蜈蚣,再盖一层细土,最后覆盖树枝枯草,这样就能改善蜈蚣越冬的环境条件。

(二) 地鳖的人工饲养与管理

人工饲养的地鳖主要为中华地鳖,全国各地均有分布。人工养殖需要安排一套与其生物学特性相适应的饲养设备和管理技术,才能把中华地鳖养活养好,逐步达到稳产高产。

1. 养殖方式 饲养地鳖虫所需用的设备,要因地制宜,因陋就简。根据饲养虫口的多少和具备的条件不同而设置不同的设备。有专门建房造坑的,也有利用空屋及墙角墙边造池(坑)的,也有缸养的或柜养的,形式各异。

(1) 饲养缸:饲养缸是进行小型饲养地鳖虫的设备,使用家庭常用普通的缸,大小不拘,缸的内壁要光滑,防止地鳖虫外爬,一般以口径 60 cm,高 45 cm 的缸为好。初养者,因数量较少,一般宜用缸养。

(2) 饲养坑(池):饲养坑一般砌在屋内的墙边墙角,坑底要夯平打实,坑四周用砖砌成,高出地面 30 cm。坑内外用石灰或水泥刷平,要求平整光滑,坑面要用盖。

(3) 地下道:地下道是解决饲养场地困难的一种办法,即利用住宅内的地下,掘深 20 cm 的坑道,坑底也要夯平打实,四周用砖砌成,内壁要光滑,长度可根据住宅的大小而定,宽度可根据安装的盖板宽度而定,每隔一块固定盖板,做一块 30 cm 左右宽度的活动地板,作喂料和检查之用。为了防止老鼠、蚂蚁等敌害,房屋四周门缝等处的大小孔洞要严密堵塞。

(4) 饲养柜:饲养柜像多层的兔笼一样,立体形,形状似柜,设 2~6 层。这是充分利用室内的空间面积,进行大面积饲养,解决饲养场地困难的最好办法。多层饲养柜的平均温度比饲养坑高,所以地鳖虫的食量显著提高,生长发育也明显加快。多层饲养柜与一般坑养的地鳖虫比较,从卵→若虫→成虫完成 1 个世代所需要的时间缩短,年产量也有明显提高。

(5) 蜂鳖联合饲养器:在饲养地鳖虫过程中,如能控制适宜的温度和湿度,就能加快繁殖,提高产量。为此,可根据地鳖虫繁育的最适温度为 25~35℃,相对湿度 70% 的要求,利用蜂箱内的常温(34~35℃)以及相对湿度为 80% 左右的有利条件,制备养鳖器,在蜂箱内进行联合饲养。蜂鳖联合饲养器有瓶式孵化器、框式饲养器、继箱式饲养器等。

(6) 饲养土:饲养土选择的好坏,直接影响地鳖虫的成虫,影响其生长发育,甚至使虫得病或招致螨虫等敌害。因此要注重饲养土的选择。一般选择湿润松软,含腐殖质较多的肥沃土壤作饲养土最好,如菜园土等,这种土便于地鳖虫钻入土中和钻出土表取食活动。黏性强的泥土易结块,缩小了地鳖虫的伏居范围,同时还会粘住虫体,影响爬行和发育,不宜应用。一般以冬季取土较好,此时土壤内病、虫、杂菌较少,可减少对地鳖虫的侵害。各地还可根据当地具体土质情况,因地制宜加以选择。取土时可先将土层翻开打碎,在太阳下暴晒消毒,然后过筛。饲养土的含水量一般以 15%~20% 较适宜,以手捏不能成团为度,同时还应根据节气、虫型、设备的不同,土的湿度也应有所区别。一般冬天、梅雨季稍干,夏秋季稍潮,小虫稍干,大虫稍潮,饲养坑稍干,饲养缸、饲养柜的上面几格稍潮,保存卵鞘的泥要稍干。当发现饲养土过湿或过干时,要注意找出原因,适时调节。过干时,可在饲养土中喷洒少量水或增加一些青饲料用量,过湿可开窗通风散湿或减少一些青饲料用量等,这些都是调节饲养土湿度的有效措施。饲养土厚度与虫龄的大小,虫口数量有密切关系,9 龄虫以上包括成虫能钻到 30 cm 深度。若虫在 6 cm 左右的深度活动,虫口数量多,饲养土的厚度也要相应厚些,反之则稍薄些。为了使饲养土疏松、肥沃,可加入适量谷壳、木屑或发酵过的马粪、牛粪,以及豆壳、河泥等。

2. 饲料 由于地鳖虫是杂食性昆虫,所以它的饲料种类也比较多。

(1) 精料:主要是粮食和油料加工后的下脚料。如麦麸、米糠、麻饼、棉籽饼、豆腐渣。

(2) 粉渣(晒干的)：一般均可生喂，炒熟带香味后更喜食，但不要炒焦。

(3) 青饲料：主要是瓜果、蔬菜、树叶、草根之类，如黄瓜、冬瓜、南瓜的皮瓤、梨、柿、桃、李、橙等果枝和果皮、红苕、芝麻、蓖麻、蚕豆、豌豆、紫云英、棉花、青菜、白菜叶子以及桑树、杨树、柳树等树叶都可饲喂，但要注意保持新鲜干净。

(4) 动物性饲料：如猪、牛、羊、鸡、鸭、鹅、兔、鱼等下脚料，一般都喂熟食。

地鳖虫和其他昆虫一样属变温动物，其生长、发育、繁殖等生命活动受外界环境，特别是温度和湿度的影响很大，夏季气温高，水分易蒸发，饲养土易干燥，一旦气温超过35℃或阴雨连绵，气温又高，湿度又大时，要特别注意降温和通风，应及时打开窗子，使空气流通，如果饲养土干燥可以喷些水，为了降温，有条件也可以在室内放些冰块，并适当多喂些青饲料。否则因温度过高易造成地鳖虫大量死亡。冬季地鳖虫越冬要注意保温，温度不能低于0℃，否则地鳖虫会冻死，卵块会冻坏。保温方法可因地制宜，如将门窗关严，挂上草帘，饲养坑、缸上要加盖(但要留有通气孔)，饲养土表面可加些麦糠、草屑或约20 cm厚的灰土等。

喂食要按虫龄、季节和发育阶段的不同，采取适宜的喂食方法、喂食时间和喂食数量。1～4龄若虫，虫体小活动力弱，一般在饲养土表层内寻食，可采用撒料喂食的方法。因地鳖虫多集中在坑的边沿，所以坑的周围要多撒一些并用五指伸入土中2～3 cm扒土数次以使饲料掺入土表层。1龄若虫尚无食青饲料的能力，故可在2龄以后加添青饲料。5龄以上的若虫都出土寻食，故可在饲养土表面加撒一层稻壳，稻壳上面铺几块塑料布或木板作食料板，将精料撒在上边，这样，地鳖虫出来寻食，穿过稻壳虫体无泥，能保持饲料干净，避免浪费。每隔3～4日，将塑料布清刷1次，有利于虫体身体清洁。在气温偏低的月份，可以隔日喂食1次，气温较高的月份，坚持每日喂食2次，晨喂青料，晚喂精料，保持食物新鲜，不喂霉烂的饲料。地鳖虫蜕皮前后食量显著减少，蜕皮期间完全停食。此时少喂精料或不喂，待发现饲养土表面出现大量虫皮后再恢复正常喂食。

3. 产卵与孵化　在饲养的地鳖虫中，一般雄虫约占总数的30％，试验表明，在雌成虫中，经常保持5％健壮的雄虫就足以满足交尾需要，因此要采取去雄措施，即在若虫发育到7～8龄时，就可以去除过多的雄虫，将它们加工入药。

地鳖虫在饥饿或环境不利的情况下会食卵鞘，为避免这一损失，应及时将所产卵鞘取出放入孵化池或孵化缸内待孵，在南方每年5月上旬就可第一次取卵，取卵次数不宜过多，不然对种虫发育不利，反之间隔时间也不宜过长，一是随着时间的延长，被食卵鞘增多，二是当气温升至30～35℃时，卵鞘30日左右便可孵化，故时间不宜超过1个月。

群体饲养地鳖虫，在一般饲养条件下，同期孵化的若虫到成虫阶段，其发育程度会有很大差别。为使虫体正常发育，避免参差不齐，饲养到一定阶段时，可分档饲养，按虫龄可分为：① 1～6龄若虫；② 7～8龄若虫；③ 9～10龄若虫；④ 成虫。也可按虫体的大小来分：① 芝麻型，指发育1～2个月的若虫，形小如芝麻；② 黄豆型，指3～4个月的若虫，似黄豆般大小；③ 蚕豆型，指5～6个月的若虫，如蚕豆般大小；④ 拇指型，即成虫，体型大小如拇指。根据不同的型(或龄期)，分设不同的饲养坑。经这样分档处理后，虫批较分明，发育较整齐，便于饲养管理。

近年来为了缩短地鳖虫的饲养期，提高产量，有人应用脱皮激素或保幼激素进行了探讨，初步获得成效，对体长1.5～2 cm的地鳖虫，平均每克喂食脱皮激素1 μg，雄虫的成熟期分别缩短12.5％和19％；如用以上两种激素对4龄以上的若虫作催熟剂，则14个月即可完成1个世代。激素的应用尚处于探讨阶段,如何正确把握激素的用量和时机,激素在虫体内是否残留及对服药患者有无不良影响,尚需进一步研究。

单位面积饲养土内饲养地鳖虫的密度,是生产实践中需要解决的实际问题,地鳖虫在土中喜欢群居,饲养密度一般可以大些,但在环境条件出现不利的情况下,地鳖虫会发生相互残杀或咬食卵鞘的现象,故密度又不宜过大。

有些地方在冬季,利用室内加温的方法停止地鳖虫的休眠,也能促进它的生长发育,但有的反映其体质比经过正常休眠的要弱,易感染疾病等。

4. 疾病防治 地鳖虫一般没有严重的病害,但管理不善或在梅雨季节温度高、湿度大,虫口密度大的情况下,容易感染霉病,严重时可造成大批死亡。感染霉病时虫体表面无光泽,腹部呈暗绿色,行动呆滞,体瘦干瘪,晚上不出来觅食,有时白天爬出池面死亡,也有的死在土内。

在饲养地鳖虫中,要经常做好病害的预防工作,温湿度太大时要通风换气降温排湿,保持饲料新鲜,经常清除饲料残渣、虫壳等物,保持池内清洁,另外在饲料中增加少量酵母片、土霉素粉等,能助消化促进地鳖虫健壮成长,以增强抵抗病害的能力。除上述病害外,有时虫体呈现腹部膨大而发亮,青黄色,粪便稀等病症;有时虫体润湿,身粘泥土,腹部边缘发黑,粪便呈水泻状,酱色,这些都危及地鳖虫的正常生长发育,病因还不清楚,但一般认为是由于喂食不适食物,虫口过密,温度湿度不适宜,也可能是由病菌侵入而引起的。需要在今后的饲养实践中进一步深入研究加以解决。

二、蛇类的人工养殖

蛇的经济价值很高,其皮、肉、血、胆、蛇毒等各具不同的药用价值。特别是蛇毒,是目前国内外极为短缺的动物药材,在国际市场上被誉为"液体黄金",其价格比黄金贵几十倍,供不应求。

(一) 人工养殖的主要蛇种

1. 主要经济毒蛇

(1) 银环蛇:为著名食用蛇之一,蛇体浸酒或干制、蛇胆均可入药,是当前主要人工养殖的蛇种。由于其主要产品为孵出 7~10 日的幼蛇,盘卷干制后为中药材"金钱白花蛇",生产周期短,经济效益高。毒型为神经毒。主要分布于安徽、浙江、江西、湖南、福建、广东、广西等地。

(2) 金环蛇:金环蛇与眼镜蛇、灰鼠蛇合称为"三蛇",是著名食用蛇种。所谓"三蛇药酒"就是用这 3 种蛇浸酒制成的;"三蛇胆"则是中成药原料。主要分布于广东、广西、福建、云南等地。毒型为神经毒。

(3) 眼镜蛇:主要分布于广东、广西、安徽、浙江、江西、湖南、福建、云南等地。毒型为混合毒。

(4) 眼镜王蛇:分布于我国云南、贵州、广西、广东、福建、浙江等地,也产于印度及东南亚一带,野生资源极少。其蛇毒(晶体)以克计值,蛇肉价格较高,人工养殖经济效益高,市场前景广阔。与眼镜蛇相似。毒型为混合型。

(5) 尖吻蝮:俗称蕲蛇、五步蛇、翘鼻蛇等。主要分布于北纬 25~31°的长江中下游地区台湾省南部。毒型为血循毒。

(6) 蝮蛇:是我国分布最广,数量最多的毒蛇。除青藏高原、两广及云贵地区外,均有分布。毒型为混合毒。

2. 主要经济无毒蛇

(1) 王锦蛇：在我国分布比较广泛，为广食性蛇。其蛇肉可食用，皮可制成漂亮的工艺品。药用主要为蛇蜕，有祛风、解毒、杀虫、明目之功效，用治惊痫、疥癣、目翳等症。

(2) 百花锦蛇：为大型无毒蛇，又称白花蛇、百花蛇、菊花蛇或花蛇，是重要的经济蛇类，仅分布在我国的广西和广东两省。蛇胆有祛风湿、除痰之功效，用治咳嗽、风湿病等症；蛇油有清热解毒、消肿止痛之功能，可治疗烫伤、冻伤等症；蛇蜕具有杀虫等功效，可治疗疥疮等。

(3) 三索锦蛇：分布在云南、贵州、福建、广东和广西等地。三索锦蛇肉味鲜美，是我国南方著名的食用蛇。其肉具有祛风除湿、舒筋活络的功效，用治风湿性关节痛、神经衰弱、消化不良等症。与眼镜蛇、金环蛇、银环蛇和百花锦蛇配伍，合称"五蛇"，是五蛇酒的原料之一。

(4) 灰鼠蛇：是我国重要的经济蛇类之一。分布在我国的云南、贵州、江西、湖南、福建、台湾、广东、广西和海南等地。蛇肉具有祛风除湿、舒筋活络的功效，用治风湿性关节炎、麻痹、瘫痪等症。其去内脏后，为三蛇酒和五蛇酒的原料之一。其胆制成蛇胆酒、蛇胆陈皮、蛇胆川贝等中成药，具有消痰止咳作用。

(5) 滑鼠蛇：是我国重要的经济蛇类之一。主要分布在我国的西藏、四川、云南、贵州、湖北、安徽、湘江、江西、福建、台湾、广东、广东和海南等地，是著名的食用蛇。其肉富含蛋白质，且肉多而鲜美。滑鼠蛇的肉还可以供作药用，具有祛风除湿、舒筋活络之功效，用治风湿性关节炎等症。成体去内脏，为三蛇酒和五蛇酒的原料之一。其皮可制琴膜，也可以制成手包、钱包等工艺品。

(6) 乌梢蛇：是我国传统的中药材。分布在河北、河南、陕西、甘肃、四川、贵州、湖北、安徽、江苏、浙江、江西、湖南、福建、台湾、广东和广西等地。

(二) 毒蛇的饲养管理与繁殖技术

1. **养蛇种类的选择** 在南方养蛇应考察当地和周边县市的蛇类交易情况，选择流通性广、消费量较多的蛇品种。因南方气候适宜、四季温度变化小，是众多蛇类的原产地，故毒蛇和无毒蛇都可以人工养殖。

北方养蛇受到较大的限制，受北方特有的气候、地理和环境三大条件因素制约，毒蛇(蝮蛇除外)较难存活。在广东、广西、云南、贵州、福建、四川、湖南、江西、浙江、安徽和台湾等地分布的蛇类，也难以在北方地区生存。

2. **养蛇场所的种类与建造** 人工养蛇可以采用室内饲养、室外饲养、室内外相结合饲养(池养)和岛养、箱养等几种形式。其中以室内外相结合饲养的方法最佳，这种方法把蛇窝建在室内，而把运动场所建在室外，这样，蛇在窝中既不受风吹雨淋和日晒，又可到室外自然环境中运动、取食、饮水，是一种较为科学的养殖方式。蛇窝一般应建在室内的地下和地上，优点是南北皆宜，非常适合蛇类的生长、生存，并能有效解决蛇类夏眠、冬眠所需的温湿度，使之能顺利地度夏和越冬；且地下蛇窝因不占场地面积，所以不会减少蛇类的活动场所。

(1) 蛇场养蛇：蛇场应建在与人畜相距较远的僻静之处，最好坐落在山岭或村寨的南面向南处。蛇场的规模大小视饲养数量而定，一般每平方米养5~6条蛇为宜，每100 m²可养蛇100 kg左右。场地选择应考虑蛇种及其野生习性等，尽量模拟蛇种野生状态下的生态环境，便于蛇觅食、蜕皮、交配等。如养尖吻蝮，宜选择坐北朝南、树多凉爽、靠近水源、环境僻静的山边建场；若养蝮蛇、银环蛇应选择地势平坦、水源方便的平原、丘陵、果园、菜园等处。蛇场内修建一种楼房式的"多层立体地下(上)"蛇房，此蛇房养殖面积和存蛇量很大，具有"冬暖夏凉"的特点,适用于炎热多雨的南方,还能克服过去早春、隆冬两季无法取蛇上市的缺点,可随时取活蛇供应市场,在蛇价较高时出售。蛇场四周修建2.5~3 m的围墙,用水泥灌浆砌成,墙基应深入地下1 m左右。在墙基下还应灌注石头灰砂之类的物质,墙壁内侧要用水泥砌光滑,在墙角处应砌成弧形,切勿做成直角,以防止老鼠打洞,蛇从洞穴逃脱。另外,墙壁最好不要用白色石灰粉刷,以免反光过强对蛇不利,根据饲养不同蛇种的情况,可将内墙隔成数个小格,不同种类的蛇宜分开饲养,有些蛇种如尖吻蝮与蝮蛇可以混养。墙的所有内角均宜做成弧形。围墙大门要设两层,内门开向场内,外门开向场外,这样既安全,又能防止蛇逃脱。也可不设门,人员利用活动梯进出蛇场。蛇窝是蛇的藏身之处,蛇饱餐后盘蜷在窝内连续几日,甚至10多日不动,直到腹内的食物完全消化掉,才会再爬到窝外饮水和觅食。因此,给蛇建造一个安全、舒适的窝非常重要。

蛇窝可分为箱式、笼式、抽屉式或洞穴式、坟丘式,蛇窝应保持阴暗、隐蔽、干燥,最好采用立体式蛇窝饲养,这样既可在有效的空间取得较大的饲养数量,又便于管理。一般的蛇窝可用砖石砌成,或用瓦缸作壁,外面堆以泥土。其窝深1.5 m以上,顶上加盖防雨,并便于观察、取蛇和清扫。底层一部分深入地下,窝内铺些砂土或干草,要注意防水、通气、保温和遮光,使怀卵的母蛇能安静休息。每窝有两个洞口,其中1个朝南面或东南方向,令蛇能自由出入,这样规格的窝可容纳中等大小的蛇10~20条。若是30 m²的蛇园,营建5个蛇窝,大约可饲养尖吻蝮30条或蝮蛇100条。另外,也可建成蛇房。例如修建1座长5 m、宽4 m、高1.2 m总计24 m³的蛇房。先在四周砌成20 cm厚和1.2 m高的土墙,房顶上盖1块厚水泥板,房内中央留出1条通道,两侧用砖砌成许多小格,每个小格的规格为20 cm×20 cm×15 cm,每个小格与前后左右的邻格相通。在总的通道出口处设1扇门,门的底部留几个小洞,供蛇进出。门平时关闭,起到挡风遮雨、保温、保湿作用。打开门,饲养员可弯腰进去检查。整个运动场地面最好不要做成水平面,而应做成斜坡状(坡度不可过大)。在蛇窝、蛇房边设有水沟,坡底修建1个小水池。水沟的两端各通向饲料池与水池。池水不可过深,一般水深0.3 m左右为宜。池中可放养泥鳅、鱼和蛙类等。水池必须保持水质的清洁卫生,供蛇饮用,并安装黑光灯诱虫,供青蛙和蛇捕食。运动场上要种植一些小灌木、鸡眼草等花草。切不要把灌木种在墙边,以防蛇从树上逃跑。也不要种植高大茂密的杂草,这样不利于管理。此外,还可在场内堆砌一些碎石或小假山,但假山或碎石不可留有过多的洞穴,以防蛇长期藏匿。盛夏季节可适当搭些凉棚,为蛇遮荫避暑。此外,应建一个产卵室与孵化室,供蛇隐身、栖息、活动、交配等。

(2) 蛇箱养蛇:蛇箱可用木板、铁纱网、玻璃等材料制作,也可用砖石或水泥制作。其规格可大可小,一般规格为70 cm×30 cm×35 cm。1 m³体积可养1 m长的蛇4~5条,30 cm长的幼蛇20条左右。1个蛇箱只能养1个蛇种(雌、雄蛇可以合养)。蛇箱内壁要光滑,箱顶装小孔铁窗纱,再安装1个推拉门或用铁纱网、合页做1个活动门。箱顶门的长度约为箱长的1/3,在箱的一端用玻璃做1个10 cm见方的观察窗。箱底中央固定1个短树桩,供蛇蜕皮时蹭皮用。箱底再铺1层5~6 cm厚的砂土,箱底一角放置1个小水盘,供蛇饮水与调节湿度。这种养殖有利于管理。还可一层层叠起来进行立体饲养,而且占地少,简单易行,便于观察蛇的举止行为等,但活动范围小,不利于蛇的生长发育与繁殖。蛇箱饲养最好与小型蛇园饲养结合起来。利用蛇箱产卵、越冬及饲养幼蛇,平时将蛇养在园内。

(3) 岛养法:即是四周环水,在中间高地养蛇。这种场地可以是自然形成的,也可以是人工修建的,如很多地区的湖心小岛、近海的小岛等,经过人工修建必要的设施,使其成为小型的岛式蛇场。在蛇场的四周挖防逃水沟,宽、深均为 2 m,在水沟的外侧建一道高出地面 2 m 的防逃墙,在岛上用砖、土建造一些蛇窝,种树木,搭瓜棚,供蛇栖息和遮荫,水沟上做吊桥供人出入。

3. 饲养管理　蛇的饲养和管理必须根据蛇的生理、生活习性,满足和改善其生存、繁殖条件,才能获得高产。首先要将雌雄蛇分开饲养,要选择无伤的健壮蛇作种蛇。同时要根据不同时期的营养特点,投以蛇喜吃食物,如鳝鱼、泥鳅之类,并创造适合蛇生存的温度和湿度等条件,确保蛇能顺利渡夏和越冬。

(1) 食物与投饵:由于蛇种不同,对食物适口性不尽相同,每个蛇种对食物要求有一定选择性。例如银环蛇喜食黄鳝、泥鳅;眼镜蛇喜食青蛙与其他小蛇;尖吻蝮爱吃蛙类、蟾蜍、蜥蜴、鼠类和鸟类;眼镜王蛇喜食无毒蛇;滑鼠蛇喜食青蛙和蟾蜍;百花锦蛇喜食老鼠。应根据不同蛇种,结合当时当地饲料资源选择食物,可通过捕、养、繁殖丰富食物来源。根据国外的经验,把粗蛋白、粗脂肪、粗纤维、钙、鳞、矿物质等,辅以维生素 $A、B_2$,调以适量水灌入肠衣,制成香肠,诱导蛇进食,为广辟蛇的食物提供了借鉴。一般认为在活动期间,蛇每月的食量接近自身的体重,1 条体重 500 g 以上的尖吻蝮,每月约喂饵料 250～750 g。在 5～11 月的活动期内,一般每半月投喂 1 次,或饲料池常备"活食",随时吃、任意捕。

多数蛇类对食物需求量最大的月份是 5 月、7 月和 10 月。5 月份是怀卵期,对营养要求高。7 月份是产卵期,产完卵后身体虚弱,需大量进食滋补身体。10 月份处于冬眠前夕,需蓄积营养御寒和越冬。满足这 3 个阶段的营养需要是关系到养好蛇的大问题,必须给予高度重视。平时大小蛇应分开管理,避免出现大蛇吞食小蛇现象。投喂时间随蛇种的活动规律而定,如金环蛇喜在夜间活动,应在晚间蛇出洞前,将饵料投在蛇窝附近,让蛇容易找到。饲料以新鲜的"活食"为好,严禁喂变质的蛋类,及时清除腐败的残饵。

(2) 保护越冬过夏:越冬技术直接关系到蛇类养殖的成败。我国地处温带和亚热带地区,自南到北均有一个或短或长的寒冬,越冬就成了必须重视的问题。即使是两广地区,虽说较北部地区温暖,可是由于白天和黑夜的温度相差悬殊,即使冬季白天时最冷的气温也无法使蛇类耐受,特别是像银环蛇之类不耐寒的蛇类。至于寒冷的冬夜更给养殖的蛇构成威胁。使蛇安全越冬必须具备 3 个条件:适宜的温度、适宜的湿度、蛇健康的体质。温度是蛇越冬的最重要条件。

冬季恒温养蛇首先需解决好保温问题。蛇为变温动物,当外界温度发生变化时,会产生规律性的变化。在其生命温度的上限略低处,有一个"热僵硬点"或"热昏迷点"。在这个温度范围内,它丧失活动能力,陷于昏迷状态,生命活动的水平也极低。在热昏迷区之下一段温度,乃是它的活动温度,叫"活动区"。活动区的中央,为温度的最适点,在这种情况下,它的代谢过程最为均衡。活动区的下面,有个"冷僵硬区"或"冷昏迷区"。在 0℃ 以下即产生过冷情况,一直延长到体液冰冻时,体温会有一个短暂的升高,这是因体内潜热释放所致。但接着体温就重新下降到生命温度的下限直至死亡。

根据实践经验,蛇类活动较为适宜的温度范围是 20～35℃,其活动的最佳状态温度为 23～32℃,湿度最好控制在 40%～45%。所以冬季的蛇房最好建成半地下半地上式,这样不仅容易保持恒温,而且便于控制蛇房内的湿度。冬季蛇所需的食物比较缺乏,应该想尽办法拓宽饲料来源,使其获取较全面的营养,以维持良好的长势。冬季的蛇食一般以人工饲养的鹌鹑、雏鸡、小白鼠、泥鳅、鸟类、蛋类为主。另外,还应搞好冬季蛇房的清洁卫生,并定期进行消毒、防疫，定期更换饮用水。炎夏酷暑季节，外界气温超过 35℃ 时，必须在蛇场内搭设荫棚，洒水降温。面积较小的养蛇场，若在盛夏来临之前未做好遮荫避暑工作，很可能就有热死蛇的现象发生。应抓紧设置遮阳网，罩上蛇场的一小部分。注意不能将整个蛇场罩住，否则会因太严，不透气，直接影响蛇场的通风。在梅雨季节，若湿气不能及时散发，易造成蛇场或蛇窝湿度过大，严重时会引发霉斑病。因此，一定要合理用好遮阳网，确保蛇类平安越夏。

(3) 幼蛇的饲养：仔蛇孵出后 1~2 个月，可将其饲养在蛇箱、大水泥管或大缸内，盖子可用细孔铁丝网制成，正面箱板最好用厚玻璃，便于观察。底铺泥沙、草皮，上面放些砖瓦，供幼蛇隐藏。蛇箱内放置温度计，控制好温度、湿度。再放 1 盆饮用水。仔蛇孵出 10 日左右开始第一次蜕皮。对孵出不久的幼蛇，灌喂生鸡蛋、添加一定量钙片和维生素 A、D 等混合饲料效果更好，灌服工具可采用滴管或注射器。2 个月龄后可继续用蛇箱养，也可移到蛇园养。可投喂小蚯蚓、昆虫、乳鼠、小泥鳅等饲料。幼蛇死亡主要是孵出后没能主动摄食、饮水及越冬初期温度偏低造成。在越前采取灌喂等措施，使其获得充足营养。越冬温度不宜低于 5~8℃，要相对保持恒定。

(4) 其他管理要点：搞好蛇园、蛇箱的清洁卫生：经常清除食物残骸、动物尸体和粪便等。做好饲料、饮水卫生。对于行动困难、身体溃烂的蛇应及时淘汰；对口腔红肿的蛇，可用雷佛奴尔溶液冲洗口腔，皮肤破损的蛇可用龙胆紫涂抹。发现病蛇要及时隔离治疗。场养或箱养都必须上盖上锁，经常检修围墙、门窗，发现洞隙应立即修补。此外，防止老鹰、猫头鹰、黄鼠狼等天敌窜入蛇场，以免造成经济损失。对蛇的数量应经常查对，如有蛇逃走，应及时追捕归室。

混合用药：蛇不易患病，但由于人工养蛇的面积一般不大，有时饲养密度超标，预防工作不可忽视。给蛇打防疫针时，将消炎的、驱虫的、营养的混合注射，可收到防病、驱虫、营养的效果。具体的药物配方为：庆大霉素(20 万单位)10 支、左旋咪唑 2 支、地塞米松 5 支、维生素 B_{12} 1 支，对注射用水 100 ml，可注射 50 条蛇(1 kg 左右)，一般连注 2 次即可。

给活饵注射药物防疫：给饲喂蛇的蛙、鼠、小鸡等活饵注射防疫针，食饵营养健康，没有寄生虫，蛇吃后长得快，少患病。其药物配比剂量可掌握在给蛇剂量的 1/3~1/2。

饲养人员的自我保护：饲养人员经常与蛇接触，特别应提高警惕，注意安全。平时必须准备好防治蛇伤的急救药品与器材。最好两人同时进入蛇园，要穿好防护鞋，戴上防护手套，并随身带 1 个夹钳或捕蛇工具，不宜徒手捕捉。一旦被毒蛇咬伤，应采取相应的急救措施，如挤压伤口毒液、伤口清洗、上止血带等，并迅速送往医院治疗，以免延误病情危及生命安全。

4. 蛇的繁殖习性与人工孵化方法

(1) 蛇类的繁殖习性：蛇类是雌雄异体，体内受精、卵生或卵胎生的动物。自孵化生出后 2~3 年性器官成熟。蛇的雌雄在外形上区别不明显，比较容易区分的是，大小接近的同种蛇中，一般雌蛇头部较小，尾部较短胖，雄蛇头部较大，尾部较细长。当用两指紧捏肛孔后端时，雌蛇的肛孔显得平凹，雄蛇的肛孔中会露出两根"半阴茎"，即 1 对交接器，这是准确鉴别蛇雌雄的方法。蛇类在春季或秋季发情交配。在蛇的繁殖季节，雌蛇尾基部的 1 种腺体能散发出特殊的气味，雄蛇凭借这种气味追踪雌蛇。雄蛇有 1 对交接器，平时收缩至尾基部内，交配时可从泄殖孔伸出，每次交配时只使用一侧的"半阴茎"。交配时，两蛇相互紧紧缠绕如油条状，头部在同一方，雄蛇身体剧烈抖动，雌蛇则伏地不动，射精后雌雄蛇分开。1 条雄蛇可与几条雌蛇交配，雌蛇虽然只接受了一次交配，但存在其泄殖腔内的精子在 3 年内仍有受精能力。因此,雄、雌蛇的比例为1∶8便可。蛇的生殖有卵生与卵胎生两种。蛇卵长椭圆形,卵壳坚硬,呈乳白色或浅黄色。卵多产在隐蔽良好,有一定温度、湿度的草地、落叶、肥堆中。除眼镜王蛇、尖吻蝮有护卵行为外,其他大多数蛇产完卵即离开产卵处,让卵在自然条件下孵化。卵胎生的蛇,其卵在各自输卵管内发育,然后产1仔蛇。

(2) 蛇卵的人工孵化:由于蛇卵的孵化受环境条件影响很大,为提高孵化率可进行人工孵化。根据不同蛇种的产卵期及时检查是否怀卵。检查时,首先用一只手将蛇的颈部捏住,动作要轻,另一只手从蛇的腹部轻轻按摩滑动至肛孔。若在腹部摸到有卵处距肛孔越近,越说明快要产卵了。必须尽快将快要产卵的雌蛇关进蛇箱或产卵室产卵。产下的蛇卵必须及时放入孵化器内孵化。孵化器采用木箱或水缸均可。孵化方法,以银环蛇为例,先把大水缸放进阴凉干燥的孵化室,缸内放半缸(至少30 cm厚)的半干半湿的松土或细砂,然后将蛇卵平放于松土或细砂上面。缸面上盖有孔竹筛或铁丝网,以防老鼠吃蛋或小蛇出生后逃逸。用适量新鲜干燥的稻草(麦秸或羊草)浸水1小时,湿透后拧干水放在卵面上,经3~5日再将草湿透拧干放上,以此方法调节湿度。每隔10日将卵翻动1次。整个孵化期,室温控制在20~25℃,相对湿度以50%~90%为宜。经25~30日孵化,便可从卵壳外看到胚胎发育情况。若卵胚中的网状脉管逐渐变粗,逐步扩散,说明胚胎发育良好,能孵出小蛇,若胚胎没有脉管或脉管呈斑点状且不扩散,说明胚胎已经夭折,则不能孵出仔蛇,需及时剔除。一般孵化期多为40~50日。仔蛇出壳时,是利用卵齿划破卵壳,呈2~4条1 cm长的破口,头部先伸出壳外,身躯缓慢爬出,经过20~23 h才完全出壳。刚出壳的仔蛇外形与成蛇一样,活动轻盈敏捷。但往往不能主动摄食和饮水,必须人工辅助喂以饵料。

三、梅花鹿的人工养殖

养鹿能生产药用价值极高的鹿茸,还生产鹿胎、鹿心、鹿血(茸血、心血)、鹿筋、鹿鞭、鹿尾、鹿肉等。药用价值和经济效益均非常显著。

1. 生物学特性及分布 梅花鹿分布在东北、华北、华南等地区。野生梅花鹿已经很少见。现在各地驯养的梅花鹿大多是东北梅花鹿和人工选育培养的双阳梅花鹿、长白山梅花鹿等。梅花鹿是一种中型鹿,体形较大,成熟公鹿肩高90~105 cm,体长约100 cm,体重120~135 kg。母鹿体形比公鹿小,肩高80~95 cm,体长75~90 cm,体重70~80 kg。公鹿有角,母鹿无角,公鹿生后第二年长出锥形角,第三年长分枝角,角上的分枝随着年龄增加,发育完全时有4杈,最多5杈。每年4月份开始脱角盘,6月份新角长出2~3个杈,约在7月份开始骨化。一般2~4岁的仔公鹿都可以生产二杠锯茸,4岁以上能生产出理想的三杈茸。一般4岁以上的公鹿,4月份开始脱角,生茸,生茸后56~58日收茸,提前或延期收茸的等级质量都不理想,梅花鹿茸的品质优于其他鹿茸。梅花鹿一般1.5~2.5岁性成熟,适配年龄为2~3岁,每年秋季9~10月发情,10月为发情高峰期,母鹿发情周期平均为12日,持续12~36个小时,妊娠期230~250日,翌年5~6月份分娩,每胎产1仔,偶有2仔。幼鹿生后第一日多躺卧,此后可随母鹿活动,哺乳期为4个月。幼鹿和母鹿一起生活约2年,梅花鹿的寿命约为20年。

梅花鹿是草食性动物,食性广,采食各种植物和乔灌木的嫩枝叶,且耐粗饲,适应性、生活力、抗病力都很强。梅花鹿行动敏捷,善跑跳,性喜群居。听觉、视觉和嗅觉十分灵敏。怕热耐寒,怕大风,而不怕小雨,易受外界刺激而兴奋,胆小。

东北梅花鹿耐粗饲,适应性、生活力、抗病力均强,茸高产质优,繁殖力强。1986年我国培育的双阳梅花鹿产茸最佳年龄为 4～6 岁,2～9 岁公鹿鲜茸年平均单产为 2.9 kg。1995 年选育的西丰梅花鹿产茸最佳年龄为 6～7 岁,2～9 岁公鹿鲜茸平均单产 3.06 kg。1993 年选育的长白山梅花鹿产茸最佳年龄为 6～7 岁,2～14 岁公鹿头茬鲜茸单产为 3.16 kg。另外,东北梅花鹿的东丰型梅花鹿的茸质优,茸型为典型的三圆:即主干圆、虎口圆、嘴头圆,这种鹿茸被誉为"马记鹿茸",闻名于海内外。

2. 鹿场的设计与建造　养鹿场的场地选择合理与否,直接影响到鹿场的发展和经营管理的质量,在很大程度上决定鹿场的经济效益。鹿喜欢栖息于寂静而又隐蔽的场所。鹿场的地形应当是地势比较平坦,稍有向南或东南倾斜的小坡度,这样便于排水和保持场地干燥。要避开喧闹、污染的环境,在避风、向阳、有利于排水、土质坚实、透水性好、无污染的沙质壤土上建造最好。鹿场应有足够的土地面积和长期可靠的饲料基地。完全圈养的梅花鹿每年每只平均需要精饲料 350～400 kg,粗饲料 1 200～1 500 kg,需要饲料面积 0.1～0.2 公顷。鹿场内水源必须充足,水质良好,无污染。鹿场既要远离噪声又要交通便利,以保证及时供应饲料和其他物质,距公路以 1～1.5 kg 为好。鹿场之间,鹿场与当地居民区应保持一定距离,应远离牛羊圈舍,以减少疫病发生。

鹿舍是养鹿场的主体生产建筑,其作用是保证鹿群冬季防寒防雪,夏季防热防雨。鹿舍是圈养鹿群采食、反刍、运动和休息的综合性场所,应分公鹿舍、母鹿舍、育成鹿舍、产房、病鹿隔离舍等。鹿舍面积是指圈舍运动场和圈内通道两部分面积之和,它与所养鹿的种类、性别、饲养方式、年龄、经营管理体制、利用价值、生产能力有关,一般来说,鹿的个体越大,单只所需面积越大;种用价值高和生产能力高的壮龄公鹿,应用大圈饲养或用小圈单独饲养;对北方冬季气候较冷的地区或夏季光照过强的南方,应加大其棚舍宽度;公鹿长茸期和配种期,性格莽撞,好争斗,占用面积比育成鹿大;母鹿在哺乳期与仔鹿同圈,配种期圈内增加种公鹿,圈内还要安装仔鹿保护栏,产房面积增大。

一个圈舍建筑面积为长 14～20 m,宽 5～6 m。运动场长 25～30 m,宽 14～20 m,这样大的鹿舍可养公鹿 20～30 只,或母鹿 15～20 只,或育成鹿 30～40 只,而同样大小的棚舍,可养 60～80 只离乳仔鹿,但同时需一个长 25～30 m、宽 14～20 m 的运动场,一般而言,运动场面积是棚舍的 2.5 倍左右。种用价值高的和生产性能强的壮年公鹿应单独设舍或扩大活动面积。鹿舍的房前檐距地面 2.1～2.2 m,后檐高度为 1.8 m 左右。棚舍后墙留有通风窗,春、夏、秋季打开,冬季封严。鹿舍内的地面应前低后高,最低点应比运动场高 3～5 cm,以防前檐滴水流入舍内。墙壁应留有后窗,无前墙,寝床可用木板寝床,保温性能好,也可用砖、水泥砖铺地或用石灰黏土、沙砾三合土夯实。运动场地面有砖铺、水泥、砂壤土等几种,最好以三合土或黏土作基地,然后再在其上加铺含沙较多的泥土,使鹿群不易挖掘,这种地面的排水性也较好。产圈建于鹿舍的一侧或一角,冬天保暖,夏天防晒,面积以 6～10 m² 为宜。另外还有圈门、隔栅、通道、围墙。鹿群喂饮设备包括料槽、水槽,鹿场还需要建饲料加工调制室(主要设备有料箱、泡料槽、锅灶、水箱、粗饲料发酵间、饲养人员休息室)、精料库(以存放 3～6 个月的精饲料量为宜)、粗料棚(储存干树叶、干草、豆荚和粉碎后的农副产品)、青贮窖和常用机械设备。

3. 鹿的驯化与放牧　鹿的饲养包括圈舍饲养和放牧饲养。怀孕后期的母鹿、产仔哺乳的母鹿、离乳仔鹿、处于性活动期的头锯以上公鹿和病弱的鹿只,均实行圈养,除此之外,其他鹿只一律实行放牧饲养。放牧鹿按公母及大小分开,一般组成 2 个放牧群。放牧时,通常由 3～4 人看管 1 群,1 人打红旗,带着饲料块,在前面呼喝着,并时而投些料块以引导鹿群前进,其他人在鹿群后方及两侧随着。鹿群出牧时间,通常为每日上、下午各 2 h 左右。

鹿只放牧,必须先进行驯化。鹿在幼龄期可塑性大,所以常在仔鹿离奶时即行训练。鹿场驯鹿时,一般指定 1～3 人,每日上、下午定时到鹿圈内驱赶鹿群,采取用豆饼块引诱、敲击器物或吆喝等训练方式驯化鹿群。经过一段时间人鹿亲和的圈内驯化,将鹿群引入鹿舍走廊内,照法再行驯化。每日上、下午各驯化 30 min 左右。经过驯化,鹿群稳定,鹿只极少发生惊慌时,方谨慎出牧。

在母鹿产仔季节,饲养人员经常到产仔圈内监护仔鹿,驯化鹿只,稳定鹿群;在收茸季节,经常调拨产茸公鹿,防止其惊慌炸群损伤鹿茸。

4. 公鹿的饲养管理　根据公鹿规律性的生理变化、营养需要和生产性能等不同特点,可将公鹿的饲养管理划分为以下 4 个时期:

(1) 生茸期的饲养管理:4～8 月为梅花公鹿的生茸期。公鹿在生茸期内,睾丸萎缩,性欲消失,食欲增进,代谢旺盛,体重不断增加,鹿茸生长快速,需要大量的营养物质,尤其是蛋白质、矿物质及维生素。为了满足鹿生茸营养需要,不仅要供给大量精料和青饲料,而且还要设法提高日粮的品质和适口性。精料中豆类籽实及其制品的比例要提高到 50%～60% 以上。使用大豆时,将大豆制成豆浆,经加热煮熟后,拌入其他精料内混饲或直接饮用。使用豆饼时,先将豆饼磨成细面,拌入其他精料中,用沸水调制后混饲。在保证全价精料的同时,除及时大量投喂青贮全株玉米外,还要砍取青绿杨树枝叶进行调剂。在青草可采时,及时喂用青草。另外,在调制精料时适量加入食盐,并经常在鹿圈内设置盐槽,供鹿自由舔盐。喂饲含钙等矿物饲料,一般均掺在精料中投饲。

在鹿生茸期,饲养员要经常注意看管鹿群,防止因鹿群惊慌炸群而导致伤茸、伤鹿事故;对迟迟不脱落的角盘,及时拔掉,防止日后生长怪角;对咬茸的恶癖公鹿,应安排另圈饲养;在天气炎热圈舍干燥时,在鹿圈内泼洒冷水,以改善环境的湿度和温度。在公鹿生茸后期,即收完头茬茸之后,要大量喂饲青割牧草或大量喂饲杨树枝叶。青割牧草和青绿杨树枝叶的营养丰富而全面,可取代 1/3 日粮和 1/3 精料。

在收完再生茸之后,要将生产群公鹿的精料减掉,借以控制膘情,降低鹿只性欲,减少日后因争斗、顶撞发生伤亡。对 3 或 4 岁的公鹿,此期内一般不予停料,因在公鹿发情季节里,其性活动不甚剧烈。

(2) 配种期的饲养管理:每年 9 月上旬到 11 月下旬为梅花鹿的配种期。鹿在配种期内,性冲动强烈,食欲锐减,鸣叫不安,争斗剧烈,体质消耗极大。在此期内,对生产群公鹿要控制膘情,降低性欲,设法减少殴斗,避免伤亡,并且为其安全过冬做好准备。常于配种期到来之前,根据生产群公鹿的膘情和粗饲料质量等状况,开始减少其精料日粮或者停喂一段时间精料,而供给大量优质干粗饲料及青绿饲料;对选出的种公鹿,常单独组群。为增进种公鹿的食欲,提高配种能力及其精液品质,一般要喂给青割大豆、胡萝卜、大麦芽、大葱等适口性好的青绿多汁、有催情作用、蛋白质营养价值较高的饲料。

在配种期内,要经常有 2 或 3 名饲养员,不分昼夜看管公鹿群,防止其相互顶撞、爬跨。对因剧烈顶撞而高度喘息的公鹿,要盖好饮水槽,控制其当即饮水,待其平衡恢复正常状态时,再撤去水槽盖。

在种公鹿配种过程中,饲养员和技术员应注意经常观察其体况和配种能力,适时替换种公鹿。替换出来的种公鹿,不放回大群,单独组群或放入小圈内单独饲养。

在鹿配种季节,饲养人员要经常打扫圈舍,定期进行消毒,以防鹿只外伤感染。同时,还要维修圈舍,防止鹿受伤或逃跑。在天热圈舍干燥时,常在圈舍内喷洒冷水,改善环境的温、湿度,防止扬起尘土,危害鹿只健康。

(3) 配种恢复期和生茸前期的饲养管理:公鹿经过 2 个月的配种期,体重显著下降,胃容积相对减少,腹部上提,体质瘦弱,即使是非配种公鹿,因季节性代谢变化,体况也会下降。此期,公鹿体重往往比秋季时体重下降 15%～20%。进入此时期后,公鹿性活动逐渐低落,食欲和消化功能相应地渐渐提高,热能消耗较多,并需为生茸贮备营养物质。这一时期发生在 11 月末至次年 3 月末之间,包括公鹿配种恢复期和公鹿生茸前期 2 个阶段,在饲养管理上具有冬季的特点。在给公鹿群配给日粮时,常以粗饲料为主,精饲料为辅,以锻炼鹿的消化器官,提高采食量,扩大胃容量;同时,仍供给一定数量的蛋白质,以满足其瘤胃中微生物生长和繁殖的需要。此外,在公鹿配种恢复期,逐渐增加日粮中玉米等禾本科籽实类饲料的比例。在生茸前期,则逐渐增加日粮中豆科籽实(或其制品类)饲料的比例,并且日喂 1～2 次青贮全株玉米。

5. **母鹿的饲养管理** 为保证母鹿的健康,提高繁殖能力,巩固其遗传性状,繁殖优良的后裔,应该不断扩大鹿群,提高鹿群的质量,在母鹿的妊娠期,给予比较丰富的营养。母鹿对各种营养的需要,随着不同生产时期机体的生理变化而有较大差异。为了对母鹿进行科学的饲养管理,一般将母鹿饲养分为配种期、妊娠期和哺乳期。

(1) 配种期的饲养管理:每年 8 月末左右,仔鹿断乳,母鹿渐渐停止泌乳,进入配种前的体质阶段,9～11 月份为母鹿的发情期。在母鹿开始配种之前,首先要进行鹿群整理,清除不能生育的、有恶癖的、年龄过老产仔弱小及有严重产科病或其他疾病、失去饲养价值的母鹿,然后按品质鉴定、后裔鉴定、血缘关系、年龄及健康状况等,将剩余母鹿重新组成育种核心群、一般繁殖母鹿群、初配母鹿群和后备母鹿群。一个配种母鹿群,常由 25～30 只鹿组成。为了促进母鹿早期发情,提高受配率,要供给一定数量的蛋白质饲料和富含维生素的饲料,如豆饼、青割饲料、青贮饲料及胡萝卜等。母鹿的配种,主要采用以下两种方式:

群公群母配种法:适用于在养鹿的初期,技术水平较低,鹿群的规模比较小的情况。在生产中,通常采用群公群母配种法对母鹿进行配种。即按 1 只种公鹿负担 3～5 只母鹿的配种比数,在配种开始时,1 次将公鹿全部放入 30 只左右的配种母鹿群内。在整个配种期内,或替换 1～3 次种公鹿或不替换种公鹿。饲养人员要昼夜看管配种公鹿,防止种公鹿相互顶撞,并要及时拨出啃咬、顶撞母鹿的公鹿。为了提高母鹿的受配率,对独霸母鹿群的"王鹿",每日定时进行驱赶,以使其他种公鹿有机会和发情母鹿交配。

单公群母配种法:即在母鹿开始配种时,选用 1 只种公鹿,放入 20～25 只母鹿圈群内,在整个配种阶段,或零星换 1～3 次公鹿,或不替换种公鹿。母鹿以此种方式配种,不仅节省人力,而且容易做好育种记录,方便生产。

(2) 妊娠期的饲养管理:母鹿妊娠期约 240 日。妊娠初期,应供给母鹿大量青饲料、多汁的根茎类饲料、品质良好的干粗饲料、适量的维生素和矿物质饲料,以及一定数量的禾本科籽实饲料。每日投喂 2～3 次精料和粗饲料。全日足供温水。母鹿妊娠随日数增加,其腹内胎儿的生长速度日益加快,母鹿的体重亦日渐增加。在其饲养中,一般逐渐加大精料日粮中蛋白质饲料的比例,同时保证供给足够的矿物质饲料和维生素饲料。母鹿妊娠后期,胎儿体积增大,压迫母体的消化器官,使母鹿的消化功能减弱,在此期常喂饲体积小、质量高、适口性强的饲料。在保证日粮中有一定数量优质的蛋白质、丰富的维生素、足够的矿物质的同时,还常喂相当数量的糖类。

母鹿妊娠后,在入冬和早春时节喂用青贮饲料时,饲养人员要现取现喂。不喂冰冻、发霉或酸度过大的饲料,防止发生流产或死胎。对于完全舍饲的母鹿,在妊娠期(特别是在妊娠后期)经常驯化,每日定时驱赶运动。对于放牧群母鹿,在妊娠期间,通常不予停牧,以防发生难产和死胎。

母鹿妊娠期间,鹿场饲养人员要经常打扫圈舍,在棚舍地面上铺垫干草,及时铲除圈舍内的尿冰和积雪,保证安全,防止母鹿发生惊慌炸群,引起伤亡或流产。母鹿临近预产期,饲养人员要做好母鹿产仔的准备工作,如检修圈舍,铺垫棚舍地面,设置仔鹿保护栏和小床等。

(3) 哺乳期的饲养管理:怀胎母鹿从5月上旬开始陆续产仔,到8月下旬,仔鹿一次性全部断乳,平均哺乳期3个月左右。为了提高母鹿产仔的成活率,使仔鹿健康生长,在母鹿产仔哺乳季节,饲养人员对分娩母鹿及哺乳仔鹿应昼夜进行现场看护,发现母鹿难产、扒仔、舔肛、咬仔、弃仔、产后无乳或仔鹿生后软弱等情况,及时采取措施,妥善处理。

为了提高母鹿的泌乳量和乳汁品质,保证仔鹿生长发育所需要的营养物质,应适时增加母鹿日粮中精料比例,保证其日粮中有足够的蛋白质、维生素和矿物质,同时还应设法提高日粮的消化率和适口性,增加母鹿的采食量。为此,常用大豆浆调拌精料,或把精料磨成粥料饲喂母鹿。哺乳的母鹿,一般每日喂饲3次精料和3次粗饲料。常用粗饲料有青绿多汁饲料、青绿枝叶和青贮饲料,如青绿羊草、青绿杨树枝叶、全株青贮玉米等。放牧母鹿群在哺乳期,于白天补给精料,夜间补给青绿枝叶或青贮饲料。在哺乳期,要特别注意保持圈舍卫生,定期消毒,并保证供给鹿群充足而洁净的饮水,禁止喂用发霉变质的饲料。

6. 幼鹿的饲养管理　幼鹿是指哺乳仔鹿、断乳仔鹿和育成鹿。仔鹿从初生到生长发育完全成熟,大约需要3年的时间。

(1) 初生仔鹿的护理:仔鹿刚出生时,全身外附大量黏液,分娩母鹿通常首先舐干这些黏液。如果母鹿分娩后长时间不去舐掉仔鹿体表黏液,其他母鹿也不去舔舐时,饲养人员要用柔软的干草予以及时擦干。在母鹿产仔时节,要求饲养员昼夜轮班守圈,监护鹿群。

能否吃到初乳,是仔鹿生命力强弱的主要标志。饲养人员应千方百计地使仔鹿生后及早吃到初乳。如发现有的母鹿因母性不强、初产怕仔、难产或受惊而使仔鹿吃不到初乳时,饲养人员则马上把仔鹿送给产仔不久、母性强,而且乳量多的母鹿代养。如果没有适合的代养母鹿,或仔鹿软弱不能自行站立时,可采用羊的初乳进行人工哺乳。在人工哺乳时,注意定时间、定次数、定乳量、定乳温,严格消毒哺乳用具。

在生产中,为了准确记录和识别鹿只,经常采用剪耳号的方法标记仔鹿。

(2) 哺乳仔鹿的护理:哺乳仔鹿以母乳作为主要营养来源,其生长发育状况,一方面取决于母乳量和乳汁质量,另一方面还取决于对哺乳仔鹿的饲养管理水平。

仔鹿生后数日内,体力较弱,喜欢睡眠,需要安静的环境。为此,鹿场通常都设有仔鹿保护栏或仔鹿小床。饲养人员在保护栏内或小床上铺垫干草,为仔鹿提供一个干燥、温暖而又安全的休息场所。设置的仔鹿保护栏,仔鹿可以自由进出,大鹿不能进入,以防止母鹿对仔鹿舐肛使仔鹿发生白痢病,以及因母鹿冲撞、践踏而造成仔鹿伤亡。

仔鹿生后10余日,开始采食饲料,并有反刍现象。由于哺乳仔鹿消化功能很弱,抗病力低,容易在开始采食饲料时发生胃肠道疾病,应给予容易消化的青绿饲料和多汁饲料,避免食入污秽不洁的饲料,减少疾病发生和逐步提高仔鹿的消化功能,为其离乳后的饲养创造条件。

(3) 离乳仔鹿的饲养管理:仔鹿离乳后,其生活环境和饲料条件均发生了很大的变化。开始时,仔鹿惊慌不安,思母鸣叫,不思饮食。要安排经验丰富和责任心强的人员去饲养仔鹿,耐心地经常接近仔鹿,在投给饲料同时,不断地呼唤,以达到人鹿亲和稳定仔鹿之目的。仔鹿离乳后的头几日,少给精料,少量多次投给易消化、营养丰富的青绿饲料和多汁饲料,如青割大豆、青绿杨树枝叶、青绿羊草、胡萝卜等,同时喂少量豆汁(上、下午各1次)。在仔鹿断乳初期,可用小米粥配合煮熟的豆浆饲喂仔鹿。

仔鹿断乳后,随着日龄的增长,其消化功能逐渐增强,采食饲料量不断增加。为满足仔鹿生长发育所需要的营养物质,通常喂给煮熟的大豆浆,青绿饲料减少饲喂次数,而相应地增加每次的投饲量。同时,逐渐用玉米秸、羊草、杨树叶等干粗饲料取代部分青绿饲料,并且适时停喂豆汁。在仔鹿饲养到半岁前,每日喂3次精饲料和4次粗饲料(包括夜间喂一次粗料),精料日粮总量到半岁时逐渐增至0.65~0.75 kg。在仔鹿稳群并且采食正常以后,饲养员抓住其可塑性大的有利时机,尽早以食物引诱等方法,在圈中或走廊内定时驯化。为不影响其正常休息和反刍,每日上、下午各训练20 min。

(4) 育成鹿的饲养管理:幼鹿的育成期大约1年,其中公鹿较母鹿的育成期为长,绝大多数育成公鹿当年即可生出"毛桃",育成母鹿当年即可参加配种。为了促进育成鹿生长发育,在配给日粮时,供给足够的豆类饲料,如豆粕、豆饼等,同时于每年早春投饲一定数量的胡萝卜。为了锻炼育成鹿的消化器官,在育成鹿生长到1岁以后,尽可能地使用青贮全株玉米和青草进行饲养。

育成鹿在舍饲养期间,需要有足够的运动量。每一圈群的数量不超过30只,每只育成鹿平均占有7~8 m² 运动场面积。在育成鹿达到6月龄后,经过系统训练,要进行放牧饲养。育成鹿中公、母鹿的生长发育及其对饲养管理条件的要求不同,宜适时分群饲养。一般在公、母仔鹿合群饲养3~4个月时进行分群饲养。冬季到来之前,堵好圈舍墙上的通风口,使鹿的栖息处避开风口,防止风雪侵袭。同时,在棚舍的地面上,铺垫干草,饲养人员经常清扫圈舍,还要用烧温的饮水供鹿饮用。

7. 鹿的冬季饲养管理　公鹿和母鹿从每年9—11月份配种结束后,鹿便进入冬季的休养生息阶段。鹿在冬季虽然不生茸产仔,但却和下一年的生茸和产仔关系密切。在冬季若不提供良好的饲养管理条件,也就不会有夏季的高产。注意做好鹿舍的保温工作,冬天日照时间短,要及时进行人工补充光照,并饲喂优质足量的饲料,以满足鹿的生长发育和机体代谢的营养物质需要。在越冬期,对公鹿尽量投喂干粗饲料,如落地杨树叶、大豆荚皮、干羊草及干玉米秸等。公鹿在白天喂2次精料和2~3次粗料,夜间喂饲一次精料和粗料。鹿只的饮水,常用鹿吃剩余的玉米秸或羊草烧温,并保持清洁、充足而且不结冻。在鹿只爬卧的棚舍内,垫一些干草,并要及时更换。

四、海洋药用动物的人工养殖

我国是世界上最早利用海洋药物的国家之一。据统计,我国历代本草收载的海洋药物有100多种。传统海洋药物中,有些种类今天仍广泛应用,如《中华人民共和国药典》收载的海藻、瓦楞子、石决明、牡蛎、昆布、海马、海龙、海螵蛸等10余个品种,此外还有玳瑁、海狗肾、海浮石、鱼脑石、紫贝齿及蛤壳等。

我国有1.8万多千米长的海岸线,海域面积约500万平方千米,海洋药用资源蕴藏十分丰富。50多年来,我国海产养殖业发展较快,许多种海洋药用生物养殖成功,有的已实现了大面积的人工生产和工业化生产,改变了完全依附于自然的被动落后状态。海马过去一向靠捕捞,用药难以保障,屡屡出现货源吃紧的情况。人们经过多年研究,掌握了海马的习性和繁育技术,目前我国广东、山东、浙江等地已先后建立起海马人工饲养场,现已能提供部分产品。鲍(石决明)的饲养不仅已获得成功,而且生产能力也不断提高,近年已形成规模化工业生产。其他已实现人工养殖的海洋药用生物有牡蛎、海参、珍珠、海胆、鲨和巨藻等。

(一)海马的人工养殖

海马向来被列为名贵高档中药材,受到人们的喜爱和国内外市场青睐。目前,全球每年海马交易量约达2000万只,由于需求量日益增多,滥捕乱捞日益严重,天然海马资源枯竭,价格暴涨,产品还远远不能满足市场需要。

1. 生活环境与品种选择 海马生活习性和生长条件主要有以下几个方面:

(1)温度和盐度:适宜温度范围为5~34℃,适宜生长的盐度为6‰~27‰。

(2)光照:一般不宜太强,也不宜阴暗,因为海马视力较差,否则找不到食物。

(3)水质条件:pH在6.5~8的中性水质最好;含氧量不宜低于2.5 mg,4 mg以上最适宜;海水透明度在1.5 m以上为好。

(4)食物和品种:海马主要吃桡足类、枝角类等浮游动物以及幼虾、糠虾等细小鲜活动物,食物必需清洁卫生,不能投喂腐败变质的饵料。适宜于广东沿海生长的海马有6种,其中以大海马、斑海马体型较大,生长较快,经济价值和药用价值较高,是各地选育的良种。

2. 幼苗的培育和养成 初产出的幼苗,体长只有0.8~1 cm,当天就能摄食,立即放入育苗池内培育。

(1)放养密度:一般初苗放养1 000尾/m³;经过7~15日培育,即进行分池,密度为500尾/m³;过35日左右,体长到7.5 cm以上,即进入养成阶段,每平方米放养100尾左右。

(2)饲料投放:在初苗放养3日内,主要投喂桡足类无节幼体,在7时、12时、17时分3次投喂,每次投放量为其体重的15%~20%,经过25~30日的培育,海马体长6 cm时,转投虾苗幼体,同样要分3次投喂,每次投饲量为其体重的15%左右;体长10 cm以上,每次投饲量10%左右;体长15 cm以上,每次投饲量6%。上述各阶段投饲量为水温在25~30℃左右时的最佳摄食状态,如高于或低于这个温度,则适当减少。海马很贪食,如饲料充足、新鲜,则生长快,成活率可达80%以上,但也要防止吃得过饱耗氧多而造成缺氧死亡,因此饲料投放后,要观察1~2 h,视其摄食和活动情况,再确定下一次投饲量,真正做到科学用料,吃饱吃好,快长易大。如遇到缺氧浮头,则应及时加水,进行抢救。

(3)水温和光线调节:夏秋季天气炎热,光照强烈,易引发各种疾病,为此,应在培育池的上方,搭盖凉棚,避免烈日暴晒,并加水降温,把水温降到30℃以内。冬季水温下降到20℃以下,应在培育池架设竹棚,覆盖尼龙薄膜,使棚内温度比野外提高5~7℃,使海马在越冬期继续生长。经过1年精养细喂,海马体长普遍达到15 cm以上,即可加工出售。

3. 病害防治 海马苗从出生到1个月内,病害很多,主要有肠胃病、胀膘病、车轮虫、气泡病等,死亡率较高。一般是因生活条件较差而引起,应及时防治,并设法改善生活条件。

4. 收获和贮藏 海马经过1年左右的饲养,个体较大,肥满度高,体质壮实,其产品的晒干率可达30%以上。收获时间以越冬前或繁殖季节为最好,把海马捞起,放入淡水中浸泡一段时间,然后洗净,置于阳光下晒干,即可密封贮藏。

(二) 海参的人工养殖

海参是一种延年益寿的名贵滋补品,它被人们誉为"海中人参",因此得名海参。我国的海参有100多种,目前人工养殖的以刺参为主。

1. **梯田建造** 在潮间带从低潮线或者中潮线附近开始,或者利用地质地形的特点,用石块加钢筋水泥筑堤,围成梯田,梯田最深处堤高 100~150 cm,在堤上插直径 2 cm 左右的钢筋,钢筋长度要高于海水表面,钢筋间距 3~5 m,钢筋上吊挂直至水面网目 2 cm 左右的网片,风浪大的海区,在堤外应设置散石护堤。根据梯田面积,在堤上设置一至数个闸门,以利于水的交换。池内可投石、海参礁、汽车外轮胎等以提供海参栖息场所。投石以堆放为主,散铺为辅,每亩投石 80~100 m³,或者投海参礁 40~60 个。池内石头和海参礁上,尽量繁殖生大型藻类,如裙带、石莼、鼠尾藻、鹿角菜、鸡毛菜等,以改善环境,为海参提供饵料。

2. **苗种放养** 放养苗种规格以偏大为好,一般可放养体重 5~10 g 的幼参,放养密度 20 头/m² 左右为宜。投放时,可直接将幼参撒于池内石头或海参礁上。

3. **日常管理** 由于梯田养殖一般密度较高,因此日常管理尤为重要,主要应注意以下几点:

(1) 保持梯田内水质清新:每日纳入潮水,保持潮流畅通,视梯田内污物累积情况,不定期地进行清洁,保持水质清新。

(2) 人工投饵:在养殖密度高达 20~30 头/m² 的状况下,完全依赖自然饵料,难以满足海参对饵料数量的要求,尤其是在海参活动、摄食高峰期,因此应适当添加人工配合饵料,予以补充。一般在 3—6 月、10—12 月期间,适当投喂人工配合饵料。

(3) 加强梯田护理:发现堤坝有泄漏,网片有破损应及时修补。每日退潮后,应巡视梯田,将梯田内的可疑敌害生物、日本鲟鱼、海盘车等清除。另外,注意观察海参的活动情况,发现有海参向梯田外逃逸,应及时捕回。

4. **养殖效果实例** 烟台市水产研究所在牟平养马岛东端、挡浪坝南侧中潮区建一养殖池,长 110 m,宽 30 m,面积 3 300 m²,池内最大水深 1.8 m,大潮能全部退出,池东南角有一自然换水闸,闸口宽 3.2 m,池东北、西北各设一个进、排水闸,闸门宽 0.5 m,池内投石 155 m³,呈堆状、散状、平铺状,投瓦片 500 张,扇贝养殖筒 300 只。1987 年投下平均体重 59.4 g 的参苗 21 450 头。1988 年 4 月,投下平均体重 12.2 g 的参苗 8 044 头,1988—1989 年,二次回捕 10 044 头,回捕率 34.1%,平均体重 88.2 g,加工后获得干品 69.18 kg,平均亩产干参 14.1 kg。

5. **海参人工控温工厂化养殖**

(1) 养殖方法:包括控温、建池、苗种放养等方面。

控温方法:目前,最经济的控温方法有:夏季用海带育苗排放的低温水进行降温,冬季用鲍鱼苗种排放的升温水进行升温。利用坑道冬暖夏凉的低温特点调节水温,在夏季最高水温 21℃ 左右,冬季最低水温 7~8℃。或建海水深水井,该井井水温度一般冬季 12~13℃,夏季 15~16℃,是海参养殖的适宜温度。但盐度要格外注意,一般养殖用水盐度不应低于 26‰,随着人工控温工厂化养殖法技术的不断完善,经济效益不断提高,采用全控恒温养殖法,也并非是不可能的。

养殖池建造:为减少养殖室规模,充分利用空间和减少能量损耗,降低养殖成本,一般可在室内建造多层(3~5 层)立体养殖池,养殖池可用砖水泥结构或者框架塑料水槽,养殖池规格可为 200 cm×80 cm×40 cm,二层间距 50~60 cm,养殖中期后,每个养殖池用 2~3 块有孔塑料板隔为上、下二层。

苗种放养:苗种放养规格,可根据当地的具体情况而定,一般不要小于体长 2 cm,最好 3~5 cm。放养密度体长 3~5 cm 的种苗,单层放养 40~50 头/m²,双层放养 80~90 头/m² 为宜。苗种应先投放到池内吊挂的网箱里(20 目)养殖,当养殖 2~3 个月后,可撤去网箱,参苗直接移到池内,苗种放养前应消毒,一般可用 $(5\sim10)\times10^{-6}$ (5~10 ppm)呋喃西林药浴。

(2) 日常管理:包括水、喂饲、养殖池、病害等方面的管理。

水的管理:试验表明,海参的适宜生长水温为 10~17℃,最适宜生长水温为 10~11℃。养殖水温可根据具体条件控制在最适宜范围内。养殖期间流水培育,为节省能源,降低成本,水可从最上层自上而下逐层循环利用,每日水交换量为 3~8 个量程为宜。

投饵:投喂人工配合饵料,每日上午和傍晚各 1 次,日投饵量依控温条件而变化,一般在体重的 1%~10% 范围内。

清池和倒池:为保持池内水质,应及时清池和倒池,一般每日清池 1 次,用虹吸法清除池内粪便和残饵。倒池是改善水质的有效方法,一般 10~15 日进行 1 次,如若水质发生意外,则应及时倒池处理。

病害防治:目前为止,在海参养殖期间,病害发生尚不严重,一旦发病往往可以控制。一般容易发生的病害,一是猛水蚤的伤害,可用 $(2\sim5)\times10^{-6}$ (2~5 ppm)的敌百虫杀灭;二是皮肤溃烂,主要在高水温时(>10℃)容易出现,可用 $(3\sim5)\times10^{-6}$ (3~5 ppm)呋喃西林或者 $(10\sim15)\times10^{-6}$ (10~15 ppm)土霉素进行药浴。

(3) 养殖实例:黄海水产研究所与蓬莱鸿盛海珍品养殖公司合作,海参养殖在该公司鲍鱼苗中间培育车间进行,控温工厂化养殖。该车间养殖池为三层结构,容积为 0.6 m³ 的水泥池,每池隔置 2 块黑色有孔塑料板。养殖用水,夏季利用该公司海带育苗车间排放的冷却水降温,冬季利用鲍鱼育苗中间培育排放的升温水升温,进行温度控制,全年日平均水温 13.1℃。1995 年 11 月 3 日,以每池 100 头的密度,放养海参,由平均体重 3.17 g 增至 186.6 g,最大个体 367 g,成活率 80% 以上,平均单位面积产量 1.02 kg/m²,效果特别显著。

(三) 牡蛎的人工养殖

牡蛎是沿海最为常见的双壳贝类,种类繁多,全球有 100 多种,我国已报道的有 20 多种。人工养殖主要是以下 4 种:即近江牡蛎、褶牡蛎、密鳞牡蛎和长牡蛎。我国自 1979 年引进养殖长牡蛎,至今人工育苗、养殖已经发展得比较完善。

1. 生活习性 牡蛎自附着开始终生营固着生活,不能脱离固着物而自行移动,仅有启闭壳运动。左壳固着,只有右壳能启闭张合运动。并依靠右壳启闭运动进行呼吸、摄食、生殖、排泄等生命活动。遇到不良环境条件时,紧闭贝壳以渡难关。长牡蛎为广温性贝类,在 0~32℃ 水温中均能生活,最适生长水温为 15~25℃。它对盐度的适应范围很广,在盐度为 10‰~40‰ 范围内均有分布,盐度低的海区生长快。牡蛎主要摄食单细胞浮游生物和有机碎屑。摄食无特殊的规律性,一般水温在 10~25℃ 时摄食旺盛,但在繁殖期,摄食强度相对减弱。

2. 繁殖特性 牡蛎满 1 龄时性腺成熟,开始繁殖。繁殖方式有幼生型和卵生型二种。长牡蛎为卵生型,体外受精。长牡蛎绝大部分为雌雄异体,小部分为雌雄同体。性腺成熟时,雄性为乳白色,雌性为淡黄色。长牡蛎在自然海区水温上升到 16℃ 时性腺开始成熟,水温达到 24~25℃ 时为产卵高峰期。在浙江省的乐清湾海区繁殖高峰期为 6~7 月。牡蛎产卵大都在大潮汛期间进行。在水温23℃时,受精卵经20~22 h发育形成担轮幼虫,在水温23~26℃的条件下,担轮幼虫经过20日左右的培育,幼虫平均壳长可达280 μm以上,且有40%~50%幼虫出现眼点,这时应投放附着基,好让幼虫变态附着。

3. **苗种生产** 目前牡蛎养殖有全人工育苗和半人工采苗两种方式。全人工育苗的主要操作过程是:亲贝暂养与促熟、采卵、孵化和选优、饵料与幼虫培育、附着基的制作、处理与投放、稚贝出池等工序,此过程与扇贝人工育苗大体相同。半人工采苗的主要操作过程包括:采苗场选择、亲贝性腺发育检查、浮游幼虫的采集和调查、附着基的制作、处理与投放等工序。

4. **养殖** 牡蛎的养殖方法较多,随着养殖也不断发展,新的养殖方法和技术也不断涌现。其中较常见的有插竹养殖、底播养殖、条石和立石养殖、垂下养殖等。其中垂下养殖又分为栅架式、延绳式和筏架式。不论是哪种养殖方法和方式,选择养殖场地是关键,要根据牡蛎的生活习性和牡蛎对环境因子的要求并在其适应范围之内来确定。此外,还要考虑工农业有害废水污染程度等。任何品种养殖,管理是重要的一环。

长牡蛎垂下式养殖的管理主要有:及时疏散养殖密度,调节养殖水层,加固防台、防沉(筏)等。

5. **收获** 长牡蛎一般需养殖15~18个月方可收获。收获时要考虑牡蛎软体部的丰满度及贮藏、运输等因素的影响。

(四) 鲍鱼的人工养殖

鲍鱼是一种海产软体动物,自古以来就被列为"八珍之首",用其制作的菜肴味道鲜美,令人垂涎。其壳用途很广,不仅可制成名贵的工艺品,也有一定的医疗价值。鲍鱼分为贝壳和软体两部分,过去只靠天然采捕,现已能人工养殖。在人工养殖中繁殖与育苗非常重要。

1. **亲鲍的精养和选择** 我国的经济鲍类有耳鲍、羊鲍、杂色鲍和皱纹盘鲍等。可从大量的成鲍中选择生长健壮的7 cm以上长度的个体作为新鲍,在3~5月份开始精养。精养在海区或池内均可,用塑料和竹管做成容器,放入适量亲鲍,挂养于离水面1.5~2 m深处,隔3~4日投饵1次,饵量不宜过多,水中含氧量要充足,并随时检查性腺发育状况。在性发育成熟之前,应及时将雌雄分开饲养,并将海区挂养的新鲍转入池内饲养。要求亲鲍生长健壮(壳长在6 cm以上),性腺饱满,凸出于壳缘,形状钝圆。

2. **催产** 将亲鲍按(2~3):1的雌雄比例,置于盛有过滤海水的孵化箱内。开始以70℃左右的海水徐徐注入箱内,使水温提高2~3℃,约20 min后,再输入低温海水,使水温降低4~6℃,同时进行充气,提高水中含氧量,可获良好的催产效益。或将亲鲍放在阴湿处干露0.5~1 h,然后按3:1的雌雄比例放入催产箱内,并导入新鲜海水,保持箱内海水循环流动。1~2 h后即可排放精卵。

3. **受精卵处理** 受精卵沉入水体后,排除上层的海水,导入过滤海水,或把受精卵收集到另一个盛有过滤海水的箱中。两性亲鲍同在一个箱内催产,一般每隔1 h换水洗卵1次,若两性亲鲍分别催产,洗卵次数可相应减少。

(1) 浮游幼虫的收集:刚孵化出的担轮幼虫只在近水游动,约半小时后,开始在孵化箱中、上层游动,此时即可收集(用橡皮管虹吸收集于预先注入新鲜过滤海水的育苗池内)。

(2) 采集器的制备和投放:采集器可用有机玻璃、聚乙烯塑料薄板和薄膜制成,有架式和游离式两种。架式规格为20 cm×50 cm×40 cm,在每条长边上等距(2~3 cm)穿扎成双的塑料线绳,并按一定角度夹入聚乙烯薄膜,每架20~25片。游离式是以外包塑料管的铁丝做成目字形框,然后在横杠上粘上1张聚乙烯薄膜。将整张薄膜中心绑上石头沉入池中,薄膜的四周即能游离张开。在人工催产前4~6日,将采集器置于池内,以便在采集器附上一层底栖硅藻,供采集的幼虫食用,每1 m^3 水体投放附着面积约20 m^2 的采集器为宜。

（3）匍匐幼虫的饲养管理：当幼虫附着后,就开始流水式培育。向水池内喷水,增加水中溶氧量。幼虫附着后开始舔食各种藻类。藻类可人工室外培养。当附着的硅藻不够幼虫吃时,可用新、旧饵料板叠靠的方法,让其迁移到新饵料板上。当第一呼吸孔出现后,要投喂一次大型海藻(如石莼等),进入幼鲍期后养殖3~4个月再移到选定的海区或人工池内饲养。

（邹移海、郭学军）

参 考 文 献

1. 万德光,吴家荣.药用动物学[M].上海:上海科学技术出版社,1993.
2. 刘凌云,郑光美.普通动物学[M].北京:高等教育出版社,1997.
3. 陈品健.动物生物学[M].北京:科学出版社,2001.
4. 江静波.无脊椎动物学.第三版[M].北京:人民教育出版社,1995.
5. 堵南山,等.无脊椎动物学[M].上海:华东师范大学出版社,1989.
6. 王慧,崔淑贞.动物学[M].北京:中国农业大学出版社,2006.
7. 周正西,王宝青.动物学[M].北京:中国农业大学出版社,1999.
8. 沈韫芬.原生动物学[M].北京:科学出版社,1999.
9. 张训蒲,朱伟义.普通动物学[M].北京:中国农业出版社,2000.
10. 杨安峰,程红.脊椎动物比较解剖学[M].北京:北京大学出版社,1997.
11. 姜云垒,冯江.动物学[M].北京:高等教育出版社,2006.
12. 姜乃澄,丁平.动物学[M].杭州:浙江大学出版社,2007.
13. 任淑仙.无脊椎动物学.第2版[M].北京:北京大学出版社,2007.
14. 许乔木.药用动物学[M].台北:合记图书出版社,2006.
15. 柳雪枚,许鸣镐,肖继宣,等.常用中药基础研究[M].北京:科学出版社,2004.
16. 秦路平.生物活性成分的高通量筛选[M].上海:第二军医大学出版社,2002.
17. 国家中医药管理局《中华本草》编委会.中华本草[M].上海:上海科学技术出版社,1999.
18. 邓明鲁.中国动物药资源[M].北京:中国中医药出版社,2007.
19. 万德光.中药分类学[M].北京:人民卫生出版社,1997.
20. 南京中医药大学.中药大辞典上:下册 第二版[M].上海科学技术出版社,2006.
21. 肖培根.新编中药志:第四卷[M].北京:化学工业出版社,2002.
22. 中国科学院中国动物志编辑委员会.中国动物志:软体动物门 双壳纲[M].北京:科学出版社,2002.
23. 中国科学院中国动物志编辑委员会.中国动物志:软体动物门 头足纲[M].北京:科学出版社,1988.
24. 中国科学院中国动物志编辑委员会.中国动物志:软体动物门 双壳纲[M].北京:科学出版社,2001.
25. 中国科学院中国动物志编辑委员会.中国动物志:软体动物门 腹足纲[M].北京:科学出版社,2004.
26. 中国科学院中国动物志编辑委员会.中国动物志:软体动物门 腹足纲[M].北京:科学出版社,2002.
27. 武汉大学,南京大学,北京师范大学合编.普通动物学:第二版[M].北京:高等教育出版社,1983.
28. 任仁安.中药鉴定学[M].上海:上海科学出版社,1986.
29. 老克里夫兰 P.希克曼.动物学大全[M].北京:科学出版社,1988.
30. 高士贤主编.中国动物药志[M].长春:吉林科学技术出版社,1996.
31. 许崇任,程红.动物生物学[M].北京:高等教育出版社,2000.
32. 张崇洲.蜈蚣养殖技术[M].北京:金盾出版社,2001.
33. 侯林,吴孝兵.动物学[M].北京:科学出版社,2007.
34. 赛道建.普通动物学[M].北京:化学工业出版社,2006.
35. 黄宗国.中国海洋生物种类与分布[M].北京:海洋出版社,2008.
36. 张朝晖,蔡宝昌.海洋药物研究与开发[M].北京:人民卫生出版社,2003.
37. 宋立人,等.现代中药学大辞典[M].北京:人民卫生出版社,2001.
38. 杨仓良,齐英杰.动物本草[M].北京:中医古籍出版社,2001.
39. 赵文静,郝丽莉,于庆芝.实用动物药研究[M].哈尔滨:黑龙江科学技术出版社,2003.
40. 李时珍.图解本草纲目[M].陕西:陕西师范大学出版社,2007.
41. 张宝国,张大禄.动物药[M].北京:中医药科技出版社,2003.
42. 盛和林,王培潮,陆厚基等.哺乳动物学概论[M].上海:华东师范大学出版社,1985.
43. 白庆余.中药现代研究与应用·我国动物药的养殖技术和动物药的生产现状[M].北京:金盾出版社,1999.

44. 黄泰康.常用中药成分与管理手册[M].北京:中国医药科技出版社,1994,(1):643.
45. 姜大成主编.中国林蛙与哈蟆油[M].长春:吉林科学技术出版社,2006.
46. 赵文静,郝丽莉,于庆芝.实用动物药研究[M].哈尔滨:黑龙江科学技术出版社,2003.
47. 颜承云,谷继伟,宗希明,等.我国民族药资源概述[J].黑龙江医药科学,2003,26(6):46—47.
48. 党毅,肖颖.中药保健食品研制与开发[M].北京:人民卫生出版社,2003.
49. Stephen A, Miller & John P. Harley. Zoology Fifth Edition. Mc Graw Hill Education,2004.
50. 福岛.利用草履虫检测重金属等有害物质在细胞水平上的毒性[J].日本卫生杂志,34(3),1979.
51. 石同幸,袁涛,肖斌权.铜离子对草履虫慢性毒性实验研究[J].现代预防医学,1997,24(3):300—302.
52. 陈天乙,陈素萍,刘宏成.香烟对草履虫的毒性研究[J].环境与健康杂志,1992,(9)6:248—251.
53. D. Bardell.用草履虫观察香烟烟雾的毒害作用[J].大学科学教师杂志,1991,6:34—35.
54. 北京医学院第一附属医院肿瘤研究组等.北京医学院学报,1974,(1):47—50.
55. 刘欣,李晓晖,修志龙.海洋中抗感染活性物质的研究进展[J].中国天然药物,2006,4(5):390—396.
56. 毛兆雄.虫类中药材药理及临床应用.山东医药工业,1992,11(2):29—31.
57. 李明,李娟.海绵动物抗肿瘤活性物质研究进展[J].国际肿瘤学杂志,2006,33(10):733—736.
58. 黄方吕,邱淑贞.海葵中的生物活性物质[J].化学通讯,1987,4:58—62.
59. 丁安伟.海洋药物的研究现状及发展趋势[J].南京中医药大学学报,1999,15(3):129—132.
60. 洪惠馨等.我国常见的有毒海洋腔肠动物[J].集美大学学报,2004,9(1):32—41.
61. 金伟年,王晓蕙.海洋药物的临床应用研究及进展[J].中国新药杂志,2004,13(12):1262.
62. 王长云,耿美玉,管华诗.海洋药物研究进展与发展趋势[J].中国新药杂志,2005,14(3):278.
63. 邵顺波.近年来海洋药物化学成分及功效的研究概况[J].安徽医药,2005,9(11):861—862.
64. 陈琴,罗素兰.水母毒素研究进展.长孙东亭[J],生物技术,2007,17(6):95—98.
65. 卞俊.国内外海洋药物研究进展及展望[J].海军医学杂志,2007,28(1):84—87.
66. 彭劲甫,杨得坡,黄世亮,等.地龙的药理作用与保健功能[J].中药材,2000,23(2):114—117.
67. 陈敬炳.通俗环毛蚓的化学成分研究[J].中成药,1997,19(5):35.
68. 杨得坡,王发松,彭劲甫.参环毛蚓脂类挥发性成分分析[J].中药材,2000,23(1):31—33.
69. 王宗伟,梁秀文,范兴亚.蚯蚓生物工程技术研究进展[J].中草药,2000,31(5):386—387.
70. 王雪英,伍蛟斌,徐风彩.蚯蚓纤溶酶的分离纯化及其部分酶学性质的研究[J].药物生物技术,2003,10(2):88—91.
71. 张金龙.蚓激酶与复方地龙胶囊[J].中国新药杂志,2002,11(3):203—205.
72. 胡文军,傅庭治.一种新型蚯蚓纤溶酶的研究[J].中药材,1997,20(2):78—81.
73. 王光忠,胡迪,陈敬炳,等.地龙类药材化学成分分析[J].中药材,1998,21(3):133—135.
74. 陈平,博杰,严宜昌.地龙的本草考证[J].中药材,1997,20(3):158—160.
75. 李兴发,贾飞飞,刘建蓉,等.蚓激酶研究和应用进展[J].中国新药杂志,2005,14(8):964—968.
76. 路英华,金汝成.蚯蚓纤溶酶的提取、性质鉴定和溶解血栓的研究[J].兰州大学学报(自然科学版),1986,22(1):95—100.
77. 顺庆生,包雪声.沪地龙的原动物鉴定[J].中药材,1999,22(1):13—17.
78. 张东方,周美环,单玉,等.参环毛蚓中纤溶活性蛋白酶研究[J].药物生物技术,2006,13(1):49—50.
79. 刘秀艳.地龙的药理研究[J].辽宁中医杂志,2008,35(1):106—107.
80. 李克明,张国,武继彪.水蛭的药理研究概况[J].中医研究,2007,20(2):62—64.
81. 郑燕林,蒋纪恺,王万杰,等.水蛭素对外伤性增生性玻璃体视网膜病变细胞外基质的影响[J].中国中医眼科杂志,2001,11(1):5—6..
82. 唐瑜菁,张莲芬,段作营.水蛭素促尿激酶纤溶作用研究[J].中国药理学通报,2006,22(1):89—93.
83. 吴玉刚,庞存枫,温山鸿,等.疣吻沙蚕营养成分分析与评价[J].水利渔业,2006,26(3):86—88.
84. 黄晓春,苏秀榕,苏月萍.沙蚕和星虫的营养成分研究[J].水产科学,2005,24(6):10—11.
85. 李荣贵,赵峰,杨宏,等.重组沙蚕溶栓活性蛋白酶的纯化及其性质研究[J].中国海洋药物,2007,26(2):1—6.
86. 黄琳,段磊,李荣贵,等.沙蚕提取物的抗氧化活性研究[J].中国海洋药物,2007,26(2):19—22.
87. 孙玉善.海洋天然有机物资源化学(六)[J].中国海洋药物,1988,7(4):38—39.
88. 郑星明,王益寿.海洋资源药物开发现状与前景[J].上海化工,1999,24(1):5—6.
89. 彭晓娜,雷晓凌.方格星虫多糖对小鼠免疫活性的影响[J].广东海洋大学学报,2007,27(4):54—57.
90. 胡晓丛.星虫微量元素含量的测定[J].水产科学,2005,24(6):12—14.
91. 张桂和,赵谋明,巫光宏.方格星虫酶解物成分分析及其抗氧化作用[J].食品与生物技术学报,2007,26(3):80—84.
92. 沈先荣,蒋定文,贾福星,等.方格星虫延缓衰老作用研究[J].中国海洋药物杂志,2004,(1):30—32.
93. 洪水根,胡友川,李祺福,夏传武,李筱泉.中国鲎血蓝蛋白研究[J].厦门大学学报(自然科学版),1997,36(5):763—768.

94. 洪水根,陈菲,李祺福,胡友川,叶军,姚炳新,李筱泉,欧阳高亮,李长友.中国鲎鲎素抗菌活性.厦门大学学报(自然科学版),1998,37(6):915—920.
95. 洪水根,陈菲,李祺福,胡友川,叶军,欧阳高亮,李长友,李筱泉,乔玉欢,陈福.中国鲎鲎素T-1抗人早幼粒白血病 HL-60细胞活性研究.厦门大学学报(自然科学版),1999,38(3):448—451.
96. 李祺福,李长友,欧阳高亮,叶军,李筱泉,洪水根.中国鲎素对人胃癌BGC-823细胞增殖的抑制作用[J].厦门大学学报(自然科学版),2001,40(1):110—115.
97. 石松林,王永煜,李祺福.中国鲎和正丁酸钠对人胃癌BGC-823细胞形态与超微结构的影响[J].解剖学报,2006,37(3):326—331.
98. 谭复成.蜈蚣的药理作用及应用[J].现代医药卫生,2006,22(13):2031.
99. 金美子.全蝎的药理作用与临床应用[J].现代医药卫生,2007,23(17):2623—2624.
100. 张荒生,王进军.中药全蝎的药理研究进展[J].中国中医急症,2007,16(2):224—226.
101. 杨红莲,刘梅.土鳖虫的化学成分及药理研究[J].陕西中医学院学报,2005,28(3):48—50.
102. 程地芸,李全生.桑螵蛸中长螵蛸原昆虫的研究[J].资源开发与市场,1995,15(3):168.
103. 李森林,肖文海,黄岩.斑蝥的现代药理研究和临床应用[J].中国社区医师,2007,9(16):16.
104. 周鹏,顾谦群,王长云.海星皂苷及其他活性成分研究概况[J].海洋科学,2000,24(2):35—37.
105. 郭承华.海燕皂苷及其他活性物质的制备及其生物功能研究[J].中国海洋大学,200.
106. 陆江海.海胆化学和药理学研究概况[J].中国海洋药物,1994,(2):38—46.
107. 姜健,杨宝灵,邱阳.海参资源及其生物活性物质的研究[J].生物技术通讯,2004,15(5):537—540.
108. 李熙灿.海参及海参中的化学成分综述[J].辽宁中医学院学报,2004,6(4):341—342.
109. 宋迪,吉爱国,梁浩,等.刺参生物活性物质的研究进展[J].中国生化药物杂志,2006,27(5):316—319.
110. 司玫,展翔天.海洋生物活性物质研究进展[J].中国海洋药物,2003,(6):46—50.
111. A. N. Baker et al., A new class of echinodermata, based on a new genus and species, Nature (321) Macmillan Journals Ltd., London, 1986.
112. Minale L, et al. Natural Products and Biological Activities, Tokyo: Tokyo University of Tokyo Press, 1986, 59.
113. 周永红,唐孝礼,颜光美,等.中草药,2000,31(12):243—245.
114. 唐孝礼,颜光美,许实波,等.中草药,1999,30(08):187—189.
115. 唐孝礼,周永红,颜光美,等.中国老年学杂志,1999,16(06):135—137.
116. 唐孝礼,颜光美,周永红,等.中草药,1999,30(10):194—197.
117. 李春香,边洪荣,邹国林.氨基酸和生物资源,2001,12(02):55—57.
118. 张朝晖,徐国钧,徐珞珊,等.中国海洋药物,1998,15(01):22—24.
119. 许东晖,谢江海,梅雪婷,等.中国海洋药物,2005,18(02):48—50.
120. 刘冬玲,卢振.时珍国医药,2005,26(09):186—188.
121. 易美华,李根强,肖红,等.中国热带医学,2006,11(10):182—184.
122. 许实波,许东晖,吕军仪,等.中草药,2002,32(01):13—15.
123. 黄建设,张偲,龙丽娟.中草药,2002,32(03):78—81.
124. 庄国喜,张朝晖,吴立云,等.中药材,1999,38(04):96—99.
125. 关美君,林文翰,丁源.中国海洋药物,2001,18(01):8—10.
126. 李明泽,高世勇,邹翔,等.药品评价,2005,5(03):94—96.
127. 薛任皓,曹德华,郑维发,等.中国海洋药物,2004,20(05):164—166.
128. 张英,邱鹰昆,刘珂,等.中华大蟾蜍的研究进展[J].中草药,2006,37(12):1905—1908.
129. 赵强,孟凡静,刘安西.蟾酥的研究进展[J].中草药,2004,35(10):附4—7.
130. 顾迎寒.时珍国医国药,2007,18(6):1417.
131. 王丽虹.麝鼠人工取香化学成分和药理活性研究进展;特产研究,1993(3).
132. 李宝唐,李长胜,孙风俊等.麝鼠香化学成分的研究,1994,(7):396—397.
133. 李西林,周秀佳,南艺蕾.中药濒危药用动植物资源保护与可持续利用.上海中医药大学学报,2006,20(2):69—71.
134. 李军德.论我国濒危药用动物的系统研究.中国中药杂志,2001,26(11):728—730.
135. 诚子,王小龙.蜈蚣养殖技术.农村机械化,1989,(5):30.
136. 姜新生.蜈蚣养殖技术.湖南农业科学,1996,(4):46—47.
137. 张波.蜈蚣养殖技术要点.湖南农业,1997,(2):21.
138. 韦公远.蜈蚣养殖技术要点.吉林畜牧兽医,1998,(12):33.
139. 陈彬.常见的几种蜈蚣养殖方法.当代农业,2001,(5):38—39.
140. 范必勤.波尔山羊的品种标准介绍兼论引种意义.江苏农业科学,1998,(4):62—63.

141. 黄静.帮你建座花房型土元养殖场.中国畜牧杂志,2002,(6):51.
142. 夏影.土元养殖经.养殖技术顾问,2002,(5):33.
143. 冯福元.土元养殖四注意.农村养殖技术,2002,(18):22.
144. 马士峰.土元养殖问答.特种经济动植物,2005,(6):8.
145. 刘雪枫.土元养殖的关键技术.特种经济动植物,2001,(3):13.
146. 马贵平,史夏玲,王小丽,等.部分野生动物的检疫方法.中国进出境动植检,1998,(3):29—31.
147. 孙振连,丁增存.蝎子养殖技术分析与建议.中国农村小康科技,2001,(6):14—15.
148. 马金泉.蝎子养殖与加工技术.农村实用科技,1994,(11):19—25.
149. 郑延平.蝎子养殖技术.农村新技术,2006,(5):15—16.
150. 冯春田.蝎子养殖加工技术.农牧产品开发,1995,(6):32.
151. 吴建礼.蝎子养殖与加工技术.农业科技通讯,1992,(4):23—24.
152. 单安山.动物饲养标准理论与实践.东北农学院学报,1990,21(3):225—232.
153. 联合国粮食及农业组织.世界卫生组织.良好动物饲养规程法典,CAC/RCP,2004:54.
154. 罗长荣.浅谈动物的健康养殖和养殖健康.健康养殖,2003,(10):11.
155. 潘德伦.禽畜无臭饲养技术研究进展.禽业科技,1996,12(5):40—41.
156. 杨化林.太平洋牡蛎筏式育肥技术成功运用.渔业致富指南,2006,(8):6.
157. 李华琳.太平洋牡蛎养殖技术.生物学通报,2006,(4):50—51.
158. 李华琳.长牡蛎苗种培育.齐鲁渔业,2005,22(10):4—5.
159. 吴松.太平洋牡蛎苗种工厂化培育技术.水产科技情报,2004,31(6):279—281.
160. 陈舜,伍德瀛.贝类养殖技术之二——高盐海区太平洋牡蛎延绳式养殖技术.中国水产,2003,(9):57—59.
161. 翁国雄.太平洋牡蛎分挂养殖技术要点.福建水产,2003,(2):46—47.
162. 王如才,王昭萍.我国太平洋牡蛎(Crassostrea gigas)三倍体育苗与养殖技术研究进展.青岛海洋大学学报:自然科学版,2002,32(2):193—200.
163. 翁国雄.浅海吊挂太平洋牡蛎养殖技术.福建农业,2002,(6):20.
164. 张国范,王子臣.三倍体长牡蛎浮筏养殖技术的研究.中国水产科学,2000,7(1):68—72.
165. 王在文.太平洋牡蛎的养殖技术.水产养殖,1996,(6):9—10.
166. 游克仁.太平洋牡蛎养殖技术.技术开发与引进,1992,(3):16—18.
167. 姜存楷.滩涂贝类养殖及加工实用技术(五):牡蛎的生活习性及苗种繁育.中国水产,1985,(8):19—21.
168. N. Gist Gee. The Ephyd atias from China, The Hongkong Naturalist, 1930:170—174.
169. Robert W. Pennak. Fresh water invertebrates of the United States(second edition), A Wiley-interscience publication, 1978:80—98.
170. Mihara H,Sumi H,Yoneta T,et al. A novel fibrinolytic enzyme extracted from the earthworm,lumbricus rubellus[J]. Japanese journal of physiology,1991,44:46.
171. Mihara H,Sumi H,Akazawa T,et al. Fibrinolytic enzyme extracted from the earthworm[J]. Thromb Haemost,1983,50:258—263.
172. Pan W,Liu X,Ge F,et al. Perinerin,a novel antimicrobial peptide purified from the clamworm Perinereis aibuhitensis grube and its partial characterization[J]. J Biochem (Tokyo),2004,135(3):297—304.
173. Chen X,Yang H,Czherig Z. A prospective randomized controlled trial of surgical treatment of hypertensive intracerebral hemorrage[J]. Acta Acad Med Shanghai,1992,19:237—240.
174. Hrzenjak T, Popovil M, Bozil T, et al. Fibrinolytic and anticoagulative activities from the earworm eisenia foetida[J]. Comp Biochem Physical, 1998, 118B:825—832.

索 引

药用动物中文名索引

（按笔画顺序）

二 画

二斑白氏参 …………………………………… 176
七节狸 ………………………………………… 321
八哥 …………………………………………… 280
九孔鲍 ………………………………………… 126
九节狸 ………………………………………… 320
九江狸 ………………………………………… 320
九香虫 ………………………………………… 146
刁海龙 …………………………………… 202, 209
刀鲚 …………………………………………… 200

三 画

三角上树蛙 …………………………………… 235
三角帆蚌 ………………………… 102, 112, 122
三角蚓 ………………………………………… 235
三角犁头 ……………………………………… 235
三疣梭子蟹 …………………………………… 140
三斑海马 ……………………………………… 209
土钉虫 ………………………………………… 93
土鳖虫 ………………………………………… 152
大刀螂 …………………………………… 145, 150
大马蹄蝠 ………………………………… 305, 317
大头金蝇 ……………………………………… 145
大耳猬 …………………………………… 303, 316
大耳蝠 ………………………………………… 317
大竹蛏 ………………………………………… 102
大杜鹃 ………………………………………… 280
大杓鹬 ………………………………………… 280
大连湾牡蛎 ……………………………… 102, 123
大灵猫 …………………………………… 310, 320
大草履虫 ……………………………………… 54
大胡蜂 ………………………………………… 145
大缺齿鼹 ……………………………………… 303
大海马 ………………………………………… 209
大黄鱼 …………………………………… 202, 212
大眼青鳞鱼 …………………………………… 199
大眼兔头鲀 …………………………………… 204
大麻哈鱼 ……………………………………… 200
大斑芫菁 ……………………………………… 151
大斑蝥 ………………………………………… 151
大蜣螂 ………………………………………… 145
大腹圆网蛛 …………………………………… 141
大管鼻蝠 ……………………………………… 317
大嘴乌鸦 ……………………………………… 269
大壁虎 ………………………………………… 248
大鳞泥鳅 ………………………………… 201, 212
小刀螂 ………………………………………… 151
小灵猫 …………………………………… 310, 321
小带鱼 ………………………………………… 202
山老鸦 ………………………………………… 279
山羊 ……………………………………… 313, 329
山龟 …………………………………………… 251
山兔 …………………………………………… 318
山斑鸠 …………………………………… 268, 279
山跳子 ………………………………………… 318
山溪鲵 ………………………………………… 235
山蝠 …………………………………………… 317
广地龙 ………………………………………… 84
广腹螳螂 ………………………………… 145, 151
飞鼠 …………………………………………… 307
马 ………………………………………… 311, 321
马氏珍珠贝 …………………………………… 121
马氏钳蝎 ……………………………………… 148
马头鱼 ………………………………………… 208
马铁菊头蝠 ……………………………… 304, 317
马鹿 ……………………………………… 311, 327
马粪海胆 ………………………………… 169, 174
马麝 ……………………………………… 311, 325

四 画

王八 …………………………………………… 253

天龙	250
天鼠	317
无针乌贼	117
无疣壁虎	245, 251
无斑雨蛙	227, 235
无蹼壁虎	245, 251
云南蛇蜥	257
云雀	280
五步蛇	248, 255
犬	313
太平洋鲱	199
巨首楔蚌	132
瓦垄子	118
少棘蜈蚣	142, 146
日本山蛭	83
日本吉丁虫	145
日本沙蚕	91
日本海域海绵	63
日本黄脊蝗	145
日本蚜	140
日本镜蛤	125
中华大蟾蜍	226, 229
中华东蚁蛉	145
中华地鳖	144, 152
中华竹鼠	308
中华花龟	252
中华青鳞鱼	199
中华绒螯蟹	140
中华圆田螺	104, 128
中华酚鼠	308
中华蚱蜢	145
中华绿螳螂	150
中华蜜蜂	145, 154
中华稻蝗	145
中华鳖	245, 253
中国林蛙	228, 232
中国枪乌贼	108, 132
中国雨蛙	227, 234
中国圆田螺	104, 128
中国鹅	274
中国鲎	140
中国瘰螈	229, 236
中国螳螂	150
中菊头蝠	304, 317
水马	208
水牛	313, 329, 330
水龙	236
水母	71
水母鲜	71
水老鼠	319
水虻	146
水蚂蟥	89

水耗子	319
水葫芦	279
水雁	209
水蛭	83, 89
牛虻	145
毛衣鱼	143
毛驴	322
毛刺	316
毛圆刺马陆	142
毛蚶	100, 119
毛腿沙鸡	269
长竹蛏	102
长吻沙蚕	91
长吻海蛇	248, 257
长牡蛎	102, 123
长尾雉	268
长砗磲	132
长棘海星	177
长蛸	109
长鼠妇	139
长螳螂	150
长翼蝠	317
片螺	133
月牙熊	320
风鲚	200
乌子	114
乌凤蛇	254
乌苏里圆田螺	128
乌龟	244, 251
乌鸡	271
乌鱼	114, 203
乌骨鸡	268, 271
乌鸫	280
乌梢蛇	247, 254
乌蛇	254
乌鳢	203, 212
凤蝶	145
文蛤	102, 124
方形环棱螺	131
丑海参	176
孔盘海胆	176
双齿围沙蚕	91, 92

五 画

玉米螟	145
玉足海参	171, 177
节蝶螺	131
可口草囊星虫	93
石笔海胆	169, 174
石磺海牛	131
石镜	71

布纹藤壶	139	西洋鸭	279
龙落子	208	西藏蟾蜍	226, 232
龙鲤	317	百花锦蛇	247
平甲虫	139	百足虫	146
平胸龟	244, 252	灰巴蜗牛	107
东方巨齿蛉	145	灰头鸦	269, 280
东方后片蠊	144, 153	灰皮鲨	210
东方蜚蠊	144	灰沙燕	269
东方蝼螖	229, 236	灰尾兔	307
东方潜龙虱	153	灰星鲨	197, 210
东北雨蛙	235	灰胸竹鸡	280
东北兔	307, 318	灰鼠蛇	257
东北鼢鼠	308, 330	达乌尔猬	303, 316
东亚钳蝎	141, 148	达乌尔鼠兔	306
北山羊	330	尖吻三刺鲀	204
北方刻肋海胆	174	尖吻蝮	248
北美鼠	319	尖吻蝮蛇	255
北壁钱	141	尖齿锯鳐	198
凸壳肌蛤	101, 120	尖海龙	209
甲鱼	253	光润金线蛭	90
田中螺	128	光棘球海胆	174
田鸡	232, 233	光裸星虫	92
四角蛤蜊	132	虫纹东方鲀	204
四脚鱼	236	虫草蝙蝠蛾	145
禾虫	90	曲蟮	84
白布鲨	210	团鱼	253
白皮子	71	同型巴蜗牛	107, 130
白花蛇	255	网纹海兔	107, 129
白肛地瓜参	176	网纹裸胸鳝	201
白条锦蛇	257	竹竿青	257
白鱼	200	竹象鼻虫	145
白底辐肛参	176	伏翼	317
白脊纹藤壶	139	华北蝼蛄	145
白粉蝶	145	华北螳螂	151
白斑星鲨	197	华西大蟾蜍	226, 232
白斑海参	176	华西雨蛙	227, 235
白鹇	268, 280	华南兔	319
白鲍	127	华南棕蝠	317
白蜡虫	146	华南壁钱	141
瓜螺	105, 131	华贵类栉孔扇贝	102
丛生盔形珊瑚	71	华黄蜂	145
印度穿山甲	306, 318	华蜗牛	107, 130
加勒比海海绵	63	伊氏鼠耳蝠	317
对虾	139	合浦珠母贝	102, 121
矛尾翻车鲀	204	杂色松海胆	176
		杂色鲍	104, 126
		多疣壁虎	250
		多核草履虫	54
		多棘海盘车	168, 171, 173
		多棘蜈蚣	142, 147
		多痣壁虎	245, 250
		衣鱼	143

六　画

地龙	84
地羊	313
地鳖虫	152
耳鲍	127

羊鲍 ··· 104，127
灯水母 ··· 69
江户布目蛤 ·· 125
池鹭 ··· 280
守宫 ··· 250
寻氏肌蛤 ·· 120
异足索沙蚕 ·· 91
阳遂足 ··· 168
羽螅 ··· 73
红耳泥龟 ·· 252
红耳鼠兔 ·· 306
红肚田鸡 ·· 233
红条毛肤石鳖 ···································· 130
红珊瑚 ··· 71
红面鹌鹑 ·· 275
红脚鹬 ··· 280
红腹锦鸡 ·· 268
红瘰疣螈 ·· 229
红螺 ··· 105
驯鹿 ··· 311，327

七 画

远东蝎 ··· 148
拒斧螳螂 ·· 151
赤子爱胜蚓 ·· 88
赤魟 ··· 198
赤麻鸭 ··· 268
赤琥珀螺 ·· 132
赤喉鹑 ··· 275
赤链蛇 ··· 247，257
赤蜻蜓 ··· 143
赤鲤鱼 ··· 205
拟海龙 ··· 202，209
芮氏刻肋海胆 ···································· 176
花生大蟋蟀 ·· 145
花刺参 ··· 170，176
花背跳蛛 ·· 141
花点魟 ··· 198
花背蟾蜍 ·· 226，232
花姬蛙 ··· 228，235
花蚰蜒 ··· 142
花鹿 ··· 325
花斑裸胸鳝 ·· 202
花蛤 ··· 124
花鹊栉孔扇贝 ···································· 102
克氏海马 ·· 202，208
杜氏珠蚌 ·· 122
杉木鱼 ··· 235
杨枝鱼 ··· 209
两头蛇 ··· 257
丽医蛭 ··· 90

丽斑麻蜥 ·· 257
旱鸭 ··· 279
吹风蛇 ··· 257
针乌贼 ··· 108，117
秃鼻乌鸦 ·· 269
秀丽金钱蛭 ·· 90
伶鼬榧螺 ·· 131
低海龙 ··· 209
近江牡蛎 ·· 102，122
龟 ··· 251
角倍蚜 ··· 146
角海葵 ··· 71
角鞘山溪鲵 ·· 229
沐浴海绵 ·· 62
沙虫 ··· 90
沙带鱼 ··· 202，211
沙蚕 ··· 90
沙群海葵 ·· 73
沙蜀 ··· 82
沟牙鼯鼠 ·· 307
张氏鱼怪 ·· 139
阿氏辐肛参 ·· 171，176
阿文绶贝 ·· 131
阿纹绶贝 ·· 105
阿抚海星 ·· 176
鸡 ··· 276
鸡冠鸟 ··· 279
纵条矶海葵 ·· 71，72，73
纵斑蜥虎 ·· 257
纺织娘 ··· 145
驴 ··· 311，322

八 画

环颈雉 ··· 268
青头雀 ··· 280
青环海蛇 ·· 248，257
青鱼 ··· 200
青蛙 ··· 228，233
青蛤 ··· 102，125
青鳞鱼 ··· 199
直隶环毛蚓 ·· 88
林氏海燕 ·· 168
林麝 ··· 311，324
松毛鸡 ··· 271
松鼠 ··· 307
枕纹锦蛇 ·· 247，257
刺瓜参 ··· 176
刺参 ··· 170，175
刺海马 ··· 202，209
刺海参 ··· 175
刺球子 ··· 316

刺猬	303, 316	驼鹿	311, 327
刺鼠	316		
雨蛙	235		

九　画

欧洲医蛭	90	珍珠蚌	102
非洲异瓜参	176	带鱼	202, 211
非洲蝼蛄	145	草鱼	200
虎斑步甲	145	草兔	307, 318, 319
虎斑游蛇	257	草原鼢鼠	308
鸣蝉	154	胡子鲶	201
岩松鼠	307	南风蛇	257
岩鸽	268	南方刀螂	145, 151
罗氏海盘车	168, 171	南方大斑蝥	151
图花白氏参	176	南非海域的海绵	63
知了	153	南海鳞灯芯柳珊瑚	73
秉氏环毛蚓	88	药葫芦	279
秉氏鲵	235	栉孔扇贝	102, 132, 133
秉前环毛蚓	88	栉江珧	101, 132
货贝	105, 131	栉盲环毛蚓	88
爬壁虎	250	栉棘骨螺	131
金乌贼	108, 114	柞蚕	145
金头蜈蚣	146	柳叶蚂蟥	89
金丝燕	280	柳珊瑚	72, 73
金环蛇	247, 257	树麻雀	269, 278
金线鱼	202	树蛙	235
金线蛙	234	威廉环毛蚓	88
金钱龟	251	厚壳贻贝	101, 120
金蛇	257	砂栖海葵	73
金蛤蟆	234	砂海星	176
金腰燕	269	背角无齿蚌	102, 109, 122
肥螈	229, 236	背暗异唇蚓	88
鱼怪	139	背瘤丽蚌	102, 112, 122
鱼鹰	279	星天牛	145
狗	309, 313	蚂蟥	83, 89
狗熊	320	哈士蟆	232
狗獾	309, 330	哈氏刻肋海胆	174
变色树蛙	235	哈那鲨	211
变色树蜥	257	贻贝	119
河乌	280	香猫	321
河蚌	109	香蕉弄蝶	145
河蚬	132	复齿鼯鼠	307, 330
油葫芦	145	信鸽	278
泥东风螺	105, 131	剑脊蛇	254
泥蚶	100, 118	脉红螺	131
泥螺	106, 131	狭翅大刀螳螂	151
泥鳅	201, 212	疣吻沙蚕	82, 90
沼蛙	234	疥蛤蟆	229
波斑裸胸鳝	202	美洲蜚蠊	144
泽蛙	228, 234	美德鲍	127
参环毛蚓	82, 84, 88	洋虫	145
细齿金钱蛭	90	洋鸭	279
细蛇蜥	257	穿山甲	306, 317
细雕刻肋海胆	169, 174		

扁头七鳃鲨	197, 211	海燕	168, 173, 177
扁头哈那鲨	197, 211	海蟑螂	139
绒毛鸡	271	家山羊	329
		家马	321

十　画

		家犬	309, 313
珠母贝	122	家鸡	268, 276
珠颈斑鸠	268	家兔	307
盐老鼠	317	家蚕	145, 157
真五角海星	176	家鸭	268, 275
梆梆狗	235	家鸽	268, 278
索氏蛏蜋	151	家鹅	268, 274
原麝	311, 325	家燕	269
鸬鹚	279	陶氏太阳海星	177
鸭	275	通俗环毛蚓	88
鸭子	275	桑天牛	145

圆顶珠蚌	102, 112		

十一画

钱串子	209		
缺齿鼹	330	黄牛	313, 327
秧鸡	280	黄凤蝶	145
笋锥螺	104	黄节蛇	257
倒刺鲃	200	黄边大龙虱	145
臭姑鸪	279	黄衣	143
射线裂脊蚌	112, 122	黄羊	313, 330
脆针海绵	62	黄足蚁蛉	145
脆蛇蜥	256	黄刺蛾	145
鸳鸯	268	黄姑鱼	202
皱纹盘鲍	127	黄疣海参	176
高杯水母	69	黄胸青腰	145
高原兔	319	黄胸鹀	269
粉正蚓	88	黄海葵	73
海五星	173	黄脚三趾鹑	280
海月	132	黄斑兰子鱼	203
海月水母	70, 72, 73	黄蛤蜊	132
海龙	209	黄蛤蜊	107
海白石	72	黄黑大芫菁	151
海红	119	黄黑小斑蝥	152
海折	71	黄缘闭壳龟	244, 252
海岸水虱	139	黄螺	128
海兔	129	黄鼬	309
海狗	330	黄鳝	202
海参	171, 175	菲律宾蛤仔	125, 132
海星	171, 173	菜子蛇	257
海胆	174	菊珊瑚	71
海珠	129	梅花参	170, 176
海蚯蚓	82	梅花鹿	311, 325
海蛇	257	雪哈	232
海盘车	171	眼斑芫菁	145
海棒槌	170, 176	眼镜蛇	247, 257
海蛇	71	野猪	311, 324
海蜇	70, 71	野蛤蜊	107
海蛭	257	曼氏无针乌贼	108, 117

钳子	118	紫海星	176
钳壳	118	紫海胆	169，174
蛎敌荔枝螺	131	蛙	233
蚱蝉	146	蛤蚧	245，248
蛇目白尼参	176	蛤蚧蛇	248
铜石龙子	257	蛤蟹	248
铜楔蜥	257	黑龙江林蛙	228，233
银鸡	268	黑凹螺	130
银环蛇	247，254	黑头蜡嘴雀	270
犁头蛙	235	黑边海兔	129
偏顶蛤	101，120	黑枕黄鹂	280
盘大鲍	127	黑乳参	170，176
鸽	278	黑兔头鲀	204
豚	323	黑线艮鲛	198
猪	311，323	黑翅红娘子	146
猪獾	309	黑鸫	280
猫	310	黑海参	176
麻雀	269，278	黑眶蟾蜍	226，232
麻蛇	257	黑蚱	153
章鱼	132	黑蚱蝉	153
粗吻海龙	202，209	黑斑海兔	107，129
粗尾穿山甲	318	黑斑蛙	233
粗糙盔形珊瑚	71，72	黑熊	309，320
淡水海绵	62	黑瞎子	320
密鳞牡蛎	123	短吻三刺鲀	204
骑士章海星	168，176	短指多型软珊瑚	73
绵羊	313	短蛸	109
绿孔雀	268	短嘴金丝燕	280
绿头鸭	268	鹅管石	72
绿刺参	170，176	舒海龙	209
		鱿鱼	132
		普通伏翼	317

十二画

		湖北环毛蚓	88
琵琶蛇	257	湖针海绵	62
斑鸠	279	寒鸦	269
斑条裸胸鳝	201		
斑灵猫	321	## 十三画	
斑点裸胸鳝	202		
斑腿树蛙	228，235	赪鲤	205
喜马拉雅旱獭	307	蓝海龙	209
喜鹊	269	蓝斑背肛海兔	107，129，133
棒椎螺	131	蓬鸫	280
棒锥螺	104	蒙古兔	319
棕色金龟子	145	鹌鹑	268，275
棕斑兔头鲀	204	辐肛参	170
棺头蟋蟀	145	暗绿秀眼鸟	280
棘栉蛇尾	168，176	蜈蚣虫	146
雁虻	146	蜂蝇	146
翘鼻蛇	255	锤头双髻鲨	198
紫轮参	176	雉鸠	279
紫贻贝	101，119	魁蚶	100，119
紫胶虫	146	鲈鱼	202

鲍鱼 …………………………………………… 126
意大利蜂 ………………………………… 145，157
滇泥鳅 …………………………………… 201，212
裸体方格星虫 ……………………………… 92
福氏海盘车 ……………………………… 177
群体海葵 …………………………………… 73
缢蛏 ……………………………………… 102，132

鲮鲤 ……………………………………… 317
鲶鱼 ……………………………………… 200
鹧鸪 ……………………………………… 280
糙海参 …………………………………… 176
褶纹冠蚌 ………………………… 102，112，122
褶鲍 ……………………………………… 127

十四画

蔷薇海星 ………………………………… 176
椎螺 ……………………………………… 105
蜻蜓 ……………………………………… 143
螺蠃 ……………………………………… 145
蝉 ………………………………………… 153
管角螺 …………………………………… 105，131
僧帽水母 ………………………………… 72，73
僧帽牡蛎 ………………………………… 123
鼻蛭 ……………………………………… 83
鲛鱼 ……………………………………… 210
豪猪 ……………………………………… 308
褐马鸡 …………………………………… 268
褐顶赤卒 ………………………………… 143
褐背地鸦 ………………………………… 269

十七画

戴氏拉土蛛 ……………………………… 141
戴胜 ……………………………………… 279
藏鼠兔 …………………………………… 306，330
蟋蟀 ……………………………………… 145

十八画

覆瓦小蛇螺 ……………………………… 131
覆瓦牡蛎 ………………………………… 123
蝼蛄 ……………………………………… 154
翻车鲀 …………………………………… 204
鹛鹛 ……………………………………… 279
癞蛤蟆 …………………………………… 229

十五画

赭色海底柏 ……………………………… 71，72
横纹金蛛 ………………………………… 141
槽沟海葵 ………………………………… 73
械海星 …………………………………… 176
樗鸡 ……………………………………… 146
蝮蛇 ……………………………………… 247
蝙蝠 ……………………………………… 305，317
蝦蟆 ……………………………………… 234
墨鱼 ……………………………………… 114
鲍鱼 ……………………………………… 202
鲥鱼 ……………………………………… 200
鲤鱼 ……………………………………… 200，205
鲫鱼 ……………………………………… 212
澳洲鲍 …………………………………… 127
澳洲蜚蠊 ………………………………… 144

十九画

蹼趾壁虎 ………………………………… 245，251
鲫鱼 ……………………………………… 199
鳗鲡 ……………………………………… 201
麒麟 ……………………………………… 317

廿 画

鳞状海底柏 ……………………………… 72

廿一画

麝香鸭 …………………………………… 268，279
麝香猫 …………………………………… 320
麝鼠 ……………………………………… 308，319
麝鼹 ……………………………………… 303

廿二画

镶边海星 ………………………………… 168，176

十六画

薄片镜蛤 ………………………………… 125
薄翅螳螂 ………………………………… 151
冀地鳖 …………………………………… 144，153
膨颈蛇 …………………………………… 257

廿三画

鼹鼠 ……………………………………… 330
䗪虫 ……………………………………… 152

药用动物拉丁学名索引

（按字母顺序）

A

A. ofricana	176
Acanthacorydalis orientalis (Mclachlan)	145
Acanthaster planci (L.)	177
Acanthochiton rubrolineatus (Lischke)	130
Acausina leucoprocta (H. L. Clark)	176
Acrida chinensis (Westw.)	145
Acridotheres cristatellus L.	280
Actinopyga agassizi Selenka	176
Actinopyga agassizi Selenka	171
Actinopyga lacanora (Jaeger)	170
Actinopyga mauritiana (Qucy et Gaimard)	176
Aeretem melanopterus Milne-Edwards	307
Agelas mauritianus	63
Agkistrodon acutus (Guenther)	255
Agkistrodon halys (Pallas)	257
Agriolimax agrestis (Linnaeus)	107
Aix galericulata L.	268
Alauda arvensis L.	280
Alces alces	327
Alces alces L.	311
Allolobophora caliginosa trapezoides (Duges)	88
Amphiura sp.	168
Anabarilius alburnops (Regan)	200
Anas latyrhynchos L.	268
Anas platyrhynchos domestica L.	268
Anax parthenope Selys	143
Anemonia shlcate	73
Anguilla japonica Temminck et Schlegel	201
Anoplophora chinensis (Forster)	145
Anser cygnoides arientalis L.	268
Anser cygnoides orientalis L.	274
Anser platyrhynchos domestica L.	275
Anthenea pentagomula	176
Anthocidaris crassispina (A. Agassiz)	169
Anthocideris carssispina (A. Agassiz)	174
Anthopleara xanthogrammia	73
Anthopleura xanthogrammica	73
Apis cerana Fabr	145
Apis cerana Fabr	154
Apis mellifera L.	145, 157
Aplysia (Varria) parvula Mörch	129
Aplysia (Varria) kurodai (Baba)	129
Aplysia (Varria) kurodai (Baba)	107
Aplysia (Varria) pulmonica Gould	107
Aplysia (Varria) pulmonica Gould	129
Apriona germari (Hope)	145
Aqkistrodon aclutus	248
Aqkistrodon halys	248
Aradeola bacchus Bonaparte	280
Aranea ventricosa (L. Koch)	141
Arca inflata Reeve	100
Arca inflata Reeve	119
Arca subcrenata Lischke	100
Arca granosa Linnaeus	100, 118
Arca subcrenata Lischke	119
Arctonyx Collaris F. Cuvier	309
Arenicola cristata Stimpson	82
Argiope bruennichii (Scopoli)	141
Armadillidum vulgare (Latrelle)	139
Aspongonpus chinensis Dallas	146
Asterias rollestoni Bell.	168
Asterias amurensis Lurken	173
Asterias amurensis Lutken	168
Asterias amurensis Lütken	171
Asterias forbesi (L.)	177
Asterias pectinifera (Müller et Troschel)	173, 177
Asterias rollestoii Bell.	171
Asterina limboonkengi (G. A. Smith)	168
Asterina pectinifera (Müller et Troschel)	168
Astropecten scoparium	176
Atrina (Servatrina) pectinata (Linnaeus)	132
Atrina (Servatrina) pectinata (Linnaeus)	101
Aurelia aurita	72, 73
Aurelia	70

B

Babylonia lutosa (Lamarck)	131
Babylonia lutosa (Lamarck)	105

Balanus amphitrite Communis Darwin	139
Balanus amuphitrite albicostatus Pilsbry	139
Bambusicola thoracica Temminek	280
Barbos denticulatus (Oshima)	200
Batrachuperus pinchonii (David)	229, 235
Bellamya quadrata (Benson)	131
Blatta orientalis L.	144
Bohadschia marmorata Jaeger	176
Bohadschia argus Jaeger	176
Bohadschia bivittata	176
Bombyx mori L.	145
Bombyx mori L	157
Bos taurus domesticus Gmelin	313, 327
Brachytrapes portentasus (Lichtensteim)	145
Bradybaena ravida (Benson)	107
Bradybaena similaris (Ferussac)	107
Bradybaena similaris (Ferussac)	130
Bubalus bubalis L.	313, 329
Bubalus bubalus L.	330
Bufo bufo andrewsi Schmidt	226, 232
Bufo bufo gargarizans Cantor	226, 229
Bufo melanostictus Schneider	226, 232
Bufo raddei Strauch	226, 232
Bufo tibetanus Zarevski	226, 232
Bullacta exarata (Philippi)	106
Bullacta exarata (Philippi)	131
Bungarus fasciatus (Schineider)	257
Bungarus fasciatus	247
Bungarus multicinctus (Blytn)	254
Bungarus multicinctus	247
Buthus martensii Karsch	148
Buthus marthensi Karsch	141

C

Cairina moschata L.	268, 279
Callorhinus ursinus L.	330
Calotus uersicolor (Daudin)	257
Canis familiaris L.	309, 313
Capra hircus L.	313, 329
Capra ibex L.	330
Carassius auratus auratus (Linnaeus)	212
Cathaica fasciola (Draparnaud)	130
Cathaica fasciola (Draparnaud)	107
Cerianthus	71
Cervus elaphus L.	311, 327
Cervus nippon Temminck	311, 325
Chalcophora japonica (Gory)	145
Charybdea	69
Chimaera phantasma Jordan et Snyder	198
Chinenys reeuesii (Gray)	244
Chinenys reevesii (Gray)	251
Chlamys pica (Reeve)	102
Chlamys farreri (Jones et Preston)	102
Chlamys farreri (Jones et Preston)	132, 133
Chlorostoma nigerrima (Gmelin)	130
Chrysolophus pitus L.	268
Chrysomyia megacephala (Fabr)	145
Cinclus cincius L.	280
Cipangopaludina ussuriensis (Gerstfeldt)	128
Cipangopaludina cathayeniss (Heude)	104
Cipangopaludina cathayensis (Heude)	128
Cipangopaludina chinensis (Gray)	104, 128
Clarias fuscus (Lacepede)	201
Clupea pallasi (Cuvier et Valenciennes)	200
Cnidocanpa flavesceus (Walker)	145
Coilia ectenes Jordan et Seale	200
Coilia mystus (Linnaeus)	200
Collocalis hrevirostris Moclelland	280
Colloculia esculenta L	280
Columba liva domestica L.	278
Columba livia domestica L.	268
Columba rupetris Pallas	268
Corallium japonicum Kishinouge	71
Corbicula fluminea (Muller)	132
Corvus frugilegus L.	269
Corvus macrorynchos Wagler	269
Corvus monedula L.	269
Coturnix coturix japonica L.	275
Coturnix coturnix L.	268
Craspidaster Hesperus (Müller et Troschel)	176
Craspidester Hesperus (Müller et Troschel)	168
Cristaria plicata (Leach)	102
Cristaria plicata Leach	112
Crocothemis servilia Drury	143
Cryptotympana pustulata Fabricius	146
Crytotympana pustulata (Fabricius)	153
Ctenolepisma villosa (Fabr.)	143
Ctenopharyngodon idellus (Cuvier et Valenciennes)	200
Cuculus canorus L.	280
Cuneopsis capitata (Heude)	132
Cuora flavcomarginata (Gray)	244
Cuora flavomarginata (Gray)	252
Cybister japonicus Sharp	145
Cybister tripunctatus Orieutalis Gschew.	153
Cyclina sinensis (Gmelin)	102
Cyclina sinensis Gmelin	125
Cymbium melo (Solander)	105, 131
Cynops orientalis (David)	229, 236
Cyprinus carpio L.	200, 205
Cyrtotrucheus longimanus (Fabr)	145

D

Dasyatis akajei (Muller et Henle) ······················ 198
Dasyatis uarnak (Forskal) ······················ 198
Dinobdella ferox (Blanchard.) ······················ 83
Dinodon rufazonatum (Cantor) ······················ 257
Dinodon rufazonemtum ······················ 247
Discodermia dissolute ······················ 63
Dosinia (*Dosinella*) *corrugata* (Reeve) ············· 125
Dosinia (*Phacosoma*) *japonica* (Reeve) ············· 125

E

Eisenia foetida (Saviguy) ······················ 88
Elaphe dione (Pllas) ······················ 257
Elaphe dione ······················ 247
Elaphe moellendoffi ······················ 247
Emberiza aureola Pallas ······················ 269
Emberiza spodocephala Pallas ················ 269, 280
Eohydatia japonica Hilgendorf ······················ 62
Eophona migratoria Hartert ······················ 270
Eophona personata Temminck et schlegel ········· 270
Ephydatia mulleri (Lieberkuhn) ······················ 62
Eptesicus serotinus Schreber ······················ 317
Equus Asinus L. ······················ 311, 322
Equus caballus orientalis Noack ············· 311, 321
Eremias argus Pters ······················ 246, 257
Eremias brenchleyi ······················ 246
Eremias multiocellata ······················ 246
Ericerus pela Chavannes ······················ 146
Erinaceus europaeus L. ······················ 303, 316
Eriocheir sinensis H. Milne-Edwards ············ 140
Erionota thorax (L.) ······················ 145
Eristalis tenax L. ······················ 146
Eumeces chinensis (Gray) ······················ 245
Eumeces elegans Boulenger ······················ 245
Eumenes petiolata (Fabr) ······················ 145
Eunapius fragils (Lecidy) ······················ 62
Eupolyphaga sinensis Walker ············ 144, 152
Euroleon sinicus (Navas) ······················ 145
Euspongia officinalis ······················ 62

F

Felis ocreata domestica Brisson ······················ 310
Francolinum pintadeanus Scopoli ·················· 280
Fugu vernicularis (Temminck et Schlege) ········ 204

G

Galaxea aspera Quelch ······················ 71
Galaxea aspera Quelch ······················ 72
Galaxea fasciculakis (L.) ······················ 71
Gallus gallus domesticus Brisson ········· 268, 271, 276
Gekko chinensis ······················ 251
Gekko chinensis Gray ······················ 245
Gekko gekko (L.) ······················ 248
Gekko gekko L. ······················ 245
Gekko japonicus (Dumeil et Bibron) ············· 250
Gekko japonicus (Dumeil et Brisson) ············· 245
Gekko subpalmatus ······················ 251
Gekko subpalmatus Günther ······················ 245
Gekko suinhonis ······················ 251
Gekko swinhonis Günther ······················ 245
Glycera chirori Izuka ······················ 91
Gryllotalpa africana Palisot et Beauvois ·········· 145
Gryllotalpa unispia Saussure ······················ 145
Gryllus testaceus Walker ······················ 145
Gymnothorax meleagris (Shaw) ······················ 202
Gymnothorax pictus Ahl. ······················ 202
Gymnothorax punctata fosciata (Bleeker) ········· 201
Gymnothorax undulatus (Lacepede) ··············· 202
Gymnothorax ymnothorax reticularis (Bloch) ········ 201

H

Haemadipsa japonica Whitman. ······················ 83
Haliotis asinian Linnaeus ······················ 127
Haliotis corrugata Gray ······················ 127
Haliotis discus hannai Ino ······················ 127
Haliotis diversicolor Reeve ······················ 104, 126
Haliotis laevigata (Donovan) ······················ 127
Haliotis midae Linnaeus ······················ 127
Haliotis ovina Gmelin ······················ 127
Haliotis ovina Gmelin ······················ 104
Haliotis ruber (Leach) ······················ 127
Haliplanella luciae (Varrill) ······················ 72
Haliplanella Luciae (Verrill) ······················ 71, 73
Harengula nymphaea (Richardson) ··············· 199
Harengula ovalis (Bennett) ······················ 199
Harengula zunasi (Bleeker) ······················ 199
Hemiasterella minor ······················ 63
Hemicemtiotus pulcherrimus (A. Agassiz) ········· 169
Hemicemtiotus pulcherrimus (A. Agssiz) ········· 174
Hemidactylus bowringii (Gray) ······················ 257
Hemiechinus auritus Gmelin ············ 303, 316
Hemiechinus dauricus Sundevall ··················· 303
Hemiechinus dauuricus Sundevall ················· 316
Hemifusus tuba (Gmelin) ······················ 105, 131
Hepialus armoricanus Oberhur ······················ 145
Heptranchias platycephalus (Tenore) ············· 197
Heterocentrotus mammillatus (L.) ··············· 175
Heterocentrotus mammillatus (L.) ··············· 169

Hierodula patellifera Serville ……… 145
Hierodula patellifera Serville ……… 151
Hierodula saussurei Kirby ……… 151
Hippocampus histrix Kaup. ……… 202
Hippocampus histrix Kaup ……… 209
Hippocampus kelloggi Jordn et Snyder ……… 202, 208
Hippocampus kuda Bleekeer ……… 209
Hippocampus trimaculatus Leach ……… 209
Hipposideros armiger Hodgson ……… 305
Hipposideros armiger Swinhoii ……… 317
Hirudo medicinalis L. ……… 90
Hirudo nipponia Whitman. ……… 83
Hirudo nipponica Whitman ……… 89
Hirundo daurica L. ……… 269
Hirundo rustica L. ……… 269
Hlydrophis cranocinctus Dauolin ……… 257
Hogenomyia micans (Maclachlan) ……… 145
Holotharia leucospilota (Brandt) ……… 171
Holothuria atra Jaeger ……… 176
Holothuria hilla Lesson ……… 176
Holothuria impatiens (Forskal) ……… 176
Holothuria leucopilota (Brandt) ……… 176
Holothuria leucosplilota (Brandt) ……… 177
Holothuria scabra Jaeger ……… 176
Holotrichia sauter (Moser) ……… 145
Homoiodoris japonica Bergh ……… 131
Huechys sanguinea (Geer) ……… 146
Hydrophis cyanocinctus Daudin ……… 248
Hyla annectans (Geraon) ……… 227
Hyla annectans (Jerdon) ……… 235
Hyla arborea immaculate Boettger ……… 227, 235
Hyla chinensis (Guenther) ……… 234
Hyla chinensis Guenther ……… 227
Hyla japonica Guenther ……… 235
Hyriopsis cumingii (Lea) ……… 102
Hyriopsis cumingii Lea ……… 112

I

Ichthyoxenus japonensis Richardson ……… 139
Ichthyoxenus tchangi Yu. ……… 139
Ilisha elongata (Bennett) ……… 199

J

Junceella squamata ……… 73

K

Kronopolites svenhedin (Verhoeff) ……… 141

L

Laccifer alcca Kerr ……… 146
Lagocephalus inermis (Temminck et Schlegel) ……… 204
Lagocephalus lunacies spddiceus (Richordson) ……… 204
Lagocephalus lunaris (Bloch et Schneider) ……… 204
Lamellaria sp. ……… 133
Lamprotula leai (Gray) ……… 102, 112
Lateolabrax japonicus (Cuvier et Valenciennes) ……… 202
Latouchia dauid (Simon) ……… 141
Lepisma saccharina L. ……… 143
Lepus capensis L. ……… 307, 319
Lepus mandshuricus Radda ……… 307
Lepus mandshuricus Radde ……… 318
Lepus oiostolus Hodgson ……… 307, 319
Lepus sinensis Gray ……… 319
Lepus tolia Pallas ……… 319
Ligia exotica (Roux) ……… 139
Limax fravus (Linnaeus) ……… 132
Limax fravus (Linnaeus) ……… 107
Loligo chinensis Gray ……… 108
Loligo chinensis Gray ……… 132
Lophara nycthemera L. ……… 280
Loxoblemmus doenitzi Stein ……… 145
Lucernayia ……… 69
Luidia clathrala ……… 176
Lumbricomerereis hateropoda Naronzeller ……… 91
Lumbriconeis heteropoda Naronzeller ……… 91
Lumbricus rubellus Hoffmeister ……… 88
Lycorma delicatula White ……… 146
Lyteehinus variegtus ……… 176

M

Macrura reevesii (Richardson) ……… 200
Mactra veneriformis Reeve ……… 132
Manis crassicaudata ……… 318
Manis crassicaudata Gray ……… 306
Manis pentadactyla L. ……… 306, 317
Mantis religiosa Linnaeus ……… 151
Margarita margaritifera (Linnaeus) ……… 102
Marmota himalayana Hodgson ……… 307
Martianus dermetiodes (Chevr.) ……… 145
Masturus lanceolatus (Lienard) ……… 204
Mauritia arabica (Linnaeus) ……… 105
Mauritia arabica (Linnaeus) ……… 131
Meandrina ……… 71
Mecopoda elongate Linnaeus ……… 145
Melaphis chinensis (Bell.) ……… 146
Meles meles L. ……… 309, 330
Melitode ochracea (L.) ……… 71

Melitodes ochracea (L.)	72
Melitodes squamata Nutting	72
Mellita quinquiesforata	176
Menemerus confusus (Böes et Str.)	141
Meretrix meretrix (Linnaeus)	102
Meretrix meretrix (Linnaeus)	124
Microhyla pulchra (Hallowell)	228, 235
Microthele nobilis (Selenka)	170
Microthele nobilis Selenka	176
Miichthys miiuy (Basilewsky)	202
Mimachlamys nobilis (Reeve)	102
Minopterus schreibersi Kuhl	317
Misgurnus anguillicaudatus (Cantor)	201
Misgurnus mizolepis (Gunther)	201, 212, 212
Misgurnus mohoity yunnan Nichols	201, 212
Modiolus (*Modiolus*) *modiolus* (Linnaeus)	101
Modiolus (*Modiolus*) *modiolus* (Linnaeus)	120
Mogera robusta Nehring	303, 330
Mola mola (Linnaeus)	204
Monetaria moneta (Linnaeus)	105
Monetaria moneta (Linnaeus)	131
Monopterus alba (Zuiew)	202
Moschus berezovskii Flerov	311, 324
Moschus moschiferus L.	311, 325
Moschus sifanicus Przewalski	311, 325
Murex pecten (Lightfoot)	131
Murina leucogaster Milne-Edwards	317
Musculus senhousia (Benson)	101, 120
Mustela sibirica Pallas	309
Mustelus griseus (Pietschmann)	197, 210
Mustelus manazo Bleeker	197
Mylabris cichorii L.	145, 152
Mylabris phalerata Pallas	151
Mylopharyngodon piceus (Rich)	200
Myospalax aspalax Milne-Edwards	308
Myospalax fontanieri Milne-Edwards	308
Myospalax psilurus Milne-Edwards	308, 330
Myotis ikommikovi Ognev	317
Mytilus coruscus Gould	101
Mytilus coruscus Gould	120
Mytilus gallloprovincialis Lamarck	101
Mytilus galloprovincialis Lamarck	119

N

Naja naja (L.)	257
Naja naja	247
Natrix tiguina Lateralis (Berthold)	257
Nereis japonica Izuka	91
Nibea albeflora (Richardson)	202
Notarchus leachii cirrosus Stimpson	107, 129, 133
Notorhynchus platycephalus (Tenoro)	211

Numenius madagascariensis L.	280
Nyctalus noctula Schreber	317

O

Ocadia sinensis (Gray)	252
Ochotona daurica Pallas	306
Ochotona erythrotis Buchner	306
Ochotona thibetana Milne-Edwards	306
Ochotona thietana Milne-Edwards	330
Octopus ocellatus Gray	109
Octopus variabilis (Sasaki)	109
Octopus vulgaris Cuvier	132
Oliva mustelina (Lamarck)	131
Oliva mustelina Lamarck	105
Oncorhynchus keta (Walbaum)	200
Oncotympana macnlaticollis Motsch.	154
Ondatra zibethica L.	308, 319
Ophicephalus argus Cantor	203, 212
Ophiocoma echinata	168, 176
Ophisaurus gracilis (Gray)	257
Ophisaurus gracilis	247
Ophisaurus harti (Boulengar)	256
Ophisaurus harti	247
Opisthoplatia orientalis Burm	144
Opisthoplatia orientalis Burmeister	153
Oreaster retceulata	176
Oriolus chinensis L.	280
Oryctolagus cuniculus domesticus (Gmelin)	307
Ostrea cuculata Born	123
Ostrea denselamellosa Lischke	123
Ostrea gigas Thunberg	102, 123
Ostrea inbticata Lam	123
Ostrea rivularis Gould	102
Ostrea rivularis Gould	122
Ostrea talienwhanensis Crosse	102
Ostrea talienwhanensis Crosse	123
Ovis aries L.	313
Oxya cninensis (Thunberg)	145

P

Pachytrion brevipes (Sauvage)	229, 236
Paederus idea Lew	145
Palythoa liscia	73
Palytoxin toxica	73
Papilio machaon L.	145
Papilio xuthus (L.)	145
Paracaudina chilensis (Müller)	176
Paracaudina chilensis (J. Müller)	170
Paramecium caudatum Ehernberg	54
Paramecium polycaryum	54

Parasilurus asotus (Linnaeus) ……………… 200
Paratenodera angustipennis (Saussure)……… 151
Paratenodera sinensis Saussure ……………… 150
Passer montamus L. ………………………… 269
Passer montamus saturtus Stejneger ………… 269
Passer montonus L. …………………………… 278
Patanga japoniva (I. Bol) …………………… 145
Pelamis platurus (L.) ………………………… 257
Pelamis platurus L. …………………………… 248
Penacus orientalis Kishinouye ……………… 139
Perinereis aibuhitensis Grube ……………… 91, 92
Periplaneta americana Linnaeus …………… 144
Periplaneta australasiae (Fabricius) ………… 144
Phalacrocora corbo L. ………………………… 279
Phascolosoma esculenta (Chen et Yeh) ……… 93
Phasianus colchicus L. ……………………… 268
Pheretima carnosa (Goto et Hatui) …………… 88
Pheretima aspergillum (E. Perr.) …………… 84
Pheretima guillelmi (Michaelsen) …………… 88
Pheretima hupoiensis (Michaolson) ………… 88
Pheretima pectinifera Michaelsen …………… 88
Pheretima praepinguis Gates ………………… 88
Pheretima tschiliensis (Michaelsen) ………… 88
Pheretima vulgaris Chen ……………………… 88
Pheropesophus jessoensis (Moraw)…………… 145
Phertima aspergillum (E. Perr.) ……………… 82
Physalia physalia (L.) ………………………… 72
Physalia physalis ……………………………… 73
Physcosoma similes Chen et Yeh ……………… 93
Pica pica L. …………………………………… 269
Pieris rapoe (L.) ……………………………… 145
Pinctada fucata martensii (Dunker) ……… 102, 121
Pinctada margaritifera (Linnaeus) …………… 122
Pipistrellus abramus Temminck …………… 317
Pisaster ochraceous ………………………… 176
Placuna placenta (Linnaeus) ………………… 132
Plantala flauesceus (Fabricius) ……………… 143
Platypleura kaempferi (Fabricius) …………… 154
Platysternon megacephalum Gray …………… 252
Platyternon Megaephalum (Gray) …………… 244
Plecotus auritus L. …………………………… 317
Plexaura homoalla …………………………… 72
Plexaura homomalla ………………………… 73
Plumucaria setacea …………………………… 73
Pneumatophorus japonicus Houttuyn. ……… 203
Podece humilis Hume ………………………… 269
Podiceps ruficollis Pallas …………………… 279
Polistes chinensis Sauss ……………………… 145
Polycheira fusca (Qucy et Gaimard)………… 176
Polyphaga plancyi Bolivar. …………………… 153
Polyphaga plancyi Bolivar …………………… 144
Porcellio elongate Shen. ……………………… 139

Portunus trituberculatus (Miers) …………… 140
Praescutata viperina (Schmidt) ……………… 257
Pristis cuspiatus Latham ……………………… 198
Procapra gutturosa Pallas ……………… 313, 330
Prothothaca jedoensis (Lischke) ……………… 125
Pseudocnus echinatus (V. Marenzeller)……… 176
Pseudosciaena crocea (Rich) ………………… 212
Pseudosciaena crocea (Richardson) ………… 202
Pteromys volans L. …………………………… 307
Ptyas korros (Schlegel) ……………………… 257
Purpura gradata Jonas ……………………… 131
Pyrausta nubilalis (Hubernn) ……………… 145

R

Rallus aguaticus L. …………………………… 280
Rana amurensis Boulenger ……………… 228, 233
Rana guentheri Boulenger …………………… 234
Rana limnocharis Bois …………………… 228, 234
Rana nigromaculata …………………………… 228
Rana niromaculata Hallowell ………………… 233
Rana plancyi Lataste ………………………… 234
Rana temporaria chensinensis David ……… 232
Rana temporeri chensinensis David ………… 228
Rangifer tarandus …………………………… 327
Rangifer tarandus L. ………………………… 311
Rapana thomasiana Crosse …………………… 105
Rapana venosa (Valenciennes) ……………… 131
Rhacophorus leucomydtax (Gravenhorst) …… 235
Rhacophorus leucomystax (Gravenhorst) …… 228
Rhagadotarsus kraepelini (Breddin) ………… 146
Rhinolophus affinis Horsfield ……………… 304
Rhinolophus affinis Horsfield ……………… 317
Rhinolophus ferrumequinum Schreber …… 304, 317
Rhizomys sinensis Gray ……………………… 308
Rhopilema esculenta Kishinouye ……………… 70
Rhopilema esculenta Kishinouye ……………… 71
Riparia riparia L. …………………………… 269
Rosaster symbolicus ………………………… 176
Ruditapes philippinarum (Adams et Reeve) … 132
Ruditapes philippinarum (Adams et Reeve) … 125

S

Scapsipedes aspersus (Walker) ……………… 145
Scaptochirus moschatus Milne-Edwards …… 303
Scarabaeus sacer L. ………………………… 145
Scatophagidus argus (Linn.) ………………… 202
Schistodesmus lampreyanus Baird et Adams … 112
Sciurotamias davidianus Milne-Edwards …… 307
Sciurus vulgaris L. …………………………… 307
Scolopendra subspenipes multidens ………… 147

Scolopendra subspenipes muttidens Newport 142
Scolopendra subspinipes mutilans L. Koch 142
Scolopendra subspinipts mutilans Koch. 146
Selenarctos thibetanus G. Cuvier 309
Selenarctos thibetanus G.Cuvier 320
Sepia andreana Steenstrup 108, 117
Sepia esculenta Hoyle 108, 114
Sepiella maindroni de Rochebrune 108, 117
Serpulorbis imbricata (Dunker) 131
Siganus aramin (Bloch et Schneider) 203
Sinonovacula constricta (Lamarck) 102, 132
Sinularia polydactyla 73
Sipunculus nudus Linnaeus 92
Solaster dawsoni Verrill 177
Solen gouldii Conrad 102
Solen grandis Dunker 102
Solenognathus hardwichii (Gray) 209, 209
Solenognathush ardwickii (Gray) 202
Sphaerobelum hirsutum Virhoeff 142
Sphenomorphus indicus (Gray) 246, 257
Sphyrna zygaena (Linnaeus) 198
Spirobolus marginatus (Brandt) 141
Spogillia lacutris (Linnaeus) 62
Stalilia maculate Thunb 151
Stellaster equestris (Retzius) 176
Stellaster equetris (Retizius) 168
Steptopelia chinensis Scopoli 268
Steptopelia orientalis Latham 268
Stichopus chloronotus Brandt 170, 176
Stichopus japonicus Selenka 170, 171, 175
Stichopus uariegatus (Sempen) 170
Stichopus vaviegatus Semper 176
Streptopelia orintalis Latham 279
Strongylocentrotus nudus (A. Agssiz) 174
Succinea erythrophana Ancey 132
Sus scrofa domestica Brisson 311, 323
Sus scrofa L. 311, 324
Sympetrum infuscatum (Selys) 143
Syngnathoides acus Linnaeus. 209
Syngnathoides biaculeatus (Bloch) 202, 209
Syngnathoides cyanospilus Bleeker. 209
Syngnathoides djarong Bleeker. 209
Syngnathoides schlegeli Kaup. 209
Syrrhaptes paradoxus Pallas 269

T

Tabanus mandarimus Schiner 145
Tabanus pleskei Kröber 146
Tachypleus tridentatus Leach 140
Tadorna ferruginea Pallas 268
Temnopleurus hardwickii (Gray) 174

Temnopleurus reevesii (Gray) 176
Temnopleurus toreumatcus (Leske) 174
Temnopleurus toreumaticus (Leske) 169
Tenidera aridifolia aridifolia (Stoll) 145
Tenidera aridifolia Stoll 151
Tenidera ari-difolia sinensis (Saussure) 145
Tenodera angustipennis Saussure 151
Thelenota ananas (Jaeger) 170, 176
Theruonema cuberculata (Wood) 142
Trachemys scripta Elegans 252
Trachyrhamphus serratus (Temminck et Schlegel) ......
.... 202, 209
Triacanthus brevirostris Temminck et Schlegel. 204
Triacanthus strigilifer Cantor 204
Trichiurus haumela (Forskal) 202
Trichiurus multicus Gray. 202
Trichiurus savala (Guvier et Valenciennes) 202
Trichurus savala (Cuvier et Valenciennes) 211
Tridacna maxima (Röding) 132
Tringa tetanus L. 280
Trionyx sinensis (Wiegmann) 253
Trionyx sinensis Wiegmann 245
Trituroides chinensis (Gray) 229, 236
Trogopterus xanthipes Milne-Edwards 307, 330
Turadus merula L. 280
Turbo bruneus (Röding) 131
Turdus merula L. 280
Turnia tanki Blyth 280
Turritella bacillum Kiener 104
Turritella bacillum Kiener 131
Turritella terebra Linnaeus 104
Tylorrhynchus heterochaetus (Quatrefaeges) 82
Tylorrhynchus heterochaetus (Quatrefagea) 90
Tylototriton verrucosus Anderson 229

U

Unio douglasiae Gray 102
Unio douglasiae Griffith et Pidgeon 112
Upupa epops L. 279
Uroctea limbata L. Koch 141
Uroctea. compactilis (L. Koch) 141

V

Vespa magnifica (Sonan) 145
Vespertilio superans Thomas 317
Vivericula indica fesmarcst 310
Viverra zibetha L. 320
Viverra zibethe L. 310
Vivrricula indica Desmarest 321
Vspertilio superans Thomas 305

W

Whitmania acranulata Whitman ········· 89
Whitmania edentula (Whitman) ········· 90
Whitmania gacilis Moore ········· 90
Whitmania laevis (Bisd) ········· 90
Whitmania pigra (Whiitman.) ········· 83
Whitmania pigra Whitman ········· 89

Z

Zaocys dhumnades (Cantor) ········· 254
Zaocys dhumnades ········· 247
Zosterops japonicus Temminck et Schlegel ········· 280